# 译者序

## 一

中央财经大学 2004 年设立心理学系，开始招应用心理学（经济心理学方向）本科生；2015 年获批招全日制应用心理硕士（MAP），基于学校的财经特色和资源禀赋，经济心理学成为重要的特色方向之一；2018 年获批为心理学一级学科硕士学位授权点，开始独立招学术型硕士，经济心理学也成为核心方向。2023 年起学校决定应用心理硕士改为非全日制招生，为突出学校优势和办学特色，"经济与金融心理学"成为招生的唯一方向。从以上发展历程可以看出，中央财经大学心理学系始终都将开展经济心理与行为研究、培养高级专门的经济心理学人才、服务我国经济社会发展需求作为自己的重要责任和光荣使命。

教材建设是人才培养的重要一环，是一项十分基础性的工作，自建系以来就一直受到了我校心理学系同仁的高度重视。早在 2005 年，时任社会学系经济心理学教研室主任的翁学东副教授就率先在国内出版了《证券投资心理学》（经济科学出版社）一书，这是我国经济心理学学科发展过程中出版较早的专业性著作（教材）之一，并在随后中财心理学专业以及其他财经类专业人才培养中获得了长期且较为广泛的教学实践和应用。2014 年，时任社会与发展学院副院长、目前在中国人民大学心理学系工作的辛自强教授主编出版了《经济心理学经典与前沿实验》（北京师范大学出版社）一书，我们不少同仁都参与了编写工作，该书选取了 32 项国外经典和前沿的经济心理学实验，对它们进行了详细介绍和评析，这本书已成为有志于在这一方向学习、深造、研究和实践的学子们了解经济心理学主要研究范式和成果的重要参考读物。近年来，在学校和院系两级的高度重视之下，我们在教材建设上又不断取得了一些新的重要成果。2018 年，于泳红、窦东徽老师主编出版了《经济心理学案例》（北京师范大学出版社）。同年，我本人与赵然教授合作主编出版了《应用心理教学案例精选》（北京大学出版社），该书专门设置了一个"经济心理"案例版块，介绍了经济心理学理论和实验研究成果在实践中的应用。2019 年窦东徽和于泳红老师编著出版了《经济心理学》（北京师范大学出版社）教材。这些案例集和教材在国内经济心理学教学领域都获得了较为广泛的应用，丰富了国内专业性教材的选择空间，有力促进和推动了我国经济心理学人才队伍的建设和成长。所有这些工作都证明了中财心理学同仁在经济心理学方向教材建设上的努力。

组织翻译 Ananish Chaudhuri 编写的这本经济心理学（行为经济学）领域最新出版的教材《经济心理与行为》，也是我们在经济心理学教材建设这项重要事业上继续作出努力和贡献的一部分。

二

本教材的作者 Ananish Chaudhuri 是新西兰奥克兰大学实验经济学教授，在 2013 年至 2019 年期间曾担任该校经济学系系主任，还曾先后任教于美国哈佛大学肯尼迪学院、韦尔斯利学院、罗格斯大学和华盛顿州立大学，长期从事行为经济学的教学和研究工作。除本书之外，他先后出版过《对手靠谋算，你却靠运气：妙趣横生的博弈思维》（ *Experiments in Economics：Playing Fair with Money* ）（2009）、《社会困境博弈实验的研究进展》（ *Recent Advances in Experimental Studies of Social Dilemma Games* ）（2016）、《实验经济学的研究议程》（ *Research Agenda in Experimental Economics* ）（2020）等著作。依据研究成果跨领域引用广泛性等指标，曾被"经济学研究论文"（Research Papers in Economics, 简称 RePEc）数据库列为全球影响力前 5% 的经济学家。他还曾长期承担《经济心理学杂志》（ *Journal of Economic Psychology* ）、《经济行为与组织杂志》（ *Journal of Economic Behavior and Organization* ）、《行为与实验经济学杂志》（ *Journal of Behavioral and Experimental Economics* ）等经济心理学研究领域重要国际期刊的编辑工作。

本书是他在长期教学、研究和实践基础上编著的重要经济心理学教材，一经出版便广受欢迎。根据自己一边翻译一边学习的体会，我认为本书之所以广受欢迎可能与以下几方面特点有关。

一是本书涵盖了经济心理学几乎所有的关键主题，并采用决策研究视角将全部主题有机整合了起来。在作者看来，经济心理学是一门"将心理学的洞见注入传统经济学思维后所产生的新兴学科"，其研究的核心问题就是经济活动中的决策问题。在这些决策过程中，我们做对了什么？又做错了什么？为什么做对了？又为什么做错了？我们在决策时存在哪些偏见？为什么会存在这样的偏见？如何缓解或消除这些偏见所带来的消极影响？总之，经济心理学研究的实践价值就在于，我们如何能在很好地理解这些问题的基础上，设计出更好的个人决策方案和制定出更好的公共政策。基于以上认识，作者写作本书的目标就是要在经济学家和心理学家广泛研究的基础上，对有关人类经济决策的研究成果作出全面、系统的概述。按照这样的指导思想和思路，本书 15 章内容中，有 4 章 [第 1、3、4、5 章（第 2 章专门探讨了经济心理学实验研究范式的相关问题）] 内容主要探讨了经济领域的个人决策风格及其成因，包括直觉思维、努力思维、概率性思维、期望效用理论和前景理论等内容。从第 6 章开始，作者讲述了超越个人

（即两人或两人以上小群体）决策的"博弈"情境下的决策机制和规律，包括最后通牒博弈及其市场影响（第7、8章）、信任博弈（第9、10章）、公共物品博弈（社会困境）（第11、12章）等经典和重要的实验研究成果。第13～15章则从更加宏观的组织协调和市场行为分析视角讲述了行为经济学的重要研究贡献（人们在由许多买家和卖家组成的市场中需要做出的决策），包括如何避免协作陷阱（13章）、如何保证市场有效且良性运行（14章）、如何防止金融资产市场的价格泡沫（15章），后3章构成了本书不同于其他一般经济心理学教材的最具独特性的内容。

二是作者对每一个主题（甚至是每一个具体概念和理论）的阐释都充分运用了实验和实践证据来支撑，强调了实验范式在当今主流经济学中的价值和地位。正如作者所言，在经过21世纪前20年的快速发展之后，经济心理学（行为经济学、实验经济学）"现在已牢牢扎根于经济学的主流之中"，而且"目前正处于从经济学的一个分支领域向作为研究经济现象的一种实证研究工具转变"。这种转变的具体表现是，目前经济学家不仅将实验范式作为检验自然（现场）数据和/或调查数据的稳健性的重要手段，还经常通过实验来验证理论模型，即通过实验研究中发现的规律来服务于经济模型的建立或推动经济行为新模型的形成和发展。总之，实验思维、实验逻辑、实验方法技术、实验证据贯穿本书始终，充分体现出了经济心理学的学科特点。

三是作者对经济心理学研究成果的实践应用充满信心。对每一个主题，甚至是每一个具体概念和理论、每一项具体实验及其结果的阐释都不拘泥于学术层面的介绍，而是与广阔的社会实践紧密联系起来。在作者看来，经济心理学近年来之所以能够成为一个令人兴奋、快速发展且充满吸引力的新兴研究领域，是因为它为传统的经济学方法注入了人类心理学研究的关键见解，从而丰富了传统经济学研究。这反过来又可能会为公共政策方面的重大改变带来光明的前景。而经济心理学对公共政策的这种贡献和影响，以及给人们的生活所带来的改变，正是近年来诺贝尔经济学奖常被授予一些被视为进行经济心理学研究的科学家的原因。基于这样的认识，全书的阐释始终高度重视概念、理论、实验与现实问题的有机结合，视野十分广阔。

四是本书可读性强，引人入胜，能够很好地激发读者的阅读兴趣和深入探究欲望。本书每一章的基本结构由问题、正文、结语和注释组成。问题部分往往是通过信手拈来的生活实例来说明本章关注的问题是什么，以及这些问题与现实生活之间的密切联系，很容易就会把读者带入所探讨的主题之中。正文则围绕特定主题层层推进，不仅将深奥的专业概念和专业理论浅显易懂地呈现给读者，更是将经典和前沿的经济心理学实验简明扼要地、自然地展现在读者面前，复杂的实验设计变得容易理解，读者不会对技术细节感到窒息，实验设计的优点和不足、可推广性及其局限性也被清晰地展示出来。结语部分则提纲挈领地把本章的重点内容简要提取出来，供读者把握要旨并产生清晰的记忆。注释部分则帮助读者进一步深入理解一些概念、方法、逸事等内容。

哈佛大学肯尼迪学院教务长、商业与管理教授 Iris Bohnet 赞誉本书"充满了从体育到政治的真实世界的例子，并以实验证据为支撑，带读者进行了一次探究人类行为、个人和集体决策、信任、公平、合作和竞争的奇妙旅行。值得该领域专家以及那些希望更多地了解经济心理学的人珍视"。维也纳高等研究所所长、维也纳大学经济学教授、《经济心理学杂志》前联合编辑 Martin Kocher 则评价"这是一本非常吸引人的书，涵盖了行为经济学和实验经济学的关键主题，但它的应用远远超出了经济学的范畴。本书提供了对该领域过去及最新研究进展的完美概述。对于研究者来说，它是一个不可或缺的灵感来源，对于教师来说，它是一个教学案例宝库"。

五是本书的适用范围广。由于作者在写作过程中兼顾了经济学、心理学双学科视角，内容既涉及基础性的知识也涉及拓展性知识，因此本书有较广的适用范围。可以作为经济心理学方向的本科生、研究生的专业教材使用，也可以作为其他经济类专业（如会计、保险、商科、金融、经济、审计、管理等）本科生和研究生学习相关课程的主要教材或辅助读物。当然，这本书也十分适合对经济心理学（行为经济学、实验经济学）研究感兴趣的各行各业的从业者、实践者、公共政策制定者阅读。相信从阅读本书的过程中，读者不仅可以收获知识，更有可能从中锻炼和提升自己的实验科学思维。

总之，希望本书的翻译出版能够为读者深入了解经济心理学（行为经济学）这一新兴学科领域提供一些帮助，也希望能为本学科的学科建设做出一定的贡献！

辛志勇

中央财经大学社会与心理学院心理学系

2023 年 6 月 20 日

# 目 录

# 引 言

在任何时候，世界上都有大量的人在等待器官移植，也有很多人可以选择捐赠他们的器官，尤其是在他们去世之后捐赠。并不是每位逝者的器官都可以被利用，这取决于许多因素，如年龄、生活方式、死亡方式等。例如，我是一个 50 岁出头的健康男性，我不抽烟，喝酒也不过量，我的身体状况相当好，如果我明天死于意外，医生可能会用我的器官来挽救很多人的生命。但这件事必须在我死后不久尽快进行。然而，为了实现这一点，我（和我的家人）必须事先同意医生可以在我死后立即切取我的器官。

对于某些器官，如肾脏，问题要比心脏、肝脏或肺等器官容易解决一些。我们只需要一个肾就能过上健康的生活。这就为活体捐赠创造了可能性。所以，如果我的爱人需要一个肾，我可以（而且很乐意）捐一个健康的肾给她。但这可能行不通，因为我的肾需要和她的配型成功才行。这意味着她不仅需要一个肾，还需要一位能够与她成功配型的伙伴。在美国，肾脏移植的平均等待时间是 3 ～ 5 年。

2012 年，诺贝尔经济学奖授予了哈佛商学院的 Al Roth。Al Roth 长期以来一直以其对经济理论和实验经济学的贡献而闻名。但是，在很大程度上，授予 Roth 诺贝尔奖是为了表彰他在促进肾脏交换方面的贡献。Roth 和他的合作者，波士顿学院的 Tayfun Sonmez 和 Utku Unver，一起完成了什么呢？

以两对夫妇为例：Al 和 Barbara，以及 Charlotte 和 David。Al 需要一个肾，Charlotte 也是如此。Barbara 和 David 都非常乐意为她 / 他的伴侣捐一个肾，但两人都与各自的伴侣配型不成功。然而，David 的肾与 Al 匹配，而 Barbara 的肾与 Charlotte 匹配。这听起来有希望，但假设 Al 和 Barbara 住在波士顿，而 Charlotte 和 David 住在旧金山，这两对夫妇如何去寻找彼此呢？通过社交媒体？也许吧。假设他们做到了，现在考虑一下医疗和后勤方面的挑战。Al、Barbara 必须要和 Charlotte、David 同时出现在医院。首先，医生需要切取 Barbara 和 David 的一个肾脏。Barbara 的肾需要空运到旧金山，而 David 的肾需要空运到波士顿。通常情况下，会有飞机或直升机等着将肾脏运送到指定地点。一旦两个肾被运送到各自目的地，外科医生、护士、麻醉师等人需要把 David 的肾移植到 Al 身上，而 Barbara 的肾则要移植到 Charlotte 身上。想象一下，完成这一次交换所需的时间、精力和人员。

但是等等！大家可能会在最后一刻改变主意。如果其中一对夫妇离婚了怎么办？另外，你怎么知道这是最好的配型？因为在美国，甚至在全世界，可能有很多这样的配型，谁来决定哪些配型是最好的配型呢？谁来让他们彼此取得联系呢？如何确保这个复杂的肾脏配型交换链条能被正确地完成呢？这就是 Al Roth 介入的研究领域。Roth 和他的合作者们做了大量的研究，将纽约的学生与高中学校、波士顿的住院医生与医学院进行了配型，他们非常出色地找到了这些问题的答案。最近，Roth 和他的团队进行了 13 对肾移植供受者的交换，其中包括美国以外的捐赠者。2019 年，我听了 Roth 在法国第戎（Dijon）一个会议上关于其肾脏交换研究的主题演讲。这可能是我听过的最吸引人的演讲，因为它听起来一点也不像学术演讲，而是像《急诊室的故事》（*ER*）或《实习医生格蕾》（*Grey's Anatomy*）中的情节 ❶。

尽管 Roth 在肾脏移植方面的研究确实挽救了许多人的生命，但事实是，对于许多其他器官的移植来说，如心脏、肝脏或肺，没有活体捐赠的可能性。我们需要一批愿意捐献健康器官的已故捐赠者。现在，请看图 P.1。很明显，不同国家的死者器官捐献率存在很大差异。这些国家大多是西方的、发达的、工业化的、富裕的、以市场为基础的民主国家，它们有许多共同的文化和经济规范。但是，即使地理上彼此相邻的国家，比如荷兰和比利时，你也会看到很大的差异。比利时的情况比荷兰好，每百万人中的器官捐赠者更多。

当你看到这幅图时，你就能开始阐述是什么导致了这些差异。你可能会忍不住用这些国家的文化、历史和人口学特征来描述这些差异。但事实表明，产生这些差异的原因很简单，差异是由驾照申请表中的一个问题引起的——有些国家会问驾照申请者："你愿意成为一名器官捐献者吗？ 如果是，请在下面的方框中打钩。"而有些国家的问题表述则是："我们假定，在你死亡后，你将愿意捐献你的器官。如果你不愿意这样做，那么请在下面的方框中打钩。"

提供"选择退出"（opt-out）选项的国家被称为"假定同意（presumed consent）国家"，也就是说，"我们假设你已经同意捐献你的器官，除非你特别告诉我们"。而提供"选择参加"（opt-in）选项的国家被称为"知情同意（informed consent）国家"，即假设你没有同意捐献你的器官，除非你在驾照申请表上明确说明"我愿意"。

这可能令人惊讶，但事实是，在第一种情况下，人们没有打钩，因此，就不会成为器官捐献者。在第二种情况下，人们也没有打钩，因此，就被默认成为器官捐献者！现在再看一遍这张图。猜猜看，所有器官捐献率较高的国家都有什么共同点呢？它们都提供了"选择退出"选项：如果你不想捐献你的器官，请在方框中打钩。而那些器官捐献者比例较低的国家都提供了"选择参加"的选项：你愿意捐献吗？ 除非通过打钩的方式选择加入，否则你就不是一名假定的器官捐献者了。这一切都源于一个简单的

---

❶ 这些工作在本质上是复杂的和技术性的。我当然无法公正地评价这项研究的广度和范围。如果你觉得这很有趣，你当然应该读一下 Al Roth 的著作《共享经济：市场设计及其应用》（译者注：此译名采用了已有中文版译名，其英文原著名为 *Who Gets What—and Why：The New Economics of Matchmaking and Market Design*）。

决定（或缺少这样一个决定）：打个钩！

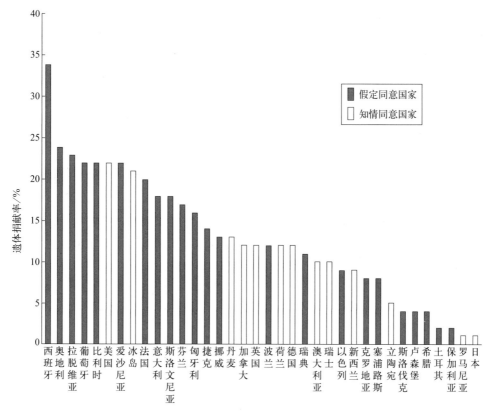

图 P.1　36 个国家死者器官捐献率的差异（2022）

在 Abadie 和 Gay（2006）的数据基础上重新绘制

　　行为经济学家把这种现象称为"框架效应"（framing effect），或者称作"改变默认值"（changing the default）。你可以简单地通过改变一个特定问题或问题的框架来实现行为上的巨大转变。认真考虑一下这一现象。如果你或你身边的人正在等待接受肝脏或肾脏移植，你是在西班牙还是在新西兰可能会有很大的不同，这都是因为机动车管理局的某个人决定了器官捐赠问题的框架。

　　当然，器官捐赠并不是我们许多人所面临的问题。事实上，我并不知道有谁接受过器官移植。但是这种行为并不仅限于器官捐赠。芝加哥布斯商学院的 Richard Thaler 和哈佛大学法学院的 Cass Sunstein 在他们的著作《助推》（Nudge）中指出，当人们计划退休时，也会出现类似的选择问题。世界上大多数组织都有一个员工养老金缴款计划。在我工作的奥克兰大学，我将工资的 6.5% 用于退休储蓄（在新西兰称之为"退休金"；在美国，通常的说法是 401K），大学也有相似的匹配做法。因此，任何人如果在一年里存入 6500 美元养老金，就能从雇主那里得到另外的 6500 美元，总共是 13000 美元。有一点需要注意：通常情况下，你在 65 岁之前不能动用这笔钱，65 岁是许多国家的正常退休年龄，至少在新西兰是这样。但是，考虑到复利（compound interest），储蓄的金额增长很快。对我们大多数人来说（实际上，我敢大胆地说，对我们所有人而言），签署这样的计划是非常有意义的。除非有人是金融奇才，知道一个能让投资年复一年翻倍的秘诀，否则我们可以有把握地认为，我们应该加入这样的计划，员工的缴费得到雇主等额的"赞助"，这是一件稳赚不赔的事情。但现在，很多人实际上并没有加入这样的计划！

是因为他们都是金融奇才，对如何投资有更好的想法吗？不！这只是因为，在世界各地，一些雇主提供了"选择参加"选项：如果员工愿意加入，就在方框里打钩。许多员工没有勾选，因此就没有加入。另一些雇主则提供"选择退出"选项：如果员工不愿意加入，他们可以在方框中打钩。大多数员工不打钩，因此就登记为自愿加入。

正如 Thaler 和 Sunstein 所指出的：有一家公司的默认缴费率为工资的 3%，缴费方式为雇主和员工 1∶1 匹配（员工缴纳 1 美元，雇主也会匹配为其缴纳 1 美元）。尽管员工可以将缴费率提高至 6%（这样雇主也会为其缴纳工资 6% 的费用），但超过 1/4 的员工仍只缴纳了正好工资 3% 的费用。而一旦该公司将默认缴费率改为工资的 6%，员工也会开始按这一新的比例匹配缴纳。《卫报》（Guardian）2013 年的一份报告表明，在英国引入带有"选择退出"选项的登记制度大约一年后，养老金的存款人数增加了 160 万。只有 9% 的人选择退出。

这是一个严重的问题，因为在世界各地，许多人并没有设法为退休储蓄足够的钱，因此老年人的贫困率相当高，老年人也往往过度依赖社会安全网络，如美国的医疗保险。这促使 Richard Thaler 和他的合作者 Shlomo Benartzi 提出了一个"为明天储蓄更多"（Save More Tomorrow，简称 SMT）计划。根据这一计划，人们需要提前承诺将未来薪水增加的部分用于退休储蓄。我稍后会讨论为什么让人们放弃未来薪水的一部分比放弃当前薪水更容易。被提供 SMT 计划的人中有 78% 的人选择了使用它；在接下来的三次加薪中，有 80% 的员工继续执行了该计划。在 28 个月的时间里，SMT 计划参与者的平均储蓄率从 3.5% 上升到了 11.6%。

你还想知道有关这种看似非理性行为的其他例子吗？世界各地的办公室都有咖啡角。有的咖啡角实行一种信誉制度：你可以给自己倒一杯咖啡喝，但作为回报，你应该在捐款箱里留下一些钱。不出所料，有些人会留下钱，有些人则不会。但如果你想让更多的人留下钱，可以使用一个简单的技巧：在捐款箱上画一双眼睛。或者更好的方法是，在那双眼睛下面加上一句话：在捐款箱里放 50 美分；我们在看着你。事实上没有人真的在看！它只是画在纸上的一双眼睛。但有了注视的目光，会有更多的人将钱投进去。

那是 2001 年，我在华盛顿州立大学工作。我妻子获得了位于波士顿市中心的塔夫茨医学院（Tufts Medical School）的博士后岗位，而我则成功在波士顿郊外的韦尔斯利学院（Wellesley College）找到了一份工作，这是一所女子学院，学生非常挑剔。我和妻子决定开车横穿整个美国。在一个多星期的时间里，我们驱车 3000 多英里（译者注：1 英里 ≈ 1.61 公里）穿越美国；一路上，我们在一些地方停了下来，比如蒙大拿州的比尤特、南达科他州的拉皮德城、威斯康星州的德尔斯、伊利诺伊州的芝加哥、俄亥俄州的扬斯敦等等。在这些地方，我们吃了午餐、晚餐和各式各样的其他餐点。每顿饭结束时，我们都会留下小费，尽管我们很清楚我们不会再回到那些地方，而且，即使我们会回去，我们也肯定不会再去同一家餐厅。所以，即使这些餐馆的服务员因为我们没有给小费而对我们有不好的印象，这对我们来说也无关紧要。我们再也见不到他们了！为什么我还会留小费给他们呢？我怕服务员骂我吗？那又怎样？ 我不会再听到这些了。正如人们所说，"棍棒和石头……"（译者注：这是一句俗语，完整的表达是"棍棒和石头也许会打断我的骨头，但言语永远无法伤害到我"），为什么我要在乎一个我再也见不到的人骂我呢？

这是多么非理性啊！正如杜克大学的 Dan Ariely 所指出的那样，人类是"可以预见的非理性（动物）"。人们会做出明显非理性的选择，但这种疯狂是有原因的。这并不仅仅是说人是非理性的，而是说这种非理性具有一定程度的可预测性，或者换句话说，人类的非理性具有一定的模式。这反过来也表明，如果我们了解了这些基本模式和共性，我们就可以利用这些洞见来设计更好的政策。这将是我在本书讨论的主要目标之一：如何理解这种非理性，以及如何在公共政策设计中充分利用这种洞察力。

但这里有细微差别。以上提及的行为非理性的不同类型，至少有一个方面非常不同。这种不同会表现在，当你引起人们对这个问题的注意时，他们所作出的反应中。例如，如果我强调在器官捐赠或缴纳退休金的案例中，有关勾选（或不勾选）备选框的情况表现出明显的不理性，你很可能会接受这些信息，并（理想地）改变你的决定。但是，在为咖啡角捐款或者为你永远也不会再光顾的餐馆留下小费的例子中，即使我指出你方式上的"错误"，你也很可能不会改变自己的行为。康奈尔大学的著名经济学家、作家 Robert Frank 认为，有些"错误"被指出后，我们可能会纠正它（比如器官捐赠或退休储蓄的例子）；但还有一些"错误"，即使引起了我们的注意，我们也不会加以纠正（比如在你永远也不会再去的餐馆给小费）。这是为什么呢？

这些都是我将在本书中讨论的问题。关于人类决策的研究，我想要提供一个全面的概述，包括我们做对了的事情、我们做错了的事情，解释我们存在的偏见，更重要的是，如何理解这些以便我们能够设计出更好的政策。近年来，行为经济学已成为一个令人兴奋的、新的研究领域，因为它正在揭示这类问题。行为经济学的吸引力部分来自这样一个事实：它为传统的经济学方法注入了人类心理学的关键见解，从而丰富了它。反过来，这将有望给公共政策方面带来重大改变。行为经济学对公共政策的这种贡献，以及人们认识到它可以给人们的生活带来的改变，是近年来诺贝尔经济学奖被多次授予那些从事行为经济学研究的人的原因（尽管我不能完全确定获奖者自己是否一定会给他们的研究贴上这一标签）。但也许这不是重点；行为经济学显然具有宽广的包容性，乐于接纳来自不同背景的人。

这里有一份从事行为经济学领域研究的诺贝尔奖得主的不完整名单：Daniel Kahneman 和 Vernon Smith（2002），Elinor Ostrom（2009），Al Roth（2012），Robert Schiller（2013），Richard Thaler（2017），以及最近的（在 2020 年初撰写本书时）Abhijit Banerjee、Esther Duflo 和 Michael Kremer（2019）。回想起来，其他获奖者，如 Thomas Schelling（2005）、George Akerlof（2001）、Reinhard Selten（1994）、Maurice Allais（1988）和 Herbert Simon（1978），他们肯定也有资格获得"行为经济学家"的称号，他们通常不被认为是行为经济学家，原因是他们取得成就早于这个术语的流行。我还把孟加拉国格莱珉银行的创始人、2006 年诺贝尔和平奖得主 Muhammad Yunus 也包括在这组人中❶。以上诺贝尔奖得主和许多其他人所从事的研究导致了令人震惊且意义重大的新发现，有助于我们理解人类的决策和人类的弱点。

撰写本书的目的是对这一领域进行介绍。这意味着它是为那些想知道行为经济学是怎样一门学科的人准备的。在此过程中，我只对一系列问题进行概述，而不对每一个问题都进行深入探讨。所讨论的许多主题可以构成整个课程的基础。例如，我用了两章的篇幅讨论启发式（heuristics）和偏差（biases）的相关研究，但这些研究及其在政策设计和选择架构中的应用可以是一门完整的独立课程。那些有兴趣深入研究的人可以并且应该继续学习其他更高级的教材和／或致力于探讨专门主题和子领域的课程。我的观点是把马吸引到水边，让它口渴；它喝多少水则看马的需求。除了接触基本的计算和概率论的概念外，我并没有在专业知识方面做太多假设。我完全明白，书中的许多术语都是相对的；有些主题会让人感觉比其他主题更深入，有些主题的材料在数量上比其他主题更具挑战性。其中一些反映了我自己的偏好和专业知识。我对一些主题和它们的应用比其他主题更了解，因为我在这些领域做了更多的研究工作。一些基本的计算技能是不可或缺的，例如在不确定性决策材料中。但在任何情况下，我都会尽我最大的努力解释材料，以便让普通读者能够理解。

所以，我真正想要的是对我们周围的世界保持适度的好奇心，以及理解为什么我们（个人／群体／社会／政府）会做出我们所做的决定。而且，正如我告诉我的学生们的

---

❶ 这是行为经济学兴起的早期，但 Yunus 在孟加拉国的扶贫工作中显然依靠了经济学和心理学的行为洞察力。但可能因为当时还处于学科发展的早期，而且行为经济学，尤其是行为发展经济学，仍被认为远远超出经济学的主流，Yunus 不得不接受诺贝尔和平奖，而不是经济学奖。以我对 Yunus 的了解，我怀疑这种荣誉对他的重要性有多高（和平奖在挪威的奥斯陆颁发，而其他所有奖项都在瑞典的斯德哥尔摩颁发）。此外，诺贝尔经济学奖在很大程度上是一个后来者，它不属于 Alfred Nobel 最初捐赠的一部分。经济学奖于 1969 年由瑞典储备银行设立，实际上被称为纪念 Alfred Nobel 的瑞典央行经济学奖。这就是为什么其他"真正的"诺贝尔奖得主，比如文学、物理或化学奖得主，不认为经济学奖是一个真正的诺贝尔奖！

那样，让他们做一些数值计算并不是因为我想折磨他们，而是因为这是逻辑思维不可或缺的一部分。这与学习编码、逻辑，或者学习拉丁语并没有什么不同。当然，现在很少有人说拉丁语了，但学习拉丁语有助于我们理解大多数西方语言的结构，如英语、法语、意大利语或德语。在一些基础数学知识的帮助下研究这些主题有助于形成一种规范的思维方式，这在复杂的决策任务中往往是必不可少的。

提供人类决策研究的概述不是一件特别容易的事情，因为"行为经济学"实际上对不同的人意味着不同的东西，而且，根据教授这门课程的人的不同，课程内容可能也会有很大的差异。之前我曾说过，行为经济学是一门将心理学的洞见注入经济学思维的学科。但这一假定成立的前提是，存在一个定义明确的经济学思维领域，以及一套同样定义明确的心理学原则，这些原则可以应用于前者，以便对人类行为产生更现实的预测。但这并不一定是正确的，因为经济学家经常对于该领域的核心假设意见不一致，心理学家也是如此。说到底，这两门学科都是哲学的分支，主要对理解人类的决策感兴趣，因此在研究问题上有明显的重叠。但在基本原则上不一定能达成一致。例如，社会心理学家与进化心理学家经常在先天和后天的作用和影响等问题上发生争执。经济学家在一些关键问题上也存在分歧，比如通货膨胀的影响以及政府在监管产业方面的作用。神经科学家的介入使事情变得更加复杂，或者可能更令人兴奋，他们现在经常试图通过功能性磁共振成像（fMRI）等技术来窥探大脑这个黑箱的内部，试图了解决策的细微差别。我会在本书的不同地方提到一些神经经济学的研究发现。

如上所述，我的目标是与那些想要了解这个领域的初学者、那些想要在这个领域开始摸索的人进行互动。所涉及的主题反映了我对初学者应该知道什么和需要知道什么的看法。理性的人会对这些主题的选择以及深度和广度有不同的看法。但我有理由相信，本书所呈现的框架内容将服务于广泛的人群，换言之，大多数读者会从中获得一些新的见解和思考社会问题的新视角。

这本书可以被不同类型的读者使用。首先，它的主要目的是作为一个学期的决策课程的教科书。所涵盖的主题应该会为12～14周的长学期，和每周75～90分钟的学习时间提供充足的内容材料。这样的课程很可能是本科课程，大学二年级或三年级的课程仅依靠本书的材料就足够，在四年级研讨班类型的课程或研究生水平的课程中，让学生阅读书中讨论过的一些文章可能会很有用。我在奥克兰大学的本科阶段就教授这些材料，或者教授这些材料的修订版本。我也在我的"实验经济学"研究生课程中使用了这些材料，并用其他材料和期刊文章作为课程学习的进一步补充。我知道有同事把这本书用于其他应用硕士水平的课程教学，也有人在第一年跨学科学位类型的研讨班中用到该材料。

其次，本书也可以作为非专业读者用来了解行为经济学这一领域的理想读物。这本新书在很多方面都是我早期著作《对手靠谋算，你却靠运气：妙趣横生的博弈思维》

（*Experiments in Economics：Playing Fair with Money*）的拓展。它是为那些没有经济学背景或没有任何经济学相关知识的普通读者而作。佛罗里达州立大学的 David Cooper 在《经济学文献杂志》（*Journal of Economic Literature*）上为那本书写了一篇非常积极的评论。此外，他说了以下几句话：

> ……这本书的完美之处在于，它让那些不是专业经济学家的感兴趣的读者了解到实验经济学是做什么的，以及实验经济学为什么重要。这是我送给我妈妈的书，当时她想知道我一直在喋喋不休地说些什么（她很喜欢！）……

所以，对于所有那些在这个领域从事研究工作并试图向父母解释自己所做的事情的人来说，这是一本你想要买来作为下一个母亲或父亲节礼物的书。非专业读者可以很容易地跳过一些技术性更强的部分，我也已经在书中指出这些部分，非专业读者可以自由地忽略，而不会妨碍他们对本书其他部分的理解。

但是，严肃地讲，不同领域的从业者和公共政策领域的工作者应该也能够从这本书中收获价值。在 2020 年春天，我用这个材料在哈佛大学肯尼迪学院给学生们讲授"MLD302：行为决策"课程❶。这些学生中大多数正在攻读公共政策或公共管理硕士学位。一些学生来自塔夫茨大学（Tufts University）弗莱彻政府学院（Fletcher School of Government），还有一些学生则来自哈佛大学陈曾熙公共卫生学院（Chan School of Public Health），我想我还有一个或多个哈佛设计研究院（Harvard's Graduate School of Design）的学生，在肯尼迪学院的美国领导力倡议（American Leadership Initiative at the Kennedy School）组织中也有一些学员。这些人通常已取得了杰出的职业成就，正在寻找新的挑战或从职业 / 业余爱好转向追求新的目标。他们中的一些人是律师或企业家。正式和非正式的反馈都表明，所有这些人都觉得材料的某些部分很有趣，发人深省，并且适用于他们正在从事或感兴趣的事情。所以，如果你是一名公共政策领域从业者，那么这本书中应该有一些适合你的东西。如果没有别的材料可用，你可以用学习这本书来代替在哈佛大学肯尼迪学院学习 MLD302 课程。

第三，对于花大量时间研究最后通牒、信任、社会困境和协调博弈（coordination games）等问题的本科或研究生实验经济学课程来说，这本书可以成为有用的补充或推荐教材。在微观经济学或博弈论的各种高级课程中也是如此，教师可能希望讨论行为理论模型的实验发现和行为意义。

第四，这一领域的发现与社会心理学、组织行为学、管理学和其他与商科有关的学科有广泛的重叠，因此，这本书应该也会吸引这些领域的研究者和学生。这本书的部分材料，特别是与启发式和偏差有关的部分，理所当然地源于心理学文献。这本书的

---

❶ 在肯尼迪学院，课程被分配成不同的教学模块。我承担"管理、领导力和决策"（Management, Leadership and Decision Making，简称 MLD）模块的教学工作。

材料对于有心理学背景的学生来说可能是很熟悉的。然而，这些学生很可能会从策略性思维（strategic thinking）的讨论和各种实验博弈中收获价值。

关于信任、礼物交换和如何解决组织中协调失败的问题等的材料应该对人力资源管理者特别有益，并可能会在激励员工的方法方面提供启示。书中涉及策略性思维、贝叶斯更新（Bayesian updating）、公平和信任的概念及其经济含义的内容，应该会引起社会心理学家和进化心理学家的兴趣。我在集体行动（collective action）的问题上花了很多时间；同样，这应该可以广泛适用于跨学科的一系列问题。

我想不出比引用 John Maynard Keynes 为《就业、利息和货币通论》（*General Theory of Employment, Interest and Money*）所作的引言更好的方式来结束这篇引言，它雄辩地总结了我想对未来读者说的话。

对于作者来说，这本书的写作是一场漫长的逃避斗争，对于大多数读者来说，如果作者要成功地冲击他们，那么阅读这本书也必须是一场摆脱习惯性思维方式和表达方式的斗争。这里所表达的意思非常简单，而且应该是显而易见的。困难不在于接受新思想，而在于摆脱旧思想。对我们大多数人来说，旧思想会蔓延到我们思想的每一个角落。

# 1

# 我们如何做决定

在本章，我们将讨论：

- 社会科学中的"理性"假设；

- "有限理性"的概念；

- 社会规范和惯例习俗在指导理性行为方面的作用；

- 经济学家和心理学家对决策研究的方法有何不同，行为经济学如何将二者的见解结合起来；

- 以"猜测游戏"为例，说明经济视角见解和心理视角见解的融合；

- 提供一个经济消费者所面临的典型选择问题，以展示经济学学科视角"规范化"的研究方法。

## 场景 1

1953 年 2 月 3 日，"这是音乐死亡的一天"。这一天，Buddy Holly 在艾奥瓦州的一次飞机失事中丧生。这一天以多种方式被载入史册，其中就有 Don McLean 的经典之作——《美国派》（*American Pie*）❶。但据说 Holly、Richie Valens 和其他人本应乘坐公共汽车，但在最后一刻却包租了飞机。他们乘车出发已经有一段时间了，但 Holly 想早点到，以便每个人都可以换洗衣服。

## 场景 2

2019 年，来自拉斯维加斯的职业体育博彩选手 James Holzhauer 开始了在"危险边缘！"（Jeopardy!）益智问答游戏世界的挑战！他成为该节目史上获得奖金最高的选手之一。4 月 9 日，在他的第四场挑战中，他在一天内赢得了 110914 美元，打破了之前该游戏单日奖金纪录！ Roger Craig 曾在 2010 年创造了单日 77000 美元的奖金纪录。Holzhauer 在一开始就选择了最有价值的线索，试图发现"一日双打"（Daily Doubles）的奥秘，当他找到这些线索时，他每次都押上所有的钱，从而获得了巨额的现金收益❷。

---

❶ 如果你出生在 21 世纪，你很有可能每天 24 小时都戴着耳机，不知道 Buddy Holly 和 Don McLean 是谁。请接受我的建议：去任何你可以获取音乐的地方听听他们的歌。尽管你在忙个不停，也不妨听听 Buddy Holly 的 *Peggy Sue* 和 McLean 的那首令人难忘的关于梵高的 *Vincent*（*Starry Starry Night*）。

❷ 然而，在"危险边缘！"游戏中，Ken Jennings 仍然保持着赢取 75 场比赛的纪录！ 2020 年初，Holzhauer 与 Jennings 和另一位过去的冠军 Brad Rutter 展开了被称为"史上最伟大比赛"的较量。Jennings 轻而易举地赢了比赛，尽管 Holzhauer 也获得了亚军，并赢得了 25 万美元。

**场景 3**

1994 年,美国职业棒球大联盟的球员举行罢工。这导致包括整个季后赛和世界大赛在内,共有 938 场比赛被取消。球队老板们要求设定工资上限,并提出了一项新的收入分成计划,该计划需要得到球员们的支持。球员工会拒绝了这一提议,他们认为这对球员不公平,它只是为了解决老板之间意见不一致的问题。在漫长的谈判未能打破僵局后,代理总裁 Bud Selig 在 9 月 14 日宣布取消了赛季剩余的所有比赛。取消本赛季剩余比赛的行动意味着老板们会有 5.8 亿美元的收入损失,球员则有 2.3 亿美元的工资损失。因此,由于认为这是一个不公平的报价,球员们基本上放弃了 2.3 亿美元。而当时球员的平均年薪约为 120 万美元。这反过来也给老板造成了两倍以上的损失。

**场景 4**

英国的一档日间秀节目"金球"(Golden Balls)中的一个环节是这样的:两名选手彼此面对面,决定现金池里现金(节目中每对选手面对的现金池中的金额不同)的分配。现金池里的现金即便没有几十万英镑通常至少也有数千英镑。每位选手都会得到一组两个球;打开其中一个,里面写着"平分"(split),而打开另一个,里面写着"独吞"(steal)。不管里面的信息是"平分"还是"独吞",每位选手都知道每个球里的信息内容。参赛选手有一些时间来讨论他们的选择,并需要表明他们会采取什么样的决定。如果双方都选择"平分",他们每个人则都能得到现金池中一半的奖金;如果其中一位选择"独吞",而另一位却选择了"平分",那么选择"独吞"的选手将赢得全部奖金,而选择"平分"的选手将什么也得不到;如果两位选手都选择"独吞",那么两位选手都将得不到任何奖金。不同的配对组合会得到不同的结果。在某些情况下,两位成员都选择了"平分"并分享了现金池里的奖金。但也有很多的例子,其中一名成员选择了"平分",而另一名成员却选择了"独吞",即使他曾反复承诺过会选择"平分"。在这种情况下,选择"平分"这一"友好"选项的成员,将不会获得任何奖金。

回到 2008 年 2 月的一期节目,来自曼彻斯特的 Sarah 和来自哈特普尔的 Stephen 最终面对面坐在了一起。奖金总额为 100150 英镑! Stephen 和 Sarah 详细地讨论了面对的情况,两人都反复郑重地承诺,都会选择"平分",从而使每人获得约 5 万英镑的奖金。到了公布各自的选择结果的时间,Stephen 像预先承诺的那样选择了"平分",但 Sarah 虽然在讨论过程中也曾含泪承诺过选择"平分",实际上却最终选择了"独吞",带走了所有的奖金,让 Stephen 一无所获。

# 做决定时，我有多理性

我们每天要做出数百甚至数千个决定，这些决定有大有小，一些是无关紧要的，而另一些则远非如此（尽管这可能因人而异，并不是每个人都赋予各种决定以同等的重要性）❶。很多决定可能会带来金融或经济方面的影响，例如，你决定选这门课或买这本书，甚至决定是否要阅读这本书，都需要做一些权衡——你本可以选择另一门课程、阅读另一本书，或从事另一项活动。这就是你正在做的事情的"机会成本"（opportunity cost），即放弃了最佳替代活动的价值。在钱包里放大量现金的机会成本是没有把钱存入银行而因此失去的利息收入；全家来一趟美妙的欧洲旅行的机会成本是预支了偿还抵押贷款的一部分，如果不去旅行，这笔贷款本来是可以还清的。在某些情况下，将放弃的活动转换成金钱成本的损失比较容易；你也可以用金钱来衡量其他东西的价值——经济学家称之为"估算价值"（imputed value），你可以并且应该给活动赋值 ❷。当你决定从事一项特定的活动时，你已经默认了决定不从事另一项活动。

那么，当面对涉及多种选择的决定时，我们是如何拿定主意的呢？正如 Theodore Geisel（通常被称为 Seuss 博士）在他的书《哦，你将要去的地方》（*Oh，The Places You'll Go!*）（1990）中指出的那样，这不是一件容易的事。这本书被认为是写给小孩子看的，但它也包含了对成人的深刻见解。Geisel 写道，有时读者可能会发现自己身处一个没有街道标识的地方，街道两旁有些窗户透着亮光，有些窗户则漆黑一片；这是一个他可能会摔倒并扭伤的地方。读者是敢于走进去，还是应该待在外面呢？ Geisel 在这部分的结尾写道，通常的情况是读者将会发现，"（即便是）对于一个善于做决定的人来说"

---

❶ 比如，《生活大爆炸》（*The Big Bang Theory*）中的 Sheldon Cooper 坚持把恒温器的温度设置在华氏 68 度；我们大多数人可能不会太在意温度升高或降低一两度。许多经济学家会说，我们所有的决定都有经济意义。例如，恒温器的设置几乎肯定会对采暖费用产生影响。我不会离题太远。在这本书中，我将主要聚焦于明显属于金融 / 经济方面的问题。

❷ 例如，当我的妻子坚持要搜寻便宜货的时候（现在越来越多是在网上找），这是我和她经常进行的对话。我经常放弃去搜寻便宜货，尤其是那些不是特别贵的东西，比如小家电。我算了一下，为了节省 50 美元我可能需要多花几个小时。但这并不是真正的节省，因为对我来说，这些额外的时间是有价值的。我本可以把这些时间花在阅读、写作、看电影或听音乐上。事实上，如果有人问我：为了不花额外的时间去寻找便宜货，你愿意放弃多少钱？我可能会说我愿意支付高达 50 美元。所以，即使我最后省下了 50 美元，事实上这些额外省下来的钱也会被额外花出去的时间的估值所抵消，额外花出去的时间也值 50 美元。因此，为了使买到的便宜货有意义，它必须比我花出去的时间价值节省得更多。当然，我的妻子——更多时候是我的女儿们——回应说，我过分重视时间的机会成本。网上购物的出现确实大大降低了搜寻便宜货的机会成本，这意味着除非一个人的机会成本非常高，否则在所有不太昂贵的商品上寻求节省是有意义的。当然，有些人从购物本身就能获得快乐。

做出决定也根本不是一件简单的事情。

其中有些决定纯属个人决定，例如：我是否应该为我的大屏幕电视申请延长保修期呢？我的苹果手机怎么样呢？我应该买彩票吗？但也有一些决定超越了个人决定，而是群体决定，比如美国职业棒球大联盟球员和老板之间的讨价还价，一个公司试图决定是否降低价格以匹配竞争对手，美国联合航空和大陆航空试图决定是否应该合并以及猜测其他竞争对手对这种合并的反应，瑞士诺华公司决定在一种新的抗癌药物的研发上投资多少以及何时停止投资。

其他的例子还包括：人们试图决定是否为建设当地的公园或其他类似的慈善机构捐款；一位波斯地毯卖家在讨价还价，以决定降价的速度；坦桑尼亚的一名哈扎（Hadza）人正在决定是否邀请另一名猎人加入，以便定下是在当天共同捕获大型猎物，还是试图独自捕捉较小的猎物；当雇主离开时，雇员决定自己工作的努力程度。

但我离题了。回到正题：我们不断地做决定，其中许多都涉及金融财务问题。所以，如果我们能更多地了解我们是如何做出这些决定的，那就更好了。虽然很多领域的研究者都对人类的决策感兴趣，但可以肯定地说，经济学和心理学是对这一问题给予最多关注和付出的两门学科。

经济学家首先假设人类具有一定程度的理性。事实上，人们可以就“理性”（rationality）的含义展开讨论，不同学科的学者经常会这样做。我对“理性”的定义，或者更确切地说，我对经济学家所理解的“理性”的理解是，当面临选择时，人类会对收益和成本进行清晰的计算；我们有远见，能够进行复杂的计算，最后，我们感兴趣的是最大化经济学家所说的效用（utility）❶。此外，我们并不拥有可以选择任何我们想要的东西的“超能力”。我们的选择是受限制的，因为这不仅取决于我们想要什么，还取决于我们能负担得起什么。如果由我自己来决定，我总是更喜欢乘坐商务舱，但我的教授薪水让我在很多时候无法这么做。

这些都是理性的假设，即使人们未必同意以上关于理性的这个定义（即自我利益视角的定义），人们也应该认为这些假设是规范性或标准性的（应该会发生什么）；也就是说，它们规定了一个行动过程，而不是描述性的。毕竟，每个人都应该寻求最大程度的幸福，这是有道理的；公司也应该实现利润最大化。一个不能实现利润最大化的公司将被挤出市场。因此，在某种意义上，当经济学家对人类进行思考时，他们想到的是Spock 或 Sheldon Cooper 先生。

---

❶ 我很快就会对效用的经济学概念做更多介绍。现在，让我们把效用看作幸福或满足。对于商业行为而言，这可能相当于利润。在极端情况下，人们可以把纯粹的“经济人”（homo economicus）看作稻草人。这类人的效用完全取决于他／她的金钱回报。但是，正如我将在本书中详细讨论的那样，效用最大化并不等同于总是出于个人利益考虑。人们可能会从慷慨、善良和帮助他人中获得效用，甚至以牺牲个人利益为代价。

另外，心理学家通常是从假设人类是"有限理性"（bounded rationality）❶开始；人们可能会再一次争论这到底意味着什么，但我对"有限理性"的定义是，"我们的认知能力是有限的；我们面临着时间、计算能力和远见的限制；我们经常受到偏差（bias）和判断错误的影响"。有些问题很难，有些问题我们很少遇到。这意味着我们在某些问题上比在其他问题上有更多的经验和专业知识。购买生活用品并不构成太大的挑战，我们经常这样做。但是购买一台电脑就需要更多的研究，买车更是如此。而买房子是我们很少做的决定。

任何买过房子的人都会知道这有多么大的压力。哪一栋房子才是自己应该买的合适的房子呢？当孩子们大一点的时候，它还会是"合适的"吗？选择什么样的社区呢？哪一个学区呢？要不要靠近大海？是选择更好的生活品质但需要更长的通勤时间，还是选择靠近高速公路，这样虽减少了通勤时间但生活品质却不高？向哪家银行申请贷款呢？这家银行赠送一台平板电视，而另一家银行却能支付律师费用，第三家银行则能提供较低的"具有诱惑性的"利率。在长达25年的贷款过程中，哪一家银行更好呢？通常，我们看到的房子只是"感觉不错"，所以我们忽略了其他与我们的判断相悖的因素。杜克大学的心理学家Dan Ariely被认为是人类决策方面的专家，他谈到自己开着一辆崭新的、小型的、鲜红色的奥迪敞篷车回家，后来他才意识到，作为两个年幼孩子的父亲，这辆车远远不是他和他的家人真正需要的。即使是最老练、计算能力最强的人也会纠结于这些选择。这意味着犯错的可能性越大，我们处理手头任务的能力就越弱。

但这一切主要是出于自利／自身利益（self-interest）吗？对我而言什么是最好？什么会让我和我亲近的人过得更好？我们想要达到最优结果。我们想在合适的学区买合适的房子，参加合适的退休计划（retirement plan），尽可能获得最好的健康保险，并选择最好的手机和宽带包组合。但我们经常做不到，因为有些选择真的很复杂。我们会感到困惑，或者失去耐心，或者只是因为在周末太累而无法处理这些问题。

但除了自身利益外，就没有别的影响因素了吗？情绪呢？同理心呢？利他主义呢？善意呢？道德呢？我们是应该主要依赖理性而不依赖激情，还是应该让激情指引我们，只要是在理性的范围之内就可以呢？在灵长类动物中，人类表现出参与大群体社会生活的能力，并在非血缘亲属关系中频繁合作。这就必须建立制度，使这种合作能够出现并经常以社会规范和习俗惯例为基础得以确立。因此，这也是质疑自利假设

❶ "有限理性"一词被认为出自博学多才的Herbert Simon。Simon的观点反驳了传统经济学的"理性"假设；人类在选择上面临着各种各样的约束，但我们会在这些约束条件下寻求最大化自己的幸福（或效用），这被称为"约束优化"（constrained optimization）。Simon的观点是，我们面临着认知能力上的限制，因此，我们并不一定会像经济学理论所假设的效用最大化者那样行事。这可能不是有限理性的全面定义，但它已经足够接近，应该足以凸显经济学家和心理学家采用的不同方法取向之间的区别。

（assumption of self-interest）的另一种说法。

Jeremy Bentham（1748—1832）信奉的功利主义（Utilitarianism）原则支撑了许多经济思想，这与事实相差不远。Bentham 说，我们的首要目标应该是进行冷静的推理，我们应该选择能让大多数人获得最大幸福的行动方案。David Hume（1711—1776）提出了一种相反的观点，他说："理性是，也应该是情感的奴隶；除了为它们服务和服从它们，别无他职。"因此，这是关于人类决策的心理学观点与经济学观点的另一个不同之处：是否明确地考虑被广泛称为"情绪"（emotion）的因素的作用——在这里我使用这个术语是宽泛的，包括所有相关内容，如直觉、同理心、感觉和激情。

## 笛卡尔错误

据说法国哲学家、数学家和科学家笛卡尔（Rene Descartes）曾说过："我思故我在。"但笛卡尔真正想要表达的是亚里士多德（Aristotle）时代的思想，也就是身心二元论。在不深入讨论细节的情况下，问题的关键在于理性与情感之间有一个明显的区别：理性被认为优于情感，而且比情感更有用。笛卡尔有效地论证了正是我们的推理能力使我们成为人类；理性的过程必须不受情绪、情感的阻碍。加州大学洛杉矶分校（UCLA）的神经学家 Antonio Damasio 在他的著作《笛卡尔错误》（*Descartes' Error*）中挑战了这种二元性，他认为理性需要情感输入；如果没有情感（或"激情"），我们大多数人将无法进行正常的日常活动。Damasio 的第一个例子是关于 Phineas Gage 的。

1848 年 9 月 13 日，Gage 在佛蒙特州卡文迪什村附近领导了一个为铁路部门工作的岩石爆破工作团队。这项工作要在岩石上钻孔打洞，填入炸药和导火引线，然后用一个 3.5 英尺（译者注：1 英尺 =30.48 厘米）长的铁夯将沙子、黏土或其他惰性物质塞进炸药粉末上方的洞中，以控制爆炸的能量并将其导向周围的岩石。这一天，一个炸洞过早爆炸了。Gage 手中的铁夯穿过他的左脸颊，刺穿了他的大脑额叶，然后从颅骨的右侧伸了出来。Gage 暂时失去了意识，但他很快就坐起来了，并成功坐了 30 分钟的车前往医院手术室做了手术。Gage 活了下来，并继续生活了 12 年，有时以扮演马戏团表演中的"怪人"来谋生。但在事故发生后的几天里，Gage 不再是原来的那个人了。他很冲动，满嘴脏话。他喝酒打架。医生们以现在的观点来看，认为 Gage 行为的这种巨大差异是由他大脑额叶的严重损伤造成的。

Damasio 接下来讨论了他的一个病人——Elliott。Elliott 有一份很好的工作，直到医生发现他的大脑额叶长了一个肿瘤之前，他工作得一直很好。肿瘤被切除后，大脑受到了严重损伤。Elliott 的生活很快就崩溃了。Elliott 的推理能力并没有丧失。Damasio 很快发现 Elliott 的认知能力也没有受到损害。他在智商测试和其他智力测试中表现出色。他的短期记忆和长期记忆都很好，他的语言技能、感知能力和数学能力都仍然存在。但他就是无法完成分配给他的工作任务，他可能要花一整个下午的时间来弄清楚如何对他的文件进行归类。

很快，Damasio 意识到他一直困扰于 Elliott 的智力状况。但 Elliott 缺少的并不是智力。Damasio 写道："他总是很有控制力，总是以一个冷静、不参与的旁观者身份来描述场景。他体会不到痛苦的感受，即使他是主角。"Damasio 让 Elliott 看了很多充满情感的图片，比如燃烧的建筑物、可怕的事故和即将溺死的人的图片。Elliott 对这些图片始终保持着奇怪的冷静。到这时，Damasio 对 Elliott 的内心生活有了更好的了解：

试着想象一下，当你凝视一幅你喜欢的画或听一段你最喜欢的音乐时，你却感受不到快乐。试着想象自己被永远剥夺了这种体验，可是却能意识到视觉或音乐刺激的知识内容，也能意识到它曾经给自己带来过快乐。我们可以把 Elliott 的困境概括为知道但却无法去感受。

我的观点是什么呢？我的观点是，思考（thinking）的问题并不像听起来那么简单，似乎有时候，为了完成任务，理性需要明确的情感输入。所以，在心理学家看来，人类看起来不像 Sheldon，而更像 Leonard Hofstadter 或 Penny❶。

## >> 经济学家和心理学家的有趣发现

请看图 1.1。假设我问你："这是什么？"你马上会回答它是恐龙。假如你（或者是《侏罗纪公园》电影的粉丝）更有辨别能力，甚至可能会说出它是霸王龙（Tyrannosaurus Rex）。这是我的学生们通常的反应。但它不是真正的霸王龙，对吧？这是我从我女儿的玩具堆里挖出来的一个废弃已久的恐龙玩具。事实上，它是霸王龙的"模型"。这个模型是基于我们从现有化石记录中了解到的知识设计的。事实上，我记得在参观纽约自然历史博物馆时，我们进行了一场有趣且信息量丰富的讨论，讨论的内容是 Spielberg 在电影中对迅猛龙（Velociraptor）的所有误解。该模型可能不精确，而且可能在某些方面出错，但它可以达到一个有用的目的：告诉我们这种特殊的动物最可能的样子或行为。

---

❶ 这一电视剧的忠实粉丝们都知道，在总共 12 季中，我们从来没有真正了解到 Penny 婚前的姓氏是什么；尽管她有一个更正式的名字 Penelope。然而，在剧中，她嫁给了 Zack Johnson，没有迹象表明她曾称自己为 Penny Johnson，主要是因为她没有意识到自己实际上是已婚的。她嫁给 Leonard 后就随了夫姓。

图 1.1　霸王龙：一个模型的例子

　　这是经济学理解人类行为的方法：从一个基于某些行为假设的"模型"（本质上是一种理论）开始。看看这一模型对不同环境下的行为做出了什么预测，然后看看实际行为是否与这个"模型"相符。如果不是，那么可能会修正模型，使其更符合实际。适用于恐龙这一个案的观点也适用于对人类行为案例的思考：所有的模型都是错误的，但有些模型是有用的。当然，模型的预测取决于模型的假设，因此，如果假设存在问题，那么模型的预测就可能会出错。但是，尽管如此，从一个模型开始，并在过程中作出调整，是解决许多科学问题的一个好方法。在下一章中，我将更详细地讨论有关假设的一些问题，以及在实际工作中检验基于这样一种模型的假设意味着什么。但是，我现在不想离题进入这场辩论，让我继续。

　　心理学家通常从关注"目标"行为开始；这通常指一种有趣且经常被观察到的行为模式或现象。心理学家不是试图要创作出基于假设的此类行为模型，而是更喜欢收集有关此类行为的数据。一旦一个特定的现象被记录多次，心理学家就会把它称为"理论"，这里所谓的理论实际上是模型的代名词，因为一旦一个理论被构建，它就可以用来对类似情况下的未来的行为作出预测。因此，心理学的方法是描述性的。

　　以 Roy Baumeister 提出的"自我损耗理论"（ego depletion theory）为例。Baumeister 将两组参与者分别安排在两个房间里，要求每组参与者都围在一张桌子周围。在其中一个房间里，桌子上放着一碗刚切好的花椰菜。另一个房间的桌子上则放着一碗刚烤好的饼干，饼干的香味弥漫整个房间。参与者被禁止食用两个房间的碗里的任何东西。之后，两组参与者都被要求解决具有挑战性的数学问题。结果发现，在有饼干的房间里的那组参与者放弃尝试解决问题的速度要比在有花椰菜的房间里的参与者快得多。

　　这一发现使 Baumeister 得出了如下结论：日常生活中的许多任务都需要我们运用自我控制（self-control）。但是，我们所能够运用自我控制的时间和强度是有限的。与那些被要求远离花椰菜的人相比，那些不得不克制自己不吃饼干的人需要更强的自我控制。结果，在有饼干的房间里的参与者已经用尽了大部分的自我控制限额，因此很难再集中精力解决接下来的数学问题。而面对花椰菜的参与者则有更多的自我控制储备，因此持续执行问题解决任务的时间更长。

Baumeister 将其称为"自我损耗理论"。这种思想认为，随着时间的推移，我们运用自我控制的能力会减弱。这就是为什么我们大多数人在白天自控能力很强的时候更容易抗拒甜点（或巧克力），而在自控能力较弱的晚上则更难抗拒。这也是大多数超市都做如下布局的原因：当你走进超市时，所有超市的水果和蔬菜货架都在前面；而冰激凌和其他甜点都放在后面的货架上，因为你即将完成购物——当我们的购物车里装满水果和蔬菜后，我们就更容易拿起一大桶冰激凌了。如果一个超市把冰激凌货架摆放在前面，会发现很少有顾客会购买它 ❶。

这是描述性心理学研究范式的一个例子：从一个经常观察到的现象到建立一个关于这些观察的潜在解释的理论。然而，这种描述性方法的一个缺点是，在某些情况下，一个特定的现象可以用多个理论来解释。在这种情况下，很难知道某件事是由某种特定原因引起的还是由另外一种原因引起的。有时，这也使预测未来的行为变得困难，并偶尔会造成实验结果的可重复性方面的问题。对不同方法而言，并不能说某种方法比另一种方法更有内在的优越性。它们都是理解人类行为弱点的方法，每一种都有其优点和缺点。这就是行为经济学家开始依赖这两种方法的部分原因，他们这样做带来了巨大的好处，我希望在接下来的内容中能够说服你。

## 将心理学融入经济学：猜测游戏

为了更好地理解心理学洞察力如何丰富经济推理（economic reasoning），让我们来玩一场"猜测游戏"（guessing game）（在我的许多课堂和讲座中，我都组织了这种游戏）。游戏是这样进行的。我分发小纸条，让小组的每位成员在 0 到 100 之间选择一个数字。获胜者是那个尽可能接近小组所有成员选择数字的平均数的一半的人。在实际使用中这个分数标准（通常被称为"目标"）不一定是 1/2，也可以是另一个分数标准，比如2/3。然后收集所有纸条，将所有数字输入 Excel 电子表格，计算平均值，然后取平均值的一半。我找到最接近这个答案的人，给他／她一点金钱奖励 ❷。

---

❶ 近年来，这一理论受到了质疑，因为许多其他研究者未能复制这些发现。我暂时不打算讨论这个问题。这并不是因为讨论不重要，而是因为它超出了我们的范围。在这里，我对讨论研究结果的可重复性不太感兴趣，我更想为初学的读者提供一个从观察到理论的心理学研究的优秀范例。我相信这个例子可以达到目的。

❷ 我经常这样做；事实上，我在每次教学中都如此。所以，久而久之，我已经从自己的口袋里掏出了一大笔钱。

如果你尝试玩这个小游戏，你将从接下来的几段话中获得更多信息。请把书放下，考虑一下，然后写下一个数字。

那么，你选择了哪个数字呢？如果你像 Sheldon Cooper 一样，那么你可能会选择 0！事实上，这就是拥有传统经济学思维的、冷静的推理者会给出的建议。为什么？假设每个人都选 100。那么这一组的平均值是 100。平均值的一半是 50。在这种情况下，你应该选择 50，尽可能接近平均值的一半。但是如果每个人都是这么想呢？！在这种情况下，每个人都选了 50，所以平均值是 50，平均值的一半是 25。那么，你应该选择 25 是吗？不，因为如果每个人都算出来，然后选择了 25，那么平均值就是 25，而你应该选 12.5 才会尽量接近平均值的一半。如果你继续这一过程［用经济学术语来说就是"迭代思维"（iterated thinking）］，那么唯一幸存下来的数字就是 0。每个人都应该选择它。用专业术语来说，这就是均衡结果（equilibrium outcome）。随着时间的推移，每个人都应该趋同至 0；随着时间的推移，那些选择其他数字的人应该会认识到他们选择方式的愚蠢。当然，如果你只有一次玩这个游戏的机会，选择 0 并不是很有帮助。

但我相信，当你得知事实并非如此时，你不会感到惊讶。事实上，如果你选择了 0，你很少会"赢"。假如目标（分数标准）是 1/2，如果你选择的是接近 13 的数字，那么你更有可能赢，也就是说，你应用了从 50 到 25 再到 12.5 的推理。庞培法布拉（Pompeu-Fabra）大学的 Rosemarie Nagel 对这个问题以及人们如何思考这个问题做了大量的研究。图 1.2 显示了选择的典型模式。

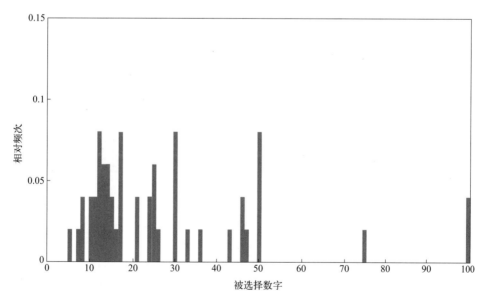

图 1.2　在目标为 1/2 的猜测游戏中被选择的数字

根据 Nagel（1995）数据重新制作

你注意到了什么？50 这个数字处有一个大的高峰。这些人是在第一步就停止的人。

然后在 30 这个数字处有一个高峰，在 25 这个数字处又有一个小的高峰。这些人走到了围绕数字 25 的第二步。然后在数字 10 到数字 17 之间有一个大的集群。这些人走到了围绕 12.5 的第三步，然后做了一些向上或向下的调整。事实上，在 0 或接近 0 处，选择的人很少。这一组被选择数字的平均值是 27，而中位数是 17。这意味着大约 50% 的被选择数字小于 17，这相当接近 12.5 的第三步。

如果目标（分数标准）是 2/3 呢？图 1.3 显示了这一结果。再一次，迭代思维表明，人们应该出于类似的理由选择 0。假设每个人都选 100，那么这一组的平均值是 100，平均值的 2/3 就是 67。但如果每个人都选择了 67，那么平均值就是 67，平均值的 2/3 就是 45。再次重复这个过程，你就可以达到 30，以此类推。Nagel 再次发现，很少人会选择 0。在数字 67 左右有一个高峰，然后在 40 和 50 之间有一群选择，在 40、45 和 50 处有一个小的高峰，在 35 和 25 处有一个大的高峰。因此，虽然选择高峰并不完全在 67、45、30 等数字处，但它们处在一个有一些偏差的大致范围内，因为每个个体都在进行小幅的向上或向下调整。

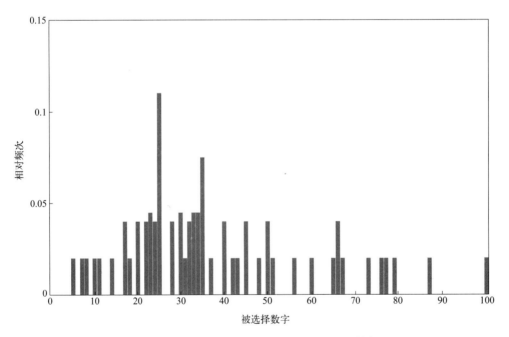

图 1.3　在目标为 2/3 的猜测游戏中被选择的数字

根据 Nagel（1995）数据重新制作

更有趣的是，Nagel 研究了她所谓的"过渡区间"（interim intervals）。显然，人们不会选择准确的目标。Nagel 观察了目标周围的推理区间；所以，在目标为 1/2 的情况下，被选择的数字不完全是 50，而是略高于或低于 50。图 1.4 显示了这些过渡区间。有几件事值得注意。首先，0 被选择的频次非常少。第二，很多选择确实落在了我们预期的过渡区间中。例如，如果你查看图 1.4（a），你会注意到在"1/2 目标游戏"中，许多选择集中在 50、25 和 12.5 附近；如果你查看图 1.4（b）"2/3 目标游戏"的情况，你便会发现类似的模式。最后，大部分的选择都包含在前三个区间内。对于"1/2 目标游戏"，大部分选择都位于 3 个集群中，分别是 50、25 和 12.5 左右。对于图 1.4（b）来说，这种趋同没有那么明显。理论预测了 67、45、30 等选择。51 和 100 之间的选择很多，45 左右的选择很少，但 30 左右的选择会大幅增加。

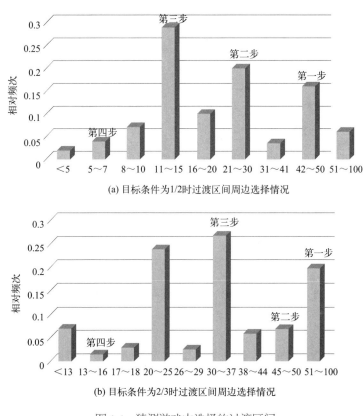

(a) 目标条件为1/2时过渡区间周边选择情况

(b) 目标条件为2/3时过渡区间周边选择情况

图 1.4　猜测游戏中选择的过渡区间

根据 Nagel（1995）数据重新制作

所以，简单以"0"为目标并不能获得成功。你需要主动预测小组中的其他人在做什么。现在，此时此刻，许多人会说：他们只是一些学生，玩这样小赌注的游戏。他们对玩这样的游戏会有多认真呢？他们其实知道"正确"答案是什么吗？加州理工学院的 Colin Camerer 厌倦了人们问他这些问题。所以，他找了另一群人玩这个游戏，包括正在度假的大公司的首席执行官（CEO）、投资银行的投资基金经理和经济学博士。图 1.5 显示了发生的情况。如果大多数人选择了 0，那么我们认为条形图都聚集在 0 附近。条形图越分散，选项就越分散，离 0 越远的选项就越多。很明显，首席执行官和投资基金经理们没有选择 0。事实上，选择 0 的比例在加州理工学院的学生中要高得多。当我在哈佛肯尼迪学院做这个实验时，也有很多学生选择了0。我不认为这些人就一定比其他人聪明。他们也许聪明，但也有可能（在环顾房间时）形成对他们同伴的判断：他们知道什么，他们将运用何种水平的思考❶。

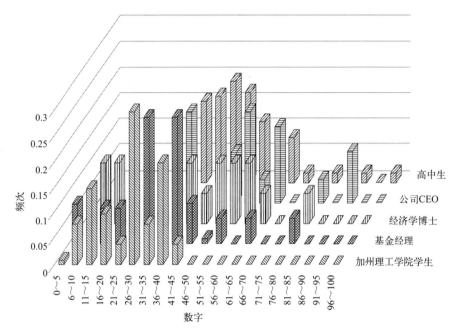

图 1.5　不同被试群体在猜测游戏中的选择

根据 Camerer（2003）数据重新制作

经济学家有时将这些模型称为"认知层级"（cognitive hierarchy）或"k 水平思考"（Level-k thinking）。可能有一些天真的人在第一步就停止了，比如在"1/2 目标游戏"中选择 50。让我们将这种思考水平称为"0 级水平"：每个人都会选择 100，所以平均值是 100，因此平均值的一半是 50❷。还有第二种类型的人运用了"1 级水平"的思考，这种思考的结果是 25；然后有一个"2 级水平"的思考类型可以到 12.5。实际上，真实情况比这要复杂一些。除了天真的"0 级水平"类型外，每种类型的人都可能会考虑群体中特定类型的玩家数量，并据此调整他们的反应。这就是为什么会得到有些分散的

---

❶　这是一种迭代思维，你会试图预测别人在思考什么，或者别人正在思考你在思考什么，等等，这通常被称为心理理论（theory of the mind）。这与通过猜测游戏的各种步骤来达到 0 是不同的，必须要求一个人能够与他人感同身受，或者能够创造一种他人思考的心理模式。我们可以用"同理心"（empathy）来形容这一点。我的观点是：在所有迭代思维的情况下，通常有必要将其他内容注入"纯粹的推理"中，这些内容可以是共情、感觉、直觉或其他什么。在本书中，我选择将这些东西称为"情感输入"，但其他人可能更喜欢用一个不同的词而不是"情感"。

❷　一些研究者习惯将这种思维称为 1 级水平思维，0 级水平思维可能意味着从 0 到 100 之间随机选择一个数字。我还是按照惯例称为 0 级水平，这意味着选择 100（或数字范围中的最大数字）。这不会对直觉或呈现在这里的观点造成任何伤害。

结果，而不是所有选择都正好接近 50、25、12.5 等。

但你会想问：这和现实生活有什么关系呢？我的女儿们喜欢看一个叫"家庭问答"（Family Feud）的节目，有时她们会让我和她们一起看。两个团队为了得分而比赛。下面是我看过的一集中的一部分。其中一个团队被分到的主题是"人们在度假时丢失的东西"。团队有许多选择，如丢失钱包、丢失护照、丢失金钱等。与此同时，该节目的组织者随机调查了 100 人，并向他们每个人提出了相同的问题。团队面临的挑战是选出在这 100 名外部受访者中最受欢迎的选项。例如，如果在这 100 人中，最常被选择的是"钱包"，那么同样也选择"钱包"的团队得分最高；如果他们选择了第二受欢迎的选项，得分就会变少，如果他们选择了第三受欢迎的选项，得分就会更少，以此类推。所以，突然之间，你认为你在度假时会丢失什么就不重要了，但你需要预测演播室外的 100 名随机受访者认为在度假时会丢失什么。如果你认为这是一个微不足道的例子，那么请记住，大多数人选择股票是基于他们对这只股票名字的熟悉程度。他们认为其他人也会熟悉这个名字，也会选择这只股票，这意味着这只股票可能比其他股票表现更好。在所有这些情况下，你需要预测你的同伴群体中的其他人会做什么。

现代宏观经济学之父 John Maynard Keynes 曾写道：

> 专业投资可以比作各大报纸举办的比赛，参赛者必须从 100 张照片中选出 6 张最漂亮的面孔……因此，每位参赛者不是要挑选自己认为最漂亮的面孔，而是要挑选出他认为最有可能吸引其他参赛者的面孔，而大家都是从这样一个相同的角度来看待这个问题。我们已经达到被强迫选择的程度，我们奉献自己的智慧只是用来预测一般人期待的意见是什么样子。

在许多这样的例子中，如果你只运用均衡推理（equilibrium reasoning），你很可能不会"赢"。更好的选择是四处看看，了解一下这个房间，想想你的同伴可能会运用多高水平的推理。总之，单纯的推理是不够的。当然，你需要进行一定的推理，因为在第一步就停止也不是成功的秘诀。这还需要获得那些与你互动的人的一些情感投入和心理直觉的补充。简而言之，理智因激情而发酵：这是行为经济学（behavioural economics）的本质。

## 经典经济学问题：消费者的选择

一般来说，我们可以想到三种我们经常需要做的决策。首先，是涉及一个人自己的决策，这样的决策可能不会影响到其他人。例如，买彩票，决定是买一部新的苹果手机还是把钱存进储蓄账户，办理抵押贷款等。第二，涉及小群体或一对一讨价还价等情况的决策。比如，砍价，是否参加集体行动（如为气候变化游行）。这时，我们做什么通常取决于别人在做什么以及我们对他们的看法。许多这样的决策都涉及策略性思维（strategic thinking），在这个意义上，我们经常需要预测对方会如何回应我们所做的选择。有时，我们需要采用博弈论（game theory）工具来深入思考这些情况。但同样，许多这样的决策也会受到社会规范（social norms）观念的影响：什么是公平；什么是适当的；期望是什么。第三，我们在有很多买家和卖家的市场中需要做出决策。通常情况下，在这些市场上，个人对价格的主导能力有限，因为他（她）只是市场上众多行为主体中的一个。所以，有时，这些决策可能类似于个人选择问题——你想在超市以给定的价格买多少东西——但并不总是如此。

下面，我将讨论解决消费者选择问题的具有典范性的经济学方法。之前学过经济学的读者应该对这些材料很熟悉。即使你以前没有学过经济学，这对我们的学习目的来说也不是必需的。你可以跳过它，直接阅读以"做决定时，大脑内部发生了什么"为标题的这一部分，我展示了一些功能性磁共振成像（fMRI）研究的结果，以了解当我们在各种选项中做出选择时大脑内部发生了什么。这不会妨碍你在下一章继续阅读其他材料。但是其他学科背景的读者可能会觉得下面的内容很有趣也很有用。它会让你对我所说的经济学中的"规范化"方法有所了解。

## Ana 怎样花掉 100 美元

Ana 的爸爸给了她 100 美元作为生日礼物，并告诉她可以选择如何花这些钱。假设 Ana 可以用它来买两件商品，我们姑且称它们为商品 X 和商品 Y［当然，Ana 也可以选择为以后存一些钱，但让我们假设她不需要为储蓄而担心（用经济学术语来说，为了"不失去一般性"）］，现在，Ana 打算花掉她可以支配的 100 美元。

### Ana 不能买她想要的一切，她的选择受到约束

那么 Ana 应该怎么花她的这笔钱呢？首先，这取决于 X 和 Y 两种商品的价格，这将决定她能负担多少。假设 X 价格为每件 20 美元（$P_X$=20 美元），而 Y 价格为每件 10 美元（$P_Y$=10 美元）（X 也许是一张电影票，Y 也许是一大桶爆米花）。她能负担得起多少件呢？如果她把 100 美元都花在了 X 商品上，因为 X 每件 20 美元，她可以买 5 件；如果是 Y 商品，她可以买 10 件。这样我们就可以画出 Ana 的预算约束或预算限制（budget constraint）图。她可以买 5 件 X 或 10 件 Y，或者两者加起来正好是 100 美元的任意组合。图 1.6 显示了这种预算约束。一种极端的情况是，Ana 买了 5 件 X 和 0 件 Y；另一种极端情况是，她买了 10 件 Y 和 0 件 X。如果我们用一条直线连接这两个端点（或"截距"），那么这就是 Ana 的预算约束线（budget line）。她可以选择两种极端情况中的任何一种，或者更有可能的是，选择这条线上的一个中间点，使消费总金额是 100 美

元。例如，她可以花 80 美元买 4 件 X，再花 20 美元买 2 件 Y，总共花费为 100 美元；或者买 3 件 X 花 60 美元，再加 4 件 Y 花 40 美元；等等。这条线的斜率是负的，因为为了购买更多的其中某一种商品，Ana 就需要放弃另外一种商品。我们把可能的 X 和 Y 的选择配对称为"消费组合"（consumption bundle）。

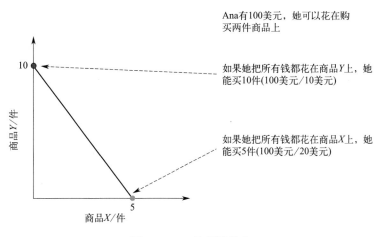

图 1.6　Ana 的预算约束

　　图 1.7 显示，预算约束线的绝对斜率由两种价格之比（$P_X/P_Y$）给出。这是因为直线的斜率是由纵移（垂直变化距离）除以横移（水平变化距离）得到的。在这种情况下，纵移为（收入 $/P_Y$），而横移为（收入 $/P_X$）。简单的代数运算表明，这与（$P_X/P_Y$）相同。当然，这是绝对斜率（或斜率的大小），因为实际斜率是负的。如果给定 $P_X$ 和 $P_Y$ 的假设值，这个值等于 2（20 美元 /10 美元）。这仅意味着你可以用 1 件 X 买 2 件 Y；换言之，如果你多买 1 件 X，那么你就需要少买 2 件 Y。

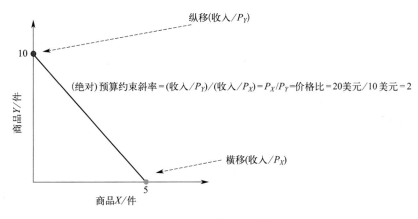

图 1.7　Ana 的预算约束线的斜率

　　图 1.8 显示了 Ana 选择的本质。她能负担得起在预算约束线范围内的任何消费组合，

但不能负担超出这条线范围（线以上和线以右）的消费组合。当然，她可以在阴影三角形范围内消费，但是，就像我在前面说的，她想花掉全部的 100 美元，因此，她会在这条线上运作，而不会在这条线下运作。

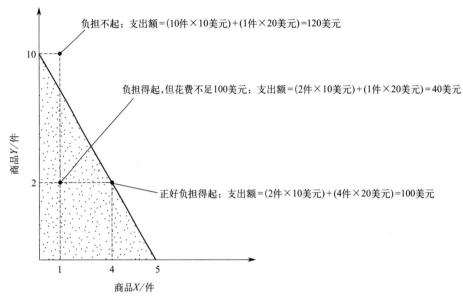

图 1.8　消费组合的价值大于、小于或正好是 100 美元的示例

如果 Ana 的妈妈多给她了 20 美元，会发生什么呢？这样的话，Ana 就有了 120 美元，那么在两种极端购买决策条件下，她可以买 6 件 $X$（120 美元 /20 美元）和 0 件 $Y$，或者她可以买 12 件 $Y$（120 美元 /10 美元）和 0 件 $X$。在这种情况下，她的预算约束线向外、向右移动，与之前的预算约束线平行。或者，假设 Ana 出于宽厚仁爱之心，决定从 120 美元中拿出 40 美元给姐姐 Isha，然后 Ana 就会剩下 80 美元。如果 Ana 只有 80 美元，她可以买 4 件 $X$（80 美元 /20 美元）和 0 件 $Y$，或者她可以买 8 件 $Y$（80 美元 /10 美元）和 0 件 $X$，如果这样，她的预算约束线会向左、向内移动，但还是以平行的方式。图 1.9 显示了每种条件下发生的情况。

让我们回到 Ana 有 100 美元的例子。如果 $X$ 或 $Y$ 的价格上升或下降会怎样呢？假设 $X$ 的价格发生变化。由于 $Y$ 的价格没有变化，所以预算约束线在 $Y$ 轴上的截距不变，Ana 仍然可以买 10 件 $Y$、0 件 $X$。但现在她能够买更多还是更少的 $X$，这取决于 $X$ 变得更便宜还是更昂贵。如果 $X$ 的价格低于每件 20 美元，而 Ana 将她所有的 100 美元都花在 $X$ 商品上，那么她可以购买超过 5 件。在这种情况下，预算约束线将围绕 $Y$ 轴截距向外旋转。然而，如果 $X$ 变得比每件 20 美元更贵，而 Ana 将她的全部 100 美元花在 $X$ 商品上，那么她可以买到的 $X$ 就不足 5 件。在这种情况下，预算约束线将围绕 $Y$ 轴截距向内旋转。图 1.10 显示了这种不同的情况。

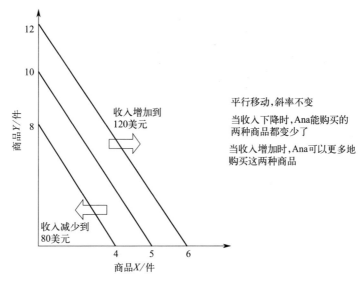

图 1.9　Ana 的收入变化对其预算约束的影响

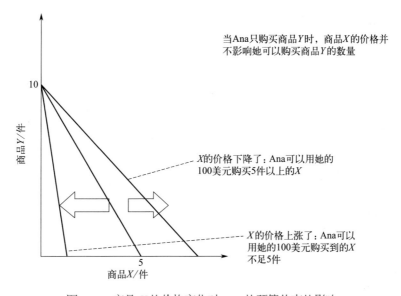

图 1.10　商品 $X$ 的价格变化对 Ana 的预算约束的影响

　　如果 $X$ 的价格不变，而 $Y$ 的价格变贵或变便宜，那么预算约束在 $X$ 轴上的截距保持不变。Ana 仍然可以购买 5 件 $X$ 和 0 件 $Y$。但现在，她可以买更多或更少的 $Y$，这取决于 $Y$ 是变便宜了还是变贵了。如果 $Y$ 的价格低于每件 10 美元，而 Ana 把 100 美元全部花在 $Y$ 上，那么她可以买的件数会多于 10。在这种情况下，预算约束线将围绕 $X$ 轴截距向外旋转，而如果 $Y$ 比每件 10 美元更贵，而 Ana 要把 100 美元全部花在 $Y$ 上，那么她只能买到不足 10 件 $Y$。在这种情况下，预算约束线将围绕 $X$ 轴截距向内旋转。图 1.11 显示了这种不同的情况。

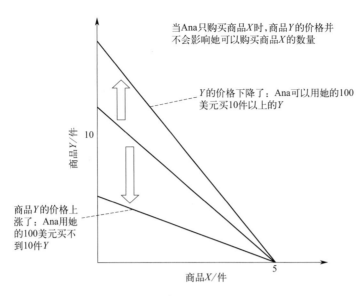

当Ana只购买商品X时，商品Y的价格并不会影响她可以购买商品X的数量

Y的价格下降了：Ana可以用她的100美元买10件以上的Y

商品Y的价格上涨了：Ana用她的100美元买不到10件Y

商品Y/件

10

商品X/件

5

图1.11　商品 Y 的价格变化对 Ana 的预算约束的影响

## Ana 知道她能负担得起什么，但她如何做出选择

Ana 现在很清楚自己能负担得起什么。但问题还有第二个方面。Ana 是如何选择具体的 X 和 Y 的组合呢？经济学家假设商品的消费会产生效用，即商品消费对于个人幸福（happiness）或满足（satisfaction）来讲是有经济意义的。因此，提供更多效用的消费组合会比那些提供较少效用的消费组合更受欢迎。效用是以"序数量尺"（ordinal scale）来测量的。序数测量（ordinal measure）是指我们给更受欢迎的事物分配更高的数字，但这些数字本身没有意义。序数测量的例子包括学位、学术等级或军衔。如果要表示教授（中尉）的级别比讲师（上校）高，那么在序数测量中，教授的分数会比讲师高，但分数本身没有意义。如果你愿意，可以将前者赋值为 5（或 100），后者赋值为 2（或 10）。只要优先选项获得更高的数字就可以，数字本身则无关紧要。[而"基数测量"（cardinal measure）是指数字具有特定意义的测量，例如测量身高、体重、年龄或距离。]

让我暂时离题一下，强调一下"总效用"（total utility）和"边际效用"（marginal utility）之间的区别。显然，我们赋予商品（或商品组合）的价值，以及我们愿意支付的价格，取决于我们从中获得的效用。但是为什么钻石会比水贵那么多呢？水不是提供了更多的效用吗？这就是 Adam Smith 提出的所谓"钻石 - 水悖论"（Diamond-Water Paradox）或"价值悖论"（Paradox of value）。1776 年，Smith 在他的论文《国家财富的本质和原因调查》（*An Inquiry into the Nature and Causes of the Wealth of Nations*，简称《国富论》）中写道：

应当注意，"价值"（value）一词有两种不同的含义，它有时表示某一特定物品的效用，有时表示拥有该物品所代表的购买其他物品的能力。一种可以称为"使用价值"（value in use），另一种可以称为"交换价值"（value in exchange）。在使用上有最大价值的东西在交换上往往价值很小或根本没有价值；相反，那些在交换上有最大价值的东西，在使用上往往很少有或根本没有价值。没有什么比水更有用，但用它几乎买不到任何东西，也几乎换不来任何东西。相反，钻石几乎没有任何实用价值，但却需要用大量的其他商品来交换。水可能更重要，但钻石价格更高是由其稀缺性（scarcity）决定的。

事实上，额外一单位水的价值远低于额外一克拉钻石的价值，这并不是因为总效用计算（结果）的差异，而是因为额外一单位钻石的价值远高于额外一单位水的价值。换句话说，边际效用，即我们从多消费一单位相同商品中获得的额外效用，对于钻石来说比水要高。因此，一种商品的价格通常是由它的丰富程度或稀缺程度决定的。

所以，我们需要做的第一件事是让 Ana 能够对她的商品组合进行排名；她偏爱的组合应该得到更高的分数，而她不太喜欢的组合应该得到更低的分数。图 1.12 描绘了这种情况。假设 Ana 被给定了一个组合 $E$，我在 $E$ 周围创建了 4 个象限，原因大家很快就会明白。对于像 $G$ 这样的位于 $E$ 的右上的组合，也就是在第 1 象限的组合，我们能说些什么呢？$G$ 组合，包含更多的 $X$ 和更多的 $Y$，一定比 $E$ 组合更好。所以，Ana 应该给这些组合打更高的分。那么像 $F$ 这样的组合呢？$F$ 比 $E$ 拥有更少的 $X$ 和更少的 $Y$，所以 $E$ 一定比 $F$ 更受偏爱。这意味着，像 $F$ 这样位于第 3 象限的消费组合将不如 $E$ 组合，并获得更低的分数。考虑到所有这些可能的消费组合，我们希望 Ana 能够说，要么她更喜欢其中一种，要么她对两种都漠不关心，因为两种组合的效用相同。最后，我们需要 Ana 的偏好具有"可传递性"（transitive）。如果给定两种选择 $E$ 和 $G$，Ana 说她喜欢 $G$ 超过 $E$；给定另外两种选择 $E$ 和 $F$，她说她喜欢 $E$ 超过 $F$；继而如果要求在 $G$ 和 $F$ 之间做出选择，Ana 应该喜欢 $G$ 超过 $F$。这是一个关于选择一致性的基本的假设。这一假设在现实生活中经常被违背，影响了许多事情的结果，比如投票模式，但这已远远超出了我们目前想要讨论的范围❶。

接下来我们需要做的是为 Ana 创建一组"无差异曲线"（indifference curves）。无差异曲线显示了给予 Ana 相同效用的消费组合的结合。反过来，这意味着如果我们想要为 Ana 寻找与 $E$ 具有相同效用的消费组合，那么这些组合必须位于第 2 象限或第 4 象限；也就是说，与 $E$ 相比，它们必须包含更多的 $Y$ 和更少的 $X$（第 2 象限），或者与 $E$ 相比，它们必须包含更多的 $X$ 和更少的 $Y$（第 4 象限）。所以，就像预算约束一样，无差异曲线也必须有一个负斜率：如果你想要更多的 $X$（$Y$），那么你必须放弃一些 $Y$（$X$）。我认为 Ana 的无差异曲线看起来像图 1.13。位于右上的无差异曲线会产生更高的效用。

❶ 这本书的大部分内容是我在 2020 年初春写的，当时我在马萨诸塞州的剑桥，民主党的初选正在如火如荼地进行。如果一个人说他更喜欢 Sanders 而不是 Buttigieg，喜欢 Buttigieg 又超过 Biden，但随后又声称他更喜欢 Biden 而不是 Sanders，那么他就违反了传递性。这种情况经常发生。目前，我们只需要让 Ana 别这么做。

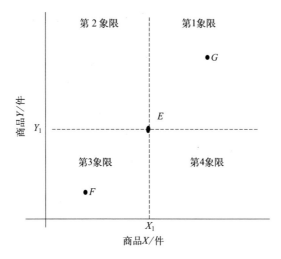

图 1.12　Ana 的消费空间

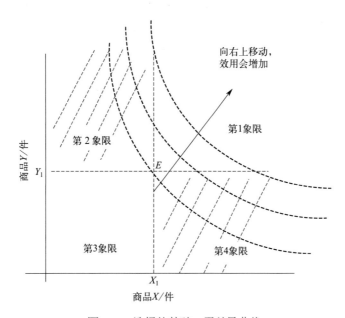

图 1.13　选择的基础：无差异曲线

在图 1.13 中，我绘制了所有的无差异曲线，它们彼此平行。这是因为同一个人的无差异曲线不能相交。或许它们可以，但我们不希望它们如此。为什么？看看图 1.14。在该图中，组合 E 和组合 A 位于同一条无差异曲线上；所以对 Ana 而言它们必须有相同的效用。这意味着对 Ana 而言 E 和 A 之间是无差异的。同理，组合 E 和组合 B 也在同一条无差异曲线上，所以它们对 Ana 产生的效用也一定相同。因此，Ana 在 E 和 B 之间应该也是无差异的。但是，根据可传递性假设（transitivity assumption），假定在 A 和 B 之间有一个选择，Ana 在这两者之间一定是无差异的。但这是不正确的。B 比 A 含有更多的 X 和更多的 Y，所以 Ana 严格意义上应该更偏向 B 而不是 A。所以，利用归谬法可知，如果无差异曲线相交，那么我们最终得到的消费组合同时是自己偏爱的和不偏爱的。这种情况可能会发生，但会非常荒谬。

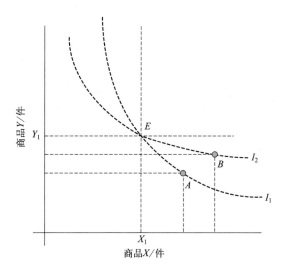

图 1.14　不能相交的无差异曲线

为什么无差异曲线必须看起来像图 1.13 中那样，向原点弯曲呢？看看图 1.15，我在其中画了另外三条可能的无差异曲线来说明我的观点。这三条曲线都是负斜率，即如果包含较少的 $Y$，就会包含更多的 $X$，反之亦然。如果 Ana 的无差异曲线是这样的，会产生什么问题呢？这是有可能的，但目前，我将排除这种可能性。我将很快回到这个问题，解释在这种情况下问题会是什么。因此，与其说是因为无差异曲线是这样的，倒不如说是因为其他形状带来了困难并导致了一些奇怪的预测。所以，把这看作一个归谬法过程的结果，通过排除所有其他形状，我们就得到了这个形状。

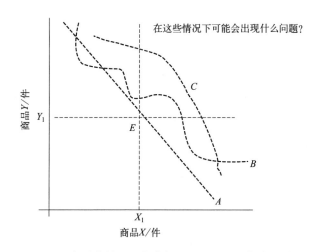

图 1.15　各种其他（可能有问题的）无差异曲线的形状

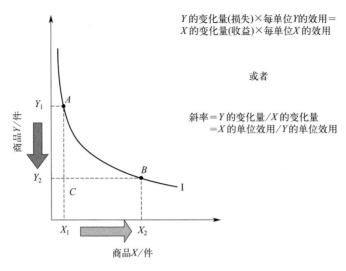

图 1.16　Ana 无差异曲线的斜率

前面我提到，预算约束线的斜率是由价格之比给出的，即（$P_X/P_Y$）。无差异曲线的斜率呢？图 1.16 说明了这一点。假设 Ana 从无差异曲线上的 A 点消费移动到 B 点；也就是说，她减少了 Y 的消费，增加了 X 的消费，但从 A 到 B 仍然在相同的无差异曲线上。因此，她的总效用一定不变。这意味着，减少 Y 的消费所造成的效用损失必须由增加 X 的消费所获得的效用来弥补。我们可以这样写：

Y 的变化量（损失）× Y 的单位效用 = X 的变化量（收益）× X 的单位效用

我们知道，斜率可以定义为纵移量除以横移量（或者，在本例中，Y 的变化量 /X 的变化量）。这意味着无差异曲线的斜率为：

无差异曲线斜率 = Y 的变化量 /X 的变化量 = X 的单位效用 /Y 的单位效用

单位效用的另一个术语是边际效用，因为边际效用实际上是多消费或少消费一个单位的商品的效用的增加或减少。因此，我们可以重写上面的内容：

斜率 = X 的单位效用 /Y 的单位效用 = X 的边际效用 /Y 的边际效用

本质上，在无差异曲线上从一点移动到另一点时，Ana 是在计算她需要放弃多少 X 的每美元效用或放弃多少 Y 的每美元效用。如果 X 给 Ana 的每美元效用大于 Y，那么她应该买 X，反之亦然。继续这样调整，直到 X 和 Y 的效用相等，就此止步。

还有一点我需要指出。还记得我说过的无差异曲线是向内弯曲的吗？这是基于另一项假设，它通常有一个时髦的名字——"边际替代递减率"（diminishing rate of marginal substitution），而这个假设又是基于效用递减原则（principle of diminishing utility）。如果你忽略专业术语，它就是这么说的（而且碰巧相当易懂）：当我们消费更多相同商品时，我们从每单位额外商品中获得的额外效用（边际效用）就会下降。假设 Ana 的爸爸带她去奥克兰的使命湾（Mission Bay），让 Ana 想吃多少冰激凌就吃多少。第一个冰激凌味道很好，带给她很多实用价值；第二个还是好的；第三个就没那么好了；到第四个或第五个，她的肚子就开始疼了。这反过来涉及无差异曲线的斜率。注意，当 Ana 从类似 A 点移动到 B 点时（你可以画出来），她每放弃一单位的 Y，就需要得到越来越多的 X。这是由于边际效用递减；当她消费越来越多的 X 时，她从每一个额外单位的 X 中获得的效用就会变得越来越小，而为了保持效用不变，她就需要更多的 X 来弥补因消费更少的 Y 所带来的效用损失。或者，当她消费越来越多的 X，她从每额外单位 X 中获得的额外效用就会变得越来越小；而当她消费的 Y 越来越少，Y 对她而言就变得越来越有价值；所以，随着她越来越接近 X 轴，对于 X 的任意增量，她愿意放弃的 Y 就越来越少。

这里的重点是，假设 Ana 是愿意为了 X 放弃一些 Y 的，反之亦然。但是，向内弯曲的无差异曲线形状表明这不是 1∶1；事实上，她愿意用 Y 换取 X 的比值不是恒定的。随着她从无差异曲线的 A 点向下移动到 B 点，这一比值会改变。在 A 点处，或者说在 A 点附近，她消费了大量的 Y 和少量的 X；所以，她愿意放弃大量的 Y 来换取多一点的 X。但在 B 点处，或者说在 B 点附近，她消费了大量的 X 和少量的 Y；所以，她不再愿意牺牲太多的 Y。如果你仍然从她那里拿走更多的 Y，你就需要给她更多的 X 来补偿她。

### Ana 知道她能负担得起什么，也知道她应该如何选择，那她应该买什么

现在，Ana 应该消费什么呢？当然，她想消费尽可能多的 X 和 Y，但她并不能真正自由地选择任何她想要的东西。她的选择受限于她的支付能力。这是约束最大化（constrained maximization）这一经济学概念的本质；也就是说，Ana 必须选择能给她带来最大幸福的消费组合，这取决于她实际能负担得起什么，而这反过来又取决于她的预算约束。图 1.17 显示了 Ana 的选择问题。

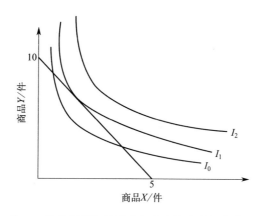

图 1.17　从 Ana 能负担得起的消费组合中找出她最喜欢的消费组合

如果让 Ana 自己来选择，她肯定想在最大效用的无差异曲线上选择一个消费组合；所以 $I_2$ 上的任何点都比 $I_1$ 上的任何点要好，而 $I_1$ 又比 $I_0$ 好。但 Ana 不能自由选择任何她想要的：她只能选择她能负担得起的最佳组合。这意味着她必须选择一个同时处于预算约束线和无差异曲线上的消费组合。由此可以判断，她不能在 $I_2$ 上选择任何消费组合，即使她想这样做，因为这些组合超出了她的预算约束，因此，她负担不起。她可以在 $I_0$ 上选择消费组合，但她可以做得更好。她所能选择的最佳消费组合是恰好位于无差异曲线 $I_1$ 和预算约束线接触点上的消费组合。这是她负担得起的，因为它处于预算约束线上，同时也是能给予她最大效用的组合；超出这一范围她就买不起了。

用专业术语来说，能产生最大效用，同时又能负担得起的最佳消费组合，就是无差异曲线 $I_1$ 与预算约束线相切的那一点。图 1.18 清楚地说明了这一点。

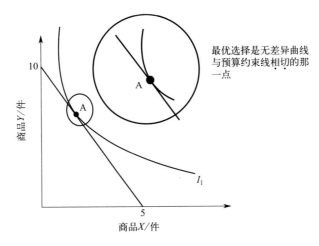

图 1.18　仔细看看 Ana 可能的最佳消费组合

我们接近终点线了。但是，在我们结束之前，让我们回到图 1.15 中看起来有些奇怪的无差异曲线。我为什么把它们排除在外？假设无差异曲线看起来像 $A$，也就是说，是一条直线。如果观察图 1.6 中的预算约束线，那么你将意识到一个问题。如果无差异曲线确实像 $A$ 一样是一条直线，那么将会发生以下三种情况中的一种：一种情况可能是无差异曲线有一个更大的斜率，也就是说，它比预算约束线更陡。如果这种情况发生，那么，为了使效用最大化，Ana 将只会消费 $X$ 而不消费 $Y$；第二种情况，如果无差异曲线比预算约束线更平，那么 Ana 将只会消费 $Y$ 而不消费 $X$；第三种情况，如果无差异曲线的斜率与预算约束线相同，那么当无差异曲线位于预算约束线之上时，Ana 将实现效用最大化。在这里，Ana 可以只消费 $Y$，或者只消费 $X$，或者选择在预算约束线上的任何 $X$ 和 $Y$ 的组合。这当然很好，但这会让我们很难准确地确定 Ana 的选择，因此，很难预测当 Ana 的收入或商品价格发生变化时，她会做出何种反应。这并不是说这种情况不可能发生，而是说它会导致一些奇怪的选择。暂时，我排除了这些奇怪的选择。如果你观察无差异曲线 B 和 C，你会发现它们也会引起类似的问题。例如，B 有上下起伏的部分，这样在同样的无差异曲线上的一些组合中会同时包含更多的两种商品。这是不正确的，因为这将违反可传递性原则，同样的原因，无差异曲线在图 1.14 不能相交。

## 使用"无差异曲线"工具的两个例子

在结束本部分之前，我想展示使用这个工具的两个例子。见图 1.19 和图 1.20。图 1.19 描述了商品 X 的价格从每件 20 美元下降到每件 10 美元的情况。起初，Ana 在无差异曲线 $I_1$ 上的 M 点进行消费。假设 Y 的价格不变，当 X 的价格下降时，预算约束线向右旋转。现在，Ana 找到了一个新的切点，并移动到无差异曲线 $I_2$ 上的 N 点。在 N 点处，Ana 消费的 Y 减少了一点，因为 Y 的价格没有变化，而对变得更便宜的 X 的消费增加了。

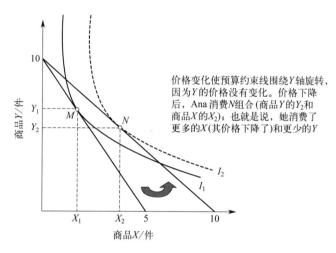

价格变化使预算约束线围绕 Y 轴旋转，因为 Y 的价格没有变化。价格下降后，Ana 消费 N 组合 (商品 Y 的 $Y_2$ 和商品 X 的 $X_2$)；也就是说，她消费了更多的 X (其价格下降了) 和更少的 Y

图 1.19　商品 X 的价格从 20 美元下降到 10 美元时的总体影响的图形分析

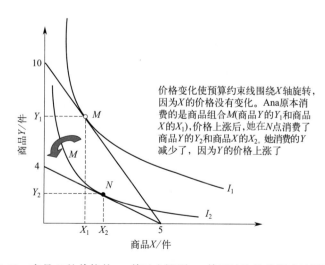

价格变化使预算约束线围绕 X 轴旋转，因为 X 的价格没有变化。Ana 原本消费的是商品组合 M (商品 Y 的 $Y_1$ 和商品 X 的 $X_1$)，价格上涨后，她在 N 点消费了商品 Y 的 $Y_2$ 和商品 X 的 $X_2$。她消费的 Y 减少了，因为 Y 的价格上涨了

图 1.20　商品 Y 的价格从 10 美元上涨到 25 美元时的总体影响的图形分析

图 1.20 显示了商品 Y 的价格从每件 10 美元上涨到了每件 25 美元的情况。此时，预算约束线围绕 X 截距向内旋转，因为 X 的价格没有改变。Ana 从 M 点移动到 N 点，她买了更多价格没有变化的 X，因为她现在买了更少的已经变得更贵了的 Y。

我将留出一个简短的篇幅讨论经济学家经常谈论的事情：收入效应（income effect）和替代效应（substitution effect）。当一种特定的商品 Y 变得更贵，尤其是当这种商品占我们预算的很大一部分时，我们会在两方面感到不安。一方面，因为 Y 更贵，所以我们试图寻找一个合适的替代品，这就是替代效应。我们能在多大程度上用另一种商品替代 Y 取决于是否有接近的替代品。通常，当 Y 更贵时，我们倾向于少买 Y，多买 X。但同样地，当 Y 变得更贵时，考虑到我们的收入没有变化，就好像我们可支配的钱变少了，购买力下降了，这就是收入效应。在图 1.20 中，联合效应（combined effect）是：当 Y 变得更贵时，考虑到替代效应，我们会减少购买 Y，而购买更多的 X 来替代 Y；但由于同时存在收入效应，即 Y 变得更贵会让我们感觉好像自己的钱变少了，对 X 消费的增长也不会像其他情况下那么多。因此，净效应（net effect）是 Y 的消费大幅减少，X 的消费小幅增加。

## 做决定时，大脑内部发生了什么

人们真的有这样的行为吗？他们真的经过了所有这些复杂的关于预算约束线和无差异曲线的计算，并寻找切点吗？当然不是！ 但他们的表现就像是在做这件事一样。就像缺乏语法知识并不会妨碍我们说一种语言一样，同样，我们实际上没有进行所有这些计算，并不意味着我们本质上没有进行这种类型的思考。

每当你去购物并对价格进行比较时，这实际上就是你在做的事情，你一边看着价格，一边在自己的大脑中快速计算着每一美元的效用：Ben 牌冰激凌这周在促销，所以我可以买它，而不是另一个牌子的冰激凌。Ana 在商店橱窗里看到一款吸引她的高端冰激凌，但当她看到价格时，她觉得不值。这意味着什么？这意味着，她脑海中的效用计算告诉她，由这根冰激凌带来的幸福不足以弥补它的代价。

让我再举一个例子，摘自 Robert Frank 的《经济博物学家》（The Economic Naturalist）（2007）。你们都见过饮料自动售卖机。你把钱投进去，按下对应的按钮，一罐所选的饮料就会掉下来。你们中的大多数人可能太年轻了，没见过以下这种装置，但是，很久以前，曾经有一种叫报纸自动售卖机的东西。它是一种更简单的装置：当你把钱放进去，按下控制杆，整个机器的盖子就会打开，里面所有的报纸就都会露出来。

两种装置为什么会有这样的差异呢？为什么饮料自动售卖机的盖子不能打开让里面的饮料全都显露出来呢？或者，为什么报纸自动售卖机不能每一次打开只分发一份报纸呢？这是因为计算边际效用的缘故。如果报纸自动售卖机允许你接触所有的报纸，并假设你只取一份，这是可以的，因为第二份报纸的边际效用非常小。但是，如果饮料自动售卖机的盖子打开了，那么你很可能会再多拿几瓶。

因此，规范化模型好像是更接近理性的行为：消费者希望通过比较 $X$ 和 $Y$ 的每一美元效用来让其效用最大化；如果前者效用更大，那么就买更多的 $X$，反之亦然。当两者效用大致相等就会停止比较。这促使著名经济学家 Paul Samuelson 提出了他的"揭示偏好理论"（Reveal Preference Theory）。他认为，由于我们无法观察人们的大脑内部，我们无法确定他们的偏好是什么，以及他们从消费中获得了多少效用。但我们肯定能看到他们的购买习惯。他们在不同价格下购买了多少 $X$ 和 $Y$，以及当收入或价格变化时他们如何调整购买，足以告诉我们他们是否以及如何最大化他们的效用，这反过来也告诉我们他们的偏好。所以，事实上，在我们头脑中的顺序是：偏好导致效用，效用导致选择。Samuelson 说，因为我们只能观察选择，所以我们可以遵循相反的顺序：从选择开始，然后反向理解效用，最后再理解偏好。

但如果我们能看到人的大脑内部呢？在 20 世纪 90 年代，一群崭露头角的神经科学家（一定程度上是由纽约大学的 Paul Glimcher 所领导），开始对人们如何选择购买以及以什么价格购买产生兴趣。随着时间的推移，这一群体为自己赢得了"神经经济学家"（neuroeconomists）的称号。他们意识到可以通过让人们在功能性磁共振成像（fMRI）仪里做决策，来窥探大脑内部。功能性磁共振成像通过观察大脑不同部位的血流量变化来测量大脑活动，其所基于的观点是，大脑的血流量与神经元活动是相关的。当大脑的一个区域处于工作状态时，流向该区域的血流量也会增加，所以这个特定的区域就会"亮起来"。

综上，我认为问题的关键可归结为对选择进行比较。当我们决定购买（消费）一件商品时，它会给我们带来幸福感（效用）。但是，当我们必须要支付时，这就是一种代价，而这种代价会引起疼痛感。选择行为涉及均衡化边际效用，或者本质上要在消费的快乐与支付的痛苦之间进行权衡。所以，通过观察大脑的哪些部位与做出这些选择的行为有关，我们就可以推断出我们是如何做出这些选择的。

斯坦福大学的 Brian Knutson 与麻省理工学院和匹兹堡大学的合作者一起，给人们提供了一系列直接的购买选择。26 名被试（subjects）一开始得到 20 美元的赠金，可以用其中的一些钱购买一件或多件商品。研究人员向他们展示一件商品，比如一盒 Godiva 巧克力，询问他们愿意为它支付多少钱，然后再向他们展示价格。商品的实际价格从 8 美元到 80 美元不等，但都已打了很大折扣。在实验结束时，在他们的选择中随机挑选出一种。如果对于这个特定的选择，参与者（participant）支付的价格高于该商品的规定价格，他们就被视为购买了该产品。在这种情况下，价钱会从一个被试获得的赠金中扣除，并送给他们商品。

Knutson 和他的同事们发现，偏好与伏隔核（NAcc）的高激活有关，也就是说，相比其他商品，当被试看到一件他们更喜欢的商品时，伏隔核的激活程度更高。伏隔核是基底前脑（basal forebrain）的一部分，通常被认为在大脑的"奖赏回路"（reward circuit）中发挥作用。当我们做一些有奖赏的事情时，大脑中被称为腹侧被盖区（ventral tegmental area，简称 VTA）的多巴胺神经元（以及其他类型的神经元）会被激活。这些神经元传导到 NAcc，导致 NAcc 中多巴胺水平的增加。此外，Knutson 和他的同事还发现，当被试愿意支付的价格（willing to pay，简称 WTP）和向他们展示的价格（即他们必须支付的价格）之间存在差异时，内侧前额叶皮质（medial prefrontal cortex，简称 mPFC）的激活程度会更高。这是意料之中的，因为前额叶皮质在执行决策、解决冲突信号和参与情绪反应方面的作用众所周知。最后，Knutson 和他的同事们发现，当看到商品价格时，岛叶（insula）会被激活。我们知道，在脑部扫描中，当被试感到或预期会感到疼痛时，岛叶会"亮起"。所以，支付行为，或者至少是必须支付的想法，实际上会在我们的大脑中引起"疼痛" ❶。

加州理工学院的 Hilke Plassmann、John O'Doherty 和 Antonio Rangel 通过 fMRI 扫描提供了有力的证据。他们的设计与 Knutson 略有不同。他们的研究有 19 名被试参加，他们都得到了被试费。为了使选择问题更加突出，这些被试被要求在实验前至少四小时内不吃任何东西。然后，研究人员向他们展示一系列含糖和含盐的"垃圾"食品（如袋装糖果），并询问他们愿意为每一种食品支付多少钱。这些是比 Knutson 研究中更便宜的物品，所以他们可以出价的金额被限定在 0 美元到 3 美元之间。随后，计算机随机生成每一种商品的价格。如果被试愿意支付的价格（比如 3 美元）大于计算机生成的随机价格，那么被试就可以购买到这种特定的商品；如果不是，那么就不会发生购买行为。这就意味着，被试在实验结束时（距离他们最后一餐已将近 5 小时）是否能够吃到零食，取决于他们对各种商品的出价，以及他们是否成功购买到了任何商品。因此，风险确实很高。

在实验结束时，被试必须从他们一开始获得的初始赠金中为他们购买的商品付款。Plassmann 等人的研究结果与 Knutson 的相似，虽然不是完全相同。他们发现，当被试进行这一决策时，大脑内侧眶额皮质（medial orbitofrontal cortex，简称 mOFC）的激活程度更高。mOFC 的功能包括对实际值或推断值进行编码，它还在抑制反应和情绪评估中发挥作用。但 Plassmann 和她的同事们并没有发现大脑奖赏中枢伏隔核的激活。但

---

❶ 顺便说一句，有充分的证据表明，支付行为越"短暂"或越不明显，对我们来说痛苦似乎就越小。这通常会让我们买得比平时更多。所以，用信用卡支付比用现金支付要少一些痛苦。数字钱包（digital wallet）、数字货币（digital currency）或航空里程积分等支付形式让支付行为变得更加不显眼。这让我们感觉好像并没有真正支付任何东西，尽管这些仍然是真正的金钱。

这可能并不奇怪，差异可能与信息呈现的方式有关。在 Knutson 的研究中，商品（如一盒巧克力）首先被展示出来，参与者有一些时间只看商品。接下来是关于价格或支付意愿的问题。这使得大脑的奖赏中心在真实的价格计算之前通过多巴胺激增而被激活：这件商品值多少钱？我应该支付多少钱？我被要求支付多少钱？

相比之下，Plassmann 和她的同事们会提前展示所有的相关信息；在向参与者展示商品的同时，询问他们是否愿意支付。这意味着，与 Knutson 研究的被试相比，Plassmann 研究中被试的大脑计算部分被更早地激活。不出所料，Knutson 和 Plassmann 都发现，当面临选择时，负责做出领导决策、评估情绪反应和解决冲突的前额叶皮质会被激活。

还记得 Phineas Gage 和 Damasio 的病人 Elliott 吗？他们的大脑额叶都受到了损伤，他们都变得无法控制情绪，也无法在面对多重选择时做出"恰当"的决定。因此，与 Samuelson 相反：我们不一定需要通过观察选择来推断效用和偏好。我们可以窥探我们的大脑，不同区域的激活可以告诉我们自己更喜欢什么，以及如何做出选择，更重要的是，我们在一个特定的情况下会选择什么商品和价格。所以，是的，我们的大脑试图将不同商品每 1 美元的效用等同起来；我们只是不一定意识到背后的机制在不停地运转。所以，下次当你在购物中心为买羊绒毛衣还是买昂贵的香水，还是买化妆品套装、剃须套装，又或者是为你的伴侣买一件时髦的夹克作为周年纪念礼物而感到头痛时，请不要烦恼。这只是你的前额叶皮质试图找出无差异曲线和预算约束线之间的切点。有时（而且这种情况会越来越多），这导致了"选择过载"（choice overload），面对太多的选择，我们会放弃。所以，去给他／她买一张礼品卡吧。让你的伴侣来处理选择的问题和随之而来的头痛❶。

---

❶ 你们中的一些人也许已经意识到了买礼物是徒劳无益的。众所周知，当被问及时，大多数接受礼物的人对他们收到的礼物的价值评价都低于送礼物的人支付的金额。这意味着当被问及他们愿意为一份特定的礼物支付多少钱时，接受礼物者给出的价格比送礼物的人实际支付的价格要低！所以，对于接受者来说，礼物的价值比赠予者要低得多。这表明，最简单的办法就是送现金（或者是礼品卡），然后让收礼者自己去处理选择带来的麻烦。但是，就像我的大女儿不断告诫我的那样：礼品卡表明你完全缺乏体贴和关心，考虑不周到。因此，你的选择是：要么被认为是考虑不周的，要么被认为是廉价的！正如《生活大爆炸》的粉丝所理解的那样，送礼物是一件严肃而复杂的事情。Sheldon Cooper 的情绪评估机制有些受损，一想到在节日期间交换礼物，他就会承受巨大的压力。这是因为 Sheldon 知道 Penny 一定会坚持要送他一份圣诞礼物，所以他想确保他送给 Penny 的礼物和 Penny 送给他的礼物价值相当。于是，他出去买了一大堆的礼品，每件礼品都有不同的价值。他的计划是这样的：一旦 Penny 送了他礼物，Sheldon 就会假装去洗手间，假装自己肠胃出了问题。他会迅速跑到自己的卧室，在网上查 Penny 送给他的礼物值多少钱，然后从他可以随意支配的一大堆礼物里，拿出价值合适的礼品回赠给 Penny。后来，Penny 送给他的是一张被人使用过的餐巾纸。Penny 解释说，Sheldon 心中的英雄 Leonard Nimoy 曾经来到过她工作的芝士蛋糕厂，并用这张餐巾纸擦过嘴。Sheldon 一想到自己手里拿着的餐巾纸上竟然有 Leonard Nimoy 的 DNA，就欣喜若狂。他跑到他的卧室，把他买的所有礼物都送给了 Penny，并说这也远远不够偿还 Penny 送给他的东西！

# 结语

本章的目的是为本书的其他讨论奠定基调和提供背景。我首先给出了一个关于"理性"的定义，主要内容与最大化我们自己的幸福有关。然后，我讨论了实际行为如何偏离这种理性观点所认为的追求幸福最大化模式。我认为，这种偏离有两个来源。第一，有些问题很复杂，或者很少出现。因此，在这种情况下，我们经常需要努力弄清楚什么是最可能的行动方案。第二，我们倾向于遵守社会规范和习俗，即使它们会妨碍个人幸福最大化。正如 David Hume 所言，这通常是由情绪的作用所控制的。沿着这一思路，我谈到了大脑额叶的损伤是如何对一个人调节情绪的能力产生负面影响的。这可能会对理性决策造成毁灭性的后果，尽管大脑的其他大部分功能都完好无损。

我提供了一个关于经济学家和心理学家是如何研究人类决策行为的概述，包括他们之间有哪些差异，有哪些重叠的领域。我以"猜测游戏"为例，说明在游戏中加入心理学视野能够让玩家做出更好的决策，而不是仅仅遵循理性最大化的逻辑。

然后我展示了一些关于 Ana 面临的选择问题的技术性材料。我讨论了 Ana 选择中的约束，以预算约束为例。我提出了将"无差异曲线"作为工具来对 Ana 的选择进行分类，并将两者结合起来确定 Ana 会选择的消费组合。我提供了几个扩展示例，来强调经济学家是如何使用这个工具来研究行为的。

最后，我转向了新兴的、令人兴奋的神经经济学领域，来窥探人们的大脑。我展示了一些功能性磁共振成像研究的结果，这些研究探索了当我们面临选择时会发生什么。我指出，这些脑部扫描研究结果为经济学的规范化模型提供了佐证。的确，在大脑的奖赏中心、处理冲突和执行决策的区域有很多激活模式，它们大多数都与规范化模型关于这些选择是如何做出的思考是一致的。

# 2

# 行为经济学中的实验

在本章，我们将讨论：

- 实验经济学的兴起，以及它如何成为经济学主流研究的一部分；
- 经济学家与心理学家所采用研究方法的相似性和差异性；
- 经济学中实验方法的历史；
- 关于实验设计的问题；
- 对实验方法的批评，包括外部效度问题；
- 实验者需求效应；
- 实验经济学的前景。

## >> 数据、模型和经验假设并不一定可靠

如果你想弄清楚为什么某人会做他们所做的事情，或者你想了解当面临特定的情况或选择时某人可能会做什么，你会怎么做？传统上，研究者遵循两种不同的路径。第一种路径是依靠调查（survey），这本质上和问别人问题是一样的。调查直截了当，通常能产生有价值的见解。但同时，这种方法也有缺点。主要问题是，有时候人们对他们在特定情况下会做什么的回答，并不能准确地预测他们在实际情况下会做什么；也就是说，态度（所表达的偏好）和行为（行动）之间存在脱节。这意味着，有时人们的态度与他们的行为并不存在紧密的关联。而且，我们也并不总是善于阐明我们做事情的理由。

这基本上意味着如下事实：假设我问你是否愿意为了一项公益事业捐助 50 美元，你说愿意。但是，当捐助信最终发送给你，你必须要真实出钱的时候，你可能会完全违背自己的承诺，或者捐出不足 50 美元。此外，这些问卷调查中的回答可能与行为有本质上的不同，不是因为被调查者试图误导研究者，而是因为被调查者可能对他/她自己以及其他人的观点或反应持有不正确的认知。也就是说，被调查者可能会诚实地认为他/她在特定的情况下会以特定的方式行事，但当具体的情况发生时，他/她实际上却表现出了不同的行为。

这里有一个关于态度和行为分离的例子（摘自社会心理学的文献）。在 20 世纪 30 年代早期，Richard LaPiere 想要探究那些对其他种族成员有各种偏见或消极态度的人是否真的会以公开的方式表现出这些行为。在大约两年的时间里，LaPiere 和一对年轻的中国夫妇周游了美国。他们在 184 家餐馆和 66 家旅馆停留。他们只有一次被拒绝服务，总的来说，他们从所到访的服务机构那里都得到了高于平均水平的服务。周游两年回来后，LaPiere 给所有他们曾经就餐的饭店和住过的旅馆写信。在信中，他询问他们是

否会为中国消费者提供服务，信中没有提到他之前到访的情况。尽管实际上没有一家机构拒绝服务，但在调查中，大多数机构表示他们不会为中国游客提供服务。这种态度和行为之间的不一致还有很多其他的例子。

与依靠调查问卷不同，研究的第二种路径是观察由现实经济现象产生的、自然发生的现场数据（field data）。也就是说，如果你想了解人们是否以及为什么为慈善机构捐款，那么你可能会去挖掘慈善捐款的数据并分析这些数据。这一直是经济学中比较传统和常见的方法。为了理解行为，我们需要关注与特定现象相关的数据。例如，假设我们想知道提高最低工资或移民大规模进入某一地区对失业的影响❶，可依靠的方法是将两个其他方面类似的地区进行比较，其中一个地区最近经历了最低工资的提高（通过新的立法）或经历了新移民的突然涌入，而另一个地区没有任何类似的经历。

事实上，美国著名经济学家、1970 年诺贝尔奖得主 Paul Samuelson 在他编写的大学教材（直到最近，它仍然是美国乃至全世界大学里最受欢迎的教材）中写道：

> 经济学家不能像化学家或生物学家那样进行受控的实验，因为他们不能轻易地控制其他重要因素。而是和天文学家或气象学家一样，（经济学家）基本上必须满足于观察。

伦敦政治经济学院的著名经济学家 Richard Lipsey 更加明确地指出了经济学实验的不可能性：

> 实验科学，如化学和心理学的一些分支具有优势，是因为它们可以通过受控的实验室实验产生相关的证据。其他科学，如天文学和经济学，无法做到这一点。

鉴于这种非实验性学科的观点，经济学家在传统上采取了一种更加理论化的方法，即依靠建立行为的数学模型来解释、理解或预测各种经济交易中的行为。这些模型建立在一系列事前假设的基础上，这些假设通常基于研究者对事态的直觉。然后，他们继续对这些潜在假设会导致的行为变化进行预测。这些模型成功与否是由它们内部的一致性来衡量的。事实上，1986 年诺贝尔经济学奖得主 Milton Friedman 就认为，经济学家在构建理论模型时所做出的假设，并不能准确地提出世界是如何运行的。他们只

---

❶ 这里有一个自然实验的例子，它可以使一个特定的理论猜想被检验。在这个例子中，理论猜想是大规模移民进入一个地区将对该地区的工资（特别是蓝领工资）水平造成下行压力。马里埃尔撒离行动是古巴人在 1980 年 4 月 15 日至 10 月 31 日期间从古巴马里埃尔港出发前往美国的大规模人口迁移行动。这次撒离是由古巴经济急剧下滑而导致的，致使岛上的内部紧张局势不断发酵，并有多达 1 万名古巴人申请在秘鲁大使馆获得庇护。古巴政府随后宣布，任何想离开的人都可以离开，古巴裔美国人在古巴时任总统 Fidel Castro 的同意下组织了一场临时撒离行动。1980 年 10 月，在两国政府的协商同意下，大迁移结束了。到那时，已经有多达 12.5 万名古巴人前往美国佛罗里达州，其中大多数人被安置在难民营。马里埃尔撒离事件在 1983 年由 Brian De Palma 执导的电影《疤面煞星》（Scarface）中占据了重要位置，Al Pacino 饰演 Antonio "Tony" Montana，一个虚构的古巴难民，由于马里埃尔撒离事件，他在 1980 年来到了佛罗里达。事实证明，尽管有大量移民涌入，但当地工资水平并没有因此下降。工资没有下降的原因很复杂，远远超出了本书的范围。

是在这些属于"好像"的假设命题基础上进行研究，并从恰好对推导预测有作用的行为中提炼出规律。因此，尽管经济学中的许多理论形成都严重依赖于我们对个人偏好和行为所做出的假设，但这些假设不应被视为理论所依据的经验假设。

这也是因为任何检验理论模型的尝试都要受限于 Duhem-Quine 问题。由于理论必须应用于特定的环境中才能获得检验，因此孤立地检验单一的理论假设几乎是不可能的。研究者需要提出一系列补充假设，以便将理论应用到被检验的环境中。因此，如果理论假设没有得到数据的证实，往往很难弄清楚是假设本身不正确，还是问题出在一个或多个补充假设上。

这促使 Vernon Smith 认为：

> 因此，我们开始相信，对于经济问题，只要经过认真思考就可以完全理解它们。当这种思考产生足够充分的技术严密性、内在一致性和人际一致性之后，经济学家就可以将结果应用于数据世界。

因此，经济学家往往不太过分关心假设和理论模型预测的实证效度（empirical validation）。即使在寻求实证效度时，通常也是通过寻找一个自然实验，而该实验正好可能产生适合检验特定理论的数据❶。然而，现场研究或者说自然发生的数据存在的一个问题是，这些数据可能并不总是可用，或者可能不具有回答特定问题所需的严密的形式。此外，由于数据是由一次性经济现象产生的，它们的形式不一定能让我们做出因果推断，也就是说，一个特定的现象 $X$ 是否导致了另一个现象 $Y$。一个自然实验也是不可能被复制的。

## >> 实验经济学的应用价值日益凸显

### 优势与关键点

那么，问题是，考虑到将经济学看作一门总体上非实验科学的传统观点，实验经济

---

❶ David Card 和 Alan Krueger 研究了提高最低工资对失业率的影响，这是这种"自然实验"的一个例子。理论上讲，提高最低工资应该会导致失业率上升（大多数读者可能会理解这一点，但我会在第 14 章详细说明这背后的机制）。1992 年 4 月 1 日，新泽西州的最低工资从每小时 4.25 美元提高到 5.05 美元。为了评估最低工资上调对当地就业水平的影响，Card 和 Krueger 调查了新泽西州和宾夕法尼亚州东部邻近地区（最低工资不变）的 410 家快餐店。与理论相反，Card 和 Krueger 并没有发现提高最低工资会减少就业的证据。

学又是如何在主流经济学中占据稳固地位的呢？有一种观点认为，有助于我们理解重要经济现象的数据可以通过受控的实验室实验产生，这种观点是最近才出现的，直到20世纪最后20年才站稳脚跟。在许多方面，实验经济学的兴起与博弈论在经济学研究策略性决策（strategic decision making）中的广泛应用是一致的。尽管博弈论的兴起可以追溯到 John von Neumann 和 Oskar Morgenstern 的研究，但直到20世纪70年代，经济理论模型才开始依赖和应用由博弈论衍生出的概念。考虑到博弈论假设依赖于先天的信念和偏好，找到自然的数据集来检验这些模型的效度实际上是不可能的。然而，实验为解决这种性质的研究问题提供了一种简便方法。

加州理工学院的 Charles Plott 和 Vernon Smith 是这一领域的先驱。他们写道，人们越来越多地接受实验方法，部分原因是经济学家思考经济学作用的方式在总体上发生了转变，尤其是思考经济理论作用的方式发生了转变。在20世纪中期，流行的观点是：由于经济现象极其复杂，研究它们的唯一方法就是研究"自然状态"下的经济，要么构建理论来解释经济现象，要么理解进行中的（经济）过程的统计特性。但渐渐地，重点开始从研究自然条件下发现的特定经济现象转向研究支配经济行为/现象的一般理论、模型和原则。部分原因当然是博弈论概念的影响力越来越大。争论变成了一般理论必须适用于特殊情况。在实验室中产生简单而真实的经济现象是有可能的，一般理论也应该适用于实验室产生的这些经济现象。然后，实验室实验可以用来检验和评估一般理论的预测力，并可以建立许多能更好解释和预测复杂经济现象的竞争性理论。

Vernon Smith 指出，在实验室中研究具有适当动机的个体的决策，对理论的发展和验证具有重要和显著的应用价值。实验室检验的结果可以作为对经济理论的严格的实证预检验，然后再进行现场数据检验❶。通过实验获得的结果可能是直接相关的，不仅可以用来评价理论，而且还可以进一步影响理论的发展。

因此，近年来，为了了解人类在经济交易中的行为，社会科学家转而鼓励决策实验。而"实验经济学"本质上是一种理解这种行为的实证方法。在这种方法中，研究者分析参与者在各种经济"博弈"（或"实验"）中做出的决定，这些博弈或实验是专门设计用来模拟研究者希望研究的特定经济交易。这些实验的参与者会得到报酬，他们得到的报酬数额取决于他们在实验中所做出的决定。

所以，实验和调查方法的一个关键区别在于，参与者在这些实验游戏中所做出的决定不是假设性的。在这些实验中，参与者会根据他们在任务中的表现得到金钱报酬。奖赏被设计得足够大、足够有吸引力，以补偿参与者花费时间的机会成本（即在实验期

---

❶ 这尤其是因为利用现场数据进行大规模研究是资源密集型的。它们也很难被复制。通常应该预先进行小规模的实验室研究，以了解哪些方面比其他方面更重要，因此需要更多地关注什么是关键问题，以及需要收集什么类型的数据。

间，他们本可能从另一份工作中赚到的钱）。这些报酬使实验中做出的决定变得真实，因为现在能否得到一大笔钱取决于这些决定。此外，这也迫使参与者把注意力放在手头的任务上，而不是漫不经心地在问卷上打钩。因此，虽然调查问卷的答案通常不会比自利性的"空谈"更好，但通过根据人们的决定付给他们金钱，从而诱导参与者密切关注他们自己所做的（以及他们小组中其他人正在做的）事情，相较而言，在经济实验中做出的决定更能够引发出真正的偏好和信念。本质上，实验经济学家要求参与者用钱来证明他们说的话是真实的。

以上的讨论并不意味着使用调查数据或自然发生的数据没有价值。它们可能是通过实验收集到的数据的有价值的补充。但在某些情况下，这些方法会有局限性。在涉及策略性决策的情况下尤其如此，在这种情况下，人们的行为受到他们对他人行为的看法的影响。然而，这样的看法是无法观察到的，获得关于它们的自然数据也几乎是不可能的。但如果有人设计了一个合适的实验，实验中人们收入多少取决于他们自己的决定，那么他们的行为可能会让我们对他们的理解和认识得出结论。因此，实验法对于研究那些需要策略性决策的情况特别有用。这就是为什么实验经济学研究的兴起与博弈论在经济分析中的突出地位同时出现的原因之一。

在实验经济学的早期，研究者倾向于依赖纸笔和便于获得的大学生样本进行实验。但是随着发展，研究者越来越依赖于在计算机实验室中使用专门设计的软件进行更精细的计算机实验。计算机设备的快速发展使之成为可能，反过来，这也使研究者能够生成适合复杂计量经济分析的大量数据。研究者也越来越不再完全依赖学生作为研究对象。他们正在对社会中的成年人，或可能更有人口代表性的专门群体，或其行为是研究者主要兴趣点的被试（参与者）群体（subject pool）进行现场实验（field experiment）。

参与者通常会来到教室或计算机实验室。他们被给予实验的指导语。通常，这些指导语是用抽象的、与情境无关的语言给出的。这样做的指导思想是，使用中性语言可以防止参与者被他们认为的研究者试图研究的东西所影响，并据此以某种特定的方式行事；这种现象通常被归入"实验者需求效应"（experimenter demand effect）的范畴。然而，近年来，随着实验变得越来越复杂，研究者越来越依赖使用情感术语作为指导语，并会提供一份明确的实验情境指导。这是因为，如果情境本身与被试的表现有关，并能帮助被试理解他们被要求执行的任务，那么抽象的、与情境无关的实验未必能提供更加普遍的结果。对于那些复杂的、对参与者的认知能力要求很高的任务尤其如此。我将把有关这一问题更详细的讨论留给更高级的课程和／或教科书。

除了极少数例外，互动都是匿名的。这意味着，虽然参与者也许知道参加特定实验阶段的其他人，但是，当他们被组合成单独的一对或单独的一组进行共同决策或交易时，他们对其他配对或其他小组的成员身份并不知情。在实验结束时，参与者会私下获得他们从实验中应得的收入。参与者获得的报酬取决于他们在实验过程中所做出的决定。同样，除了极少数例外，报酬是与表现挂钩的，在经济学实验中，不支付参与者报酬或支付给参与者固定报酬（与表现无关）的情况是很罕见的。

这是经济学实验与心理学实验不同之处的表现之一。在心理学实验中，参与者的报酬并不总是取决于他们的表现。有时，心理学实验的参与者会获得固定的报酬，有时他们会获得课程学分，有时，一些参与者会随机获得报酬。这里的重要区别在于，与经济学家相比，心理学家不太强调报酬主导（pay-off dominance）或奖赏突显（reward salience）。

## 实验经济学简史

（以下部分主要依赖两个资料来源：Roth A.，1995；Friedman D. & Sunder S.，1994。）

很难确切地指出第一个经济学实验是哪一个，尽管 Al Roth 认为，Daniel Bernoulli 是第一个进行了被认为是经济学实验 [ 目的是试图理解人们对 "圣彼得堡悖论"（St Petersburg Paradox）的反应 ] 的人。"圣彼得堡悖论" 涉及进行如下游戏。假设一个人必须支付一笔费用才能获准进行一个具有如下支付结构的博彩游戏：一枚质地均匀的硬币被掷出，反面出现，游戏结束。如果第一次掷出的是反面，那么游戏结束，玩家赢得 1 美元；如果第一次掷出的是正面，第二次是反面，那么玩家赢 2 美元；如果前两次是正面，第三次是反面，那么玩家赢得 4 美元；如果前三次是正面，第四次是反面，那么玩家将赢得 8 美元；依此类推。所以，玩家获得 1 美元的概率是 1/2，他得到 2 美元的概率是 1/4，他得到 4 美元的概率是 1/8，等等。这种博彩游戏的期望值（expected value）是无限的，因此一个风险中性的玩家（risk neutral player）应该愿意支付无限的金额来玩这种游戏。然而实际上，人们的支付意愿是有限的，而且很可能是只愿用很小的金额来玩这种游戏。我将在第 4 章详细讨论这个悖论，及其解决方法和其他相关问题。

然而，在现代，第一个经济学实验是由 L. L.Thurstone 实施的，他感兴趣的是通过实验确定个体的无差异曲线形状，将其作为选择最优消费组合工作的一部分。我在前面一章讨论了这个关于选择的问题。他进行了一项实验，要求每名被试在帽子和外套、帽子和鞋子、鞋子和外套组成的商品组合之间做出大量的假设性选择。基于某一特定被试的详细数据，Thurstone 得出结论，人们可以定义准确地描述了选择数据的无差异曲线，用这种方法来估计无差异曲线是可行和实用的。当然，Thurstone 的实验受到了经济学家经常对心理学家的实验提出的类似批评，Thurstone 要求他的被试做出一些假设性的回答，但这些假设性的回答是否可靠并不总是很清楚。

1944 年，John von Neumann 和 Oskar Morgenstern 出版了他们的著作《博弈论与

经济行为》（*Theory of Games and Economic Behavior*）。该书引起了人们对强大的个人选择理论（theory of individual choice）和互动策略行为新理论（theory of interactive strategic behaviour）的关注，并对随后的实验研究产生了深远的影响。它还使经济学家接触到了不确定条件下决策的思想和"期望效用"（expected utility）的概念。而这反过来在很多方面又是建立在 Thurstone 进行的个人选择早期实验的基础之上，这促使许多经济学家尝试用实验来检验期望效用理论（Expected Utility Theory）的不同方面。我将在第 4 章讨论期望效用理论和前景理论（Prospect Theory）时更详细地讨论这个问题。

理解市场行为是经济学家的主要关注点，对市场价格形成过程进行实验的开端可以追溯到 20 世纪 40 年代哈佛大学的 Edward Chamberlin 的研究。Chamberlin 想要研究市场是如何运行的，价格是如何形成的。为了做到这一点，他让他的学生们作为买家和卖家参与模拟市场。买方被分配估价由卖方出售的虚构商品，而反过来，卖方又被分配来确定生产成本。其潜在的理论假设是，双方都希望获得最大的利润。对于买方来说，利润是买方的估价和支付的价款之间的差额。对卖方来说，利润是按收到的价款减去生产成本计算的。Chamberlin 允许买家和卖家在房间里四处走动，进行分散的双边协商，没有采用任何金钱奖赏。他的目的是了解这些假设的买家和卖家之间的讨价还价过程是如何导致市场上价格的确定的。

Vernon Smith 被认为是现代实验经济学的创始人之一，他是 Edward Chamberlin 的学生，参与过 Chamberlin 的实验。后来，作为普渡大学的助理教授，Smith 意识到可以运用 Chamberlin 的实验方法来分析经济学中的理论命题。20 世纪 60 年代，Smith 开始用实验来研究市场中的价格形成。在许多方面，这些实验都为我们今天所说的实验经济学领域奠定了基础。

Smith 创建了一个实验室市场，在这个市场里买卖双方可以交易一个（或多个）单位的商品。买方被分配进行估价，估价高低反映了他们对一单位商品的最大支付意愿（willingness to pay），而卖方被分配进行成本核算，成本是他们愿意接受的最低金额。对买方来说，所谓"剩余"（surplus）是他们愿意支付的价款与他们实际支付的价款之间的差额，而对卖方来说，所谓"剩余"则是收到的价款与可接受的最低金额（这反映了他们的生产成本）之间的差额。Smith 证明，尽管他在实验室中以简单市场形式创建的微观经济体系明显偏离了经典理论中的假设（例如，假设要形成价格接受行为需要有大量的买方和卖方），但总体而言，这些市场显示出向预测的均衡收敛的可靠模式。我将在第 14 章更详细地讨论这个问题。

与此同时，随着 von Neumann 和 Morgenstern 的研究成果发表，讨价还价博弈（bargaining games）背景下的策略性决策在经济学家和博弈理论家的思想中占据了核心位置，这种策略性思考影响了经济学家看待不同市场结构（如寡头垄断）的方式。

Merrill Flood 报告了 20 世纪 50 年代与同事 Melvin Drescher 合作进行的囚徒困境博弈（prisoner's dilemma games）行为实验的结果。这一研究结果大部分是基于 John Nash 在博弈论方面的开创性工作，他的工作导致了"纳什均衡"（Nash equilibrium）概念的发现和在策略性决策中的广泛应用。这也使 Nash 在 1994 年获得了诺贝尔经济学奖，并使他成为由 Ron Howard 执导、Russell Crowe 饰演 Nash 的热门电影《美丽心灵》（Beautiful Mind）的主角。Flood 发现博弈中的行为比理论预测的更具有合作性，这促使人们试图更好地理解和解释人们在现实生活中是如何处理这些情况的。

同样在 20 世纪中叶，普林斯顿大学的一群天才数学家 John Nash、Lloyd Shapley 和 John Milnor 开始了一种被他们称为"博弈"（gaming）的实证主义研究，包括分析需要策略性思维（尤其是以预测对手行动的形式）的经济交易。与此同时，位于圣莫尼卡的兰德公司（RAND Corporation）的一群数学家和心理学家，以及全美各地的其他团体，在博弈论新兴文献的启发下，开始进行实验。（有关策略性思维的情况，我将在第 6 章中进行更详细的阐述。）1952 年，兰德公司组织了一次跨学科会议，会议的大部分讨论和许多提交论文都与报告和解释实验结果有关。那次会议的参与者中，至少有三人后来对实验经济学的发展产生了重大影响——Jacob Marschak、Roy Radner 和 Herbert Simon。

Thomas Schelling 报告了一系列实验，这些实验设计的目的是了解在成功的结果依赖于协调一致行动的情况下，人们如何做出决定。他认为，在这种情况下，人们往往可以依靠"焦点"行动来更好地协调他们的行动。例如，Schelling 向一组学生问了以下问题：

> 你将在纽约与某个人见面。你还没有收到在哪里见面的指示；你与对方事先都不了解要在哪里见面；你们不能互相交流。你只是被告知，你必须猜测在哪里见面，他也被告知同样的事情，你必须试着让你的猜测与他一致。

Schelling 发现，大多数被试同意中午在中央火车站的问讯处见面。并没有任何理由证明中央火车站是一个回报更高的地方，但传统上它就被作为一个聚会场所看待，这使它显得更加突出，因此成为焦点。Schelling 进一步扩展了这一思路，即人们协调行动的能力（或缺乏这种能力）如何对更广泛的经济现象产生影响，比如对银行挤兑（bank-runs）或经济衰退期间扩大商业投资的影响（我将在第 13 章讨论这种协调问题）。此外，Schelling 在 20 世纪 60 年代花了相当多的时间和精力思考核裁军问题。他的研究使他在 2005 年获得了诺贝尔经济学奖，有传言说他可能是 Strangelove 博士这个角色的原型，在 Stanley Kubrick 广受好评的电影《奇爱博士》（*Dr. Strangelove*）或《我如何学会停止担忧并爱上炸弹》（*How I Learned to Stop Worrying and Love the Bomb*）中，Peter Sellers 扮演的角色让人印象深刻。

值得注意的是，欧洲在 20 世纪 50 年代末和 60 年代初也出现了一个强有力的实验研究议程，与美国的发展平行。在那里，焦点是理解"有限理性行为"（boundedly rational behaviour），特别是研究不同市场结构中的价格和数量。这一研究方向的领导者之一是 Reinhard Selten，他后来在 1994 年获得了诺贝尔经济学奖（与 John Nash 和 John Harsanyi 一起）。

早期重要的贡献也来自 Charles Plott，他从事与市场和产业组织相关的开创性研究工作。他早期的一些研究是与 Vernon Smith 合作完成的。虽然 Smith 早期的研究集中在竞争性市场中价格形成的过程，但他们的研究将其扩展到"公布报价"（posted offer）市场：卖方发布一个价格，买方可以以这个价格购买，也可以不购买——这更像我们日常生活中遇到的市场。一个关键问题是，这种公布报价的市场是否允许卖家相互勾结，其结果是，与竞争市场相比，此类市场的价格是否会更高。除此之外，Plott 还是将实验范式扩展到其他领域的先驱，比如通常不被认为是实验学科的政治科学。例如，在 Fiorina 和 Plott（1978）的研究中，Plott 和他的合作者采用实验法来研究委员会的决策。不用说，这些实验都将成为这些领域后来重要实验研究的先驱。

到了 20 世纪 80 年代和 90 年代，博弈论模型已经在经济分析中根深蒂固。这些模型对人类认知提出了要求，并把信念、学习和有限理性等问题摆在了重要位置，它们很容易被实验验证。实验经济学逐渐被接受，成为主流经济学的一部分。除了在美国亚利桑那州立大学（在 Vernon Smith 领导下）、德国波恩大学（在 Selten 领导下）和美国加州理工学院（在 Plott 领导下）进行的大量实验工作外，还有许多其他的研究者和实验室。虽然提供一个详尽的清单超出了本书的范围，但 20 世纪 80 年代和 90 年代，其他活跃的实验室的部分清单应该还包括艾奥瓦州立大学、纽约大学、匹兹堡大学和得克萨斯农工大学。

## 实验设计的要素

我很快将谈到其他一些相关的问题。在进行实验时，人们必须做出许多决定。首先，实验应该是一次性的还是重复性的？一次性实验的优点是它无污染且易于理解。它们通常是理论模型的更好近似，因此，它们可以作为潜在理论的良好检验方法。但所有的实验都将被试置于不熟悉的环境中，而使用中性的、与情境无关的指导语会加剧这一问题。如果被试在第一次尝试中做错了怎么办？如果他们需要花时间去学习又怎么办呢？在这种情况下，实验者让被试重复决策可能会更好。但如果相同的参与者反复互动，这将使他们能够建立声誉，并发出未来行动的信号。如果人们想要避免这种情况，并保持一次性实验的互动本质，那么选择之一是到下一轮时随机重新匹配被试。这种随机重新匹配可以采取两种不同的形式：一种是存在一些可能性（尽管很小），相同的两名参与者可以相遇不止一次；另一种是排除这种可能性，这样就可以保证一名参与者不会与另一名参与者相遇超过一次。显然，考虑到任务的性质和小组的规模，后者需要的被试通常比前者更多。

实验可以采用被试间设计（between-subjects designs）和被试内设计（within-subject designs）。第一种设计是指每名被试只接受一种处理。一些被试被分配接受控制处理，而另一些被试则被分配接受各种其他实验处理。然后，实验者将实验处理条件的结果与控制条件的结果进行比较。人们也可以采用被试内设计，每名被试同时接受控制条件和实验处理条件。这里，比较的是控制条件和实验处理条件下被试间的行为（及其变化）。重要的是要确保有适当的控制处理。弗吉尼亚联邦大学的 Doug Davis 和弗吉尼亚大学的 Charlie Holt 是实验经济学的两位先驱，他们强调，不要同时改变太多参数，而是要在实验设计中谨慎引入渐进式的变化，这是极其重要的。一次改变太多的东西可能会造成混淆，并使研究处理变量的真正影响变得困难。

实验可以是单盲（single-blind）的，意思是尽管每一名特定的被试不知道其他被试所做的决定，但实验者可以看到所有这些决定。或者实验可以是双盲（double-blind）的，意思是即使是实验者也看不到谁做了什么决定 ❶。

最后，最近出现了一个备受争议的话题：如何支付被试的费用，尤其是当他们参与的互动实验不止一场或不止一轮时，事实上大多数研究都是如此。传统的做法是每一轮都支付费用。但一些人认为，这可能会产生财富效应（wealth effect），这意味着随着实验的进行，被试赚到的钱会越来越多，这可能会改变决策。在我看来，鉴于典型实验中的支付金额相当小，潜在的财富效应并不是一个大问题。避免这种情况的一种方法是不要告诉被试他们在过去的一段时间内赚了多少钱。显然，如果他们参与一系列不同的任务，而不是多次重复、相同的任务，这就更容易。那些对"每一轮都支付"的方法持怀疑态度的人提出了一种替代方案，尤其是当被试多次重复承担相同的任务时，他们建议在实验结束时随机选择一轮，只支付这一轮的费用。但这并不一定能解决问题。假设在一次实验中，一名被试做了 50（100）次决策，但只得到其中一次的报酬。这样，被试就知道每次决策的相关机会只有 1/50（1/100）。这就会导致奖赏突显的丧失，因为现在每次决策都只有很小的概率获得报酬；这就不会与调查法的被试回答结果有太大的区别。最后，也存在争议的是，一些人认为，如果任务很复杂，而且涉及显著的学习过程，那么仅支付最后一轮的费用可能是有意义的，因为这最能反映被试

---

❶　值得指出的是，社会科学中的双盲协议实际上没有医学科学中的严格。通常在社会科学中，即使研究者看不到任何决定，研究者也知道谁被分配到了哪种条件。在医学科学中，研究者通常连这一点都不知道：他们不知道谁处于处理条件，谁处于安慰剂条件。

在任务完成上的能力。

另一位实验经济学的先驱，纽约大学的 Andrew Schotter 和其长期合作者、宾夕法尼亚大学的 Antonio Merlo 在一系列实验中探索了与支付相关的问题。在这些研究中，被试被要求在一个复杂的数学任务中找到正确的答案。被试要得到正确的答案是很困难的，但这不是重点。实验的目的是观察被试离正确答案有多近（就像投掷飞镖并试图击中靶心），以及随着时间的推移，他们是否会做得更好（更接近正确答案）。在他们的实验中，被试参与了两种不同的处理：一边学一边赢取报酬（learn-while-you-earn）和先学后赢取报酬（learn-before-you-earn）。从处理的名称就可以明显看出，在第一种处理中，是按照传统的做法，被试在每轮处理中都能赢取少量的钱。然而，在第二种处理中，被试首先在没有报酬的情况下玩了几轮，然后在最后一轮中赢取了更多的钱（是"一边学一边赢取报酬"处理中每轮报酬的大倍数）。Merlo 和 Schotter 发现，接受"先学后赢取报酬"处理的被试在接近正确答案方面做得更好。这至少在一定程度上是因为每一轮都能获得报酬的被试采取了一种更短视的方法，他们在每一轮都关注自己是"赢"还是"输"。接受另一种处理的被试不用担心每一轮的报酬，他们参与了更多的实验，在这样做的过程中，随着时间的推移，他们最终更好地了解到了潜在的问题。

对于所有这些设计问题，没有唯一的正确答案。理想的实验设计取决于任务的性质和所涉及的研究问题。然而，很有可能你们中的任何一个人在某个时候会遇到这些问题，但在那个时候，你已经接受了更多的训练，接触到了恰当的研究技术，将会很好地处理这些问题。

## 经济学和心理学实验的不同之处

［以下讨论主要借鉴了 Friedman 和 Sunder（1994）的研究。］

我已经在第 1 章中讨论过这方面的部分内容，所以在这里我尽量不重复太多。虽然经济学实验是一个相对较新的现象，但心理学研究者在其现代工作的大部分时间里一直在进行实验，以理解人类行为。事实上，心理学一直将自己看作一门实验科学，与经济学相反，经济学最近才开始接受实验。下面列出了经济学和心理学实验的部分不同之处。

首先，正如前面已经提到的，大多数经济学实验都源自一个理论基础，通常是为了检验这个理论。然而，在心理学中，很少强调需要先写下一个人类行为的正式先验模型，而数据往往是优先的。有时，心理学理论的发展遵循大量经验性规律的积累，如果一个新的理论或概念能够更好地解释大量的经验发现，它就会被接受。

其次，经济学家通常关注特定机构（如市场）的行为，他们的很多实验都是由管理此类市场结构的规则变化驱动的；而心理学家往往更喜欢研究缺乏此类机构或制度约束的行为，他们的许多实验也涉及非经济行为。

第三，实验经济学家通常在实验室中强调明确的激励结构，即实验参与者的报酬与他们所做的决定直接相关。心理学家通常不依赖金钱激励，尤其是与行为表现挂钩的报酬；有时，他们支付固定的费用或随机支付给某一些参与者费用。相反，心理学家倾向于强调内在动机的作用。事实上，一些心理学家，也包括其他的社会科学家，反对提供取决于任务（完成）的突显的金钱奖赏。他们认为，这种以金钱奖赏形式向参与者提供的外部动机实际上可能会排斥他们主要关注的内在动机。然而，越来越多的心理学家也开始在他们的实验中求助于奖赏突显。

最后，经济学家通常会避免在实验中使用欺骗手段；而心理学家认为这不是什么大问题。心理学家有理由认为，在一些实验中，如果没有这种欺骗，就几乎不可能充分解决研究问题。例如，Solomon Asch 关于从众的经典研究和 Stanley Milgram 关于服从权威的研究就是如此。对于什么构成真正的欺骗也存在争议；省略一段信息和提供不正确的信息是一样的吗？在这一点上，这是一个涉及广泛的争论，远远超出了我们要讨论的范围。

## 对实验经济学的批评

尽管实验经济学在最近几十年取得了令人欣喜的发展，但也有人对这种方法持批评态度，他们仍然不相信决策实验能够产生有用的数据。以下是对实验方法的一些典型批评。

首先，即使是现在，实际的情况依然是大量的实验研究都是以大学生为样本进行的。他们通常很年轻，很少或根本没有市场经验，而且无论如何，他们的智慧和经验都不如那些更成熟的年长人群。那么，这就提出了一个问题：通过由学生做出决策所产生的数据是否能够代表其他人群？更重要的是，这些数据能否为我们提供有效的线索，让我们了解有经验的玩家如何处理同样的问题？大学生在实验中做出的决策是否为了解跨国公司 CEO 或股票经纪人，甚至是行走在大街上的普通人的想法提供了线索？从这些实验中获得的结果能使我们对实验室之外的其他人的行为作出推断吗？也就是说，这些实验结果是否具有外部效度（external validity）？

第二，尽管在这些决策实验中的被试确实会因为他们的参与而获得报酬，而且报酬的金额通常与他们的时间机会成本相当，但事实是所涉及的金额仍然很小。因此，一个经常被表达的担忧是，基于这些小金额报酬所做出的决策是否允许我们概化到涉及更大金额的决策，更大金额的决策才是现实生活中许多交易的特征。

第三，在采用实验法的研究中出现的另一个问题就是所谓的"实验者需求效应"。在这里想说的是，实验设计和／或指导语可能会为被试提供有关实验者研究问题的线索。与之密切相关，也确实可据此推断的是，这些指导语可能会导致被试相信实验者希望他们按照某种特定的方式行事。结果，参与者可能会以他们认为被期望的方式行动，而不是以他们实际想要的方式行动。

第四个问题与实验是否允许我们做出因果推断有关。也就是说，如果结果 $Y$ 与机构（制度）$X$ 有关，那么我们可以说 $Y$ 是由 $X$ 引起的吗？

最后一点，但并非意味着最不重要的一点，是对实验室实验外部效度的关注。对这个问题的关注实际上与上面列出的问题也是相关的。事实上，关于外部效度的广泛问题包含了以上列出的许多批评。问题是：实验参与者所做出的决策是否能告诉我们一些有意义的事情——更重要的是，能否告诉我们那些在特定领域受过特殊训练的专业人士在现实生活中的行为方式？

例如，实验室实验经常证明，有限寿命资产（finitely lived assets）的交易市场会出现泡沫。但是，实验室中的大学生被试经常制造资产泡沫的事实是否告诉了我们真实资产市场的泡沫产生情况呢？或者，事实上，这类市场是否也会以泡沫为特征呢？芝加哥大学的 Steven Levitt 和 John List 强有力地提出了实验的外部效度问题：

> 然而，除非我们在进行实验室实验的方式上做出相当大的改变，否则我们的模型强调，相关因素很少会在实验室和现场实验之间取得一致。

这里想说的是，重要的是现场实验的结果；除非实验室实验能告诉我们一些有关现场行为的信息，否则这些实验是没有意义的。在很多方面，这种批评呼应了同样的观点，即了解经济现象的唯一有意义的方法是在自然条件下研究经济，或至少创建接近自然经济的现场实验。

我将依次讨论这些批评，并对关于外部效度问题的批评保持最高程度的关注。其中一些批评提出了值得深思的问题。但首先要注意的是，并非所有这些批评都是对实验方法本身的批评。这些观点中有一些本质上是支持实施更加精细化的实验的论据。

有人批评说，根据学生被试所做决策而产生的数据并不能作为现实世界中行为的可靠预测指标，而这种批评正日益失去其影响力。如果核心要求是预测人群中其他部分或特殊亚群体的行为，那么人们可以很容易地从这些群体中招募到被试进行实验。越来越多的实验经济学家正在用专门的被试群体进行精细化的现场实验。在第 7 章和第 8 章中，在谈到公平（fairness）经济学时，我将讨论在哈佛大学的 Joseph Henrich 领导下进行的大量现场实验，他主要研究分散在世界各地的大量小规模部落社会的亲社会行为。苏黎世大学的 Ernst Fehr 和芝加哥大学的 John List 比较了 CEO 和学生被试在一个信任博弈（trust game）中的行为，该设计旨在测量被试之间的信任和互惠水平。我将在第 9 章和第 10 章更详细地讨论信任（trust）和信用（trustworthiness）的问题。研究发现，与人们猜测的 CEO 可能更习惯于在博弈中运用策略性措施相反，他们实际上比学生配对样本表现出了更高水平的信任和信用。在第 1 章，我讨论了不同群体的人是如何玩猜测游戏的，并展示了一些学生在游戏中比 CEO 做得更好。值得注意的是，与普遍的假设相反，在学生被试和更复杂的配对样本之间通常并没有显著的差异。而且，在很多情况下，这些差异并没有朝着非实验方法研究者所期望的方向发展。

经验有时也会起到相反的效果。在某一特定领域有经验的人可能会错误地将这些经验和智慧应用到一个看起来相似但实际上截然不同的问题上。如果实验指导语提供了实验情境，这一点会表现得尤其明显。当提供了这样的情境时，人们通常会把他们在这种情境下的经验带入实验中。当他们在该情境中的真实生活经验与实验者试图通过实验设计实现的情境有所不同时，问题就出现了。如果被试认为他 / 她好像是在处理他 / 她以前经历过的现实世界的情况，这可能会支配实验的情形和报酬支付，最终可能会导致实验失去控制。

由于涉及的利害（赌注）很小致使实验结果令人怀疑，这种观点也被认为是不充分的。实验经济学家现在通常会进行赌注相当大的实验。一种常见的解决方法是在发展中国家进行实验，在发达国家中被认为相对较小的金额在发展中国家就代表着更大的金额，反过来，意味着更大的购买力。主要的发现是，利害关系（赌注）并不像批评者认为的那么重要。在第 7 章中，我将讨论莫纳什大学的 Lisa Cameron 报告的研究发现。她在印度尼西亚进行了最后通牒博弈实验，发现增加金钱赌注并不会使行为发生太大改变，事实上，这往往会导致更公平和更合理的行为，与基于个人自利的预测相反。

关于实验方法一个被普遍关注的问题是实验者需求效应，尤其是在社会科学中。这可能意味着许多不同的事情。有可能实验者有意甚至无意地向参与者传达他 / 她对适当行为的期望。这可能会导致参与者改变他们的行为以符合这些期望。或者，即使实验者没有提供任何微妙的线索，被试也可能试图推断实验者想要弄清楚的是什么，并改变他们的反应，以符合他们认为实验者想要得到的结果。对这一问题的关注也同样适用于调查法。

在 20 世纪的头十年，德国数学教师兼驯马师 Wilhelm von Osten 声称，他的马"聪明的 Hans"可以进行简单的数学计算，并用马蹄敲击出正确答案。事实上，在无数的演示中，聪明的 Hans 确实可以正确地回答这些数学计算问题。然而，被任命来评估聪明的 Hans 能力的 Oscar Pfungst 很快就发现，即使 von Osten 本人没有提出问题，马也能得到正确答案。所以，显然不是 von Osten 提供微妙的线索来帮助聪明的 Hans 解决问题。但是，Pfungst 发现，只有当提问者知道答案是什么时，马才会给出正确的答案，而且马要能够看到提问者。然后，Pfungst 开始观察提问者的行为，他发现当马敲击地板的次数接近正确答案时，提问者就会紧张起来，他/她的姿势和面部表情也会改变，以反映这种紧张感的增加，当马做出最后一次正确的敲击时，这种紧张感会释放出来。所以，当实验者知道答案时，实验者的姿势和/或面部表情就会向马提供线索，告诉它什么时候应该停止敲击❶。

Daniel Zizzo 以前在东安格利亚大学工作，现在在昆士兰大学工作，他确定了两种类型的需求效应：认知的和社会的。当参与者对实验任务中的适当行为做出推断或出现差错，在理解任务时认知需求效应（cognitive demand effect）就会产生❷。此外，如果参与者通过通常占据权威地位的实验者提供的指示或线索，或明确或隐含地感知到社会压力，则可能产生社会需求效应（social demand effect）。

Zizzo 根据以下趣闻提供了一个区分社会和认知实验者需求效应（experimenter demand effect，简称 EDE）的例子。

为了说明社会 EDE 和纯认知 EDE 在含义上的不同，我们可以考虑一个西方人，他从小就用刀叉吃饭，第一次走进一家传统的中国餐馆。她看到有放刀叉的架子，也有放筷子的架子。也就是说，她知道无论是要刀叉还是要筷子，这两种选择都是可行的。她和她的男朋友（也是一个和她一样没有经验的人）在餐厅里看不到其他就餐者，他们也没有感受到服务人员要求顾客使用筷子的任何明示或隐含的压力。但她可能仍然会选择要筷子，因为，鉴于可供选择的菜单和她回忆起的关于一个人要如何拥有真正的"中餐馆体验"的图式——在她对决策问题不熟悉时，图式尤其有用——她觉得这是两种选择中更好的选择，可以最大化她在餐馆用餐的效用。这与纯认知 EDE 的情形是相符的。或者，当她和她的男朋友进入餐厅时，她可能会注意到许多其他就餐者，他们都在使用筷子；或者她的男朋友经常来这家餐厅，当她说她考虑要刀叉时，她的男朋友可能会扬起眉毛；或者服务员可能会礼貌但不那么含蓄地评论说，考虑试试筷子会是一个好主意。在所有这些替代情形中，她都会感受到社会压力，要求她遵从来自同伴暗示的社会可接受规范（第一种情形），或者更直接地，遵从专家要求她做的事情（第二和第三种情形）。这些是与社交 EDE 相符的情形。

---

❶ 如果聪明的 Hans 真的能理解人类的表情和姿势，对我而言仍然可算作一个重要成就。所以，尽管可能没有像能够解决数学问题那么有趣，但这似乎仍然是聪明的 Hans 的一个重要成就。当然，动物智能的问题远远超出了本书的范围。但对于那些感兴趣的人，我推荐 Gavin Hunt 和我的同事 Russell Gray 以及他们在奥克兰大学的许多合作者对新喀里多尼亚的乌鸦所做的研究。他们的研究发现新喀里多尼亚的乌鸦具有非凡的工具制造技能。这些技能是长时间学习的结果，并由具有较大联想区域的大脑和作出因果推断的能力所支撑。

❷ 如果实验或指导语很难懂，导致参与者缺乏理解，就可能产生认知需求效应。此时，参与者基本上无法理解或会误解他们被期望实施的任务的性质。

Zizzo 认为,与实验目标不相关的需求效应是无害的。但是,如果需求效应与实验真实目标存在负相关或正相关,就是潜在的问题。尤其是正相关会使对结果的解释变得困难,因为任何支持实验假设的结果都可能被这种需求效应所混淆。

Zizzo 提供了一些处理需求效应的策略。其中包括不使用课堂上的"伪志愿者"(pseudo-volunteers)作为被试,尽量减少实验者(尤其是当实验者占据权威地位时,比如以一名讲师的身份)和参与者之间的社会互动,以及避免提供有关情境的诱导性语言。他还建议在可行的情况下使用"非欺骗性模糊",这样就不会向参与者提供有关真实实验目标的线索。

如前所述,使用抽象和与情境无关的语言是防止这种实验者诱发的需求效应的一种方式。然而,也有越来越多的实验经济学家在使用情绪化的语言。在这样做的过程中,重要的是要考虑:在创造一个更真实的实验和任何可能的需求效应之间进行权衡。

实验允许因果推断吗?这种批评不局限于实验,而是同样适用于任何实证研究。事实上,可能有人会说,这种批评更适用于基于独一无二的自然实验的实证研究,这些自然实验无法被复制。具有明确的指导语、规则和参数的实验的一大优势是可复制性。如果批评者不相信某一特定研究给出的答案,那么在类似的条件下复制结果是完全可行的。因此,大量具有完全相同或密切相关设计的类似实验都显示,在一组给定的条件下,如果出现了稳健和可复制的规律,那么得出这样的结论并非不合理:如果相同的一组条件占优势,那么同样的规律也会出现。这是归纳推理的本质,其路径为从具体行为到一般行为。

这让我想到了 Steve Levitt 和 John List 对经济实验提出的,被认为是最中肯、最有力的批评。对这个问题的全面讨论依然超出了我们的讨论范围。值得反复强调的是,外部效度问题本身包含在了我在上面列出的许多其他批评之中。因此,我对上述其他批评的回应也适用于缺乏外部效度的实验。

对外部效度的批评包含了对实验所起作用的根本误解。支持实验室实验缺乏外部效度的观点认为,实验的唯一作用是告诉我们一些关于现实世界的事情。这种批评至少存在两个问题。首先,虽然我们确实希望通过实验来了解现实世界,但这并不是实验的唯一目标。其次,某一类研究的外部效度问题可能比其他类研究更突出。

正如我在上面所指出的,经济学中的实验扮演着多种角色。这些角色之一是检验经济理论的实证效度(empirical validity)(请记住,需要注意的是任何此类尝试都会遇到上文提到的 Duhem-Quine 问题)。但是,正如 Vernon Smith 所指出的那样,就实验室实验确实创造了一个小规模的微观经济社会这一意义而言,那些被认为对复杂的真实生活现象适用的理论预测,在实验室的受控条件下仍然会是有效的。这似乎违背了这样一个道理，即在实验室中严重偏离目标的理论预测在更混乱和有更多不可控变量的条件下仍然会表现良好。

正如我在上面还讨论过的，实验的另一个主要作用是在寻找事实和 / 或意义过程中证明实证规律。在此过程中，经济学实验本质上扮演着经济模型的角色，可以引导进一步的理论构建。此外，由于许多实验经常比较各种机构参数的改变对行为的影响，因此，实验是在传统的学生群体中进行还是在其他非传统的参与者群体中进行并不是个大问题。在许多情况下，不同的样本群体会对不同的处理产生相同方向的行为变化，尽管程度可能不同。如果主要关心的是变化的方向而不是变化的程度，那么这一点可能无关紧要。

因此，当谈到实验在检验理论或寻找事实方面的作用时，外部效度并不是一个主要问题。外部效度问题突出的领域是利用实验来设计政策。在这里可以做两点回应。首先，如果使用学生参与者生成的数据被认为是不可靠的，那么一个明显的回应将是使用更成熟老练的参与者进行实验。此时，学生实验可以被认为是指导进一步实验设计（由非学生被试参与）的预研究（pilot studies）。其次，在许多情况下，问题很难解决，尤其是因为，通常并没有足够的理论来产生可检验的预测。在这种情况下，在现场研究实施之前进行实验室实验是完全合理的。

批评者尤其直言不讳加以批评的一个领域是，实验研究表明存在"涉他偏好"（other-regarding preferences）及其对不同情况的适用性，例如劳动力市场中的"涉他偏好"。Levitt 和 List 认为，这些与"涉他偏好"有关的结果很少或根本没有外部效度，解决社会偏好存在或缺乏的问题的唯一方法是设计现场实验，让对当前任务有特殊专业知识的被试参与。为了说明自己的观点，List 研究了运动卡交易市场中的行为。List 发现，当涉及职业的运动卡经销商的行为时，慷慨等社会偏好并没有起到作用。但这一发现受到了另一位实验经济学的坚定支持者、加州理工学院的 Colin Camerer 的挑战，他对 List 的数据进行了重新分析。

但是，更重要的是，正如 Camerer 所指出的那样，虽然实验结果不一定总是能直接转化到特定的情境中，这是事实，但从一个现场研究转移到另一个现场研究也可能存在问题，这也是事实。鉴于许多参数是针对某一特定现场情境的，所以仍然不清楚这些现场研究的结果是否比实验室实验的结果更能推广到其他情境。Camerer 写道：

> 这里的指导思想是……"平行性"（parallelism）……（假设）同样的一般规则适用于所有情境……例如，平行性并不要求，在设计成类似于外汇交易的实验室情境中的学生的行为，会与专业外汇交易员在交易大厅中的行为相同……要保持平行性假设只是断言，如果这些差异可以保持不变（或从计量经济学角度加以控制），实验室和交易大厅中的行为将是相同的。换句话说，如果将许多实验和现场数据集结合在一起，

并且在诸如利害（赌注）关系、经验和被试特征等变量之间有足够的变化，那么"实验室"这一虚拟变量（dummy variable）就不重要了（假设它与被遗漏变量没有合理关联）。

Camerer 接着总结说：

非实验研究者过分关注实验结果的普遍性。（支配）实验经济学的科学观是……所有的实证方法都在试图积累关于行为如何受到个体特征、激励、禀赋、规则、规范和其他因素影响的规律性。因此，典型的实验没有关于"外部效度"的具体目标；而"靶子"是将经济因素与行为联系起来的一般理论……其次，当实验被批评为只有有限的普遍性时，这种批评依赖于典型的低赌注、人为的学生实验，和由自主选择的熟练代理人参与的、高赌注的典型现场设计之间的对比所形成的刻板印象。依赖于这些刻板印象的批评忽略了一个重要的事实，即实验可以非常不同，而且总是可以进行更多的实验。

Charles Plott 呼应了 Camerer 的观点，认为对现实主义的强调是错误的。实验通常被设计用来揭露自然背后隐藏的东西。因此，设计实验来复制自然情境并不一定具有启发性。通常，正是实验的简单性使它们变得有用。根据 Plott 的说法，经济学研究的是在日常生活事务中，支配人类行为的原则。因此，简单的实验往往足以揭示支配这些行为的原则。这尤其是因为，要更好地理解这些原则，不是通过研究均衡状态（equilibrium）中的行为，而是通过理解引导行为走向特定均衡的结构和制度。因此，为了了解具体制度结构的性质和功能，往往正是实验的简单性才具有根本的重要性。

## 结语：实验经济学——前进路径

当我在 21 世纪第二个十年结束之际写这本书时，可以肯定地说，实验经济学现在已经牢牢地扎根于经济学的主流之中。以至于英国华威大学著名经济学家 Andrew Oswald 在最近的一篇论文中评论道："实验性论文在影响因子最高的期刊上越来越普遍……一些经济学家认为，实验方法甚至可能取代主导的研究风格。我不确定，人们很容易被最新潮流冲昏头脑……但是，真正的实验论文在未来经济学中所占的份额肯定会比目前已存在的份额大得多。"

在本章的开始，我提出，实验经济学本质上仅仅是研究经济现象的另一种实证方法。有时，实验本身就足够了；有时，用自然数据和／或调查证据来补充实验结果可能是有用的。在某些情况下，实验可以作为一种重要的对自然数据和／或调查结果进行稳健性检验的手段。在其他情况下，实验也可以通过提出实证规律来服务于经济模型的建立，这些实证规律反过来可以导致经济行为新模型的发展❶。

实验经济学目前正处于从经济学的一个分支领域向研究经济现象的另一种实证工具的地位转变的过程中。经济学家们现在经常通过实验来验证理论。然而，将经济学称为实验科学还为时尚早。在大部分经济学家中，仍然有相当数量的人反对依赖实验，尤其是实验室实验。这在一定程度上是由于实验的外部效度问题。我已经在前一节讨论过这个问题。但同样清楚的是，正如上文引用 Oswald 的话，以及对最近诺贝尔奖得主的辉煌成绩所表明的那样，实验，无论是在实验室进行还是在现场进行，都将在经济研究中扮演越来越重要的角色。

---

❶  如果你们对实验经济学的发展方向（尤其是作为一种实证工具）感到好奇，应该考虑看一看我编写的《实验经济学的研究议程》（*Research Agenda in Experimental Economics*）一书。这本书的一个主要目标是与主流经济学之外的人交流。一个意向的读者群体包括在不同领域工作的人，他们可能不会自动转向实验并用它来研究自己的研究问题。本书有双重目标：①接触这些潜在的读者，并告知他们这些领域的先驱们正在使用的实验方法；②指出进一步研究的有用途径。为此，该书的章节由本领域的主要学者撰写，并不是为了总结这些领域的工作，而是提供了一种选择，即如何利用实验来解决这些领域中有趣的研究问题，以及未来可能的扩展会是什么。但同样，本书对经验丰富的实验者也会有所裨益，书中说明了他们可以如何使用他们工具箱中的选项，以解决其他有趣的服从实验研究原则的研究问题。

# 3

# 直觉思维和努力思维

在本章，我们将讨论：

- 两个思维系统：系统 1，自动思维系统或直觉思维系统；系统 2，精准思维系统或努力思维系统。
- 系统 1 有效工作的情境。
- 系统 1 受到限制，系统 2 开始介入的情境。
- 直觉思维的局限及对启发式的依赖。
- 经常遇到的决策偏差：启动偏差、框架偏差、锚定偏差、证实偏差和后视偏差。
- 系统 1 与系统 2 之间发生冲突的例子：跨期选择问题。

## >> 系统 1 思维：人类适应生存环境的本能工具箱

那是 2006 年，Stephen Colbert 是白宫记者招待晚宴的特邀演讲者。招待晚宴是一年一度的华盛顿特区的盛会，政治家、记者以及好莱坞的明星们云集于此。那时 Stephen Colbert 还在喜剧中心做"科尔伯特报告"（The Colbert Report）节目；后来他从哥伦比亚广播公司的 David Letterman 手中接管了"深夜秀"（The Late Show），引导美国主流意识。Colbert 要么一鸣惊人，要么经历巨大的失败。他因抨击当时的美国总统 George W. Bush 而登上了新闻头条——Bush 长期以来一直声称自己不是那种"精心算计"的人，而是那种依赖自己的"直觉"行动的人。这就导致了 Colbert 那场著名的即兴演讲：

我们并没有什么不同，总统和我。我们都明白。像我们这样的人，我们不是按教条办事的、精心算计的人，我们不是"事实"组织的成员。我们从直觉出发，那里才是真相所在。真相就在我们的直觉里，真相就在我们的内脏里（gut 一语双关，既是内脏的意思，又是直觉的意思）。你知道你内脏中的神经末梢比你大脑中的还多吗？你可以去查一下。我知道你们中的一些人会说："我确实查过了，但那不是真的。"那是因为你是在书里查的。下次，到你的内脏里去查一下。我就是这样干的。我的内脏告诉我，我们的神经系统就是这样工作的。

虽然 Bush 没有在意 Colbert 的傲慢表现，但 Bush 也许同样没有意识到这一点：Colbert 的说法是有道理的——关于你该不该听从自己的直觉，实际上是一个严肃的学术争论。请看下图 3.1。

图 3.1　对工作感到乏味的人

只需要扫一眼，我们立即得出这样几个结论：图中的这个人感觉很无聊，他很受挫，对手头的工作明显提不起兴趣。我们的这一判断花费了几纳秒，我们不断地对周围线索进行评估，这对我们来说是很自然的事情。事实上，面部表情在世界不同文化和不同地区都很一致，世界各地的人们在快乐或悲伤、无聊或愤怒的时候看起来都是一样的。

现在让我来问你一个稍微复杂一点的问题。请看图 3.2 和图 3.3。每幅图都有一个微笑的女人和一个微笑的男人。请比较一下这些图片：你是更有可能信任图 3.2 中的女人（男人）还是图 3.3 中的女人（男人）？假设你正在和其中一个人玩"平分或独吞"游戏（split or steal game），对方说他／她肯定会选择"平分"，你是更有可能信任图 3.2 中的两个人，还是更信任图 3.3 中的两个人？

或者，假设我请你参加一个实验，你要和这四个人中的每一个人玩"信任博弈"游戏。每次，你都会得到 10 美元，而另一个人却没有钱。你可以把这 10 美元放在口袋里，然后走开；或者，你也可以选择与那个没钱的人分享这 10 美元的一部分或全部。如果你同意与另一个人分享，那么实验者会把这个金额增至 3 倍！譬如你给对方 5 美元，那么实验者实际上会给那个人 15 美元。然后，那个人将有机会做出选择，决定是否返还给你一些钱。游戏在那个人做出决定后结束，对方返还的钱不会增至 3 倍。我将在后面的章节中详细讨论这个游戏和研究结果。

图 3.2　强颜欢笑的人

图 3.3　真诚微笑的人

现在，让我简单地说一下为什么这个游戏会测量出你是否信任别人。假设你给另一个人 5 美元，那么你还剩下 5 美元，他将收到 15 美元，因为实验者将你给的 5 美元增加到了原来的 3 倍。你们都不认识对方是谁，你们在不同的房间里完成实验，而不是面对面坐着完成实验。你所能看到的只是一张对方的照片，和这两组图片完全一样。这个人没有太多的理由把钱返还给你，同样，你根本也没有多少理由与另一个人分钱，即使你与他分钱了，你也可能得不到任何回报，而你剩下的钱将少于 10 美元。但是，假设你选择信任对方，给出了 5 美元，那么他将得到 15 美元。如果他返还 7 美元给你，那你将有 12 美元（即你剩下的 5 美元再加上返还的 7 美元）；而另一个人将有 8 美元（他收到的 15 美元减去他返还给你的 7 美元）。你们俩都比最初状态（你有 10 美元，而他的收益为 0）要好，你们两个都得利了。正如商业管理人员喜欢说的那样，这是一个"双赢"的结局！

事实上，如果你把所有的 10 美元都给了另一个人，他／她将得到 30 美元，也许他／她会返还 15 美元甚至 20 美元给你。你们俩都将得到一大笔钱。但这确实要求你"信任"另一个人，而另一个人一定要回报你的信任；否则这个办法就行不通，你最终只能得到不足 10 美元。所以，让我再问一次：如果你是在和这两组图片四个人中的每一个人分别玩这个游戏，你会信任谁呢？你会给他／她钱吗？给多少钱？你会给这四个人中的某个人更多（或更少）钱吗？

由图卢兹经济学院的 Paul Seabright 领导的一组研究人员给出了一个答案。与图 3.2 中的两个人相比，你很可能会更信任图 3.3 中的两个人，并给他们钱（或给更多的钱）。这是因为图 3.3 中的两个人展示出了真诚的或"杜兴式"微笑（"Duchenne" smile）。再仔细看看，图 3.3 中这两个人的眼睛周围的肌肉（"眼轮匝肌"）是如何起皱的？事实证明，你不能装出这种微笑。如果你真的在微笑，那么这些肌肉就会自动起皱。现在，我们来看看图 3.2 中的这两个人。他们在微笑，但这不是真正的微笑，因为他们眼睛周围的肌肉没有褶皱。这些人被认为不像那些表达真诚微笑的人那样值得信赖❶。虽然并不是万无一失，但一般来说，人们更倾向于相信那些表达出真诚微笑的人，或是那些身体发出某个难以伪装的信号的人。

Seabright 和他的合作者是怎么知道这一点的？他们让被试玩"信任博弈"游戏，将被试与其他真诚微笑（杜兴式微笑）或不微笑的被试配对。那些被认为是真诚微笑的人更受信任，被试给他们的钱比那些微笑不够真诚的人要多。

你对前面的研究结果感到惊讶吗？柏林 Max Planck 人类发展研究所的研究员 Gerd Gigerenzer 认为，你不应该感到惊讶。根据 Gigerenzer 的说法，数百万年的进化过程赋予了我们快速做出判断的能力。在非洲大草原，这可能意味着生存或死亡。如果在你身后的灌木丛中有滑行的声音，你最好向前跳出去，因为此时你的判断是假定身后有一条蛇，而不是要去搞清楚声音的来源。进化已经将我们的思维塑造成一个适应性的工具箱，这样我们就可以经常依靠这种本能来获得良好的结果。我们可以依靠我们的直觉来为复杂的问题提出"生态理性"（ecologically rational）的解决方案。"生态理性"是什么意思？对于什么是理性的，大家的看法是不同的。"生态理性"是指决定的合理性，也就是说，决策的有用性或决策的好处取决于在特定的情况下，决策是否实现了一个人的目标（或效用最大化）。当然，这个定义不同于"纯粹理性"的定义，因为它可能涉及采取一些捷径或直觉／自动的思维决策，而不是在受限条件下精心设计的效用

❶ 从生物学的角度来说，杜兴式微笑是不可能假装的，因此提供了一个"难以模仿"的信号。由于我们不能随意控制眼睛周围的肌肉，只有当人真正地微笑着表示快乐或幸福时，这些肌肉才会皱缩。"难以模仿"意味着你不情愿假装这么做。

最大化的决策。Gigerenzer 称这种捷径为"启发式"或"经验法则"(rules of thumb),或者是简单地称之为直觉思维(gut feelings)。

Mickey Mantle、Willie Mays、TyCobb 和 Joe DiMaggio 都被认为是棒球史上最伟大的中外野手之一。正如 Gigerenzer 指出的那样,当 Mantle 或 Mays 在追踪接球时,他通常不会计算球的抛物线路径,也不会估计球的确切下落点。他只是依靠一个经验法则,即目光盯着球,开始跑起来,调整自己的跑步速度,保持凝视的角度不变。

的确,在我们意识到为什么会这样想之前,我们经常感到有些事情已经发生了。我们经常提到内脏下沉的感觉,手变得潮湿,起鸡皮疙瘩,或者心跳加快。许多这些感觉出现在大脑的边缘系统中,这部分系统位于大脑半球和脑干的边缘。这是大脑中最古老的部分,在蜥蜴等低等动物中也发现了它,因此,在日常的叫法中它通常被称为"蜥蜴脑",它是用来调节"战斗或逃跑"反应的。面对我们需要快速行动的情况,我们的大脑经过数百万年的进化和塑造,会迅速地感知到适当的反应——战斗或逃跑、是否可以信任、感兴趣或厌恶。早在我们能够有意识地用语言分析或表达之前,我们的直觉就已经起作用了。

Gerd Gigerenzer 的《直觉》(Gut Feelings)和 Malcolm Gladwell 的《眨眼》(Blink)(部分基于 Gigerenzer 的研究)提供了有趣的例子和逸事,说明了这种本能的感受是如何运作的。这种本能思维通常被称为系统 1 思维,是对外部刺激的本能反应;与系统 1 思维相反,系统 2 思维更深思熟虑,更需要努力。后面我还会就系统 1 和系统 2 之间的区别做进一步说明。

我们大脑的本能反应是一种对我们有益的设计,但 Gigerenzer 的论点并不局限于此。他不仅认为,本能思维在许多情况下都是对我们有益的,他还认为,复杂的问题并不一定需要复杂的解决方案。有时,简单的启发式或经验法则可以提供同样有效的解决方案,即便简单的解决方案不比复杂的解决方案更好,它们的简单性却极大地提高了效率。

在讨论更详细的案例之前,让我先举一个简单的例子。我工作的奥克兰大学商学院位于 Owen G Glenn 爵士大楼。这是一座高耸的玻璃和钢结构建筑,在上面可以鸟瞰太平洋和奥克兰地区公园的广阔景色,这幢建筑获得了许多建筑业的奖项。每天去这里上班都是一件令人愉快的事情。该建筑在地下室有五层停车场,去得越早,位置停得越高。我一般很早就到了那里(通常是在上午 8:30 以前),但是,不管我多早去上班,我也不看任何层的空停车泊位,而是直接前往第三层,停在电梯口旁边一个特定的泊位,或是附近的几个泊位。但当我上班去晚了的时候,如果是在上午 9:00 以后,那我就不用去看第三层停车场了。我会直接开到第四层,停在我早来时下一层的同样位置。

为什么这样做？因为在漫长的一天结束后，我不需要回想我的车停在哪里，或者像别人一样在停车场里乱窜去寻找自己的车。我只需要记住的是，我今天是来得早了还是来得晚了。这很简单，如果来早了，就去第三层；如果来晚了，就去第四层，而且一出电梯间，我就知道车停在哪。

在世界各地的事故和急诊科，对出现胸痛的病人进行分类是非常关键的。是心肌梗死吗？还是别的什么原因引起的胸痛？如果确实是心脏病发作，及时进行干预是至关重要的。针对这种情况，世界各地的医院都设计了广泛的检查清单来准确地识别心脏病突发的患者。这些清单需要进行一些费时的测试，而快速检测是非常短缺的。在《快速与节俭的启发式》（*Fast and Frugal Heuristics*）一书中，Gigerenzer 及其合作者指出，一组更简单的规则至少可以和费时的检查做得同样好（如果不是更好的话）。图 3.4 说明了这个更简单的方法。

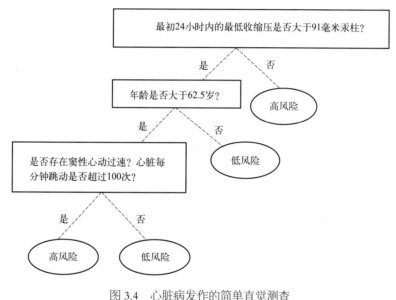

图 3.4　心脏病发作的简单直觉测查

在 Gigerenzer 等人（1999）基础上重编，数据来源于 Breiman 等人（1996）

当然，你或许在想，这个简单的经验法则在很多情况下可能是错的。是的，确实如此，但关键是，更复杂的规则也会同样导致很多错误。正如经济学家们喜欢说的那样，这是一个权衡：复杂的规则可能更准确，但它们也需要更长的时间来实施和产生结果，而通常情况是时间紧急，没有足够的时间实施这些测试。简单的规则具有节省宝贵时间的优势，平均而言，可能比复杂的规则更好。

接下来，查看表 3.1 中的信息。它显示了 2019 年美国男子网球公开赛 16 强的对阵名单。你能猜出谁赢了每场比赛吗？在你继续阅读之前，先试一试。

表 3.1　2019 年美国男子网球公开赛的 16 强比赛对阵名单

| | |
|---|---|
| Djokovic vs.Kudla | Majcharzak vs.Dimitrov |
| Wawrinka vs.Lorenzi | De Minaur vs.Nishikori |
| Koepfer vs.Basilashvili | Rublev vs.Kyrgios |
| Medvedev vs.Lopez | Berrettini vs.Popyrin |
| Federer vs.Evans | Shopalov vs.Monfils |
| Goffin vs. Carreno Busta | Bublik vs.Andujar |
| Schwarzman vs.Sandgren | Bedene vs.Zverev |
| Nadal vs.Chung | Isner vs.Cilic |

答案是（我是故意这样安排的）：获胜者是第一列中两个球员里前面的那个，第二列中两个球员里后面的那个。你猜对了吗？即使你不是网球迷，你同样可能做得很好。如何才能做到这一点呢，可能你采用了一个简单的经验法则：在每一场比赛中，你都选择了一个更有名的球员，或者至少是你以前听说过的球员。如果你这样做了，你会做得很好。我不是一个网球迷，但我了解一点网球。除非比赛双方球员的名字都是我以前没有听说过的，否则只是依靠 Gigerenzer 所说的"识别启发式"（recognition heuristic），我就能对球员在对阵中的表现做出很好的猜测——如果这是一个我以前听说过的名字，可能意味着他是更好的球员，所以我就选择他。

Harry Markowitz 作为"现代投资组合理论"的先驱，获得了 1990 年的诺贝尔经济学奖，该理论为投资提供了投资规则。例如，以回报的方差或标准差来衡量风险，投资的目标就是在任何给定的风险水平下最大化其预期回报；如果两种资产具有相同的回报标准差，则选择预期回报较高的一种资产。理论上听起来不错；在实践中，正如 Gigerenzer 和他的合作者所发现的那样，许多投资银行家并不理解该理论的错综复杂之处，而且往往无法向投资者传达其本质。一些银行家错误地运用了这个规则。一个精明的投资者应该怎么做？你也可以简单地分散你的投资组合，这样如果你有三种基金，你就会把你的钱的三分之一分配给这三种基金中的每一种基金。这个简单的策略往往会超过更复杂的策略。

Tom Brady，新英格兰爱国者队的长期四分卫，因拥有随时快速做出决定的能力而成为传奇人物。他很可能是有史以来最好的四分卫，Brady 已经赢得了 6 次超级碗冠军，并 4 次被选为最有价值球员（MVP）。他曾 3 次获得美国国家橄榄球联盟的"最有价值球员"称号。是什么让 Brady 这么抢手？事实证明，Brady 特别擅长在面对抢断者时，在瞬间决定把球扔到哪里。对于像 Brady 这样的人来说，真的没有时间停下来思考其他选择；一个人需要很快做出决定，唯一的方法就是依靠自己的系统 1——把本能的想法转化为反射性行为。

Chesley Sullenberger 是全美航空公司 1549 号航班的机长。这是一架洲际航班，从纽约的拉瓜迪亚机场飞往西雅图，在北卡罗来纳州的夏洛特中转。2009 年 1 月 15 日，飞机起飞后不久，一群加拿大黑雁撞上了飞机，导致飞机的两个引擎都失去了动力。Sullenberger 很快意识到，飞机不可能返回拉瓜迪亚机场或当地的任何其他机场。凭借巧妙的直觉（启发式：如果地平线在上升，抬起机头；如果地平线在下降，降低它），他引导飞机迫降到哈德逊河上。机上 155 人全部幸存下来。Sullenberger 是在确保其他人安全离开后最后一个离开飞机的人。除了获得了很多荣誉之外，Sullenberger 机组成员还受邀参加了 1 月 20 日新当选的总统 Barack Obama 的就职典礼。2016 年，Clint Eastwood 执导了根据此事改编的电影《萨利机长》（*Sully*），Tom Hanks 出演 Chesley Sullenberger 的角色。

Gigerenzer 认为，"直觉既不是任性而为，也不是第六感，而是一种没有意识到的智力形态"。后来谈到这次经历时，Sullenberger 称之为"最翻江倒海、最恶心、跌穿地板的一种感觉"。但他也说了其他一些话，谈到了依赖直觉的好处。他说，42 年来，他一直在学习和培训中一点一点地积累自己的经验。终于在决定命运的那一天，这些经验带来了回报。由于经验充足，他能够游刃有余地应对突发情况产生的困境。以上结果表明，在多数情况下，我们可以用自己的直觉做得很好。在很多情况下，它们可以很好地为我们服务。但是，为了从直觉中获得最大的好处，我们可能需要拥有大量关于手头任务的专业知识。我们大多数人都不是 Tom Brady 或 Chesley Sullenberger。所以，我们的直觉可能不一定总是对我们有帮助，特别是当涉及复杂的问题、我们很少遇到的决定和我们几乎没有经验的情况时。所以，最终，你是否依赖于自己的直觉，取决于你对相关任务的熟悉程度。

## >> 系统 2 思维：避免误入歧途的智慧导航系统

请考虑以下问题❶。在你继续阅读之前，试着回答它们。如果你这样做了，你会有更多收获。

问题 1：一个球棒和一个球共花费 1.10 美元。球棒比球贵 1 美元。这个球要花多少钱？

问题 2：如果 5 台机器需要 5 分钟来制作 5 个小部件，那么用 100 台机器制作 100 个小部件需要多长时间呢？

---

❶ 这些问题取自耶鲁大学管理学院的 Shane Frederick 的研究成果，是所谓的认知反射测试（CRT）的一部分。Frederick 试图证明，在这些问题中，我们的本能是如何立即想出答案的，但经过思考，会发现结果是不正确的。

问题 3：在一个湖里，有一片睡莲在逐渐扩展覆盖整个湖面。每天，它们覆盖的面积都会加倍。如果覆盖整个湖面需要 48 天，那么覆盖一半的湖面需要多长时间呢？

对问题 1 最常见的回答是这个球要花 0.10 美元。但这显然是不对的，因为在这种情况下，球棒必须花费 1.10 美元（球棒比球多花费 1 美元），而球要花 0.10 美元，那么这两者总共花费了 1.20 美元，而不是 1.10 美元。正确的答案是球价为 0.05 美元，球棒的价格是 1.05 美元。但我们的直觉或系统 1 思维并没有给出这个答案，因为 0.05 美元并不是直观的。

对于问题 2，答案是 5 分钟，尽管我们的本能会忍不住说 100 分钟，就像大多数被问及这个问题的人会说的那样。这是因为 1 台机器制作 1 个小部件需要 5 分钟。所以，5 台机器可以在 5 分钟内制作出 5 个小部件，10 台机器将在 5 分钟内制造出 10 个小部件，因此，100 台机器制作 100 个小部件需要 5 分钟。

对于问题 3，答案不是大多数人回答的 24 天。正确的答案是 47 天。由于睡莲每天都翻一番，如果 47 天湖是半满的，那么它就会加倍，并在之后的第 2 天，即第 48 天被填满。

所有这些问题的答案对我们的系统 1 来说似乎都是显而易见的，但正确的答案并不是最明显的答案。这使心理学家 Daniel Kahneman 创造了这个首字母缩略词"WYSIATI"——你所看到的就是全部（What you see is all there is）！但通常事情并不像看上去那样简单。

可以说，这些琐碎的谜题并不能说服人们相信系统 1 的局限性。我们再来看一个更大一些的问题。在奥克兰大学，我们非常强调向学生灌输一种创业精神。所以，我问我的不同层次的学生，假设你已经成功开始创业，并正在寻求扩张，你应该去哪里开展业务？那些能买得起生活奢侈品的富裕客户会在哪里？当我问我的学生这个问题时，他们的回答是迅速而本能的：美国、澳大利亚、新加坡、西欧。

他们的答案是正确的吗？好吧，或许有点道理。在接下来的介绍中，我使用了华盛顿特区一家智库❶提供的公共数据。这些数据的安排是为了说明问题，而不是精确的。为了保持简单，我根据需要四舍五入。这些数据假设每天收入 20 到 50 美元的人属于中上层阶级，而每天收入超过 50 美元的人可以被认为是高收入者——一个简单的想法是，这些人可以买得起非生活必需品，他们关注各类奢侈品并且有能力进行购买。让我们来看看表 3.2 吧。在这个表格中，我提供了关于世界上一些国家的信息，以及他们有多少中上阶层或高收入者。我的学生是正确的。美国有很多这样的人，多达 2.92 亿人，德国有 7600 万人，而英国有 5900 万人，等等。但是现在来看看表中最低的四行吧。当我们想到"富裕"国家时，这些并不是我们直觉可以想到的名字。

---

❶ 战略与国际研究中心（CSIS）。

表 3.2　全球最富有的消费者在哪里

| 国家 | 人口 / 百万 | 每天赚 20 ~ 50 美元者占比 /% | 人数 / 百万 | 每天赚 50 美元以上者占比 /% | 人数 / 百万 | 每天赚 20 美元以上者占比 /% | 人数 / 百万 |
|---|---|---|---|---|---|---|---|
| 美国 | 324 | 53 | 172 | 37 | 120 | 90 | 292 |
| 德国 | 81 | 50 | 41 | 43 | 35 | 83 | 76 |
| 英国 | 66 | 54 | 37 | 34 | 22 | 88 | 59 |
| 法国 | 65 | 52 | 34 | 40 | 26 | 92 | 60 |
| 意大利 | 59 | 53 | 31 | 26 | 15 | 79 | 46 |
| 西班牙 | 46 | 52 | 24 | 21 | 10 | 73 | 34 |
| 澳大利亚 | 25 | 50 | 13 | 42 | 11 | 92 | 24 |
| 瑞士 | 9 | 58 | 5 | 38 | 3 | 96 | 8 |
| 中国 | 1400 | 10 | 140 | 1 | 14 | 11 | 154 |
| 印度 | 1300 | 1 | 13 | 1 | 13 | 2 | 26 |
| 巴西 | 212 | 20 | 42 | 7 | 15 | 27 | 57 |
| 马来西亚 | 33 | 40 | 13 | 12 | 4 | 52 | 17 |

请注意，中国有 1.54 亿这样的高收入者。事实上，中国的富人数量超过了法国、意大利和西班牙的总和，印度的富人数量超过了澳大利亚，而巴西的富人数量则略低于英国，马来西亚的富人数量是瑞士的两倍。关键是，虽然中国或巴西等国家的富人比例远小于美国或西欧，但中国或巴西的人口要多得多！这些国家拥有更多的人口，因此，即使富人的比例更小，这仍然是一个非常大的绝对数字，这一事实对系统 1 来说并不是显而易见的。

正如我想说服你的那样，我们不会根据新的信息立即更新我们的观念并纠正我们的错误。企业就像个人一样（毕竟，商业决策是由 CEO 这样的个人做出的），如果负责人已经有了一个不同的观点，但不停下来检查最初的猜测是否正确，那么他们也会成为这些错误的牺牲品。通常，一旦我们决定了某件事，我们就会采取行动，而不是去检查以确保依据是正确的，如果后来发现我们的依据不正确的话，我们也不一定会改变原来的思路。

让我们看一下下面的例子❶。一项对美国 3141 个县的肾癌发病率的研究显示了一个显著的模式。肾癌发病率最低的县大多是农村地区，人口稀少，位于中西部、南部和西部的传统上的共和党州。那么，这是否意味着成为共和党人会让你对肾癌免疫呢？面对这样的信息，我们的本能会立即试图想出一个符合事实的故事。对这种情况的解释是这样的：它与共和党（或民主党）没有任何关系。癌症发病率低是由于农村生活方式清洁、健康：没有空气污染，没有水污染，可以获得不含添加剂的新鲜食品。

但对美国肾癌发病率的同一研究显示，肾癌发病率最高的县大多也是农村地区，人口稀少，位于中西部、南部和西部的传统的共和党州。这又是什么情况呢？可能的解

---

❶　取自 Daniel Kahneman 的书《思考：快与慢》（*Thinking Fast and Slow*）。

释是：农村县可能很贫穷，很少获得良好的医疗保健；他们吃更多高脂肪食物，吃太多的红肉，可能还使用太多的烟草和酒精。这似乎也说得过去。

不过等一下！这两者怎么可能都是真的呢？农村县如何能同时报告非常高和非常低的肾癌发病率呢？同一个县的癌症发病率不可能既高又低；而是有些农村县高，有些农村县低。关键因素是，农村县的人口较少，极端的肾癌发病率数据更有可能是人口较少造成的。因此，农村县报告的癌症发病率最高和最低都是事实，是因为他们人口稀少。小的数字更有可能出现极端的例子。但是，"人口稀少"（因此，人数也很少）这一事实并没有立即出现在系统 1 中。这就是为什么我们没有考虑到，虽然中国的富人比例可能很小，但其人数却很大。因此，在非常大的人群中，即使是一小部分也是人数众多的。

系统 1 体现在自动 / 直觉思维中，它自动和快速运行，很少或不需要投入努力，没有自主控制感。另一方面，系统 2 是慎重和努力的。它有意识地将注意力分配到需要它努力的心理活动上，包括复杂的计算。一旦我们收到一个信号、威胁或刺激，系统 1 就会迅速采取行动。一个很好的类比是把系统 1 看作一头快速行动的大象，而系统 2 是试图引导大象的骑手——这可以做到，但不容易，需要练习。

Kahneman 为思维系统 1 和系统 2 所处理活动的类型提供了一个方便的说明。系统 1 帮我们检测一个物体是否比另一个物体更远，帮我们将注意力指向突然响起的声音，完成"面包和……"之类的联想测验，回答"2+2 等于几"这样的问题，阅读广告牌或路标上的文字，在空旷的高速公路上驾驶（自动驾驶），检测别人的面部表情。另一方面，系统 2 使我们能够在拥挤的房间里专注于特定人的声音，将车停入狭窄的车位，比较两个项目的整体价值，监控自己在社会环境中行为的适当性，告诉别人某人的电话号码，检查一个复杂的逻辑论点的有效性。

在我继续之前，再看几个例子。看看图 3.5，它显示了所谓的 Müller-Lyer 错觉（the Müller-Lyer Illusion）。Müller-Lyer 的原作出版于 1889 年，是用德语写成的。Ross Day 和 Hannelore Knuth 提供了他作品的英文译本。同样，如果你自己第一次尝试这个测试，你会更欣赏它。看看箭头之间，你认为哪条线段更长？这似乎很明显，不是吗？ A 显然比 B 长。现在请翻到下一页，看看图 3.6，你还相信 A 更长吗？这两条线的长度是相等的！但是再回来看看图 3.5。A 似乎又更长了！一旦你看到 A 更长，似乎就很难"看不见"它。这是系统 1 在工作。即使找到了正确的答案，你也很难克服你的直觉。

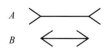

图 3.5 Müller-Lyer 错觉：哪条线更长？

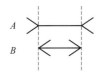

斯特鲁普任务
（大写还是小写）

图 3.6　Müller -Lyer 错觉的解释　　　　图 3.7　斯特鲁普任务

现在来看图 3.7。这是心理学家所说的斯特鲁普任务（Stroop Task）的一个版本（译者注：为方便我国读者理解，此实验有所改编）。任务很简单，从左边的一列开始，简单地说出汉字"左"或"右"是使用了较大的字号还是较小的字号。现在移动到右边的一列，并重复该练习。"大"和"小"是使用了较大的字号还是较小的字号？这次你纠结了吗？为什么呢？因为，一旦你看到这个字，系统 1 就开始行动，不自觉地想阅读这个字。你必须退一步，控制你的系统 1，让你的系统 2 来看看这个字是大字号还是小字号，而不是简单地读这个字本身。你可以反向地做这个练习。从右侧的那列开始，说出字是位于左边还是右边。然后，对左侧那列做同样的操作。说出这个字是位于左边还是位于右边的。再一次，你会发现自己变慢了。这是因为你的直觉是读出这个字，需要系统 2 的主动参与来确定字的位置是位于左边还是位于右边。

## 案例研究 3.1　可辨识的生命还是统计的生命

2020 年初，我正在写这本书，当时全世界都正在应对新冠肺炎大流行。随着这种疾病在世界各地迅速传播，流行病学家主张采取更严格的社交距离措施。许多国家，包括我的祖国新西兰，实施了完全封锁，人们都被要求待在家里，除了那些给社会提供最基本服务保障的人之外。许多流行病学家建议采取这种严格的社交距离措施，持续时间长达 18 个月。

Gerg Gigerenzer 在他的书《风险悟性》（*Risk Savvy*）中指出，在 2001 年 9 月 11 日之后，许多美国人就认为坐飞机的风险太大了。因此，他们选择了开车。在袭击发生后的 12 个月里，又有 1500 人在路上丧生。这比"9·11"袭击中飞机上的乘客总数还要多。在决定开车而不是飞行时，人们的关注点在可辨识的生命（identified lives）上，即"9·11"事件发生时生命丧失在我们面前。Gigerenzer 称这种现象为"风险恐惧"，即对在短时间内失去大量生命的恐惧。但是，他们在这样做的时候，却忽略了道路交通事故所造成的更多生命丧失，因为这些事故是分散发生的，因此没有得到足够的关注。对第二种生命丧失 [ 也被称为统计的生命（statistical lives）丧失 ] 的低估，是由于我们转移了许多资源来拯救我们眼前可辨识的生命。

新冠肺炎 Covid-19 大流行期间出现了非常类似的现象。大多数医疗专业人员都非常专注于拯救可辨识的生命。每天，报纸都在报道全世界有多少人死于新冠肺炎。这并不奇怪，因为这正是我们的直觉告诉我们要做的：采取一切可能的安全措施来避免感染。但我们忘记了，这些人中的许多人可能会在其他事件中死于各种原因，如心脏病发作或流感。毕竟，每年大约有 5000 万人死于各种原因，包括年老而亡。所以，问题不在于有多少人死于 Covid-19，而在于不是死于 Covid-19 的人还有多少。在关注可辨识的生命时，我们忽略了统计的生命的丧失。统计的生命丧失的总影响很可能会大于 Covid-19 造成的生命丧失。但是，这些死亡对我们集体心理的影响很小，因为它们分散在世界各地，而且不会以同样的方式被报告。

但没有得到充分承认或讨论的是，为了拯救更多的人而关闭经济是不是值得的。随着经济活动陷入停滞，企业也破产了。截至 2020 年 3 月底，美国已有超过 600 万人申请破产，而 2008 ～ 2009 年全球金融危机开始时的相应数字还不到 100 万。在新西兰，随着国际航班基本停飞，新西兰航空的收入从每年约 60 亿新西兰元下降到仅约 5 亿新西兰元 ❶。在全球范围内，严格的身体距离措施（指完全封锁措施）带来的巨大经济冲击导致了贫困、饥饿和死亡。据估计，失业率增加 10 个百分点将导致人的平均预期寿命减少约一年半。将包括世界各地卫生设施在内的资源用于减少 Covid-19 死亡，意味着其他检测、筛查和手术会被推迟，导致其他原因引起的死亡急剧上升。在世界各地，大约有 8000 万儿童没有接种疫苗，导致麻疹、白喉和霍乱病例急剧增加。

我在这里的论点并不是说不需要保持社交距离。当然，还需要采取强有力的干预措施。但不同的国家可能需要不同程度的干预。更重要的是，我们需要的是讨论一下权衡问题（trade-offs）。如果我们把一个国家封锁四周时间，我们能挽救多少生命？这在经济上的意义是什么？经济会萎缩多少？会失去多少工作岗位？有多少企业会破产？有多少人，包括儿童，会因为长期居家而开始患有精神障碍？我的观点很简单：这当中需要进行艰难的权衡。挽救新冠肺炎患者的生命，并非不会在其他方面产生影响。就像第一章中的 Ana 一样，即使是政府和国家也面临着预算的限制。政府决定为 Covid-19 投入大量资源，这意味着这些资源必须从其他一些活动中被移出并被重新分配。

---

❶ 当时，1 新西兰元的价值约为 60 美分。

在对 Covid-19 大流行的恐慌中，同样没有被认识到的是，所有这一切实际上都是基于概率模型的。18 个月的封锁比 6 个月的封锁效果好，也比 4 周封锁效果更好，而每周都会带来不同程度的社会和经济成本。这在很大程度上取决于传染率：每个被感染的人将疾病传染给了多少人？ Covid-19 将夺走多少生命（可辨识的生命）？由于我们试图防止 Covid-19 造成的死亡，我们将失去多少生命（统计的生命）？统计的生命对我们的系统 1 思维来说显然并不重要。

## ⏵⏵ 思维运作如何受到环境信息的影响

以上证据表明，有时，我们的本能会被证明是有用的，但同样，有时它会让我们误入歧途。通常，特定的背景、呈现方式或特定的外部线索会产生很大的不同。这反过来也有其影响。例如，参考以下来自 Kahneman 的例子。

例 1　完成下面的句子：Ann 靠近 Bank……

一个常见的答案是："她需要从她的账户里取一些钱。"在这里，大多数回答者在听到 "bank" 这个词时，都想到了一家金融机构。但同样合理的回答可能是："Ann 在用力划了一个小时的桨之后，靠近她朋友等候的岸边（bank）。"我们再一次看到，系统 1 冲进来创造了一个故事，这个故事对完成句子产生了很大的影响。

例 2　你正在考虑选择两个职位候选人之一来填补空缺，他们是 Alan 和 Ben。作为面试过程的一部分，你对每位候选人都进行了心理测量。测试表明，Alan 聪明和勤奋，但有时也会冲动、挑剔、固执和嫉妒；而 Ben 是嫉妒、固执、挑剔和冲动的，但有时也勤奋和聪明。你决定雇哪个候选人呢？是 Alan 吗？

### 启动

由于系统 1 反应迅速，我们通常可以通过设计选择来获得更好的结果。它的流行名字是"选择设计学"。我将在下面的几页中提供一些例子。那些想要更深入了解的读者最好阅读 Thaler 和 Sunstein 的书《助推》（*Nudge*）。让我们来看看一些例子，说明人们可以利用本能的感觉来选择政策。许多协会，如红十字会或联合国儿童基金会，都试图吸引人们捐款，并经常为此目的聘请专业的筹款人。现在，说到筹款，哪些策略比其他策略更好？威斯康星大学的 James Andreoni 和 Ragan Petrie 在捐款参与者中进行了一项实验。他们研究了筹款人经常使用的两种策略。首先，当参与者可以选择向两个慈善机构（一个是匿名的捐款，另一个是公开他们的捐款）中的一个捐款时，会发生什么？第二，当采用"类别报告"（即不是提供关于实际捐款的信息，而是按类别报告，如高达 100 美元、101～500 美元、501～1000 美元等）时，会发生什么？

对于第一个问题，Andreoni 和 Petrie 发现，当参与者的捐赠是匿名的时，他们的捐款很少，而当他们的捐赠被公开时，他们的捐款会更多。此外，当捐赠按类别报告时，更多的参与者会增加他们的捐款，以达到更高类别的底线。这表明，除了向慈善机构捐款的温暖光芒外，也有一些虚荣心在起作用。这是启动（priming）的一个例子，其中一个人的行为是基于一个由设计选择机制的人提供的外部线索来决定的。这比我在序言中提到的在咖啡机旁边的捐款箱上画一双眼睛的想法更复杂，但也非常相似。

事实上，"监视眼"想法的提出者不是我，而是英国纽卡斯尔大学的 Moe Fathi、Melissa Bateson 和 Daniel Nettle。当然，其他人也进行了这个实验的另一些变式。Fathi 和他的同事们对为慈善机构筹集资金，并寻找能够发挥作用的机制很感兴趣，他们进行了一个 2×2 的设计，如图 3.8 所示。让我来解释一下。受试者被分配到四种不同处理中的一种。第一组看到一个捐赠罐，里面装满了零钱，大部分是 10 便士、20 便士等等。第二组的人看到一个相似的零钱罐子，只不过在罐子正上方的海报上有一双监视的眼睛，眼睛是墙上禁止在实验室里吃喝的海报的一部分，所以，眼睛并不会与人们捐赠的信息相关联，眼睛附带的信息与手头的任务无关。第三组人看到一个罐子，装满了 1 英镑和 2 英镑的硬币。最后，第四组看到了一个装有 1 英镑和 2 英镑硬币的罐子，罐子上面贴有一双眼睛的图片。这项研究让我们看到了两种不同的启动方法。罐子里是零钱还是大硬币有影响吗？是否有监视的眼睛重要吗？

| 装零钱的捐赠罐 | 装大硬币的捐赠罐 |
| 装零钱的捐赠罐加监视眼 | 装大硬币的捐赠罐加监视眼 |

图 3.8　Fathi、Bateson 和 Nettle 的实验设计（2014）

研究的参与者会得到一个普通的棕色信封，里面有 5 英镑（1 个 2 英镑，2 个 1 英镑，1 个 50 便士，2 个 20 便士，1 个 10 便士）。他们明白自己可以保留全部金额，或者如果他们愿意，他们可以把这些钱里的一部分或全部放在他们面前的罐子里，捐给一个慈善机构。作者报告了两个关键的发现：首先，从零钱转变到大硬币并没有太大的区别；事实上，它似乎影响很小或几乎没有影响。但是，在每种情况下，加上那对眼睛都会有很大的不同。在图 3.9 中，我将展示会发生什么。

| 装零钱的捐赠罐 | 装大硬币的捐赠罐 |
|---|---|
| 捐款中位数 =20 便士 | 捐款中位数 =0 便士 |
| 大额捐赠（1 英镑或 2 英镑）率 =30% | 大额捐赠（1 英镑或 2 英镑）率 =23% |
| 装零钱的捐赠罐加监视眼 | 装大硬币的捐赠罐加监视眼 |
| 捐款中位数 =72.5 便士 | 捐款中位数 =50 便士 |
| 大额捐赠（1 英镑或 2 英镑）率 =50% | 大额捐赠（1 英镑或 2 英镑）率 =42% |

图 3.9　Fathi、Bateson 和 Nettle 的实验结果（2014）

让我们首先跨行进行比较。当罐子里装满零钱时，捐款的中位数是 20 便士，大约 30% 的捐款是"大面额"的，这里是指捐出面额是 1 英镑或 2 英镑的大硬币。增加一对眼睛会使捐款的中位数增至三倍以上，达到 72.5 便士。当罐子里装的是大硬币时，捐款的中位数为零，23% 的捐款是大硬币。增加一对眼睛会使捐款的中位数提高到 50 便士，而大硬币的捐赠率几乎增加了一倍，达到 43%。但是，如果跨列比较捐款额（没加监视眼的两种情况和加了监视眼的两种情况），我们发现几乎没有区别；事实上，当罐子里装满大硬币时，捐款中位数会略有下降。因此，"监视眼"的存在造成了很大的差别，但向人们展示零钱和大硬币这一更微妙的刺激，即通过操纵潜意识中的社会规范来影响捐款额，却没有取得成功。

更令人惊讶的是，不仅仅是人类的眼睛增加了人们的亲社会程度。罗格斯大学的 Mary Rigdon 和合作者的研究表明，即使只是有看起来像眼睛那样的"最小"线索，也可以获得类似的效果。我在图 3.10 中表明了我的意思。这个图的左侧面板显示了三个点，它们被模拟看起来像一张人的脸（两只眼睛和一张嘴），而右边的面板被设计为一个中性的控制。Rigdon 和她的合作者们发现，即使是这个"最小的线索"，三个点排列得看起来像一张脸，也会让实验室慈善捐赠游戏中的参与者更加慷慨❶。

图 3.10　Rigdon 等人的最小线索研究（2009）

### 案例研究 3.2　启动的"黑暗面"

很明显，启动技术可以以有益的方式被使用，如上所述。如果世界各地的警

---

❶　Rigdon 和她的同事们发现，"慷慨"在更大程度上是由男性推动的，男性在人脸条件下比在控制条件下更加慷慨。对于女性来说，这并没有什么区别。我将不详细说明，因为有大量关于经济交易中的性别差异的文献。我选择不在这里探讨这个话题。还有其他一些书籍和论文对这个话题进行了全面的评论，包括我在哈佛大学肯尼迪学院的同事 Iris Bohnet 广受好评的书——《什么才有效：设计上的性别平等》（*What Works：Gender Equality by Design*）。

察队伍用带有一双眼睛的大广告牌和"安全驾驶，不要超速，我们在看着你！"的信息来取代他们，可能会节省政府的大量开支。更好的是，让一些警察的脸保持警惕表情，很可能也会产生类似的效果。当然，这将意味着损失那些来自超速罚单的收入，但节省的成本可能会弥补这一点。如果你们中的任何一个读者碰巧是一名警官或者知道警察局可能对这种实验感兴趣，可以联系我来做这个研究。

但采取启动措施也会产生有害的影响。启动会导致不必要的同伴效应和社会压力，从而导致墨守成规的行为。最著名的例子之一来自 Solomon Asch 进行的实验。Asch 在 20 世纪 50 年代实施了他的研究，当时世界正从第二次世界大战的恐怖气氛中恢复过来。Asch 对这么多普通德国人为何愿意听信纳粹的宣传很感兴趣。Asch 要求参与者进行"视力测试"。参与者会看到两张卡片。左边的卡片上有参考线，右边的卡片上有三条比较线。图 3.11 显示了相关信息。事实上，在任何一个小组中，除了一个参与者（又称被试）之外，其他所有的参与者都是实验者的同伙（也被称为假被试）。真正的参与者和实验者的同伙们都坐在一间教室里，每个人依次被问及右边卡片上的哪一条线和左边卡片上的参考线长度相等。实验者同伙故意提供不正确的答案。虽然一些真正的参与者回答正确，但有很高比例（32%）的参与者选择和其他人的观点保持一致，即使这种观点是明显错误的，即便两条线段相差几英寸，大多数人也说两者长度是相同的。

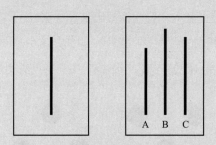

图 3.11　Asch 的不同长度线段卡片（1956）

启动的有害影响经常表现在日常生活中，我们的脑海中带着很多刻板印象。我曾经看到过一个亚洲年轻人的视频片段，他谈到进入哈佛上学是多么困难，即使是进入了哈佛之后，也同样艰难，因为他习惯了成为高中里最聪明的人之一，但突然之间，他周围的每个人都非常聪明和有能力。视频下面是有些人的评论，大意是说，如果这对一个"亚洲人"来说很难，那么其他人还有什么机会呢？这是一种刻板印象：认为亚洲学生很聪明。这里还有一些其他刻板印象：女性不是好司机；女性缺乏幽默，因此不能成为很好的单口喜剧演员；非裔美国人没有学术天赋，智力较低；女性更擅长艺术，不擅长 STEM 科目 ❶。

这有很多问题。首先，刻板印象往往是错误的。但是，更重要的是，一个受这种刻板印象影响的群体可能会相信刻板印象是准确的，并将其内化，在一定程度上，启动这个刻板印象（通常被称为"刻板印象威胁"）会导致该群体的表现发生改变。如果非裔美国人认为他们的智力能力不如欧裔美国人，这种刻板印象被启动后，他们实际上可能会表现得更糟。同样地，如果女性认为自己不擅长数学，那么启动她们的性别认同实际上可能会导致女性在数学任务上的表现更差。

事实上，很多证据表明这是正确的。斯坦福大学的心理学家 Claude Steele 和得克萨斯大学奥斯汀分校的 Joshua Aronson 决定与斯坦福大学的非裔美国本科生一起探索这个问题。让我强调一下，这些人都是斯坦福大学的学生。在一项研究中，实验材料是从研究生入学考试（GRE）中选取的较难的语词问题，让非裔美国学生和欧裔美国学生来进行解答。这些语词问题被故意设计得具有挑战性。在一种条件下，学生们被告知这是对学生的智力的测试，在测试结束时，学生们将收到关于他们的能力水平的反馈，即诊断性（diagnostic）的条件。在另一组的设计处理中，参与者被告知这是一项测试，试图理解参与者是如何解决语言问题的，而与智力无关，即非诊断性（non-diagnostic）的条件。最后，还有一组是非诊断性挑战（non-diagnostic challenge）条件设计，参与者被告知这与解决问题的方法有关，与智力无关。此外，参与者还被告知，这些问题被设计得具有挑战性。Steele 和 Aronson 的假设是，第一种诊断条件会对非裔美国学生构成刻板印象威胁，他们可能已经内化了非裔美国人智力低下的观点。结果与这一假设相一致的是，Steele 和 Aronson 发现，在控制了学生的 SAT 分数后，非裔美国学生在引发刻板印象的诊断条件下的平均表现比欧裔美国人差。两组在其他两种处理条件下的表现无差异。

为了排除其他可能的解释，在另一项研究中，Steele 和 Aronson 让学生们参加类似的语词问题解决任务，研究人员除了在任务开始前询问参与者的种族情况，直接启动了种族认同之外，其他方面与前面研究没有区别。研究结果再一次表明，当参与者被提醒他们自己的种族时，非裔美国学生完成语词任务的表现比欧裔美国学生要差。在控制组中，除了没有在种族方面进行提醒之外，在所有其他方面的处理都与实验组相同，非裔美国学生完成语词任务的表现与欧裔美国学生的表现则没有差异。

约克大学的 Jennifer Steele 和塔夫茨大学的 Nalini Ambady 也进行了类似的研究，这次的被试群体是女性，而实验材料是艺术或数学。在 Steele 和 Ambady 的研究中，参与者被要求对一系列活动是否有趣进行评分。艺术方面问卷的项目有：写一篇艺

---

❶ STEM 代表科学（Science）、技术（Technology）、工程（Engineering）和数学（Math）。

术方面的文章，听音乐的课堂作业，参加文学考试，分析一首诗，完成一门视觉艺术课程的艺术作业。数学方面问卷的项目有：做一个代数问题集，计算复利，求解一个方程，参加一个微积分考试，完成一个几何问题集。

在一项研究中，Steele 和 Ambady 让一组参与者看着电脑屏幕上一系列单词快速闪现，从而启动了性别认同。女性的启动词是洋娃娃、衣服、耳环、鲜花、女孩、珠宝、女士、粉色、口红等，而男性的启动词是叔叔、硬汉、男人、父亲、足球、蓝色、男孩、啤酒等。另一组受试者也被展示了一系列的启动词，但这些词与性别无关。在此之后，参与者被要求对艺术和数学活动进行 0 ~ 9 的评分，0 是"完全无趣"，9 是"非常有趣"。在一项后续的研究中，像 Steele 和 Aronson 的研究一样，Steele 和 Ambady 也是先用问题来启动参与者的性别认同，然后再对问卷项目进行评级。

在 Steele 和 Ambady 的两项研究中，结果是一致的。被女性启动词启动的参与者对艺术问卷项目的评价比数学问卷项目要高得多。被非性别词汇启动的参与者对艺术问卷项目没有表现出任何这样的偏好。与被问及性别的参与者的结果截然相反，没有被问及性别的参与者对艺术问卷项目没有表现出任何偏好。

## 框架

框架（framing）指的是用不同方式问同一问题会导致非常不同的结果的情形。我已经在引言中详细讨论过了这个问题，我讨论了器官捐赠和退休储蓄的问题；从"选择加入"到"选择退出"的简单改变会产生很大的影响。行为科学家通常将其称为"改变默认选项"（changing the default option）。正如我之前提到的，将默认选项从"选择加入"［正如"知情同意"（informed consent）的国家所做的］改为"选择退出"［即"假定同意"（presume consent）］，可以在促进器官捐赠方面产生显著影响。提高退休储蓄也是如此。我提到的研究由 Richard Thaler 和 Cass Sunstein 完成，他们的研究结果表明当一个公司将工资的 3% 作为退休储蓄的默认缴费率时，尽管公司雇主愿意以 1:1 的比例追加退休储蓄，还是有超过四分之一的员工以 3% 的默认缴费率加入退休储蓄计划（而没有自行提高缴费率）；一旦公司以 6% 的工资水平作为退休储蓄的默认缴费率时，员工们就开始按这一比例水平进行退休储蓄。《卫报》2013 年的一篇报道发现，在英国推出自动加入养老金计划并可以选择退出的政策大约一年之后，工作养老金的储户增加了 160 万，只有 9% 的人选择了退出该计划。

这里有 Daniel Kahneman 提供的另一个例子。这项研究的参与者被要求选择 A 和 B

两种治疗方案，这是针对 600 人的治疗方案。小组中有一半的人得到了以下积极框架的信息，强调的重点是生命得到拯救：

A 治疗方案预计将挽救 200 条生命。而 B 治疗方案，将有 1/3 的概率救活所有的人，但有 2/3 的概率一个人也救不活。

小组中另一半人看到了以下信息，这些信息是在消极框架下关于生命丧失的信息：

A 治疗方案预计将导致 400 人死亡。而 B 治疗方案，有 1/3 的概率没有人会死亡，但有 2/3 的概率人们全部死亡。

在面对生命得到拯救的积极框架时，大多数受访者选择了治疗方案 A，而当面对生命丧失的消极框架时，大多数选择了治疗方案 B。这很令人惊讶，因为这两条消息的信息内容是相同的。如果 A 方案挽救了 200 条生命，那么就会导致 400 人死亡。如果 B 方案有 1/3 的机会拯救所有人，那么它就有 2/3 的机会杀死所有人。但是，简单地以拯救生命和失去生命的形式来呈现这些信息，就会产生巨大的选择差异。这对政策的影响是巨大的，因为这不是一个不知情的外行人所犯的错误，这就发生在专家、专业人士和政策制定者身上。简单地改变默认的描述框架就可能会导致巨大的差别（例如是否为资助患者购买救命药物成立基金）。

由 Benjamin Toll 和他的合作者（主要由耶鲁大学的精神病学家和心理学家组成）进行的一项研究，检验了框架效应可应用于戒烟措施中。参与者收到了积极的信息，比如"如果你坚持相信戒烟的理由是对的，你就会更有可能成功戒烟""当你戒烟时，你就会掌控自己的健康。你节省了金钱。你看上去很健康，你也感受到了健康"以及"如果没有人吸烟，美国每年将挽救 43 万条生命"。与之相反，消极框架下的信息包括"如果你不坚持相信戒烟的理由，你就会更有可能戒烟失败""如果你继续吸烟，你就无法掌控自己的健康。你浪费了你的钱。你看起来不健康，你会感到不健康""因为人们吸烟，在美国每年有 43 万人丧生"。研究人员发现，处于积极框架下的参与者明显更有可能持续戒烟❶。

在我继续之前还要讲一下最后一个例子。在 2020 年初 Covid-19 大流行期间，新西兰政府决定一次性支付给退休人员和其他受益人一笔钱，以帮助他们支付冬季的取暖费（请记住，在南半球，3 月、4 月、5 月是秋天，6 月、7 月、8 月是冬天）。那些富裕的退休人员可以选择退出，而不享受这种福利。我在奥克兰的一个同事 Susan St John 令人信服地指出，其实政府本可以节省一笔可观的支出——如果政府要求人们选择是否加入，而不是选择是否退出的话。这样，从某种意义上说，真正需要帮助的人可以得到这笔钱，而那些什么也不做的人，则不会自动受惠。

---

❶ 我非常感谢哈佛大学肯尼迪学院的 Rebecca Yao 为我提供了这个优秀的例子。在下一章中，我将会讲到更多关于前景理论的内容。

## 案例研究 3.3  框架和市场营销

我以两个轻松愉快的例子结束本节。第一个例子摘自 Tim Harford 的优秀著作《卧底经济学家》（*The Undercover Economist*）。这些信息有点过时，但仍然很能说明问题。Harford 呈现了以下来自伦敦斯特兰大街的星巴克的菜单。

| | |
|---|---|
| 卡布奇诺 | 1.85 英镑 |
| 热巧克力 | 1.89 英镑 |
| 咖啡摩卡 | 2.05 英镑 |
| 白巧克力摩卡 | 2.49 英镑 |
| 超大杯白巧克力摩卡 | 3.09 英镑 |

从表面上看，这看起来很棒；有很多有趣的选择。然后，Harford 展示了他所谓的同一菜单的"翻译"。

| | |
|---|---|
| 卡布奇诺（普通杯） | 1.85 英镑 |
| 热巧克力（普通杯） | 1.89 英镑 |
| 混合在一起（与众不同杯） | 2.05 英镑 |
| 使用不同的巧克力粉（非常与众不同杯） | 2.49 英镑 |
| 把它变大（超大杯） | 3.09 英镑 |

关键是，菜单上的每一种商品的生产成本大致相同。毕竟，做一大杯咖啡、喷上糖浆、撒上巧克力粉或加入生奶油的成本并不算高。然而，上面的菜单对于区分价格敏感型顾客（那些购买普通咖啡的顾客）和价格不敏感型顾客［那些点了超大杯（Venti）白巧克力摩卡的人］❶却非常有用。

另一个类似的例子来自 Dan Ariely 的书《可预测的非理性》（*Predictably Irrational*）。他呈现了《经济学人》（*The Economist*）期刊的订阅选项。

| | |
|---|---|
| 网络电子期刊 | 每年 59 美元 |
| 纸质期刊 | 每年 125 美元 |
| 纸质期刊附加电子期刊 | 每年 125 美元 |

猜猜大多数人会怎么选择这样的定价方案。大多数人会选择第三种"纸质期刊附加电子期刊"选项。为什么不呢？你以同样的价格订到纸质期刊，最重要的是，你可以同时免费获得网络电子期刊！不过，这些人中的大部分最终会在网上阅读，而且永远不会翻看纸质期刊。其实他们每年支付 59 美元购买网络电子期刊要更好一些。

---

❶ Venti 在意大利语中是"二十岁"的意思；星巴克最大杯被称为"Venti"的原因是其标准容量是 20 盎司。

## 锚定

在生活中，我们通常不去从头开始评估事件或结果，而是从一个参考点开始比较，现状经常是这样的，于是就产生了锚定效应（anchoring effect）。下面的一些例子会使你更容易理解它。世界各地的研究者和讲师们都做过如下活动，在活动中让一群学生从一个盒子里挑选一张小纸条。学生们并不知道这些纸条上只写着两个数字中的一个：10 或 65。所以，一半的学生得到一张写着 10 的纸条，另一半得到一张写着 65 的纸条。在他们看过纸条之后，要求他们回答以下问题：“在非洲大陆有多少个国家？”正确答案是 54。但是，得到写着 10 的纸条的一半学生回答的答案，平均而言要比得到写着 65 的纸条的另一半学生的答案数字更小。看一眼纸条上的数字是与非洲国家数量问题无关的一件琐事，但较小的数字为一个群体建立了一个较低的锚（即参考点，reference point），而较大的数字为另一个群体建立了一个更高的锚。

再举一个例子。一群人被分成两半。两组人都被问及了红杉树的高度。除此之外，有一组人被问：“最高的红杉的高度是大于还是小于 1200 英尺？你最精确的猜测是多少？”另一组人被问：“最高的红杉的高度是大于还是小于 180 英尺？你最精确的猜测是多少？”第一组猜测高度的平均数是 844 英尺，而后者猜测高度的平均数是 282 英尺！所以，思考锚定的一种办法是：锚定＝启动＋参考点。通过暗示高或低的数字进行启动，这种启动有助于建立参考点：非洲是有 10 个国家，还是有 65 个国家？最高的红杉树是 1200 英尺还是 180 英尺？一旦参考点建立了，进一步的计算就据此调整。“10”的启动组向上调，因为他们知道 10 个国家太少了；“65”的启动组向下调，因为他们觉得有 65 个国家太多了。180 英尺的启动组上调，因为他们确信红杉比这更高；而 1200 英尺的启动组下调，因为他们知道这太高了（大致是一个 120 层的建筑），但他们无法逃脱参考点的诱惑，据此向上或向下调整。

我们可以为这些问题计算出一个锚定指数。

$$锚定指数 = \frac{高锚组的平均猜测 - 低锚组的平均猜测}{高锚值 - 低锚值}$$

在红杉树的例子中，高锚值是 1200 英尺，而低锚值是 180 英尺，分母是 1200-180=1020。高锚组的平均猜测是 844 英尺，而低锚组的平均猜测是 282 英尺。分子是 844-282=562。因此，锚定指数是 562/1020=0.55。如果启动根本没有影响，而两个不同的启动组的猜测完全相等，那么锚定指数为 0。另一方面，如果启动完全成功，高锚组的每个人都准确地选择高锚值作为自己的猜测，而低锚组的所有成员都准确地选择低锚值，那么锚定指数将等于 1。

锚定效应在生活的各个方面都很重要。和许多事情一样，它不仅仅是普通人容易出现的错误，专业人士也同样容易被锚定效应影响。在 Gregory Northcraft 和 Margaret

Neale 的一项研究中，他们向一群经验丰富的房地产专业人士呈现了一所房子和一个价格。其中对一半专业人士呈现高要价，而对另一半专业人士呈现低要价。然后，两组专业人士报告自己对房子价格的最佳猜测。不出所料，这些猜测的差异很大，锚定指数为 0.41。这意味着假如高锚值比低锚值多 10 万美元，那么高锚组的平均猜测大约比低锚组高出 4.1 万美元。此外，房地产经纪人对他们有能力给出一个合理、准确的房价绝对有信心，并确信，在评估开始时向他们呈现的要价对他们的价格评估绝对没有起到任何影响。

这种锚定效应也会以其他不好的方式起作用。Iris Bohnet 是哈佛大学肯尼迪学院的教务长，她做了很多工作来寻找促进性别平等的办法。她是一本广受好评的书的作者，这本书的名字叫《什么在起作用：被设计出的性别平等》（*What Works：Gender Equality by Design*）。Bohnet 谈到了包括教育机构在内的大多数公司都是如何进行员工绩效评估的。通常情况下，员工被要求先进行自我评估，然后将评估结果传递给经理，经理通常在进行最终绩效评估之前与员工进行一次绩效评估会议。这些评估在晋升、薪酬增长和绩效奖金方面至关重要。这听起来像是一个强有力的评估过程，不可能会出什么问题。然而，事实证明，女性经常低估自己的表现，对自己的表现的评价低于男性对自己的表现的评价。猜猜看结果会怎样？经理们也意识到了这一点，他们确实做了一些调整：将女性绩效向上调整，将男性绩效向下调整。但是，就像其他人一样，经理们也会被最初的评估锚定。所以，即使在做了调整之后，女性通常还是会由于最初的自我评估锚定过低，而得到低于男性的表现评价。

## 证实偏差

当我在 2020 年初写这本书的时候，新西兰即将在 2020 年 10 月举行大选❶，大选还将包括对新西兰大麻合法化的全民公投，到这本书出版的时候，我们就应该已经知道结果了。随着选举和公投的进行，很多电台、电视、印刷媒体和自媒体对大麻相关问题进行了充分的讨论，其中包括大麻合法化的所有利弊。尽管如此，很有可能现在反对的人仍然会反对，而支持的人会继续支持。这是因为一种所谓的证实偏差（confirmation bias）：总的来说，我们关注那些支持我们的先入之见的信息。系统 1 在寻找自我否定（disconfirming）的证据方面做得不是很好。这主要是因为寻找自我否定方面的证据是费力的，而不是依靠直觉的，且对我们来说并不容易。

例如，假设你认为大麻的使用与青少年犯罪的增加有关。这种看法是正确的吗？为了解决这个问题，你需要考虑四组不同的人：①犯罪的大麻使用者；②没有犯罪的大

---

❶ 更新：随后，在 2020 年 10 月的选举中，由 Jacinda Ardern 领导的工党左翼大获全胜，轻松击败了国家党右翼。大麻法案公投以微弱的优势被否决，51% 的人反对，49% 的人投票赞成。

麻使用者；③不使用大麻的罪犯；④不使用大麻的未犯罪者。但如果你已经相信大麻使用导致犯罪，那么你将主要寻找第①组例证；而如果你支持大麻合法化，那么你会在记忆中搜寻所有你认识的人，找出那些抽大麻但从未犯罪的人，或那些犯罪却热衷于大麻以外的东西的人。但通常为了得到正确的结论，我们需要寻找自我否定的证据，而不是提出一些能支持我们先前立场的问题。

思考一下图3.12，它展示了四张卡片。假设我告诉你，这四张卡片遵循以下规则：如果某张卡片的一面有一个奇数，那么它的背面就有一个元音字母（即A、E、I、O、U）。你需要翻开哪两张卡片来证明或推翻这条规则？绝大多数的人会说：卡片"3"和卡片"A"，但这是错误的。你当然需要翻出卡片"3"，看看它的另一面是不是一个元音。但是，翻出卡片"A"是没有用的，规则里没有提到元音卡片的背面会是什么。那你如何推翻或证明这条假设呢？你可以看一下"非元音"卡片"C"的背面是什么。如果卡片"C"的背面是一个奇数，那么你就证伪了这个规则 ❶。

图3.12　四张卡片

事实证明，人们对这个问题的回答并不好。你可以用上面的问题，测试一群没有上过这门课或读过本书的朋友。看看他们是否选择了卡片"3"和卡片"C"；很有可能，他们几乎所有人都正确地选择了卡片"3"，然后又选择了卡片"A"，而这是错误的。

不过，也还有一线希望。虽然事实证明，大多数人在数字、元音和辅音等抽象情境下并不擅长这类任务；但如果你提供一个明确的现实情境，他们确实会做得更好。下面是我给我的学生们提出的一个问题。

假设你负责在一家餐馆里检查安全饮酒规定的执行情况，这家餐馆可以接待年轻人和老年人。显然，餐厅必须遵守法律，当地法律规定：如果你在喝酒，那么你必须年满

❶ 这实际上是一个逻辑问题，通常被称为取式（modus ponens）和拒取式（modus tollens）。如果你想检验一个条件命题为真（或为伪），如"如果P，那么Q"，那么你必须检验两件事。首先，P是否意味着Q？这意味着，如果前面的"P"成立，那么可以推断出随后的"Q"。这就是取式的部分。但这还不够。你还必须呈现出第二部分，涉及检验"非Q意味着非P"；换句话说，当结果不包含"非Q"时，就可以推断出先前的"非P"不成立。这就是拒取式的部分。如果你持有"所有大麻吸食者都是违法者"的观点，那么你需要证明，每当你发现大麻吸食者，那个人一定是违法者。但这还不够。你还必须证明每一个不违法的人都是不吸食大麻的人。仅仅显示第一部分或显示一些大麻吸食者也是违法者是不够的。所以，如果你想建立或证伪"如果是玫瑰，那么它就是红色的"的命题，你需要检验以下内容：首先，所有的玫瑰都是红色的；其次，所有非红色的花都不是玫瑰。如果你发现了一朵非红色的玫瑰，那么这个规则就被证伪了。卡片选择任务是由Peter Cathcart Wason在1968年提出的，作为一种演绎推理的测试。这个任务和这个任务的其他变体通常被称为Wason选择任务。

21 岁。显然，你不能到处检查每一个顾客，所以你只能进行一些随机检查。你应该检查谁？

我们的直觉告诉我们，我们需要检查那些正在喝酒的人，这是正确的；然后是那些 21 岁或以上的人，这当然是不正确的。这是因为没有任何强制性规定，让每个 21 岁或 21 岁以上的人都必须喝酒。因此，检查超过 21 岁的人并不能证明或否定这一规则。为了确保规则被遵守，你需要检查哪些人呢？你需要检查一下那些看起来小于 21 岁的人（或者至少是其中的一些），确定他们没有喝酒。所以，要确定规则正在被遵守，你需要检查一些喝酒的人，确认他们年满 21 岁（这是"如果 P，那么 Q"部分：如果喝酒，那么他必须年满 21 岁），然后检查一些看起来小于 21 岁的顾客，确认他们没有喝酒（这是"如果不是 Q，那么就不是 P"部分：如果不到 21 岁，那么就不能喝酒）。

虽然人们确实在第二类问题上比第一类问题上做得更好，但你不应当认为人们通常都擅长这类问题。有很多人们依据证实偏差行事的例子，在我结束这一节的时候，我给大家提供一个能很好地解释我们最近所看到的政治极化的例子。

斯坦福大学的 Charles Lord、Lee Ross 和 Mark Lepper 让 48 名本科生作为被试，他们对于死刑要么是支持要么是反对，Lord 等人向他们提供了两个所谓的研究资料，其中一个似乎证实了死刑的威慑作用有效，而另一个似乎否定了他们关于死刑威慑作用的现有信念。正如 Lord 等人所推测的那样，死刑的支持者和反对者都认为那些证明自己原有信念的研究结果更有说服力，从而导致他们的信念发生了相应的转变，净效应（net effect）加大了态度的两极化。Lord 和他的同事们评论道：

那些对复杂的社会问题持有强烈观点的人很可能会以一种有偏见的方式来检查相关的经验证据。他们倾向于接受表面上的"证实"证据，同时对"自我否定"证据进行批判性评估，因此，他们会从混合或随机的经验证据中获取对自己最初立场的过度支持。因此，将同样的相关经验证据提供给社会争端中的竞争派系，可能不会缩小他们之间的分歧，反而是加剧了两极分化。

## 后视偏差

你和朋友一起自驾游。你们开到一个分岔路口，朋友决定向右转弯。一个小时后，你们已经完全迷了路。你说："我就知道我们当时应该向左转。"你刚刚递交了耗时长达数月的关于消费者对你公司产品偏好的研究结果报告，一位公司高管站出来说："我不知道我们为什么会在这方面花了这么多时间和金钱。我早就知道结果会是什么。"

这种行为通常被称为后视偏差（hindsight bias）。而且，正如通常所说的"事后诸葛亮"，当我们回顾从前，我们似乎都看得更加清楚：我们一直都知道什么是正确的做法。卡内基梅隆大学的 Baruch Fischhoff 在这方面做了广泛的研究。其中的一项研究是这样设计的。就在美国总统理查德·尼克松历史性的中国之行之前，Fischhoff 和其合作者要求一组受访者评估某些事件发生的可能性，例如：尼克松将会见毛主席，尼克松将宣布这次访问活动的成功，等等。尼克松访华结束后，对前期的这些受访者进行了回访。当然，现在每个人都清楚地知道尼克松访华时发生了哪些事情。受访者现在被问及：他们认为，在这些事件发生之前，他们对它们发生的可能性有何评估？不用说，对于所有实际发生的事件，受访者事后对这些事件发生的可能性评分，要比事前对这些事件发生的可能性评分高得多。鉴于 Fischhoff 和他的合作者在事件发生前就有受访者的预测数据，所以他们可以很容易地比较前后这两组预测数据——事件发生前的预测和事件发生后的预测，即他们认为自己在事件发生之前是如何预测这些事件的。它们是不一致的。知道实际上已经发生过了的事情会让人们相信他们自己一直以来都知道将会发生什么。他们更有可能说，他们实际上已经预测到了所发生的事件（或为最终发生的事件赋予了很高的发生概率）。Fischhoff 在他的一篇文章中简洁地总结了自己的研究："后视偏差不等于有远见。"对结果的了解增强我们认为自己具备预测该结果的能力的相信程度。后视偏差的最关键问题是，它妨碍我们从错误中学习，并吸取教训，以防止未来出现同样的错误。一种可能的补救办法就是花时间去了解后视偏差，想想后视偏差可能导致的错误。这在许多公共政策和医疗决策领域都是一个问题。如果病人已经死了，而外科医生现在确信自己一直都知道病人的问题所在，那么为什么他最终没有得到一个更好的结果呢？

## 沉没成本谬误

我经常在课堂上进行这项练习。其他很多人（比如哈佛商学院的 Max Bazerman）也这样做，也取得了类似的结果。开始上课时，我从钱包里拿出一张 20 美元的钞票，告诉我的学生，我打算把它卖给出价最高的人。然后，我邀请学生们去竞标，但有一个小小的附加说明，即这是一场输家也要付费的"全付"（all pay）拍卖。这意味着每个出价的人都必须支付他们出价的最高金额，即使他们最终被其他人的出价超过，竞标失败，但只有出价最高的人能获得这 20 美元。这种情况并不像你想的那么罕见，而且在现实生活中有很多例子，想一想在美国竞选公职吧——每个候选人都花了大量的金钱，但只有一个赢家，而其他人的投资没有任何回报。同样，当我在 Covid-19 大流行期间写这节书稿时，世界各地的公司都在进行一场开发疫苗的疯狂竞赛。他们将为此花费数十亿美元，最后，只有一个（或少数）会成功，就是最终能进入市场的那种疫苗。

当我的 20 美元开始拍卖时，我有一种参加娱乐活动的感觉：一会儿窃笑，一会儿紧张。但最终总有人会冒险出价 1 美元。如果出价停止在那里，那么这个人将会以 1 美元赢得 20 美元，净赚 19 美元。但很快，其他人也加入了竞争，投标金额开始增加。很快，出价接近 20 美元，在大多数情况下，投标金额会超出 20 美元。这时，人们实际上已经开始为了获得 20 美元而愿意付出超出 20 美元的代价！为什么会出现这样的情况？假设你出价 20 美元，而有人出价比你高，他出价 21 美元。如果这个人赢了 20 美元，那么他只输了 1 美元，但他由于出价超过了你，你将损失你的最高出价 20 美元。（请记住，如果有两个人，其中一个出价 20 美元，第二个出价 21 美元，那么作为拍卖师，我是用一张 20 美元的钞票创造了 41 美元的市场。）所以，即使人们必须出价超过 20 美元，他们也会这么做，因为现在这已经变成了一个损失最小化的问题。我通常在出价超过 20 美元时就停止竞价，并且不从学生那里拿钱。但是，如果我想这样做的话，我可以赚一大笔钱。

这种行为的关键是沉没成本谬误（the sunk cost fallacy），所谓的沉没成本谬误指的是这样一种想法：人们即使在收益低于成本的情况下，仍然会追求目标。因为已经投入了时间、金钱等，人们不想停止追求，如果他们停止，他们就会失去他们已经投入的一切东西。沉没成本谬误显然违反了我们在前一章中讨论过的效用最大化原则。在效用最大化原则下，我们需要仔细比较边际效益和边际成本。但我们经常会陷入沉没成本谬误之中：国家之间不断地进行毁灭性的战争，即使很明显在未来没有什么取胜的可能性；选举中的候选人即使获胜的机会几乎为零，甚至非常明显当这样做的额外成本将超过任何潜在的好处时，也会继续竞选❶。实际上，他们已投入了大量的成本是其加倍投入的更深刻的原因。这类似于我们买票看电影的情况，在看了一半的时候，我们意识到这个电影太糟糕了，继续看这部电影可以得到的任何额外好处都不值得我们再花时间。但我们仍然会看到最后，因为我们已经花了钱。无论如何，门票的钱都是沉没成本；无论我们是否看完电影，我们都拿不回来花出去的钱。但事实是，由于我们付出了代价，即使它"沉没"了，潜在的利益远远低于成本，也常常使我们坚持下去，经历这件事直到最后。同样，政策制定者也不能幸免于沉没成本谬误。如果政策制定者与普通人有什么不同的话，那就是他们会更容易陷入沉没成本谬误。

---

❶ 2019 ～ 2020 年民主党提名的竞选让我和我的学生们明白了这一点。这是一个非常大的现场试验，至少有 18 名候选人在竞争提名。他们都在广告上花了很多钱，并在很长一段时间内维持竞选办公室，尽管很多人都没有机会获得提名。虽然在这种特殊情况下的收益相当模糊，对于一些边缘性的候选人来说，即便使用再宽松的收益核算，也很难想象收益会超过其成本。

### 案例研究 3.4　奥克兰城市铁路连接的故事

几年前，奥克兰市开始了一项耗资巨大的基础设施建设项目，即修建一条通向市中心的铁路隧道，以便为前往奥克兰中央商务区的通勤者提供更快的通勤方式。在 Covid-19 大流行之后，我在奥克兰的同事 Tim Hazledine 写了一篇文章❶，呼吁取消整个项目。他认为这是沉没成本谬误的一个典型案例。根据 Tim 的说法，当城市铁路连接最初被提出时，这些更快的通勤线路估计价值（按净现值计算）约为 20 亿美元，最初估计建设成本也约为 20 亿美元。然后，在 2019 年 4 月，在已经花费了 7 亿美元的情况下，成本被修正为 44 亿美元，预计收益没有变化，也没有项目保证完成的日期。

2020 年 4 月，城市铁路线路管理部门宣布，由于 Covid-19，成本将进一步上升，即将到来的 5 月预算应考虑增加成本。官方没有提到 Covid-19 可能会导致更多的人继续在家工作而不是通勤，从而减少铁路的预计收益。Tim 补充道：

添加一些官方计算中大量缺失的成本，建造过程对现有商业和公民正常生活造成中断的成本，以及铁路票价补贴的巨大成本，似乎合理的悲观预期是：我们的项目将是一个超过 50 亿美元预算的怪物。在最好的情况下，即便去年以来增加了更多的沉没成本投入，我们仍不得不将再投入 40 亿美元来完成一个可能价值 20 亿美元的项目。

## 跨期选择

一个特殊的情况是系统 1 和系统 2 之间的冲突，即本能行动和努力思考之间的冲突，在跨期选择（choice over time）的活动中变得特别突出。心理学家经常认为这是在小的及时奖励（Smaller-Sooner Rewards）和大的延迟奖励（Larger-Later Rewards）之间做出选择。一般情况下，当面对奖励时，我们的本能冲动是要抓住它；我们没有意识到，如果我们能约束自己，进行一定的自我控制，那么我们很可能会得到更大的奖励，尽管是在一段时间以后。

Walter Mischel（1930～2018）是哥伦比亚大学的一名心理学家。他在 20 世纪 90 年代设计了棉花糖测试（marshmallow test）范式❷。Mischel 是这样做的：他让许多年

---

❶　即《阻止隧道》（"Tank the Tunnel"）。

❷　如果你看看这些研究的视频（搜索"棉花糖测试"或"Walter Mischel"），我可以保证你会觉得它们很搞笑。你也可以看看 Justin Wilman 的非常受欢迎的节目"人类魔术"（Magic for Humans），我相信你一定会喜欢它的。

幼的孩子一个接一个地进入一个房间，在每个孩子的面前都有一块放在盘子里的棉花糖，并给他们以下两种选择：如果他们愿意，他们可以吃棉花糖；但如果他们等一段时间，比如 10～15 分钟，那么他们可以吃到两块棉花糖。实验者给孩子交代完就走出房间，把孩子和棉花糖单独留在了房间里。所以，孩子的选择很简单：现在享受一块棉花糖，或者等 15 分钟，让棉花糖奖励加倍。这就是要孩子在小的及时奖励和大的延迟奖励之间做出选择。你可以猜到，一些孩子吃掉了他们面前的棉花糖，而另一些孩子则进行自我控制，坚持等第二块棉花糖。Mischel 和他的合作者随后追踪了这些孩子多年，并取得了一个惊人的发现。那些能够通过坚持自我控制来延迟满足，直到得到第二块棉花糖的孩子，最终在生活中获得了更成功的结果，比如学业表现更佳。这一研究表明，生命早期阶段延迟满足的能力可以很好地预测生命后期的成功。

孩子们选择现在吃一块棉花糖或以后吃两块棉花糖和我们其他人有什么关系呢？它的全部寓意不是关于棉花糖的；它是关于延迟满足或等待更大奖励的能力，而不是抓住现在的更小的奖励。这种选择一直出现在我们成年人的身上，例如，当我们在不同时期进行选择时，我们会决定是否在银行存钱以及在银行存入多少钱。在本章的前面部分，我讨论了框架选择的问题。我的建议是，改变默认值规则可以让更多的人报名参加退休储蓄计划。这样做，这些人通常在退休后日子要好过得多，因为他们比那些选择不加入类似计划的人有更多的储蓄。这个决定也是在小的及时奖励和大的延迟奖励之间的选择。我是应该在付了房租和买了食品等必需品后，拿出剩下的工资，花在当前的消费上，比如电子产品、度假旅游等等；还是应该存下这些钱，赚取利息，这样我以后就能有更多的钱了？这并不是说一个人不应该享受生活的乐趣，但问题在于平衡：享受太多的当前消费可能意味着没有足够的金钱面对退休生活。当然，你也不需要过度地节省，因为只有工作没有娱乐，生活就没有乐趣。这再一次归结为权衡和机会成本的问题。

在现在消费和为退休储蓄之间的选择类似于投资决策，投资的回报将在稍后的时间点出现。假设 Jessica 从她当保姆的工作中节省了 1000 美元，她应该买新的 iPhone11 还是存点钱？买了新的 iPhone 肯定会让她很高兴。Jessica 的另一种选择是把这些钱存入一个有利息的账户，比如定期存款。考虑到 Jessica 的父亲做了一些日间交易（day-trading），她也可以让他投资这笔钱为她购买一笔金融资产。这意味着 Jessica 未来将拥有超过 1000 美元的资产，所以她可以购买 iPhone 和其他东西，比如 Beats Solo3 无线耳机。问题是：第二种选择会比现在买 iPhone 提供更大的快乐吗？如果是这样的话，那么 Jessica 最好把这 1000 美元存起来，投资于一种有利息的金融产品。这就是 Jessica 所面临的棉花糖测试的版本，现在就买 iPhone，或者一年后买 iPhone 加无线耳机。

这里的基本问题是：当像 Jessica 这样的人在考虑投资，并在以后得到回报时，她如何将不同时间点的回报等同起来？或者换句话说：现在一笔特定的款项在未来的价值是多少？另一种提出同样问题的方式是：未来可以得到的东西现在值多少钱？

当然这里指任何可以选择的东西，如棉花糖或 iPhone，但如果我们将其转换为货币金额，就更容易计算、权衡。所以，问题是：Jessica 今天是用她的 1000 美元买东西，还是等待？为了将问题简化，让我们假设，如果 Jessica 选择投资她的钱，那么这些钱将被锁定一年，她只能在一年后得到更高的（希望如此）金额。那么，今天的 1000 美元在一年之后值多少钱呢？当然，这取决于利率。（由于这不是宏观经济学的课程，我们将忽略通货膨胀，因此今天 1 美元的购买力与一年后 1 美元的购买力相同。这对我们的论点没有任何损害；所以，正如经济学家们喜欢说的那样：我们可以做到这一点而不丧失其任何普遍性。）

假设利率是 10%。今天的 1000 美元在一年后值多少钱？它将价值 1100 美元，因为 Jessica 的 1000 美元的投资将获得 100 美元的利息。所赚取的利息是现在花费 1000 美元的机会成本（opportunity cost）。当然，机会成本也应该考虑到延迟的时间长短，是一年、两年还是三年或更长时间？到目前为止，为了继续保持简化问题，我假设只有现在和一年时间两种选择。

现在让我来问你一个问题；实际上，这是两个问题。

问题 1：你是愿意今天得到 1000 美元，还是一个月后得到 1100 美元？

问题 2：你是愿意从今天起一年后得到 1000 美元，还是从今天起一年零一个月后得到 1100 美元？

你今天必须为问题 1 和问题 2 各选择一个选项。本质上，问题 1 是要求你在今天的 1000 美元和一个月后的 1100 美元之间进行选择。问题 2 也给出了同样的选项，只不过将时间推到了一年以后。所以，实际上，你在一年后也应该有同样的选择：无论你选择的是今天的 1000 美元或一个月后的 1100 美元，在一年之后，这些选择也应该都是一样的。除了你被问到"你今天会选择什么"，和你被问到"你认为你一年之后会选择什么"之外，再无别的不同。

如果你是前后一致的，那么对于第一个问题，你选择的是今天的 1000 美元，对于第二个问题，你的选择就是从今天算起一年后的 1000 美元。这意味着你的效用计算是这样的：在这两种情况下，你更喜欢小的、及时的 1000 美元回报，而不是去等待大的、延迟的 1100 美元回报。或者，在问题 1 中你选择一个月后获得 1100 美元，在问题 2 中你选择一年一个月后获得 1100 美元。在这种情况下，你很乐意延迟满足，并在这两种情况下等待更大的回报。

但是，面对这些选择，很大一部分受访者在问题 1 中选择 1000 美元而不是 1100 美元，但他们接着说他们更喜欢一年一个月后的 1100 美元，而不是一年后的 1000 美元。所以，他们现在不愿意等一个月来得到额外的 100 美元，但他们确信在整整一年后，当面对同样的选择时，他们会愿意等待更大的回报！我们在将来会很有耐心——有这种偏好的个体被描述为存在"当前偏差"（present-biased）。这就是为什么我们会说这样的话："下个月，我将戒烟。""下周，我将赶上阅读计划。""明天早上，我要早起锻炼身体。""圣诞节后，我就会开始吃得更好了。""下个月，我将开始为退休而存钱。"

我们现在不愿意放弃小的及时奖励，但我们确信，我们将能够在明天、一周或一年后放弃它。当然，当这个时刻到来的时候，无论是明天、下周还是明年，我们都面临着同样的选择，并接受小的及时奖励，同时希望在未来或下周做得更好，等等。这也是为什么我们大多数人注定完成不了我们的新年计划，无论我们如何承诺要坚持到底。正如 Richard Thaler 所指出的那样：这种偏见是系统地偏好于当下的享乐。你很少或从未听到这样的声明："我计划明年多看一些电视。""我计划明年再多吃点饼干。""我计划明年再多抽点烟。""我计划明年多借些信用卡上的钱。""我计划明年少锻炼一些。"

下面的内容技术性较强，不感兴趣的读者可以自由跳过这一节。涉及当前偏差（present bias）的论文和模型可能会很复杂，但我觉得，对一些人来说，了解这些知识可能会很有用，如果你对此产生兴趣，以后可以继续研究它。

## 当前偏差

当前偏差问题与"贴现未来收益"（discounting future pay-offs）的概念密切相关，尽管它们并不相同。从某种意义上说，我们可以认为当前偏差是对未来"过多地"贴现，也就是说，我们赋予未来收益的权重过少。"当前偏差"也有可能是这样一种情况，即我们对未来收益的贴现程度会随着时间的推移而发生变化。重要的是要理解，根据一个人如何看待未来（或一个人实现那种未来的可能性），当前偏差可能是完全合理的。我将尝试提供一个广泛的概述，说明为什么人们在上面给出的例子中似乎做出了不一致的选择。

我需要强调的是，这里实际上有两个相关的，但却截然不同的问题。第一个是在小的及时奖励和大的延迟奖励之间选择，这必须有自我控制和延迟满足的能力。一些行为问题，如成瘾，可以解释为不能被延迟满足。另一个问题是，我们往往无法抗拒目前小的及时奖励，但我们相信我们将来能够做得到。

为什么我们今天选择 1000 美元，而不是一个月后的 1100 美元？为什么我们如此相信我们在一年后会做出不同的选择呢？为什么我们今天选择巧克力蛋糕而不是芹菜棒作为下午的小吃，但坚信如果明天（或下周）面对完全相同的选项，我们就会选择芹菜棒呢？

我们现在无法抵制这种冲动，但我们相信，我们将来能够抵制这种冲动。但是，这种对未来自我的忍耐程度的相信，使我们当前更难以施加自我控制。我们认为：我现在屈服于我的冲动不是什么大不了的事情，因为明天或一周、一个月、一年后，我将做得更好（开始锻炼，少抽烟，少喝酒，少吃高脂肪的食物，等等）。

但是，在我能够解释这一点之前，我需要重新审视 Jessica 和她的选择。Jessica 是今天拿 1000 美元还是坚持到明年拿一大笔钱？这个更大的金额是多少？如果利率是 10%，那么在一年后，这笔钱将是 1100 美元。Jessica 想要超过 1100 美元的东西吗？也许 Jessica 非常不耐烦，觉得等待很痛苦（当她还是个孩子的时候，她总是喜欢及时吃到一块棉花糖，而不是 15 分钟后的两块棉花糖）。或者情况不是这样的，也许，Jessica 意识到等待的价值，即可以获得额外 100 美元利息。为了理解 Jessica 的选择，我们需要两个独立的概念。第一个是市场上的现行利率，这对每个人都是一样的；第二个是更私人的，与 Jessica 自己的忍耐程度有关。显然，与忍耐程度有关的这第二个因素可能会因人而异。

为了更好地把握这个问题，我们需要使用净现值（net present value）的概念。如果你在今天的 1000 美元和一年后的 $X$ 美元之间选择，你会选择哪一个？$X$ 需要有多大？经济学家的答案是：这取决于现行利率。有时，利率（interest rate）也被称为贴现率（discount rate）。（在下面的文字中，请记住，利率和贴现率是相同的，可以互换使用。）让我们继续假设利率（贴现率）是 10%。所以，今天的 1000 美元在一年后的价值为 $1000+0.10\times1000=(1+0.10)\times1000=1.10\times1000=1100$（美元）。这意味着，如果 Jessica 的选择只受现行的市场利率的支配，那么她应该认为今天的 1000 美元和一年后的 1100 美元之间不存在差异。所以，如果 Jessica 的想法是完全一致的，那么只有当前的利率对她来说是重要的，因为她可以通过计算来权衡现在就花费 1000 美元还是等待一年以后花费 1100 美元。这反过来又让我们可以计算出 Jessica 的贴现系数（discount factor）。

为了定义贴现系数，我们需要先问一下这个问题：一年后的 1100 美元在今天值多少钱？答案是 1000 美元。我们是怎么知道的呢？当然，我们已经知道这一点，因为我们已经在上面计算过了。但是，请注意，如果 $1000\times1.10=1100$，那么这也意味着 $1000=\dfrac{1100}{1.10}$。我们是如何得到 1.10 的呢？我们是通过 {1 加 0.10} 来得到的，或者换句话说，{1 加 10%（0.10）的利率}。让我们用 $\delta$ 来表示贴现系数。在本例中，我们将把贴现系数定义为 $\delta=\dfrac{1}{1.10}$ 或 $\delta=0.909$。更一般地说，贴现系数被定义为 $\delta=\dfrac{1}{1+\text{利率}}=\dfrac{1}{1+\text{贴现率}}$。如果利率（贴现率）为 10%，则贴现系数为 0.909；如果利率为 5%，则

贴现系数 $\delta = \dfrac{1}{1+\text{利率}} = \dfrac{1}{1+0.05} = \dfrac{1}{1.05} = 0.952$；如果利率为 20%，那么贴现系数为 0.833。利率越高，贴现系数的值就越小。这仅仅是因为当利率更高时，现在花费 1000 美元的机会成本也会更高。相对于 5% 的利率来说，如果利率是 20%，那么不节省 1000 美元的代价会更高。Jessica 现在消费 1000 美元，意味着她放弃 20% 的利息，也就是放弃了 200 美元的利息，而当利率为 5% 时，她只放弃了 50 美元的利息。

但是，正如我上面提到的，决定 Jessica 贴现系数的因素可能与决定市场利率的因素相同，也可能不一样。她性格中可能有较多或较少的耐心，这意味着，为了不花这 1000 美元并将它存起来，她可能需要一个高于当前市场利率的利率。因此，人们愿意等待一年，必须得到等于或高于市场利率的回报才行。除非你是一个苦行僧或受虐狂，否则不太可能有人选择等待一年才得到低于市场利率的回报。因此，我们似乎有理由假设，我们大多数人都乐意接受当前的市场利率或更高的利率。

所以，Jessica 愿意接受的利率很可能取决于她的心理倾向性和她有多少耐心。在某种极端的情况下，她可以完全理性，以市场利率作为她的参考点。或者，她可能希望得到比这更高的回报。让我们把 Jessica 所能接受的利率（她愿意为此放弃今天花费 1000 美元）称为内隐贴现率（implicit discount rate）或内隐利率（implicit interest rate）。假设她的内隐贴现率为 20%，而实际的市场利率为 10%。这意味着如果 Jessica 能在一年后得到 1000×（1+0.20）=1000×1.20=1200（美元），她愿意等待。另一种说法是：Jessica 认为现在的 1000 美元和一年后的 1200 美元没有差别。

反过来，这意味着某人的内隐利率越高，那个人就会越喜欢小的及时奖励，而不是大的延迟奖励。受市场利率引导的人并不是没有一点耐心，但是，随着人们的内隐利率上升，要让他们愿意现在节省 1000 美元，在未来需要越来越多的钱作为补偿。如果 Isha 的内隐利率是 5%，那么她认为现在的 1000 美元与一年后的 1050 美元之间没有差别；如果 Ana 的内隐利率是 10%，那么 Ana 愿意用今天的 1000 美元换一年后的 1100 美元；Jessica 的内隐利率为 20%，让她觉得现在的 1000 美元和一年后的 1200 美元没有区别；如果 Avala 的内隐利率是 25%，那么想要换取 Avala 今天的 1000 美元，一年后必须用 1250 美元才行；如果 Tingmeng 想要在一年后索取 1500 美元来放弃今天的 1000 美元，那么 Tingmeng 的内隐利率是 50%。这反过来也意味着，在所有这些人中，Tingmeng 是最没有耐心的；为了今天能节省下来 1000 美元，她一年后需要的金额补偿最多；Avala 没有 Tingmeng 那么没耐心；Jessica 比 Avala 要的更少；Ana 比 Jessica 还少；最后，Isha 是最有耐心的，因为她是五人中内隐利率最低的那个人。

但这里还有另一种思考这个问题的方法。假设 Logan 正在考虑一系列情况。为了保持问题的简单，还是让我们假设只有两种情况：一种是 Logan 今天会得到 1000 美元，另一种是他一年之后会得到 1000 美元。今天的 1000 美元今天值 1000 美元，但是一年后的 1000 美元今天值多少钱呢？我们可以应用净现值公式。假设现行的贴现率（利率）为 10%，那么今天的 X 美元在一年后的价值将为 X×（1+0.1）。所以，我们实际上要问的问题是：Logan 现在需要投资多少美元（X），以 10% 的利率计算，才能在一年后获得 1000 美元的回报？

情况一定是这样的：X×（1+ 利率）=X×（1+0.10）=X×1.10=1000。我们已经在上面做了这个计算。我们可以将其写成 X=1000/1.10=（1/1.1）×1000=909。所以，如果现行的贴现率是 10%，那么今天的 909 美元在一年后价值将达 1000 美元。或者，换句话说，Logan 应该认为今天的 909 美元和一年后的 1000 美元之间没有差别。因此，正如我们在上面看到的，Logan 的贴现系数 $\delta$=1/1.1=0.91。或者，重复一下，贴现系数 $\delta=\dfrac{1}{1+ 贴现率}$，其中贴现率与现行市场利率相同。这也意味着下面的陈述是相同的意思：①考虑到 10% 的利率（贴现率），Logan 认为现在的 909 美元和一年后 1000 美元之间没有什么不同；②考虑到 10% 的利率（贴现率），Logan 认为今天的 1000 美元和一年后的 1100 美元之间没有什么差别。

如果对 Jessica 或 Logan 来说，最重要的是贴现系数（$\delta$），那么 Jessica 或 Logan 的行为是理性的。但是，正如我们上面提到的，对大多数人来说，重要的不是实际的贴现率，而是内隐的贴现率，因为不同的人的耐心程度不同，也就是他们延迟满足的能力是不同的。如果你要让人们今天放弃一笔特定的钱，他们对于你在未来需要给他们多少钱的看法是完全不同的。

通常，对于大多数人来说，行为是由 *beta-delta*（$\beta×\delta$）模型引导的。这被称为拟双曲贴现（quasi-hyperbolic discounting）。如果 $\beta$=1，则 $\beta×\delta=\delta$。这种人很高兴放弃今天的 1000 美元而在一年后以 10% 的利率得到 1100 美元。但对于许多不那么耐心的人来说却不是这样，这些人的 $\beta<1$ 或 $\beta×\delta<\delta$。那么，$\beta$ 值小于 1 究竟是什么含义呢？

假设现行利率（贴现率）为 5%。如果 Isha 的贴现系数（$\delta$）完全是由该贴现率决定的，并且 Isha 是完全理性的，那么对于 Isha，$\beta$=1 和 $\beta×\delta=\delta×$（1/1.05）=0.952。对于任何以现行市场利率为指导的投资者，$\beta×\delta=\delta=\dfrac{1}{1+ 贴现率}$。让我们假设所有的投资者都采用给定的市场利率，因此他们的贴现系数（$\delta$）是由市场利率决定的。换句话说，$\delta=\dfrac{1}{1+ 贴现率}$。如果贴现率为 5%，则 $\delta$ 为 0.952；如果贴现率为 10%，则 $\delta$ 为 0.909；

如果贴现率为 20%，则 $\delta$ 为 0.833，以此类推 ❶。

但正如我们所看到的那样，这是一个极端的例子，而且，对大多数人来说，他们的内隐利率不同于（高于）市场贴现率。我想说的是，我们假设这些个体差异主要是由 $\beta$ 的差异驱动的。如果现行利率是 5%，那么 Ana 的 $\delta$ 是 0.952。但假设对于 Ana 来说，$\beta=0.9$。这就是说 Ana 的 $\beta \times \delta=0.857$，这就意味着，对于 Ana 来说，一年后的 1000 美元大约值今天的 857 美元。这也意味着 Ana 的内隐贴现率约为 17%，这是因为她需要以 17% 的利率水平投资 857 美元，才能在一年后获得 1000 美元。再举一个例子，假设 Jessica 的 $\beta=0.8$，则 $\beta \times \delta=0.762$（假设现行利率为 5%，所以 $\delta$ 为 0.952）。这意味着对 Jessica 来说，一年后的 1000 美元大约相当于今天的 762 美元。反过来，这也意味着 Jessica 的内隐利率大约为 31%，这是她为了在一年后把今天的 762 美元变成 1000 美元所需的利率。

为了解决问题，让我们来看看两个极端的情况。如果 Jaclyn 存在"完全的当前偏差"，那么她的内隐利率是无限的，所以未来的任何回报都是零（$1/\infty=0$）！完全的当前偏差意味着，Jaclyn 根本没有耐心，无论未来的回报有多大，她总是会选择小的及时奖励。这反过来又意味着，对于 Jaclyn 来说，$\beta=0$，所以 $\beta \times \delta=0$。另一方面，鉴于 5% 的市场利率（贴现率），如果 Isha 认为现在的 1000 美元和一年后的 1050 美元之间没有差别，她的行为则完全受现行利率（贴现率）的影响。她一点也不存在当前偏差，所以对于 Isha，$\beta=1$，$\beta \times \delta=\delta$。她的内隐利率（贴现率）与市场利率（贴现率）相同。

以上就解释了为什么有些人比其他人更愿意坚持等待以获得更大、更迟的奖励，因为他们的 $\beta$ 值大于那些不愿坚持的、有着强烈当前偏差的人。现在，让我们转向另一个相关的问题：为什么人们更喜欢今天的 1000 美元而不是一个月后的 1100 美元，同时他们仍然相信自己会选择在一年零一个月后得到 1100 美元，而不选一年后得到 1000 美元？他们现在不能等待大的延迟奖励，但他们确信明天／下周／明年将能够这样做。

这在很大程度上与我们低估了 $\beta$ 的力量有关。图 3.13 突出显示了这一点。现在，我们宁愿立刻得到这 1000 美元，而不是等一个月后得到 1100 美元。但我们确信，在未来，我们将能够坚持下去。因此，我们表示在一年零一个月后偏好 1100 美元。一年过去了，我们又正面临着和现在一样的选择。是今天的 1000 美元还是一个月后的 1100 美元？突然之间，等待一个月后的 1100 美元开始看起来更具挑战性，我们再次反转，因为在我们看来，我们现在需要一个高于 10% 的利率，让这种等待值得。就好像，在此

❶ 这是对 $\beta \times \delta$ 模型的粗略简化。同样，即使是贴现系数 $\delta$，也可能因人而异。在这里，我们做了一个简化的假设，即每个人的贴现系数都是基于现行利率的，而现行利率对每个人来说也都是相同的。因此，我们对未来回报的任何差异都来自 $\beta$，而 $\beta$ 则因人而异。

期间，我们的内隐贴现率已经上升，所以当一年结束时，我们需要远远超过 10% 的贴现率来放弃较少的、较早的 1000 美元，以等待较多的、较晚的 1100 美元。最后，我们又选择了这小的、及时的 1000 美元回报。

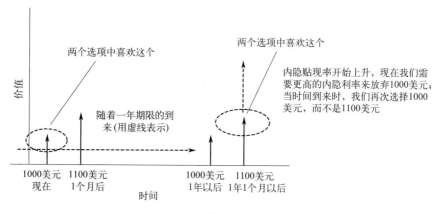

图 3.13　时间上的不一致性

### 案例研究 3.5　将 Odysseus 绑在桅杆上：如何做出承诺并坚持下去

那么，我们就注定要失败了吗？由于我们相信未来的自我有足够的耐心来选择大的长期回报，所以我们现在总是选择小的短期回报（而不是大的长期回报）就并没有那么重要了吗？这不是真的。首先，正如 Walter Mischel 在孩子们身上发现的那样，这里存在着个体差异；我们中的一些人比其他人有更好的自我控制能力。所以，并不是每个人都容易落入这个陷阱。但如果你没有足够的自我控制能力呢？你仍然可以做一些事情来实现更大的长期回报，但第一步是你要明白，如果你当前的自我不能抗拒诱惑，那么你未来的自我也不会。明白这一点至关重要。更重要的是，你觉得未来的自我将无法行使自我控制能力，但有很多方法可以帮助你达到自我控制，为了做到这一点，我们可以看一下 Odysseus 的故事，他也被称为 Ulysses，正如荷马史诗《奥德赛》（*Odyssey*）中所描述的那样。

特洛伊战争结束了，Odysseus 正在返回他在伊萨卡的家。女神 Circe 告诉 Odysseus，他回家的路线将经过塞壬岛。塞壬是神话中的海怪，它们看起来像美丽的女人，为路过的水手唱着美妙的旋律。但是，如果水手们试图接近岛屿，听来自近距离的歌声，他们的船只最终会被岸边的岩石摧毁，他们会痛苦地死去。Odysseus 知道他必须驾驶他的船绕过这个岛。他还意识到，无论他现在怎么想，当他们接近岛屿时，他都会屈服于近距离听歌声的诱惑，他很可能会指示他的水手划船靠岸，最终导致船毁人亡。Odysseus 确实对塞壬的歌声很好奇，也很想听到它们的歌声，但他也想确保他未来的自我不会危及自己以及他的水手们的生命。那么，他是怎么做的呢？

他让他的水手们把自己绑在桅杆上，他给他的水手们蜂蜡，命令他们用蜂蜡堵住他们自己的耳朵。这样，Odysseus 确信他们听不到自己的命令或塞壬的歌声，因此不会被引诱去靠近海岸，他们也会无视 Odysseus 的任何请求，而只能执行划船绕过塞壬岛的任务。当船经过塞壬岛时，Odysseus 听到了海怪们的歌声，他一再要求他的船员带他靠近海岸，但由于水手们堵住了耳朵，听不到他的命令。这样，Odysseus 确保了他们经过塞壬岛的航行安全。Odysseus 真正要做的就是"事先把自己绑在桅杆上"这样一个承诺，无论他未来的自我有多想靠近岛屿去听塞壬的歌声，船都是安全的。所以，实际上，Odysseus 是在强迫他未来的自我不要偏离最初的计划。

事实证明，我们所有人都可以做出类似的承诺，以确保我们不会陷入偏好反转（preference reversal）。目前有相当多这方面的证据，而我将谈谈哈佛大学的 Nava Ashraf、耶鲁大学的 Dean Karlan 和芝加哥大学的 Wesley Yin 所做的研究工作。Ashraf 和她的同事们前往菲律宾，并与卡拉加绿色银行合作，卡拉加绿色银行是棉兰老岛的一家农村银行。首先，他们让一群银行的客户回答我们以前看到的问题，通过拟双曲偏好（quasi-hyperbolic preferences）测量选择出那些属于偏好反转类型的人。其中一半的人获得了一个名为 SEED（储蓄 Save、盈利 Earn、享受 Enjoy、存款 Deposits）的新账户。另一半要么被分配到没有进一步联系的对照组，要么被分配到接受特别回访的营销组，以鼓励他们使用现有的储蓄产品来节省更多的钱，因此，营销组被要求更多地储蓄，但没有给他们提供开设 SEED 账户的机会。

SEED 账户纯粹是一种承诺设置（commitment device），它在开户时根据客户的指示限制提取该账户中的存款。但是，除此之外，该账户没有提供其他优势，更重要的是，它也没有提供更高的利率。SEED 账户有三个明显的特点。首先，储户必须同意限制使用这些资金，直到达到某个目标，这个目标可以是一个特定的日期或一个特定的金额。在 202 名注册 SEED 账户的客户中，140 人选择了日期（通常是庆祝的节日），62 人选择了某个金额。此外，所有这些人都受到鼓励而设定一个具体的储蓄目标，这个储蓄目标被写在一个"承诺储蓄证明"上。其次，储户可以选择用少量费用买一个存钱罐。存钱罐装有一把锁，只有银行才能打开，而账户持有人是不能打开的。所以，储户实际上必须去银行从存钱罐里取钱。但是存钱罐的锁很脆弱，很容易被拧断。202 个客户中有 167 人买了存钱罐。最后，客户还可以选择从其他账户中自动存款到 SEED 账户，但很少有人做这种选择。

Ashraf 和她的同事们发现，12 个月后，SEED 组的平均银行账户储蓄比对照组高出 411 比索，比干预前的储蓄水平增加了 81 个百分点。有鉴于此，为什么我们没有看到更多这样的承诺设置呢？Ashraf 等人指出，这种承诺有时会以其他方式发挥作用。圣诞俱乐部在 20 世纪初在美国很受欢迎；这样的俱乐部承诺向会员提供存款和取款的时间表，而取款是受到一定限制的。哈佛大学的 David Laibson 指出，近年来，固定缴款退休计划、住房抵押贷款和先预扣较多的税款而后再加以说明，都是类似的承诺设置。在许多发展中国家，个人储蓄依赖于非正式的轮转储蓄与信贷协会（ROSCAs），而这类组织和圣诞俱乐部非常类似。但为什么正规银行不提供更多的此类承诺设置呢？Ashraf 等人认为，没有足够多的人意识到他们自己的拟双曲偏好，因此为正式银行提供此类承诺设置的成本可能会高于其赚钱的潜能。

## 结语

现在，我们已经来到了本书较长一章的结尾。在本章，我已经讨论了系统 1 思维和系统 2 思维之间的区别：系统 1 思维是自动的；系统 2 思维是慎重的。系统 1 思维就像一头大象，一旦刺激出现就会采取行动；系统 2 思维需要时间来投入运作，但一旦运作起来，它就充当了骑手的角色试图去引导大象；系统 2 思维有可能驾驭系统 1 思维，但不一定容易做到。我已经强调了一些依赖于系统 1 思维（或启发式思维）可能会很有用的情况。有时，这可能取决于我们对手头的事情有多少专业知识或经验。我还证明了依赖启发式思维有时会让我们误入歧途，它们会使我们受到系统偏见的消极影响，如启动、框架或锚定。是的，关于这些偏见的知识和承认它们的存在让我们更好地设计选择，可以帮助我们推动人们的行为走向理想的方向，但是，同样，我们已经看到这些偏见有许多"阴暗面"，导致意想不到的后果，如刻板印象。这并不是说启发式是无用的，但它们确实要求我们要小心不同的情境，并反省我们是否正确地利用了启发式。启用系统 2 思维需要努力，而努力思考几乎总是有用的，即使是做简单的决定。

我还说明，在短期的小回报和长期的大回报之间做出选择时，系统 1 思维和系统 2 思维之间的冲突尤其明显。我指出，这里实际上有两个相关的，但略有不同的问题。首先，我们需要发挥自我控制（参与系统 2 思维），以延迟满足，并坚持等待长期的大回报，而不是抓住短期的小回报。另一个问题是，我们经常陷入这样的陷阱，即虽然我们今天可能无法抗拒诱惑，但我们将来能抵御住诱惑。我们现在偏好于当下，但在未来会变得有耐心。后一种看法实际上加剧了选择更小、更及时回报的倾向。我还讨论过，避免落入这个陷阱的一种方法是做出积极的承诺，就像 Odysseus 或是选择了 SEED 账户的储户一样，将你未来的自我"绑在桅杆上"。但是，这样做需要你认识到并承认，你未来的自我不会比你现在的自我更有耐心。如果你没有意识到你心理的这一部分，那么你可能会觉得没有必要采用这样的承诺设置。但是，根据目前的证据，我认为可以有把握地说，几乎所有人都可以在一种或另一种活动中使用这种承诺设置：解决吸烟、饮酒、暴饮暴食、退休储蓄不足等问题或限制看屏幕的时间。

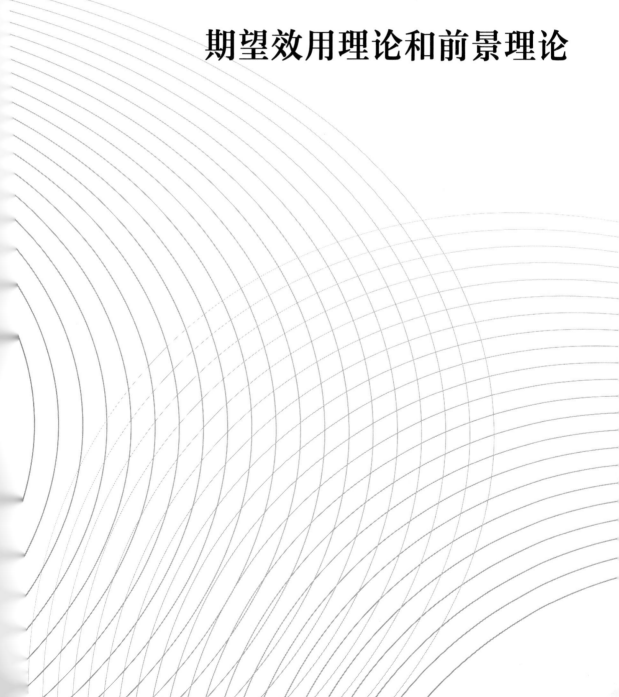

# 4

# 期望效用理论和前景理论

在本章，我们将：

- 进一步扩展前面章节中有关启发式和偏好的文献；
- 对经济学中经典的期望效用理论进行回顾；
- 讨论阿莱悖论，它对期望效用模型的关键性假设提出质疑；
- 讨论对经典期望效用模型的偏离；
- 回顾 Kahneman 和 Tversky 的前景理论，包括参考点、对于获得和损失的不同处理以及损失厌恶；
- 利用这些概念讨论禀赋效应和过度自信的原理，以及它们在经济学中的运用。

## >> 我们如何评估风险

你一定见过高速公路边上关于乱扔垃圾的罚款标志吧，你有没有想过为什么罚款会这么高？例如，有一个罚款标志上面写着"乱扔垃圾，罚款 2000 美元！"为什么从车窗里向外弹一张糖纸要罚这么多钱？答案是，虽然罚款金额非常高，但"预期罚款"却很小。预期罚款是多少呢？它是罚款金额乘以被抓住的概率。如果每个扔垃圾的人都被抓住了，那么我们可以对每个人征收 50 美元的罚款，这个罚款可能足以阻止乱扔垃圾者。但在高速公路上，真正被抓住的概率有多大呢？是百分之一吗？如果是这样，那么乱扔垃圾的预期罚款是 1/100×2000 美元，即 20 美元。这远小于 2000 美元，但仍然是一个相当大的数额。由于被发现的可能性很低，为了防止乱扔垃圾，罚款的数额必须很大。

这个例子演示了期望值（expected value）的概念。生活中的很多事情都是概率性的。当我买一台 75 英寸的 OLED 电视时，它有可能会翻倒或被摔坏，这意味着要给它配备强大的保修服务。如果我去爬山或滑雪，我可能会摔倒，摔断一条腿，这可能意味着我需要有足够的医疗保险。我应该为我的房子买洪灾保险吗？这取决于房子的位置，这个地区是否容易遭受洪灾？洪灾发生的可能性是多少？洪灾发生时的预期损失是多少？我的保险费用是多少？

在新西兰，与加拿大等世界上其他许多国家一样，医疗保健是由公共卫生系统提供的，如果你心脏病发作或发生了事故，你可以去当地医院的急诊室治疗。新西兰确实提供了私人保险。如果你需要治疗不危及生命的疾病，如白内障手术、髋关节置换术、肾结石或扁桃体切除术，并且你去了公共卫生系统，你可能需要等一段时间，直到那里有了空位。但如果你买了私人保险，那你就可以通过私人医疗系统更快地解决这个问题。所以，你是否应该买私人保险呢？这在某种程度上取决于你的风险承受能力，即你是愿意等待公共卫生系统的空位，还是想立即完成手术？结果就是，我认识的很多新西兰人都没有买私人保险。他们中的一些人会留出一笔钱，以备万一，因为你总是可以随时选择买保险而进入私人医疗系统，从而得到及时的救助。而这一切都来源于你的预期或期望（expectation），例如你患肾结石的概率是多少？你的疼痛阈值是多少？你愿意在公共卫生系统中等待吗？还是你想花额外的钱去购买私人保险，这样你就可以立即得到治疗？大多数结果都有一定程度的不确定性，你对这些风险的看法决定了你会做什么样的选择 ❶。

所以，假设你要押注从 52 张牌（一副）中随机抽取的一张牌是 A。如果这张牌是 A，那么你就赢 5 美元；否则你什么也得不到。一张随机抽取的牌是 A 的概率有多大？52 张牌中有 4 张 A，即占 1/13。所以，你只有 1/13 的概率赢 5 美元。这意味着，如果奖金金额是 5 美元，那么你的预期奖金是 1/13×5，即只有 38 美分。这意味着，在预期中，你应该期望只赢 0.38 美元。所以，如果你花了 1 美元买了一张入场券，得到了这个中 5 美元的机会，那么你预期损失大约 0.62 美元。即使中奖的奖金是 10 美元，而你花了 1 美元买了一张票，你也应该会损失大约 0.23 美元。这是因为，如果奖金金额是 10 美元，你的预期奖金是 1/13×10，大约是 0.77 美元。

大多数赌博游戏都是如此。即使奖金数额很大，预期奖金也很少；这意味着获胜的预期价值（expected value）较小，这就是为什么乱扔垃圾的罚款数额必须很大。所以，假设有人给你提供一个赌局。一个十面体的骰子，每面一个数字，分别是从 1 到 10。如果数字"10"出现了，那么你将赢得 25 美元。但如果任何其他的数字（从 1 到 9）出现了，那么你就什么都得不到。假设你可以花 3 美元买一张入场券来加入这个赌局，你会接受吗？可能不会。因为，赢得 25 美元奖金的概率是 1/10。这意味着你的预期收益是 1/10×25，为 2.50 美元。但你要花 3 美元才能进入这个游戏。当然，偶尔有人会获得 25 美元的大奖，但平均来说，你每场赌局会损失 50 美分：入场券 3 美元减去预期收益值 2.50 美元。

大多数规模更大的彩票或赌场游戏也是如此。即使头奖非常大，预期奖金也非常少。例如，假设某一特定彩票的头奖是 4000 万美元，而票价是 25 美元。你应该买一张吗？这可不一定。假设有 500 万人买彩票，那么你获胜的预期概率是 1/5000000。这意味着，即使头奖是 4000 万美元，你所期望赢得的金额也只是 8 美元（1/5000000×40000000）。当然，某个人，甚至不止一个人会赢，但平均而言，大多数人会输，他们

❶ 我需要在这里提出一个重要的警告。我经常使用风险和不确定性作为同义词，就像日常用语一样。然而，对经济学家来说，这是两个截然不同的概念。这两种事件都是概率事件，这意味着它们是不确定的，并且有一定的概率发生。风险是指已知这些概率的情况。不确定性或模糊性指的是这些概率是未知的情况。我将在本章讨论的大多数例子都是关于风险的，因为我通常会假设这些概率是已知的。在实际概率未知的许多情况下，这是不适用的。正如在第二次伊拉克战争期间担任美国国防部长的 Donald Rumsfeld 所指出的那样：通常会有"已知的未知"和"未知的未知"。Rumsfeld 说了个玩笑话，但事实是，这些说法是逻辑、哲学和统计领域的规范概念。

的预期损失是 17 美元（25 美元 −8 美元），这意味着任何抽奖游戏的预期价值通常都低于进入游戏的入场券价格。这就是为什么赌场通常会赢。当然，人们经常会接受这些赌注，我们下面很快就会看到这个决定是合理的。

一次赌博的期望值是每个可能结果乘以该结果的概率的总和。例如，如果有 70% 的机会赢 500 美元，30% 的机会输 100 美元，那么这次赌博的预期价值是 $0.70 \times 500 + 0.30 \times (−100) = 320$（美元）。期望值是如果事件重复多次，我所获得的平均收益。让我们来看看两种不同的彩票。彩票 A：50% 的概率损失 100 美元，50% 的概率获得 500 美元；彩票 B：25% 的概率损失 400 美元，25% 的概率获得 100 美元，50% 的概率获得 600 美元。你更喜欢哪一种？彩票 A 的预期价值是 $0.50 \times (−100) + 0.50 \times 500 = 200$（美元），彩票 B 的预期价值为 $0.25 \times (−400) + 0.25 \times 100 + 0.50 \times 600 = 225$（美元）。彩票 B 的期望值高于彩票 A，所以你应该选择第二种而不是第一种。

让我们再举一个例子。彩票 C：50% 的概率损失 100 美元，50% 的概率获得 600 美元；彩票 D：25% 的概率损失 400 美元，25% 的概率获得 100 美元，50% 的概率获得 600 美元。你更喜欢哪一种？彩票 C 的预期价值是 $0.50 \times (−100) + 0.50 \times 600 = 250$（美元），彩票 D 的预期值为 $0.25 \times (−400) + 0.25 \times 100 + 0.50 \times 600 = 225$（美元）。在这种情况下，你应该更喜欢前一种（彩票 C）而不是后一种（彩票 D）。所以，在所有这些情况下，答案都是清楚的。你应该选择期望值较高的彩票。

最后一个例子。彩票 E：50% 的概率损失 100 美元，50% 的概率获得 500 美元；彩票 F：25% 的概率损失 500 美元，25% 的概率获得 100 美元，50% 的概率获得 600 美元。你更喜欢哪一种？彩票 E 的预期价值是 $0.50 \times (−100) + 0.50 \times 500 = 200$（美元），彩票 F 的预期值为 $0.25 \times (−500) + 0.25 \times 100 + 0.50 \times 600 = 200$（美元）。期望值是相等的，因此在这个例子中，你应该对两种彩票没有偏好。

## 风险中立和风险厌恶

下面的游戏被称为圣彼得堡悖论（the St Petersburg Paradox）。我在第 2 章解释过这个游戏，让我再描述一下它。扔一枚有正反两面的硬币，当反面出现时，游戏立刻结束：如果你在第一次投掷时得到反面，那么游戏结束，你赢得 1 美元；如果在第二次投掷时反面出现，也就是说，第一次投掷是正面，那么你赢得 2 美元；如果前两次投掷是正面，第三次是反面，那么你将赢得 4 美元，以此类推。那么你应该愿意为参与这场游戏付多少钱呢？当然，第一步是计算这个彩票的期望值。它的期望值是多少？在给定的一轮中，在第一次投掷时出现反面的概率是 1/2。如果在第二次投掷出现反面，那么在第一次投掷时一定是出现正面，因此，第二次出现反面的概率是 $P_{(正面)} \times P_{(反面)} = 1/2 \times 1/2 = 1/4$。

按照同样的逻辑，在第三次投掷时出现反面的概率是 P$_{(正面)}$×P$_{(正面)}$×P$_{(反面)}$ = 1/8，以此类推。你的平均期望应该是赢多少钱？期望值是 0.50+0.50+0.50+…。这个游戏的期望值是无限大！然而，很少有人会愿意花太多的钱来加入这场游戏。

Daniel Bernoulli 在 1738 年提出了对这个悖论的解释，这种彩票的"价值"与它的货币价值不一样 ❶。相反，人们对金钱结果赋予了一些主观价值或"效用"。因此，人们并不寻求期望值的最大化，而是寻求期望效用（expected utility）的最大化。就像我们从消费商品中获得效用一样，我们也能从金钱中获得效用（金钱可以用来购买商品）。所以，如果 Emma 关注的是两种金钱回报（本质上是两种不同的财富水平）$W_1$ 和 $W_2$，它们相对应的概率为 $p_1$ 和 $p_2$，那么 Emma 的期望值就是 $p_1 \times W_1 + p_2 \times W_2$。然而，Bernoulli 说的是，这可能不是 Emma 最关心的。Emma 关心的是她从这些金钱的数额中得到的效用，并在这些效用的基础上做出决定。所以，Emma 关心的效用是她财富的某种函数，而这个函数很可能与实际的货币价值不同。我们将用"U"来表示这个效用，并将这个函数写成 $U(W)$，这意味着效用是财富的函数。$U(W)$ 完全有可能等于 $W$；这意味着对 Emma 或其他像她一样的人来说，他们关心的效用有可能和他们的财富是一样的。例如，如果我给 Emma100 美元，那么她就会得到 100 个单位的效用。

但 Bernoulli 的意思是，情况不一定如此，对于有些人来说，效用与财富是不同的。如上所述，这意味着当我们计算一个彩票的期望值时，我们将不同的回报与相应的概率相乘，并将它们相加。因此，如果一个彩票有两个不同的回报，即 $W_1$ 和 $W_2$，分别有 $p_1$ 和 $p_2$ 的相关概率，那么彩票的期望值 $=p_1 \times W_1 + p_2 \times W_2$。但是，这种彩票的期望效用可能与它的期望值相同，也可能不相同。为了计算期望效用，我们需要看看 Emma 从两个奖品 $W_1$ 和 $W_2$ 中得到的效用。我们将把这两个效用值分别称为 $U(W_1)$ 和 $U(W_2)$。然后，为了计算 Emma 的期望效用，我们需要将这些效用与它对应的概率相乘，并将它们相加。因此，我们将把 Emma 的期望效用定义为 $E(U) = p_1 \times U(W_1) + p_2 \times U(W_2)$。当然，随着财富的增加，效用也会增加。如果 Emma 得到一个更大的奖励，她会更快乐。但关键问题是：效用的增长速度与财富相同吗？答案是否定的，并非所有人都是这样的。现在让我们来看一些例子来理解这意味着什么。

假设 Emma 的效用函数与她的财富是正斜率的线性关系。正斜率意味着，当 Emma 的财富增加时，她的效用也会上升。"线性"意味着，如果我们以 Emma 的效用为纵坐标，以她的财富为横坐标，那么绘制出的 Emma 的效用与财富的关系将是一条向上倾斜的直线 ❷。这意味着 Emma 的效用函数的形式为：$U(W) = kW$，其中 $k$ 是某个正的

❶ 这个悖论之所以得名，是因为 Daniel Bernoulli 是圣彼得堡的居民，并在《圣彼得堡皇家科学院评论》（Bernoulli，1738）上发表了他的论点。

❷ "线性"表示通过原点的直线，而"仿射"也是一条直线，但与 y 轴在非原点处相交。

常数。例如：$U(W)=W$，则 $k=1$；$U(W)=3W$，则 $k=3$；$U(W)=(1/2)W$，则 $k=1/2$。事实证明，对于 Emma（以及其他像她一样的人）来说，如果效用函数是一条直线，那么他们所关心的只是货币价值。效用的计算并不是那么重要，因为它与金钱回报（monetary pay-offs）的计算结果相同。这是因为，在这里效用总是金钱的正倍数。这意味着，在决定是接受还是不接受一场赌博时，像 Emma 这样的人关心的只是期望值。如果期望值是正的，Emma 将接受彩票。给定一个直线的效用函数，效用计算将产生类似的结果，因此，计算效用并不是必需的。让我来解释一下。

假设 Emma 的效用函数是 $U(W)=3W$。假设 Emma 现在有 10000 美元，她可以加入下面的博彩。掷一枚硬币，如果正面出现，她将损失 1000 美元，而如果反面出现，她将赢得 1000 美元。Emma 应该接受这个博彩吗？如果她这样做了，那么她就有一半的机会将 10000 美元变成 9000 美元，也有一半的机会将 10000 美元变成 11000 美元。对她来说，持有 10000 美元的期望效用是 $U(10000)=3×10000=30000$。她选择加入这个博彩的期望效用是 $1/2×U(9000)+1/2×U(11000)=1/2×27000+1/2×33000=30000$。

请注意两件事。首先，这两个选项具有完全相同的期望效用，因此 Emma 将对两者没有偏好。其次，为了回答是否接受这个彩票，Emma 本可以简单地看待期望值：一半机会赢得 1000 美元和一半机会损失 1000 美元。这个彩票的期望值是多少？零。所以，对她来说，应该是坚定持有她的 10000 美元，还是参加这场博彩，并没有什么差别——这被称为风险中立（risk neutrality）。一个风险中立的人对于参不参加该博彩持无所谓的态度，因为他们从博彩中得到的期望效用与他们从不博彩中得到的期望效用是相同的。一般来说，一个风险中立的人会选择任何具有较高期望值的选项，因为最大化期望值也会最大化他们的期望效用。图 4.1 说明了这种情况❶。

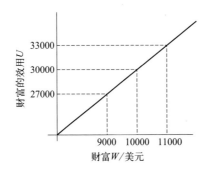

图 4.1　Emma 的期望效用函数

在继续讨论之前，让我们再看几个例子。假设 Emma 有以下选择：1/2 的概率失去 1000 美元，1/2 的概率赢得 2000 美元。她仍然愿意坚定持有她的 10000 美元

❶　本图和本章其余部分的其他图表没有按比例绘制，但读者应该能够很容易地跟随直觉予以理解。

还是愿意参加博彩？在这里，她有一半的机会得到 9000 美元，也有一半的机会得到 12000 美元。在这种情况下，Emma 会更可能参加博彩。让我们看看为什么。持有 10000 美元的期望效用是 $U（10000）=3\times10000=30000$。她参加此博彩的期望效用是 $1/2\times U（9000）+1/2\times U（12000）=1/2\times27000+1/2\times36000=31500$。这一数字超过了 30000 美元，因此，Emma 会选择参加博彩。而 Emma 只要看看 9000 美元和 12000 美元的货币价值，就可以得出同样的结论。如果她将失去 1000 美元的概率是 1/2，而赢得 2000 美元的概率也是 1/2，那么她的期望值是 $1/2\times（-1000）+1/2\times2000=500$。请注意，这仅仅是期望效用净值变化的 1/3，或者说期望效用的净值变化是期望值变化的 3 倍。因此，只看其中一个就足够了，计算期望值也更加简单。由于期望值是正的，Emma 将接受这次赌博。为了得出这个结论，Emma 当然可以计算出相应的期望效用值，但她不需要这样做。如果她的效用函数是一条正斜率的直线，那么简单地看一下期望的货币金额就会得出同样的结论。

最后，如果博彩游戏是这样的：一半的机会输掉 2000 美元和一半的机会赢得 1000 美元。她是愿意坚定持有她的 10000 美元还是愿意参加博彩？在这里，她的 10000 美元有一半的机会变成 8000 美元，也有一半的机会变成 11000 美元。在这种情况下，Emma 会更愿意坚定持有她最初的 10000 美元。这是因为持有 10000 美元的期望效用是 $U（10000）=3\times10000=30000$。而她在玩彩票中的期望效用是 $1/2\times U（8000）+1/2\times U（11000）=1/2\times24000+1/2\times33000=28500$，少于 30000 美元，因此，Emma 将不会参加博彩。其实，Emma 只要看看 8000 美元和 11000 美元的货币价值，就可以得出同样的结论。如果她有 1/2 的机会将失去 2000 美元，1/2 的机会赢得 1000 美元，那么她的期望价值是 $1/2\times（-2000）+1/2\times1000=-500$。由于期望值是负的，Emma 不会接受这场博彩。与之前一样，期望效用的净变化只是预期值净变化的 3 倍。这仅仅是因为，如果 $U（W）=3W$，那么财富期望效用 $U（W）$ 的变化就会是财富 $W$ 变化的 3 倍，或者，更正式地说，是 $\Delta U（W）=3\Delta W$。

然而，并不是所有人都能像 Emma 那样。有些人，就像 Jessie，她的效用函数不是一条直线，而是一条曲线，如图 4.2 所示。让我们先了解一下 Jessie 对金钱的效用和 Emma 有什么不同。对 Emma 来说，随着财富的增加，效用总是以同样的速度增长。Emma 一开始有多少钱并不重要。如果 Emma 的财富从 10000 美元增加到 11000 美元，那么她的效用就会从 30000 美元增加到 33000 美元。如果 Emma 的财富从 100000 美元增加到 101000 美元，她的效用就会增加 3000 美元：从 300000 美元增加到 303000 美元。不管 Emma 是更贫穷（只有 10000 美元）还是更富有（有 100000

美元），只要增加了 1000 美元，Emma 在所有财富水平上的效用都得到了同样的增加。

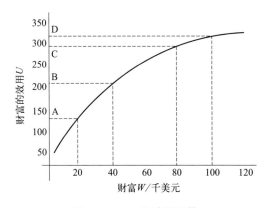

图 4.2　Jessie 的效用函数

但 Jessie 对同样的结果看法却不同，通常是因为 Jessie 的偏好与 Emma 不同。对 Jessie 来说，随着财富的增加，效用也在增加，但增额越来越小。请参见图 4.2。假设 Jessie 的财富增加了 2 万美元，她的效用的变化将取决于她得到这额外的 2 万美元时有多少钱。如果她一开始有 2 万美元，她的财富就会从 2 万美元增加到 4 万美元，那么她的效用就会从 A 点到 B 点增加一个很大的数额。但是，同样如此，Jessie 的财富从 8 万美元增加到 10 万美元，她的效用增加的幅度要小得多，是从 C 点到 D 点。所以，与 Emma 不同的是，Jessie 效用的变化并不是不变的。随着 Jessie 财富的增加，对于 Jessie 财富的任何变化，增加的效用都会越来越小。这通常被称为边际效用递减（diminishing marginal utility）原则❶。Jessie 的财富每增加 2 万美元，她就能得到更多的效用，但她的效用增加的幅度却越来越小，如图 4.2 所示。像 Jessie 这样的人是厌恶风险的。

像图 4.2 中那样的效用函数通常被称为凹函数，效用随着财富的增加而增加，但曲线随着它的增加而变得更平缓，有什么好的方法来表示这个效用函数呢？我将在这里用一个简单的公式来表达，即 $U(W) = \sqrt{W}$（获得的效用是财富的平

---

❶　边际效用递减原则是累进所得税的核心。通常情况下，随着收入的增加，我们缴纳的所得税的比例就会更高。假设对于一个挣 3 万美元的人来说，额外的 1000 美元比收入 30 万美元的人更有价值。因此，后者（更富有的人）应该愿意从多出的 1000 美元中比前者支付更多的税款。或者，对于年收入 3 万美元的人来说，从 1000 美元的增量中支付更大比例的税额比挣 30 万美元的人痛苦。这意味着，对于年收入为 30 万美元的人来说，个人收入的前 3 万美元的税率通常低于后 3 万美元。例如，在新西兰，我们从最初 14000 美元的收入中支付 10.5%，然后在 14000 美元到 48000 美元之间支付 17.5%，在 48000 美元到 7 万美元之间支付 30%，最后，7 万美元以上的收入部分支付 33%。因此，如果有人赚了 14000 美元，每 1 美元要交 10.5 美分的税。但是，收入超过 7 万美元的人每多赚 1 美元就要支付 33 美分的税额。

方根）**❶**。

现在，让我们看看 Jessie 会如何反应，如果有和 Emma 同样的选择。Jessie 目前有 10000 美元。她可以加入以下的博彩。掷一枚硬币，如果正面出现，她将损失 1000 美元，而如果反面出现，她将赢得 1000 美元。如前所述，我们看到如果 Emma 接受了这个博彩，她的财富就有一半的机会变成 9000 美元，也有一半的机会增加到 1.1 万美元。这个博彩的期望价值是零，因此，Emma 会对坚定持有她的 1 万美元还是加入这个博彩漠不关心。事实证明，这已不再适用于像 Jessie 这样厌恶风险的人。

现在，如果 Jessie 决定坚定持有她最初的 10000 美元，那么她的效用是：$U(W) = \sqrt{W} = \sqrt{10000} = 100$。如果她选择接受这次赌博，在这种情况下，她会有以下两种可能：有 1/2 的机会，她赢了，最终得到 11000 美元，在这种情况下，她的效用是 $U = \sqrt{11000} = 104.88$；或者，有 1/2 的机会，她输了，最终得到了 9000 美元；她的效用是 $U = \sqrt{9000} = 94.87$。那么她的期望效用是多少呢？为了计算这一点，我们需要将这些效用与其对应的概率相乘，并将它们相加。所以，Jessie 的期望效用是：$1/2 \times 104.88 + 1/2 \times 94.87 = 99.88$。这低于 Jessie 坚定持有她最初的 10000 美元的期望效用，因为 10000 美元的期望效用是 100。因此，即使赌博和不赌博具有相同的期望价值，但对于像 Jessie 这样厌恶风险的人来说，不赌博有更高的期望效用**❷**。一般来说，一个厌恶风险的人总是会坚持做"确定的事情"，而不是参加这里所描述的那种博彩。

在图 4.3 中，让我们来看看另一个风险厌恶（risk aversion）的例子。但是，就像前面一样，我将继续假设 Jessie 的效用函数是凹的，并被定义为 $U(W) = \sqrt{W}$，即 $U(W) = W^{1/2}$。假设 Jessie 目前的财富是 8000 美元。她是否应该接受一场一半的机会输 4000 美元，一半的机会赢 4000 美元的博彩？到目前为止，我们知道了答案：如果她不愿冒险，那么她很可能不会接受。但通常情况下，作为经济学家，我们需要计算一些数字，才能得出确定的结论。

---

**❶** 其他的函数也起作用，如 $U(W) = W^k$，其中 $0 < k < 1$（即 $k$ 是正分数）；或者 $U(W) = \log W$。但为了让事情简化，我采用函数 $U(W) = \sqrt{W}$，这与函数 $U(W) = W^{1/2}$ 或 $U(W) = W^{0.5}$ 是一样的。这里 $k$ 值是 1/2，比其他公式更简单，也是处理风险厌恶概念的一个好方法。效用函数的凹凸性是衡量个人风险厌恶程度的指标。更凹的效用函数意味着更大的风险厌恶。所以，一个效用函数是 $U(W) = W^{1/8}$ 的人比一个效用函数是 $U(W) = W^{1/4}$ 的人更厌恶风险，而 $U(W) = W^{1/4}$ 的人又比 $U(W) = W^{1/2}$ 的人更厌恶风险。

**❷** 你可能会认为 99.88 和 100 非常接近。是的，这与我在这个例子中选择的函数形式和彩票回报有关。如果我改变了效用函数或回报的大小，那么这些数字将会相差更远。我们稍后会来看一些像这样的例子。

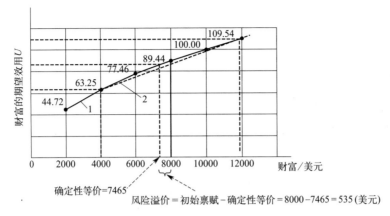

图 4.3 凹效用函数的另一个例子

1. 凹效用函数 $U(W)=\sqrt{W}$；2. 风险中性线

注意，如果 Jessie 选择参加，那么她有一半的机会得到 4000 美元，一半的机会得到 12000 美元。博彩的期望价值是 $1/2 \times 4000 + 1/2 \times 12000 = 8000$，这与 Jessie 目前的财富相同。风险中立的 Emma 会认为坚定持有 8000 美元和参加博彩之间没有什么差别。然而，我们已经知道，厌恶风险的 Jessie 将更愿意坚定持有 8000 美元，而不是接受这场博彩。为什么会这样？这是因为，如果 Jessie 只是坚定持有她最初的 8000 美元的财富，那么她的效用就是 $U(W)=W^{1/2}=8000^{1/2}=89.44$；然而，如果 Jessie 真的接受了这场博彩，她从 4000 美元中得到的效用是 $U(W)=W^{1/2}=4000^{1/2}=63.25$，她从 12000 美元中得到的效用是 $U(W)=W^{1/2}=12000^{1/2}=109.54$，她的期望效用是 $1/2 \times 63.25 + 1/2 \times 109.54 = 86.395$，我们将其四舍五入到 86.40，这显然低于 89.44（即 Jessie 坚定持有她的 8000 美元得到的效用）（图 4.3）。

除此之外，图 4.3 还强调了另外两个关键概念：确定性等价（certainty equivalent）和风险溢价（risk premium）。但在我解释这些概念之前，让我们多思考一下 Jessie 所面临的选择。很明显，如果要在确定的 8000 美元和一半概率得 4000 美元、一半概率得 12000 美元的博彩之间进行选择，她更喜欢确定的 8000 美元，因为这给她带来了更高的效用。事实上，Jessie 很可能愿意接受略低于 8000 美元的价格，这仍然有可能给她带来比博彩更高的效用。对于一种彩票/博彩（有风险的情况）的确定性等价，是让 Jessie 对"接受确定的金额还是进行赌博"并不在乎的金额。因此，Jessie 更喜欢 8000 美元，因为前者的效用是 89.44，而后者的效用只有 86.40。这意味着，如果要选择参加博彩（1/2 的概率得 4000 美元和 1/2 的概率得 12000 美元），Jessie 应该愿意接受甚至低于 8000 美元的东西，只要它能产生的效用超过 86.40。但是我们如何知道这个确定数额是多少呢？

图 4.3 也可以让我们做到这一点。为了解决这个问题，我们需要仔细讨论我们之

前的问题。前面谈到，我们先从一个金钱数额开始，然后探究这个金额提供了多大的效用。现在，我们需要从得到的效用开始，看看需要多少金钱数额。我们知道，如果 Jessie 选择了彩票，那么她就会得到 86.40 的效用。所以，我们需要做的就是找到产生这个效用值的金钱数额。我们该怎么做呢？如果 $U(W)=\sqrt{W}$，则这意味着 $W=U^2$。所以，如果效用是 86.40，那么相应的财富水平是 $86.40^2$，也就是 7464.96 美元。让我们四舍五入到 7465 美元，这意味着 Jessie 在接受 7465 美元和参加博彩之间没有偏好，因为它们都产生了相同的期望效用。这就是 Jessie 的确定性等价金额，金额为 7465 美元。这意味着如果 Jessie 面临的是这类博彩，即一半的机会得到 4000 美元，一半的机会得到 12000 美元，那么 Jessie 肯定会更喜欢确定的 8000 美元而不是参加博彩。事实上，如果开始施加一些压力，一个厌恶风险的 Jessie 将更愿意接受 7465 美元以上的任何金额，而不是参加博彩，因为 7465 美元提供了与参加博彩完全相同的期望效用，任何超过这个金额的东西都将给 Jessie 更多的效用 ❶。

相应地，Jessie 的风险溢价是指这次博彩的期望值和她的确定性等价之间的差值。这是 Jessie 为了不参加博彩而愿意放弃的金额。这意味着：假设你问 Jessie，她会愿意接受多少确定的金额，而不是加入博彩（1/2 的机会获得 4000 美元，1/2 的机会获得 12000 美元）。Jessie 会说，她更喜欢得到这场博彩的确定的期望值，即 8000 美元。事实上，她宁愿降低数额得到确定的 7465 美元，也不愿接受这场博彩。Jessie 最初持有的 8000 美元和确定性等价 7465 美元之间的差额，即 535 美元，就是她的风险溢价。事实上，Jessie 愿意确保自己不受到不可抗力（可能减少或增加她的回报）的影响，只是因为她不喜欢这种不确定性。在这种情况下，Jessie 将愿意支付高达 535 美元（8000-7465=535），以避免让自己受概率性结果的左右。这就是购买保险背后的基本原则。如果我们面临这样一种情境，即将来可能会变得更加糟糕，我们愿意支付金钱以避免糟糕的情况发生。

**案例研究 4.1**

Emilio 刚刚以 5000 美元买了一款全新的 65 英寸 OLED 智能电视。销售人员告诉 Emilio，这些电视往往很脆弱，所以他应该买保险。他应该买吗？如果应该买，要买多少钱的保险？假设有 10% 的可能性，电视会从电视柜上翻倒，被摔成碎片，以致 Emilio 最终什么也得不到；还有 90% 的可能性什么都不会发

❶ 不要以我的话为标准，自己检查一下：取高于 7465 美元的金额，确保其效用超过 86.40。以 7600 美元为例，你会发现它产生的效用为 87.18，所以它绝对比彩票更受欢迎。

生，5000 美元的电视仍然完好无损。所以，10% 的潜在回报是 0 美元，90% 的潜在回报是 5000 美元。Emilio 厌恶风险，他的财富效用 $U(W) = \sqrt{W}$。如果电视坏了（10% 的概率），那么 Emilio 的财富是零，所以他的效用也是零。如果电视没有坏掉（90% 的概率），那么他的效用是 $U(5000) = \sqrt{5000} = 70.71$。他的期望效用是 $0.1 \times 0 + 0.9 \times 70.71 = 63.64$。多少钱相当于这种水平的效用？在这种情况下，答案是 63.64 的平方，大约是 4050 美元。这也就是 Emilio 的确定性等价，这也相应地意味着 Emilio 将愿意支付高达 950 美元，以避免电视摔成碎片的可能。因此，Emilio 的风险溢价是 950 美元。他可能会支付比这笔钱更少的保险费用，但这是他愿意支付的最高金额。例如，如果电视摔碎的概率是 0.01 而不是 0.1，那么 Emilio 的确定性等价约为 4900 美元，他的风险溢价只有 100 美元左右。在后一种情况下，如果 Emilio 支付了超过 100 美元的保险费，那么他就支付太多了。

### 案例研究 4.2

Logan 是一个风险厌恶的人，他的财富效用函数是 $U(W) = \sqrt{W}$。他刚刚在奥克兰大学取得了经济学学士学位，正在考虑两个工作机会。他可以选择接受工作 1，其固定年薪为 5.4 万美元。他还有另一个工作 2 可以选择，这是一家初创公司，提供每年 4000 美元的基本工资；然而，该公司开发的应用程序有 50% 的可能性非常成功，在这种情况下，Logan 除了 4000 美元的基础工资外，还将获得每年 10 万美元的奖金。Logan 应该选择哪个工作呢？

这个问题的答案出现在图 4.4 中 ❶，直觉给出的答案是，Logan 会选择支付固定工资的工作，因为他厌恶风险，并且喜欢工作 1 的确定性。但这并不一定是正确的，因为我们已经看到，所有的概率选择都有相应的确定性等价。因此，Logan 是接受还是放弃工作 2，将取决于工作 2 的确定性等价是多少，以及工作 1 的年薪是高于还是低于这个数额。如果 Logan 接受了第二份工作，那么他就有一半的机会得到 4000 美元，也有一半的机会得到 10.4 万美元。4000 美元的效用是 $\sqrt{4000} = 63.25$，而 104000 美元的效用是 $\sqrt{104000} = 322.49$。Logan 对接受工作 2 的期望效用是 $1/2 \times 63.25 + 1/2 \times 322.49 = 192.87$。

---

❶ 和前面一样，这个图并不是按比例绘制的。

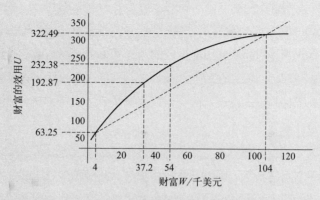

图 4.4　Logan 的凹效用函数

有两种方法可以检验 Logan 是否应该接受工作 1 或工作 2。我们刚刚算出，工作 2 的期望效用为 192.87。工作 1 提供的效用是多少呢？答案是 $\sqrt{54000}$ =232.38。这比工作 2 提供的 192.87 的预期效用要大。所以，Logan 应该更喜欢工作 1，而不是工作 2。但还有另一种方法可以得到同样的答案。如果 Logan 接受了第二份工作，那么他将得到 192.87 个单位的效用。他的确定性等价是多少呢？换句话说，多少等值的"确定"金额，可以为 Logan 提供等量的效用？为了回答这个问题，我们需要算出 192.87 的平方，也就是 37198.84 美元。这意味着只要任何其他工作的薪酬等于或大于 37200 美元，Logan 将愿意放弃工作 2 的概率性支付计划。工作 1 的薪水比这高得多。所以，Logan 会更喜欢工作 1；事实上，他会满足于一份固定工资小于 54000 美元的工作，只要该工作的薪水高于工作 2 的确定性等价，即年薪大约 37200 美元。

**案例研究 4.3**

在第一章中，我提到了最近的"危险边缘！"游戏获胜者 Jim Holtzhauer，每次他打出"一日双打"，就把赌注全押上，通常在他赢的所有游戏中都能赢得很多。Jim 是个爱冒险的人。在任何人群中，大多数人都表现出一定程度的风险厌恶，而少数人表现出风险中立。风险爱好者通常只是一小部分。Jim Holtzhauer 的日常工作是拉斯维加斯的一名体育博彩玩家。风险爱好者倾向于更喜欢赌博，而不是选择确定的事情。那么，如果 Jim 这样的人面对和 Logan 一样的选择，他会如何回答呢？在 Jim 的例子中，让我们稍微改变一下，更明确地关注高风险的扑克赌局游戏。

Jim 目前只有 54000 美元。他面临的赌局是，有 1/2 的机会，他将损失 50000 美元，只剩下 4000 美元；或者有一半的机会，他可以赢得 50000 美元，得到 104000 美元。我相信你可以看到 Jim 面临的选择和 Logan 面临的选择是一样的：保留"确定的"54000 美元或者赌一把。Jim 将如何选择呢？一般来说，风险爱好者倾向于选择赌博而不是确定的结果，因为他们通常从前者比后者获得更多的效用。但我们仍然需要验证一下。

厌恶风险的人的效用函数是凹的，而对于风险爱好者来说，效用函数是凸的。这意味着，随着财富的增加，财富的效用会增加，并以越来越快的速度增加；也就是说，财富函数的凸效用曲线在更高的财富水平上变得更陡，而不像在风险厌恶的情况下那样变得更平坦。这种效用函数的一个潜在例子是 $U(W) = W^2$，即所获得的效用是财富的平方。图 4.5 描述了像 Jim 这样的风险爱好者的效用函数。

在这个图中，为了使数据容易计算，我以数千美元表示财富，以数百万单位表示效用（即财富的平方）。Jim 是坚定持有 54000 美元还是去赌博取决于哪一个能给他提供更高的效用。如果 Jim 坚定持有这 54000 美元，那他的效用是什么呢？答案是 $54000^2 = 29.16$ 亿。如果他接受了这次赌博呢？他最终将得到 4000 美元或 10.4 万美元。4000 美元的效用是 $4000^2 = 1600$ 万，10.4 万美元的效用是 108.16 亿。Jim 在这场赌博中的期望效用是多少？它等于 $1/2 \times 1600$ 万 $+1/2 \times 108.16$ 亿 $=54.16$ 亿。这比 Jim 坚定持有 5.4 万美元所获得的 29.16 亿单位的效用要大得多。因此，Jim 更愿意赌博，而不是坚持确定的事情。

这是否意味着像 Jim 这样的人总是会去赌博，而不管"确定"的金额是多少？不，即使是像 Jim 这样的风险爱好者也同样会有确定性等价。只不过，一个风险厌恶的人的确定性等价小于最初的持有金额，这意味着一个风险厌恶的人愿意放弃一些钱来避免面对赌博。但对于一个冒险爱好者来说，情况恰恰相反。他 / 她的确定性等价要高于最初的持有金额。这意味着风险爱好者为了放弃赌博接受"确定"的东西，需要得到更多的报酬。那么我们怎么计算这个更多的报酬呢？这种方法与风险规避方法相同。

当 Jim 开始赌博时，他的期望效用是 54.16 亿。为了找到 Jim 的确定性等价，我们需要找到带给 Jim 同样数量效用的钱。鉴于 $U=W^2$，这意味着 $W=\sqrt{U}$。如果 $U$ 是 54.16 亿，那么相应的财富水平是 $\sqrt{54.16 亿} = 73600$（美元）。这意味着，只要"确定的"金额低于 73600 美元，Jim 就会选择赌博。然而，Jim 肯定会在接受赌博和接受 73600 美元之间漠不关心。如果给 Jim 的出价超过 73600 美元，那么他就会选择这确定的金额而不是赌博。

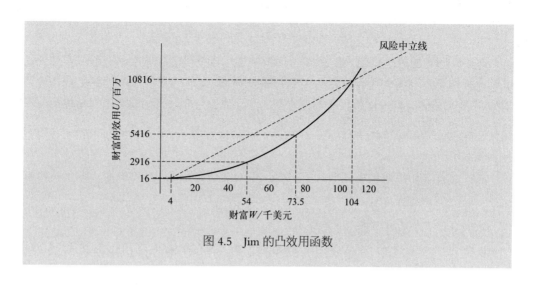

图 4.5　Jim 的凸效用函数

## 阿莱悖论

期望效用理论是一个精致的模型，它很好地描述了人们处于某种财富状态下是如何进行概率决策的（也称为风险下的决策）。但是，和许多事情一样，在理论和现实之间总是存在差异。事实证明，当涉及概率选择时，人们的实际行为往往会偏离期望效用理论的规则。这可能是由许多因素造成的，包括人们在概率方面没有良好的直觉，人们对损益的处理方式不同，人们对小概率事件和较大概率事件的对待方式非常不同。第一次向世人呈现了这种明显非理性的人是法国的经济学家 Maurice Allais（1911 ～ 2010，1988 年诺贝尔经济学奖获得者）。

Allais 要求受访者在以下两对选项中进行选择：

第 1 对：你选择 A 还是选择 B ？

选项 A：有 0.10 的概率得 500 万美元，有 0.89 的概率得 100 万美元，有 0.01 的概率得 0 美元。

选项 B：有 1 的概率得 100 万美元。

第 2 对：你选择 C 还是选择 D ？

选项 C：有 0.10 的概率得 500 万美元，有 0.90 的概率得 0 美元。

选项 D：有 0.11 的概率得 100 万美元，有 0.89 的概率得 0 美元。

结果是，大多数受访者在第 1 对中选择了 B 而不是 A，然后在第 2 对中选择了 C 而不是 D。这里有一个问题，如果你认为 B 比 A 好，那么你应该更喜欢 D 而不是 C。或者，如果有人选择了 A 而不是 B，那么他 / 她必然更喜欢 C 而不是 D。在第 1 对中选择 B 而不是 A，在第 2 对中选择 C 而不是 D 是违反独立性假设的，因为这就是通常所谓的"共同结果效应"（common consequence effect）。要了解原因，请见下文。

首先，我将重写每一对选项中的选择。对于第 1 对选项，我将保持选项 A 不变，但将选项 B 重写为选项 B*。对于第 2 对选项，我将把选项 C 重写为选项 C*，而保持选项 D 不变。请注意，这样做根本不会改变那些选项，它们只是相同选择的一种不同陈述方式。

第 1 对：

选项 A：有 0.10 的概率得 500 万美元，有 0.89 的概率得 100 万美元，有 0.01 的概率得 0 美元。

选项 B：有 1 的概率得 100 万美元。

选项 B*：有 0.11 的概率得 100 万美元，有 0.89 的概率得 100 万美元。（注：0.11+0.89=1）

第 2 对：

选项 C：有 0.10 的概率得 500 万美元，有 0.90 的概率得 0 美元。

选项 C*：有 0.10 的概率得 500 万美元，有 0.89 的概率得 0 美元，有 0.01 的概率得 0 美元。

选项 D：有 0.11 的概率得 100 万美元，有 0.89 的概率得 0 美元。

现在我们用选项 B* 代替选项 B，用选项 C* 代替选项 C，我们就可以删除 B 和 C。这就留给了我们以下选择：

第 1 对：

选项 A：有 0.10 的概率得 500 万美元，<u>有 0.89 的概率得 100 万美元</u>，有 0.01 的概率得 0 美元。

选项 B*：有 0.11 的概率得 100 万美元，<u>有 0.89 的概率得 100 万美元</u>。

第 2 对：

选项 C*：有 0.10 的概率得 500 万美元，<u>有 0.89 的概率得 0 美元</u>，有 0.01 的概率得 0 美元。

选项 D：有 0.11 的概率得 100 万美元，<u>有 0.89 的概率得 0 美元</u>。

但是请注意，一些成分对 A 和 B* 是共同的（有 0.89 的概率得 100 万美元），对于 C* 和 D 也是如此（有 0.89 的概率得 0 美元）。因此，我们可以从每个选项中删除它们（即"共同结果"部分）。现在的选项变成什么样子了呢?

第 1 对：

选项 A：有 0.10 的概率得 500 万美元，有 0.01 的概率得 0 美元。

选项 B*：有 0.11 的概率得 100 万美元。

第 2 对：

选项 C*：有 0.10 的概率得 500 万美元，有 0.01 的概率得 0 美元。

选项 D：有 0.11 的概率得 100 万美元。

结果表明，选项 A 和 C（或 C*）是相同的，而选项 B（或 B*）和 D 是相同的。所以，如果一个人在第 1 对中选择了 A 而不是 B，那么他在第 2 对中必然喜欢 C 而不是 D，反之亦然。但对于我们大多数人来说，这（两对选项是一样的）并不是显而易见的。这就说明了我们在简化复合选项和思考更复杂的概率性选项上的能力是有限的，而这种能力却是期望效用理论所假设的一个基本要求。

受 Allais 所做研究的启发，Daniel Kahneman（英属哥伦比亚大学）和 Amos Tversky（1937～1996，斯坦福大学）于 20 世纪 70 年代中期开始，记录了越来越多的关于我们缺乏概率选择能力的例子❶。

Kahneman 和 Tversky 认为，人们无法直觉地理解概率选择的复杂性，这向期望效用理论所得出的结论提出了挑战。这就要求我们以不同的视角看待这些选择，他们在这一领域的工作使他们制定了一种替代期望效用理论的方案。这种替代的方案现在已被广泛地称为"前景理论"（prospect theory）。继 Allais 描述了我们通常无法看到"共同结果"效应之后，Kahneman 和 Tversky 从观察"共同比率"效应（"common ratio" effect）开始研究。

Kahneman 和 Tversky 询问了 95 名受访者，他们更喜欢以下每组中的哪一种选择。

第 1 对：

选择 A：80% 的概率得 4000 美元。

选择 B：100% 的概率（肯定）得 3000 美元。

第 2 对：

选择 C：20% 的概率得 4000 美元。

选择 D：25% 的概率得 3000 美元。

绝大多数（80%）的受访者在第 1 对中更喜欢选择 B，而大多数（65%）的受访者在第 2 对中表示更喜欢选择 C。在这里，这些选择中的悖论比阿莱悖论（Allais Paradox）更为明显。这是因为从 A 到 C（或从 B 到 D），所发生的一切只是将概率乘相同的分数——1/4。A 和 C 之间是 80% 对 20%，B 和 D 之间是 100% 对 25%。再一次，这意味着任何喜欢 A 而不是 B 的人必然更喜欢 C 而不是 D，反之亦然。但事实并非如此。

Kahneman 和 Tversky 研究的下面配对的选项构成了"共同结果"效应的另一个例

---

❶ 我将在下一章中进一步详细阐述其中的一些问题。Kahneman 和 Vernon Smith 一起获得了 2002 年的诺贝尔经济学奖。Amos Tversky 本来很可能会和他们分享这个奖项，但不幸的是，Tversky 已经去世了，诺贝尔奖从不会颁发给去世的人。Tversky 在认知心理学的许多领域都做出了巨大的贡献。我将在下一章中提到更多他关于"热手"谬误的一些研究。对于那些有兴趣了解更多关于 Kahneman、Tversky 和他们的合作的人来说，Michael Lewis 的《思维的发现》（*The Undoing Project*）是一本优秀的书。

子，它明显地违背了期望效用理论的假设。72 名受访者面对以下两两配对的选项做出选择：

第 1 对：

选项 A：0.33 的概率得 2500 美元，0.66 的概率得 2400 美元，0.01 的概率得 0 美元。

选择 B：1 的概率得 2400 美元。

第 2 对：

选择 C：0.33 的概率得 2500 美元，0.67 的概率得 0 美元。

选择 D：0.34 的概率得 2400 美元，0.66 的概率得 0 美元。

72% 的受访者在第 1 对中选择了 B，而 83% 的人在第 2 对中选择了 C。这很难用期望效用理论来解释。这四个选项的期望价值分别为：A 是 2409 美元，B 是 2400 美元，C 是 825 美元，D 是 816 美元。所以，如果某人是风险中立的，那么选择是很明确的：A 比 B 好，C 比 D 好。但也许人们并不是风险中立的。假设根据其他的效用函数 U 来评估效用，它可以是凹的，也可以是凸的。我们可以证明，无论这个效用函数以什么形式出现，都不可能用期望效用理论的原则来调和选 B 而不选 A 然后选 C 而不选 D。这是因为如果人们选择了 B 而不是 A，那么他们一定会认为选项 B 的期望效用更高。这意味着：

$$U(2400) > 0.33 \times U(2500) + 0.66 \times U(2400)$$

在转换两边之后可改写成为：$U(2400) - 0.66 \times U(2400) > 0.33 \times U(2500)$；这意味着 $0.34 \times U(2400) > 0.33 \times U(2500)$，将此称为不等式 1。

但是，如果人们选择 C 而不是 D，那么 C 的期望效用一定大于 D 的期望效用，或者 $0.33 \times U(2500) > 0.34 \times U(2400)$，我们称之为不等式 2。但这两个不等式是相互排斥的，不能同时成立。

在期望效用理论中，对结果的评估独立于其初始的现状，从这个意义上来说，起点（即初始资金）并不重要。在我们前面研究的例子中，例如，Jim 在赌注之间进行选择，期望效用的计算并不依赖于他最初的 54000 美元。同样地，只要工作 1 的报酬高于工作 2 的确定性等价报酬，Logan 对工作 2 的感觉也不会因为工作 1 的确定报酬改变而改变。但 Kahneman 和 Tversky 发现，当要求受访者进行决策时，人们做出非常不同的选择至少基于两方面考虑：第一，最初的资金起点（这可以被认为是参考点或现状）。第二，与现状相比，彩票代表的是收益还是损失。他们向受访者提出了以下问题。

情境 1：假设你在一个游戏中赢了 1000 美元。除了这些奖金外，你现在被要求在 A、B 两个选项中进行选择。选项 A：50% 的概率赢得 1000 美元。选项 B：确定赢得 500 美元。

情境 2：假设你在一个游戏中赢了 2000 美元。除了这些奖金外，你现在被要求在 C、D 两个选项中进行选择。选项 C：50% 的概率损失 1000 美元。选项 D：确定损失 500 美元。

请注意，在这两种情况下，最终财富的期望值是相同的，均为 1500 美元。只不过在第一种情况下，是一种"获得"：从 1000 美元上升到 1500 美元；而在第二种情况下，是一种"损失"：从 2000 美元下降到 1500 美元。无论如何，期望效用理论告诉我们，一个人要么在两种情况下均选择确定性选项，要么在两种情况下都选择期望值选项（概率性选项）。但事实证明，在第一种情况下，受访者更有可能选择选项 B 的确定金额（500 美元），而在第二种情况下，他们却选择 C 选项（1/2 的概率损失 1000 美元）。这暗示了两件事：第一，人们在做决策时依据于财富的变化，而不是最终的财富水平；第二，当面对损失和面对收益时，他们持有完全不同的看法。关于第二个问题，在面对收益时，人们更喜欢锁定一个确定的收益，而不是选择概率性的收益；但当面对损失时，人们更喜欢一个概率性的损失，而不是一个确定的损失。

下面的例子是这种对损益差异化处理的一个更为明显的证明。受访者面对的是期望值相同的选项，只不过一组被框定为收益（"收益框架"），而另一组则被设定为损失（"损失框架"）。

### 收益框架

第 1 对：

选项 A：80% 的概率赢得 4000 美元。

选项 B：确定赢得 3000 美元。

第 2 对：

选项 C：20% 的概率赢得 4000 美元。

选项 D：25% 的概率赢得 3000 美元。

### 损失框架

第 1 对：

选项 A：80% 的概率损失 4000 美元。

选项 B：确定损失 3000 美元。

第 2 对：

选项 C：20% 的概率损失 4000 美元。

选项 D：25% 的概率损失 3000 美元。

为了便于说明，我用表 4.1 汇总信息，展示每种情况下的期望值和选择每种选项被试的比例。这里的关键比较是在收益框架和损失框架中的第 1 对选项之间。在收益框架下（第 1 列），80% 的人选择确定赢得 3000 美元，而不是期望值 3200 美元。但在损失框架下（第 3 列），92% 选择了更大期望值的损失 3200 美元，而不是确定的损失 3000 美元。这当然不是由于无法理解期望值而造成的。如果我们比较每一框架中的第 2 对选项，其中所有的损益都是概率性的，在收益框架中（第 2 列），大多数人（65%）选择了较大的期望收益 800 美元，而不是较小的期望收益 750 美元。在损失框架中（第 4 列），大多数人选择期望损失 750 美元，而不是期望损失 800 美元。这至少说明两点：首先，他们似乎对于确定损益与期望损益的处理方式不同。其次，当面对收益框架和损失框架时，他们似乎采用了大相径庭的计算方法。

表 4.2 提供了相同现象的另一个例子，只不过没有要求人们在不同期望值的选项中进行选择，对于表 4.2 中的选项，期望值是固定的。我们再一次看到了类似的选择模式：如果在每种情况下关注第 1 对选项，也就是说，如果我们对第 1 列和第 3 列进行比较，我们发现，当涉及收益（第 1 列）时，86% 的人更喜欢 90% 的机会赢得 3000 美元，而不是 45% 的机会赢得 6000 美元。但在损失领域，发生了相反的情况（第 3 列）。92% 的人更喜欢 45% 的概率损失 6000 美元，而不是 90% 的概率损失 3000 美元。尽管每种情况下的期望收益或损失都是相同的（2700 美元）。Kahneman 和 Tversky 将这种选择模式称为偏好反转（preference reversals）。

表 4.1　收益和损失框架下的选项选择

| 收益框架 | | 损失框架 | |
| --- | --- | --- | --- |
| 第 1 对 | 第 2 对 | 第 1 对 | 第 2 对 |
| A：80% 的概率赢得 4000 美元（期望收益 = 3200 美元）20% 选 A | C：20% 的概率赢得 4000 美元（期望收益 = 800 美元）65% 选 C | A：80% 的概率损失 4000 美元（期望损失 = 3200 美元）92% 选 A | C：20% 的概率损失 4000 美元（期望损失 = 800 美元）42% 选 C |
| B：确定赢得 3000 美元（确定收益 3000 美元）80% 选 B | D：25% 的概率赢得 3000 美元（期望收益 = 750 美元）35% 选 D | B：确定损失 3000 美元（确定损失 = 3000 美元）8% 选 B | D：25% 的概率损失 3000 美元（期望损失 = 750 美元）58% 选 D |

资料来源：Kahneman and Tversky，1979.

表 4.2　相同期望值的收益和损失框架下的选项选择

| 收益框架 | | 损失框架 | |
| --- | --- | --- | --- |
| 第 1 对 | 第 2 对 | 第 1 对 | 第 2 对 |
| 90% 的概率赢得 3000 美元（期望收益 = 2700 美元）86% 选 A | 0.2% 的概率赢得 3000 美元（期望收益 = 6 美元）70% 选 C | 90% 的概率损失 3000 美元（期望损失 = 2700 美元）8% 选 A | 0.2% 的概率损失 3000 美元（期望损失 = 6 美元）27% 选 C |
| 45% 的概率赢得 6000 美元（期望收益 = 2700 美元）14% 选 B | 0.1% 的概率赢得 6000 美元（期望收益 = 2 美元）30% 选 D | 45% 的概率损失 6000 美元（期望损失 = 2700 美元）92% 选 B | 0.1% 的概率损失 6000 美元（期望损失 = 6 美元）73% 选 D |

资料来源：Kahneman and Tversky，1979.

## 前景理论

有了这个额外的证据，Kahneman 和 Tversky 现在可以提出他们的期望效用理论的替代性理论了。经过深思熟虑，他们决定称之为"前景理论"，因为彩票也可以被看作"前景" ❶。前景理论中的第一个关键因素是概率加权函数（probability weighting function）。在期望效用理论下，为了计算彩票的期望效用，我们将不同损益的效用与相应的概率相乘，并将其相加。Kahneman 和 Tversky 提出，人们不会客观地看待概率；相反，他们根据概率的大小赋予不同的权重。因此，如果有两个彩票奖项 $W_1$ 和 $W_2$，对应的概率为 $p_1$ 和 $p_2$，那么，在期望效用理论下，我们计算期望效用为 $U(W) = p_1 \times U(W_1) + p_2 \times U(W_2)$。但在前景理论下，重要的不是概率本身，而是人们对这些概率赋予的决策权重。因此，在前景理论下，同一彩票的期望效用由以下表达式给出：$U(W) = \pi(p_1) \times U(W_1) + \pi(p_2) \times U(W_2)$，其中 $\pi$ 是一个为每个概率赋值的函数，这与概率本身不同。

图 4.6 描述了一些看似可信的概率加权函数。概率加权函数具有以下性质。它在终点处是不连续的；$\pi(0) = 0$ 和 $\pi(1) = 1$。但除了 0 和 1 之外，它还高估小概率和低估大概率。因此，对于概率值小于某个截断概率（$p^*$）的，即只要 $p < p^*$，概率的主观值似乎比概率的客观值大，即 $\pi(p) > p$，小概率被高估；对于概率值大于这个截断概率的，即 $p > p^*$ 时，$\pi(p) < p$，大概率被低估，主观概率似乎比客观概率小。这取决于概率加权函数的确切函数形式。例如，对于某些函数形式，当 $p < 0.30$ 时，$\pi(p) > p$（加权过度）；当 $p$ 在 $0.30 \sim 0.35$ 之间时，$\pi(p) = p$；当 $p > 0.35$ 时，$\pi(p) < p$（加权不足）。这意味着，即使某些事件发生的概率很低，在我们的脑海中，我们也对它进行了过度加权，因而主观概率似乎比实际（客观）概率要大得多。这就是为什么我们会经常买彩票，即使中头奖的概率微乎其微。同样地，我们也经常低估了较大概率事件发生的可能性 ❷。

---

❶ 从期望效用理论演变而来的前景理论，就是一个在界定选择模型上区别经济学和心理学取向的很好的例子。期望效用理论是一种优雅而连贯的风险选择模型，但它难以解释某些情况下的选择。因此，当该模型面对人类行为数据时，不能很好地预测某些选择。另一方面，前景理论是一个完全描述性的理论，它来源于观察大量的、关于不同情况的选择数据。Kahneman 和 Tversky 一旦确信他们在数据中建立了明确的模式，就准备提出另一种理论。在这种情况下，他们的理论发展源于从数据中观察到的规律性的结果。

❷ 不好意思，这部分内容有一些技术性成分。但大多数读者可以忽略其中的一些内容，而跟随对概率加权的直觉。图 4.6 中所示的概率加权函数的一个潜在形式是 $\pi(p) = \dfrac{p^{\gamma}}{\{p^{\gamma} + (1-p)^{\gamma}\}^{\gamma}}$。$\gamma$ 值越小，意味着曲线 S 形越有突变性。因此，在图 4.6 中，当 $\gamma$ 为 0.7 时，曲线可能较平缓，而当 $\gamma$ 等于 0.55 时，曲线可能较弯曲。当然，如果 $\gamma$ 等于 1，那么这个函数对于 $p$ 的所有值都等于 $p$。

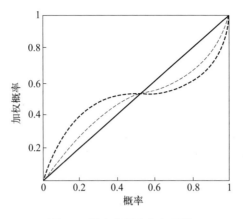

图 4.6　潜在的概率加权函数

**案例研究 4.4　再谈新冠肺炎**

在第三章，案例研究 3.1 中，我讨论了全球应对新冠肺炎（Covid-19）大流行的情况。以下是另一个相关的观点。之前，我展示了人们选择以下选项之一的反应模式是什么。选择 A：你是更愿意确定地赢得 3000 美元，还是更愿意以 80% 的概率赢得 4000 美元？选择 B：你是更愿意确定地损失 3000 美元，还是更愿意以 80% 的概率损失 4000 美元？我们看到绝大多数被试在 A 中选择第一个选项，而在 B 中选择第二个选项。这意味着在 A 中人们更喜欢确定地赢得 3000 美元，而不是选择期望的（概率性的）3200 美元。但如果是在 B 中，他们更愿意选择损失期望的（概率性的）3200 美元，而不是确定地损失 3000 美元。所以，人们更喜欢较小的确定收益，而不是较大的概率性收益。但他们更喜欢一个较大的概率性损失，而不是一个较小的确定损失。Kahneman 和 Tversky 将这种现象称为损失厌恶。

以下是损失厌恶如何在应对新冠肺炎大流行中发挥作用。新西兰和其他地方的许多流行病学家认为无论花多大代价，都要坚持采取严格的社交距离措施，以抑制这种疾病。但在这样做的时候，流行病学家关注的是通常被称为可辨识的生命，即我们眼前看到的生命损失。这是对在短时间内失去大量生命的恐惧，而这类似于彩票的损失框架。面对大规模生命损失的前景，医疗专业人员愿意接受未来更大的概率性损失，而不是接受 Covid-19 造成的较小的确定损失。这与大概率事件的权重被低估有关。我们认为，"确定"的东西在我们的心中非常突出，所以，确定的损失更难被忽视。但是概率性损失就不那么明显了，特别是如果事件发生的概率很高时，只要它不等于 1，我们就会倾向于低估这个概率 ❶ 。

前景理论的第二个关键性组成部分是价值函数（value function），它是从一个参考点（reference point）[通常是现状（the status quo）]开始，被定义为财富或福利的变化，而不是像期望效用理论那样，被定义为最终财富水平的效用函数。该价值函数有三个关键特性。第一个关键特征是，我们相对于一个参考点来定义收益和损失。大多数时候，参考点只是最初的状态；例如，对于一个已经输了的赌徒来说，赌回本金可能就是他的参考点。参考点可能是预期的反向；一个人预期某只股票的回报率为 7%，如果只获得了 2% 的回报，他 / 她实际上可能认为这是 5 个点的损失，而不是 2% 的收益。

价值函数的第二个关键特征（有点类似于期望效用理论中的风险厌恶）是，在每个方向上，我们对收益和损失的感知的边际敏感性降低——连续的增量变化的边际影响越来越小。例如，当温度从 2℃ 上升到 6℃ 时，比当温度从 22℃ 上升到 26℃ 时，我们更容易区分 4℃ 的温度变化。

第三个也是最后一个特征是损失厌恶的现象：损失给人带来的感受似乎比收益更加显著。一个人失去一笔钱所带来的痛苦比获得同样数目的金钱所带来的快乐更大，对于这些变化的感受在前景理论下比在期望效用理论下更为强烈。损失厌恶也反映在这样一个事实上：人们更有可能去锁定确定的收益，而不是选择潜在的、更大的期望收益。但是，当涉及损失时，人们情愿放弃一个肯定的损失，而去接受一个潜在的、更大的期望损失。另一种说法是：从某个参考点（很可能是当前的财富或类似的现状）开始，人们在收益情况下是风险厌恶的，而在损失情况下是风险寻求的。他们更喜欢较小的确定性收益，而不是较大的概率性收益，这意味着在获益情况下，人们表现得好像其确定性等价小于当前的禀赋（endowment）。我们从之前的讨论中知道，这是风险厌恶的一个特征。另一方面，在损失的情况下，人们却选择较大的概率值而不是较小的确定值；他们表现得好像其确定性等价大于初始禀赋，而这是一个与风险寻求相关的特征。

图 4.7 显示了价值函数。"O"是参考点。价值函数的形状突出显示了上面讨论的特性。在参考点上有一个纽结，这表明对收益和损失的评估是不同的。从 O 到 A 的收益所产生的价值的增加（由 O-X 测量）远远小于由从 O 到 B 的损失所感受到的价值的损

---

❶ 我这样说，并不是在对什么是适当的反应坚持己见，因为各国之间的反应差别很大。应对措施的严格程度也主要取决于政策干预的时机。我只是强调我们讨论的一些材料具有明显和即时的政策应用性。我的观点是，Covid-19 肯定不是我们将面临的最后一次瘟疫大流行；这也不是我们最后一次在面临大规模生命损失的严峻威胁下被迫做出决定。不管你喜不喜欢，我们都生活在一个充满权衡的世界里。因此，当面对诸如大流行应对等困难的决策时，如果决策者考虑到可辨识的生命与统计的生命、大（小）概率被低估（高估）以及相关的损失厌恶现象的问题，他们将得到良好的决策依据。这几乎肯定会带来更多信息通畅的讨论和如人们所希望的、更好的政策。

失（由 $O$-$Y$ 测量）。或者，我们可以说，从 $O$ 到 $A$ 的收益所产生的价值的增加量（用 $O$-$X$ 测量），远远小于避免从 $B$ 到 $O$ 的类似损失所产生的价值的增加量（用 $O$-$Y$ 测量）。曲线在两个方向上都会变平，这意味着随着收益和损失越来越大，它们对收益或损失价值的影响就越来越小。

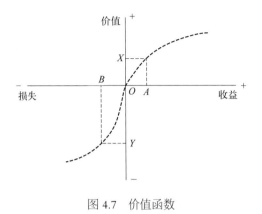

图 4.7　价值函数

**案例研究 4.5　技术性偏离**

本节中的大部分材料在数学上都是具有挑战性的，因此许多读者可以随意跳过下面内容，而不会在理解决策方面的价值函数上有什么损失。

如果我们用 $x$ 定义潜在收益（或损失）的大小，那么当 $x \geqslant 0$ 时（例如收益情境），价值函数的一种可能的形式是：$V(x) = |x|^{\alpha}$；当 $x < 0$ 时（例如损失情境），价值函数的形式为：$V(x) = -\lambda|x|^{\alpha}$，其中，$|x|$ 表示收益或损失的绝对大小，$\lambda > 1$，被称为损失厌恶系数（the coefficient of loss aversion），通常估计为 2.25～2.50。也就是说，损失是收益的两倍多。价值函数表现出递减的边际敏感性（这意味着曲线随着越来越大的收益和损失变得越来越平），这一事实具有显著的意义。这意味着价值函数在收益上是凹的（即人们在收益领域中会倾向于厌恶风险），但对于损失，它是凸的（人们会在涉及损失的赌博中寻求风险）。我们早前已经讨论了这一错综复杂的问题，我将不再进一步阐述。

让我们通过一个有数据的例子来强化这一思想。假设 Eva 的价值函数定义为：当 $x \geqslant 0$ 时，$V(x) = |x|^{0.8}$（收益情境），而当 $x < 0$ 时，$V(x) = -2|x|^{0.8}$（损失情境），其中，$|x|$ 是收益或损失的绝对值。Eva 会对抛硬币有什么感觉呢？如果硬币出现正面，她将赢得 600 美元，如果硬币出现反面，她将损失 500 美元。请注意，这个彩票的期望价值是正的，因为收益的数额（600 美元）大于损失的数额（500 美元），而且两者发生的可能性都是 1/2。为了简单起见，让我们假设 Eva 在计算期望效用

时使用了 1/2 的实际概率，而不是使用概率加权函数（如果我们使用概率加权函数，除了计算变得更加复杂以外，结论保持不变）。

如果 Eva 什么都不做，那她的效用是什么呢？在这种情况下，她既没有收益也没有损失，她的效用为零。但如果她同意抛硬币呢？有 1/2 的概率，她得到了 600 美元，在这种情况下，她的效用是 $600^{0.8}$；有 1/2 的概率，她损失了 500 美元，在这种情况下，她的效用是（-2）×$500^{0.8}$。在这种情况下，她的期望效用是什么呢？$U=1/2×600^{0.8}+1/2×（-2）×500^{0.8}=-60.81$。损失厌恶使这种有利的赌博失去了吸引力。

## 对阿莱悖论和其他矛盾行为的解释

现在风险态度有两个组成部分：概率加权函数和价值函数。这两个可能相互强化，也可能相互抵消。现在让我们回去再来看看阿莱悖论。回想一下 Allais 对他的被试提出了下述选项后，被试通常在第 1 对选项中选择 B 而不是 A，在第 2 对选项中选择 C 而不是 D。问题是，是什么解释了这种选择模式？现在我们可以更好地回答这个问题了。

第 1 对：你会选择 A 还是 B？

选项 A：有 0.10 的概率得 500 万美元，有 0.89 的概率得 100 万美元，有 0.01 的概率得 0 美元。

选项 B：有 1 的概率得 100 万美元。

第 2 对：你会选择 C 还是 D？

选项 C：有 0.10 的概率得 500 万美元，有 0.90 的概率得 0 美元。

选项 D：有 0.11 的概率得 100 万美元，有 0.89 的概率得 0 美元。

在选项 B 中，确定得到 100 万美元，这种"确定事件"太突出了，而在选项 A 中，0.89 概率得 100 万美元出现了加权不足，使得选项 A 相对于选项 B 缺乏吸引力。然而，在选项 C 和选项 D 中，概率 0.10 和 0.11 都被加权过度，使选项 C 变成相对更有吸引力的选项。

接下来，让我们看看共同比率效应，从第 1 对选项到第 2 对选项，所有的概率都乘以 1/4。我们再一次看到人们倾向于选择 B 而不是 A，选择 C 而不是 D。

第 1 对：

选项 A：80% 的概率得 4000 美元。

选项 B：100% 的概率（肯定）得 3000 美元。

第 2 对：

选项 C：20% 的概率得 4000 美元。

选项 D：25% 的概率得 3000 美元。

现在可以通过这样的事实来解释，即选项 B 提供了一个"确定"的东西，而选项 A 中的 0.8 概率出现了加权不足。但是在第 2 对选项中，这两个小概率都被加权过度了，因此使选项 C 比选项 D 更有吸引力。

最后，在游戏的例子中，我们看到人们是否做出大相径庭的选择，取决于他们是否已经赢得了 1000 美元，且面临进一步获利（肯定赢得 500 美元或 1/2 的机会赢得 1000 美元），或者他们已经赢得了 2000 美元，但现在面临损失（肯定损失 500 美元或 1/2 的概率损失 1000 美元）。在第一个例子中，1000 美元作为参考点（1000 美元是新的 0），超过此值的结果被视为收益。在第二个例子中，参考点是 2000 美元，低于此值的结果被视为损失。这是因为人们在收益中厌恶风险，在损失中寻求风险。在收益情境中，当期望价值相同时，他们更喜欢确定的结果而不是概率性结果，所以选择 500 美元的确定收益。在损失情境中，当期望价值相同时，人们更喜欢概率性结果而不是确定的结果，所以选择 1/2 的机会损失 1000 美元。

## 》》 我们如何应对损失

### 损失厌恶、心理账户和禀赋效应

在本节和下一节中，我将讨论前景理论中包含的思想，特别是损失厌恶的概念，如何适用于日常生活中大大小小的决策。我将在本节中讨论禀赋效应（endowment effect）。在下一节中，我将讨论过度自信（over-confidence）的问题。在这两种情况下，我将展示它们是如何与损失厌恶的思想相互作用的，以及它们可能的含义。请考虑以下两种情况。

情况 A：Sherry 为她的朋友 Bella 和她自己买了两张 80 美元的演出票。当她到达剧院时，她打开钱包，发现票不见了。售票处仍然售卖 80 美元的票。Sherry 应该再买两张票去看演出吗？

情况 B：Sherry 已经到达剧院，打算买两张演出票，每张要花 80 美元。Bella 应该在那里和她会合。当 Sherry 到达剧院的售票处时，她沮丧地发现，她本打算用来买票的 160 美元不见了，售票处仍然售卖 80 美元的票。Sherry 还带有一张信用卡。她应该用信用卡付款买两张票吗？

当被问及上述两种情况时，大多数被试对情况 A 说"不"，对情况 B 说"是"。为什么？答案与我们在此之前探索过的一些概念有关，其中包括：框架、心理账户（mental account）和沉没成本。票的价格已经沉没了，应该忽略。但是，正如 Richard Thaler 所指出的那样，我们将费用分配给不同的心理账户。似乎在我们的心中，"丢失的票"被记到一个"娱乐"账户上，现在已经"枯竭"了。因此，大多数被试在情境 A 中说"不"。但是，"额外的成本"来自一个"财富"账户，所以在情境 B 中，大多数被试说"是"。

现在让我们考虑一个不同的情况，也由 Richard Thaler 提供，并扩展了之前的观点。

场景 A：现在是 1998 年。迈克尔·乔丹和芝加哥公牛队即将进行最后一场总冠军赛。你真的很想得到一张去看比赛的门票。你愿意付多少钱？

场景 B：现在是 1998 年。迈克尔·乔丹和芝加哥公牛队即将进行最后一场总冠军赛。你有一张去看比赛的门票。你愿意卖多少钱？

Thaler 报告说，平均而言，没有票的被试表示，他们愿意支付 330 美元来买一张门票。对于那些假定有一张门票的人来说，当被问及他们愿意卖多少钱时，平均答案是1920 美元！

Kahneman、Jack Knetsch（来自西蒙弗雷泽大学）和 Thaler 将其称为禀赋效应。仅仅是拥有某物就会让我们觉得它更有价值，以至于我们为所拥有的物品（比如一瓶昂贵的葡萄酒）定下的售价要比我们愿意购买同样物品的价格要高得多。事实证明，禀赋效应不仅适用于我们长期拥有的有价值的物品或东西，甚至适用于我们在短时间内拥有的东西。Kahneman 和他的同事们把一群学生分成三组："买家""卖家"和"选择者"。"卖家"得到了带有大学徽标的马克杯，并被要求标价在 0.25 美元到 9.25 美元之间，加价幅度为 0.25 美元。"买家"没有杯子，他们被问及是否愿意以这些不同的价格从其中一个卖家那里买一个杯子。最后，"选择者"被问及，对于每一个价格点，他们是愿意拿杯子还是同等数量的钱。从本质上说，卖家被问的是他们的最低可接受价格（实价），而买家（和选择者）被问的是他们愿意支付的最高价格（出价）。

角色（和马克杯）是随机分配的，因此，我们期望出价和实价是相似的。然而，平均下来，卖家要价 7.12 美元，买家出价 2.87 美元，选择者的临界是 3.12 美元。所以，卖家标在他们刚刚得到的杯子上的价格，远远高于买家愿意支付的价格。这种行为背后的一个合理原因是损失厌恶。拥有杯子的事实改变了卖方的参考点，对他们来说，这就变成了要损失一些东西；而对买家来说，这是一种收益。我们前面已经看到，特定幅度的损失造成的价值损失远远大于同等幅度的收益产生的任何潜在价值收益。因此，有杯子的卖家要求一个更高的价格，以补偿他们因损失杯子而造成的巨大价值损失。

## 损失厌恶和过度自信

谈判（特别是那些关于法律纠纷或管理层和工会的谈判）经常失败，最终以有约束力的仲裁来结束。如果双方能达成和解通常会更好，因为仲裁在时间和金钱方面都是昂贵的。仲裁也是高度不确定的，因为不能保证仲裁员会接受两个最终报价中的哪一个。至少，谈判经常以僵局告终的部分原因是，谈判者经常过度自信。如果谈判陷入僵局，双方最终陷入有约束力的仲裁，通常仲裁员最终选择一个或另一个报价（即管理层报价或工会报价）。这意味着一个人有 50% 的机会成功。然而，双方的谈判代表都认为有 64.5% 的成功机会，这是不可能的，因为双方成功的机会加起来不能超过 100%。

成功的谈判背后的一个关键问题是，这个议题被看作收益还是损失。例如，假设工会和管理层正在就工资问题讨价还价。管理层愿意每小时支付 16 美元，而工会则要求每小时支付 20 美元，双方都同意每小时支付 18 美元。现在管理层比他们愿意支付的多支付了 2 美元，这对他们来说是一种损失吗？或者，考虑到他们每小时支付的价格比他们可能被迫支付的价格少了 2 美元，这是一种收益吗？将谈判框定为一种收益或一种损失，可能会影响谈判最终的成功。

影响谈判的两个关键因素是：①认识到过度自信；②看问题的视角。为了使谈判有机会成功，另一方要知道什么？这通常需要首席执行官（或高层领导者）确保他们的谈判团队中有一个人愿意扮演"魔鬼"的角色，而不是被"随声附和的人"所包围。

Margaret Neale 和 Max Bazerman 花了相当多的时间研究谈判。在其中一项研究中，学生参与者扮演了管理层谈判者的角色，而经验丰富的政府人员扮演了工会谈判者的角色。政府人员被告知，要根据管理层谈判代表做出的让步，使用预先确定的互惠规则。双方就一些问题进行谈判，包括工资、医疗计划、假期工资、带薪病假和夜班差异。Neale 和 Bazerman 假设：①以损失为框架的谈判代表比以收益为框架的谈判代表，在谈判过程中更少做出让步，谈判结果也更少成功；②那些对自己在最终报价仲裁中判断成功概率的准确性过于自信的人，会比那些对自己判断的准确性有现实的自信的人更少做出让步，也会有更少的成功结果。

在实际谈判开始之前，参与者要接受培训。培训旨在实现两个结果：第一，把他们置于一种"获得"或"失去"的心态中；第二，塑造更现实的预期。"损失"框架中的参与者被告知：任何超出被允许范围的让步都将给公司造成重大的经济损失。请记住，你的主要目标是尽量减少对公司的损失，这种损失的严重性怎么强调都是不过分的。"收益"框架中的参与者被告知：工会在他们当前立场上的任何让步都将为公司带来收益。请记住，你的主要目标是为公司最大化这些收益。怎么强调这些收益对公司的重要性都是不过分的。

此外，接受"现实自信"（realistic confidence）处理的参与者组被告知：谈判者往往过于自信，他们所预估的自己成功的概率比实际要高。接受"过度自信"处理的参与者组没有得到任何特殊的指示，其隐含的假设是，未接受任何无偏的信息将确保他们对自己的看法过度自信。然后，这就产生了一个 2×2 的实验设计，有四种不同的处理：收益框架和现实自信、收益框架和过度自信、损失框架和现实自信，以及损失框架和过度自信。Neale 和 Bazerman 的一个关键指标是有多少谈判以达成一致而告终。读者可能很容易就预测到结果。损失框架和过度自信处理组的参与者表现最差，仅在 36% 的案例中达成一致。在另一端，收益框架和现实自信处理组在近 83% 的案例中达成了协议。在损失框架和实际信心组中有 62% 的案例得到了成功解决，而在收益框架和过度自信处理组中 73% 的案例被成功解决。

过度自信的危险是普遍存在的。为了有效地进行计划，每个组织必须对不确定事件进行预测。组织是否擅长做出良好的预测呢？Itzhak Ben-David、John Graham 和 Campbell Harvey 认为不是这样的。他们分析了数千家公司的首席财务官多年来做出的 1 万多份预测。结果显示，实际的市场回报只有三分之一的时间落在这些高管估值的 80% 置信区间之内。Brad Barber 和 Terrance Odean 研究了投资中过度自信的影响。对于拥有适度财富的投资者来说，投资于指数基金或购买多元化证券投资组合并持有多年，可获得最佳的回报。在一项研究中，Barber 和 Odean 调查了 1991 年至 1996 年间，66465 个拥有经纪人投资账户的家庭。平均而言，投资者在任何一年都出售了他们 75% 的投资。投资者的平均收益为 16.4%，低于此期间的平均市场回报率 17.9%。12100 个交易额最高的账户的年收益率为 11.4%。Barber 和 Odean 还研究了 35000 个按性别分类的投资账户。女性比男性取得的业绩更好，因为她们不太容易受过度自信的影响。女性的账户资金周转率为 53%，而男性高达 77%。我们已经看到，过度买卖没有回报；交易额高的账户最终平均表现更差。因此，毫不奇怪，那些倾向于从事较大买卖交易量的男性，所获得的回报较低。

最后，这又是一个损失厌恶的例子。投资者通常倾向于卖出价格上涨的股票 / 共同基金，并继续持有那些价格下跌的基金。为什么是这样？这种差异可以通过损失厌恶和参考点来解释。我们在亏损时寻求风险，但在获益时厌恶风险。所以，我们倾向于卖出"获益者"来锁定确定性的收益，而不是等待潜在的、更大的概率性收益。但是，当涉及亏损时，我们倾向于放弃确定的损失，而选择"持有"，这可能会导致潜在的、更大的概率性损失。

## 结语

在本章中，我们讨论了当结果是概率性事件时，在决策中出现的问题。我们关注的是风险条件下的决策，其中风险被定义为各种结果的概率已知的情形，不确定性是指这些概率没有确定的情形。本章的开始部分提出了期望值的概念和期望效用理论。通过圣彼得堡悖论，我们看到，在计算不同概率结果的潜在回报时，人们的决策主要基于期望效用，而不是期望值。那些只基于期望值做出决定的人被称为风险中立者。但大多数人是风险厌恶的，因为他们的效用函数是凹函数，即函数曲线随着财富的增加而变平缓。这意味着，随着财富的增加，每增加一美元，所产生的额外效用会越来越少。我们定义了"确定性等价"和"风险溢价"的概念，事实表明，一般来说风险厌恶者倾向于选择一定数额的确定支付，只要这一定数额的确定支付等于或高于赌博的确定性等价就行。我们还讨论了相对罕见的风险爱好的个体，他们倾向于选择概率性回报而不是确定回报，他们在同样的赌博中所要求的确定性等价要远远高于风险厌恶的人。

在此之后，我们研究了期望效用理论所面临的挑战，首先是 Allais 的研究，然后是 Kahneman 和 Tversky 的前景理论。我们引入了概率加权函数向大家说明，一般而言，人们趋向于对小概率加权过度和对大概率加权不足（即高估小概率事件和低估大概率事件发生的可能性）。人们似乎也从最初的参考点开始评估结果为收益或损失，因而他们在收益或损失框架下表现出的行为也完全不同。一定数额的收益所导致的效用（或价值）增加值远远小于同等数额的损失所导致的效用（或价值）减少值。人们在获益时厌恶风险，这意味着他更喜欢确定收益，而不是潜在的、更大的概率性收益；但他们在亏损时却变得爱好风险，他们更喜欢选择较大的概率性损失，而不是较小的确定损失；这种现象被称为"损失厌恶"。然后，我们在这一章的结尾讨论了损失厌恶如何导致禀赋效应，以及它如何影响谈判或讨价还价等经济交易行为，尤其是如果再伴以过度自信的话。

# 5

# 概率性思维

在本章，我们将讨论：

- 相关关系与因果关系之间的差异；

- 省略变量偏差；

- 先验概率和后验概率；

- 贝叶斯思维和贝叶斯法则；

- 贝叶斯思维在法律和医疗决策中的应用；

- 合取谬误和析取谬误；

- 均数回归。

## >> 眼见不一定为实

在某个城市里有两家出租车公司：蓝色出租车公司和绿色出租车公司［这是在打车软件以及 GPS 导航（可以在任何时候精确定位汽车的位置）出现之前的情况］。绿色出租车公司要大得多，拥有该市 85% 的市场份额；蓝色出租车公司占了剩下的 15%。一天黄昏时分，一辆出租车发生了一起致命的肇事逃逸事故。有一个目击者，目击证人确信那是一辆蓝色的出租车。警察测试了目击证人判断的准确性，他们要求目击证人在相同的情况（即在同一时间和类似的光线）下识别和区分蓝色和绿色的出租车。证人有 80% 的情况正确地认出了蓝色出租车和绿色出租车，而在 20% 的情况下却做错了。警方认为 80% 的准确率相当高，他们确信目击者做出了正确的证词，并开始只关注蓝色出租车公司的司机。他们应该如此确定吗？我会很快回到这个问题，但现在，让我说点别的事。

我喜欢电影《十二怒汉》（*12 Angry Men*）。我看了很多遍，在教行为经济学的时候，我经常向我的学生展示这部电影。我放的是 1957 年的黑白版本，由 Henry Fonda、Martin Balsam、George C. Scott 和 Ed Begley Sr. 主演，而不是后来由 Jack Lemmon、James Gandolfini 和 Tony Danza 主演的翻拍版本。

故事情节是一名少年被指控杀害了他的父亲。影片一开始，法官将案件交给陪审团，陪审团转移到陪审团房间进行审议。在第一次投票中，12 名陪审员中有 11 名确信该男孩有罪，唯一还在坚持的是 8 号陪审员（Henry Fonda 饰）。他并没有说他确信这个男孩是无罪的，他只是想谈谈证据问题，而其他人则试图让他相信这个男孩是有罪的。除此之外，这部电影是系统 1 思维和系统 2 思维之间的拉锯之战。大多数陪审员都直觉地认为这个男孩是有罪的，并吃惊地发现 8 号陪审员对他们的确信并不认同。至少在一开始，8号陪审员是唯一一个似乎愿意保留其独立性而不愿随波逐流的人；退一步说，8号陪审员关心的是证据真正表明了什么，而不是依赖他认为什么是正确的直觉。电影中值得强调的另一个方面是概率的作用。当一名陪审员声称他确信有些事情发生了或没有发生时，8号陪审员问道："这有可能吗？"

在影片中，Henry Fonda 说，他想知道"一个走路时拖着一只脚的老人是否能在 15 秒内从卧室走到前门"。听到这里，3 号陪审员评论道："你说的是几秒钟的事情！没有人能这么准确。"Fonda 回答说："我认为能让一个男孩坐上死刑电椅的证词就应该是那么准确的。"

我如此喜欢这部电影的原因是它概括了本书中许多反复出现的主题：系统 1 思维和系统 2 思维；我们有意识和无意识的偏见；当结果是确定的或不确定的（确定性的或概率性的）时，我们的大脑如何做决定，以及情绪在这种决策过程中的作用。在影片的后期，Fonda 说：

> 要对这样的事情排除个人偏见总是很困难的。无论你在哪里遇到它，偏见总是掩盖了真相。我真的不知道真相是什么。我想没有人会真正知道。我们中有九个人现在似乎觉得被告是无辜的，但我们只是在赌概率——我们可能是错的。我们可能会让一个罪犯获得自由，我不知道。没有人真的能知道。但我们有一个理性的怀疑，这在我们的司法系统中是非常有价值的。除非确定，否则陪审团不能宣布一个人有罪。

"蓝色出租车与绿色出租车"的问题并没有出现在电影中，但出现了一些其他的概率事件。那个一瘸一拐的老人能及时走到前门，看到那个男孩跑下楼梯，跑出了大楼吗？当一辆电车呼啸着经过他的窗户时，他真的能听到那个男孩喊"我要杀了你"吗？一个没有戴眼镜的女人，能透过电车的窗户看到那个男孩刺向他的父亲吗？即便电车上没有乘客，车厢是暗的？我不会再说了。如果你看过这部电影❶，那么你会更好地理解这一章。

没人能确切知道。像往常一样，他们没有目击者。但是，随着 8 号陪审员不断重复质疑，这一切都与概率有关了——它是有可能的吗？它是非常容易发生的吗？它的可能性有多大？它是高概率事件还是低概率事件？事实证明，我们天生就不善于从机会的角度思考问题。当涉及概率时，我们的直觉常常会误导我们。使用 Kahneman 的 WYSIATI 范式，仔细观察和深入挖掘更加重要，因为当涉及概率时，事实通常比你所看到的更复杂。

---

❶ 《十二怒汉》（1957），Reginald Rose 的剧本，由 Sydney Lumet 导演，制片人是 Henry Fonda 和 Reginald Rose，由 Orion-Nova 发行。

## 相关性与因果关系

### 案例研究 5.1

为什么较贫穷国家（人均收入较低）的人口出生率高于较富裕国家（人均收入较高）的人口出生率？这至少在一定程度上是因为更富裕国家的人结婚时间更晚，这意味着他们在一生中开始生育孩子的时间较晚（因为即使是现在，大多数孩子都是已婚父母所生，而不是非婚生子女），而最终生的孩子也更少。看看新西兰，在1961 年，男性第一次结婚的平均年龄为 25 岁，女性为 22 岁，如图 5.1 所示。到2016 年，男性第一次结婚的年龄中位数为 32 岁，女性为 30 岁。大部分的变化发生在 2004 ～ 2005 年之前，此后一直保持稳定。其他发达国家的模式也与此类似。但即使是在同一个国家，随着收入水平的上升，出生率也会开始下降。而且，正如Hans、Ola Rösling 和 Rönnlund 在他们引人入胜的书《事实》（*Factfulness*）中指出的那样，不同宗教群体之间没有差异，同样的模式适用于所有国家。随着收入的增加，出生率会下降。

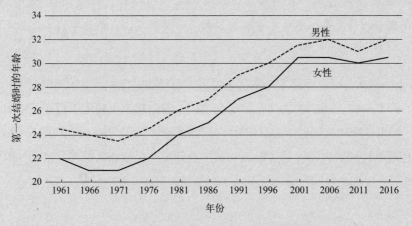

图 5.1　新西兰年轻人第一次结婚时的年龄

当我问我的学生为什么会这样时，一个常见的答案是采用避孕措施或缺乏避孕措施。这是不正确的，因为即使在较贫穷的国家，人们对避孕药具也有广泛的了解。这个谜题的答案很简单：机会成本（opportunity cost）。我之前定义了机会成本。其核心含义是，为了获得其他东西而放弃的活动 / 商品 / 服务的成本。所以，度假的成本可能是储蓄利息或减少抵押贷款。随着收入的增加，机会也越来越多，尤其是对女性来说是这样。同样，在世界各地的发达国家，某项特定工作所需的教育投入也有所增加。人们学习的时间更长，工作也更努力。现在，需要考虑的是在生孩子的成本与随之而来的女性工资收入损失之间进行权衡，而在女性的工作机会很少的情况下是不需要进行这种权衡的。对于女性来说，还有一个"生物钟"，这意味着女性生育孩子的时间是有限的。这反过来意味着，与早生孩子的妇女相比，晚生孩子的妇女（如在大多数工业化国家）最终生孩子的数量会更少。

所以，大多数人在理解因果关系的方向上是错误的。不是更多的婴儿导致贫困；相反，是贫困导致人们生了更多的孩子，因为生孩子的机会成本更低。

正如建立因果关系通常很棘手一样，人们也经常将有相关性误认为有因果关系。仅仅因为两件事一起发生，并不意味着一件事会导致另一件事。有时，这些相关性纯粹是巧合，经济学家称之为"虚假的"相关性。在另一些时候，两个变量之间的相关性是由第三个"被忽略"的变量引起的，它潜伏在背景中，不能立即被感知到。例如，冰激凌的摄入量和游泳池溺水事件往往呈正相关。这是否意味着一个孩子在吃完冰激凌后更有可能在游泳池里淹死？当然不是，需要注意的是这两种事件往往都会发生在夏天。在夏天，当天气变热时，我们会吃更多的冰激凌，也会更多地去游泳池。

我喜欢就《纽约时报》上的一个标题"快乐的孩子们做家务"来向学生们提问：这意味着什么？快乐会让孩子们在家做家务吗？还是说做家务能让孩子们开心？答案都不是。碰巧的是，在有些家庭中，可能是得益于合理的育儿方式，孩子更快乐，也参与做家务。这里省略掉的变量是这些家庭的特性或养育孩子的方式，或两者都有。

让我们考虑一个更复杂的与政策相关的主题。失业对健康有利还是有害？一般来说，大多数经济学家认为失业是糟糕的，除了对谋生能力的直接影响外，失业还有其他附带的不利影响，如失去自尊或失去自我价值感。事实上，据估算，失业率的上升会导致平均预期寿命的降低。然而，人们也普遍发现，当失业率上升时，死亡率就会下降。这两者怎么可能都是真的呢？

答案在于，上述第二个发现是在整体经济层面上得出的。如果你从整体经济来看，当失业率上升时，死亡率就会下降。但这很可能是由第三个被忽略的因素造成的。卫生经济学家提供的一个可能答案是：在经济繁荣时期，工作很容易找到，老年人就很难得到良好的照顾。这意味着，在低失业率时期，老年人的死亡率会上升。但是，在经济衰退期间，当失业率很高，更难以找到工作岗位时，就更容易找到照顾老年人的护理人员，从而导致护理质量的提高，进而导致死亡率的下降。但这里要认识到的关键是，我们谈论的是两件不同事情的一致性：年轻人的失业率上升导致老年人的死亡率下降，是因为更好的护理；同样，年轻人就业机会增多意味着老年人护理质量下降，导致就业率较高时老年人死亡率上升。

## 概率往往难以估计

在第 3 章中，我谈到了 Kahneman 对美国 3141 个县的肾癌发病率的讨论。肾癌发病率最低的县大多是农村地区，人口稀少，位于中西部、南部和西部传统上的共和党州。但是，肾癌发病率最高的县也大多是农村地区，人口稀少，并且位于中西部、南部和西部传统上的共和党州。

这两种说法怎么可能都是正确的呢？我们发现，答案在于所观察样本数量少：农村县人口少，人口少更有可能产生极端结果。正如 Kahneman 所指出的：

农村各县"人口稀少"（因此导致了少量的观察结果），这一事实并没有立即出现在系统 1 思维中。我们实际上必须耗费脑力才能看到以下两种陈述意味着完全相同的东西：①大样本比小样本更精确；②小样本比大样本更容易产生极端的结果。

让我再举两个例子，这些材料是从 Kahneman 的研究中提取出来的（其中大部分是由他的长期合作者 Amos Tversky 完成的）。

假设在奥克兰大学，40% 的学生学习艺术，15% 学习医学，15% 学习商业和经济学，15% 学习工程，2% 学习计算机科学。剩下的学习其他学科。以奥克兰大学的一名学生 Tom 为例，他的特点如下所述。

Tom 智商很高，但缺乏真正的创造力。他喜好秩序清晰的事物和井井有条的系统，在这个系统中每一个细节都有其特定的位置。他的写作枯燥乏味且机械死板，但偶尔会有一些过时的双关语和科幻想象力的闪现，使作品活跃起来。他有强烈的提升自己能力的动力。他似乎对别人没有什么感觉和同情心，也不喜欢与他人互动。尽管以自我为中心，但他还是有一种深刻的道德意识。

我们要问的问题是：Tom 在奥克兰大学是学什么的？在你继续往下阅读之前，你可能想再一次尝试一下这个思维实验。你认为 Tom 是学什么的？当被问及这个问题时，绝大多数人都说 Tom 在学习计算机科学。

这很可能不是真的。为什么呢？因为你已经被告知有 40% 的学生（相对多数）在学习艺术。因此，在没有任何进一步信息的情况下，你应该假设任何被随机挑选的学生相对于其他科目来说更有可能在学习艺术。现在，看看描述 Tom 的那一段话，它真的能告诉你许多关于 Tom 专业学习的事吗？如果每 100 名学生中有 40 人学习艺术，他们中肯定有一些人会写出枯燥和死板的东西，并对提高能力有强烈的动力。Kahneman 称之为代表性偏差（representativeness bias）。当我们读到像"井井有条的系统""写作枯燥乏味且机械死板""科幻想象力的闪现""强烈的提升自己能力的动力"这样的词语，我们的系统 1 思维立即开始尖叫"计算机科学",而忽略了 100 名学生中只有 2 名符合这个标签的事实,计算机科学专业的学生很少。

让我们再来看看下一个例子。下面,我将提供一个对 Linda 的描述。然后你需要选择一个你认为最有可能描述 Linda 的句子。如果你在继续阅读之前尝试一下,你会再一次发现这是个更有趣的例子。

Linda 今年 31 岁,单身,直言不讳,非常聪明。她主修哲学。作为一名学生,她非常关注歧视和社会正义问题,并参加了反核示威活动。

下面的哪句话最能描述 Linda?

Linda 是一名银行职员。

Linda 是一名保险销售人员。

Linda 是一名银行职员,她积极参与女权主义运动。

"Linda 是一名银行职员,她积极参与女权主义运动。"这是最常见的反应吗?但这怎么可能是对的呢?在这些银行职员中,既有女权主义者,又有非女权主义者。Linda 是银行职员的概率是两个不同的概率之和,即 Linda 是女权主义的银行职员的概率,再加上 Linda 是非女权主义的银行职员的概率!这意味着,Linda 是一名银行职员的概率,必然大于或等于 Linda 是一名女权主义的银行职员的概率。如果没有非女权主义的银行职员,这两种概率是相等的。但是 Linda 是一个女权主义的银行职员的概率不能大于 Linda 是一个银行职员的概率。Kahneman 称之为连词谬误(conjunction fallacy),它的意思是一个事件子集的概率不能大于事件本身的概率。例如,如果说"以'ing'结尾 7 个字母的单词集"大于"以'n'为第 6 个字母的 7 个字母的单词集",这就是一种连词谬误。这是因为每个以"ing"结尾的 7 个字母的单词都有"n"作为第 6 个字母! ❶

### 在陪审团决策的问题上,我们再谈远一点

让你们等了很久,是时候回到我在本章开始时讲到的蓝色出租车和绿色出租车问题了。而事实上,我又得再兜个圈子了,很抱歉,但我希望这次等待是值得的。首先,我们来玩一个游戏,看看图 5.2。Isha 有两个盒子:A 和 B。盒子 A 中有 2 个红球和 1 个蓝球。盒子 B 中有 1 个红球和 2 个蓝球。Isha 掷出了一个骰子。如果 1、2 或 3 出现,她会选择盒子 A;如果 4、5 或 6 出现,她就会选择盒子 B。所以,每个盒子都有 1/2 的机会被选中。一旦她挑选了一个盒子,她就会伸手到盒子里面,从三个球中随机选

---

❶ 例如,"forcing"和"porcine"都是 7 个字母的单词,并且都有"n"作为第 6 个字母,但"porcine"并不以"ing"结尾。

择一个。然后她把球拿出来给你看，你需要猜猜球来自哪个盒子。

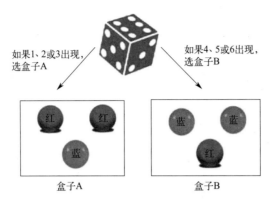

图 5.2　红球 - 蓝球例子

假设 Isha 抽出的球是红色的。红球来自盒子 A 的机会有多大？我的学生们得出的一个惊人的普遍答案是 1/3。为什么？因为 A 被选中的概率是 1/2，从 A 中抽到红球的概率是 2/3，所以 1/2×2/3=1/3。但这是不对的！因为这就意味着红球会有 2/3 的概率是来自盒子 B。在最坏的情况下，因为有 6 个球，3 个红色和 3 个蓝色，得到一个红球的概率至少是 1/2。在没有任何额外信息的情况下，抽出一个红球的概率被称为先验概率（prior probability）。每个盒子都有 1/2 的机会被选中。所以，在一开始，在任何事情发生之前，得到红球的机会和得到蓝球是一样的——1/2。然而，一个球被选中并展示给你，以及这个球是红色的事实给你传达了额外的信息。我们大多数人都倾向于忽略这些额外的信息。

这就是 Monty Hall 的著名游戏节目"让我们达成交易"（Let's Make a Deal）的选手们所要做的。Monty 向参赛者展示三扇门。一扇门后面是大奖，而另外两扇门后面是"zonk"，即毫无价值的东西。参赛者必须选一扇门。一旦参赛者选好了一扇门（比如 1 号门），Monty 就会打开另外两扇门中的一扇，露出门后无价值的东西。假设 Monty 打开了 2 号门，然后他会问选手，他/她是想继续留在 1 号门上，还是换到 3 号门上。绝大多数的参赛者决定坚持他们最初的选择，而忽略了 Monty 选择打开其中一扇门时，会附带有意义的信息这样的事实。

一开始，大奖出现在三扇门后面的概率是 1/3。所以，如果一个参赛者选择了 1 号门，那么他/她就有 1/3 的概率赢得大奖。这意味着有 2/3 的可能性大奖在 2 号门或 3 号门后面。当 Monty 透露在 2 号门后面是无价值的东西时，这一定意味着大奖出现在 3 号门后面的概率已经从 1/3 增加到了 2/3。这反过来也意味着，平均而言，如果总是选择转换，会变得更加有利于选手获奖。不相信吗？假设有 100 扇门。你已经选择了 1 号门。Monty 现在可以逐个打开另外 98 扇门，即从 2 号到 36 号和从 38 号到 100 号，只有 1 号门和 37 号门未打开。你会坚持选择 1 号门还是会换到 37 号门？这里重要的一点是，Monty 可以决定打开哪扇门。Monty 没有打开 37 号门的事实传达了有意义的信息。你应该立即转换到 37 号门。这可能不一定对你有效，但经过多次试验，那些转换的人总是比那些不转换的人做得更好。

那么，前面的那个红球问题呢？为了理解这个问题的答案，我们需要考虑一种叫作条件概率（conditional probability）的东西：在假定（given）其他事情发生的条件下，这件事情发生的概率。在这种情况下，假定被抽出的是一个红球，我们需要知道它来自盒子 A 的概率。从本质上说，有两件事情必须发生。首先，需要选择盒子 A。接下来，假定盒子 A 已经被选择，Isha 需要从盒子 A 中选择一个红色的球。这意味着我们需要知道它是一个红球并从盒子 A 中被抽取的概率；或者换一种说法，它是一个红色的球，并且是从盒子 A 中来的——在假定红球被抽到的情况下。在这里，"假定"这个词是"除以"的意思。

所以，我们需要的概率 $Pr$（假定它是一个红球，是从盒子 A 中抽取的），它通常被写成 $Pr$（盒子 A | 红球）。更正式一些，$Pr$（盒子 A | 红球）$=Pr$（盒子 A & 红球）$/$ $Pr$（红球）。等式转换一下，可以写为 $Pr$（盒子 A & 红球）$=Pr$（盒子 A | 红球）$\times$ $Pr$（红球）。但是，$Pr$（盒子 A & 红球）必定与 $Pr$（红球 & 盒子 A）相同。并且，在这种情况下，采用前面类似的说法，$Pr$（红球 & 盒子 A）$=Pr$（红球 | 盒子 A）$\times Pr$（盒子 A）。反过来，这也意味着 $Pr$（盒子 A | 红球）$\times Pr$（红球）$=Pr$（红球 | 盒子 A）$\times$ $Pr$（盒子 A）$=Pr$（盒子 A & 红球）$=Pr$（红球 & 盒子 A）❶。

我们需要知道的是抽出一个来自盒子 A 的红球的概率，即 $Pr$（盒子 A & 红球）。然后我们需要用它除以 $Pr$（红球），也就是说，以选择一个红球开始的概率。我们刚刚展示了 $Pr$（盒子 A & 红球）$=Pr$（红球 | 盒子 A）$\times Pr$（盒子 A）。在 A 盒子被选中后得到红球的机会是 2/3（因为 A 盒子包含 2 个红球和 1 个蓝球），Isha 选择 A 盒的机会是 1/2，这意味着 $Pr$（盒子 A & 红球）$=2/3\times1/2=2/6=1/3$。

但我们还没有结束。记住，我们需要 $Pr$（盒子 A | 红球）。我们说这等于 $Pr$（盒子 A & 红球）$/Pr$（红球）。我们刚刚找到了分子的值为 1/3，现在需要分母。得到红球的机会是多少？如果你仔细想想，Isha 有两种方法可以得到一个红球。她本可以选择盒子 A，然后从那个盒子里抽出红球。我们已经找到了这个概率是 1/3。但还有第二种方式可以让 Isha 抽出一个红球。她可以选择盒子 B，然后从中抽出一个红球，也就是 $Pr$（盒子 B & 红球），此概率必定等于 $Pr$（红球 | 盒子 B）$\times Pr$（盒子 B）。从盒子 B 中选择一个红球的概率是 1/3，选择盒子 B 的概率是 1/2，$Pr$（红球 | 盒子 B）$\times Pr$（B）$=1/3\times1/2=1/6$。

---

❶　一般来说，如果 A 和 B 是两种结果，则 $Pr$（A|B）$=Pr$（A & B）$/Pr$（B）。这意味着（通过转换），$Pr$（A & B）$=Pr$（A|B）$\times Pr$（B）。但是 $Pr$（A & B）和 $Pr$（B & A）是完全一样的。我们可以将 $Pr$（B & A）写成 $Pr$（B|A）$\times$ $Pr$（A）。这反过来又意味着 $Pr$（A & B）$=Pr$（B & A）$=Pr$（B|A）$\times Pr$（A）$=Pr$（A|B）$\times Pr$（B）。

现在，我们可以这样说：

$$Pr(盒子 A|红球) = \frac{Pr(盒子 A \& 红球)}{Pr(红球)}$$

$$Pr(盒子 A|红球) = \frac{Pr(红球|盒子 A) \times Pr(盒子 A)}{Pr(红球|盒子 A) \times Pr(盒子 A) + Pr(红球|盒子 B) \times Pr(盒子 B)}$$

$$Pr(盒子 A|红球) = \frac{\frac{2}{3} \times \frac{1}{2}}{\frac{2}{3} \times \frac{1}{2} + \frac{1}{3} \times \frac{1}{2}} = \frac{\frac{2}{6}}{\frac{2}{6} + \frac{1}{6}} = \frac{2}{3}$$

假定 6 个球中有 3 个是红色的，我们抽取一个红球的先验概率（在我们有任何额外信息之前的概率）是 1/2。但是，现在 Isha 已经向我们展示了一个红球，我们需要更新先验概率，得到一个后验概率（posterior probability），现在这个概率更高，为 2/3。上面的公式起源于 Thomas Bayes，通常被称为贝叶斯法则（Baye's Rule）❶。

这里还有另一个例子可以帮助你记住这个思想。相信我，当你看到这些实际应用并理解它们的含义时，所受的这些痛苦是值得的。假设我们对结果 D 的概率感兴趣，并且 D 可以通过两种方式生成：通过 A 或通过 B。然后，我们可以写成：$Pr(D) = Pr(A \& D) + Pr(B \& D) = Pr(D|A) \times Pr(A) + Pr(D|B) \times Pr(B)$。假设你有一家生产板球的工厂，有两台机器生产库卡布拉（kookaburra）球：一台是新机器（A），另一台是旧机器（B）❷。机器 A 每天生产 80 个球，而机器 B 每天生产 20 个。机器 A 生产出的球中有 1% 是次品，机器 B 的次品率是 2%。如果随机选择一个库卡布拉球，它是次品的概率是多少？

由于机器 A 生产 80%（0.8）的球，机器 A 生产出次品的概率为 0.01，球是次品且由机器 A 生产的概率为 0.008。由于机器 B 生产 20%（0.2）的球，机器 B 生产出次品的概率为 0.02，球是次品且由机器 B 生产的概率为 0.004。因此，得到一个次品球的总概率是 0.008+0.004=0.012。那么，如果我们知道一个球是次品，那么它来自机器 A 的机会又有多大呢？ 0.008/0.012=2/3。如果我们知道一个球是次品，那么这个球来自机器 B 的概率是 0.004/0.012=1/3。

我们可以用一种不同的方式来论证这一点，请允许我们利用尊敬的贝叶斯先生所提供的定理。来自机器 A 的球是次品的概率为 1% 或 $Pr(D|A) = 0.01$。来自 B 机器的球

---

❶ Thomas Bayes（1701～1761），英国统计学家、哲学家和长老会牧师。Bayes 从未发表过这个规则或定理，它在他死后由英国道德哲学家和数学家 Richard Price（1723～1791）发表。Price 成年后的大部分时间都是纽灵顿格林一神教会的牧师，也是英国皇家学会的会员。

❷ Kookaburra 是一种澳大利亚鸟，它的叫声听起来就像有人在笑。更直接的是，每个板球迷都知道 Kookaburra 是一家生产板球的公司。该公司还生产场地曲棍球（对美国以外的人来说，就是曲棍球）。

是次品的概率为 2% 或 $Pr(D|B)=0.02$。一个球是由机器 A 生产的概率是 $Pr(A)=0.8$，而 $Pr(B)=0.2$。把这些数字代入到我们之前写的方程式中：

$$Pr(D)=Pr(D|A)\times Pr(A)+Pr(D|B)\times Pr(B)=0.01\times 0.8+0.02\times 0.2=0.012$$

假设一个球是随机挑选的，结果证明它是次品。此球来自机器 B 的可能性有多大？也就是求 $Pr(B|D)$，我们需要找到什么？对于分子，我们需要找到 $Pr(B \& D)$。对于分母，我们需要找到出现次品的两条途径。

$$Pr(B|D)=\frac{Pr(B \& D)}{Pr(D)}=\frac{Pr(D|B)\times Pr(B)}{Pr(D|A)\times Pr(A)+Pr(D|B)\times Pr(B)}$$

$$=\frac{0.02\times 0.2}{0.01\times 0.8+0.02\times 0.2}=\frac{0.004}{0.012}=\frac{1}{3}$$

所以，我们得到的答案和以前一样。

### 回到陪审团的决策问题

现在，也是最后，让我们回到陪审团房间吧。你已经听到了证据，周围的每个人都相信目击者和警察是正确的。他们说，你肯定不能相信其他的看法。在 80% 的案件中，目击者都是对的！这是一个非常高的可能性，并使其他人相信，没有理由怀疑目击者的准确性。但你现在已经上了一门行为决策的课程，你知道 WYSIATI 和基础概率。你知道，情况不一定是"你所看到的就是全部"，有时候，事情没那么简单。你可能还记得第三章中中国的例子：富人所占的比例可能会较小，但却会有更多的人数，即使是这么小的比例也能产生很大的数目。同样，你在想，目击者认为她看到了一辆蓝色的出租车，但是这个城市有那么多绿色的出租车，这是黄昏，光线不太好，似乎很容易混淆这两种颜色。

所以，你要了一些纸和一支笔，然后你开始写下来。你需要确信你有这个权利去尝试说服其他人，而他们绝对认为目击者的证词是正确无疑的。这个城市里 85% 的出租车都是绿色的，15% 是蓝色的；这意味着 $Pr(绿出租)=0.85$，$Pr(蓝出租)=0.15$。在 80% 的案例下，目击者在同样的条件中正确地识别出了出租车的颜色。所以，$Pr($出租车被识别为蓝色，而它的确是蓝色$)=0.8$。然而，目击者并不是 100% 正确的。在 20% 的案例中他们做出了错误的判断。这意味着 $Pr($出租车被识别为蓝色，而它却是绿色的$)=0.2$。

那么，当出租车被识别为蓝色时，它的确是蓝色的实际概率是多少呢？和以前一样，我们需要知道两个东西。我们需要知道出租车的确是蓝色的，并被识别为蓝色的概率，作为分子。在分母中，我们需要知道出租车被识别为蓝色的所有方式的概率。在这里，出租车可以通过两种方式被识别为蓝色：正确地被识别（当它真的是蓝色时，它被识别为蓝色）和错误地被识别 [当它是绿色时，它被识别为蓝色；这种情况被称为

假阳性（false positive）]。由此可得

$$Pr（出租车是蓝色 | 出租车被识别为蓝色）$$

$$= \frac{Pr（出租车是蓝色 \& 出租车被识别为蓝色）}{Pr（出租车被识别为蓝色）}$$

$$= \frac{Pr（出租车被识别为蓝色 | 出租车是蓝色）\times Pr（出租车是蓝色）}{\begin{array}{l}Pr（出租车被识别为蓝色 | 出租车是蓝色）\times Pr（出租车是蓝色）+\\Pr（出租车被识别为蓝色 | 出租车是绿色）\times Pr（出租车是绿色）\end{array}}$$

$$= \frac{0.8 \times 0.15}{0.8 \times 0.15 + 0.2 \times 0.85} = \frac{0.12}{0.12 + 0.17} = \frac{0.12}{0.29} = 0.414$$

这意味着当出租车被识别为蓝色时，它真的是蓝色的实际概率约为 41.4%；它不仅远低于 80%，还小于 50%！出租车真的是蓝色的可能性不到一半。

现在，你更加困难的工作是向陪审团的其他成员解释这一切，他们当然没有心情听你啰唆关于概率的废话，也不在乎你的行为经济学老师教了你什么。如果你真的想知道如何表达你的观点，那就看这部电影吧。它为如何谈判、如何说服那些坚决反对你的人（他们确信自己是对的，而你是错的）提供了很好的经验教训。

很有可能，你将无法向你的同事解释贝叶斯法则。如果你试一下，你会发现大家目光呆滞，充满敌意地看着你。所以，这里有一个更简单的办法来解释。此时你会想，如果有一个简单的方法来解释这个问题，那么为什么我要让你们遭受这些数学的折磨呢？原因是只有你理解了困难的方法，简单的方法才会简单。你只需要对陪审团的其他成员说如下的话：

你看，假设这个城市有 1000 辆出租车。其中 850 辆是绿色的，150 辆是蓝色的。如果目击者在 80% 的情况下识别是正确的，这意味着目击者将正确地识别出 150 辆蓝色出租车中的 120 辆。但是，如果目击者有 20% 的概率犯错误，会将 20% 的绿色出租车识别为蓝色出租车，这意味着将有 170 辆绿色出租车被错误地识别为蓝色出租车。这意味着有更多的绿色出租车被错误地识别为蓝色出租车，比被正确识别为蓝色的出租车还要多。有没有可能目击者弄错了呢？

请注意，如果你在这里计算目击者的正确率，你仍然会得到相同的结果。有 120 辆出租车被识别为蓝色，而它们的确是蓝色的。但还有 170 辆出租车被识别为蓝色，而它们实际上是绿色的。这意味着总共有 290 辆（120 辆 +170 辆）出租车被识别为蓝色。那么，目击者是正确的概率有多大呢？它是 120/290 ≈ 41%。如果你能保持冷静，就像《十二怒汉》中的 Henry Fonda 那样，然后简单地说："这有可能吗？"陪审团的一个或多个成员最终会理解你的观点。

# Michael Bloomberg 的拦截搜身政策

在 2020 年美国总统大选前夕，纽约市前市长 Michael Bloomberg 正在角逐民主党总统候选人提名。他因大幅扩大该市的"拦截搜身"（stop and frisk）政策而受到强烈批评。他部署在非裔美国人社区工作的警察，向年轻的非裔美国人搜身，寻找毒品和武器。Bloomberg 认为这样做将减少犯罪，并于 2015 年在阿斯彭研究所的一次演讲中公开声明：

*95% 的谋杀犯、凶手和谋杀案受害者都符合一个特征。你们可以把对这个特征的描述复印分发给所有的警察。他们是 15 ～ 25 岁的少数族裔男性。*

但这种说法并没有多大意义，其原因也隐藏在 Bloomberg 的话语中。被拦下搜身的人是少数族裔。所以，除非你准备争辩说每个非裔美国人都有犯罪倾向，而没有一个欧裔美国人有犯罪倾向，否则这项政策说明不了任何问题。即使在非裔美国人中的犯罪比例较高，而在欧裔美国人中的犯罪比例较低，但前者的人数太少，而后者的人数太多。所以，即使欧裔美国人的犯罪概率更低，但事实上如果目标是让毒品和枪支从街上消失的话，也应该拦截搜身和非裔美国人一样多（甚至比非裔美国人更多）的欧裔美国人，因为他们的人数实在是太多了。还记得中国富人的例子吧：在中国富人的比例可能较低，但总人数却是非常多的。

在 2019 年底和 2020 年初的初选中，Bloomberg 否认了他之前的言论并道歉。当时的纽约市巡警慈善协会主席 Patrick Lynch 发表了一份声明，称道歉太轻，也太迟了。Lynch 表示，如果 Bloomberg 听听街上警察的话，他本可以省去麻烦 ❶。

## Indira，一位成熟的母亲

Indira 是一个聪明和有成就的专业人士，拥有高级学位。但是，在这个过程中，她真的没有时间去生孩子。记住，我在这章的开头说过，在西方世界里，我们学习的时间更长，结婚也较晚。这意味着我们会在较大的年龄才要孩子。Indira 现在 35 岁了，正怀着她的第一个孩子。她担心她的孩子可能患有唐氏综合征，这种疾病在年长母亲所生的婴儿中更为常见 ❷，这并不意味着年轻的母亲不会生下患有这种综合征的婴儿，

---

❶ 出自报道《"太轻，太迟了"：警察工会主席抨击 Bloomberg 的"拦截搜查"道歉》（2019-11-17）。

❷ 唐氏综合征也被称为 21 三体综合征。这是一种由 21 号染色体的全部或部分存在第三次复制而引起的遗传疾病。唐氏综合征通常与身体发育迟缓、轻度至中度智力残疾和典型的面部特征有关。唐氏综合征患者的智商通常比同龄人低得多，预期寿命也更短。这种疾病还没有治愈的方法。年长母亲所生的婴儿尤其容易患上唐氏综合征。

这仅仅意味着随着女性年龄的增长，她生的孩子患有唐氏综合征的概率会迅速增加。例如，一位 25 岁的母亲生育的婴儿患有该综合征的概率是 1/1300，对于一个 30 岁的母亲来说，这一概率增加到 1/1000，35 岁时为 1/365，40 岁时为 1/90。

通常情况下，进行唐氏综合征筛查的第一步是进行胎儿颈后透明层厚度检查。这是一种超声波技术，通常在怀孕约 10 周时进行。它被设计用来测量婴儿颈部后面液体积聚的厚度。高于正常厚度可能是唐氏综合征的早期迹象。一种更可靠的筛查方法是母亲血清检测，大约可以在同一时间进行（怀孕 11 ~ 13 周）。可以进行羊膜腔穿刺术，以明确是否存在染色体异常。但这是一种侵入性的检查，需要将针插入子宫，取出羊水进行测试。在进行羊膜腔穿刺术时，流产的概率很小。很多准妈妈最终止于血清检测，她们要看看检查结果显示的孩子患唐氏综合征概率是多少，然后决定是继续妊娠还是在那时终止妊娠。

Indira 刚刚接到产科医生的电话，告诉她她的血清检测呈阳性。这意味着她未出生的孩子可能患有唐氏综合征。自然，她很担心。她问医生，这个检测准确率有多高，医生告诉她，在 90% 的情况下，这个检测是准确的。这意味着如果 100 位怀有唐氏综合征胎儿的母亲做了这个检测，那么检测正确预测婴儿唐氏综合征 90 例（这通常被称为真阳性），在剩下的 10 例中，检测将无法预测唐氏综合征的存在（假阴性；这个胎儿患有这种综合征，但没有被检测出来）。Indira 也被告知了更多的信息，她知道大多数检测都不是绝对可靠的，也有可能出现假阳性，这意味着检测结果提示婴儿患有唐氏综合征，实际上婴儿没有。Indira 发现有 5% 的概率是假阳性，这意味着每 100 位母亲中就有 5 位被告知她们的孩子患有唐氏综合征，即使她们没有。我们的问题是要弄清楚 Indira 的孩子有唐氏综合征的概率有多大。记住，和生活中的大多数事情一样，很少有确定性的事件；我们所要依赖的只是概率。某种疾病的病死率有多高？是 0.1% 还是 1%？这些因素对制定政策有完全不同的影响。

在我们进入数学计算之前，让我们写下一些数字。一位 35 岁的母亲生下有唐氏综合征婴儿的概率是 1/365，或 0.00274。因为这不是一个容易处理的数字，我要假设先验概率是 1/100，或 0.01，这将使计算更容易一些。90% 案例的母亲血清检测是准确的。这意味着该检测正确预测了 100 例中 90 例该综合征的存在（真阳性），但在 100 例中还有 10 例该综合征的存在却没有被显示（假阴性）。该检测还导致 5% 的案例出现假阳性。这意味着，在参加该检测的 100 名母亲中，有 5 位母亲的测试结果被错误地显示存在唐氏综合征（假阳性），有 95 例被准确地预测了婴儿没有唐氏综合征（真阴性）。也就是说，如果我们对 1000 名 35 岁的母亲进行血清检测，其中 1% 的母亲（即 10 位母亲）怀有患唐氏综合征的胎儿，990 位母亲未怀有患唐氏综合征的孩子。在 10 位怀有患唐氏综合征胎儿的母亲中，有 9 位将被正确识别。当然，有一位母亲会得到"假阴性"——她会得到阴性结果，即便她的孩子很可能患有唐氏综合征，这也是一个问题。但是，考虑到 5% 的"假阳性"概率，在 990 位没有患唐氏综合征的婴儿的母亲中，5% 的概率或大约有 50（实际的数字是 49.5）位将得到一个阳性的检测结果，其他 940 位检测结果的阴性是"真阴性"。表 5.1 详细说明了这一情况。

表 5.1　检测结果明细

| | 唐氏综合征婴儿 | 非唐氏综合征婴儿 | 总数 |
| --- | --- | --- | --- |
| 检测阳性 | 9（真阳性） | 50（假阳性） | 59 |
| 检测阴性 | 1（假阴性） | 940（真阴性） | 941 |
| 总数 | 10 | 990 | 1000 |

幸运的是，Indira 很清楚贝叶斯法则。她现在知道，有 59 位母亲的血液检测结果呈阳性。但其中，只有 9 人的孩子患有唐氏综合征。所以，Indira 的孩子患有唐氏综合征的概率是 9/59=0.15，或者大约是 15%。这比之前的数字要高得多，后者是百分之一，即 1%。所以，Indira 生孩子患有唐氏综合征的概率急剧上升，上升了 15 倍，但肯定不是 90%。记住，这个简单的数值例子是用先验概率为 1/100 计算出来的，这将对实际的计算产生很大的影响。如果我们使用实际的 1/365 的先验概率，这大约是我们虚构的先验概率 1/100 的 1/4，那么后验概率也会下降大约 1/4。

那么，为什么我们现在不回去处理实际的数字呢？我们要算出 Indira 的孩子患有唐氏综合征（DS）的可能性，即便她的检测结果呈阳性。概率是这样给出的：

$$Pr（患\,DS|\,检测阳性）=\frac{Pr（患\,DS\,\&\,检测阳性）}{Pr（检测阳性）}$$

我们还知道什么？我们知道患唐氏综合征的先验概率是 1/365，所以 $Pr$（患 DS）=1/365=0.00274，这反过来又意味着婴儿没有患唐氏综合征的先验概率是 0.9973，即 $Pr$（无 DS）=0.9973。我们也知道，如果患唐氏综合征，得到检测阳性的概率是 90%，即 $Pr$（检测阳性 | 患 DS）=0.9；最后，$Pr$（检测阳性 | 无 DS）=0.05。

对于分子，我们知道：

$$Pr（患\,DS\,\&\,检测阳性）=Pr（检测阳性\,|\,患\,DS）×Pr（患\,DS）=0.9×0.00274$$
$$=0.002466$$

请记住，检测阳性可能是真阳性也可能是假阳性。所以，对于上面等式的分母，我们可以写作：

$$Pr（检测阳性）=Pr（检测阳性\,|\,患\,DS）×Pr（患\,DS）+Pr（检测阳性\,|\,无\,DS）×$$
$$Pr（无\,DS）$$

$$=0.9×0.00274+0.05×0.9973=0.002466+0.04987=0.0523$$

考虑到 Indira 的血清检测呈阳性，婴儿患 DS 的概率是多少呢？

$$Pr(\text{患 DS}|\text{检测阳性}) = \frac{Pr(\text{患 DS \& 检测阳性})}{Pr(\text{检测阳性})} = \frac{0.002466}{0.0523} = 0.047 = 4.7\%$$

同样，4.7% 的概率比之前的 0.00274 或 0.2% 要大，但它仍然是一个相当低的数字，离 90% 差得太远了。

# 万幸与不幸之间有多远

## 合取谬误和析取谬误

通常情况下，一个特定的结果取决于一件事情的对或错，或者一堆事情的对或错。例如，航天飞机可能仅仅因为多个系统中的一个故障而坠毁。同样地，你若想在赌马中获得"三连胜"，许多不同的事件也必须一起发生。合取谬误（conjunctive fallacy）和析取谬误（disjunctive fallacy）的区别是指相依事件和独立事件的区别；也是当许多事情同时发生时产生的结果，与多个事件中只有一个发生时产生的结果之间的区别。"合取"一词是指事物之间的联系，或形成联系/组合；"析取"指的是缺乏联系❶。因此，一个简单的思考方法是认为前者是"关联的（合取的）事件"，后者是"无关联的（析取的）事件"。同样重要的是，要理解这两个概念是在一起出现的，因为我们不太可能将它们当成割裂的事物来定义。在这里不是两个问题，即某事是不是一个合取谬误，或者说某事是不是一个析取谬误。在这里实际上只有一个问题：这些事件是合取的/关联的（相依的）还是析取的/无关联的（独立的）？

提供一些例子将使其更容易理解，而不是陷入语义困境之中。这是哈佛商学院的 Max Bazerman 向他的 MBA 学生提出的一个建议，并在他的书《管理决策中的判断》（*Judgment in Managerial Decision Making*）中进行了讨论。假设我问：

*以下哪些事件最有可能发生，其次可能发生，以及最不可能发生？事件 A：从一*

---

❶ 合取谬误和连词谬误不一样，尽管两者是相关的。连词谬误是指某人赋予事件的子集比事件本身更高的概率。例如，说"Linda 是银行职员，她是女权主义者"比说"Linda 是银行职员"更有可能是连词谬误的一个例子。这是因为，如果 Linda 是一个女权主义的银行职员，那么她首先必须是一个银行职员。这意味着女权主义银行职员是银行职员的一个子集。所以，前者出现的概率不能高于后者。合取谬误可能指的是一个更大集合的子集，但也不一定，在某种意义上，合取谬误可能指任何一起发生的事件，而不一定是一个集合的子集。

个装有 50% 红色弹子球和 50% 蓝色弹子球的袋子中摸出一个红色弹子球。事件 B：从一个装有 90% 红色弹子球和 10% 蓝色弹子球的袋子中连续 7 次摸出红色弹子球，每次摸出的球都重新放回袋子中去。事件 C：从一个装有 10% 红色弹子球和 90% 蓝色弹子球的袋子中连续摸 7 次，至少有 1 次摸到红色弹子球，每次摸出的球都重新放回袋子中去。

Bazerman 指出，当被试面对这三个事件时，典型的反应模式是 $P(B) > P(A) > P(C)$。所以，人们似乎认为，最有可能的事件是从装有 90% 红色弹子球和 10% 蓝色弹子球的袋子中，连续 7 次摸出红色弹子球。他们认为，其次可能发生的事件是从一个装有 50% 红色弹子球和 50% 蓝色弹子球的袋子中摸出一个红色弹子球。最不可能发生的是从一个装有 10% 红色弹子球和 90% 蓝色弹子球的袋子中，在 7 次尝试中至少有 1 次摸出了红色弹子球，其发生的概率最低。这就是合取谬误的一个例子，人们不理解连续摸出 7 次红色弹子球的结果实际上是相当不可能的，因为 7 次必须全对才能发生这种情况。

让我们继续计算一下概率。事件 A 发生的概率正好是 50%（0.5）。事件 B 发生的概率是多少？在这里，很可能是基础概率，即有 90% 的概率摸到一个红色弹子球，让人们误入歧途。他们没有充分理解这样一个事实，也就是虽然摸出一个红色弹子球的机会非常高，但连续 7 次摸出红色弹子球的机会可能并不高。从袋子里摸出一个红色弹子球再放回袋中的概率是一个独立的事件，在这里，这 7 个事件必须一致发生。那么，7 个红色弹子球连续被摸出这个事件的实际概率是多少呢？摸到第一个红色弹子球的概率是 90% 或 0.9，第二个弹子球也是红色的概率是 $0.9 \times 0.9 = 0.9^2 = 0.81$，前三个都是红色弹子球的概率是 $0.9 \times 0.9 \times 0.9 = 0.9^3 = 0.729$。因此，前 7 个弹子球都是红色的概率是 $0.9^7 = 0.478$（约）。因此，这个事件发生的概率小于 50%，这意味着事件 B 发生的概率肯定小于事件 A。

请注意，事件 C 和事件 B 实际上是相同的问题，我们用以下方式重新表述一下：从 90% 蓝色弹子球、10% 红色弹子球的袋子中连续摸到 7 个蓝色弹子球的概率是多少？这是因为，如果你在 7 次尝试中 1 次都没有摸到红色的弹子球，那么你一定是每次都摸到了一个蓝色的弹子球。但我们已经知道了这个问题的答案了。答案是 $0.9^7$ 或 0.478。反过来，这个事件没有发生的概率，或者，换句话说，你在这 7 次尝试中至少有 1 次摸到红色弹子球的概率是 1−0.478=0.522。这让我们得出了什么结论？我们发现事件 A 的概率为 0.5，事件 B 的概率为 0.478，事件 C 的概率为 0.522。这意味着事件 C 比事件 A 更有可能发生，而事件 B 发生的可能性最小，或 $P(C) > P(A) > P(B)$。

由 Bazerman 讨论的例子使合取／析取的区别更加清晰：

现在是晚上了，你得赶飞机去参加明天在某地举行的一个紧急商务会议。有 5 家航空公司有早间航班，可以让你及时到达目的地。这些航班的空位概率分别为 30%、25%、20%、15% 和 25%。你能赶上这次飞行的概率有多大？

从表面上看，情况似乎不乐观，因为你最多有不到 1/3（30%）的概率坐第一家航空公司的航班起飞，其他航空公司的可能性甚至更低。但这里的关键问题是：这些事件是否有关联？假设它们都是相关联的，如果第一家航空公司的座位没有开放，那么其他航空公司也就不太可能开放，那么你是正确的：你只有 30% 的机会上飞机。例如，假设你要去的城市正在举办一场大型会议，因而所有的航空公司都面临类似的压力，这些事件将被关联起来（也就是说，它们不是独立的），如果你乘坐一家航空公司飞机的机会下降，那么这也会影响到你乘坐所有其他航空公司飞机的机会。但是，另一方面，如果这些事件没有关联（也就是说，它们是独立的），而是依赖于各自独特的因素，譬如每家航空公司的座位预订办法、航线，或明天的天气是否会导致这些航线的航班延误等，那么，你坐上某个航班的概率要远远高于 30%。

为什么？因为如果这些事件是独立的，坐不上飞机意味着你分别在 5 个不同航班上错失座位；也就是说，5 件不好的事情（你订不到 5 个航班中的座位）必须同时发生。我们已经看到，5 个独立的"好的"或"坏的"事情同时发生的概率通常很低。这种情况发生的概率是多少呢？你在第一家航空公司没有得到座位的概率是 70%（因为有 30% 的机会得到座位）；你不能得到第二、第三、第四和第五家航空公司座位的概率分别为 75%、80%、85% 和 75%。如果你得不到座位，所有这些事件都必须发生。那么，这个概率等于 0.7×0.75×0.8×0.85×0.75=0.2678 或约 27%。所以，你有 73% 的机会至少能登上这 5 个航班中的一个，这个概率是相当高的，几乎达 3/4。

### 案例研究 5.2　重新审视连词谬误

在本章的前面，我讨论了 Kahneman 的"Linda 问题"作为连词谬误的一个例子：

Linda 今年 31 岁，单身，直言不讳，非常聪明。她主修哲学。作为一名学生，她非常关注歧视和社会正义问题，并参加了反核示威活动。

通常，人们被问及以下问题和各种类似的问题：什么是对 Linda 最好的描述？更大比例的人说 Linda 是一个女权主义的银行职员，而不是说 Linda 是一个银行职员。这被解释为一种连词谬误，因为 Linda 是女权主义银行职员的概率不能高于 Linda 是银行职员的概率，因为女权主义银行职员必须是银行职员的一个子集。

Gerd Gigerenzer 认为这个错误是完全有道理的。根据他的说法，当人们被问及对 Linda 的最佳描述时，他们想到的不是集合、子集或概率；相反，他们在思考更定性的术语，而且，对他们来说，从直觉上 Linda 就是一个女权主义者。很多人都犯了这个错误，包括那些精通这类事情的人。Gigerenzer 认为，这一点也不奇怪。事实上，Gigerenzer 说，如果人们被以不同的方式问及这个问题，他们的回答就会是不同的。例如，如果人们被问"100 人中有多少人可能是银行职员"和"100 人中有多少人可能是女权主义银行职员"，那么他们会做出正确的选择，因为他们现在意识到他们被问及的是对女权主义银行职员的计数，而不是他们的描述。

但是，Gigerenzer 的方法对我来说似乎有点牵强。如果 Kahneman 的问题太含糊，给人们留下了足够的误解空间，那么 Gigerenzer 似乎是在强调这个问题的意图，让人们特别关注女权主义银行职员必须是所有银行职员的一个子集。但现实生活中的大多数问题都没有那么明确，人们确实需要对可能性有一个直观的认识。我在哈佛大学肯尼迪学院的学生 Nathan Hodson 给我讲了一个有趣的逸事。他告诉我关于美国国会工作人员的调查结果，他们当中的许多人工作时间长，但薪水不高。当被问及工作这个问题时，大多数受访者表示，他/她有20%的可能性从团队辞职，但随后他们又说，他/她有 50% 的可能性完全退出国会。但这不可能是对的！如果退出国会的概率是 50%，那么在国会内部辞职的概率必然至少是 50%，如果不是更多的话，它也不会更少。

Nathan 和我提出了三个问题来观察连词谬误，以及关于合取/关联和析取/不关联事件的谬误。我们受到了挑战者号航天飞机悲剧的启发。1986 年 1 月 28 日，星期二，航天飞机在飞行 73 秒后解体，机上 7 名机组人员全部遇难。该故障被认为是由固体火箭助推器接头中使用的 O 形密封圈失效造成的，使用这些 O 形密封圈没有考虑本次发射时存在的异常寒冷的条件。O 形密封圈是一种普通而廉价的物品，但却导致了航天飞机的解体。

这让我们想到了这样一些问题：机器的功能依赖于许多能正常工作的部件中的任何一个组件，或者所有组件的正常运行。例如，航天飞机爆炸是因为一个相当无关紧要的部件不能正常工作。另一方面，飞机通常是在许多故障保护装置下制造的，所以即使有一个部件不能工作，只要其他部件能支撑起来，飞机仍然可以避免坠毁。以下是我们提出的问题：

问题 1　一个特定机器的功能依赖于两个安全阀：A 和 B。只要其中一个安全阀正常工作，机器就会正常工作。A 阀有 10% 的故障概率，而 B 阀有 5% 的故障概率。假设你负责维护这台机器。你能在多大程度上确信机器不出故障？

问题2　一个特定机器的功能依赖于两个安全阀：A 和 B。为了使机器运行完美，两个阀必须正常工作。A 阀有 10% 的故障概率，而 B 阀有 5% 的故障概率。假设你负责维护这台机器。你能在多大程度上确信机器不出故障？

问题3　一个特定机器的功能依赖于两个安全阀：A 和 B。为了使机器运行完美，两个阀必须正常工作。众所周知，当承受极端高温或寒冷时，安全阀会失效。A 阀在最极端的 10% 的条件下失效，而 B 阀在最极端的 5% 的条件下失效。假设你负责维护这台机器。你能在多大程度上确信机器不出故障？

第一个问题要求人们明白，只要其中一个安全阀在工作，机器就能正常工作。因此，解决这个问题的方法是问：这两个安全阀同时失效的可能性有多大？A 阀失效的概率是 0.1，B 阀失效的概率为 0.05。这类似于上面的赶航班问题，没有座位，意味着你不能在五家航空公司中的任何一家找到座位。如果两个安全阀的功能相互独立，那么两个阀门同时失效的概率是多少？答案是 0.1×0.05=0.005。那么，这台机器出现故障的概率有多大呢？0.005 或 0.5%。这意味着你可以 99.5%（1−0.05 或 100%−0.5%）确信机器将会正常工作。

第二个问题要求人们理解，只要阀门可以相互独立地失效，发生故障的概率就会更高。在这种情况下，考虑到 A 阀失效的概率为 10%，即 0.1，B 阀失效的概率为 0.05，A 阀工作的概率为 90%（0.9），B 阀工作的概率为 95%（0.95）。只要 A 阀和 B 阀都在工作，机器就可以工作。这种概率为 0.9×0.95=0.855，或 85.5%。反过来，这又意味着机器发生故障的概率为 0.145，或 14.5%（100%−85.5%）。

最后，第三个问题被设计为对连词谬误的测试。在这里，B 阀失效的概率显然是 A 阀失效概率的一个子集。这意味着我们需要担心的只是 A 阀的故障，因为任何时候只要 A 阀出故障，B 阀也必定出故障，机器就会出现故障。A 阀失效的概率是 10%，所以，你可以确定机器 90% 的时间都可以工作。

考虑问题 3 的另一种方法是：如果 A 阀出故障或 B 阀出故障或两者都出故障，机器就会出现故障。我们已经从上面的问题 1 中知道，两者都失效的概率是 0.5%。所以，在这种情况下，机器将在 99.5% 的情况下工作良好。如果 B 阀有 5% 的概率失效，则机器将以 95% 的概率工作。最后，A 有 10% 的概率出现故障，这意味着机器有 90% 的概率工作。我们只需要担心这里失效的最大概率，即 10%，因为 B 阀失效的风险（5%）嵌套在 A 阀失效的风险（10%）之内。这里要认识到的关键是，A 阀和 B 阀的故障不是独立的，它们是关联。每次温度太热或太冷时，安全阀都可能会失效。所以，需要担心的是，这两个安全阀中的哪一个更容易出故障。B 阀工作（95% 的概率）或不工作（5% 的概率）并不重要，因为如果 A 阀出现故障（10% 的概率），机器将停止工作。

人们理解这一点吗？Nathan 和我在英国的在线平台 Prolific❶ 上挂出了这个问题。在一门行为经济学课程中，我们还收到了另外 9 个学生的回答。我们真的没有想到大多数人都做对了。我们真正渴望了解的是，他们是否理解了最后一个问题中固有的连词谬误。关键的比较是在问题 2 和问题 3 之间。他们是否理解在问题 2 中机器的故障率为 14.5%，而在问题 3 中机器的故障率只有 10%？

我们发现，正确回答问题 3 的人比问题 2 略多（40.5% 和 38.1%）。这表明，与问题 2 相比，问题 3 并不非常困难。但我们也发现，更多的人在问题 3 中表现出了认知错误：48.8% 的人选择了 15%，通过简单地增加概率而不是解释它们的嵌套关系，很少有人选择其他错误的答案。相比之下，在纯粹的数学问题 2 中，没有这么多的人选择某个单一的错误答案。这表明，当人们面对一个嵌套概率的问题时，人们倾向于回答一个比被问到的问题更容易的问题。

这也许可以解释为什么会出现连词谬误。许多人不是回答一个关于多个不同概率的问题，而是回答一个更简单的问题。也许在 Linda 和 Tom 的例子中，更简单的问题是"是什么把我给你的信息联系在一起的？"那些声称更有可能离开国会而不是离开他们的团队的国会工作人员，也许是在回答一个关于他们与同事的感觉有多亲密的问题。这并不是说他们更有可能离开自己的团队，而不是完全离开国会；而是说他们觉得自己更忠于自己的团队，而不是整个国会。这个答案更有情感意义，符合数据结果，并显示了忽略连词谬误的危险❷。

## 均数回归

和大多数以色列成年人一样，Daniel Kahneman 也曾在以色列国防军服役，并在空军度过了部分时间。在那里，他注意到了一些飞行员的飞行模式。在每节课结束时，表现良好的飞行员都会受到教官的表扬，而那些犯过错误的飞行员则会受到责骂。那些受到表扬的人下次的表现总是更糟，而那些被责备的人则有所改善。这使得老师们

---

❶　总部位于英国的 Prolific 公司和总部位于美国的 Mturk 公司都是拥有数千名注册参与者的在线平台。研究人员可以提出他们的研究问题，注册的参与者如果愿意，可以参加这些研究。参与者可以得到金钱补偿他们所花的时间。付费也可以确保参与者认真对待任务。

❷　我非常感谢哈佛大学肯尼迪学院的 Nathan Hodson 对这个话题的见解。Nathan 对案例研究 5.2 的写作有重要贡献。除了研究中的三个问题外，我们还让受访者回答"Tom 问题"和"Linda 问题"，所不同的是我们让 Linda 当小学老师，而不是银行职员。42% 的受访者说 Tom 学习计算机科学，尽管基础概率信息表明他更可能学习艺术，因为关于这个问题的表述是 40% 的学生学习艺术，而只有 2% 的学生学习计算机科学。当谈到 Linda 时，大约 57% 的受访者表示，Linda 是一名小学教师，她积极参与女权主义运动，而大约 9% 的人说 Linda 是一名小学老师。

相信责骂而不是表扬才是正确的选择，因为表扬会导致表现下降，而责骂则提高了表现。

让我们看看图 5.3 来得到一个直观的概述。在这里，有一群运动员正在跑 100 米。左边一组第一天的平均成绩是 19.05 秒，并受到了惩罚。第二天，他们的平均成绩约为 18.35 秒，比他们前一天的平均时间缩短了近 0.7 秒。右边一组第一天的平均成绩是 18.35 秒，他们的努力受到了表扬。第二天，他们的平均成绩下降到了约 19.15 秒。这是同样现象的例证：受到惩罚的人变得更好了；受到表扬的变差了。

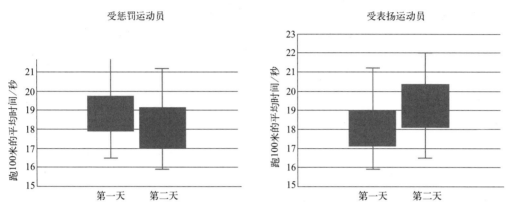

图 5.3　两组运动员跑 100 米的平均时间

在现实中，这个概念被称为"均数回归"。这只是简单意味着我们所有人，如飞行员、运动员、跑者、篮球运动员一样，临场表现都有一个标准水平。在某一天我们的表现会好于或差于这一标准，如果我们这一天的表现好于标准水平，则第二天我们更有可能表现得差一些，向平均水平"回归"；如果我们某一天的表现较差，那么第二天我们更有可能会向标准水平"提升"我们的表现。这意味着如果我们要是从一个时间点来看一个人的行为表现，它会高于或低于平均水平，但从长期观察来看，行为表现与平均水平保持一致。这也是很难从小样本推导出结论的一个明证，因为小样本特别容易受极端数据的影响。

尽管投资银行家不会让你相信这样的看法，但挑选股票就是一个易受偶然因素较大影响的、非常不严谨的学问。假设你将投资技巧、教育背景和投资经验比较相似的投资银行人士编入一组，在一年的时间里对他们的投资表现进行观察，一些人会比另一些人做得更好。如果你将投资银行家的表现进行比较，你很可能会发现前一年表现强于平均水平的，其在后一年的表现却不如平均水平。而且，如果你将他们连续几年的表现进行对比，那么一个投资银行家的平均表现很可能会与所有投资银行家的总体平均水平相似。在新秀赛季安打率远高于平均水平的棒球运动员在第二赛季可能表现得很糟，这就是所谓的"第二季衰退"现象。有些人称之为"体育画报封面厄运"，即出色的表现让球员登上体育画报封面，随后他可能会出现表现下降，即向平均水平回归。

回归的概念来自遗传学，并由 Charles Darwin 的堂兄 Francis Galton 爵士推广。Galton 观察到，父母的身高等极端特征并没有完全传递给他们的后代。相反，后代的特征会向均数回归。通过测量数百人的身高，他能够量化回归平均值，并估计效应的大小。Galton 认为儿童与父母在某种特征上的差异和父母与典型人群的偏离成正比。如果父母各自比男性和女性的平均身高高 2 英寸，那么平均而言，后代往往会比父母矮。对于身高，Galton 估计这个比例大约是 2/3。所以，如果生父比普通男性高 2 英寸，那么男性后代就会比生父矮，但比普通男性高大约 $1\frac{1}{3}$ 英寸 ❶。

## 案例研究 5.3 "热手"谬误

任何参加过篮球比赛的人都会听到这样的话："Steph Curry 是一名连胜投手。"或者"把球传给 Klay Thomson，他今天'手热'。"这种连投连中或"热手"的信念不仅在球迷中普遍，在球员中也很普遍。这些短语表达了一种信念，即一个球员在一个特定时期的表现明显优于他/她的整体表现。这并不局限于篮球。棒球迷们谈论打连胜，而赌徒们则认为他们正在打连胜。这一信念似乎源于这样一个事实，即人们往往没有意识到，少量的观察数据更有可能产生更极端的结果，就像前面讨论过的农村县的肾癌发病率一样。人们似乎认为，如果他们扔了一枚质地均匀的硬币，那么，即使是简短的结果序列，硬币也应该大约 50% 出现正面和 50% 出现反面。例如，在板球比赛中，一开始就在掷硬币中获胜通常是至关重要的，因为获胜的队长可以先决定是击球还是投球，而击球还是投球取决于天气、球场质量等，会对比赛结果产生很大的影响。评论员称某些队长是"幸运的"或"连胜的"，这并不罕见，因为他们经常做出正确的决定。事实上，赢或输的概率总是 50∶50。但不仅仅是球迷们相信"连胜"和"热手"，球员们也相信这些。

康奈尔大学的 Thomas Gilovich、Robert Vallone 和 Amos Tversky（斯坦福大学）决定以更科学的方式研究这一问题。当然，第一步是要准确地了解球员和球迷们在谈论连胜或拥有"热手"时的意思。一项对篮球迷的调查得出了以下结论：91% 的球迷认为，一个球员在最近已投中两三球的情况下比最近两三球未投中的情况下有更大的中篮机会。68% 的人认为罚球也有类似的情况，一个球员在第一次罚篮成功后，再罚投中（而不是再罚未中）的机会更大。84% 的球迷认为把球传给刚刚连续

---

❶ Galton 是一个博学的人，以他对多个研究领域的贡献而闻名。但后来，他因其对优生政策的坚定支持而声名狼藉。他支持优生学的论点被 Hitler 和他的追随者所采纳，造成了毁灭性的后果。

投中几次（两次、三次或四次）的人很重要，因为这个球员现在"热手"。

为了研究这一点，Gilovich 和他的同事们首先接触了费城 76 人队。这是在 1985 年所做的研究，所以今天的读者可能对大多数球员的名字不熟悉，但也许不是一无所知。首先，他们研究了一个球员在最近命中和未命中之后的投篮命中的概率。表 5.2 给出了一些结果。第 I 列显示了在失误（未命中）之后命中的概率，而第 II 列显示了在一次命中后命中的概率，第 III 列和第 IV 列分别显示了两次失误（未命中）之后命中的概率和两次命中之后命中的概率。需要记住的是，如果"热手"谬误（"hot hands" fallacy）是正确的话，那么一次命中后命中的概率应该高于一次失误后命中的概率。同样地，两次命中后命中的概率应该高于两次失误后命中的概率。现在让我们比较第 I 列和 II 列（一次失误和一次命中），或者第 III 列和 IV 列（两次失误和两次命中）。对于每次比较，我都用斜体突出显示了两个数字中较大的一个。结论有两点显而易见。首先，这些数字并没有太大的不同。事实上，研究者们发现除了 Darryl Dawkins 之外，命中之后命中的概率和失误之后命中的概率之间没有相关性。其次，对于大多数球员来说，失误后投篮的命中概率实际上大于命中后投篮命中的概率❶。

表 5.2　投篮命中或失误之后的命中概率

| 球员 | I 失误之后命中率 | II 命中之后命中率 | III 两投失误之后命中率 | IV 两投全中之后命中率 |
|---|---|---|---|---|
| Clint Richardson | 0.56 | 0.49 | 0.47 | 0.50 |
| Julius Erving | 0.51 | 0.53 | 0.51 | 0.52 |
| Lionel Hollins | 0.46 | 0.46 | 0.49 | 0.46 |
| Maurice Cheeks | 0.60 | 0.55 | 0.60 | 0.54 |
| Caldwell Jones | 0.47 | 0.45 | 0.48 | 0.43 |
| Andrew Toney | 0.51 | 0.43 | 0.53 | 0.40 |
| Bobby Jones | 0.58 | 0.53 | 0.58 | 0.47 |
| Steve Mix | 0.52 | 0.51 | 0.56 | 0.48 |
| Darryl Dawkins | 0.71 | 0.57 | 0.73 | 0.58 |

但也许这并不是球迷（或球员）在谈论"连胜"时的意思，也许他们想要的是一个球员的命中率频繁且长时间地高于他的总平均水平（这实际上是不可能的，因为如果一个球员的投篮命中率经常高于他的平均水平，那么这同样也会提高他的平均水平）。基本思想是平稳性（stationarity）：在长时间序列中，一个球员的表现不可能超过他的整体平均水平。Gilovich 和他的同事们从两个方面来看待这个问题。首先，他们将每个球员的投篮记录分成互不重叠的四组，然后他们将这四组分成三个

---

❶　在 Dawkins 的例子中，这种相关性与"热手"理论所暗示的方向相反。Dawkins 更有可能在失误之后投篮命中，而不是在命中之后命中。Dawkins 的两个概率之间的相关性是负性的。

表现序列：高（四投三次命中或四次命中），中（四投两次命中）和低（四投零次或一次命中）。如果一个球员表现出"热手"，那么他的记录必须包括比预期更多的高表现序列。不幸的是，没有证据支持这一点。

另一方面，也许球员会有"手热"或"手冷"的夜晚，而不是一直如此。由于研究者有每个球员在许多场比赛中的投篮结果，所以很容易能计算出每个球员投篮命中率的总体平均值和方差。如果一个球员倾向于有"手热"或"手冷"的夜晚，那么这些夜晚往往会有比由总体平均值和方差所预测的更大的方差。但再一次，研究者仍然没有找到证据表明，在每场比赛的基础上计算的方差与总体方差有所不同。

当然，在某场比赛中观看投篮可能会产生误导。如果一个球员确实处于连胜之中，那么对方可能会付出更多的努力来防守他，这可能意味着该球员必须面对更困难的投篮环境。保持其他事情不变的一种办法是只观察罚球的表现。一个球员在命中后比在未命中后更有可能命中吗？大多数球迷认为，如果一个球员一生中的平均罚球命中率为 70%，那么平均而言，他罚球命中后再次罚中的概率有 74%，而罚球未中后再次罚中的概率只有 66%。为此，研究者查看了波士顿凯尔特人队 1981～1982 赛季的数据。同样，基于波士顿凯尔特人队罚球的数据也不能证明这一点。9 名球员中的 5 名，包括 LarryBird 和 Chris Ford，在失误后往往比命中后更可能投中，而剩下的 4 名，包括 Robert Parish 和 Kevin McHale，在命中后比失误之后更可能投中。

最后，也许相信"热手"并没有那么糟糕，尤其是对球员来说。也许球员对自己何时"热"有一种直觉，所以他们能够更好地预测何时可能进行下一次投篮，即便命中和失误的模式与球员一生的平均水平没有什么不同。为了验证这一点，Gilovich 和他的同事们接洽了康奈尔大学男子篮球队和女子篮球队。他们将球员配对，在"投篮者"和"观察者"之间进行角色交替互换。在每次投篮之前，投篮者和观察者都被要求独立预测投篮者是否要进行下一次投篮。每个人都得到了一笔固定的参与报酬。此外，他们还被告知每次投篮之前都可以下注赌，有"高赌注"（命中赢 5 美分，失误输 4 美分）和"低赌注"（命中赢 2 美分，失误输 1 美分）。如果球员感到"手热"，他们被鼓励投"高赌注"。

如果球员能够预测他们的命中或失误，那么他们的赌注应该与他们的表现相关。但投篮者和观察者都不擅长预测结果，他们的预测和实际结果之间的相关性几乎为零。这可能并不令人惊讶，在预测和上一次投篮的表现之间有很强的相关性：当投篮者命中时，投篮者和观察者都预测了下一次投篮命中；对失误的预测也是一样的。研究者总结说，这是"认知错觉"的另一个例子，我们在识别模式，即使这种模式并不存在。这是我们普遍无法理解随机过程的一个例子，也是从少量观察就外推得出结论的另一个例子，但这至少给了我们一个推论的结果。在篮球比赛中，这意味着球员们会将球传给"手热"的人，即使这个"手热"的人可能会受到对方更严密的防守，球也不会被传给另一个不那么被紧盯的球员。在投资界，这可能意味着把我们的钱交给那些刚刚打败市场的人，因为相信这个经纪人很"手热"。很有可能，他会回归均值，他的表现会下降。我们最好选择前面表现不佳的经纪人，而他最终会接近平均水平（当然，假设两人有相同的平均终身回报率水平）❶。

## 结语

在本章，我强调了这样一个事实，即人类不太擅长处理概率性事件。除此之外，以下是本章中的一些关键内容。

首先，两件事情一起出现（有相关），并不意味着一件会导致另一件的发生。此外，建立因果关系并不简单，就像我们在穷人生育更多孩子的例子中看到的那样。这并不是说生更多的孩子会导致贫困，而是那些生活在贫困中的人将不可避免地生更多的孩子，因为对贫穷的妇女来说，生孩子的机会成本很低。

接着一个很大的收获是基础概率的概念。人们通常认为，大多数交通事故都发生在我们的家附近。这是因为我们大部分时间都是开车出去、开车回家的。所以，离家较近的地方发生事故的基础概率更高。一个非常大的数字中的一小部分也可以是一个很大的数字，正如我们在中国所看到的那样，在 14 亿人口中即使只有一小部分（10%）的富人，这个数量仍高达 1.4 亿。

第三个也可能是最重要的结论是通过贝叶斯法则计算的先验概率和后验概率的区别：可用的信息可以而且应该用来更新从前的信念。这也可能是这一章（甚至是这本书）中更复杂的思想之一，这也是一些对大多数人来说根本无法通过直觉了解的东西。因此，我们很容易就会犯错。但是，正如我在纽约市拦截搜身的案例背景下所讨论的那样，犯下这个错误的后果可能是毁灭性的。

第四点是，我们需要理解哪些事件是独立的（析取性的），哪些不是独立的（合取性的）。这对我们理解什么可能是正确或错误的能力有重大影响，并可能会让我们区分

---

❶ Gilovich 和他的同事们最后做了一个有趣的观察。在篮球运动中，关于连胜球员的信念似乎更适用于打后卫的人。这些球员习惯于从球场边缘拿下远程三分球。如果他们投中了一些这样的远程三分球，这些就会成为令人难忘的事件，印在球迷的脑海中，失误的次数似乎也就没有那么多了。因此，对"连胜"的信念也可能被认为是一种可得性偏差。

出 Chesley Sullenberger 机长在没有任何引擎工作的情况下安全迫降，与挑战者号航天飞机因为 O 形密封圈故障而爆炸之间的巨大差别。

我通过强调均数回归的重要概念来结束本章。对于各行各业的大多数人来讲，对未来表现的最佳预测指标是过去的表现。我们很可能会做得和我们一生中的平均水平一样好。这就是平稳性的概念，即业绩表现将在平均水平附近振荡，并且不会很长时间地保持高于或低于平均水平。所以，如果一个人在一个时期内表现明显好于平均水平，他们很可能在下一个时期表现得更糟。对于一个处于人生低谷的人也是如此。当然，这并不排除有些人随着时间的推移变好或变坏。也就是说我们有一个上升或下降的趋势，而不是在平均水平附近振荡。但是，在这种情况下，这将很快变得相当明显。对于那些有历史记录的人来说，他们的表现很可能会在一生的平均水平附近上下波动。

# 6

# 策略性思维

在本章，我们将：

- 介绍博弈的概念，博弈是涉及策略性决策的情境，该情境要求参与者预测他人在该情境中的行动；
- 讨论参与者同时决策的博弈以及参与者依序决策的博弈；
- 界定占优策略、逆向归纳和纳什均衡的概念；
- 讨论如囚徒困境等有唯一均衡结果的博弈，以及如猎鹿博弈等有多个均衡结果的博弈；
- 阐述这些博弈在经济交易中的一些应用，以及在自然界的体现。


## >> 难以摆脱的"搭便车"诱惑


在我们的日常生活中，有大量的决定需要我们做出"策略性决策"（strategic decision making）。这意味着什么呢？这意味着我在某一特定情况下所做的决定会影响到另一个人（或一群人）的福祉——反过来，别人的所作所为也会对我自己的福祉产生关键性的影响。以下是这种情况的一些例子。

- 在"金球"电视游戏中，参与者从"平分"和"独吞"中做出选择；
- 人们决定是否为某项公共事件发声；
- 决定是否向慈善机构捐款；
- 面包店老板在打烊前提供折扣价；
- 员工决定老板不在时努力工作的程度；
- 波斯地毯卖家在与游客讨价还价时决定是否降价；
- 航空公司决定是否降价；
- 澳洲航空和新西兰航空试图决定是否合并；
- 其他竞争对手对上述这种合并的反应；
- 印度尼西亚的拉梅拉拉（Lamelara）人决定是否参加当天的捕鲸活动，以及如果他们捕到鲸鱼，如何分配鲸鱼肉。

经济学家（以及越来越多其他学科的学者）经常依靠一套被称为"博弈论"（game theory）的工具来理解人们在上述情况中如何做出决定。博弈论本质上是一种描述策略性互动的语言，策略性互动是指一个人的境遇会受到另一个人的影响。因此，我们在日常生活中面临的一些情况（如上面列出的情境和许多其他情境）都可被认为是以我们为"玩家"的"博弈"，并且可以用博弈论的工具来分析它们。虽然很难准确地指出这套特定的理念是什么时候产生的，但大多数学者都会同意，博弈论的起源可以追溯到 John von Neumann 和 Oskar 在 1944 年撰写的《博弈论和经济行为》(*The Theory of Games and Economic Behavior*)一书的出版。

## 纳什均衡

　　许多情境都涉及策略性决策。在我以前居住的奥克兰 Remuera 社区，有一个名为"小朗伊托托保护地"(Little Rangitoto Reserve)的儿童游乐场。我的女儿们还小的时候，我经常去那里。令人惊讶的是，这个游乐场的设备（滑梯、秋千、儿童攀爬架和单杠）不是由奥克兰市议会提供的，而是由当地居民自愿捐款购买的。乍一看，这对你们中的任何一个人来说可能都并不奇怪，因为你们可能都经历过类似的由企业或个人自愿慈善捐款而促成的善举。这种情况一直在发生，因此，我们往往忘记了这实际上是一个相当大的成就。

　　让我解释一下原因。假设你想在你的社区建造一个类似的公园，你决定与当地家庭联系以获得一定的捐款。并不是附近的每一个人都要捐款才能建成公园。只要有一些家庭捐款，你就会有足够的钱来建造公园。你能筹集到足够资金的机会有多大？机会其实是很大的，但这里有一个内生的社会困境。假设（正如经济学家经常倾向于做的那样）总的来说人们是自利的，并且（首要）关心自己的福利。很明显，如果每个人都贡献出自己的力量，那么这个公园就会建成，附近的每个人都可以带他们的孩子去那里。那么，从整体上看，如果每个人都合作，我们都会过得更好。

　　但试想一个纯粹自利的人正在决定是否捐款。假设他／她没有为这个基金提供任何资金，而公园没有被建造。那么他／她的情况不会更好，但他／她的情况也不会更糟，因为那里以前就没有公园，将来一段时间也不会有。假设这个人出了钱，而公园没有建成，钱也没被归还，那么他／她的情况严格来说是更糟了。但假设他／她没有捐款，但筹集到了足够的钱来建造公园。公园与健身俱乐部有很大的不同，因为公园一旦建成，就很难阻止任何人进入，无论他／她是否已经捐款。通常情况下，你不可能真正拥有一个公园的会员资格。因此，即使有人没有捐款，一旦公园建成，也不能阻止这个人去公园。因此，他／她没有贡献任何东西，但仍然可以和他／她的孩子或他／她的狗在公园里散步。这样一来，这个人的处境就更好了，因为他／她没有自掏腰包，但仍然可以享受公园的新鲜空气和绿意盎然的环境。因此，无论公园是否建成，对于一个首要关心自身利益的人来说，实际的做法是不捐钱。

　　经济学家将这种类型的行为称为"搭便车"(free-riding)——利用他人的贡献。但是，如果每个人都按照同样的思路来推理，那么就不会有人来捐款，公园也就永远建不成了。Hoseph Heller 在《第二十二条军规》(*Catch-22*)中总结了这一现象，同时讨论了主人公 Yossarian 不愿意为在皮亚诺萨岛上建立军官俱乐部提供帮助的情况：

与一个疯狂的人共用一个帐篷并不容易，但 Nately 并不在意。他也是个疯子，他每个空闲的日子都去为 Yossarian 建造军官俱乐部，但 Yossarian 却并不帮忙。

实际上，有很多军官俱乐部都不是 Yossarian 帮助建立的，但他最自豪的是在皮亚诺萨岛的那个俱乐部。它是一座坚固而复杂的纪念碑，昭示着他的威慑力。直到它完工，Yossarian 从来都没有帮过忙；然而他经常去那里，他对这个大型的、精美的、有屋顶的建筑非常满意。这确实是一个辉煌的建筑，Yossarian 每次凝视着它，想到其中没有任何一样工作是他做的，都会有一种强烈的成就感。

用经济学家的话说，Yossarian 是在免费搭乘其他军官所付出的努力，在许多需要一群人合作的经济环境中，这种情况并不罕见。你们中的许多人都曾与一群人一起工作过，并且能认识到出现的问题和识破 Yossarian 的行为。经济学家们通常认为，当面对一个集体项目时，例如建立军官俱乐部或当地公园，或为一般的慈善事业作出贡献，自私的人类将不可避免地表现得像 Yossarian 一样，因此，这样的项目注定要失败。经济学家还建议，在均衡状态（John Nash 首次提出这一概念后，通常被使用的术语是"纳什均衡"）下，所有自私的人都会搭便车，没有人会为建设公园作出贡献。在这里，"均衡"一词意味着没有任何倾向或愿望去做出改变。如果没有人做出贡献，公园也没有建成，那么对集体而言，每个人的情况都会变差，并且每个人都会意识到每个人的情况都会变差。但没有人想要改变他们的行为。一个个体的贡献不会改变结果（公园很可能仍然不会被建造），如果这个个体从自己的口袋里拿出一些现金，对他／她而言没有任何额外的好处。每个人都意识到，如果每个人都作出贡献会更好，但一旦他们陷入了搭便车的陷阱（均衡状态）就很难摆脱它。脱离陷阱的唯一方法是每个人都同时改变主意，但这又会造成类似的集体决策困境，导致我们再次落入我们一开始就落入的陷阱。

《第二十二条军规》中我们无畏的主人公 Yossarian 在与 Major Major Major 少校（名 Major，姓 Major，中间名也是 Major，他是拥有少校军衔的人）的以下对话里，再次简洁地总结了这种平衡的本质：

"假设我们让你挑选你的任务，空运牛奶，"少校说，"这样你就可以完成四次执飞任务，而不冒任何风险。"

"我不想再空运牛奶了。我不想再参加战争了。""你愿意看到我们的国家失败吗？"少校问。

"我们不会输。我们有更多的人、更多的钱和更多的物资。有一千万穿制服的人可以代替我。有些人正在被杀，而更多的人正在赚钱和享受乐趣。让别人去送死吧。"

"但假设我们这方的人都这么想。"

"不去这么想的话，那我肯定是个该死的傻瓜。不是吗？"

在这个例子中，每个人都拒绝飞行任务是最不理想的结果（至少从少校和国家的角度来看是这样），但如果一个人不执行飞行任务，而其他人却在执行飞行任务，那么不飞行的人就会更多获益，最终，其他人也会停止飞行——达到一个纳什均衡。

在这一点上，你可能会想，不是每个人都像 Yossarian，或者说，不是每个人都像经济学家！（你可能会暗自嘀咕"难怪人们将经济学称为'沉闷的科学'"。）如果你不同意这个假设，那也没关系，因为，我很快就会告诉你，这个假设大多时候是错误的。是的，事实上，人们确实向慈善机构捐赠了大量资金，也确实向他人捐献血液和器官。在绝大多数的交易中，人们经常与没有关系的陌生人合作。也许是因为他们认为这是对他们行为的期待，而不遵守这种期待会付出心理上的代价。但我需要特别指出的是，如果你是一个认为人类在本质上是善良和合作的人——利他主义者，那么，正如我将向你展示的那样（你们中的许多人可能从经验中知道），这种观点也是不正确的。人们既不是纯粹自利，也不是纯粹利他，而是有条件的合作者，他们的行为在很大程度上取决于他们认为他们的同伴会做什么。我将在后面详细讨论这个问题。但是，如果我们想建立一个能产生准确预测的人类行为模型，我们需要从某个地方开始，而经济学家认为，理性自利假设是一个好的开始。因此，让我们从这里开始，看看这能让我们走多远。我很快就会回到 Yossarian 和 Nately，但是，在此之前，让我们谈谈电影。首先是 Rob Reiner 的《公主新娘》（*The Princess Bride*），然后是 Warren Beatty 和 Faye Dunaway 的《雌雄大盗》（*Bonnie and Clyde*）。

## 案例研究 6.1　公主新娘

试图预测他人的行动以找出最优应对方式的一个极好的例子来自 Cary Elwes 主演、Rob Reiner 执导的电影《公主新娘》。读者中的电影迷可能会记得 Cary Elwes 饰演的 Westley（"黑衣人"）与 Wallace Shawn 饰演的西西里人 Vizzini 进行智力较量的场景。这场较量开始于 Westley 在 Vizzini 不知情的情况下将 iocane 粉末（一种毒药）放入两杯酒中的一杯。Vizzini 必须弄清楚哪杯酒里有毒药。当然，弄错意味着死亡。在一个令人难忘的段落中，Vizzini 说：

但这是如此简单。我所要做的就是根据我对你的了解来判断：你是那种会把毒药放进自己酒杯还是敌人酒杯的人？现在，一个聪明人会把毒药放进他自己的酒杯里，因为他知道，只有大傻瓜才会伸手去拿别人给他的东西。我不是一个大傻瓜，所以我显然不能选择你面前的酒。但你一定知道我不是一个大傻瓜，你会指望这一点，所以我显然不能选择我面前的酒。你打败了我的巨人，这说明你特别强壮，所以你会把毒药放在自己的酒杯里，因为你相信你的强壮可以挽救你，所以我显然不能选择你面前的酒。但是，你也战胜了我的西班牙人，这意味着你一定学习过，在学习中你一定知道人都是会死的，所以你会把毒药放在离自己尽可能远的地方，所以我显然不能选择我面前的酒。

Vizzini 的智慧并没有起到什么作用，因为最后他挑了一个杯子，喝下了酒，然后倒地死去。当然，这一幕的结局是 Westley 在两个杯子里都放了毒药，但毒药并没有影响他，因为他已经建立了对毒药的免疫力。

## 囚徒困境

Yossarian 和 Nately 之间的博弈类型被称为"囚徒困境"（primer's dilemma）。将这类博弈首次引入大众视野的，很可能是普林斯顿大学的数学家 Albert Tucker，彼时这个博弈被置于以下故事背景中：一桩罪行发生后，警察逮捕了一对嫌疑人。让我们称他们为 Bonnie 和 Clyde。警察把 Bonnie 和 Clyde 带到警察局，把他们关在不同的牢房里，他们既不能见面也不能对话。一名警察对 Bonnie 说："听着，我们知道是你们干的。但我们非常肯定 Clyde 是主谋；你只是听他安排，然后事情就失去了控制。现在自首还不算太晚。你需要做的就是告发你的伙伴，指证他的罪行，然后我们可以给他定罪，他将被判处 10 年监禁，而我们将让你自由。但你需要迅速下定决心，因为我们需要的只是一份供词。同理，如果 Clyde 先告发你，那么他就能获释，而你则会被关 10 年。"与此同时，另一名警官向 Clyde 提出了完全相同的方案。"但如果我保持沉默，我的伙伴也保持沉默呢？"Bonnie（或 Clyde）问道，"那你就不能定我的罪了，是吗？""这倒是真的，"警官承认，"但即使如此，我们仍然有足够的证据来判定你们犯有较轻的罪行，并把你们每个人关进监狱 1 年。""如果我们互相告发呢？"Bonnie（或 Clyde）问道。"那么我们可以把你们两个人都关上 5 年。"警官说。

由此产生的 Bonnie 和 Clyde 之间的互动可以被描绘成图 6.1 的样子。这通常被称为收益矩阵（pay-off matrix），也常被称为博弈的标准形式。这里需要记住的一个关键点是，这是一个双方同时决策的博弈；也就是说，Bonnie 和 Clyde 都必须在不知道对方选择什么的情况下选择自己的策略。他们无法沟通。即使他们沟通了，谁知道对方的话有多可信呢？这只不过是"廉价的谈话"罢了。Bonnie（或 Clyde）可以向 Clyde（或 Bonnie）承诺，他/她将保持沉默，但对方相信吗？如果对方是一个背后捅刀子的人呢？盗贼之间能有多少信誉呢？

在继续之前，让我们确保大家明白了这个收益矩阵怎么看。如果 Bonnie 和 Clyde 都选择"不告发"，那么他们每人都会被判 1 年的监禁。如果 Bonnie 选择了"不告发"，而 Clyde 选择了"告发"，那么 Bonnie 就会被判处 10 年的监禁，而 Clyde 则可以免于处罚（0 年监禁）。然而，如果 Bonnie 出卖了 Clyde，而 Clyde 保持沉默，那么 Bonnie

就会获得自由，而 Clyde 则会被关上 10 年。最后，如果他们互相告发，那么他们都要在监狱里待 5 年。

| | Clyde | |
|---|---|---|
| Bonnie | 不告发 | 告发 |
| 不告发 | Bonnie: 1年<br><br>Clyde: 1年 | Bonnie: 10年<br><br>Clyde: 0年 |
| 告发 | Bonnie:0年<br><br>Clyde:10年 | Bonnie:5年<br><br>Clyde:5年 |

图 6.1　Bonnie 和 Clyde 的囚徒困境收益矩阵

　　我们假设 Bonnie 会为了自己的利益而行动（适用于 Bonnie 的推断也同样适用于 Clyde），为了比较她的选择，我们需要在两行之间进行比较。也就是看 Bonnie 选择"不告发"或"告发"所带来的回报。我把 Clyde 的回报遮盖起来，让我们专注于 Bonnie 的回报（图 6.2）。如果 Bonnie 选择了"不告发"会怎样？如果 Clyde 也选择"不告发"，她会被判处 1 年监禁；如果 Clyde 选择"告发"，则她会被判处 10 年监禁。但如果 Bonnie 选择了"告发"，那么如果 Clyde 保持沉默，她就会获得自由；或者如果 Clyde 也选择"告发"，她就会被监禁 5 年。从这个推演中可以看出，严格来说 Bonnie 选择"告发"是比较好的。这是因为 Bonnie 不确定 Clyde 会如何选择。如果 Clyde 选择了"不告发"，Bonnie 选择"不告发"就会得到被监禁 1 年的结果，如果选择"告发"就可以获得自由（比坐牢 1 年的结果更好）。所以，如果 Clyde 选择"不告发"，严格来说，"告发"这个策略对 Bonnie 更好。如果 Clyde 选择了"告发"呢？现在如果 Bonnie 保持沉默，她会得到 10 年的刑期，如果她也选择"告发"，她会得到 5 年的刑期（比 10 年的刑期好得多）。所以，如果 Clyde 选择了"告发"，严格来说，"告发"这个策略对 Bonnie 来说也是更好的。

　　无论 Clyde 选择什么，Bonnie 选择"告发"都会得到更好的结果。博弈论者把这称为占优策略（dominant strategy），即在面对对手的每一个策略时，该策略都能有更好的表现，也就是产生更高的回报。那么，"告发"这个策略对 Bonnie 来说就是一个占优策略，因为无论 Clyde 选择"不告发"还是"告发"，Bonnie 选择"告发"都会有更好的结果。

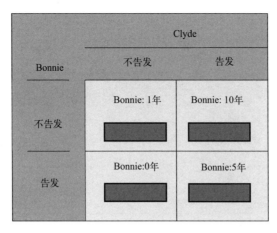

图 6.2　从 Bonnie 的视角看囚徒困境（行间比较）

但同样的推论也完全适用于 Clyde。图 6.3 显示了这一点，为了更好地凸显 Clyde 面临的选择，我把 Bonnie 的结果遮盖了起来。对于 Clyde 来说，我们需要在"不告发"和"告发"这两列中进行比较。如果 Bonnie 选择了"不告发"，那么 Clyde 在同样选择"不告发"的情况下会被监禁 1 年，但如果选择"告发"，则得到自由。如果 Bonnie 选择"告发"，那么 Clyde 不告发就会被监禁 10 年，或者如果也选择"告发"则被监禁 5 年。

| Bonnie | Clyde | |
|---|---|---|
| | 不告发 | 告发 |
| 不告发 | Clyde: 1年 | Clyde: 0年 |
| 告发 | Clyde:10年 | Clyde:5年 |

图 6.3　从 Clyde 的视角看囚徒困境（列间比较）

现在，考虑一下 Clyde 选择"不告发"或"告发"所带来的结果。Clyde 选择"不告发"意味着，如果 Bonnie 也选择"不告发"则是 1 年的监禁，如果 Bonnie 选择"告发"则是 10 年的监禁。另一方面，如果 Clyde 选择了"告发"，那么如果 Bonnie 选择了"不告发"，他就会获得自由（比入狱 1 年好得多）；如果 Bonnie 也选择了"告发"，他就会入狱 5 年（比入狱 10 年好得多）。于是，"告发"策略也是 Clyde 的占优策略，因为无论 Bonnie 是否选择"不告发"，Clyde 选择"告发"都会有更好的结果。

但如果他们互相告发，那么他们都会被关进监狱 5 年。如果两人都能闭上嘴巴，他们都会过得更好，每人只需在监狱里待一年！事实上，这种特定情境是《纽约重案组》（*NYPD Blue*）或《洛杉矶机密》（*LA Confidential*）等警匪电视剧或电影的一个常见特征。因此，在这个博弈的纳什均衡中，我们推测 Bonnie 和 Clyde 会互相告发。一旦他们做出这样的选择，他们都会意识到他们错过了良机，因为如果他们都选择了"不告发"，这对他们来说都是更好的选择。一旦他们达成了 { 告发，告发 } 的结局，他们就会被困在那里，原因在于任何一方都不想单方让步，因为那会使他 / 她的情况更糟糕。这个游戏中的 { 告发，告发 } 结局被称为纳什均衡，以普林斯顿大学经济学家 / 数学家 John Nash 的名字命名（图 6.4）❶。

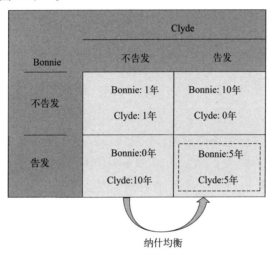

图 6.4　囚徒困境的纳什均衡

### 重新审视 Yossarian 和 Nately 的选择

现在让我们思考一下 Yossarian 和 Nately 之间的博弈。这里的区别是，它不再是像 Bonnie 和 Clyde 那样的监禁判决，主要是为了尽量减少在监狱中的服刑时间。我们将把 Yossarian 和 Nately 的问题以金钱回报的形式提出来，并假定他们都对最大化这些回报感兴趣。为了确保我们理解了这一点，我将再一次进行推理，因为在 Bonnie 和 Clyde 的例子中，我们讨论的是监禁期限，Bonnie 和 Clyde 都喜欢较短的监禁期限，而不是较长的。但是，对于下一个例子（以及接下来的大多数例子），我们将从金钱的角度来考虑，而钱则是越多越好。参与者寻求在货币收益方面的最大回报。

Yossarian 和 Nately 可以选择两种策略中的一种：①努力建设军官俱乐部，我把这种策略称为"努力作为"；②不努力建设军官俱乐部，即推卸责任，搭别人努力的便车，我把这种策略称为"推卸责任"。第二种策略类似于不为建公园做贡献，而搭其他人贡

---

❶ 2002 年，John Nash 因其与 Reinhard Selten 和 John Harsanyi 的合作而一起获得诺贝尔经济学奖。他一生中的大部分时间都在与精神健康问题作斗争。Nash 的生活和贡献在 Sylvia Nasser 的《美丽心灵》（*A Beautiful Mind*）一书中有所描述，该书后来被改编成同名电影，由 Ron Howard 执导，Russell Crowe 扮演纳什。

献的便车，期待公园无论如何都会被建成。我还会假设，只要有一个人为这个项目努力作为，军官俱乐部就会被建成，只是如果他们两个人都努力作为，那么俱乐部就会建成得更快（如果你认为一个俱乐部由一个人建成是不现实的，那么就把 Nately 看作一群总是选择"努力作为"的合作者的领导者，把 Yossarian 看作一群总是"推卸责任"的搭便车者的领导者）。

对于 Yossarian 和 Nately 采取的每一种策略——"努力作为"或"推卸责任"，他们都会得到一定的收益。假设我们可以给这些策略分配一定的货币数额。如果 Yossarian 和 Nately（或他们各自的团体）都选择努力作为，那么俱乐部就会很快建成。假设每个人（或每个团体）从建成该俱乐部中得到的收益是 12 美元（这也许是他们在任何一天使用俱乐部所得到的满足的货币等价物；或者也许是他们在一天结束时去那里喝一杯所愿意支付的金额）。现在，假设只有 Nately 努力作为，Yossarian 不作为。记住，在现在这种情况下，俱乐部仍然会被建成，且 Yossarian 的情况也更好了，因为他现在可以去那里玩乐，但他在建设俱乐部时没有付出任何努力，因此也就没有产生任何身体或心理成本。假设这样以牺牲 Nately 的劳动为代价，使 Yossarian 的收益增加到 16 美元。但因为 Nately 付出劳动是有代价的（就时间和体力消耗而言），而且 Nately 没有得到 Yossarian 的任何帮助，所以 Nately 现在只能收益 2 美元。（假使被命运作弄，只有 Yossarian 工作，而 Nately 推卸责任，情况也相似。Nately 获得 16 美元，而 Yossarian 获得 2 美元。）最后，如果他们都推卸责任，那么俱乐部就不会建成，他们的情况既不会更好，也不会更糟。假设在这种情况下，两人推卸责任的回报是每人 6 美元 ❶。我们可以用图 6.5 来表征这个博弈。

| Yossarian(Y)的策略 | Nately(N)的策略 | |
|---|---|---|
| | 努力作为 | 推卸责任 |
| 努力作为 | Y的收益:12美元<br>N的收益:12美元 | Y的收益:2美元<br>N的收益:16美元 |
| 推卸责任 | Y的收益:16美元<br>N的收益:2美元 | Y的收益:6美元<br>N的收益:6美元 |

图 6.5　Yossarian 和 Nately 的囚徒困境收益矩阵

---

❶　这些是说明性的例子，其中收益的设置也没有明确的具体含义。一种看待这些收益的办法是将他们看作序数而不是基数，但是，对于那些特别想知道其含义的读者来说，可以把它看成是：如果俱乐部没有建成，那么他们将不得不去一个更远的俱乐部。这在时间和交通方面的成本很高，使得他们的收益从每人 12 美元（如果当地的俱乐部建成）减少到每人 6 美元（如果他们不得不去更远的俱乐部）。

就像 Bonnie 和 Clyde 一样，在这个收益矩阵中，Yossarian 选择两行策略中的一个——努力作为或推卸责任，而 Nately 选择两列策略中的一个——努力作为或推卸责任。他们每个人都在知道对方的决定之前同时做出选择。一旦他们各自选择了一种策略，他们就会得到二者所选策略的交集所产生的特定货币收益。很明显，整体来看，如果 Yossarian 和 Nately（或他们各自的团体）都选择努力作为，那么他们的收益情况会更好。他们每人得到 12 美元。

但这符合个体理性（体现在使自己的货币收益最大化的决定中）吗？事实证明，答案是否定的。原因如下：让我们从 Yossarian 的角度来看看这个博弈（由于情况是对称的，所有适用于 Yossarian 的推理都同样适用于 Nately）。假设 Yossarian 确信 Nately 会选择努力作为。我们需要弄清楚的是，Yossarian 对 Nately 选择的策略的最优反应是什么？如果 Nately 选择了努力作为，Yossarian 也应该努力作为吗？答案是否定的。Yossarian 通过推卸责任，实际上会有更好的结果——得到更高的回报。为了理解这一点，再看一下收益矩阵，但这一次，把 Nately 的收益遮盖起来，就像我们在 Bonnie 的案例中所做的那样遮盖了 Clyde 的收益。

假设 Nately 选择努力作为，那么 Yossarian 从努力作为中只能得到 12 美元，但从推卸责任中可得到更多——16 美元。这意味着，如果 Yossarian 只对自己的收益最大化感兴趣，那么当 Nately 决定努力作为时，Yossarian 的最优反应是推卸责任。假设 Nately 选择推卸责任，那么 Yossarian 从努力作为中得到 2 美元，但从推卸责任中得到更多——6 美元。这意味着，如果 Yossarian 只对自己的收益最大化感兴趣，那么当 Nately 决定推卸责任时，Yossarian 的最优反应也是推卸责任。

这就意味着，无论 Nately 做什么，Yossarian 推卸责任都要更好。因此，推卸责任是 Yossarian 的占优策略：如果 Yossarian 只关心如何为自己赚取最多的钱，那么无论 Nately 如何选择，他都应该选择推卸责任。这个明确的占优策略的存在实际上使 Yossarian 的决策问题变得更容易，因为现在，他真的不需要担心 Nately 在做什么决定。

但正如我们在 Bonnie 和 Clyde 的案例中所看到的那样，由于情况是对称的，同样的推断也适用于 Nately，他也应该总是推卸责任。要看到这一点，请再看一下收益矩阵，只关注 Nately 从不同策略中得到的收益。Nately 的视角与 Clyde 相同，因为他也必须在两栏中选择一个。像以前一样，遮盖 Yossarian 的收益，就像我们在看 Clyde 的选择时遮盖 Bonnie 的收益一样。很明显，如果 Nately 总是选择推卸责任，那么他要么赚 16 美元（如果 Yossarian 选择努力作为），要么赚 6 美元（如果 Yossarian 选择推卸责任）；而如果 Nately 选择努力作为，那么他可以赚 12 美元（如果 Yossarian 选择努力作为）或 2 美元（如果 Yossarian 选择推卸责任）。因此，无论 Yossarian 怎么做，Nately 从推卸责任中得到的回报总是比努力作为中得到的回报大。就像 Yossarian 一样，Nately 选择推卸责任总是更好的。

这又意味着两人都不会为建设俱乐部而努力，俱乐部也就永远不会建成；就像我在上面论证的那样，如果每个人都只对自己的收益感兴趣，那么就不会有人为建公园作出贡献，公园也就永远不会建成了。此外，一旦两人都决定推卸责任，他们最后都只有 6 美元，这比他们通过合作可以获得 12 美元要糟糕。但对个体来说，两人都不想改变自己的想法。这是因为如果一个人继续推卸责任，而另一个人改变主意并选择努力作为，就会得到更少的钱——2 美元。因此，尽管他们都意识到，从整体上看，他们选择推卸责任的结果会更糟，但没有人愿意改变自己的策略。我们再次得到了纳什均衡的结果（图 6.6）。

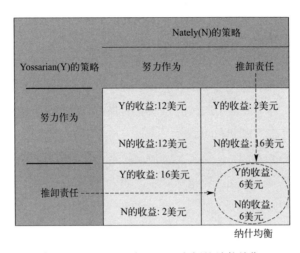

图 6.6　Yossarian 和 Nately 之间的纳什均衡

那么，在这个博弈中，当每个玩家选择推卸责任作为对对手策略选择的最优回应时，纳什均衡就产生了。更通俗地说，当玩家选择他们认为对自己最好的策略——会做得最好或产生最高的回报——来对抗对手的选择时，我们就会得到纳什均衡。这些博弈，不管是在囚犯之间还是在普通人之间进行，一般都被称为"囚徒困境"博弈。问题的关键在于，如果双方合作，就会有更好的结果，但个体理性和对自己收益最大化的渴望决定了在与别人的合作中搭便车，这是占优策略。当人们都依赖自己的占优策略时，他们的集体状况会更差。因此，在合作和最大化共同利益，与搭便车和试图以牺牲他人利益来最大化自己的收益之间存在着矛盾。

在生活中，有很多情况下我们会面临这样的囚徒困境。正如我在上面提到的，是否为一个公园捐款的决定就是这样一种情况。如果每个人都作出贡献，每个人都会过得更好。但是，就个人而言，如果我搭便车，我可以更好。如果每个人都这样想，那么就没有人作出贡献。如果每个国家都选择减少温室气体排放，所有国家都会更好。但减少排放成本高昂，需要做出牺牲。如果一个国家不减少排放，而其他国家减少排放，那么这个国家就会以牺牲其他国家的利益为代价而获益。但是，当每个国家都按照同样的思路思考时，没有国家会减少排放，我们就会面临大规模的全球变暖。如果所有的渔民都遵守他们的配额，而有一个渔民"作弊"，超出他的配额，那么他就会过得更好——他捕获了更多的鱼——而牺牲了那些遵守配额的人的利益。但是，如果每个人都选择这样做——因为如果其他人都遵守配额，则过度捕捞是一种占优策略——那么我们就会出现大规模的过度捕捞，导致鱼类（或其他资源）的枯竭。如果我们所有人都把垃圾扔到指定的垃圾桶里——这可能需要做额外的工作——那么我们都会更好。但是，如果一个人把他的垃圾扔在街上，那么这个人的情况会更好，因为他为自己节省了额外的工作。但是如果每个人都做同样的事情，那么我们的街道就会混乱不堪、肮脏透顶。

在所有这些情况下，如果我们集体合作，我们的情况会更好，但合作的结果往往很难维持，因为如果每个人都在合作，那么一个人可以通过背弃合作和搭便车来获取更大的收益。但是，如果有一个人可以搭便车的话，那么对其他人来说也是如此，所以，均衡的结果是我们都搭便车，最终导致全球变暖、海洋和森林资源快速枯竭、街道肮脏不堪。而一旦我们造成这样糟糕的局面，我们可能会后悔，但我们往往不能或不愿意改变这种情况，因为我们需要每个人同时改变。一个人选择合作，而其他人都搭便车，并不能让事情发生改变，反而会让这个合作者的处境更糟糕。但是，让每个人同时改变他们的想法会带来类似的集体行动困境，而正是集体行动最初导致了纳什均衡的出现。

### 动物世界的囚徒困境

雄性象海豹的体长可以超过 20 英尺（1 英尺 ≈ 0.30 米），体重达到 6000 磅（1 磅 ≈ 0.45 千克），而雌性象海豹的体重只有 800 ~ 1200 磅。为什么雄性象海豹会这么大？进化论的解释是，象海豹是一夫多妻制，所以雄性象海豹必须为了雌性象海豹而竞争。雄性象海豹在海滩上互相殴打数小时，直到最后有一只被打得血肉模糊地退去。这些战斗的赢家几乎可以独占多达一百只雌性象海豹，这也解释了为什么雄性象海豹的体型如此之大。

具有大体型突变基因的雄性更有可能在与其他雄性的争斗中获胜，因而这种基因会在种群中扩散。简而言之，雄性体型大是因为体型小的雄性很少能获得与雌性交配的机会。但是，虽然体型大对个体有利，但作为一个群体，体型大就成了一个不利因素，因为它们的体型使它们更难逃离大白鲨这个主要的捕食者。如果所有的雄性象海豹都能减掉一半的体重，它们都会过得更好。它们之间每场战斗的结果将和以前一样，同时它们都能更好地逃离捕食者。

类似的推理也适用于孔雀的尾巴和雄鹿的鹿角。孔雀的尾巴越大，意味着遗传质量越高，对吸引配偶很有用。因此，尾巴大的孔雀会比尾巴小的孔雀在"交配市场"表现得更好。这意味着孔雀会有动力去寻求越来越大的尾巴，或者说具有大尾巴基因的孔雀会吸引更多的配偶，产生更多的后代。但更大的尾巴使其更难逃离捕食者，这意味着拥有更大尾巴的孔雀将更加脆弱。因此，从整体上看，如果所有的孔雀都能在不损失任何利益的情况下将尾巴的大小减半，那么它们的处境会更好，但寻求更大的尾巴更符合单只孔雀的个体利益。类似的推理也适用于雄鹿的鹿角。当然，在自然界中，这种平衡是以所谓的适度权衡（fitness trade-off）为中介达成的：一些拥有大尾巴的孔雀吸引了更多的配偶，并留下了更多的后代，但另一些拥有大尾巴的孔雀更容易受到捕食者的伤害，因此，留下了更少的后代。只是对人类（超级捕食者）而言，没有自然界的平衡，需要用规则、规范和惯例来约束个人的私利，来促进社会利益。对于这一点，到讨论集体行动问题和公共物品博弈的部分时，我会讲得更多一些。

### "针锋相对"策略

在继续讨论之前，我需要指出的是，类似因徒困境这样的情境，往往出现在一次性互动，且参与者做出的承诺没有或者只有很小的约束力的情况下。这意味着参与者可以说他们会做某件事，但当采取行动时，他们可以自由地反悔，而不遵守自己的承诺。这一点（尤其是缺乏具有约束力的承诺）往往是现实生活中的真实情况。如果玩家知道他们之间会有多轮互动，或者他们的承诺具有约束力，并由第三方强制执行，那么结果可能会有所不同。

在多轮重复、轮次不定的博弈中，解决因徒困境这种合作问题的一个潜在策略是采取"针锋相对"策略（tit-for-tat strategies）❶。下边是这种策略的具体做法：在第一轮以合作开始，但从下一轮开始，模仿对手在上一轮的行为。如果对手合作了，那你就合作，但如果对手背叛了，那你就背叛。从某种意义上说，针锋相对是一种原谅性策略：对对手的背叛进行一次惩罚，但如果对手恢复合作，自己也会恢复合作。在 20 世纪 90 年代，密歇根大学的政治学家 Robert Axelrod 邀请世界各地的研究人员提交在因徒困境博弈中可采取的策略。他的想法是：在一个模拟的比赛中，让不同的策略正面交锋；这些策略将在不同的回合中对决，获得分数更高的策略会在模拟比赛中继续前进，进入下阶段回合。来自多伦多大学的 Anatol Rapaport 提交了针锋相对的策略，该策略在模拟比赛中取得了最终胜利。需要理解的是，平均而言，针锋相对策略不会比任何其他策略差，因为它只允许自己被利用一次。

---

**案例研究 6.2 Isha 需要多大程度的耐心**（选读）

对许多人来说，下面的材料可以跳过，特别是那些没有阅读第 3 章中关于跨期

---

❶ 在有明确节点的博弈中维持合作非常难。我会在本章末尾的时候解释这是为什么。

选择内容的读者。但是对于那些已经学过跨期选择相关内容，并且准备好接受一些挑战的读者来说，下面的内容可能会让你感兴趣。如果你理解了"贴现未来收益"的概念，那么你们中的许多人可能会意识到，在反复进行的多轮博弈中，我们对未来的贴现程度（我们对现在收益或对未来收益的偏好程度）也会对我们的合作决定产生至关重要的影响。我们越是偏好"现在"，就越有可能去争取推卸责任的高额回报，这就相当于选择较小、较快的回报。但如果我们更有耐心，那么我们更可能为了一个后期更大的回报而等待。

Isha 正在进行一个无限重复的囚徒困境博弈。在每一轮，Isha 可以在"合作"和"背叛"之间做出选择，她的对手也有同样的选择。这个博弈与 Yossarian 和 Nately 的博弈类似，只是报酬不同。你可以把"合作"看作 Yossarian"努力作为"的决定，而"背叛"则类似于他"推卸责任"的决定。如果 Isha 和她的对手都选择合作，那么他们都会得到 4 美元；如果两人都选择背叛，那么他们各得到 1 美元；如果一个人合作而另一个人背叛，那么合作的一方得到 0 美元，而背叛的一方得到 8 美元。因此，在这个收益矩阵中，每个单元格中的第一个数字是指 Isha 的收益，而第二个数字是她对手的收益。但是，一个转折点是，已知 Isha 的对手将采取"冷酷触发策略"（grim trigger strategy，GTS），这意味着，如果 Isha 合作，那么对手也会是合作性的。但如果 Isha 一旦选择背叛，那么对手将从下一轮开始永远背叛。

显然，Isha 是否选择以合作作为起始策略，取决于她的现时偏好有多高，以及她有多重视未来的收益。

如果 Isha 和对手一直保持合作，那么 Isha 每轮都能得到 4 美元。如果 Isha 选择背叛，那么她在该轮得到 8 美元，但由于对手从下一轮开始就会背叛，从下一轮开始 Isha 能期望得到的最好结果是 1 美元。

请记住，从第 3 章中可以看到，贴现未来收益取决于 $\beta \times \delta$，其中，$\delta = \dfrac{1}{1+r}$。在该情境中，我们假定 $r$ 是 Isha 在当下收益和未来收益之间进行取舍的收益比。简单起见，我们假设没有通胀，那么对 Isha 而言 $\beta$ 值等于 1。

这意味着 Isha 会获得如下数列的收益 ❶。

合作收益：$4+4\delta+4\delta^2+4\delta^3 \cdots \cdots$

背叛收益：$8+1\delta+1\delta^2+1\delta^3 \cdots \cdots$

如果你细想一下，你就会明白 $\delta$ 值高的时候 Isha 会更倾向于合作。为什么这样呢？假设 $\delta$ 的值是 1，这意味着到第 3 轮结束，Isha 可以从合作策略中获得 12 美元的收益，而从背叛策略中获得 10 美元的收益（表 6.1）。

---

❶ 这些数列被称为等比级数。第一个数列的和是 $\dfrac{4}{1-\delta}$，第二个数列的和是 $8+\dfrac{\delta}{1-\delta}$。为了让 Isha 合作，从合作中得到的收益必须高于从背叛中得到的收益，即 $\dfrac{4}{1-\delta} > 8+\dfrac{\delta}{1-\delta}$ 或者 $\delta > \dfrac{4}{7}$（0.57）。

表 6.1　Isha 与采用冷酷触发策略的对手进行重复的囚徒困境博弈

| | | 采用冷酷触发策略的对手 | |
|---|---|---|---|
| | | 合作 | 背叛 |
| Isha | 合作 | Isha:4 美元<br>对手：4 美元 | Isha:0 美元<br>对手：8 美元 |
| | 背叛 | Isha: 8 美元<br>对手：0 美元 | Isha: 1 美元<br>对手：1 美元 |

但为了把情境设置得更真实一些，假定 $\delta$ 的值是 0.8。注意，在这一情境中，Isha 的收益如下：

合作收益：$4+4\times0.8+4\times0.8^2+4\times0.8^3$……

背叛收益：$8+1\times0.8+1\times0.8^2+1\times0.8^3$……

即使设置这样的 $\delta$ 值，在第 4 轮结束的时候，Isha 从合作策略中的获益（4+3.2+2.56+2.048=11.808）也高于从背叛策略中的获益（8+0.8+0.64+0.512=9.952）。事实上，即使是到第 3 轮结束，合作策略的收益（9.76）也略微超过了背叛策略（9.44）。这意味着 Isha 的内隐利率（implicit interest rate）是多少呢？由于 $\delta=\dfrac{1}{1+r}$，给定的 $\delta$ 值为 0.8，我们可以求解 $r$ 的值，$r$ 的值为 0.25 或 25%。这意味着只要 Isha 的内隐利率低于 25%（即她愿意放弃今天的 100 美元来换取一年后的 125 美元），Isha 就会选择合作。请记住，一个人的现时偏好越高，他 / 她所需要的内隐利率就越高，以放弃更小、更快的回报。一个内隐利率为 25% 的人比一个内隐利率为 20% 的人更加偏好现在。在这种情况下，任何一个内隐利率低于 25% 的人都会愿意合作。当然，这也取决于博弈中收益数值的大小，如果我们改变表格中的任何一个数字，情况就会有所不同❶。

## 最后再谈一次 Yossarian 和 Nately

我们已经花时间讨论了每个玩家都有占优策略的囚徒困境博弈。当每个人都使用他 / 她的占优策略时，每个人都获得了比不使用这些策略更差的结果。然而，我不希望人们留下所有博弈中玩家双方都有占优策略的印象。在一些博弈中，很可能只有一方有占优策略而另一方则没有。参考一下图 6.7 中修改版的 Yossarian-Nately 博弈。与之前的博弈相比，Yossarian 的收益没有变化，但 Nately 的收益却有所不同。具体来说，

---

❶　实际上，在极端情况下，如果 $\delta$ 的值是 0.57，那么 $r$ 等于 0.75。这就意味着，对于任何一个内隐贴现率（利率）低于 75% 的人，都会发现在博弈中采取合作是有利可图的。

如果 Yossarian 努力作为而 Nately 推卸责任，Nately 现在得到的是 10 美元，而不是 16 美元。我们来这样设想一下。Nately 是一个值得尊敬的人，如果 Yossarian 努力作为而 Nately 不作为，Nately 会感到愧疚。这意味着他只能获得 10 美元而不是之前的 16 美元。但对于 Yossarian 来说依然存在占优策略，那就是推卸责任。这是因为如果 Nately 努力作为，那么 Yossarian 通过推卸责任获得的收益是 16 美元而不是 12 美元。所以如果 Nately 努力作为，Yossarian 推卸责任会更好。另一方面，如果 Nately 推卸责任，Yossarian 推卸责任也更好。如果 Nately 推卸责任，那么 Yossarian 从努力作为中获得 2 美元，而从推卸责任中获得 6 美元。所以即使在这种情况下，可以肯定 Yossarian 会推卸责任。

| Yossarian(Y)的策略 | Nately(N)的策略 | |
| --- | --- | --- |
| | 努力作为 | 推卸责任 |
| 努力作为 | Y的收益:12美元<br>N的收益:12美元 | Y的收益:2美元<br>N的收益:10美元 |
| 推卸责任 | Y的收益:16美元<br>N的收益:2美元 | Y的收益:6美元<br>N的收益:6美元 |

图 6.7　Nately 没有占优策略的 Yossarian-Nately 博弈收益矩阵

那 Nately 怎么做呢？我们假定 Nately 足够聪明，能够识别出 Yossarian 有一个占优策略，这个策略就是推卸责任，那么 Nately 应该怎么做呢？如果 Yossarian 推卸责任，Nately 将从努力作为中获得 2 美元，而从推卸责任中获得 6 美元。所以，如果 Nately 发现 Yossarian 仍然会推卸责任，那么 Nately 也会推卸责任。这意味着，他们将再一次结束于 { 推卸责任，推卸责任 } 的纳什均衡中；只是这一次，只有 Yossarian 有占优策略，而 Nately 没有。但是 Nately 准确地估计了 Yossarian 会选择推卸责任，并且最终自己也选择了推卸责任。那么，这就是一个只有单方有而不是双方都有占优策略的博弈。图 6.8 说明了这一点。

上述博弈都是导致单一纳什均衡的博弈。在某些情况下，这种均衡达成的原因是双方都有占优策略；在另外一些情况，这种均衡达成的原因是只有一方有占优策略，但另外一方准确地猜到了对方的策略。但并不是所有博弈都必然有单一的纳什均衡。博弈也可以有多个均衡点。我接下来要谈的就是这种博弈。

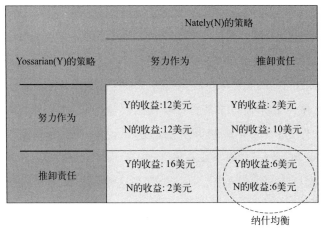

图 6.8　Nately 没有占优策略的 Yossarian-Nately 博弈的纳什均衡

# >> 威胁合作关系的协调难题

## 两性之争博弈

　　Pat 和 Chris 正在考虑在他们的结婚周年纪念日给对方送什么礼物。Pat 和 Chris 都喜欢 20 世纪 80 年代的游戏节目"完美搭配"（Perfect Match）（这个节目中，情侣们必须分别回答关于对方的问题，以测试他们对伴侣的了解程度）。Pat 和 Chris 决定测试一下他们对对方的了解程度。他们决定，为了他们的结婚周年纪念日之夜，每人买一张某个活动的门票，看看他们的选择是否一致！Pat 喜欢歌剧，想去看 Puccini 在纽约大都会歌剧院的《波希米亚人》（*La Bohème*）。而 Chris 更想到洋基体育场观看纽约洋基队对阵波士顿红袜队的比赛。

　　重点来了。Pat 和 Chris 想协调他们的行动，最好能买票做同一件事。如果他们最终去看歌剧，那么 Pat 会是两个人中比较开心的，而如果坐在洋基体育场的本垒板后面，Chris 会更开心。但他们非常确定的是他们想一起做同一件事，即使这件事是另一个人更喜欢的事。无论发生什么，他们都不希望两人不一致，也就是说，他们不希望最后各自拿着一张不同活动的门票，分别度过他们的结婚周年纪念日之夜。在这个博弈中，有两个可行的结果（或均衡）：其一，他们都买了歌剧票，与 Chris 相比，Pat 会更高兴，得到更大的满足（或回报）；其二，他们都去看洋基队的比赛，这使 Chris 成为两人中更高兴的那个。但如果他们没有协调好，买了不同活动的票，那么他们都会感到很糟糕，各自得到的回报都为零。因此，在这种情况下，不一致的结果对两人都是不利的。不擅长幽默的博弈理论家和经济学家经常将此称为"两性之争博弈"（battle of the sex game）。

如果你认为这是一个有点矫揉造作的例子，我向你保证，著名的短篇小说家 O. Henry 肯定不这么认为。O. Henry 的短篇小说《麦琪的礼物》（*The gift of Magi*）提供了一个协调失败的绝佳例子。这是圣诞节的前一天，一对非常相爱的年轻夫妇（Jim 和 Della）正处于纠结之中，他们每个人都想给对方买一份贴心的礼物，但两人都没有多少钱。这对夫妇有两件让他们引以为豪的资产。一件是 Jim 的金表，是一件传家宝；另一件是 Della 漂亮的头发。突然，Della 灵光一现，她剪下头发并以 20 美元的价格卖掉了，用这些钱为 Jim 的金表买了一条漂亮的铂金表链。后来，Jim 带着给 Della 的礼物回到家里，那是一套漂亮的发卡，纯玳瑁制品，镶有宝石；正好适合戴在 Della 富有光泽的头发（现在已经没了）上。然后，Della 把她的礼物——那条表链——送给了 Jim。这时，Jim 笑着说："让我们把我们的圣诞礼物收起来，保留一段时间。它们太漂亮了，不能只在目前使用。为了有钱能给你买发卡，我把手表卖了。"

我们在这里看到的情况是，Jim 和 Della 未能协调好他们的行动。如果他们能协调好，收获下边两个结果中的一个，他们都会过得更好一些：① Della 不剪头发，不买表链，而 Jim 卖掉手表，买了发卡——此时，对 Della 来说会更好；② Della 剪掉头发，买了表链，而 Jim 不卖他的手表——此时，对 Jim 来说会更好。但实际上，他们所做的事却致使他们的处境都更糟：他们协调行动的失败。我们来看看 Della 和 Jim 之间的协调行动，用博弈理论来表述会是怎样的❶。

我们可以用图 6.9 所示的收益矩阵来描述 Jim 和 Della 的博弈。我们要再一次为参与者的幸福感或满意度赋予一定的货币价值（很可能是序数而不是基数）。Della 有两种策略：①卖掉头发（并买一条表链）；②不卖头发。而 Jim 也有两种策略：①卖掉手表（并买发卡）；②不卖手表。如果 Della 卖掉她的头发并买了表链，而 Jim 还持有着他的手表（Della 卖掉头发、Jim 不卖手表的策略的交集）；那么 Jim 就有了手表和表链，他会很高兴。Della 也为 Jim 的幸福感到高兴，但对她失去的头发有点怀念。因此，她的收益比 Jim 的略低。

另一方面，如果 Della 保留她的头发，而 Jim 卖掉他的手表买了发卡（Della 不卖掉头发、Jim 卖掉手表的策略的交集），那么 Della 现在拥有她的头发和她所渴望的发卡。Jim 为 Della 的幸福感到高兴，但对失去传家宝（手表）感到有点难过。所以，他的收益比 Della 的略低。但如果 Della 不卖她的头发，Jim 不卖他的手表，那么他们的收益既不会更好，也不会更差，他们的收益都是零。最后，如果 Della 卖掉头发得到表链，而

---

❶ 当然，人们可以像 O. Henry 那样认为，正是他们行动协调的失败，才为他们彼此相爱提供了最大的证据。在故事的结尾，作者写道："最后我要对当今的智者说一句话，在所有送礼物的人中，这两个人是最智慧的。"

Jim 卖掉手表得到发卡，那么他们都不能使用自己的礼物，他们各自的收益又都是零。

| Della的策略 | Jim的策略<br>卖表 | Jim的策略<br>不卖表 |
|---|---|---|
| 卖头发 | Della的收益: 0美元<br>Jim的收益: 0美元 | Della的收益: 3美元<br>Jim的收益: 5美元 |
| 不卖头发 | Della的收益: 5美元<br>Jim的收益: 3美元 | Della的收益: 0美元<br>Jim的收益: 0美元 |

图 6.9　Della 和 Jim 两性之争博弈的收益矩阵

在这个博弈中，任何一方都没有占优策略，我们需要在最优反应（best responses）中找到均衡点。这意味着每个玩家都想选择一个能提供最大回报的策略，来应对其他玩家的选择。如果 Della 选择卖掉头发，那么 Jim 的最优反应是选择不卖手表，这是因为 Jim 从不卖手表中得到的收益较高，为 5 美元，而卖手表的收益为 0 美元。相反，如果 Jim 选择不卖手表，那么 Della 的最优反应就是卖头发，因为 Della 卖头发得到 3 美元，而不卖头发则得到 0 美元。因此，Della 卖头发、Jim 不卖手表就构成了一对最优选择，并导致了图 6.10 中虚线圆圈所示的一个均衡结果。另一种情况，如果 Della 选择不卖头发，那么 Jim 的最优反应是选择卖表，因为他卖表能得到 3 美元，而不卖表则得到 0 美元。相反，如果 Jim 选择卖掉手表，那么 Della 的最优反应是不卖头发，因为 Della 不卖头发能获得 5 美元，而卖掉头发则获得 0 美元。所以，Della 不卖头发、Jim 卖掉手表则构成了另外一对最优选择，并导致了图 6.10 中虚线矩形框所示的另一个均衡结果。这两对最优选择都是在这个博弈中完全可行的结果。但是，他们两个都想要避免以下两种结果：① Della 卖掉头发而 Jim 卖掉手表（就像故事中发生的那样）；②双方都没有卖出任何东西。在这两种情况下，双方的获益都是零。

Della 和 Jim 遇到的这类情境通常被称为协调难题（coordination problem）。Della 和 Jim 更希望达成两种均衡中的一种：{Della 卖头发，Jim 不卖手表 } 或 {Della 不卖头发，Jim 卖手表 }，而不是最终使两个人都一无所获的另外两个结果。现实生活中，在很多情况下都会出现这种协调难题。驾车靠左行还是靠右行就是一个例子。还有许多其他采用相同或不同标准的例子：使用 110 伏还是 220 伏的电器，Windows 还是 UNIX 操作系统，VHS 还是 Betamax 视频录制和播放标准，以及电视广播中 PAL 、SECAM 或 NTSC 彩色编码系统，等等。我将在第 13 章更详细地讨论这个问题。

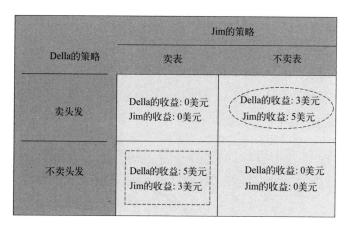

| Della的策略 | Jim的策略 | |
|---|---|---|
| | 卖表 | 不卖表 |
| 卖头发 | Della的收益: 0美元<br>Jim的收益: 0美元 | Della的收益: 3美元<br>Jim的收益: 5美元 |
| 不卖头发 | Della的收益: 5美元<br>Jim的收益: 3美元 | Della的收益: 0美元<br>Jim的收益: 0美元 |

图 6.10　Della 和 Jim 两性之争博弈的均衡点

## 猎鹿博弈

　　然而，还有一种不同类型的协调难题，这种难题可能在日常生活中更有现实意义，当然，在经济组织中也更有现实意义。在"两性之争博弈"中，成功的诀窍是要协调至两种想要的结局中的一种，而不是协调失败最后收获为零。但是，在许多经济交易中，参与其中的人们不仅需要协调至诸多结果中的一个，而且其中一些结果比其他结果更值得获取（产生更高的回报）。以飞机准时起飞为例。在这种情况下，至少有两个可行的结果：①每个人都高效工作，以确保飞机按时起飞，对于航空公司、乘客以及大多数情况下的工人而言，这是一个理想的结果；②每个人都在慢悠悠地工作，这往往意味着航班延误，对航空公司而言是个麻烦，对工人而言也同样如此。早在 18 世纪 50 年代，法国哲学家 Jean-Jacques Rousseau 在其《论经济不平等》（*A Discourse on Economic Inequality*）中就提及了一个类似的难题，他谈到两个猎人试图决定是去猎取雄鹿还是去打兔。猎取雄鹿需要两个猎人合作，只有当他们两个人一起努力，才能猎取雄鹿。猎取雄鹿的收益是大的，两个猎人都能得到大量的肉。然而，每个猎人也都可以选择打兔子。打兔子不需要猎人之间的合作，每个人都可以独自猎取（和捕捉）一只兔子。但是，如果一个猎人正在努力猎取雄鹿（并且这件事的成败依赖于另外一个猎人的合作），而另一个猎人看到一只兔子窜过，并且放弃了猎杀雄鹿，开始紧追兔子，那么第二个猎人肯定会得到兔子，而第一个猎人则会一无所获。在这种情况下，第一个猎人最好也能猎到一只兔子，这样至少能保证在一天结束时自己能得到一些肉。

　　重点是，即使他们之前已经展开了讨论并且都承诺去猎取雄鹿，然而，依然没有办法强制其中的一方或另外一方遵守承诺。因此，如果一个猎人心中有丝毫疑虑，认为另一个猎人可能不合作，可能自己去猎兔，那么安全的选择或许是先打兔子。

再一次，让我们为各种结果赋予一定金额的货币收益，来体现这一博弈的基本激励机制。假设每个猎人都猎杀雄鹿，在这种情况下，他们都能获得 8 美元。如果一个猎人集中精力猎杀雄鹿，而另一个人去追捕兔子，那么试图猎杀雄鹿的人得到 0 美元，而去追捕兔子的人得到 5 美元。最后，如果他们都猎取兔子，那么他们都能得到 5 美元。我在图 6.11 中描述了这个博弈的收益矩阵。

|  | 猎人2 | |
|---|---|---|
| 猎人1 | 猎鹿 | 猎兔 |
| 猎鹿 | 猎人1的收益:8美元<br><br>猎人2的收益:8美元 | 猎人1的收益:0美元<br><br>猎人2的收益:5美元 |
| 猎兔 | 猎人1的收益:5美元<br><br>猎人2的收益:0美元 | 猎人1的收益:5美元<br><br>猎人2的收益:5美元 |

图 6.11　猎鹿博弈的收益矩阵

现在，同往常一样，让我们来看一下最优选择。假设猎人 1 选择猎杀雄鹿，猎人 2 的最优反应是什么？如果猎人 2 也猎杀雄鹿，他／她可以得到 8 美元，但如果他／她猎杀兔子，只能得到 5 美元。因此，在这种情况下，猎人 2 的最优反应是猎杀雄鹿。但根据同样的推理，如果猎人 2 猎杀雄鹿，那么猎人 1 也最好猎杀雄鹿，得到 8 美元，而不是猎杀兔子得到 5 美元。因此，两个猎人都选择猎杀雄鹿是这个博弈的一个可行结果或均衡。这个结果见图 6.12 中的虚线矩形所示。但假设猎人 1 决定猎杀兔子。在这种情况下，猎人 2 就没有动力去猎杀雄鹿，因为他／她肯定猎杀不到雄鹿而以 0 的收益告终。在这种情况下，如果猎人 1 猎杀兔子，猎人 2 最好也猎杀兔子，二人都收获 5 美元。同样的推理，如果猎人 2 选择猎杀兔子，猎人 1 最好也猎杀兔子。如此，二人都选择猎杀兔子也是一个可行的结果或均衡。这个结果为图 6.12 中的虚线圆圈所示。

图 6.12 呈现了两种可行的结果。一种情况是他们一起合作猎鹿，两人都获得更高的收益；另一种情况是他们都做出了不同于猎鹿的选择，猎捕兔子。经济学家通常把两位猎人都选择猎杀雄鹿的结果称为收益占优结果（pay-off-dominant outcome），因为与猎捕兔子每人获得 5 美元的结果相比，这种结果对双方而言都有更高的收益（每人 8 美元）。两位猎人都猎捕兔子的结果常被称为安全结果（secure outcome），因为这样做，他们都能保证有 5 美元的收入。

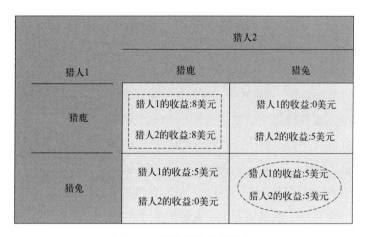

图 6.12　猎鹿博弈中的均衡

在此类博弈情境中，经常会出现的问题是：如何协调两个猎人（或一组参与者），让他们共同猎杀雄鹿，也就是说，达成为每个参与者带来最大回报的结果。因为如果任何一方心中有丝毫怀疑，认为对方可能会违背猎杀雄鹿的承诺，那么这个人很可能会去猎杀兔子。因此，双方都必须完全信任对方确实会参加猎杀雄鹿。

这类博弈通常允许有两种均衡结果，其中一种比另外一种产生更高的收益，这类博弈通常被称为"猎鹿博弈"（stag hunt games），有时也被称为"安全博弈"（assurance games）。我要指出的是，Rousseau 描述猎鹿博弈不是为了阐述某个观点而编造的非写实性案例，而是许多狩猎 - 采集社会（hunter-gatherer societies）中的真实生活。哈佛大学的人类学家 Frank Marlowe 曾在哈德扎人（Hadza）中开展了大量的田野调查。哈德扎人是一群游牧的狩猎采集者，他们生活在坦桑尼亚北部的埃亚斯（Eyasi）湖附近。以下是 Marlowe 对哈德扎人狩猎行为的描述。

男人不像女人那样合作采集食物……然而在旱季末期，男人会在夜晚出去狩猎，他们会在为数不多的永久性水坑边伏击前来饮水的动物。因为诸如狮子和豹子等其他掠食者也使用同样的策略，所以夜间狩猎是非常危险的，故而他们总是结伴而行。一旦猎物被击中，男人们在追逐猎物时也会相互帮助……（标着重号的文字是我强调的重点）

猎鹿博弈和性别之争博弈的不同之处在于，在后一种博弈中，一方在一种结局中更开心，而另一方在另外一种结局中更开心，但是如果双方协调失败，他们的收益都为 0。在猎鹿博弈中，双方不仅需要协调到一种结局，更重要的是，他们希望协调出能给双方都带来更高回报的结局。相比于另一种结局（他们都猎杀兔子），他们在其中一个结局（他们都猎杀雄鹿）中都有更高的收益。也许值得提醒读者的是，两个猎人都猎杀雄鹿的结果是收益占优结果，因为此时，与他们都猎杀兔子相比，两个猎人都得到了绝对最优的收益。但是猎杀雄鹿的策略是有风险的，因为如果有一方去猎杀兔子，那么猎杀雄鹿的一方将空手而归。他们都猎取兔子是一种保险的策略，它可以保证每个人都有一个尽管较小但正向的收益。

这种协调问题实际上对许多组织而言都是普遍存在的。它出现在任何从事团队生产的组织中，例如汽车制造厂或钢铁厂；更普遍地说，在任何地方，只要有一群人需要协调他们的行动以达成最理想的结果，这种问题就会出现。另一个例子发生在登山运动中，登山者彼此连在一起，整个团队的进程取决于最慢的登山者。因此，这些类型的问题有时也被称为短板（weak-link）或合作（collaboration）博弈。

猎鹿类型的困境并不局限于人类社会，在其他物种中也有出现。虎鲸的狩猎行为也是猎鹿博弈的一个例子。通常情况下，虎鲸们会合作将一大群鱼赶到水面上，然后用它们的尾巴击打鱼群，把鱼拍晕。由于这需要让鱼群不能逃跑，所以需要许多虎鲸的合作。但每头虎鲸也都可以选择自由地单独游动，捕食自己的鱼。

## 序贯博弈

到目前为止，我讲的都是双方同时采取行动的博弈；也就是说，参与者必须在不知道其他人的决定的情况下付诸行动。但这不是所有博弈的真实情况。在有些情况下，一方先行动，另一方在做出自己的决定之前可以看到第一行动方的选择。我在第 1 章讨论的 Penny 和 Sheldon 交换礼物的例子就符合这种情况。Sheldon 已经决定，在回送礼物之前，他要等着看看 Penny 送他什么圣诞礼物。

这些参与方依次而不同时行动的情况被称为序贯博弈（sequential game）。这些博弈是通过使用博弈树来描述的，而不是使用用于描述同时行动博弈的收益矩阵。为了讨论如何思考这种序贯博弈，我们何不回到 Della 和 Jim 的例子，去看看如果一个人先行动、另一个人后行动，会发生什么变化？或许，他们中的一个人会偷偷地跟踪另一个人，看看对方做什么。为了方便推理，我们假设 Della 先行动（或者 Jim 发现了她的目的）。再一次说明，一个关键的假设是，双方都希望使自己的金钱收益最大化。图 6.13 描述了由此产生的博弈树。

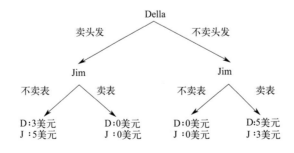

图 6.13　Della 和 Jim 序贯博弈中的博弈树

假设 Della 先决定是不是卖头发。如果 Della 决定卖掉她的头发，那么 Jim 就知道他的决定位于博弈树左边的分支上。他有两个选择：卖掉或不卖手表。如果他决定不卖手表，那么 Della 得到 3 美元，Jim 得到 5 美元。如果 Jim 决定卖掉手表，那么他们两个都得到 0 美元。另一方面，如果 Della 决定不卖头发，那么 Jim 就会位于博弈树右边的分支上。再一次，他有同样的两个选择：卖掉或不卖他的手表。如果他选择卖掉手表，那么 Della 得到 5 美元，Jim 得到 3 美元；如果 Jim 选择不卖掉手表，那么他们各自得到 0 美元。

思考这类博弈的方法是进行"逆向归纳"（backward induction）。这意味着你需要从博弈的结果，或博弈树的底部，从 Jim 的决定开始，然后沿着树向上推理。这是一个有两名参与者的简单博弈，每名参与者有两种选择，但同样的推理也适用于有许多参与方的序贯博弈。逆向归纳是什么意思呢？这个词听起来很花哨，但实际上却很简单。如果你曾经尝试过解决那些出现在报纸和杂志上的迷宫问题，那么你会知道我在说什么。很有可能是在某次你试着"作弊"的时候，你是不是尝试过，从终点开始倒着通过迷宫走到起点，也就是说，你看了看你要去的地方，然后想出了如何到达那里。这就是逆向归纳！这里的一个基本点是：后动的一方知道先动的一方选择了什么。因此，对第二行动方来说，决策应该是简单的。根据第一行动方的选择，选择收益最大化的选项就可以。但是，第一行动方也会思考第二行动方的各种选择，这样，他 / 她应该能够准确地预测第二行动方将如何决策，从而弄清楚他 / 她在最开始时应该选择什么 ❶。

因此，让我们从 Della 决定卖掉头发而 Jim 位于博弈树左侧分支时 Jim 的决定开始。Jim 会看一下自己的收益，并选择较大的那一个。此时，Jim 不卖手表可以得到 5 美元，而他卖手表可以得到 0 美元。所以在这里，Jim 会选择不卖他的手表。他们最后的结果是 {Della 卖头发，Jim 不卖手表 }。如果 Della 一开始就选择不卖头发会怎样呢？在这种情况下，Jim 位于博弈树的右侧分支。此时，Jim 从出售手表中得到 3 美元，从不出售手表中得到 0 美元。很明显，Jim 会选择卖掉他的手表。他们两人最后的结果是 {Della 不卖头发，Jim 卖手表 }。

但是，正如我之前所说，Della 应该能够预见到 Jim 的反应。Della 现在知道，如果她卖掉头发，那么 Jim 就位于博弈树的左侧，他的反应将是不卖他的手表。在这种情况下，Della 得到 3 美元，Jim 得到 5 美元。如果 Della 开始时不卖她的头发，那么 Jim 就会位于博弈树的右侧，将选择卖掉他的手表。在这种情况下，Della 得到 5 美元，Jim 得到 3 美元。这意味着，如果 Della 剪掉头发，她可以预期得到 3 美元，如果她不剪，则预期可以得到 5 美元。显然，Della 应该选择一开始就不剪掉头发。图 6.14 说明了这一点。在这个图中，我只保留了 Jim 的恰当选择，而去掉了不恰当的选项，并突出了 Della 的收益。因

---

❶ 玩过一个叫 Nim 的游戏的人都会知道逆向归纳的逻辑。像围棋或国际象棋这样的游戏也是如此，只是在后两种游戏中的策略集过于复杂，以至于人们不可能进行有效的逆向归纳；但逆向归纳正是被设计用来玩这些游戏的计算机程序所采用的，对于对手的每一步起手，它们会计算出与逆向归纳均衡相符的策略。

为 Della 可以预料到 Jim 会对她的两种选择（卖头发或不卖头发）分别做出怎样的反应。很明显，Della 一开始就选择不卖头发会得到更多的回报。如果她这样做了，Jim 就会选择卖表作为回应。这也是一个纳什均衡，只是在这种情况下，我们不像在参与方同时决策的博弈中那样，通过看最优反应来得出均衡，而是依靠逆向归纳的原则得出。

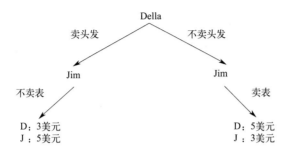

图 6.14　Della 在序贯博弈中的收益

所以，在这样一个 Della 先行动而 Jim 后行动的博弈中，纳什均衡点是 Della 选择不卖头发而 Jim 卖出手表。我在图 6.15 中用虚线标出了这一点，这是 Della 先行动的纳什均衡点。如果是 Jim 先选择卖表还是不卖表，均衡点就会不一样，通过逆向归纳，该博弈中的纳什均衡是 {Jim 不卖手表，Della 卖头发 }。下面，你可以尝试自己分析 Jim 先行动的情况。

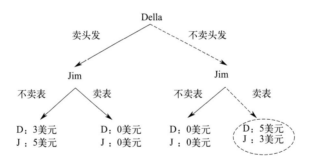

图 6.15　Della 和 Jim 序贯博弈中的纳什均衡

### 案例研究 6.3　进入或者不进入，这是一个问题

考虑这样一个假设的情境：两家咖啡连锁公司 Caroline 和 Spicer 正在竞争市场份额。Spicer 是目前占主导地位的商家，而 Caroline 则希望进入这个市场。两者之间的博弈树如图 6.16 所示。这里的问题是，Caroline 可以选择进入或不进入该市场。如果 Caroline 不进入，那么 Caroline 会得到 0 美元，而 Spicer 则独享 15 美元的垄断利润（这些利润实际可能是以百万或亿为单位的）。另一方面，如果 Caroline 真的进入该市场，那么 Spicer 公司可以用"和平"或"商战"来回应。和平意味着

Spicer 接受 Caroline 的进入，并准备因此而牺牲一些利润。此时，Caroline 公司得到 5 美元，Spicer 公司得到 10 美元。但 Spicer 公司也可以选择"商战"，比如说，通过采取破坏性的降价或增发大量广告宣传，或同时采用两种方式应对。也可能是 Spicer 目前在城里只有几家店，它让 Caroline 在没有 Spicer 咖啡店的街区开店，而不进行商战；或者 Spicer 可以选择对 Caroline 发动商战，尝试开更多的店。如果 Spicer 选择了"商战"，那么 Caroline 的结果就很糟糕，会损失 1 美元，而 Spicer 最终的利润也会减少 5 美元。

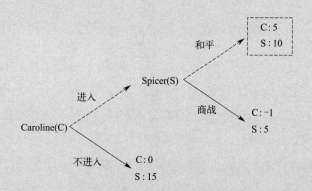

图 6.16　Caroline 公司和 Spicer 公司间的序贯博弈，Caroline 公司先采取行动

主要的问题是：如果 Caroline 可以先选择并决定进入市场，那么 Spicer 随后威胁要发动商战是否有意义？换句话说，如果 Caroline 进入市场，Spicer 可以威胁说要发动商战吗？如果 Spicer 这样做，这种威胁对 Caroline 是否有效呢？答案是否定的。我在图 6.16 中进行了解释。如果 Caroline 选择进入市场，自利的 Spicer 最好选择"和平"而不是"商战"，因为"和平"给 Spicer 公司带来的收益是 10 美元，而"商战"则是 5 美元。然后，Caroline 公司可以预料到，如果选择进入，那么 Spicer 公司就会选择接受，这会为 Caroline 公司带来 5 美元的利润。如果 Caroline 公司选择不进入，那么 Caroline 公司将一无所获。面对这些选择，Caroline 公司将选择进入该市场，而 Spicer 公司将选择接纳 Caroline 的进入。

Spicer 公司可能能够阻止 Caroline 公司进入市场的唯一方法是彻底改变博弈规则，抓住先发优势。这样做的一个方法是进行高昂而有明显效果的投入。在了解到一家对手公司计划进入其市场后，Spicer 公司抓住主动权，先下手为强，决定通过开更多的店来抢占市场。Spicer 公司有两个选择：在每个角落都建店或每隔一个角落建一个店。Caroline 公司可以看到 Spicer 公司的行动，然后决定是否进入该市场。我在图 6.17 中描述了这个博弈。

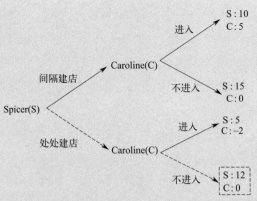

图 6.17　Caroline 公司和 Spicer 公司间的序贯博弈，Spicer 公司先采取行动

假设 Spicer 公司每隔一个角落开一家店。在这种情况下，Caroline 公司就位于博弈树上端的分支。此时，Caroline 公司进入市场获益 5 美元，不进入市场获益 0 美元。面对这些选择，Caroline 公司会选择进入。这意味着，在博弈树的这个分支上，博弈将出现这样的结果：Spicer 公司选择每间隔一个角落开一家店，而作为回应，Caroline 公司则会选择进入该市场。在该结局中，Spicer 公司会收益 10 美元，Caroline 公司会收益 5 美元。另外，假设 Spicer 公司选择在每个角落都开店。这使 Caroline 公司处于博弈树的下端分支。如果这种情况发生，那么 Caroline 公司进入该市场会有 2 美元的损失，而与前边的情况一样，他们不进入该市场的收益是 0 美元。这意味着在博弈树的下端分支中，Caroline 公司将选择不进入该市场，因为进入后，他们的损失很大。

考虑到 Caroline 公司的反应（在 Spicer 公司选择间隔一个角落开店后"进入"或在 Spicer 公司决定在每个角落开店后"不进入"），Spicer 公司现在可以预测 Caroline 公司在自己做出两个选择后将分别如何回应。如果 Spicer 公司间隔一个角落开店，那么等待他们的回报是 10 美元，因为作为回应 Caroline 公司会选择进入该市场。另一方面，如果 Spicer 公司选择在每个角落都开店，那么 Caroline 公司的回应会是不进入（因为如果进入，Caroline 公司将遭受损失），在这种情况下，Spicer 公司的收益是 12 美元。Spicer 公司的选择就很清楚了：他们从在间隔一个角落开店中收益 10 美元，但从在每个角落开店中收益 12 美元。因此，Spicer 公司应该继续前进，在每个角落都开一家店，而 Caroline 公司将以不进入市场作为回应。这是通过逆向归纳得出的纳什均衡。在图 6.17 中，我用虚线标出了这个均衡。

## 结语

在本章中，我已经说明了涉及两个参与者（或几个参与者）的决策情境往往需要策略性思考，包括预测他人的行动等。这样的场景通常被称为"博弈"，参与者常被称为"玩家"。这些博弈玩家可以是同时行动的或按顺序行动的。有些博弈有占优策略，导致唯一的均衡，如囚徒困境博弈。有些博弈中可能一个玩家有占优策略，但另一玩家没有；只是另一玩家可能能够预测并应对这一事实。其他博弈，通常被称为协调难题，则允许有一个以上的均衡结果。

协调博弈有两种类型。有些博弈，如两性之争博弈，允许有两个均衡：其中一个均衡对两个玩家中的一个有较高的收益，而另一个均衡则对另一个玩家有较高的收益。其他一些像猎鹿博弈的协调难题也有两个均衡：其中一个是双方都有更好的收益；但另一个是安全的结果，能保证最低的收益，如果玩家是风险厌恶者，他们可能会被诱惑去获取该结果。

囚徒困境博弈通常被称为"社会困境"，揭示了为共同利益合作与搭便车之间的冲突，搭便车是为了自己的利益，使个人收益最大化。我们讨论了这个博弈如何适用于诸如全球变暖或共同资源耗竭等各种议题。它甚至可以扩展到动物界。在单轮互动的博弈中维持合作的结果是困难的。但如果博弈互动重复进行，那么合作则是可能的。针锋相对策略，即每个玩家从合作开始，然后从下一轮开始模仿另一个玩家（如果对手合作，就合作；如果对手背叛，就背叛），可能是解决此类问题的关键。一个人的现时偏好（或不偏好）程度也很重要。一个人是否一开始就合作，取决于他如何权衡较小的当下收益和较大的未来回报，以及他对未来的看重程度。

对于玩家依次行动的博弈，我们提出了逆向归纳的原则来寻找纳什均衡。这种情况下，后行动的玩家知道先行动玩家的选择，但先行动的玩家也可以预测第二个玩家的选择，并可以在一开始就选择自己的最优策略。这类博弈的结果就取决于哪个玩家先行动。

在本章的开头我说过，在一个有明确终点的囚徒困境博弈（有时称为有限重复的囚徒困境）中，很难维持合作。现在我们理解了逆向归纳法的逻辑，就更容易理解为什么会这样。为什么为了维持合作，人们需要类似于无限范围的东西，就像在 Isha 和一个采取冷酷触发策略的对手所在的博弈中一样。假设 Isha 和 Ana 要玩十轮的囚徒困境博弈，而且她们都知道这一点。那么，如果她们是纯粹的自利者，她们肯定会在第十轮也就是最后一轮选择背叛，因为她们知道游戏在那之后就结束了。但是，如果她们要在最后一轮背叛，并且都知道会发生这样的事情，那么，预测了第十轮的行动后，她们在第九轮也应该会背叛。通过逆向归纳，她们也会在第八轮、第七轮甚至第一轮都选择背叛。所以，一旦知道博弈有一个确切的节点，她们将从第一轮开始就选择背叛并在后边的每一轮都选择背叛直至最后的第十轮。这就是为什么要在这种博弈中维持合作，一个人需要在不知道明确节点的情况下进行博弈；至少，在每一轮，博弈将继续下去的概率都不能是零。

# 7

# 最后通牒博弈

在本章，我们将：

- 讨论最后通牒博弈，这是一种用于研究公平偏好的方法。
- 展示人类（甚至人类以外的生物）具有天生的公平观念，最后通牒博弈中的行为表现反映了这些倾向。
- 证明在这种博弈中慷慨的提议不是由利他主义、低赌注或实验者需求效应导致的；相反，真正的原因是：在这种博弈中，提议者成功地预见到，小金额的提议可能会被对方认为是不公平的，从而被后者拒绝。
- 探索这些结果在多大程度上适用于不同的文化和社会。

# >> "双输"的抗议：拒绝不公平

2011 年，就在橄榄球世界杯（Rugby World Cup）开赛之前，阿迪达斯新西兰公司因为全黑队（All Blacks）球衣的价格陷入了争议，该球衣在新西兰的价格是海外价格的两倍多❶。阿迪达斯新西兰公司表示，他们在新西兰设定的价格是"相对于当地市场"的。当新西兰球迷试图在网上订购更便宜的海外球衣时，阿迪达斯霸道地阻止了这种尝试。公众的愤怒情绪高涨，以至于一些当地零售商开始亏本出售这些球衣；甚至当时的总理 John Key 也参与了辩论。阿迪达斯的战略出了什么问题？其实，阿迪达斯新西兰公司只是在搞老式的价格歧视。这就是经济学 101 课程（Economics 101）所讲的，卖家向支付意愿高的买家收取更高的费用，主要是因为后者没有多少其他选择。

为什么飞机上坐在你旁边的人可能比你多花几百美元购买机票？因为他们是在最后一刻才买，而你是两个月前买的。同理，阿迪达斯新西兰公司的隐含假设是，一旦世界杯开始——新西兰队开始赢球——球迷们就会狂热起来，在最激动的时刻，他们会心甘情愿地抢购这些高价球衣。但是这一策略的效果却适得其反，阿迪达斯此举被广泛谴责为非常不公平，实际上最终玷污了该品牌的声誉。

2007 年 2 月，东京钢铁公司（Tokyo Kohtetsu Company）的股东阻止了竞争对手大阪制铁公司 (Osaka Steel Company) 的收购，这是日本历史上首次有股东否决两家公司董事会批准的合并交易。具体来说，Ichigo 资产管理公司发起了一场罕见的代理权争夺战，以对抗其认为来自大阪的不公平报价（offer）提议。

---

❶ "全黑队"是对新西兰（橄榄球联盟）（Rugby Union）国家队（New Zealand's national team）的俗称，因为他们穿的是全黑球衣。类似地，南非代表队被称为"跳羚队"（Springboks），澳大利亚代表队被称为"袋鼠队"（Wallabies）。

拥有东京钢铁公司 12.6% 股份的 Ichigo 公司并没有反对收购本身，只是质疑报价提议的公平性。富士投资管理公司的高级副总裁 Yoshihisa Okamoto 表示，投票"传达了这样一个信息，即这种不公平的报价提议是不可接受的。"❶

Colin Camerer 是一位来自加州理工学院的杰出的实验经济学家，他讲述了这样一个故事：

有一次我和一些朋友乘船旅行，正当我们上船时，一位摄影师主动给我们拍了照片。当几个小时后我们下船时，摄影师试图以 5 美元的价格把照片卖给我们，并且拒绝讲价（他的拒绝是有理由的，因为现场其他几个团的人也在考虑是否购买照片。如果他在价格上向我们让步，那么他不光损失这一笔，还会因为其他人也要求折扣而损失更多收入）。作为优秀的博弈理论家，我们对这个价格犹豫不决，并指出照片对他来讲毫无价值［我记得，有一个小气鬼（要么是 Dick Thaler，要么是我自己）给出了 1 美元的提议］。他不仅拒绝了我们无礼的提议，并且拒绝做出让步。

这种照片对摄影师来说毫无价值（价值不到 1 美元），而对 Camerer 来说却很有价值（当然超过 5 美元），因此，有许多方法来分配收益，从而使双方都能获利。然而，摄影师不愿意接受任何低于 5 美元的价格，并放弃了一笔有利可图的交易。在所有这些例子中，人们都愿意放弃一定的金钱，因为他们认为某个特定的报价提议是不公平的。这就提出了两个问题：①人类天生具有公平观念吗？②这种公平感（sense of fairness）具有经济含义吗？这些都是我在本章中将要讨论的内容。

## "相对收益" 备受关注

"讨价还价"（bargaining）也称讲价、谈判，是许多经济交易中经常出现的现象，包括在工作合同中力争高薪、在购买地毯或二手车时讲价，以及老板与罢工工人之间的谈判。通常情况下，作为讨价还价过程的一部分，尤其是在协议难以达成时，一方会发出最后通牒（ultimatum），即"这是我能拿出的最好的报价，要么接受要么放弃（take it or leave it）……"例如，在有约束力的仲裁案件中，双方陷入僵局，尽管多次尝试，仍未能达成妥协。如果有一方接受了最后通牒式报价，那么问题就会迎刃而解，但如果不接受，那么谈判双方可能都将蒙受重大的经济损失。

在许多这样的情况下，争议双方（球员和老板、管理层和工会）已经陷入僵局，可能拥有更强议价能力或承担更少损失的一方，会向另一方提出"接受或放弃"的提议，即"最后通牒"。例如，球队老板可以联合起来向球员工会下最后通牒，用整

---

❶ 路透社（2007 年 2 月 22 日）报道：《日本首例：股东阻止收购》（A first in Japan : shareholders block a takeover）。

个赛季取消为代价来威胁球员接受提议。然而，如果最后通牒的响应者决定离开谈判桌，可能是因为他们对提议和可获取金额的分配方案不满意，那么这通常意味着双方最终都赔钱。在这种情况下，拒绝一项提议意味着受害者愿意放弃一大笔钱，以确保对方也遭受损失，这就好比割掉自己的鼻子来羞辱自己的脸，也就是为了泄愤而伤害自己。

20 世纪 80 年代初，科隆大学的三位经济学家 Werner Güth 、Rolf Schmittberger 和 Bernd Schwarze 研究了讨价还价行为。更具体地说，Güth 和他的同事们研究了当一方向另一方发出"接受或放弃"的最后通牒时会发生什么。他们感兴趣的是：人们——尤其是这种最后通牒的响应者——会如何回应它？发出最后通牒的人是否预料到对方的反应？

为了研究这个问题，Güth 和他的同事们在科隆大学招募了一群研究生，让他们参加一个简单的博弈游戏，这个博弈后来被称为最后通牒博弈（ultimatum game）。42 名参与者被分成两人一组，共 21 组。每组中有一个玩家被称为提议者（proposer），而另一个被称为响应者（responder）。❶

每位提议者都会得到一笔从 4 马克到 10 马克不等的钱（那是德国采用欧元作为货币前的日子。为了简单起见，在接下来的内容中我也经常使用"美元"，而不是使用不同的货币）。其中 3 个提议者获得 4 马克，3 个提议者获得 5 马克，3 个提议者获得 6 马克，3 个提议者获得 7 马克，3 个提议者获得 8 马克，3 个提议者获得 9 马克，最后 3 个提议者获得 10 马克。每一位响应者都清楚地知道和他配对的提议者获得了多少钱。他们的任务很简单：提议者将这笔初始资金分配给自己和响应者，由响应者决定双方是否能得到这笔钱。

也就是说，假设一个得到 10 马克的提议者说："我想给自己留 8 马克，给响应者 2 马克。"那么这个提议就会传达给配对的响应者，响应者必须决定是否接受这个提议。如果响应者接受，那么提议者得到 8 马克，响应者得到 2 马克。但是如果响应者不接受提议者的提议，那么他们都将一无所获。图 7.1 对这一情形进行了说明。

所有提议者和响应者都坐在一个大房间的两端，虽然他们被分配在不同的组中，但没有一个提议者知道他会与哪个响应者配对。所以，事情接下来会怎么发展？

在你继续阅读之前，你可能想把书放下几分钟，来思考以下问题：假如你是一个提议者，拥有 10 马克（或 10 美元），你会怎么做？你会留给自己多少钱？你会给响应者多少钱？这个响应者对你来说很可能是一个完全陌生的人，而且在未来你可能不会再与他见面或互动。接下来，假如你是响应者。你已经知道与你配对的提议者获得了多

---

❶ 事实上，Güth 和他的同事们分别称他们为玩家 1 和玩家 2。不同的作者在他们的论文中使用不同的术语。在本章的其余部分，我将坚持称呼第一个玩家为"提议者"，第二个玩家为"响应者"，而不是一直使用不同的术语。

少初始资金。那么，你能接受的最低金额是多少？1 美分？5 美分？还是 1 美元？记住，如果你拒绝了提议者的提议，那么你们都将一无所获。

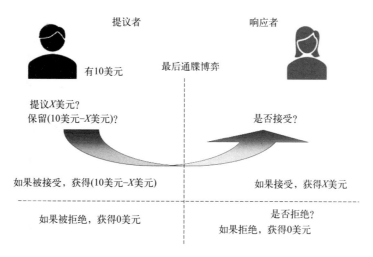

图 7.1　最后通牒博弈的结构

现在，我们会期待发生什么呢？由于两个玩家的决定是按先后顺序做出的，所以我们可以采用逆向归纳法，即从最后一个人做出的决定开始，然后逆向推演。在这种情况下，让我们从第二个决策者——响应者开始。当响应者收到一笔钱时，他应该怎么做？如果他认为有钱总比没钱好，那么只要该提议能够给他一笔钱（即使他得到的钱相对较少），他就应该接受提议，因为拒绝提议意味着他将什么也得不到。所以，响应者应该愿意接受大多数提议——即使是金额少得可怜的提议［当然，如果提议分配金额真的很小（比如 10 美分），响应者可能对赚 10 美分和一无所获之间持无所谓态度，在这种情况下，响应者可能会拒绝提议，但我们预计响应者会接受大多数并非可忽略不计的金额的提议］！因此，如果提议者预测到响应者的反应（即愿意接受大多数并非可忽略不计金额的提议，即使是小的数额也接受），那么提议者应该给出恰到好处的、较少的金额，因为给响应者的金额越少，提议者给自己留下的钱就越多（前提是响应者同意这种分配方案）。假设我们限制提议者以 50 美分为单位增加报价，那么我们确实期望那些提议者会给响应者提供相对较小的金额——可能是 50 美分，也可能是 1 美元。因此，在这个博弈的纳什均衡中，我们预计提议者会给响应者非常少的金额，而响应者会接受任意金额的提议。

在图 7.2 中，我展示了 21 名提议者给其配对的响应者的金额占初始金额的各种百分比，如 10%、20%、30% 等。由于不同的提议者收到的初始金额不同，我需要把所有这些数字以百分比形式换算，而不是用绝对数。较浅的阴影条显示提供特定百分比金额的提议者的数量（总计 21 个），如，提供 10% 的初始金额的提议者数量、提供 20% 的初始金额的提议者数量等。较深的阴影条表示某项提议被拒绝的次数。这张图相当引人注目。1/3 的提议者（21 人中的 7 人）向响应者提供了初始金额的正好一半（占初始金额的 50%）。21 个提议者中，有 17 人（略高于提议者总数的 80%）向响应者提供的金额等于或多于初始金额的 20%。这个结果是令人吃惊的，因为提议者提供的似乎比他们必须要提供的多得多。另一个令人费解的地方是响应者的拒绝。21 个提议中共有两个被拒绝。你可以从图 7.2 中看出，在图的最左边，有两个提议者想要保留全部金额（占初始金额的 100%），而什么都不给响应者（占初始金额的 0%），其中一个被对方拒绝了。这一点也不奇怪，因为无论响应者是接受还是拒绝，他都不会得到任何东西。但令人惊讶的是，在另一个被拒绝的提议中，提议者想保留初始金额的 80%，向响应者提供 20%，但后者拒绝了这一提议！在这个提议中，提议者最初得到了 6 马克，并希望保留 4.80 马克，向响应者提供 1.20 马克，但响应者拒绝了 1.20 马克，以确保提议者不会得到那 4.80 马克。

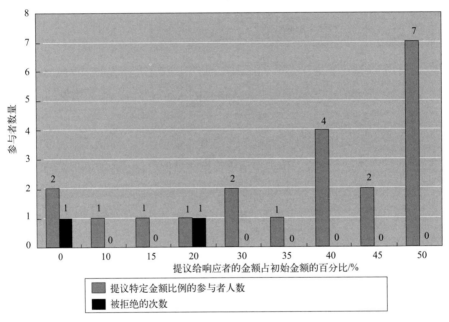

图 7.2　Güth 等在最后通牒博弈中得到的提议者分布

根据 Güth 等（1982）的数据重新制作

Güth 和他的同事们既惊讶又好奇，他们决定再次进行这一实验。一周后，他们让同样的 42 个参与者（21 个提议者和 21 个响应者）在相同的指导语下进行和之前完全相同的博弈实验。唯一不同的是，这一次，提议者最初收到的金额很可能与一周前收到的不同（比如是 8 马克而不是 5 马克），而且这次他们很可能与不同的响应者配对。图 7.3 所示的结果可能更加令人惊讶。图 7.3 与图 7.2 非常相似。与之前一样，较浅的阴影条显示了提议特定百分比金额的提议者的数量（如提议 15% 的初始金额的提议者数量、提议 20% 的初始金额的提议者数量等），而较深的阴影条表示某项提议被拒绝的次数。

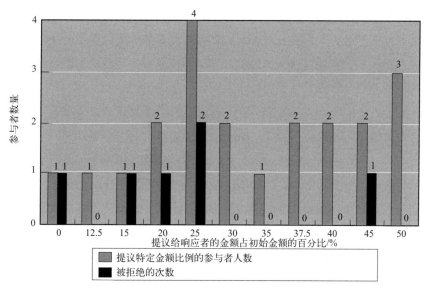

图 7.3　Güth 等人重复第二次最后通牒博弈得到的提议者分布

根据 Güth 等（1982）的数据重新制作

　　在这幅图中，有很多信息值得关注。首先，提出平分的提议者减少了（21 人中有 3 人，占提议者总人数的 14%，而一周前是 21 人中有 7 人，占提议者总人数的 33%）。但他们给出的提议仍旧很慷慨。在 21 个提议者中，有 18 个人（接近提议者总人数的 86%，这个数字几乎与一周前的相同）提供了至少 20% 的初始金额给响应者，然而，更引人注目的是关于拒绝的数据。21 个提议中有 6 个被拒绝。其中多数情况下，提议者希望保留 80% 或更多的可用金额，并向响应者提供 20% 或更少的金额，后者拒绝了这个提议。

　　但是有两个响应者拒绝了提议者给他们 25% 的初始金额的提议，在绝对金额上都是提议者最初有 4 马克，向响应者提供这 4 马克中的 1 马克，而响应者拒绝了提议；在另一个被拒绝的提议中，提议者最初获得 7 马克，他想给自己留 4 马克（占初始金额的 57%），给响应者 3 马克（占初始金额的 43%），但遭到了拒绝，最终两人都一无所获！

　　为了确保这些结果不是由于参与者无法理解指导语所造成的，Güth 和他的同事们让被试参与一个更困难的决策问题，以测试他们的分析技能。他们在这项更艰巨的任务中的表现使研究人员相信，对实验指导语缺乏理解并不是导致这些结果的原因。在报告这些结果时，Güth 和他的同事们评论：

　　*"被试并没有因为难以解决博弈任务而偏离最优结果。主要原因似乎是理性的解决*

方案不被社会接受或被认为是不公平的。"

他们接着补充说，在这个博弈中，响应者的典型考虑似乎是这样的：如果提议者给我一个公平的分配金额，那么我就接受；如果被提议的分配金额不公平，即使拒绝提议，我自己损失的金额也并不大，那么我宁愿拒绝提议。相应地，提议者可能会这样推理：即使我要给响应者一个小数目的金额，我也有必要分给他／她一个足够的数目，这样他／她会更愿意接受这个提议，而不是拒绝我，致使我们双方空手而归。

为了更好地了解参与者的心理，Güth 和他的同事们随后开展了进一步的研究。实验中他们让 37 名参与者分配 7 马克，同时每人都必须作出两个决定：①作为提议者时，你会给响应者多少马克；②作为响应者时，你愿意接受的最小金额是多少。实验设想是这样的：如果参与者想从 7 马克中给自己 5 马克，给响应者 2 马克（并预期响应者会接受这个提议），那么当此人作为响应者并被给予 2 马克时，他／她会很乐意接受这个数额。

事实证明，大多数人都是相当一致的。37 名参与者中的 15 名（作为提议者）向配对的响应者提供的金额，与自己作为响应者时愿意接受的金额数目一致。也就是说，他们如果给响应者 7 马克中的 2 马克，那么当他们自己作为响应者时，也愿意接受 2 马克。在多数情况中，实际被提出的分配方案是五五开。17 名参与者明确承认，在这个博弈中，提议者基本上占上风，因此，提议者希望给自己留更多的可用金额也是人之常情。这些参与者作为响应者时也愿意接受比他们作为提议者时所提议的更少的金额，也就是说，他们如果给响应者 7 马克中的 3 马克，那么当他们自己作为响应者时，也愿意接受 3 马克或更小的金额，因为他们清楚地认识到双方之间权力的不对称。但是，尽管这些参与者作为响应者时会十分愿意考虑这种权力的不对称，但是当作为提议者时，他们往往更不愿意利用这种权力（对于这种不愿充分利用自己的市场优势来为自己赚更多钱的情况，我稍后将会进一步说明）。在 37 名参与者中，只有 5 名参与者给响应者的钱少于他们自己愿意接受的最小金额。

这些结果清楚地表明，人们的决定并不是由于无法理解博弈任务或由什么差错所造成的，而是参与者显然对什么是公平或不公平的提议有明确的定义。提议者不愿意提出被视为不公平的提议，响应者也会毫不犹豫地拒绝不公平的提议。只要这种拒绝能够使提出不公平提议的人遭受损失，响应者即使损失大数额的金钱也在所不惜。

这些结果引起了轰动。在很大程度上，这是因为当时经济学家的字典里没有"不公平"，他们也没有关注过相对收益（relative pay-offs）。通常，经济学家倾向于依赖理性经济人（rational homo economicus）假设，在这个假设中，人们主要感兴趣的是在特定情况下，最大化他的金钱收益（monetary returns），或者更普遍地说，最大化他的效用（utility）（金钱收益是效用的重要组成部分）。但这些结果表明，人们似乎非常关心规范性结果（normative outcomes），比如分配是否公平，而且更重要的是，人们似乎相当关注相对收益，也就是说，"作为响应者，与提议者相比我能得到多少钱"，并且愿意放弃一定数目的钱来避免不公平的结果。例如，响应者似乎很愿意放弃 2 美元来报复提议者拿到 8 美元。由此我们可以得出结论，人们非常关心结果的公平性。如果响应者认为某一分配方案是不公平的，那么他们宁愿拒绝提议者分配的金额。在进行分配时，提议者也会考虑到这一事实，即如果提议显得对响应者不公平，即使提议会给响应者绝对价值相对较大的回报，那么它也可能会被拒绝。

## 意图和结果同样重要

这里一个潜在的困惑是：当响应者拒绝不公平的提议时（也就是说，当提议者比响应者获得了更大份额的时候），他在抗议什么？是在抗议提议的不公平性，即提议者试图拿更多的钱来让自己过得更好，而以牺牲响应者的利益为代价吗？是更在意行为是否符合某种内隐的社会规范（implicit social norm）（这种规范规定了在特定情况下什么行为是可以接受的，什么是不能接受的）吗？还是对讨价还价过程不满意，或者是感到相对于提议者来说，自己的地位更低，而正是这种相对劣势的地位让他们备感困扰呢？可以想象，对分配的偏好和反应不仅受到讨价还价过程的最终结果的影响，也受到当前决策发生的背景因素影响。如果不公平的结果是由环境或偶然因素造成的，而非人为故意的结果，那么人们可能更加愿意忍受它。例如，比起自然风暴引发的飞机坠毁，未更换飞机的故障部件所造成的事故更可能招致人们的报复和惩罚。

芝加哥大学商学院的 Sally Blount 决定研究对这种不公平行为的厌恶（aversion to unfair acts）而非抗议不公平结果的现象。她让 MBA 学生参与不同条件下的最后通牒博弈。第一种是常见的最后通牒博弈，参与者被随机分配为提议者和响应者。提议者有 10 美元，并就这初始的 10 美元提出一个分配方案，响应者有权接受或拒绝该提议。如果拒绝，双方都将一无所获。在第二种实验处理（也被称为第三方的实验处理）中，参与者被分为提议者和响应者，但决定初始金额（10 美元）分配方案的人不是提议者，而是另一个与分配方案无利益关系的参与者。响应者可以选择拒绝第三方的提议，如果拒绝，提议者和响应者都将一无所获。最后，还有第三种随机性（chance）实验处理，参与者被分为提议者和响应者。与之前一样，有 10 美元待分配，但这次不是由提议者或第三方决定分配方案，而是由轮盘赌的轮盘旋转决定，因此，各个结果出现的机会均等（例如，提议者获得 10 美元，响应者获得 0 美元；提议者获得 9 美元，响应者获得 1 美元；等等）。

在进行实际的博弈之前，Blount 还要求每个参与者陈述如果他 / 她在稍后的博弈中被分配为响应者时所愿意接受的最小金额。如果响应者所关心的只是他们与提议者的相对地位，也就是说，他们只是不想在收益方面比提议者差太多，那么这三种实验处理的参与者所说的最低可接受金额应该是相同的。然而，如果行为意图很重要并且人们更在意有意的不公平行为，而不在意他们相对于另一个人得到了多少钱，那么我们预期人们更愿意接受由随机因素（通过轮盘赌）造成的不公平分配方案，而不愿意接受会从不公平提议中获益的提议者所提出的分配方案。

结果清楚地表明，人们关心的是提议的不公平（unfairness），而非相对收益。在第一种实验处理中，即分配方案是由提议者决定时，提议者自然希望自己保留更多而给响应者少量的金额，那么平均而言，响应者愿意接受的最小金额是 2.91 美元（总金额是 10 美元）。在第二种实验处理中，即分配方案是由无利益关系的第三方决定时，响应者可接受的平均最小金额为 2.08 元。但在第三种实验处理中，即随机决定分配方案时，可接受的最小金额平均为 1.20 美元。因此，当分配是由随机方式决定时，人们并不怎么关心结果和最终收益的不公平性，然而，当分配是由另一个人决定时，尤其是能从不公平提议中获利的人，那么人们会更加在意这种不公平。此外，在第一种实验处理中，即提议者决定分配方案时，17 个提议者中有 9 个决定以五五开的方式分配，4 个提议者向响应者提供 4～4.5 美元，2 个提议者向响应者提供 2.5～3 美元，还有 2 个提议者只给响应者 0.5 美元。很明显，与随机分配相比，响应者更不愿意接受由人类提议者提出的巨大收益差异。

苏黎世大学的 Armin Falk、Ernst Fehr 和 Urs Fischbacher 进一步证明了意图（intention）的重要性。他们让 90 名参与者参加 4 个相互独立并稍加修改过的最后通牒博弈。在每一场博弈中，要求提议者对 10 分进行分配（提议者和响应者累积的积分稍后可以兑换现金。）Falk 和他的同事们限定提议者只能做二择一的选择（one of two choices），而不是由提议者将 10 分进行不同的分配。我把两个选项称为 A 和 B。选项 A 在所有 4 个博弈中都是相同的，即给提议者 8 分，给响应者 2 分。然而，选项 B 在不同的博弈中有所不同。博弈结构详见图 7.4。在第一个博弈中，选项 B 表示给提议者 5 分，给响应者 5 分，也就是说，在这个博弈中，提议者可以选择自己留 8 分，给响应者 2 分（选项 A），或者平分给每个人 5 分（选项 B）。我们称之为 "5/5 博弈"。在第二个博弈中，选项 B 表示给提议者 2 分，给响应者 8 分，也就是说，在这个博弈中，提议者可以选择保留更多的钱（给自己 8 分，给响应者 2 分），也可以自己只保留 2 分，给响应者 8 分。我们称之为 "2/8 博弈"。这些收益在图 7.4 的小括号中加以表示。最后，在第三个博弈中，选项 B 表示给提议者 10 分，而响应者什么都没有。所以，第三个博弈给了提议者两个不公平的选择——其中一个是提议者保留 8 分，给响应者 2 分；另一个更不公平的选择是，提议者保留所有 10 分，响应者则什么都得不到。我们将其称为 "10/0 博弈"。图 7.4 的大括号中展示了这些结果。他们还进行了这样一个博弈：给提议者一个 "无差异" 的选择，即选项 A 和 B 都是给提议者 8 分，给响应者 2 分。在这种情况下，提议者别无选择，只能自己保留 8 分，给响应者 2 分。无论提议者选择了 A 还是 B，只要响应者接受提议，无论走树形图的哪个分支，结果都是一样的，即给提议者 8 分，给响应者 2 分。图 7.4 的方括号中呈现了这些收益。我不打算讨论最后这个"无差异"的博弈，因为讨论其他三个博弈就足以说明我的观点了。

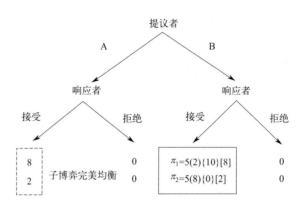

图 7.4　Falk 等人的最后通牒博弈结构

在每一次博弈中，响应者都可以拒绝提议者的提议，在这种情况下，他们都将一无所获。在我告诉你结果之前，你很有可能对预期结果有一个直观的感觉，让我们从响应者接受或拒绝的角度来考虑博弈将发生什么。与之前一样，如果响应者只关心他们的金钱收益，那么我们预期 8/2 提议（给提议者 8 分，给响应者 2 分）永远不会被拒绝。直觉上，我们会认为在 5/5 博弈中，8/2 提议显然被认为是不公平的，因为提议者本可以给出平等提议（即给提议者 5 分，给响应者 5 分）。在 2/8 博弈中，8/2 提议仍然会被认为是不公平的，但可能会比 5/5 博弈中的 8/2 提议更公平一些，因为在这里，8/2 提议的唯一替代方案是只给提议者 2 分，给响应者 8 分。因此，我们预期，5/5 博弈中的 8/2 提议比 2/8 博弈中的 8/2 提议更容易被拒绝。最后，在 10/0 博弈中提供 8/2 提议甚至可能被认为是公平（或没那么不公平）的行为，所以在这种情况下，8/2 提议的拒绝率可能是所有博弈中最低的。

结果和预期的完全一样。不公平的 8/2 提议的拒绝率在 5/5 博弈中占比最高（占 44.4%）；在 2/8 博弈中，8/2 提议被拒绝的比率为 27%；而在 10/0 的博弈中，这一比率仅为 9%。拒绝率的变化表明，初始提议背后的意图是提议是否被接受的主要因素。备选提议（即 5/5、2/8 和 10/0）的被拒绝情况如下：没有人拒绝 5/5 提议；只有一个人拒绝 2/8 提议；几乎 90% 的人拒绝了 10/0 提议。

埃默里大学的灵长类动物学家 Frans de Waal 和他的同事 Sarah Brosnan 认为，这种公平观念（notions of fairness）并不局限于人类。他们进行了一项实验，探索卷尾猴的不公平厌恶（inequity aversion）。两只卷尾猴被分别放在彼此相邻的透明箱子里。每个猴子的箱子里都有一堆鹅卵石。实验人员依次接近每只猴子。猴子必须把一块石头递给实验者，作为回报，猴子得到奖励。奖励要么是一片黄瓜，要么是一颗葡萄，而后者更令猴子垂涎，因为它们更喜欢葡萄而非黄瓜。最初，每只猴子只要交给实验者一枚鹅卵石，就能得到一片黄瓜。但是，经过几次试验后，一只猴子仍旧只能得到黄瓜，而另一只猴子却得到了一颗葡萄。一开始，得到黄瓜的猴子只能看着另一只猴子获得葡萄，但这样的情况发生了几次后，得到黄瓜的猴子变得非常激动，把黄瓜扔掉，并开始撞击箱子，实际上是开始抗议这种付出相同努力却遭受不公平待遇的现象。

但是，黑猩猩（类人猿）似乎不像人类那样偏好公平。2007 年，马克斯·普朗克进化人类学研究所的 Keith Jensen、Josep Call 和 Michael Tomasello 让 11 只黑猩猩参加最后通牒博弈，博弈的形式与 Falk、Fehr 和 Fischbacher 的研究完全相同，只不过黑猩猩们分的是 10 颗葡萄而不是金钱。除此之外，与对人类进行的研究一样，黑猩猩提议者必须在提议 A 和 B 中选择。提议 A 是给黑猩猩提议者 8 颗葡萄，给黑猩猩响应者 2 颗，而提议 B 在每个博弈中都不一样。在第一个博弈中，提议 B 是给每个黑猩猩 5 颗葡萄（5/5 博弈）；在第二个博弈中，提议 B 是给黑猩猩提议者 2 颗葡萄，给黑猩猩响应者 8 颗葡萄（2/8 博弈）；在第三个博弈中，提议 B 是给黑猩猩提议者 10 颗葡萄，黑猩猩响应者则什么都没有（10/0 博弈）。与人类被试在有 5/5 提议这一备选项时通常会拒绝 8/2 提议不同，黑猩猩响应者"在提议者本可以给出另外一个公平提议时，仍能接受这些不公平提议；黑猩猩响应者接受了所有的非零提议；它们实际上只拒绝了零提议"。不公平观念是否适用于动物界，这个问题似乎尚未解决，还需要进一步研究。


## >> 慷慨的来源："自利假设"是如何被打破的


有许多针对上述研究结果有效性及其解释的批评。一般来说，这些批评可以分为以下几类。首先，批评者认为我们从童年起就习惯于社交和合作。因此，当面对最后通牒博弈这样一个新的情境时，提议者并没有意识到他们在交易中占了上风，因此有权保留更多的可用金额，而给响应者较少的金额。也就是说，提议者给出的慷慨提议是因为他们具有利他（altruistic）倾向，这与提议的公平或不公平没有任何关系。当然，这并不能完全解释为什么响应者拒绝提议。

第二种批评在某种程度上与第一种批评有关，并由它发展而来。假设你把一群人带到一个房间里，将他们分为一半提议者和一半响应者。你给提议者 10 美元，让他在自己和响应者之间分配。这就像天上掉馅饼。显然相对于响应者，提议者处于优势地位。但是他们凭什么成为提议者并占据这个优势地位呢？显然角色的分配纯属随机事件。

在这种权力意识相当模糊的情况下，提议者可能会觉得没有资格获得这笔钱，而更倾向于与响应者公平分享——毕竟，提议者本来很容易会变成响应者。在该领域做过大量研究的 Elizabeth Hoffman、Kevin McCabe 和 Vernon Smith 是这样说的："这就好比我和你走在大街上，看到人行道上有一个信封。我把它捡起来。里面有 10 张 1 美元的钞票。我给你 5 美元，自己留 5 美元。"

第三种批评是针对相对较小的可分配金额。这些批评者认为，10 马克（或 10 美元）并不是一个很大的金额，因此，参与者甚至可能没有认真对待这个博弈。如果涉及的金额更大，行为就会有所不同并且更加"理性"，也就是说，如果涉及的金额更大，提议者将会保留更大的份额，响应者也不会太快拒绝提议。拒绝一两美元是一回事，但谁会拒绝 10 美元或 20 美元呢？

第四种批评涉及一个更加微妙的问题，与通常所称的"实验者需求效应"（experimenter demand effects）有关。这种批评认为，即使一个提议者很想把实验者给他的大部分钱装进自己的口袋，他可能也不会这样做，因为他知道实验者可以看到他的决定，而他并不希望给实验者留下贪婪的印象。因此，提议者迫于尴尬而没有拿走大部分钱。同样，被实验者观察可能会迫使响应者拒绝小额的提议，因为他／她不愿意表现出对金钱的渴望或看起来软弱可欺。

## 利他动机的作用并不明显

让我们来看看这些批评是否站得住脚。首先，提议者的动机是想要分享金钱吗？艾奥瓦大学的 Robert Forsythe、Joel Horowitz、N. E. Savin 和 Martin Sefton 通过观察最后通牒博弈和更简单的独裁者博弈（dictator game）中行为的差异来回答这个问题。独裁者博弈与最后通牒博弈相似，参与者被分成提议者和响应者两组。提议者会得到一笔钱，比如 10 美元。然后，要求提议者决定如何与响应者分配这笔钱。但是在这种博弈中，响应者根本没有发言权！因此，响应者必须接受提议者给出的任何提议，不能拒绝。

在此，基于自利假设我们能够做出明确的预测。那就是提议者应该直接拿走所有的钱，不给响应者任何数额。但是，通过比较提议者在最后通牒博弈和独裁者博弈中的行为表现，我们可以知晓提议者的动机。假设在最后通牒博弈中，提议者的动机仅仅是利他主义（altruism），即渴望分享，而不是害怕被拒绝，那么提议者在两个博弈，也就是最后通牒博弈和独裁者博弈（后者纯粹是分配金钱）中的提议应该是相似的。但如果在最后通牒博弈中提议者的动机是害怕由于提议不公平而遭受惩罚，那么我们预期，提议者在最后通牒博弈中给出的提议会比在独裁者博弈中给出的提议更慷慨。

在图 7.5 中，我呈现了 Forsythe 和其同事们所开展的一组实验中参与者的行为结果。他们报告了分别在四月和九月完成的两组不同实验的结果。左图显示的是独裁者博弈中的提议者分布，右图显示的是最后通牒博弈中的提议者分布。我用了略微不同的底纹来表示提议者在不同月份给出的提议。在这两种博弈中，提议者都获得了 5 美元，并要求他们给出分配方案。x 轴表示给响应者的金额，y 轴表示相应提议者人数的占比。通过比较两张图，我们可以清楚地看到，比起独裁者博弈，提议者在最后通牒博弈中给了响应者更多的钱。很明显，最后通牒博弈的众数提议（modal offer），即大多数参与者的提议，是初始金额的 50%。最后通牒博弈开始时，55% 的提议者向响应者提供了 5 美元中的 2.50 美元；另外有 20%～25% 的提议者向响应者提供总金额的 40%，也就是 2 美元。因此，在最后通牒博弈中，3/4 的提议者向响应者提供 2 美元或 2.50 美元（占总金额的 40%～50%）。相比之下，独裁者博弈中的众数提议为零，大约 40% 的提议者没给响应者任何金额；另外 30% 的提议者向响应者提供可用总金额的 20%，即 1 美元。因此，在最后通牒博弈中，75% 的提议者向响应者提供了 5 美元中的 2 美元或更多（占总金额的 40% 或更多）；而在独裁者博弈中，有大约 70% 的提议者提供了 1 美元或更少（占总金额的 20% 或更少）。

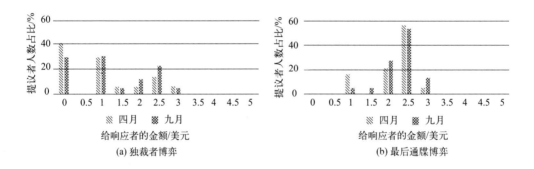

图 7.5　最后通牒博弈和独裁者博弈的提议比较

根据 Forsythe 等人（1994）的数据重新制作

　　这两组实验是反驳提议者利他主义假设的有力证据，并进一步证实了提议者和响应者都是根据"要求分配公平"这一内隐社会规范作出反应的观点。结论是明确的。在没有受到惩罚威胁的独裁者博弈中，提议者相当吝啬。但在最后通牒博弈中，提议者清楚地预测到，如果他们向响应者提出不公平的提议，那么许多响应者将会拒绝提议来反对这种不公平，即使响应者自己要牺牲一大笔钱也在所不惜。提议者和响应者的行为都表明，他们清楚地知道在特定情况下什么是公平的或不公平的，并能作出相应的反应。

### 增加最后通牒博弈中的可分配金额

　　当最后通牒博弈中的可分配金额更大时，人们的行为会有所不同吗？当然，这里有一个悬而未决的问题，那就是金额要设置成多少才算足够大。1996 年，Elizabeth Hoffman、Kevin McCabe 和 Vernon Smith 决定分别以 10 美元和 100 美元尝试进行最后通牒博弈实验。100 美元在当时自然不是一个小数目，就像现在一样，特别当你是一个时间机会成本大概率低于 100 美元的学生时（尤其是考虑到完成实验只需花大约 20 分钟）。Hoffman、McCabe 和 Smith 决定也研究一下权力感的问题。因此，除了采用和以往研究一样的实验处理［随机分配参与者扮演某一角色（如提议者或响应者）］以外，他们还进行了另一种实验处理，那就是由小测验中的表现来决定角色分配。测验得分高的人被分配为提议者，而其他人则是响应者。在这个最后通牒博弈中，提议者被告知他们"赢得"了分配这笔钱的权力。实验者认为，赢得这项权力意味着提议者将产生更强烈的权力感，并可能导致他们给出更吝啬的提议 ❶。

Hoffman、McCabe 和 Smith 的发现令人震惊。在参与者被随机分配为提议者或响应者的实验中，与 Güth 和其同事们最初研究的结果一样，不管是拥有 100 美元还是 10 美元，提议者给响应者的提议都非常相似。10 美元的博弈中一共有 24 名提议者，100 美元的博弈中共有 27 名提议者。在这两种情况下，众数提议（即大多数提议）都是向响应者提供总金额的 50%——要么是 10 美元中的 5 美元，要么是 100 美元中的 50 美元。在这两种博弈中，几乎所有提议都分布于总金额的 30%～50%，也就是说，在 10 美元的博弈中给出 3～5 美元，在 100 美元的博弈中给出 30～50 美元。此外，在 100 美元的博弈中，有一个人希望保留全部 100 美元（响应者接受了），而没有人愿意在 10 美元的博弈中保留全部的钱。在 100 美元的博弈中，有两个人愿意给响应者 60 美元（占金额的 60%），也就是说，这两个人愿意放弃 60 美元，仅给自己留 40 美元！也难怪这些提议被接受了。

当涉及因在测验中表现良好而"赢得"提议者权力的博弈时，人们给出的提议就变得更加吝啬了。有 24 人作为 10 美元博弈的提议者，23 人作为 100 美元博弈的提议者。仅有少数提议者分配给响应者总金额的 40% 或以上，而更多的提议者分配给响应者总金额的 10%。在这种情况下，许多提议者似乎认为响应者会愿意接受较少的金额，比如 10%（可能是因为提议者"赢得"了测验，并觉得有权获得更多的金额）。但令人惊讶的是，响应者显然不愿意接受提议者的这种权力意识，并且即使在 100 美元的博弈中，他们也非常愿意拒绝不公平的提议。这是因为在 100 美元的博弈中，拒绝率（即响应者拒绝提议的比例）要高得多。在 10 美元的博弈中，24 个提议中只有 3 个被拒绝，而在 100 美元的博弈中，23 个提议中有 5 个被拒绝。在 100 美元的博弈中，3/4 的提议是给响应者 10 美元，都被拒绝了；在 5 个给响应者 30 美元、提议者保留 70 美元的提议中，有两个也被拒绝了。因此，在 100 美元的博弈中，许多响应者拒绝了大于或等于 10 美元博弈中分给他的金额占比的提议。这表明在 10 美元和 100 美元的博弈中，人们对公平的期望是不同的。

Hoffman、McCabe 和 Smith 的研究表明，如果提议者和响应者的角色是随机分配

❶　当然，一个小测验是否会产生一种真正的权力感是有争议的。那些最终成为"失败者"的人可能会感到愤愤不平，并质疑通过小测验中的表现成为"赢家"获得权力的方式是否适当和充分。

的，无论赌注是 10 美元还是 100 美元，分给响应者的金额占比往往集中在 50% 左右。因此，将赌注增至 10 倍并没有使提议者的行为产生任何明显的变化。而当角色是根据测验表现分配时，提议者似乎觉得自己有权保留更多的钱，从而提出更吝啬的提议，但这种权力的合理性并不一定被响应者接受，尤其是在 100 美元的博弈中，提议者的吝啬导致了意见分歧和更高的拒绝率。

这些结果在很大程度上回答了如下假设问题：可分配的总金额越高，参与者行为就会有所不同，且更符合自利假设。结果证明，这一假设是错误的，事实上，如果角色是随机分配的，那么随着可分配金额的增加，提议会向一个更加公平的方向发展。但 100 美元够多吗？如果可分配金额再大一些，人们的行为会有所不同吗？

使用大笔资金的一个问题是，这些研究是由研究基金资助的，大多数研究人员并没有无限量的资金可供支配。但有一个方法可以解决这个问题，那就是在欠发达国家进行这些实验。鉴于购买力存在很大差异，发达国家的小额金钱在欠发达国家则相当于更大的金额。因此，同样数额的美元在欠发达国家将发挥更大的作用，研究人员能够用相当于参与者月收入数倍的金额进行实验。

Lisa Cameron 认为，如果要真正回答有关可分配金额的问题，需要研究更大金额下的行为。1994 年，她前往位于印度尼西亚日惹市（Yogyakarta）的加扎马达大学（Gadjah Mada University）。当时，印尼的人均国内生产总值为 670 美元，约为美国人均国内生产总值的 3%。Cameron 让参与者用 5000 印尼盾、40000 印尼盾和 200000 印尼盾（分别约为 2.5 美元、20 美元和 100 美元，当时的汇率是 1 美元 =2160 印尼盾）进行最后通牒博弈。其中，最大的一笔可分配金额（即 200000 印尼盾）大约是参与者每月平均支出的 3 倍。毫无疑问，这些可分配金额都很大。

如果我们面对的是数百万美元，行为可能会有所不同，但大多数人并不是每天都在与数百万美元打交道。此外，目前也不清楚这是否会产生影响。如果 Bill Gates 和 Warren Buffet 玩最后通牒博弈——他们有能力将数百万美元用作分配金额——Buffet 给 Gates 100 万美元中的 20 万美元，那么很有可能 Gates 会拒绝这个提议。毕竟，20 万美元对 Gates 来说并不像对我们大多数人来讲那么重要。表 7.1 呈现了在三种不同的可分配金额条件下，即 5000 印尼盾、40000 印尼盾和 200000 印尼盾，提议者所给出的分配方案。在所有三种情况下，提议者给响应者的平均金额约占总金额的 40%，而众数提议在每种情况下均为 50%。

表 7.1　可分配金额大的最后通牒博弈中的提议

| | 博弈一（5000 印尼盾） | 博弈二（40000 印尼盾） | 博弈三（200000 印尼盾） |
| --- | --- | --- | --- |
| 所提议的金额占比均值 | 40% | 45% | 42% |
| 众数提议 | 50% | 50% | 50% |
| 接受率 | 69% | 91% | 90% |

注：根据 Cameron（1999）提供的数据制作。

图 7.6 呈现了包括提议、接受率和拒绝率在内的更详细的分析数据。在少数情况下，

响应者对"如果你接受了提议，那么你会得到多少钱"这个问题填写了错误答案。针对这种情况，Cameron 假设响应者没能完全理解博弈规则，所以这些人的反应被标记为"有问题"，而不是接受或拒绝。在图中，我呈现了三个博弈的数据，每个博弈都进行了两轮。第一轮总是相同的，总金额是 5000 印尼盾。提议者必须决定如何与响应者分配这笔钱。在第一个博弈的第二轮中，博弈的可分配总金额保持不变，仍旧是 5000 印尼盾。在第二个博弈中，第一轮可分配总金额是 5000 印尼盾，第二轮则增加到 40000 印尼盾。在第三个博弈中，第一轮的可分配总金额是 5000 印尼盾，第二轮的可分配总金额则是 200000 印尼盾。在图 7.6 的每个图中，$x$ 轴表示提议者希望保留的金额比例，$y$ 轴表示每种分配方案的占比。

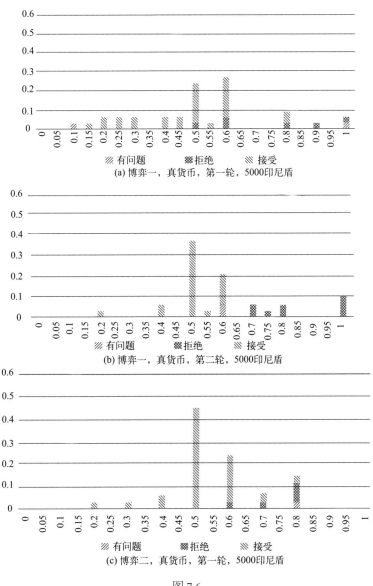

图 7.6

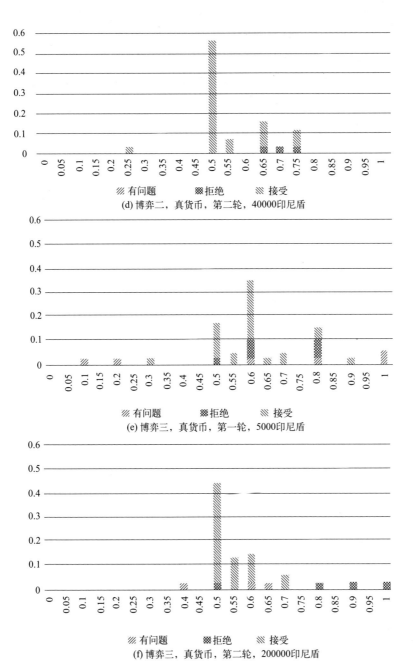

图 7.6　Cameron 的可分配金额大的最后通牒博弈中提议、接受和拒绝的明细

根据 Cameron（1999）的数据重新制作

令人惊讶的是（根据我们上面所说的，这并不奇怪），在可分配金额为 200000 印尼盾的博弈中，响应者拒绝了本可以拿到总金额 10% 和 20%（分别为 20000 印尼盾和 40000 印尼盾）的提议。在 40000 印尼盾的博弈中，给响应者总金额的 25%、30%、35%（分别为 10000 印尼盾、12000 印尼盾和 14000 印尼盾）的提议也被拒绝了。Cameron

的结论是：在这类博弈中，随着可分配总金额的增加，提议者的行为并没有更加符合纳什均衡。请记住，纳什均衡的推理表明，即使提议者给出的提议非常吝啬，响应者也会接受该提议。Cameron 接着说："提议者的行为与可分配总金额的变化无关。"也就是说，即使有大额金钱待分配，提议者也不会变得更加吝啬。就像我们上面指出的，可能是因为当响应者觉得提议不公平时，即只能拿到总金额的 25% 或更少时，他们通常会不惜损失大笔金钱，也要拒绝这个提议。

Cameron 还发现，随着可分配金额的增加，接受提议的响应者比例也会增加，但她认为，这并不一定反映出响应者更愿意接受给定的金额，而是因为随着可分配金额的增加，提议者一般倾向于提出更慷慨的分配方案，而这样的提议更容易被接受。因此，如果 Warren Buffet 真的和 Bill Gates 一起玩最后通牒博弈，很有可能 Buffet 给 Gates 总金额的 40% ～ 50%，后者才会欣然接受。

## 与尴尬相比，人们更害怕被惩罚吗？

有人认为，提议者给出慷慨提议是因为实验者可以观察到他们的决定，而他们不愿意给实验者留下贪婪的印象。Elizabeth Hoffman、Kevin McCabe、Keith Shachat 和 Vernon Smith 使用复杂的"双盲"协议（double-blind protocol）进行了一些独裁者博弈实验。通常在实验中，参与者不知道他与谁配对，但实验者可以看到所有的决定。因此，参与者之间是匿名的，而参与者和实验者之间是非匿名的。这种协议被称为"单盲"协议（single-blind protocol）。双盲实验指所有参与者所做的全部决定完全都是匿名的，即其他参与者和实验者都不知道某一个参与者的决定❶。实验经济学家通常这样实施双盲实验：他们给参与者一些字母或数字，让参与者从中随机选择一个字母或数字，并在纸上写下自己的选择，这些纸将被存放在一个锁着的盒子里，这样实验者就看不到这些决定。然后，实验者给每个数字或字母分配一笔钱，并将这些钱存入另一个上锁的盒子里。参与者使用实验开始时给他们的钥匙，打开上锁的盒子，取出与他们的字母或数字相匹配的资金。由于实验者不知道参与者事先选择了哪一个特定的字母或数字，因此，他们无法将纸上的字母或数字与某个特定的参与者匹配。

这种复杂的实验技术保证了参与者相信没有人（无论是其他参与者还是实验者）会知道他的决定。实际上，Hoffman 和她的同事们采用了另一种更严格的双盲实验，他们让一名实验参与者在整个实验过程中担任主试。在实验开始时，该名参与者被告知如

---

❶ 医学研究中的双盲实验方案指的是一种更严格的情况，甚至连主要研究者都不知道哪个病人被分配到哪个组——例如，哪个病人在治疗组，哪个病人在安慰剂组。这就要求所有实验都是由不知道研究假设或目的的研究助理进行。虽然理论上可行，但在实践中往往行不通，而且，无论如何，证据（至少在实验经济学的研究中）表明，这并没有太大的区别。

何主持整个实验，但他事先并不知道实验者的目的。此外，Hoffman 和她的同事们还研究了另一种实验处理，在这种实验处理中，不仅使用双盲技术，还让参与者做一个小测验来强化他们对钱的权力意识，测验成绩前 50% 的参与者扮演提议者，剩下的人扮演响应者。

在之前的独裁者实验中，大约 20% 的提议者没有给响应者分配任何金额，而另外 20% 的提议者向响应者提供了可用金额的一半。当 Hoffman 和她的同事们用"提议者的权力是根据小测验中的表现'赢得'的"这一方式进行独裁者博弈时，40% 的提议者没有分给响应者任何金额，另外 40% 的提议者只分给响应者可用金额的 10% 或 20%。当实验者在此基础上引入双盲实验时——也就是说，提议者凭借在小测验中的良好成绩来赢得权力，且参与者之间以及参与者和实验者之间都是匿名的——结果超过 2/3 的提议者什么都不给响应者，84% 的提议者仅分给了响应者可用金额的 10% 或更少。Hoffman 和她的同事认为，被实验者观察（可能给实验者留下贪婪的印象）似乎确实对人们的行为产生了影响，可以想象的是，正是这种担心留下贪婪印象的想法导致了最后通牒博弈中的慷慨提议，而不是出于"公平"这一内隐社会规范或害怕因为提议不公平而遭受惩罚。

当然，这种精心设计的双盲实验，加上赢得测验所产生的权力意识，可能会产生一种不同类型的实验者需求效应。考虑到现实生活中的大多数交易往往远没有这么匿名，参与者可能认为，这些复杂的程序是一个信号，表明他们真的应该保留这笔钱。

宾夕法尼亚州立大学的 Gary Bolton 和奥克兰大学的 Rami Zwick 对这个问题给出了令人信服的答案，并有力地证明了在最后通牒博弈中，是对惩罚的恐惧驱使着人们的行为。Bolton 和 Zwick 将参与者在最后通牒博弈中的行为与在另一个他们称之为"免惩罚博弈"（the impunity game）中的行为进行了比较。让我先解释一下免惩罚博弈。这个博弈和最后通牒博弈一样，参与者被分为提议者和响应者。同样，提议者会得到一笔钱，并要求他们在自己和响应者之间分配这笔钱。响应者可以接受或拒绝提议者给出的分配方案。如果响应者接受提议，则提议生效，即提议者留下他/她想要的金额，而响应者获得剩余的钱。然而，如果响应者拒绝提议，那么提议者仍然能够得到他/她想要的金额，但响应者什么也得不到。所以，与最后通牒博弈的不同之处在于，在免惩罚博弈中，响应者无法惩罚提议者，因为他/她不能剥夺提议者的钱。在免惩罚博弈中，即使提议者给出不公平的分配方案也不会面临惩罚威胁。

Bolton 和 Zwick 决定研究最后通牒博弈中的行为，首先采用双盲实验，这能使参与者和实验者之间保持匿名，然后采用单盲实验，这使实验者可以观察参与者的决定。他们还决定将提议者在最后通牒博弈中的行为与在免惩罚博弈中的行为进行比较。理由如下：假设提议者在单盲最后通牒博弈中给出慷慨的提议，是因为他们不想给实验者留下贪婪或不公平的印象，那么我们应该预期在双盲最后通牒博弈中慷慨的提议会出现得更少。因为在采用双盲实验的博弈中，实验者无法观察被试的决策，而在单盲实验的条件下，实验者可以看到所有决定。另一方面，在最后通牒博弈中，如果慷慨的提议是由于害怕给出不公平提议时受到惩罚，那么我们应该预期，在无惩罚威胁的免惩罚博弈中出现的提议，会比最后通牒博弈中的提议更吝啬，因为在前者中，即使响应者拒绝了提议，提议者仍然可以保留他／她想要的金额，而在后者中，响应者的拒绝将使提议者面临损失。

Bolton 和 Zwick 还改变了博弈的实施方式。在之前的大多数研究中，提议者会得到一笔钱（比如 10 美元），并要求他们在自己和响应者之间分配这笔钱。Bolton 和 Zwick 做出的改变包括：第一，每个提议者玩 10 次博弈，但每一次提议者都与不同的响应者配对。第二，在每一次博弈中，提议者有 4 美元，并且可以二选一——公平的选择，提议者和响应者各得 2 美元；或不公平的选择，提议者分得的钱更多。

图 7.7 展示了 Bolton 和 Zwick 研究的结构，该研究涉及提议者的二元选择（binary choice），即公平选择或不公平选择。Bolton 和 Zwick 接着研究了这种博弈的三种变式：单盲协议、双盲协议和免惩罚博弈。让我们来分别解释一下。

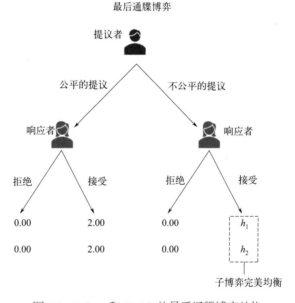

图 7.7　Bolton 和 Zwick 的最后通牒博弈结构

博弈开始时，提议者选择给出公平或不公平的提议，这些提议以中性和非情绪化的术语进行表述。如果提议者选择给出公平的提议，而响应者接受了该提议（可能性很高），则每人获得 2 美元；如果响应者拒绝（似乎不太可能），则二人收益均为零。另一方面，提议者可以选择给出不公平的提议。如果响应者拒绝了提议，那么像以往一样，二者都一无所获；但如果响应者接受，则提议者得到 $h_1$，响应者得到 $h_2$。但在不同的博弈回合中，不公平提议的分配方案并不相同。有时，提议者和响应者分得的金额的差距很小，但有时差距很大。更具体地说，这 5 个不公平提议分别为 {2.20 美元，1.80 美元 }，{2.60 美元，1.40 美元 }，{3.00 美元，1.00 美元 }，{3.40 美元，0.60 美元 }，{3.80 美元，0.20 美元 }。由于每个提议者玩了 10 次博弈，所以他 / 她要面对以上 5 种选择中的每种选择各两次。

请注意，在 5 种选择中，每一种选择的总和均为 4 美元，第一种选择比最后一种选择更公平，后者只给响应者 0.20 美元（即可用金额的 5%）。从第一种选择到最后一种选择的不公平程度在增大。同样，如果提议者和响应者都是纯粹出于金钱考虑，那么提议者因为自利偏好（self-interested preferences）会始终选择给出不公平的提议，如 {3.40 美元，0.60 美元 } 或 {3.80 美元，0.20 美元 }，而无论该提议有多么不公平，响应者都应该接受。

博弈协议方案是相似的。在单盲实验中，响应者不知道他 / 她与哪个提议者配对，但实验者知道这些信息。在双盲实验中，被试之间、被试与实验者之间均是匿名的。免惩罚博弈与此类似，但在免惩罚博弈中，如果响应者拒绝，那么提议者仍然得到 $h_1$，就像在最后通牒博弈中一样（提议者的潜在收益为 2.20 美元、2.60 美元、3.00 美元、3.40 美元或 3.80 美元），但响应者什么也得不到，也就是说，在免惩罚博弈中 $h_2$ 被设置为零。

再次提醒读者这里所要比较的重点，如果实验者的观察对参与者的行为有影响，那么我们预期，与单盲最后通牒博弈相比，提议者在双盲最后通牒博弈中会更频繁地给出不公平的提议。另一方面，如果害怕惩罚是提议者选择背后的主要动机，那么我们预期在免惩罚博弈中会有更多不公平的提议，因为在这种博弈中，响应者不能凭借拒绝提议（减少提议者的回报）来报复，而在最后通牒博弈中，拒绝是有作用的，其剥夺了提议者的收益。

结果清楚地支持了惩罚假说（punishment hypothesis）。在单盲最后通牒博弈中，56% 的提议是不公平的，其中约 20% 的提议被拒绝；没有一个响应者拒绝五五开的公平提议；随着提议变得越来越不公平，拒绝率也提高了。双盲最后通牒博弈中的选择与单盲最后通牒博弈中的选择没有太大区别，不公平提议的比例略有上升——在双盲条件下有 63% 的提议是不公平的，而单盲条件下为 56%；同样，响应者拒绝的次数也很多。记住我们之前说过的话。在最后通牒博弈中，响应者可能会拒绝收益极小的提议，以免给实验者留下贪婪或看起来好欺负的印象。根据这一逻辑，我们预期，与单盲最后通牒博弈相比，在双盲最后通牒博弈中，接受吝啬提议的响应者将多得多。请记住，响应者可以获得 1.80 美元，或 1.40 美元，或 1.00 美元，或 0.60 美元，或 0.20 美元（总金额是 4 美元）。表 7.2 呈现了拒绝率的细分数据。

表 7.2　响应者拒绝不公平提议的百分比 /%

| 给响应者的不公平提议 | 1.80 美元 | 1.40 美元 | 1.00 美元 | 0.60 美元 | 0.20 美元 |
| --- | --- | --- | --- | --- | --- |
| 单盲最后通牒博弈 | 7.7 | 11.8 | 57.1 | 77.8 | 100.0 |
| 双盲最后通牒博弈 | 13.3 | 7.1 | 67.0 | 70.0 | 100.0 |

注：根据 Bolton 和 Zwick（1995）提供的数据制作。

　　这张表中有几个信息值得注意。首先，无论实验者是否可以观察被试行为（单盲实验或双盲实验），极不公平的提议——仅向响应者提供 4 美元中的 20 美分——在每一次博弈中都遭到了拒绝。此外，给响应者 1 美元或更少的提议超过 50% 被拒绝了。总体而言，两种实验处理（单盲与双盲）之间的差异并不十分明显。要观察真正不同的行为，我们必须看看免惩罚博弈，因为这种博弈中没有惩罚的威胁。可以看到，提议者给出的提议中有 98% 是不公平的，但都被接受了！即使是在 4 美元中仅给响应者 0.20 美元的提议，也没有被拒绝。毋庸置疑，当响应者无法通过拒绝不公平提议来报复时，提议者在给出不公平提议时并不会感到内疚；当响应者知道他们的拒绝不会伤害提议者的任何利益时，响应者也不会费心进行这种惩罚。

　　最后，请记住，无论收益发生什么变化，每种博弈的子博弈完美均衡都是相同的。提议者一开始就应选择不公平的提议；之后，响应者将接受任何提议，无论该提议有多么吝啬，即使是像 0.20 美元这么小的金额也比没有好。因此，随着时间的推移，我们预期越来越多的博弈结果将与子博弈的完美结果相吻合，并且在单盲、双盲和免惩罚三种博弈变式下，博弈结果都会出现这种情况。当然，到目前为止，我们知道这种情况不会发生，尽管如此，博弈在三种不同处理方法中的发展趋势仍然具有启发性。图 7.8 呈现了这些信息。在单盲、双盲和免惩罚三种条件下，各有 10 对参与者。我们将前 5 次博弈和后 5 次博弈的数据分开，这样就和原始研究中的数据呈现方式一致。这样做是为了显示随着时间的推移是否有学习因素的存在，以及两组之间的行为模式是否显著不同。在图 7.8 中，有三个信息值得注意：首先，对于这三种博弈来说，前 5 次博弈和后 5 次博弈的表现趋势是相似的。其次，单盲博弈和双盲博弈的表现趋势非常相似，这表明这两种博弈的行为没有什么不同。最后，免惩罚博弈的行为模式与单盲博弈和双盲博弈完全不同，几乎所有表现都符合子博弈完美均衡预测：提议者给出不公平的提议，但无论金额有多么小，响应者都没有拒绝，因为他们知道，即使拒绝提议也无法影响到提议者的收益，因此，他们不再费心这么做。Bolton 和 Zwick 的研究结果为"惩罚假说"提供了令人信服的证据：提议者正是因为害怕吝啬的提议有可能被拒绝，所以给出了更为慷慨的提议，而不是因为实验者需求效应（即担心被实验者认为不公平）才这么做。

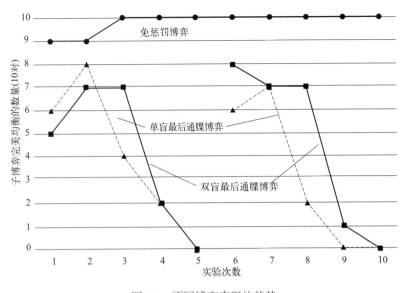

图 7.8　不同博弈表现的趋势

根据 Bolton 和 Zwick（1995）的数据重新制作

---

### 案例研究 7.1　在玩最后通牒博弈时，参与者大脑内部发生了什么

在第 1 章中，我们介绍了新兴的神经经济学领域，研究人员要求参与者在功能性磁共振成像仪里参与博弈决策。荷兰拉德堡德大学（Radboud University）的 Alan Sanfey 和他的同事们决定研究人们参与最后通牒博弈时的大脑内部机制。19 名参与者扮演响应者，进行了 20 轮最后通牒博弈，每轮持续 36 秒。每个参与者和一名真人提议者玩 10 次，然后和一个计算机提议者玩 10 次。实验开始前，把每名参与者介绍给将与之配对的另外 10 名参与者。在每一轮中，每个参与者能看到一张他人的照片或一台计算机的照片，同时看到对方给出的提议。然而，提议实际上是预先确定好的，甚至在与人类提议者的博弈轮次中，提议实际上也不是由人类给出的，而是由预先设定的算法给出，尽管响应者可能认为是先前照片上的那个提议者给出的该提议（这相当于欺骗，有时可能是必要的，但由于前一章提到的原因，仍应尽量避免）。

真正的博弈与 Falk 等人之前讨论的设定类似。只有四种可能的提议：两个公平或相对公平的提议：{5 美元，5 美元} 和 {7 美元，3 美元}；以及另外两个不公平的提议：{8 美元，2 美元} 和 {9 美元，1 美元}，其中第二个数字表示分给响应者的金额。当然，{5 美元，5 美元} 比 {7 美元，3 美元} 更公平，但 {7 美元，3 美元} 肯定比其他两个提议更公平❶。每个响应者会看到 10 个提议，分别是 5 个 {5 美元，

---

❶　一般来说，在多数的实验中，响应者通常都乐于接受给予他们接近 30% 的可分配金额的提议，而直接拒绝 20% 或更少份额的提议。

5 美元 } 提议，1 个 {7 美元，3 美元 } 提议，2 个 {8 美元，2 美元 } 提议和 2 个 {9 美元，1 美元 } 提议。响应者分别与人类提议者或计算机提议者按不同顺序各进行 10 轮博弈。同时对响应者面对的是人类还是计算机提议者的顺序也进行平衡。每一轮博弈都先有 12 秒的间隔。之后，在与人类提议者的博弈轮次中，每个响应者有 6 秒时间看一个提议者的名字和照片，然后他们可以看到对方给出的提议，将是上面显示的四种提议之一，呈现时间持续 6 秒。最后，他们必须按下按钮框中的两个按钮之一来表明是接受还是拒绝这个提议。表 7.3 给出了 Sanfey 等人的发现。

**表 7.3　接受人类提议者和计算机提议者提议的比例**

| | 被接受的提议的比例 /% | | | |
| --- | --- | --- | --- | --- |
| | {5 美元 ,5 美元 } | {7 美元 ,3 美元 } | {8 美元 ,2 美元 } | {9 美元 ,1 美元 } |
| 人类提议者 | 100 | 95 | 52 | 40 |
| 计算机提议者 | 100 | 95 | 85 | 65 |

注：基于 Sanfey 等人（2003）的数据制作。

这些结果与 Blount 的研究非常一致，后者表明，人们会使用公平归因（fairness attributions），并预期人类提议者会比计算机给出更慷慨的提议。很明显，当"不公平"提议——{8 美元，2 美元 } 或 {9 美元，1 美元 }——来自计算机而非人类提议者时，接受率要高得多。但更令人感兴趣的是，当响应者看到一个"不公平"的提议，如 {8 美元，2 美元 } 或 {9 美元，1 美元 }，而非一个"公平"的提议，如 {5 美元，5 美元 } 或 {7 美元，3 美元 } 时，他们的大脑内部发生了什么。Sanfey 等人发现，在收到不公平提议时，双侧内岛叶（bilateral interior insula）有显著的激活。双侧前岛叶（bilateral anterior insula）通常与负面情绪状态相关，如疼痛、沮丧或饥饿、口渴，它是自主神经系统的一部分，调节各种无意识过程，如心跳、血液流动、呼吸和消化。这一证据表明，当遭遇不公平对待时，人类会本能地感到厌恶。

毫不意外，研究人员还发现了处理和控制冲突的前扣带回（anterior cingulate cortex，ACC）被激活，因为，参与者毕竟需要做出取舍，决定是否通过拒绝提议、拒绝金钱来表达愤怒。前额叶皮质（pre-frontal cortex，PFC）也被激活，尤其是背外侧前额叶皮质（dorsolateral pre-frontal cortex，DLPFC），正如我们之前讨论的，它的功能是接收来自大脑不同部位的刺激，然后决定执行什么行动。因此，PFC 至少得到了两种不同的刺激。一种是："这种不公平的提议简直就是一种侮辱，我们应该拒绝。"大脑的另一部分说："是的，但是我们为什么要和钱过不去呢？这样是不对的。"然后，PFC 必须选择一种方案去执行。Sanfey 等人的研究进一步表明，在面对不公平提议时，双侧前岛叶的激活量大于 DLPFC。比起没拿到钱的后悔，不公平提议带来的"侮辱效应"（insult effect）更让我们在意，最终我们会拒绝这样的提议。

## 公平规范因文化而异

上述大多数研究都使用大学生作为参与者，且他们主要来自美国，而在 Güth 和他的同事们实施的最初研究中，则主要是德国的参与者。从上文的讨论应该可以清楚地看出，关于"什么是公平提议"的普遍规范影响着最后通牒博弈中的行为。但是不同文化对"公平"的看法可能大不相同。因此，虽然上述研究可能为我们提供了一些线索，让我们了解到西方市场经济国家的大学生认为什么是公平的，但能否将这些结果推广到其他国家和其他文化呢？

Alvin Roth 和他的同事 Vesna Prasnikar、Masahiro Okuno-Fujiwara 和 Shmuel Zamir 在 1989～1990 年间首次尝试回答这个问题。Roth 和他的同事们决定进行一项雄心勃勃的计划，包括在四个不同的地方招募大学生——美国的匹兹堡、斯洛文尼亚的卢布尔雅那（斯洛文尼亚曾经是南斯拉夫的一部分，在接下来的表述中，我将经常用南斯拉夫来指代斯洛文尼亚）、日本的东京和以色列的耶路撒冷。这是研究者首次尝试在不同文化中研究最后通牒博弈行为。在一场典型的实验中有 20 名参与者，他们被分成 10 对提议者和响应者。每个提议者都要与 10 个响应者互动，所以，在实验结束时，每个参与者都参与了 10 轮博弈。不用说，提议者和响应者彼此之间是匿名的，只能通过号码来识别。由于各个国家的货币购买力不同，所以要求每个国家的提议者分配 1000 个代币，实验结束后，参与者可将赚得的代币兑换成真实的货币。

像这样雄心勃勃的跨国研究带来了许多额外问题。其中两个是语言效应（language effects）和实验者效应。第一个问题是指，由于给参与者的指导语是用四种不同的语言写的（英语、斯洛文尼亚语、日语和希伯来语），这可能会导致行为上的差异。例如，正如这些作者所指出的，"讨价还价"（bargaining）、"谈判"（negotiating）和"讲价"（haggling）这三个词意思相近，但使用词语不同，很可能传达出截然不同的信息。以百事（Pepsi）为例，失败的翻译让它非常懊恼。百事的广告语"Come alive with the Pepsi generation"（随百事可乐一代活跃起来）翻译成中文后变为"百事可乐让你的祖先从坟墓中复活"（Pepsi brings your ancestors from the grave）。同样，Frank Perdue 的鸡肉广告语"It takes a strong man to make a tender chicken"（硬汉才能做出鲜嫩的鸡肉）翻译成西班牙语后变为"一个激情被唤起的男人才能做出充满爱意的鸡肉"（It takes an aroused man to make a chicken affectionate）。库尔斯啤酒（Coors beer）的口号"Turn it loose"（放松一下）翻译成西班牙语是"腹泻"（Suffer from diarrhoea）的意思❶。

解决这个问题的方法是，首先写出英文指导语，然后把它们翻译成这几个国家的语言，再回译成英文，以确保第一步翻译不会扭曲指导语的含义。最初的翻译和回译分别

---

❶ 我要感谢 Nandita Basu 为我提供了这些例子。

由不同的人完成。

第二个问题是：不同的人在不同的国家进行实验，参与者可能（可能性很小）对不同实验者的行为或性格作出不同的反应。解决方法是让每个实验者在匹兹堡进行实验。通过固定地点，任何由特定实验者的性格造成的行为差异都可以被精确地识别出来。斯洛文尼亚的数据是由 Prasnikar 收集的，他也主持了匹兹堡的第一场实验，Roth 在一旁观察。匹兹堡剩余的数据由 Zamir（他也在耶路撒冷进行了实验）和 Okuno-Fujiwara（他也在东京进行了实验）收集，Roth 和 Prasnikar 在一旁观察。没有发现不同主试所负责的实验之间存在系统性行为差异。

图7.9 显示了在四个国家的实验中得到的提议类型。这张图中，我只显示了第10轮，也就是最后一轮博弈中发生的情况。可想而知，参与者特别是提议者，会在前面几轮博弈中进行一些试验，即尝试不同的分配提议。此外，通过最初的几轮博弈，他们可能会从接受和拒绝的情况中获得有价值的信息。因此，我们有理由认为，最后一轮的提议会比前几轮的数据更好地反映参与者的内在偏好和规范。

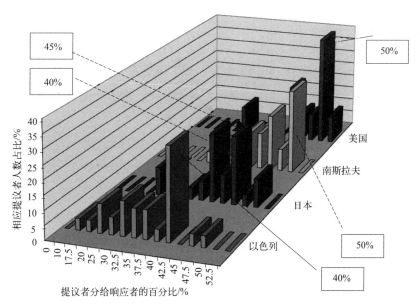

图7.9 最后通牒博弈中4个不同地点的提议分布

根据 Roth 等人（1991）的数据重新制作

这张图看起来似乎很复杂，但实际上并非如此。横轴表示提议者分给响应者的金额的百分比。纵轴表示相应的提议者的人数占比。一共有四组条形图。看看以色列的条形图，也就是第一组，我们发现没有提议者将全部金额占为己有。约5%的提议是给响应者总金额的10%，另有5%的提议是给响应者总金额的17.5%。10%的提议是给响应者总金额的20%，32%的提议是给响应者总金额的40%。

这个图中有几点值得注意。第一，毫不意外，提议者很少会给响应者超过 50% 的可用金额［有一个例外，在美国（最后一组条形图）最后一轮给出的所有提议中，大约有 10% 是"超级公平"的，因为这些提议者给响应者提供了总金额的 52.5%，而自己只保留了 48.5%。当然，这些提议都被接受了］。第二，总的来说，这些人的提议看起来都很相似，因为我们没有看到任何一个国家的提议者像理论预测的那样极其吝啬。

但如果我们仔细观察，就会发现不同之处。我们应该注意到，在以色列（第一组条形图），众数提议（即大多数被试的提议）是给响应者总金额的 40%，这部分提议约占总提议的 1/3。在日本（第二组条形图）有两个众数提议——给响应者总金额的 40% 和 45%，这两种提议各约占 25%。然而，在南斯拉夫和美国，众数提议是 50%。在最后一轮中，南斯拉夫约有 30% 的提议是给响应者总金额的一半，美国约有 40% 的提议是和响应者平分。统计数据证实：美国和南斯拉夫的参与者给出的提议同样慷慨，他们均比日本参与者更大方，而以色列参与者给出的提议最为吝啬。

我们现在看看拒绝率，会发现在所有的博弈轮次中，在美国约有 28% 的提议被拒绝，这一比例在南斯拉夫为 29%，日本为 22%，以色列为 28%。因此，尽管不同国家的拒绝率大致相似，但令人惊讶的是，如果我们只看第 10 轮，也就是最后一轮，会发现在两个提议较为吝啬的国家——日本和以色列，拒绝率实际上比其他两个国家更低。二者在第 10 轮即最后一轮的拒绝率分别为 14% 和 13%，均低于美国和南斯拉夫的 19% 和 23% 的拒绝率。

通过观察这些行为模式，人们可以假设，不同被试群体之间的差异有点像他们在"攻击性"或"强硬性"上的差异。但如果这四个国家确实在攻击性方面存在差异，那么我们预测每个国家的响应者也都有这种相同的特征。如此一来，两个国家（日本和以色列）的参与者就会更容易拒绝提议，因为这两个国家的提议一般都很吝啬。但事实并非如此。相反，提议慷慨的国家（美国和南斯拉夫）比提议吝啬的国家（日本和以色列）出现了更多的意见分歧。

研究者得出如下结论：

不同被试群体之间的差异不在于攻击性或强硬性等，而是一种认知，即在特定情况下什么是公平的提议。也就是说，在所有国家的实验中，提议者要求获得 50% 以上的可用金额似乎是合理的，而认为具体要高出一半以上多少钱才是合理的这一想法，才真正区分开了不同国家的被试群体。如果提议与大众认为的合理水平相近，并且这些提议被接受了，那么没有理由预期拒绝率在不同被试群体之间存在差异，因此，我们的数据在一定程度上支持了这样一个假设，即在这个实验中观察到的被试群体差异在于对可接受提议的不同预期……因此，我们提出了这样一个猜想，即观察到的被试群体差异实则是其文化特征。

Roth 和他的同事们所进行的研究在解决文化差异的问题上取得了很大的进展。他们的研究结果表明,不同文化之间既有相似之处,也有不同之处。相似之处在于,没有哪个国家的提议者像理论所表明的那样吝啬,绝大多数提议是给响应者可用金额的 20% 或更多份额。文化的不同之处在于,与南斯拉夫和美国相比,日本和以色列的众数提议更吝啬,而且这两个国家参与者的提议在总体上也不如南斯拉夫和美国参与者的提议慷慨。

### 一项更宏大的跨文化研究

然而,虽然上述四个国家确实代表着非常不同的文化,但这些国家的学生真的有那么不同吗?也许学生们比这些国家的公民更为相似。如果是这样的话,那么也许我们应该更深入地寻找行为上的文化差异。20 世纪 90 年代中期,在麦克阿瑟基金会规范与偏好工作联盟(MacArthur Foundation Norms and Preferences Network)的支持下,研究者对最后通牒博弈中的行为进行了比以往任何尝试都更为全面的跨文化研究。

加利福尼亚大学洛杉矶分校的人类学家 Joseph Henrich 当时正在秘鲁东南部热带森林的马奇根加(Machiguenga)农耕部落中进行现场调查研究。Henrich 从他的论文导师 Robert Boyd 那里听说了上文讨论的最后通牒博弈结果,于是决定让马奇根加人进行最后通牒博弈。结果,Henrich 的发现令人惊讶,并且与之前的研究结果大不相同。马奇根加人的行为与上述研究的参与者非常不同。他们最常给出的提议是向响应者提供可用金额的 15%,尽管有很多提议是吝啬的,但没有一个被拒绝。考虑到马奇根加人生活在小村子里,那里的人经常与其他村民互动,而与陌生人的接触非常有限,这就更加令人惊讶了——我们本以为这种环境会让人们倾向于分享、具有互惠动机(reciprocal motivations)和公平。

Henrich 把他的发现分享给加利福尼亚大学洛杉矶分校的著名人类学家 Robert Boyd 和加州理工学院的著名实验经济学家 Colin Camerer。Boyd 和 Camerer 都是规范与偏好工作联盟的成员。一个显而易见的问题是:究竟是马奇根加人实验的结果异常,还是这些结果表明行为上的文化差异很大,而这些差异在之前以学生为主的研究中并没有被捕捉到? Boyd 和 Herbert Gintis 是当时规范与偏好工作联盟的负责人,他们决定组织并资助一项更宏大的跨文化实验研究项目。

他们召集了 12 名经验丰富的现场研究人员组成小组,这些成员在五大洲的 12 个国家工作,收集了 15 个小型社会的数据,这些社会各具独特的经济和文化条件,其中一些属于觅食社会,一些是刀耕火种的农耕社会,一些是游牧族群,一些是定居的小规模农业社会。

不用说，考虑到所涉及的任务的复杂性，不太可能像 Roth 和他的同事们所做的那样控制语言或实验者的差异。因此，已经在这些国家从事人类学田野调研工作的研究人员，在各自研究的社会中使用当地语言或方言进行实验。实验人员试图让参与者之间匿名互动，即让提议者给出提议，响应者在封闭的环境中做出接受或拒绝的决定，但考虑到这些社会规模小且联系紧密，匿名的程度肯定低于通常的实验室行为实验。

2004 年，Joseph Henrich、Robert Boyd、Samuel Bowles、Colin Camerer、Ernst Fehr 和 Herbert Gintis 在他们主编的《人类社会的基础》（*Foundations of Human Sociality*）一书中发表了这项研究的结果。这些结果表明：①没有一个社会的行为符合极端利己主义假设，即假定提议者将保留可分配金额中的大部分；②族群间的差异要比以前报告的大得多。构成公平行为的规范在这些社会中有很大差异，更重要的是，这种差异与日常生活中互动模式的差异相吻合。

不同文化群体之间的巨大差异表明，偏好或期望受到群体特定条件的影响，如社会制度或文化公平规范。虽然很难确定在这些极其多样化的社会之间行为差异的原因，但对参与这项工作的研究人员来说，有两个因素值得注意。第一个因素是合作的回报，也就是说，一个群体在日常经济生产中通过合作获得多少回报。这个因素似乎可以预测提议者的提议是慷慨还是吝啬。例如，在经济上完全独立的族群中，除了家庭成员之外，他们很少与他人合作进行生产活动，因此给出的提议往往非常吝啬。而以十几个或更多人的规模一起生产、生活的族群，他们之间需要密切合作，所以往往给出更为慷慨的提议。

第二个似乎能预测提议的因素是市场一体化（market integration）的程度。人们在日常生活中对市场互动的依赖程度有多大？研究人员发现，总的来说，那些参与更多市场互动的人在最后通牒博弈中会给出更慷慨的提议。因此，似乎一个社会越以市场为导向，提议者提出的提议就越公平。研究人员尝试性地对这种行为提出一种合理的解释。当面对一个新奇的情境（实验）时，参与者会在他们的日常经历中寻找相似点，问："这个博弈对应的是生活中哪些熟悉的情境？"然后以适合那种生活情境的方式行事。

再一次，我们从这个取样广泛的跨文化研究中获得的信息是：关于什么是公平分配的社会规范，而非纯粹的利己主义，才是最后通牒博弈提议的主要驱动力，尽管实际的公平分配规范在不同社会之间存在巨大差异。但在所有情况下，提议者和响应者之间几乎没有冲突，这表明虽然这些社会的公平观念可能各不相同，但是每个社会都有关于公平观念的广泛共识，提议者和响应者都是基于这种共识做出相应的行为。

# 结语

在这一章中，我认为人类似乎拥有公平的内在规范（inherent norms）或倾向，并愿意以巨大的个人代价来拒绝不公平的交易。我通过 Werner Güth 和他的同事们首次引入的最后通牒博弈实验来说明这一点。在这种博弈中，提议者给出的提议通常比他们需要给出的更慷慨。如此慷慨的提议并不是出于利他主义，也不是因为害怕给实验者留下不公平的印象。这些提议的动机是，提议者意识到非常吝啬的提议可能会被响应者认为是不公平的，后者可能会拒绝这样的提议，在这种情况下，提议者最终将一无所获。前文我已经表明，增加可分配金额不会对这种行为模式产生影响；事实上，有一些证据表明，在较高的可分配金额条件下，提议者往往会给出更公平的提议。我们看到，这种公平观念似乎已延伸到不同的文化和社会；然而，在这些不同的群体中，被认为是"公平"的东西似乎存在很大的差异。虽然在工业化国家之间差异不大，但在小规模狩猎采集社会之间对公平的理解则有更大的差异，这取决于整个社会的市场一体化程度。

最后，我应该指出以下几点。在本书的开头，我说过人类主要在两方面偏离了自利假设。有时，我们偏离是因为有些问题很难，超出了我们的认知和/或计算能力。到目前为止，本书的前几章都在集中展示这种情况下的决策场景的例子：过高的认知要求导致无法最大化回报。当我们的注意力集中到这些"错误"上时，我们很可能会纠正它们。但是，同样地，有时我们偏离自利假设是因为我们渴望按照根深蒂固的规范行事，公平规范就是其中之一。在这一章中，我展示了一些实例：响应者把钱留在桌子上，只是因为他们认为某个特定的提议是不公平的，进而放弃了丰厚的回报。我还讨论了 1994 年美国职业棒球大联盟的谈判，当时，球员们集体放弃了高薪报酬，只是因为他们认为老板这样做不公平。这些偏离自利假设的"错误"是我们深思熟虑后才会犯的，即使被贴上"错误"的标签，我们也不会予以纠正。

# 8

# 最后通牒博弈的市场影响

在本章，我们将：

- 讨论最后通牒博弈的结果和公平观念对各种市场交易的影响，包括价格谈判或工资谈判；
- 证明这种对公平的关心实际上如何导致客户需求下降并停止购买某些具有价值的东西；
- 将这种公平观念与全球范围内对不平等的争论联系起来。

正如本书开头时我所指出的，许多经济学思考的前提是理性人假设，这意味着在大多数涉及策略性决策的情况下，决策者主要关心他们自己的金钱收益或效用，而这种效用主要是他们或其亲属所获得的金钱收益的函数。在大多数情况下，这种对自身利益的计算是基于一种信念，即其他人也像我们一样在最大化自己的利益。通常，这种最大化效用或利润的尝试与公共道德或伦理无关，也不涉及公平规范。这个想法并不新鲜。Adam Smith 写了许多关于道德情感的文章，但在 1776 年，他还在他的书《国富论》（*An Inquiry into the Nature and Causes of the Wealth of Nations*）中评论道：

我们所需的食物，并不是来自屠夫、酿酒师或面包师的施舍，而是来自他们对自身利益的打算。我们要告诫自己，不是求诸他们的人性，而是求诸他们的利己思想，永远不要和他们谈论我们自己的需要，而要谈论对他们的好处。

但是，正如最后通牒博弈的大量证据所表明的那样，自利假设至少是不完整的。我们已经看到，公平观念在各种情境中发挥着重要作用。一个可能的批评是，我在上一章中提供的证据来自程式化的实验，可能只适用于双边谈判等情况，但它们是否适用于更自由的市场交易呢？答案是肯定的，这就是本章接下来要谈的。

## >> 公平是盈利的制约因素

20 世纪 80 年代中期，普林斯顿大学心理学家 Daniel Kahneman 与西蒙弗雷泽大学的 Jack Knetsch 和康奈尔大学的 Richard Thaler 两位经济学家进行了一次早期的尝试，以了解公平规范是否能成为人们追求利润的限制因素，或者可能导致不同于自利模型所预测的结果。他们采用大规模的问卷调查来了解人们对企业采用的多种策略的态度倾向。下面是问卷调查的一个例子：

一家五金店一直以 15 美元的价格出售雪铲。在一场暴风雪之后的第二天早上，商店将价格提高到 20 美元。

被试被要求对商家的这种行为进行评定：完全公平；可接受；不公平；非常不公平。在 107 名被试中，82% 的人认为这是不公平或非常不公平的。

他们的研究发现说明公平规范在日常定价（pricing decisions）中的作用，以及这些规范如何制约着盈利行为。Kahneman 和他的同事们提供了大量关于这种现象的例子。下面，本章将对其中的一些现象进行讨论。

## 利用日益增长的市场力量

企业的市场能力反映了企业向客户收取更高价格的能力。例如，在暴风雪的情况下，卖方显然有权提价，因为人们对雪铲的需求增加了。通常，人们面临紧急情况时希望囤积必需品，这为卖方创造了一个涨价的机会。但总体而言，被试认为这种乱要价的行为是不公平的，因为这属于投机取巧的行为。有许多反对利用商品短缺的例子：

蛇果在社区已经严重短缺，任何食品店或农产品市场都没有库存。其他品种的苹果在所有商店的库存都很丰富。一家食品店以批发价收到一批蛇果，并以高出正常价格 25% 的零售价销售。

在 102 名被试中，只有 37% 的人认为这种涨价是可以接受的。同样，具有市场支配力的公司经常通过向支付意愿不同的客户收取不同价格来提高利润。电影院在工作日晚上和周末的票价比工作日白天高得多。航空公司对那些在最后一刻购买机票的乘客收取的价格要比提前购买的乘客高得多。这种行为被称为价格歧视（price discrimination），也就是卖方试图从每个客户那里获得其愿意为商品支付的最高价格。在上一章中谈到阿迪达斯的"全黑队"球衣定价时我也讨论了这个问题。

但调查结果显示，还有额外的进一步的限制。人们认为许多种价格歧视都是无法容忍的。

房东出租了一间小房子。当租约到期续签时，房东得知租客的工作地点离房子非常近，因此不太可能搬走。于是，房东计划每月额外增加 40 美元的租金。

在 157 名被试中，只有 9% 的人认为这是可以接受的，而高达 91% 的人认为这是不公平的。在另一个问题上，大多数被试认为，一家受欢迎的餐厅对周六晚上的预订征收 5 美元的附加费是不公平的。对这类问题的一致态度表明，大多数人认为故意利用特定个体依赖性的定价策略是不合理的。

## 定价决策的背景

接下来的两个问题考察的是当企业试图提高价格以保护利润时会发生什么。

假设由于运输混乱，当地生菜短缺，批发价上涨。当地一家食品杂货店以每个比平时高出 30 美分的价格购买了常规数量的生菜。食品店将每个生菜的价格提高了 30 美分。

房东拥有一栋小房子，并将其出租给靠固定收入生活的租户。更高的租金意味着租户将不得不搬家。因为其他小房子也可租到。房东的成本在过去一年中大幅增加，因此房东在租客的租约到期时提高租金以弥补增加的成本。

分别有 79% 和 75% 的被试认为这种涨价是可以接受的。这表明，企业为了使自己不亏损而涨价是可以被接受的。

但 195 名被试中，有 77% 的人认为以下情况是不可接受的：

一家小公司以平均工资雇用了几名工人。该地区存在严重的失业问题，该公司可以很容易地用工资较低的优秀工人取代现有员工。该公司一直在盈利。老板将当前工人的工资降低了 5%。

规则似乎是，卖方当然可以保护自己免受损失。但在最后一种情况下，公司降低工资不是为了弥补损失，而是利用了工人在该地区不好找工作的事实，这使得这些工人相对于公司处于不利地位。

## 强制性

在一项调查中，68% 的被试表示，如果离他们更近的一家药店在竞争对手暂时被迫闭店时提高价格，他们会选择比这家药店路程远五分钟的药房，并且在另一个样本中，69% 的被试表示，如果距离较近的商店歧视老员工，他们会选择其他商店。在传统经济学理论中，遵守合同取决于强制性。但即使在没有任何强制措施的情况下，买卖双方也可能愿意遵守公平规范。以下场景说明了这一问题：

在对服务满意的情况下，你认为大多数人在他们经常光顾的餐厅点了 10 美元的餐后会留下多少小费？

小费金额均值（据 122 名被试所述）为 1.28 美元。

那么，如果他们在其他城市旅行，面对一个他们不会再光顾的餐厅呢？

在这种情况下，124 名被试的小费金额均值为 1.27 美元。显然，顾客没有将强制性视为影响小费金额的重要因素。这与美国普遍遵守的 15% 小费规则的做法完全一致，即使是那些不需要担心愤怒的服务员进行报复的一次性顾客也是如此。在序言中，我已经谈到了我们从华盛顿到波士顿的长途旅行，当时我们在那些永远不会再去的城市的餐厅里依然留下了可观的小费。

然而，重要的问题是：那些理论上会争取利润最大化的公司，是否也会因为无法强制性地执行公平规则而无法利用一些经济机会呢？以下问题引发了人们对修车师傅在与游客而非常客打交道时的行为的预期。

一名男子将他的车放到他常去的修车厂 / 一名游客将他的车留在这家修车厂，要求更换一个昂贵的零件。常客 / 游客离开后，修车师傅检查了汽车，发现没有必要更换零件，修理一下零件会更便宜。师傅更换零件比修理零件赚的钱要多得多。假设现在无法联系到常客 / 游客，你认为修车师傅在这种情况下会怎么做？

大致相同比例的被试（常客为 60%，游客为 63%）认为修车师傅为了赚更多的钱会选择更换零件。这再次证明，没有证据表明公众认为强制性是一个重要因素。被试认为，在这种情况下，大多数修车师傅（通常不包括他们自己）都不是那么无私的。但他们似乎也认为，修车师傅公平对待客户并不是因为觉得自己会受到制裁。因此他们觉得修车师傅会以同样的方式对待常客和游客，即使游客并不会再次光顾。

## 劳动力市场的公平性

鉴于公平规范似乎适用于各种定价决策中，我们猜测它也可能延伸到劳动力市场。在劳动力市场上我们经常看到这种情况，即使面对长期失业的大环境，企业可以很容易地以更低的价格雇用工人，甚至可以选择向现有工人提供较低的工资，但实际上企业支付给工人的工资并没有下降。不过通常情况下，特定交易是否被认为是公平的取决于相关的参照点是什么。市场价格和买卖双方的历史交易情况可以作为参照。历史情况在工资交易中的作用可以由以下两个问题来说明：

一家小型复印店有一名员工，他在店里工作了 6 个月，每小时收入 9 美元。店里生意一直很好，但该地区的一家工厂倒闭导致失业率上升，其他小商店现在以每小时 7 美元的价格雇用可靠的工人来做与复印店员工类似的工作。由此复印店的老板将员工的工资降至 7 美元。

在 98 名被试中，17% 的人认为这是可以接受的，而 83% 的人认为这是不公平的。我将很快就劳动力市场公平性这一特定主题展开更多的讨论。

# 公平规范的经济后果

Kahneman 及其同事们的研究结果表明：

许多在短期内既有利可图又无明显不诚实迹象的行为很可能被视为对市场力量的不公平利用……此外，即使在没有政府干预的情况下，公司避免不公平声誉的行为也将在很大程度上偏离标准的经济行为模式。

以上调查都是合理的，但毕竟以上报告的结果是基于问卷调查的答案，正如我在引言中指出的那样，有时人们的实际行为与声明的态度存在偏差。例如，一个被试可能会说，他不会光顾一家在紧急情况下哄抬物价的商店，但当压力来临时，买方可能会很容易让步。现在的问题是，很难证明人们不是在为了抗议而拒绝购买东西，因为我们无法证明一个否定的想法。

以色列本古里安大学的 Bradley Ruffle 决定做一项实验来测试买方是否确实不会以他们认为不公平的价格购买商品。Ruffle 关注的是卖方已确定商品价格，买方可以选择以该价格购买或不购买的情况。在经济学中，这种制度被称为公布报价（posted-offer）制度。大多数零售商店都遵循这一原则，因为当你走进商店时，每个商品都有一个价格标签，你可以按指定价格购买，也可以不买，没有讨价还价的余地。例如，美国的土星汽车公司（通用汽车公司旗下品牌）有一项不议价政策，而大多数其他汽车销售商都是允许议价的。本田在新西兰也有类似的不议价政策，他们的汽车都有固定价格。这种不议价政策将这些汽车的销售变成了一个公布报价的制度。经济学家通常只关注在这种情况下卖方的行为，但他们没有意识到，如果买方关注公平规范和相关的回报，那么实际上他们可能会避免购买商品，这反过来又会对这些市场产生影响。

在公布报价市场中，卖方公布售价，买方可以选择接受或拒绝这个价格。买方接受售价给卖方带来的利润取决于卖方公开的价格与其出售的每件商品成本之间的差额。买方则赚取其对商品的估价与其支付的价格之间的差额。如果买方拒绝接受这个售价，那么任何一方都不会获得盈利。因此，公布报价制度是人数扩大的最后通牒博弈。

对商品进行估价意味着什么？估价背后的理念在于：经济学家假设，当一个人购买一件商品时，他/她愿意支付的最高价格取决于他/她（能）从中获得的满足感（幸福感/效用）。假设你愿意花费 200 美元去看 Bruce Springsteen 在巨人体育场的演出，你为何肯花费这 200 美元？因为你考虑过参加这个活动会给你带来什么样的满足感，并且你认为这对你来说最多值 200 美元。现在假设你想办法以 150 美元买到了票，那么用经济学家的话说，你享受了 50 美元的剩余，这 50 美元就是你的消费者剩余（consumer surplus）。所以，每当你愿意为某件东西支付一定的金额，并最终以低于你愿意支付的最高金额进行支付，你就享受了这种剩余。另一方面，生产者剩余（producer surplus）是指卖方出售商品的价格与生产成本之间的差额。生产者剩余本质上是利润的另一种说法。本书将在第 14 章更详细地讨论这两个概念。

Ruffle 在亚利桑那大学招募了 92 名被试，并建立了一系列存在买方和卖方的公布报价市场。假设卖方出售的都是同质商品。在每个市场中，买方和卖方进行 20 轮互动。在每一轮中，卖方都有一定数量的同质商品可供出售，买方则对他／她购买的每件商品进行特定估价。同样地，卖方在每一轮中为他／她出售的每件商品设定一个特定成本。Ruffle 研究了不同条件对此的影响。

（1）买方和卖方的数量：在某些情况下，市场上存在 2 个买方，而在其他情况下有 4 个买方。卖方的数量始终保持 2 个不变。

（2）买方和卖方的相对利润：与买方相比，卖方总是在出售的每件商品中享有大得多的利润。在某些情况下，卖方的利润是买方的 3 倍。假设卖方生产一件 T 恤的成本是 12 美元，买方则愿意为其支付高达 20 美元的费用。在这种情况下，需要分配的总利润是 20 美元 −12 美元 =8 美元。假设卖方把 T 恤的价格定为 18 美元，买方同意购买，那么卖方获得的利润是 18 美元 −12 美元 =6 美元，买方获得的利润则是 20 美元 −18 美元 =2 美元。因此卖方获得的利润是买方的 3 倍。在其他情况下，卖方的利润是买方的 6 倍。假设就像前面的例子一样，买方的估价是 20 美元，但卖方的成本不是 12 美元，而是 13 美元。在这种情况下，总利润为 20 美元 −13 美元 =7 美元。假设卖方的报价是 19 美元，买方以该价格购买。那么卖方所获利润为 19 美元 −13 美元＝ 6 美元，买方所获利润则为 20 美元 −19 美元＝ 1 美元，因此卖方获得的利润是买方的 6 倍。

（3）买方和卖方可获得的信息：在某些情况下，买方知道卖方的成本，卖方也知道买方的估价，而在其他情况下，买方和卖方不仅分别知道成本和估价，而且他们也获知双方在各种交易中的获利。这是为了让"买方明显感受到收益不平等，试图促使他们放弃可从中获利的购买行为"。Ruffle 发现，实际上买方的需求抑制（demand withholding）（即买方拒绝以让卖家获得大部分利润的价格购买商品）确实是这些市场中的一个因素。这种抑制的影响在以下情况中更为突出：①当存在 2 个而非 4 个买方时；②当卖方应获得的利润是买方的 6 倍时；③当通过向买方提供双方应获得的利润的信息，使其意识到这种利润上的不公平分配时。在这些特殊交易的轮次中，一名买家在 20 轮里有 6 轮完全抵制交易，放弃了在这些轮次里获利的可能性。请记住，如果买方参与交易，则其将获得正利润，但这些利润与卖方将获得的利润相比是很小的。通过完全不参与交易，买方确保了自己和卖方都不获利。这与在最后通牒博弈里拒绝小的报价非常类似，区别只是这种拒绝是在明确的市场交易背景下发生的。

这种需求抑制通常会促使卖方降低后续的价格，而较低的价格又意味着买卖双方更公平地分配利润。与 4 个买方相比，2 个买方在协调行动和需求抑制方面往往更加成功，对这种情况的一个解释是选择抑制需求会给买家带来搭便车问题。买方通过抑制其需求来获益（因为这将带来更低的价格和未来更多的利润），但每个买方都希望其他买方会抑制需求。事实证明，当存在 2 个而非 4 个买方时，这种协调行为更为成功。4 个买方在遵守约定方面往往不那么成功，卖方会抵制买家抑制需求的尝试，并拒绝降低价格。最终，一个或多个买方会让步。而 2 个买方能够更好地协调，成功压低价格。

Ruffle 总结：

对于一个给定的价格，收益不平等越严重，买方拒绝可从中获利的购买对卖方的惩罚就越大。因此，对于一定数量的买方，收益不平等越严重，需求抑制就越频繁，这一观察结果符合公平性。

# >> 人们不一定讨厌"不平等"

英国约克大学的流行病学家 Kate Pickett 和 Richard Wilkinson 在他们的著作《公平之怒》（*The Spirit Level*）一书中记录了以高度不平等为特征的社会在各种社会和经济福祉的衡量标准上如何表现得更差。这是本值得一读的精彩著作，但有三点需要注意。首先，这些数据主要涉及富裕的工业化国家，但有大量其他证据表明，书中的主要观点也可以延伸到欠发达国家。其次，这些数据在很大程度上是对整个国家宏观经济水平的汇总，因此并没有告诉我们太多关于国家内部的差异。一个国家的内部可能存在巨大差异，尤其是像美国这样的大国。但这与我们的讨论不完全相关。最后，这些结果都具有相关性质，我们可以看到哪些变量会同步变动，实际却不可能推断出因果关系。例如，如果高度不平等的国家在儿童问题上表现得更差，我们无法知道是不平等导致了这些结果，还是未能为其儿童提供充分保障的国家随着时间的推移会变得更加不平等。但 Wilkinson 和 Pickett 对不平等加剧所带来的不利后果给出了令人信服的理由。下面我将介绍这本书中的一些结论和数据。

图 8.1 显示，随着一个国家不平等程度的增加，其公民的预期寿命也在缩短。衡量收入不平等的典型指标是基尼系数。基尼系数的值越接近零，平等程度就越高。另

一方面，随着基尼系数变大并接近1，一个国家内部的不平等程度增加❶。从图8.1可以看出，像日本这样平等程度相对较高的国家，人均预期寿命超过81岁，而位于另一个极端的，像美国或新加坡这样不平等程度相对较高的国家，人均预期寿命就较短，约为76～77岁。这种关系也不是绝对的。例如，所有斯堪的纳维亚半岛的国家都具有不平等程度低的特点，但在这些国家中，丹麦的预期寿命要远短于瑞典（并且它们都短于日本）。这是因为不平等并非影响预期寿命的唯一因素，其他因素同样也有影响，如饮食或吸烟率。但总体而言，情况确实如此。随着收入不平等的加剧，预期寿命会缩短。

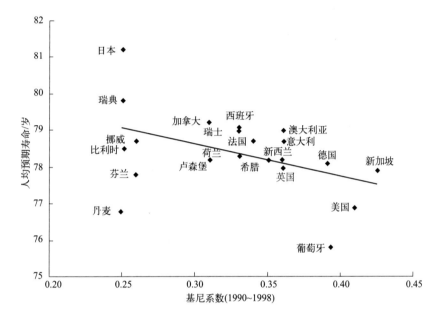

图 8.1　各国的不平等程度和预期寿命

根据 Wilkinson 和 Pickett（2009）的数据重新制作

图 8.2 显示了随着不平等程度加剧，社会和健康结果综合指数的变化。横轴测量的是潜在的基尼系数，而纵轴显示的是社会和健康问题综合指数的数值 [ 该指数通过考察许多因素计算而成，包括预期寿命、高中生的数学和语文成绩、儿童死亡率、监禁率、凶杀率、少女怀孕率、信任水平、肥胖、精神疾病（包括毒品和酒精成瘾）和社会流动性，每个变量都经过适当的测量、换算和标记，所以对于被创建的综合指数，得分越高，表明每个变量的结果越差（如更短的预期寿命，更差的数学和读写成绩，更高的儿童死亡率、监禁率和凶杀率等）]。从图 8.2 可以清楚地看出，随着不平等程度的加剧，

❶　基尼系数的值可以用0到1之间的小数表示，也可以用0到100%之间的百分比表示。在下文中，我可能会用任意一种形式（例如0.6或60%），具体取决于所讨论信息的来源。这个问题无足轻重。在每种情况下，较低的值（如0.3或30%）意味着更平等，较高的值（例如0.7或70%）意味着更不平等。

这些社会弊病变得更为明显。在不平等程度的低端，有日本和斯堪的纳维亚国家，它们报告的此类社会问题水平较低，而在不平等程度的高端，有美国这样的国家，其不平等程度高，社会和健康问题也多。

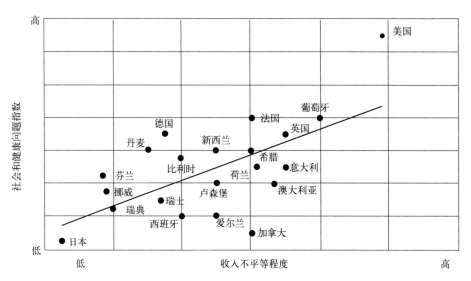

图 8.2　各国的不平等程度及生活和健康问题指数

根据 Wilkinson 和 Pickett（2009）的数据重新制作

最后一项证据是显示了少女怀孕率的图 8.3。有充分的证据表明，这些年轻母亲没有能力抚养孩子，这反过来又导致了一连串的社会弊病。同样的模式再一次出现。收入不平等程度低的国家比收入不平等程度高的国家表现得更好。

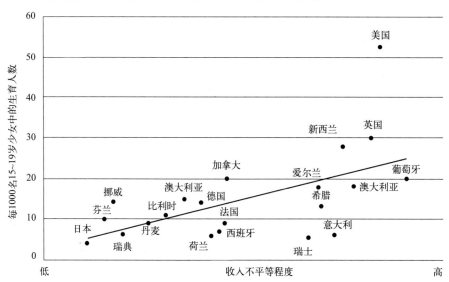

图 8.3　各国的不平等程度和少女怀孕率

根据 Wilkinson 和 Pickett（2009）的数据重新制作

　经济心理与行为

诸如此类的研究结果记录在了像 Thomas Piketty 的《21 世纪资本论》(*Capital in the 21st Century*)这样的书籍中,引发了一场关于不平等的负面影响以及减少不平等以实现更好经济结果的必要性的全球辩论。但 Christina Starmans、Mark Sheskin 和 Paul Bloom 这三位耶鲁大学的心理学家认为,我们误解了这些数据和发现。他们提出,人们并不是反对不平等本身,而是更关注公平和公正。如果人们相信不平等是由于所付出的努力的差异造成的,那么他们就愿意接受一定程度的不平等;只要存在社会流动性,人们可以通过努力工作来改变自己的处境,他们就愿意接受经济方面的不平等。

Dan Ariely 和哈佛商学院的 Michael Norton 让大量受访者估计美国的收入不平等程度。不出所料,人们对此并不擅长。他们似乎多半都不清楚"超级富豪"到底有多富有,所认为的收入分配情况比实际情况要公平得多。那他们喜欢绝对的平等吗?并非如此。绝对平等(即基尼系数为零)意味着收入最低的 10% 的人获得总收入的 10%,收入最低的 20% 的人获得总收入的 20%,收入最低的 50% 的人获得总收入的 50%,以此类推。这是受访者乐于选择的吗?不。他们乐于生活在一定程度的不平等中。这种不平等程度与美国普遍存在的实际不平等程度相差甚远,尽管如此,人们并不喜欢完全平等。

图 8.4 显示了 Norton 和 Ariely 的研究结果。最上方的条形显示,美国收入最高的 20% 的人赚取了总收入的约 85%,第二个 20% 的人的收入约占总收入的 10%。因此,加在一起,前 40% 的人的收入占总收入的 95% 左右!后 40% 的人所占份额很小以至于在这个图中看不到。中间的条形是人们所认为的收入分布。例如,他们认为前 20% 的人的收入约占总收入的 60%,而实际上是 85%。他们还认为,后 40% 的人(条形图上用菱形或圆点遮盖的部分)的收入约占总收入的 10%,这远高于实际情况。与我们的目的最相关的是底部的条形。平均来说,被试们表示他们能够接受前 20% 的人(最左边的虚线/阴影区域)的收入略高于总收入的 30%,后 40% 的人(右侧用菱形或圆点遮盖的部分)的收入略低于总收入的 25%。

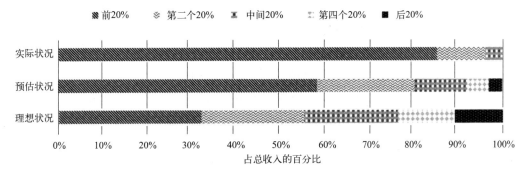

图 8.4　美国的不平等程度

根据 Wilkinson 和 Pickett(2009)的数据重新制作

Starmans 和她的同事们认为这不足为奇，因为大量证据表明成年人和儿童都选择公平而非平等。例如，在一项研究中，6~8 岁的儿童需要将橡皮擦奖励给两个打扫房间的男孩。如果要分配的橡皮擦数量不等，孩子们宁愿扔掉一块多余的橡皮擦，也不愿意进行不平等的分配。但当他们被告知一个男孩比另一个做了更多工作时，他们会把多余的橡皮擦奖励给勤奋的那个。事实上，即使可以选择给予相同报酬，当一个人做了更多的工作时，6 岁的孩子认为他 / 她应该得到更多的资源。同样，尽管婴幼儿在中立的情况下更偏好平等，但他们仍希望实验者将奖励优先分配给完成更多工作的人。

这种对不平等的偏好不仅限于一个人做了更多工作的情况，而且还延伸到对那些以前做过有益或无益行为的人的奖励。当 3 岁的孩子看到一个人偶帮助另一个人偶爬上滑梯或够到一个玩具时，他们后来分配给这个乐于助人的人偶的资源要多于另一个把他人推下滑梯或用玩具打他人头的人偶。

设想一个两人在场的情景，所有相关方面都相同，但一个得到 10 美元，另一个什么也得不到。这显然是不平等的，但这公平吗？ Starmans 等人认为如果分配是随机的，这就是公平的。成年人认为在分配资源时使用掷硬币和彩票等公正程序是公平的。Gary Bolton、Jordi Brandts 和 Axel Ockenfels 所进行的研究也表明，有时公平的程序可以替代公平的结果。也就是说，如果人们认为不公平的提议是按照公平原则实施的结果，他们也可能愿意接受。在 Bolton 等人的研究中，最后通牒博弈中的提议者最初有三种选择：①超级公平提议（200，1800），即提议者 200 美元，响应者 1800 美元；②公平提议（1000，1000）；③不公平提议（1800，200）。研究发现 41% 的不公平提议被拒绝。

在第二项研究中，提议是通过掷骰子决定而不是人为决定的。他们研究了一种非对称彩票的情况和一种对称彩票的情况。非对称彩票情况下出现不公平提议的概率高达 98%，而对称彩票情况下出现三种选择的概率皆为 33%。研究发现，在非对称彩票和真实提议者两种情况下，响应者对不公平方案的拒绝率非常相似，但在对称彩票情况下，拒绝率要低得多。研究者得出结论，结果的公平性和程序的公平性都很重要，公平的程序可以替代公平的结果。

这项研究似乎与 Sally Blount 的研究非常相似，但存在细微的差别。在 Blount 的研究中，人们愿意接受通过彩票产生的不公平提议，但不愿意接受由其他参与者提出的不公平提议。Gary Bolton 及其同事的研究中，只要人们确定彩票本身是公平的，即彩票出现公平和不公平结果的概率大致相等，那么即使可能出现对他们不利的结果，他们也愿意事先承诺接受结果。儿童似乎也有类似的想法。在上文提到的打扫房间则奖励橡皮擦的研究中，如果给孩子们一个公平的转盘来随机决定谁能得到额外的橡皮擦，他们也很乐意创造这种不平等。

受其中一些结果的启发，挪威经济学院的 Ingvild Almås、Bertil Tungoden 和其他同事决定开展一项大规模的跨国研究，试图了解人们对不平等的态度。他们的研究包括了来自世界 60 个国家的被试，这些国家的总人口占人类总数近 80%。这些国家包括美国、英国、瑞士、澳大利亚和荷兰等发达国家，中国、巴西、印度和南非等发展中国家，以及孟加拉国、卢旺达、赞比亚和津巴布韦等欠发达国家。Tungodden 和他的同事们主要询问了他们的被试在假设中可以接受什么水平的基尼系数，以及通过"运气"或"能力"达到相应的不平等水平是否重要。显然，研究者实际上并没有向被试询问有关基尼系数的问题，而主要是询问了他们期望的收入不平等水平（收入最低的 10% 的人应该获得总收入的 10% 以上还是以下？收入最高的 10% 的人应该获得总收入的 10% 以上还是以下？等等），这使得研究者们能够得出这些潜在的收入分配偏好所隐含的基尼系数的估算值。

Tungodden 和他的同事们报告了一些发现。首先，较发达国家对收入不平等的容忍度远远低于欠发达国家。因此，如果我们将从 0 到 1 的基尼系数的估算值（根据特定国家公民的期望收入分布计算得出）作为 $X$ 轴，将人均国内生产总值（GDP）作为 $Y$ 轴，那么我们会得到一条负斜率线。这表明，与欠发达国家的人民相比，较发达国家的人民对不平等收入分配的容忍度确实更低。

而当被问及运气或能力的作用时，人们的反应更加引人注目。Tungodden 和其同事们询问了他们的受访者，如果收入不平等纯粹是运气造成的，他们愿意承受多大程度的收入不平等（以及这对相应的基尼系数的大小意味着什么）。所有国家的平均基尼系数估算值为 0.45（45%），这意味着当收入不平等纯粹是运气造成时，平均而言，世界各地的受访者都愿意生活在中等程度的不平等中。但如果收入不平等是能力的结果呢？在这种情况下，人们愿意接受基尼系数的平均值是多少？结果显示，在这种情况下平均基尼系数略高于 0.7（70%），这被看作高度的收入不平等。因此，如果人们相信（或能被说服相信）观察到的收入不平等是能力和／或努力的差别造成的，那么他们似乎愿意忍受更高程度的收入不平等。

随后研究者们探究了不同国家的人们对运气或能力造成的高度不平等的反应。出于研究目的，我们假设向人们询问，如果不平等完全是出于运气，他们是否愿意在假定的基尼系数为 0.6 或更高的情况下生活。大多数国家的受访者表示，他们对此不满，但有一些明显的例外：中国、印度、印度尼西亚、阿尔及利亚和尼日利亚的受访者并无不满。但是，当被问及如果不平等是由能力造成的，他们是否愿意在基尼系数为 0.6 或更高的情况下生活时，大多数受访者（包括发展中国家和发达国家的受访者）表示可以接受。

## 结语

在上一章和本章中，我已提供了证据，即如果人们认为自己受到了不公平的待遇，他们宁可拒绝一笔获利颇丰的交易。这种不公平有两种形式。一方面，人们关心相对回报，因此他们可能会拒绝那些对方获利远多于自己的交易。套用经济学家 Robert Frank 的话说，这种对相对地位的关注可以简单地概括为：如果一个人开着宝马，而他周围的人都开着丰田，那他会感到非常高兴；但如果他身边的人开着法拉利，他就会非常不高兴（或者就像 Frank 幽默地评论的那样：一个人只要自己赚得比他妹夫多，他就会很快乐）。但与此同时，我已经阐明，拒绝交易不能仅仅归因于对相对地位的关注。意图同样也很重要。人们非常乐意接受由计算机产生的不公平的提议（这种情况下无法归因于意图），但不愿意接受由另一个人提出的相同提议，特别是当这个人能从被接受的提议中获益时。

Adam Smith 倡导发挥"看不见的手"的作用，即通过市场的力量来决定谁获得什么以及在何时获得。但是，在 1759 年出版的《道德情操论》（*The Theory of Moral Sentiments*）一书中，Smith 写道："人，无论被认为有多么自私，他的本性中显然还存在某些准则，这使他关心别人的际遇，视他人之幸福为自己之必需，尽管除了目睹别人之幸福所感到的愉悦之外，他一无所获。怜悯或恻隐之心，即当我们看到或身临其境地想到他人的不幸时所感受到的情感，也属于这类准则，我们常常因为他人的悲伤而悲伤。这是显而易见的事实，无须任何例证证明；这种情感和人性中其他与生俱来的激情一样，绝不仅限于善良仁慈的人，尽管他们可能会以最敏锐的感受力来感受这种情感。那些无视社会法则、冥顽不灵的十恶不赦之徒，也不会完全没有这种情感。"

这种对平等主义和公平的偏好对市场和经济具有重大影响。如上所述，如果人们认为自己受到了欺骗，他们可能会主动避免购买相关商品。试图从买家那里获取太多利润可能会导致卖家失去生意，在某些情况下，最终可能会败坏品牌名声，阿迪达斯"全黑队"球衣定价的例子便是如此。

随后，我将最后通牒博弈的发现扩展到了更广泛的宏观经济视角，以和全球正在进行的有关不平等的辩论联系起来。我的观点是，最后通牒博弈的结果不仅适用于定价或谈判等微观经济问题，对我们如何构建社会也具有更广泛的哲学意义。尽管全球的辩论大部分围绕着如何解决不平等问题，但这似乎并不是最紧迫的问题。人们更关心公平和公正，而非收入的不平等。只要人们相信不平等是由能力或者努力造成的，他们就会愿意生活在更不平等的环境中。而且与普遍的看法相反，运气对于成功有更大的作用。与纽瓦克市的一位十几岁母亲所生的非婚生子女相比，普林斯顿的一对已婚、受过教育的欧裔美国中产阶级父母所生的孩子已经有了一个更好的起点。但只要有足够的社会流动性，人们就可以通过努力改善自己的命运，这种不平等现象就可以得到缓解。因此，更大的问题可能不在于收入分配的不平等，而是一些发达国家（特别是美国）近年来通过实施减税或削减其他对穷人会产生更大帮助的公共物品支出等政策，使社会流动空间大幅缩小。

2019年的一起丑闻就是一个很好的例子：因为向名校付钱，那些可能无法凭借自身能力被录取的孩子以虚假名义获得录取资格，包括电影明星和对冲基金经理在内的一些有权势的人都被判罪。这不仅是家长的失败，也是相关机构的失败。这样的做法减少了机会，从而减少了社会流动性。相比收入不平等本身，人们可能更关心这一点。这显然是一个有待进一步研究的课题。

# 9

# 日常生活中的信任与信用

在本章，我们将：

- 介绍信任博弈，并讨论信任和互惠如何在经济交易中发挥作用；
- 表明信任倾向对于不同的提出问题的方式都具有稳健性；
- 证明信任不同于慷慨，信任通常基于对被信任者回报的期待；
- 探索信任与风险决策有何不同，尽管我们会交替使用"信任"和"信用"这两个词语，但它们并不是完全相似的反应：一个信任别人的人不一定讲信用，但一个讲信用的人会相信别人；
- 考察框架的作用，以及如何通过确保在涉及信任和互惠的情境中，每个参与者都以与其他参与者相同的方式解释情境，来提高信任和互惠的水平。

## >> 我们为什么愿意相信陌生人

在 Victor Hugo 的《悲惨世界》（ *Les Misérables* ）中，Jean Valjean，一个刚从监狱释放出来的有前科的犯人，被生活压倒，出现在了 Myriel 主教的门口。出乎 Valjean 意料的是，主教热情地欢迎了他，并邀请他共进晚餐，还安排他过夜。更加了不起的是，他对 Valjean 始终以礼相待，对他过去的污点视而不见。可是，Valjean 却在半夜偷偷爬起来，偷走了主教的银器。后来，他被警察抓住，并带回给主教。这一次所犯罪行将使他面临终身监禁。可是，Myriel 主教却佯称那件银器是一件合法的礼物，还以一种十分仁慈的姿态，把他最珍贵的一套烛台也送给了 Valjean。Valjean 临走之时，主教对他说："不要忘记你对我的承诺，用这些银子去做一个诚实的人。"对于一个完全陌生的人来说，这种程度的信任和善意超过了我们大多数人。

然而，生活中的许多日常交易都要求我们相信陌生人。例如，每次我们在购物网站上买东西并交出我们的信用卡信息时，我们本质上是在假设卖家会尊重我们的信任，不会欺骗我们。同样地，当我们根据工时支付律师、会计师或汽车修理师的酬劳时，我们相信这些人得到的报酬准确地代表了他们实际工作的总时数。信任的概念是跨学科的。除了经济学家，许多其他学科的人，如政治学、社会学或管理科学，都在谈论信任的作用——国家之间的信任、群体之间的信任、组织中员工之间的信任、工会和管理层之间的信任等。在经济交易中，信任在降低交易成本方面往往起着重要作用。以至于经济学家现在开始相信，陌生人之间的这种信任对整体经济表现都有影响。国民信任度高的国家比国民信任度低的国家经济增长更快。我将在下一章讨论公民之间的信任对国家发展的影响。

这类信任在许多情况下都普遍存在。2002 年，我参加了在佐治亚州亚特兰大举行的美国经济学会年会。在会议期间我要参加一项工作面试。我打了一辆出租车去了一家酒店，在那里我要与某所大学的代表见面，但一到酒店我才发现，我既没有他们的房间号，也没有他们的电话号码。为了得到这些信息，我必须回到主会议酒店。我离赴约只有一点点时间了。我让出租车司机把我送到主会议酒店。一到那里，我告诉他让他等一下，我跑进去从公告栏上查找信息。当时，酒店里熙熙攘攘，有数百名与会者在周围转来转去。一旦我进去了，我可以很容易地从另一扇门出去，然后就可以不付给出租车司机车费。我一旦走进大厅，他就再也不可能发现我了。附近有很多其他的出租车，我可以很容易地跳上另一辆车。这将会为我节省大约 15 美元车费，司机则会有 15 美元的损失。然而，当我让他等我的时候，他毫无异议地答应了。我很快就带着必要的信息出来了，我们开车返回到了第一家预约的酒店。我们一直在进行这样的交易。然而，如果你仔细想想，我并没有向出租车司机保证会回来并付钱给他，但他相信我的话并且一直在等着我。

在世界许多地方的农村地区，农民经常把新鲜的农产品放在路边的桌子上。桌子上有一个绑着的盒子，人们可以把钱放进去。这个想法是，开车经过的人可以挑选一些农产品，作为回报，把钱留在盒子里。在这里，农民本质上是相信人们会留下钱作为拿走的农产品的回报的，因为在没有人监视的情况下，有人可以只挑走农产品，而不在盒子里留下一分钱。然而，大多数人还是会留下钱。当慈善机构在加油站和零售店的柜台上留下标有价格的糖果时，通常也会采用类似的做法。你理应在挑走糖果的同时把要求付的金额放在旁边的盒子里。

尽管我们可能承认信任在许多交易中扮演着至关重要的角色，但重要的问题是：我们应该怎样去测量信任呢？毕竟，如果我们想要在组织、群体或国家之间进行某种量性比较，以了解一个群体的成员是否比另一个群体的成员更容易信任别人，那么有一个方便的测量信任的方法是很有用的。

明尼苏达大学的 Joyce Berg、John Dickhaut 和 Kevin McCabe 想出了一个测量信任的精巧游戏。这个游戏也被称为投资博弈（investment game）[后来，这个游戏更加广为人知的名字是"信任博弈"（trust game）。在接下来的内容中，我可能会交替使用这两个术语，但请注意，"投资博弈"和"信任博弈"都是指 Berg 等人研究出的同一种游戏]。在他们的游戏中，参与者是被配对的，在一组配对中，一个人被称为"发送者"（sender），另一个人被称为"接收者"（receiver）❶。发送者和接收者被安排在不同的房间里，没有人知道他 / 她具体与谁配对。首先发送者和接收者都得到了 10 美元。然后，每个发送者被告知，她（译者注：这里用"她"代指发送者，是为了和代指接收者的

---

❶ 实际上，他们分别被称为房间 A 的玩家和房间 B 的玩家。但是，我没有使用不同研究者使用过的各种不同术语，我将继续使用"发送者"和"接收者"这两个术语。

"他"区分开）可以把所有的钱都留着，说一句"非常感谢"就离开。如果她这样做，游戏也就结束了。在这种情况下，发送者得到10美元，接收者也得到10美元。但如果发送者愿意，她可以将10美元中的一部分或全部送给与其配对的接收者。而不管发送者愿意给接收者多少钱，实验者都会把这个金额增至三倍，然后把这三倍的钱送给接收者。举个例子，如果发送者给接收者5美元，那么实验者会给接收者15美元。然后，接收者会被告知：他可以保留所有钱，然后离开。如果是这样，游戏就结束了。但如果他愿意的话，他可以把其中的一部分钱再返还给在另一个房间里与其配对的发送者。在这两种情况下，游戏都由接收者来决定是否结束——不管他是否决定要返还任何数额的钱，且接收者返还的钱也不会再增至三倍。图9.1展示了这个游戏的结构。

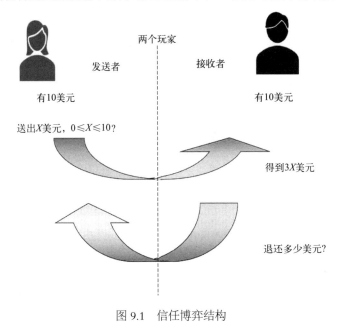

图 9.1　信任博弈结构

你认为这个游戏会发生什么样的情况呢？首先，遵循逆向归纳法（backward induction）的原则，让我们从接收者的决策开始。接收者从发送者那里收到了一笔钱，比如15美元，但接收者并不认识发送者，而且很可能彼此再也不会见面了。接收者知道在他作出决定后游戏将会结束。一个自利的接收者没有动力去返还任何数目的钱。如果接收者获得了送给他的任何数额的金钱，那么接收者只需要保留所有金额而不作任何返还就可以了。现在让我们设身处地地为发送者想想。如果发送者准确地预料到了接收者的反应，也就是说，预料到了接收者没有动力返还任何数目的钱，那么从一开始发送者送出任何数目的钱都是愚蠢的。这样一来，发送者就很容易被接收者所利用，而且情况还可能会更糟。

但还有另外一种路径来考虑这种情况。假设发送者决定信任接收者并将10美元全部送给了他。10美元涨至三倍，变成30美元。现在发送者一无所有，而接收者则拥有了

40 美元（请记住发送者和接收者在一开始都得到了 10 美元）。假设接收者知道他可以通过不返还任何金额来利用发送者的信任，但他却决定通过返还 20 美元来回报发送者的信任。发送者最终得到了 20 美元，而接收者最终也得到 20 美元（40 美元 –20 美元）[或者接收者返还 18 美元，在这种情况下，发送者最终得到 18 美元，而接收者最终得到 22 美元（40 美元 –18 美元）]。在这两种情况下，发送者和接收者都比没有将钱转手的情况要更好。如果钱没有被转手，那么发送者和接收者都只能赚到 10 美元。还有许多其他可能的变化。但关于第二种场景，值得注意的事情是，在所有这些情况下，发送者要信任接收者，而接收者也要证明自己守信用或值得信任（trustworthy）并回报发送者的信任，发送者和接收者双方最终都会比在发送者一开始就不信任接收者的情况下得到更多的钱。

这个游戏提供了一个测量信任和信用的简单方法。当然，这个游戏已排除了现实生活中真实交易的许多特征，如交流、口口相传、面对面互动、握手、承诺等等。但这恰好是这个游戏的美妙之处：它试图以一种纯粹抽象的方式来测量信任，而上述被排除的因素最有可能导致信任的增加。但如果我们能在这种非常抽象且无涉背景的情况下记录到信任的存在，那么我们就能够真正宣称信任是许多人类交易中的原生元素。一旦我们知道在最简单（也最抽象）的场景中会发生什么，我们总是可以增加复杂的程度。

Berg 和她的同事们设计的以上游戏事实上是另一个游戏的简化版本，后者最初是由加州理工学院的 Colin Camerer 和纽约大学的 Keith Weigelt 在 1988 年设计出来的。Camerer 和 Weigelt 的游戏是根据一位企业家向银行申请贷款的情境来制定的。在他们的游戏中，银行是发送者，可以选择借钱或不借钱。如果银行确实发放了贷款，那么企业家（类似于一个接收者）决定是连本带利偿还贷款还是违约。与银行根本不贷款的情况相比，偿还贷款会让双方都更富有。然而，在这个实验中，企业家可以是两种"类型"中的一种。有些情况下，他／她属于"诚实"的类型，喜欢连本带利偿还贷款，从而使双方更富有。但在有些情况下，企业家"不诚实"，宁愿食言违约，带着钱跑掉，以牺牲银行的信任为代价而让他／她自己过得更富有。虽然银行并不能确切地知道哪些企业家是诚实的或是不诚实的，但银行确实知道每种类型的概率。例如，银行可能知道企业家诚实的概率是 1/3，不诚实的概率是 2/3，等等。Camerer 和 Weigelt 的游戏和相应的分析要比 Berg 和其同事们设计的简化版本更复杂。

在 Berg 等人的游戏中，如果发送者一开始就给出了钱，那么我们可以说发送者已经决定信任接收者，并且发送出的金额可以用作发送者信任程度的测量。与此类似，如果接收者返还的金额让发送者和接收者双方都有了更多的钱，那么我们可以说接收者是值得信赖的或是讲信用的，并可将返还的金额作为接收者互惠（reciprocity）程度的测量。通常，我不会使用接收者返还的绝对金额，而是使用返还金额占总金额的百分比。这是因为，正如你很快会看到的，不同的接收者收到的金额不同。因此，例如，收到 15 美元并返还 7.50 美元（即他收到的总金额的 50%）的接收者实际上比收到 30

美元但返还了 10 美元（即他收到的总金额的 33%）的接收者更讲信用，尽管在绝对金额上，第一个接收者返还的金额少于第二个接收者——分别为 7.50 美元和 10 美元。

Berg 和她的同事们招募了 64 名参与者参加了这个游戏，并将他们分成 32 对发送者和接收者，每个参与者得到 10 美元。他们还执行了一项复杂的双盲协议，在这项协议中，实验者不能观察发送者或接收者个人在做什么。因此，发送者和接收者作出的所有决定对于其他参与者和实验者来说都是完全匿名的。游戏的结果会怎样呢？请记住，如果从纯粹自利的角度来看，我们希望发送者什么也不送出，如果发送者确实送出了金钱，那么我们希望接收者什么也不返还。

在图 9.2 中，我展示了不同发送者发送出的金额。数据按送出金额的降序排列，发送者也相应地被重新编号。这些参与者的编号与原始研究中分配给他们的实际编号不同。在 32 名发送者中，有 5 名发送者（图中最左边的第 1 到 5 位发送者）送出了全部的 10 美元，发送者 6 送出了 8 美元，发送者 7、8 和 9 每人都送出了 7 美元，发送者 10 到发送者 14 每人都送出了 6 美元，接下来的 6 位发送者（编号 15 到 20）每人都送出了 5 美元，发送者 21 和发送者 22 每人都送出了 4 美元，发送者 23 到发送者 26 每人都送出了 3 美元，发送者 27 和发送者 28 每人都送出了 2 美元，发送者 29 和发送者 30 每人都送出了 1 美元。32 名发送者中只有 2 人（发送者 31 和发送者 32，位于图的最右边）没有送出任何金额。因此，32 名发送者中有 30 位送出了正金额，有 20 位（63%）送出了 5 美元或多于 5 美元。这似乎表明，大多数发送者都愿意给予陌生人极大的信任。

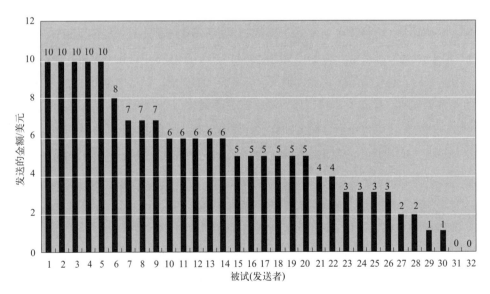

图 9.2　在 Berg 等（1995）的信任博弈中，不同发送者送出的金额

在原始研究数据的基础上重新制作

他们的信任得到回报了吗？这里需要说明的是答案更加复杂，答案既是肯定的也是

否定的。在很多情况下，发送者的信任得到了回报，而且发送者和接收者配对双方都比在发送者完全不信任接收者的情况下得到了更多的钱。但这个答案并不总是正确的，在某些情况下，发送者会被利用，接收者会榨干所有创造出来的盈余，只返还给发送者很少的金额或什么也不返还。

我在图 9.3 中展示了接收者的行为。同样，按照接收者得到的总金额由高到低降序排列，并且也相应地进行了重新编号。请不要忘记，有 5 位发送者送出了所有的 10 美元，并且发送者送出的任何金额都被实验者增加到三倍。因此，有 5 位接收者收到了30 美元。我把这五位接收者编号为接收者 1 到接收者 5。在这五人中，接收者 1 返还了 20 美元。这意味着在这一配对中，发送者和接收者最终每人都得到了 20 美元。接收者 2 和接收者 3 返还了 15 美元。请不要忘记，游戏开始时，接收者也得到了 10 美元。这就意味着，在这种情况下，发送者最终得到了 15 美元，而接收者最终得到了 25美元。接收者比发送者得到更多，但发送者还是比在完全不信任接收者的情况下多赚了5 美元——最终得到 15 美元，而不是 10 美元。但是 4 号和 5 号接收者不够友好。接收者 4 只返还了 1 美元，这意味着发送者最终只得到了 1 美元，而接收者最终得到了 39 美元。接收者 5 什么也没有返还，这意味着与其配对的发送者最终什么也没有得到，而接收者 5最终得到了 40 美元。其他接收者返还了各种不同的金额。因此，虽然确实有许多接收者没有给予回报，但也有许多人给予了回报，而且互惠的程度超出了基于自利假设的预测。平均来看，送出 5 美元或 5 美元以上金额的发送者可以从送出的金额中获利。投资 5 美元的平均回报是 7.17 美元，而投资 10 美元的平均回报是 10.20 美元。

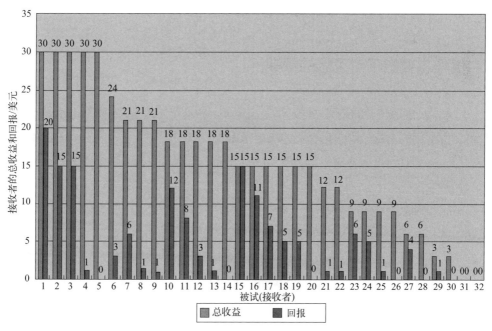

图 9.3　Berg 等（1995）的信任博弈中接收者的行为

在原始研究数据的基础上重新制作

就像 Güth 和其同事们在最后通牒博弈中所做的一样，Berg 和她的同事们意识到，参与者信任或回报的决定可能是由错误理解指导语或缺乏对指导语的理解造成的。所以他们决定进行第二个实验，即社会历史实验（social history experiment），上面描述的第一个实验是无历史实验（no history experiment）。在社会历史实验中，他们招募了 56 名（28 对）没有参加过前述无历史实验的参与者，让他们参加同一个博弈游戏，只有一点不同。社会历史处理组的每名参与者都得到了一份报告，该报告总结了在无历史实验中 32 对参与者的决策情况。

假设在第一个实验中，发送者没有预料到接收者缺乏返还任何数目金额的动力。那么，提供之前的博弈历史可能会让第二个实验中的发送者更清楚地意识到，在第一个实验中，有些接收者没有回报，这可能会让第二个实验中的发送者对送出金钱产生犹豫。或者，社会历史处理中的发送者可能会关注 5 美元和 10 美元投资的正净收益。这可能会导致信任的增加，做出更多送出 5 美元或 10 美元的决定。社会历史实验的结果与无历史实验的结果大致相似。 28 位发送者中只有 3 位没送出任何金额。接收到正金额的 24 位接收者中有 13 位返还的金额比与其配对的发送者送出的要多，导致两者的净收益都是正数。投资 5 美元的平均回报是 7.14 美元，而投资 10 美元的平均回报是 13.17 美元。事实上，接受社会历史处理的参与者似乎比没有接受社会历史处理的参与者表现出了略高的信任和互惠水平。因此，历史非但没有教会参与者摆脱非理性地信任他人和讲信用的倾向，反而似乎强化了这两种反应。

因此，许多发送者，像 Ralph Waldo Emerson 那样，似乎相信："信任别人，他们也会对你忠诚；善待别人，他们也会表现出自己的伟大。"

## 信任主要出于对互惠的预期

就像最后通牒博弈的结果一样，问题出现了：在这个游戏中，如果这些金钱出让是由信任所驱动的，发送者送出金钱的决定是出于分享的愿望，而不是基于对回报的期望，那么这种对回报的期望还是必要的吗？同样，是否有些接收者的决策是出于慷慨而非互惠呢？

Berg 和她的同事们已经预料到了这种潜在的批评，他们给发送者和接收者各 10 美元。请稍微思考一下。假设发送者确实关心公平分配（equitable distribution），他们还应该送出金钱吗？不一定，因为即使他们没有送出任何金额，不像独裁者博弈或最后通牒博弈，接收者也不会空手而归。双方都还有 10 美元，即使没有发生从发送者到接收者的金钱转移，每个人仍然会得到 10 美元——这是一个非常公平的分配。不过有一个问题。在这个游戏中，送出的每 1 美元都会成倍增长。因此，如果发送者关心的是共同利益，即发送者和接收者合在一起的利益，那么她仍然可能会送出金钱，因为送出的每 1 美元将为接收者带来 3 美元。发送者损失了 1 美元，但接收者却可以得到 3 倍的钱，所以，从双方整体利益看，他们变得更富有了。因此，如果发送者有涉他偏好（other-regarding preferences），即他们关心接收者的利益（或共同利益），而不仅仅是涉己偏好（self-regarding preferences），即他们只关心自己的金钱回报，那么发送者即使在缺乏信任的情况下也会送出金钱。

亚利桑那大学的 James Cox 认为，Berg、Dickhaut 和 McCabe 的经典实验无法让人们区分金钱出让是来自信任还是来自涉他偏好，他们的设计也没有区分回报是来自接收者的互惠动机还是来自涉他偏好。Cox 设计了一个实验，让每个参与者参加：① Berg-Dickhaut-McCabe 投资博弈；②本书早先提到的 Forsythe 和其他人设计的独裁者游戏❶；③一个修订后的独裁者游戏。大家已经知道 Berg-Dickhaut-McCabe 投资博弈和独裁者博弈是如何运作的。Cox 的论点如下：假设我们将在信任博弈中发送者送出的金额与在独裁者游戏中送出的金额进行比较。在信任博弈中，发送者有可能从接收者那里得到回报，因此，有可能获得净收益（net gains），但在独裁者博弈中，发送者没有可能从接收者那里得到回报。因此，在独裁者博弈中进行的任何金钱出让都仅仅是受到涉他偏好的驱动，而在投资博弈中进行的金钱出让既可以是由于信任，也可以是由于涉他偏好。因此，如果在投资博弈中送出的金额超过了在独裁者博弈中送出的金额，那么额外的金额就一定是由信任动机造成的。

Cox 的第三种处理（经过修订的独裁者博弈）很复杂，所以我只简要介绍一下这个博弈游戏是如何运作的。假设在投资博弈中，我们有两个配对——Bonnie 和 Clyde 以及 Thelma 和 Louise，Bonnie 和 Thelma 是发送者，Clyde 和 Louise 是接收者（请记住：这两对中的第一个人是发送者，第二个人是接收者）。假设在投资博弈中，Bonnie 从 10 美元中送给 Clyde 4 美元，而 Thelma 从 10 美元中送给 Louise 7 美元。这意味着 Bonnie 还剩 6 美元，而 Thelma 还剩 3 美元。另一方面，由于送出的金额会是原来的三倍，因此，Clyde 收到 12 美元，Louise 收到 21 美元。这时 Cox 需要做的就是建立一个修订后的独裁者博弈。

假设，在这个修订过的独裁者博弈游戏中，我们也有两组配对——Frankie 和 Johnny 以及 Butch 和 Sundance。然后他把 Bonnie 和 Thelma 留给自己的钱送给了两个发送者 Frankie 和 Butch。也就是说，Frankie 得到 6 美元（Bonnie 拥有的），Butch 得到 3 美元（Thelma 拥有的）。他把 Clyde 和 Louise 得到的钱，分别给了 Johnny 和 Sundance，分别是 12 美元和 21 美元。

然后，他让 Johnny 和 Sundance 用这两笔钱（分别是 12 美元和 21 美元）玩一个独裁者博弈游戏，并问他们是否愿意分别送钱给 Frankie 和 Butch。其思想是这样的：由于在这个修订后的独裁者游戏中，提议者（或发送者）也就是 Frankie 和 Butch，并没

❶　请记住，独裁者游戏是这样的：提议者得到一笔钱（比如 10 美元），并被要求在他 / 她和响应者之间提议如何分配这笔钱，响应者在这件事上没有发言权，必须接受提议者向他 / 她提出的任何提议，提议可能是给他 / 她分配 0 美元。如果提议者提议给响应者 X 美元，那么提议者得到 10−X 美元，而响应者得到 X 美元。

有真正送出任何东西，接收者也不会受到积极互惠动机的激励，也就是说，没有必要对发送者的友好行为进行回报。因此，在这个修订过的独裁者博弈游戏中，如果接收者送钱给发送者，那么这个决定一定是由涉他偏好而非互惠所驱动的。相反，在投资博弈中，接收者可能会被互惠或无条件的涉他偏好激励来回报正的金额。因此，如果投资博弈中的回报超过了修订后的独裁者博弈中的回报，那么这种超额的回报必然是出于互惠动机。表 9.1 解释了 Cox 修订后的独裁者博弈的结构。

### 表 9.1　Cox（1994）修订后的独裁者博弈

**第一个独裁者博弈，有两对参与者：{Bonnie 和 Clyde} 和 {Thelma 和 Louise}**

| | |
|---|---|
| 分配者 Bonnie（获得 10 美元）<br>保留 6 美元，并将 4 美元发送给配对接收者 Clyde | 分配者 Thelma（获得 10 美元）<br>保留 3 美元，并将 7 美元发送给配对接收者 Louise |
| 接收者 Clyde 得到 3 倍共 12 美元<br>Clyde 没有作出进一步的决定 | 接收者 Louise 得到 3 倍共 21 美元<br>Louise 没有作出进一步的决定 |

**第二个（随后的）独裁者博弈，有两对参与者：{Frankie 和 Johnny} 和 {Butch 和 Sundance}**

| | |
|---|---|
| 分配者 Frankie 获得 12 美元（和 Clyde 一样）<br>Frankie 决定是否分钱给 Johnny | 分配者 Butch 获得 21 美元（和 Louise 一样）<br>Butch 决定是否分钱给 Sundance |
| 接收者 Johnny（获赠 6 美元；和 Bonnie 保留的一样多）<br>Johnny 没有作出进一步的决定 | 接收者 Sundance（获赠 3 美元；和 Thelma 保留的一样多）<br>Sundance 没有作出进一步的决定 |

　　Cox 发现，参与者的动机来自两组因素：①利他主义的涉他偏好；②信任和互惠。投资博弈中的平均出让金钱数额（每 10 美元中有 5.97 美元）高于独裁者博弈中的平均出让金钱数额（每 10 美元中有 3.63 美元）。这表明参与者受到信任的驱动超过或高于受到涉他偏好的驱动。投资博弈中的平均回报金额（4.94 美元）也高于修订后的独裁者博弈中的平均回报金额（2.06 美元），这证明互惠和回报发送者信任的愿望比利他主义倾向发挥了更重要的作用。

　　哈佛商学院的 Nava Ashraf、Iris Bohnet 和 Nikita Piankov 也在一个项目中研究了信任和互惠的问题，参与者来自南非、俄罗斯和美国，采用的方法与 Cox 采用的方法类似。他们还研究了 Berg-Dickhaut-McCabe 投资博弈和独裁者博弈，但他们没有使用 Cox 修订后的独裁者博弈，而是研究了三倍独裁者博弈（triple dictator game）。在独裁者博弈中，如果提议者给响应者 $X$ 美元，那么提议者得到 $10-X$ 美元，响应者得到 $X$ 美元。三倍独裁者博弈与此类似，不同的是，在这个博弈中，实验者给响应者的钱（$X$ 美元）是之前的三倍，所以提议者得到 $10-X$ 美元，和独裁者博弈一样，但响应者得到了 $3X$ 美元。响应者不必进行决策，也就是说，响应者不需要返还任何钱。

　　投资博弈和三倍独裁者博弈的相似之处在于，在这两种博弈中，接收者得到的金额都是三倍。不同的是，在信任博弈中，发送者可以抱有拿回钱的期望，从而挣得利润，而在三倍独裁者博弈中，没有退还钱的可能性。假设"$S$"代表投资博弈中送出的金额，"$R$"代表接收者返还的金额。Ashraf 和她的同事通过观察在投资博弈中送出的金额（$S$）

来测量信任，而通过观察接收者从接收到的三倍金额中返还的金额占比 $[R/(3S)]$ 来测量互惠。它们的论点如下。

第一，如果发送者是出于信任的动机，那么发送的金额（$S$）应该与期望从接收者那里返还的金额 $[R/(3S)]$ 有关。但是，如果发送者发送金钱是因为他们有涉他偏好，并且意识到了通过送出 1 美元给接收者带来 3 美元从而产生了盈余，那么发送者在投资博弈中送出的金额应该主要与在三倍独裁者博弈中送出的金额相关，而不是与投资博弈中期望从接收者那里返还的金额相关。

第二，如果接收者是出于互惠的动机，那么返还的金额占比 $R/(3S)$ 将更多地取决于 $3S$（发送者送出金额的 3 倍）。但如果接收者是出于利他主义动机，那么 $R/(3S)$ 将与发送者在独裁者博弈中送出的金钱关系更大，而不是与接收者在信任博弈中接收到的金钱关系更大。正如 Cox 的研究一样，这些研究者也发现了支持信任和互惠假说的大量证据，尽管他们确实报告说，有一些证据表明，发送者和接收者都受到了涉他偏好的激励。

## 信任源于人类天性

因为信任在许多交易中都是至关重要的，而对信任的背叛可能会造成心理和财务创伤（financial trauma），我们必须确保投资博弈中的行为确实能反映出信任陌生人的意愿。上面讨论的两项研究表明信任和涉他偏好都很重要。但是，如果人们的主要动机是分享的愿望，只是在较小程度上受到了信任的激发会怎样呢？ 在这种情况下，如果我们过于强调信任，我们可能就找错了目标。

Uri Gneezy、Werner Güth 和 Frank Verboven 试图通过让人们参加一个信任博弈游戏来了解发送者的行为，在这个游戏中，他们系统地改变了接收者可以返还的金额。在这项研究中，发送者送出的金额只被增加了一倍，而不是增至三倍。所以，如果发送者送出了 10 美元，那么接收者就会得到 20 美元。在第一种处理中，接收者最多只能返还 2 美元，无论他从发送者那里收到了多少钱。在第二种处理中，接收者最多可以返还 10 美元。在第二种处理中，即使没有或不能保证给发送者一个正的净回报（在发送者把所有 10 美元都送给接收者的那些情况下），接收者至少可以全额返还发送者送出的任何金额。在第三种处理中，接收者可以返还多达 18 美元，因此，无论发送者送出的金额是多少，他 / 她都可以让发送者得到一个正的净收益。

如果在这个游戏中，发送者的动机纯粹是分享的愿望，那么接收者回报的金额应该不重要，也不应该对送出的金额产生影响。另一方面，如果发送者的动机是期望收到接收者的回报，当更高的回报是可能的时候，我们就可以期待他们会送出更多金额。这一推测结果被证实了。当接收者只能回报 2 美元时，发送者送出的平均金额是 2 美元；

但当回报金额为 10 美元或 18 美元时，发送者送出的金额就会明显更高：当接收者最多可以回报 10 美元时，发送者平均送出金额为 6.50 美元；而面对可以回报 18 美元的接收者，发送者平均送出金额为 5.63 美元；这两个平均金额在统计上没有差异。之所以回报上限为 18 美元和 10 美元两种情况下发送者送出的金额没有什么差异，可能是因为发送者并不指望接收者返还的钱会远远超过 10 美元。因此将上限从 10 美元提高到 18 美元，也不会对决策产生太大影响。

缅因州鲍登学院（Bowdoin College）的 Andreas Ortmann、John Fitzgerald 和 Carl Boeing 决定采取一种不同的方法。他们首先重复了 Berg、Dickhaut 和 McCabe 最初的研究结果，然后引入了一些可能有助于解释金钱出让是否符合信任和互惠假说的修正观点。

他们采取了五种处理。第一种是基线无历史处理（baseline no history treatment），与最初的 Berg、Dickhaut 和 McCabe 研究中的无历史处理完全相同，旨在复制这一结果。 第二种处理是社会历史处理，这和 Berg、Dickhaut 和 McCabe 研究中的社会历史处理相似，并且通过向参与者展示无历史处理的基线结果复制了 Berg 等的研究的社会历史处理。在第三种处理中，除了用表格（和在 Berg、Dickhaut 和 McCabe 研究中的一样）向参与者展示之前的投资价值和回报之外，Ortmann 和他的同事还额外提供了另一个版本的图示，类似图 9.3，该图显示了接收者收到的不同金额和他们返还的金额。在第四种处理中，他们采用基线无历史处理，但同时要求发送者填写一份问卷，然后再决定是否发送金钱。问卷的设计有两个具体目的。首先，这是为了确保发送者理解设计，并在做出决策之前仔细考虑他们的决策。其次，通过让发送者在做出决策之前考虑其决策的后果，从而帮助参与者决定投资多少，以减少潜在的混淆。具体来说，发送者被问到以下问题：①你认为你会送出多少钱？②如果你送出这么多钱，与你配对的接收者会收到多少钱？③你认为他会返还给你多少钱？④如果你是接收者，你会返还多少钱？研究者认为，第四种处理（应该会促进策略性推理）会导致送出的金额显著下降，因此，返还的金额也会显著下降。在第五种也是最后一种处理中，他们不仅让发送者填写问卷，还向他们提供了图 9.3 的另一个版本，该版本显示了接收者返还的各种金额。

令人惊讶的是，这些操纵中没有任何一种处理产生差异。针对不同的处理，发送者送出的平均金额在统计上没有差异。表 9.2 列出了发送者从初始获赠的 10 美元中送出的平均金额。研究者最后说，他们的发现表明，最初 Berg、Dickhaut 和 McCabe 的研究结果是相当可靠的。即使是聚焦相对回报而非绝对回报的呈现模式，以及旨在诱导策略性推理的问卷调查设计，都无法消除发送者的信任。

表 9.2　在 Ortmann 等人（2000）的研究中各种处理条件下发送者送出的平均金额

| | 配对数 | 送出的平均金额（从 10 美元中） |
| --- | --- | --- |
| Berg、Dickhaut 和 McCabe 的研究 | | |
| 1. 无历史处理 | 32 | 5.20 美元 |
| 2. 社会历史处理 | 28 | 5.40 美元 |
| Ortmann、Fitzgerald 和 Boeing 的研究 | | |
| 1. 无历史处理 | 16 | 4.40 美元 |
| 2. 社会历史处理 | 16 | 4.70 美元 |
| 3. 社会历史 + 图示 | 24 | 4.70 美元 |
| 4. 无历史 + 问卷 | 12 | 5.80 美元 |
| 5. 社会历史 + 图示 + 问卷 | 16 | 5.50 美元 |

注：在原始研究提供的数据基础上制作。

　　奥克兰大学的 Ananish Chaudhuri 和墨尔本大学的 Lata Gangadharan 也通过 100 名墨尔本大学的参与者研究了期望的作用。在他们的研究中，参与者在投资博弈中同时扮演两种角色——发送者和接收者，但每一种角色都有不同的配对伙伴。参与者也进行了独裁者博弈。与 Ortmann、Fitzgerald 和 Boeing 的研究一样，他们还决定通过以下方式鼓励策略性推理：①询问实验中的每名发送者，他 / 她是否希望从与他 / 她配对的接收者那里得到任何回报，如果他 / 她希望得到，那他 / 她希望得到多少回报；②另外，他们还要求发送者写下（自由回答形式）他们发送金钱给接收者的动机。

　　Chaudhuri 和 Gangadharan 发现，期望从接收者那里收回的金额对送出的金额起着重要的影响作用。假设在信任博弈中，发送者发送给接收者的每 1 美元都增至三倍，那么如果接收者分别返还这三倍金额的 1/3 或更多，发送者至少会感觉更好。因为如果返还金额不到 1/3，发送者的情况就会变糟。

　　那些期望回报不到 1/3 的人和期望回报更多的人在行为上表现出显著差异。有 44 名参与者期望得到的回报不到接收者所获金额的 1/3，这些参与者平均每 10 美元送出 2.14 美元。这 44 名参与者中有 18 名发送的金额众数是 0 美元。另一方面，在 37 名期望回报超过 1/3 的参与者中，平均送出金额是 6.05 美元。有 17 名参与者期望回报的金额正好是 1/3，这些参与者平均送出了 5.41 美元。54 名希望接收者至少回报 1/3 的参与者，送出的金额众数是 10 美元，其中有 17 人送出了他们初始获赠的所有金额。（两位参与者没有回答这个问题）。

　　发送者发送给其配对接收者的金额与发送者对接收者返还金额占比的期望呈正相关（即发送者对接收者互惠水平的期望）。Chaudhuri 和 Gangadharan 还研究了在信任博弈中，发送者提供的关于他们向其配对接收者发送（或不发送）金钱的动机的自由回答内容，发现大多数回答内容都明确承认信任在导致发送者和接收者双方都获得正净收益方面的作用。这类回答的一个例子如下：

我想要那 10 美元，但如果我们合作，就是平分 30 美元，每人会挣到 15 美元，这样我们可以挣到更多。这绝对是一种风险，因为对另一个人来说，自己独享这 30 美元是很有诱惑力的。我希望一个明显的慷慨姿态能让他给我返回一些钱，至少 10 美元。

这名参与者将其获赠的 10 美元都送给了配对的接收者。

Chaudhuri 和 Gangadharan 还发现，接收者从配对的发送者那里收到的金额和接收者返还的金额占比是密切相关的。这意味着，当接收者收到发送者初始获赠金额的较大比例时，接收者也会以返还三倍金额的较大比例作为回应。从表面上看，这些结果表明——正如 Ortmann 和他的同事们指出的那样——"信任也许是参与者在彼此不熟悉的情况下用来引导行为本能的一种原生因素"。

## >> 信任决策并非风险选择

在投资博弈中，无论何时，只要发送者决定信任接收者（也就是说，无论何时，只要有人决定信任陌生人），就隐含着他是在冒险的意味。所信任的接收者有可能是值得信赖的和讲信用的，并会回报这份信任，从而使交易双方都受益。但也有可能，接收者会背弃这份信任，拿走全部金额，让信任者比他完全不付出信任的情况更糟。因此，信任决策也许可被看作与购买彩票相类似。你有机会能赚很多钱，但也有可能什么都赚不到，而且会损失你买彩票的钱。当人们面临必须要依赖、信任陌生人的情况时，他们在本质上会不会表现得就像在买彩票一样呢？总的来说，答案是否定的。当人们被要求寄希望于信任陌生人时所使用的心理算法（mental algorithm）似乎与人们购买彩票时所使用的心理算法有着本质上的不同。

Chris Snijders 和 Gideon Keren 是将信任与风险（risk）加以区分的早期尝试者之一。他们的研究采用的是一个简版的 Berg-Dickhaut-McCabe 投资博弈游戏。在 Snijders-Keren 版本的博弈中，发送者有两个选择——发送所有 10 美元，让接收者获得 30 美元；或者什么都不发送❶。如果发送者选择了第二个选项（类似于发送者在投资博弈中不分给接收者任何金额），那么发送者和接收者双方都会获得一定的默认金额。为了方便起见，让我们假设这个默认金额是 10 美元。因此，在缺乏信任的情况下，每一方都会得到 10 美元。然而，如果发送者决定信任并送出金钱（即意味着要送出所有的 10 美元），

---

❶ Snijders 和 Keren 使用了不同的金额。我将使用 10 美元或 20 美元，既是为了简单、方便，也是为了与我在上述投资博弈中的讨论保持一致。这样就更容易理解我的论点了。

那么接收者也只有两种选择。他/她可以选择回报（Snijders 和 Keren 使用了"送出金钱"或"返还金钱"等非情感性词汇，而不是"信任"或"回报"等带有情感色彩的词汇），在这种情况下，双方都能获得 20 美元；或者他/她可以选择背叛发送者的信任，在这种情况下，发送者得到 0 美元，接收者得到 40 美元。

在这种情况下，发送者一开始送出 10 美元的决策本质上意味着有两种可能的结果——接收者返还 20 美元，发送者获得 10 美元的收益；或接收者返还 0 美元，发送者损失 10 美元。通过改变接收者可以返还的金额，可以操纵与送出所有 10 美元决策相关的潜在风险。例如，假设接收者选择不那么极端，其两个选择是：从 30 美元中返还 10 美元，自己保留 20 美元；以及从 30 美元中返还 20 美元，自己保留 10 美元。此时，发送者可以确保他/她不会损失金钱，即使他/她没有获得正的净回报。在这种情况下，发送者会考虑两种可能的结果——①损失 0 美元；②获益 10 美元。与第一种情况相比，发送者在第二种情况下可能更倾向于送出金钱。因此，通过改变接收者可以退还的金额，进而改变发送者的潜在收益和损失，我们可以看到在发送者送出金钱的决策中会有哪些变化。Snijders 和 Keren 接着认为，潜在收益和损失以及与之相关的风险似乎对发送者送出金钱的决策有很大影响。

但此后的许多研究对这一发现提出了质疑。哈佛大学肯尼迪学院的 Iris Bohnet 和 Richard Zeckhauser 认为，Snijders 和 Keren 所得结论的一个缺陷是，他们试图在投资博弈本身的背景中评价人们对风险的态度，而更好的选择应该是使用一个不同的任务来评估。Bohnet 和 Zeckhauser 让参与者参加了三种不同博弈的任务。首先，他们进行的是投资博弈的二元选择版本，即发送者有两个选择，像 Snijders 和 Keren 的研究一样。

其次，他们会参加第二种博弈，在这种博弈中发送者本质上是在做一项彩票选择。他们被问以下问题：假设他们把所有的 10 美元都发送出去，有可能收回 20 美元（即收益 10 美元），也有可能收回 0 美元（即损失 10 美元），那么在什么情况下他们愿意送出 10 美元？如果收回 20 美元回报的概率是 50%，而收回 0 美元回报的概率是 50%（这意味着预期回报是 10 美元），他们会怎么做呢？如果收回 20 美元的概率是 60% 或 70% 等，情况又将如何呢？

在实验开始之前，研究者就已经确定了收回 20 美元的实际可能性。假设收回 10 美元的可能性以及因此多挣 10 美元的概率是 50%，而什么也收不回的可能性也是 50%。每名参与者表明只要有 50% 的机会可以收回 20 美元，他/她就愿意送出所有的 10 美元，并愿意继续玩这种游戏。如果参与者表明除非收回 20 美元的机会超过 50%，否则他/她不会送出金钱，那么他/她就不一定会继续玩这种彩票游戏（lottery game），只需保留最初获赠的 10 美元就可以了。

然而，博彩游戏的一个问题是，这是一个没有接收者的个人决策博弈，而在投资博弈中，有一个发送者和一个接收者，我们已经看到，通常发送者会关心接收者的情况。因此，Bohnet 和 Zeckhauser 让他们的参与者参加了第三种博弈任务——风险独裁者博弈（risky dictator game）。风险独裁者博弈类似于彩票选择游戏。但是现在，如果发送者发送了金钱，并且碰巧结果是发送者和接收者都收到了正的净回报，那么这个独裁者博弈的被动响应者（passive responder）也会得到一些钱。例如，如果碰巧结果是发送者得到 20 美元，接收者得到 20 美元，那么在这个独裁者博弈中被动响应者实际上也会得到 20 美元。

Bohnet 和 Zeckhauser 发现，在投资博弈中，发送者的行为确实不同于彩票选择游戏或风险独裁者博弈。在投资博弈中，人们更不愿意送出金钱，也不愿意冒被利用的风险；而他们在彩票选择游戏和风险独裁者博弈中的行为没有什么不同。Bohnet 和 Zeckhauser 评论道："我们的研究结果表明，信任决策不仅仅受到风险的影响……他们的行为表现就好像有比任何金钱损失还要更大的背叛代价"（标着重号的文字为原文强调的重要观点）。

Catherine Eckel 和 Rick Wilson 也研究了信任和风险之间的关系。Eckel 和 Wilson 在两个不同的地方——弗吉尼亚理工学院（位于弗吉尼亚州布莱克斯堡）和莱斯大学（位于得克萨斯州休斯敦）招募参与者进行四项不同的任务：①他们要参加信任博弈游戏，配对两人中的一名成员在弗吉尼亚州，而另一名成员在休斯敦，这就使得这对组合的成员极不可能曾经偶然彼此相遇过。②他们要填写一份由 40 个问题组成的名为"Zuckerman 感觉寻求量表"（Zuckerman Sensation Seeking Scale）的心理调查量表，该量表旨在引起参与者对寻找新奇和刺激性活动的偏好。该调查要求参与者从一对有关风险活动的陈述中选择他们的优先选项。例如，其中一对陈述如下：选项 1，在高山上滑雪，拄上拐杖是好办法；选项 2，我想我会喜欢在高山上快速滑雪的感觉。③他们也被要求从一系列彩票（共 10 张）中选择出自己的优先选项，每张彩票均提供两种选择，两种选择如下：选项 1，有 10% 的机会获得 2 美元和有 90% 的机会获得 1.60 美元，或者有 10% 的机会获得 3.85 美元和 90% 的机会获得 0.10 美元；选项 2，有 20% 的机会获得 2 美元和有 80% 的机会获得 1.60 美元，或者有 20% 的机会获得 3.85 美元和有 80% 的机会获得 0.10 美元，以此类推。④然后他们被要求进行另一种风险选择，在这种风险选择中参与者可以选择肯定得到 10 美元，或者他们可以选择一种彩票，彩票需支付金额为 0 美元或 5 美元或 10 美元或 15 美元或 20 美元，不同价格彩票对应的中奖机会分别为 10%、20%、40%、20% 和 10%。参与者在填写好调查问卷后会得到 5 美元的报酬，同时他们得到的报酬也取决于他们在两种彩票中的选择。

Eckel 和 Wilson 发现，这三种风险测量（无论是 Zuckerman 感觉寻求量表还是两种彩票选择）结果都与在信任博弈中送出金钱的决策（即信任决策）没有任何显著的相关。

虽然信任陌生人的决定可能是由允许或诱导人们从事高风险投机的心理过程所引起的，这看似是一个有逻辑的推理，但上述研究结果似乎表明，几乎没有证据支持，可以把信任决策看作一种风险选择。

苏黎世大学的 Michael Kosfeld、Marcus Heinrichs、Urs Fischbacher 和 Ernst Fehr 以及克莱蒙特研究生大学的 Paul Zak 则采用了一种非常新颖的方法来考察信任与风险之间的关系。他们研究了一种稍作修订的投资博弈，在这种博弈中，发送者和接收者各有 12 美元（这些研究者使用了一种虚拟的实验货币，这种虚拟货币在实验结束后可以兑换成现金。为了简单和方便，我下面仍将采用美元单位来表述）。关于可以送出的金额，发送者有 4 种选择。具体来说，他 / 她可以送出 0 美元、4 美元、8 美元或 12 美元。这个金额将会被增至三倍，也即意味着接收者将会分别得到 0 美元、12 美元、24 美元或 36 美元。然后，接收者可以在接收到的金额范围内，返还任何金额。例如，如果发送者送出 8 美元，那么接收者将获得 24 美元，他 / 她可以返还 0 ～ 24 美元之间的任何金额。

在第二种处理中，发送者面临着与投资博弈中相同的选择，除了将发送者能收回多少钱设计成由随机机制来决定（而非由人来决定）。因此，第二种处理类似于参加可能有好和坏两种结果的彩票抽奖。这些研究者执行了一项双盲协议，其中实验者不知道个人做出的决策，而这些决策也不能被追溯到个人决策者。 这是本项研究的新颖之处。在投资博弈和彩票选择游戏中，一些参与者吸入了催产素，而其他人则吸入了安慰剂（催产素组的参与者每人用鼻孔吸入三次瑞士诺华公司生产的催产素喷雾）。催产素是一种神经肽，在社会交往中起着重要作用。催产素除了在授乳和分娩过程中所具有的众所周知的生理功能外，催产素受体还分布在不同的大脑区域，而这些区域与伴侣关系、母性护理、性行为以及形成正常社会关系的能力都有关系。

参与信任博弈的 58 名发送者中，一半人接受催产素，另一半人接受安慰剂。数据显示，催产素大大增加了发送者的信任程度。在接受催产素的 29 名发送者中，有 13 人（45%）将自己的全部获赠金额送给了其配对的接收者，显示出了最大程度的信任。然而，在安慰剂组，29 人中只有 6 人（21%）这样做。催产素组的平均送出金额为 9.60 美元，显著高于安慰剂组（8.10 美元）。催产素组送出金额的中位数是 10 美元，而安慰剂组的中位数是 8 美元。

有 61 名参与者参加了彩票选择游戏：催产素组 31 人，安慰剂组 30 人。这两组在行为上没有显著差异。催产素组送出的金额平均数或中位数与安慰剂组送出的没有区别。因此，催产素的使用会导致在投资博弈中增加信任，但是不会影响彩票选择游戏中的行为，这再次表明，信任决策与接受高风险投机的决策有着本质上的不同。

# 信任他人的人不一定是值得信赖的人

在大多数关于信任的研究中，都包含一个隐含的假设，即信任和信用（值得信赖）一定是类似的心理结构，这意味着一个信任他人的人，如果有机会，也会回报他人的信任。令人惊讶的是，事实证明并非如此——那些信任别人的人并不一定会回报他人的信任。Chaudhuri 和 Gangadharan 很好地研究了这个问题，因为在他们的研究中，每个参与者分别扮演发送者（这可以形成对参与者信任程度的测量）和接收者（这可以形成对该参与者信用或值得信赖程度的测量）。

如果参与者在投资博弈中送出了他一开始获赠的 10 美元的 50% 或更多（即 5 美元或 5 美元以上），Chaudhuri 和 Gangadharan 就将这名参与者归类为"信任"。如果他送出金额的比例小于 50%，那么这名参与者就会被贴上"不信任"的标签。如果采用这一定义，那么我们就应该明白，那些被归类为"信任"的参与者应该比"不信任"的参与者表现出更强的互惠性。但事实证明，答案是否定的。采用 50% 的界限，有 58 名参与者不信任他人（送出获赠金额的比例小于 50%），42 名参与者信任他人（送出获赠金额的比例正好等于或大于 50%）。不信任他人的参与者的平均回报比例是 18%，而信任他人的参与者的平均回报比例是 16%。两者之间差异不显著，而且当他们尝试对"信任"的以上操作定义做出调整后，结果也不会改变。

那些被信任但不作回报的人似乎不太受纯粹的信任所驱动，相反，他们感兴趣的是利用他人的信任和信用来增加他们他们自己的回报。很明显，这群参与者进行了以下行动过程：作为发送者，他们寄希望于通过信任其他玩家，从对方那里得到互惠，从而获得更大的回报；然而，作为接收者（同时也是其配对发送者信任举动的接收者），他们选择不回报，并选择独自占有由发送者信任行动所创造的全部（或大部分）盈余，来攫取更大的回报。

上述证据表明，尽管游戏中的大多数参与者表现出信任，但当他们有机会回报信任时，并非所有人都一定会这样做。因此，许多参与者虽然信任（他人），但也许并不值得信赖。那些确实回报了他人信任的人又如何呢？他们也更信任别人吗？答案是非常肯定的。假设一名参与者返还了其被提供金额的 1/3 或更多，他／她就是"值得信赖"或讲信用的。有 27 名这样的参与者。其余返还金额少于 1/3 的 55 名参与者被视为"不值得信赖"或不讲信用的。结果表明，27 名"值得信赖"的参与者，在他们作为发送者时，从 10 美元获赠金额中平均送出了 5.33 美元，这高于其余 55 名"不值得信赖"的参与者平均送出的 3.82 美元 ❶。

---

❶ 敏锐的读者可能会注意到，27 和 55 加起来是 82，而不是 100（即这项特定研究的参与者人数）。这是因为在本研究中，有 18 名接收者没有从发送者那里收到任何金额。因此，这 18 名接收者不涉及要返还多少钱的决策。这 18 人被排除在有关返还金额的讨论之外，只保留了对 82 名参与者的观察结果。

Chaudhuri 和 Gangadharan 的研究获得了一个有趣的发现，即信任和互惠之间不一致，因为那些表现出了信任他人行为的人不一定值得信赖（讲信用），但值得信赖（讲信用）的人会更信任他人。Chaudhuri 和 Gangadharan 进一步认为，许多先前的研究都将信任解释为两种不同的元素：一种是既信任他人又值得信赖，即对他人具有一致的社会取向；而另一种则是愿意信任他人，但没有相应的回报愿望，其中隐含着机会主义的因素。前者绝对是一种可取的品质，但后者可能不是。哈佛大学著名社会学家 Robert Putnam 在《独自打保龄球：美国社会的崩溃与复兴》（*Bowling Alone: The Collapse and Revival of American Community*）一书中评论道：

> 在其他条件相同的情况下，那些信任自己同胞的人会更频繁地去做志愿服务，为慈善事业捐款，更多地参与政治和社区组织，更乐于为陪审团服务，更频繁地献血，更充分地履行他们的纳税义务，更宽容少数人的观点，还表现出许多其他形式的公民美德。

但是，当涉及社会取向观点时——就像 Putnam 的这句话一样——比起信任，值得信赖更重要、更有意义。如果一个人是值得信赖的，那么这个人肯定是会信任他人的，但一个信任他人的人并不一定讲信用或值得信赖。具体到被引用的这句话中，Putnam 使用的"信任"一词更应该被解释为"值得信赖"。

## 创造共同理解有助于增加回报

之前，我已经讨论过 Andreas Ortmann 和其同事们复制的 Berg 等人的信任博弈的研究结果。Ortmann 和其同事们发现，信任博弈的多种不同呈现方式并不会导致差异，参与者在不同的呈现方式下均表现出了大量的信任。这促使这些研究者得出如下结论：信任是一种"原生因素"。但是，尽管参与者明显表现出了大量的信任，问题依然存在，即这种信任会带来回报吗？ Valjean 依循了 Myriel 主教的信任方案从而走上了一条道德自律的正路吗？在 Berg 等的信任博弈中，发送者最终会变得更好、更富有吗？他们能挣到比最初获赠的 10 美元更多的钱吗？

在最初 Berg 等人的研究中，平均而言，发送者会自己保留 4.84 美元，而送出 5.16 美元给予其配对的接收者；这意味着接收者会收到发送者送出金额的三倍即 15.48 美元。但通常情况下，平均而言，接收者会返还 4.66 美元，自留 10.82 美元；这就意味着，这些接收者最终会得到 20.82 美元：最初获赠 10 美元，加上他们从收到的三倍金额中自己保留的 10.82 美元。但是发送者平均能挣到多少钱呢？如果他们自己保留 4.84 美元，从接收者那里收回 4.66 美元，那么，发送者只能挣到 9.50 美元，还损失了 0.50 美元（因为如果他们保留最初获赠的 10 美元，他们本来可以挣到 10 美元）。在第二种社会历史处理中，情况确实有所改善。此时，发送者平均送出 5.36 美元，这意味着他们自己留下了 4.64 美元。接收者收到三倍金额后，给出的平均回报是 6.46 美元。因此，发送者平均挣到 11.10 美元，回报率为 11%。但是，总的来说，之前的实验研究表明，平均而言，信任行为不会有回报。在信任行为发生之后，发送者的收益，通常比他／她一开始就没有给予信任的情况下要少。加州理工学院的 Colin Camerer 为撰写其著作《行为博弈论》（*Behavioral Game Theory*）查阅了这些相关文献后曾评论道："信任的回报接近于零，这一事实似乎相当稳健、可靠。"Ashraf、Bohnet 和 Piankov 等人也提出过类似的观点。

那么，我们是否应该得出这样的结论：Berg 等人的信任博弈无法有效地对信任进行测量呢？在这种情况下，信任是一种糟糕的投资吗？寄希望于信任陌生人通常都会导致损失吗？或者，信任超额回报的缺失是指导语框架效应的产物吗？约克大学的 Richard Cookson 写道：

实验经济学家通常会投入大量精力研究策略设置的复杂变化……以检验竞争性理论。相比之下，研究者在研究如何向被试描述这些策略设置的简单变化上所花的时间和精力要少得多。

乔治梅森大学的 Noel Johnson 和美利坚大学的 Alexandra Mislin 对信任博弈进行了一项元分析（meta-analysis）研究，包括了对 Berg 信任博弈研究所做的 162 项复制性研究，以确定影响行为的因素。但几乎所有这些研究都改变了博弈的各种参数，例如：接收者是否收到了获赠金额（送出的金额随接收者获赠金额的增加而降低）；是每一轮付给被试报酬还是随机选择一轮给付报酬（后一种给付模式降低了信任）；送出的金额是被增至两倍还是三倍（当送出的金额被增至三倍时，接收者的回报更少）；被试是扮演一种角色还是同时扮演两种角色（当参与者同时扮演发送者和接收者两种角色时，互惠性更少）；一种可以被看作框架效应的操纵是，玩家是在与另一个人游戏还是在与电脑进行游戏，前者会导致更高程度的信任（尽管这种效应只是边缘显著）。

但是，总的来说，大多数复制性研究并未聚焦于呈现游戏的替代方式。Cookson 认为，呈现的细节（本质上指游戏是如何被构建并解释给参与者的）很重要，特别是在讨论从一个实验到另一个实验或到非实验设计的结果的普遍性时。对实验结果的解释可能关键取决于参与者如何感知游戏，以及他们和实验者是否对策略设置中的相关行为赋予了相同的含义。亚利桑那大学的 Martin Dufwenberg 和其同事认为，框架可能在心理游戏中扮演着重要的角色。在心理游戏中，回报同时取决于行动和信念，如果框架改变了信念，那行动也将会随之改变。

罗格斯大学的人类学家 Lee Cronk 在 Berg 等人的信任博弈中观察了这种框架效应，这种博弈游戏曾经是肯尼亚马赛（Maasai）牧民玩的。在控制处理组中，被试是在中性的指导语条件下进行博弈游戏的。而在实验处理组中，则利用了一种让人想起 osotua 的框架，osotua 的字面意思是"脐带"，但这里指的是基于义务、需要、尊重和约束的礼物馈赠关系（gift-giving relationships）。结果表明，与中性框架的游戏相比，在 osotua 框架中，信任（通过发送者送出的平均金额测量）和互惠（通过接收者返还的平均比例测量）都在减少。在 osotua 框架中，发送者期望回报也较低。Cronk 认为，osotua 框架似乎已经将游戏玩法从投资逻辑转向了回应真实需求的相互义务。由于认知需求在框架博弈中被评估为更少，金钱转出也更少。

奥克兰大学的 Ananish Chaudhuri、Sherry Li 和 Tirnud Paichayontvijit 也研究了框架的影响。他们进行了 5 种不同的处理，其中两种处理与 Berg 等人最初的方案相同，只是在第一种情况（独自了解处理）中，指导语是在参与者的电脑屏幕上呈现，而在第二种情况（共同了解处理）中，指导语不仅在参与者屏幕上呈现，还会被大声朗读给每个人听 ❶。主要的操纵是背景性处理，这类处理旨在提供对游戏的解释，以确保游戏参与者以与实验者相同的方式解释游戏的本质；也就是说，参与者也明白这个游戏是关于信任和互惠的。这一目标是通过在游戏的标准指导语中增加以下内容实现的。

考虑这种情况的方式之一如下：接收者没有动力把钱返还给发送者，因为这一轮马上就要结束了。预料到这一点，发送者应该保留他的 10 美元，什么也不要送给接收者。这意味着他们都将以每人拥有 10 美元结束这一轮游戏。

但假设发送者决定向接收者出让 10 美元。那么接收者将得到 30 美元。如果接收者返还的金额超过 10 美元，那么显而易见，发送者和接收者都能挣到更多的钱，而不是在每一轮都只能保留他们原来的 10 美元。

在另外两种处理中，研究者明确地增加了"信任"和"值得信赖"这种词汇，并通过改变指导语中上述两段话的位置来平衡设计 ❷ ［这两种处理分别被称为背景负荷（context-loaded）A 和背景负荷 B，有负荷的框架意味着采用了情绪性语言而非中性语言］。在一种呈现方式中，首先出现了关于纳什均衡预测的解释，而在另一种呈现方式中，关于信任和互惠的作用（以及参与双方都可以因此变得更富裕的事实）的解释出现

---

❶ 有证据表明，大声阅读指导语会有所不同。首先，每个人都确信其他人都收到了完全相同的指导语，因为他们都听到了指导被大声地读出。还有证据表明，人们加工视觉刺激和听觉刺激的方式是不同的。这就是为什么参加讲座通常比简单地读书或听讲座录音更有用、表现更好的通常原因。

❷ 考虑这种情况的一种方式是：接收者没有动力把钱返还给发送者，因为这一轮马上就要结束了。预料到这一点，发送者就应该保留下他的 10 美元，什么也不给接收者。这意味着他们都将以 10 美元结束这一轮。

但假设发送者决定通过发送 10 美元来信任接收者。那么接收者会得到 30 美元。如果接收者表现出值得信赖的行为，并且返还的金额超过 10 美元，那么显而易见，发送者和接收者都可以挣到更多的钱，而不是在每一轮只能保留他们原来的 10 美元。

在基于自我利益的解释之前，这符合均衡预测。每名参与者都被分配了发送者或接收者的角色。这些角色在整个实验过程中都是固定的。发送者和接收者共玩 10 轮，并且在从一轮结束到下一轮开始前再随机重新配对。图 9.4 显示了 5 种不同处理条件下发送者所送出的平均金额的变化情况。所有 10 轮游戏中，独自了解处理条件下的平均发送金额是最小的（10 美元中的 2.56 美元，占 26%），而背景负荷 B 处理条件下的平均发送金额是最大的（平均 6.75 美元，占 67.5%）。

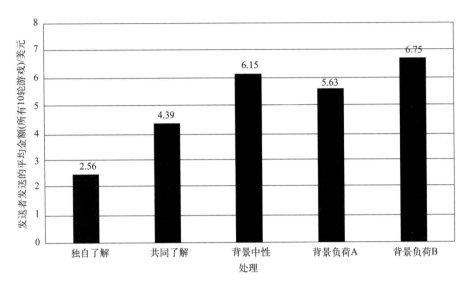

图 9.4　Chaudhuri 等人（2016）研究中的 5 种不同处理及平均发送金额

在原始研究数据基础上重新制作

　　信任会带来回报吗？在回答这个问题之前，我在图 9.5 中展示了每一种处理下的平均返还比例，同样是所有 10 轮游戏的平均返还比例。请记住，为了使信任能够带来回报，平均而言，配对中的接收者必须返还三倍金额的至少 1/3。如果平均回报低于 1/3，那么，平均而言，信任将不会带来回报。但如果平均回报超过 1/3，信任就将带来回报。如图 9.5 所示，三种背景性处理的平均回报都大于 1/3(超过 33%)。这意味着，在所有三种背景性处理条件下，发送者的平均回报都高于他们只保留初始获赠金额的情况。

　　显然，信任在三种背景性处理条件下都带来了回报。表 9.3 说明了这一点。不送出任何金额意味着发送者可以通过保留全部获赠金额赢得 10 美元。然而，综合这 5 种处理方式，当送出所有 10 美元时，平均收益为 11.62 美元，回报率为 16.2%。然而，这些收益有很大的变化。为了详细地研究这一点，我们可以在每种处理中寻找出让模式（即最经常出现或频率最高的出让金额）。在独自了解处理中，出让模式为 0。事实上，在这种处理中，发送所有 10 美元导致了巨大的损失（约 35%），平均回报为 6.54 美元。在共同了解处理中有两种模式：0 美元和 10 美元。当发送者送出 10 美元时，有大约 9%

的回报，平均回报为 10.87 美元。但在三种背景性处理中，出让模式始终是 10 美元，且回报要大得多，在背景中性条件下，平均回报为 12.84 美元（28%），在背景负荷 A 条件下为 12.52 美元（25%），在背景负荷 B 条件下为 11.41 美元（14%）。

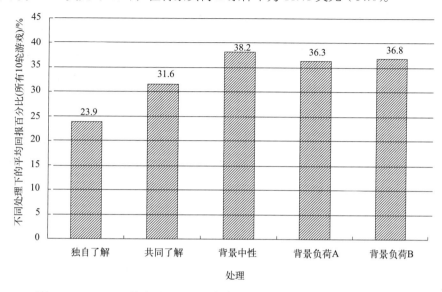

图 9.5　Chaudhuri 等人（2016）研究中的 5 种不同处理及平均回报百分比

在原始研究数据基础上重新制作

表 9.3　Chaudhuri 等人（2017）的研究中，在不同处理条件下的出让模式、收益和回报

| 处理 | 独自了解 | 共同了解 | 背景中性 | 背景负荷 A | 背景负荷 B |
| --- | --- | --- | --- | --- | --- |
| 出让模式 | 0 美元 | 0 美元<br>10 美元 | 10 美元 | 10 美元 | 10 美元 |
| 总出让金额占比 | 50% | 22%<br>22% | 33% | 39% | 32% |
| 来自出让模式的平均收益 | 10 美元 | 10 美元<br>10.87 美元 | 12.84 美元 | 12.52 美元 | 11.41 美元 |
| 信任的回报率 | 0% | 0%<br>9% | 28% | 25% | 14% |

这表明，当交易中隐含的潜在事项在三种背景性处理中被参与者清楚地理解，并且所有参与者都以相同的方式解释游戏，并且这种解释与实验者的解释一致时，信任就会产生回报。从统计上和经济上看，对信任的回报比 Berg 等人的社会历史处理中的回报更大，更引人注目。此外，值得注意的是，提供背景会导致出让金额明显向 10 美元靠近，这反过来会产生 14% ～ 28% 的回报。此外，"信任"和"值得信赖"等情感负荷词汇的明确使用似乎也没有必要；只要提供了正确的框架，即使不诉诸情感性的词汇，被试似乎也完全能够推断出策略的必要性。相对于中性的线索，只要它们足以使参与者产生对游戏的共同解释，就可以促进信任和（展现自己）值得信赖的行为。

## 案例研究 9.1　信任和互惠的神经经济学

当我们信任某人，而这种信任却遭到了背叛时，我们会觉得自己被"欺骗"了，常常想要狠狠地惩罚那个"背叛者"。Dominic de Quervain、Ernst Fehr 和其他同事决定使用正电子发射断层显像（positron emission tomography，PET）扫描来观察：如果这种欺骗是有意的，而不是无意的，我们的大脑中会发生什么？如果惩罚是代价高昂的或者是无代价的会怎样呢？如果惩罚是真实的或者是象征性的又会怎样呢？我们的大脑是如何反应的呢？

每名参与者都被赠予了 10 个货币单位（monetary units，MU），这些货币单位在实验结束时可以兑换现金。发送者可以保留全部 10MU，也可以将其全部送给接收者。送出去的任何金额都将被乘以 4，而不是 Berg 等的信任博弈中通常的乘以 3。所以，如果发送者发送出 10MU，那么接收者将会得到 40MU，最终则会得到 50MU，因为也包括了一开始就赠予接收者的 10MU。接收者可以从以下两种反应中选择一种：一个"值得信赖"的反应，返回 25MU，这样发送者和接收者都将得到 25MU；或者一个"不值得信赖"的反应，接收者自己保留所有的钱，在这种情况下，在游戏结束时发送者将什么也得不到，接收者则得到 50MU。每名发送者与多个接收者玩这个游戏。

发送者获得了 20 分用以惩罚接收者做出不值得信赖的行为。惩罚中每使用 1 分，接收者的收益就会减少 2MU；因此，如果发送者使用全部的 20 分，那么接收者将会付出 40MU 的代价。实验者还要求发送者对感知不公平（perceived unfairness）的程度和惩罚愿望（desire to punish）在七点量表（从 −3 到 +3）上进行评分。

接收者做出不值得信赖的行为可以是"有意的（I）"（由接收者决定）或是"无意的（N）"（由偶然因素决定），而惩罚可以是代价高昂的（发送者每使用 1 分，需花费 1MU，同时让接收者损失 2MU）、无代价的（发送者无须付费就可使用惩罚分，每使用 1 分，接收者损失 2MU）或象征性的（发送者的惩罚不会造成接收者的损失）。组合后有四种条件：①接收者做出不值得信赖的行为是有意的，惩罚是代价高昂的（IC）；②接收者做出不值得信赖的行为是有意的，惩罚是无代价的（IF）；③接收者做出不值得信赖的行为是有意的，惩罚是象征性的（IS）；④接收者做出不值得信赖的行为是无意的（由偶然因素决定），惩罚是代价高昂的（NC）。

在游戏过程中进行的 PET 扫描结果显示，在那些发送者因接收者不值得信赖而能够对其进行惩罚的情况下，尾状核（背侧纹状体的一部分）有显著的激活。在动物（如老鼠和猴子）中，尾状核与奖赏加工有关。研究奖赏加工的神经影像学（neuroimaging）研究也报告了尾状核的激活。图 9.6 显示了在四种处理条件下感知不公平的程度和惩罚愿望。

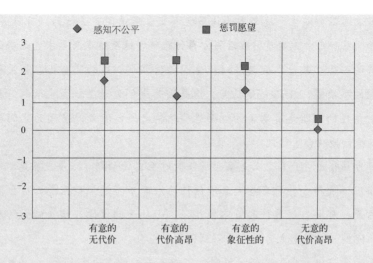

图 9.6 四种处理中,感知不公平的程度和惩罚愿望
在原始研究数据(de Quervain et al., 2004)的基础上重新制作

　　显然,信任者热衷于惩罚不值得信赖的行为,而惩罚似乎提供了心理奖赏。但一个问题依然存在:那些(作出)惩罚更多的人会感到更满意吗?或者,那些期望从(作出)惩罚中获得更大满足感的人愿意在惩罚中投入更多的钱吗?作者报告说,那些为(作出)惩罚花了更多钱的人,即使惩罚代价高昂(而且不值得信赖的行为是有意的),也会表现出更高的尾状核激活,这意味着惩罚的行为是有回报的。接下来,作者观察了那些在惩罚是无代价(但欺骗是有意的)的情况下选择了最大惩罚金额的人。假定上述两个假设中的第二个假设是正确的,即期望从(作出)惩罚中获得更多满足的人愿意花更多的钱去惩罚。那么我们会期望看到,那些在惩罚是无代价的情况下选择了最大惩罚金额的人,即使惩罚代价高昂也会如此。结果表明,在 IF 中选择了 20 分最大惩罚(即惩罚接收者将损失 40MU)的那些被试,在 IC 条件下也选择了花费更多金额予以惩罚。这些结果表明,观察到的背侧纹状体的激活反映了对惩罚的预期满意,这与背侧纹状体作为目标导向、奖励行为的关键脑区的观点是一致的。

## 结语

　　法国图卢兹大学的经济学家 Paul Seabright 在其著作《陌生人的公司:经济生活的自然史》(*The Company of Strangers: A Natural History of Economic Life*)中指出,信任陌生人和回报他人信任的决定,对于利用大型人类群体间复杂的劳动分工的好处是至关重要的;因此,信任和互惠是经济生活的基础。如果人们目光短浅,总是自私自利和投机取巧,那么日常生活中的大量交易——尤其是通过互联网进行的那些匿名的交易——就将永远不会发生。这是因为许多经济交易不是同时进行的。有时买方先付款，卖方再发货；有时卖方先发货，然后买方再付账单。这反过来又要求更弱势的一方信任不那么弱势的一方。是什么促使了对陌生人的信任——从而使自己容易被利用——成为一件合理的事情呢？Seabright 认为，这是因为我们创造了社会生活的结构，在这种结构中，对信任的判断是有意义的，而这些结构之所以有效，是因为它们与我们的自然秉性可以很好地吻合。

信任行为并非出于天真，而是基于信任者对互惠的预期。信任或互惠都不可能在没有对方的情况下支持合作。那些天真地信任他人而不考虑预期互惠的人会很容易被利用。另一方面，那些只讲算计和策略性信任，而缺乏回报他人信任倾向的人则会过于投机取巧，他们最终也不太可能经常得到他人的信任。

在前面的章节中，我们已经了解到信任似乎是一种"原生因素"，并且在以各种不同方式呈现的游戏活动中都具有稳健性和可靠性。我们也发现信任和互惠性决策并不等同于利他行为，而且比利他行为更微妙，涉及信任的决策是以预期的回报为基础的。我们还讨论了信任决策与风险决策在本质上是不同的，并了解到信任决策似乎至少有两种类型：一种类型是典型的信任和典型的回报信任。对这种类型来说，信任和互惠是对他人的一种普遍的社会取向。还有一种信任类型是，人们倾向于将信任当作一场精心策划的赌博，也会倾向于不回报。从短期来看，后一种类型也许能通过利用他人的互惠动机并从中获益，但从长期来看，可能是前一种类型更能从复杂的交换和不同的陌生人群体之间的劳动分工中获益。

最后，我们讨论了这样一个事实：信任博弈中信任回报的缺失有时可能是由实验者和参与者对信任博弈的不同解释造成的。然而，设计相对中立的线索以解释游戏的基础背景，从而创造出一种对游戏的共同理解，将会导致更高水平的信任和互惠，以及对信任的显著回报。在下一章中，我将讨论这些研究发现对各种经济交易的影响，特别强调了对人事管理和代理关系等领域的影响。

本章的见解可以用 Robyn Dawes（卡内基梅隆大学）和 Richard Thaler 讲述的一件逸事很好地概括："在希腊伊萨卡（Ithaca）附近的农村地区，农民们把一些新鲜的农产品放在路边的桌子上是很常见的。桌子上有一个现金盒，顾客要把钱放进盒子里，作为他们拿走的农产品的报酬。这个盒子只有一个细小的开口，所以钱只能放进去，而不能拿出来。此外，盒子是被固定在桌子上的，所以没有人可以（轻易）偷走钱。我们认为农民们拥有可称之为最真实的人性模式。他们认为，会有足够多的人自愿为这些新鲜的玉米付钱，因此将这些农产品放在那里是值得的。农民们同时也知道，如果从盒子里拿走钱很容易，就会有人真的这么做。"

# 10

# 市场中的信任与信用

在本章，我们将：

- 继续讨论信任和信用问题，探讨它们对各种市场交易的影响；
- 考察信任和信用在人事管理和劳动合同中的作用，并讨论这些结果与基于自利的预测之间可能存在的不同；
- 探讨"社会资本"概念中所体现出的信任和信用的作用及其对经济增长和发展的影响；
- 扩展对基于信任的动机的讨论，来考察各种经济交易中更普遍的外在激励和内在激励问题（从气候变化到向小额贷款方提供小额信贷）。

## >>> 雇佣关系中的普适原则

在前一章，我讨论了信任和互惠观点如何在经济学中发挥作用，尤其是在双边交易的情况下，这与利他主义的任何观点都不同。在本章，我将把这个讨论扩展到更广阔的应用范围。

让我们以咖啡馆的老板为例，他/她雇用了一位经理来管理自己的咖啡馆。老板显然希望能把这家店经营好，卖出更多咖啡和甜点，这样他/她就能获得利润。为了实现这个目标，经理需要努力工作。但是，如果经理没有从企业产生的利润中获得一定的份额（假设经理得到的是固定的工资），那么他就可能没有太多的动力去努力工作。努力工作需要付出，虽然经理的努力工作可以为老板赚到更多的钱，但却不一定对经理自身有好处。因此，如果经理的工资是固定的，那么他/她最好不付出太多的努力。如果生意不好，他/她可以归咎于咖啡馆所处的位置不好或炎热的天气（如经理可以对老板说："老板，最近太热了，没有人喝咖啡。我们真正需要的是卖酒执照，这样我们就能卖啤酒和其他混合饮料。"）。但问题是，如果生意不好，老板无法确定这是由于咖啡馆的坐落位置或天气原因，还是因为经理懒惰或对顾客不礼貌，提供了糟糕的服务。为了发现真实原因，老板必须持续不断地监督经理的工作，但如果是这种情况，那老板还不如亲自经营这家咖啡馆。但老板可能还有其他生意或其他事情要处理，使他/她不可能花自己所有的时间来监督经理。在类似情况下，如果雇主和员工之间缺乏某种程度的相互信任，就很难取得很大的成就。

2015 年，Afzaal Deewan 和他的合作伙伴 Natalie 在维也纳 Liechtensteinasse 大街开设了一家名为 Der Wiener Deewan 的餐厅，提供自助风格的巴基斯坦美食。这家餐厅面临着一个转折。老板决定取消明码标价！取而代之的是，他们为餐厅提出了一个新的经营口号"想吃什么就吃什么，想付多少就付多少"。在用餐结束时，顾客可以根据他们认为这顿饭值多少钱来付账。如果从自身利益考虑，除非有顾客就住在附近，有很多回头客，否则许多其他人，尤其是外来游客，不太可能再回来就餐，他们应该是吃得很多，但付钱很少。如果是这样，这家餐厅可能很快就会陷入困境。但是，与我们预料的相反，这家餐厅一直在蓬勃发展。在本章，我将探讨在没有任何正式遵约机制的情况下，这类仅依赖于相互信任和互惠的行为的多个例子。

## 人们会对激励作出反应

本章一开始提及的例子被称为"代理问题"（agency problem）（或者，用经济学家的话说，是一个"委托 - 代理"问题）。代理问题出现在许多（如果不是大多数的话）雇佣关系中。除了上面提到的例子，其他的例子还包括：土地所有者雇工人在其土地上工作、公司股东聘请首席执行官（CEO）、地方政府或中央政府雇一名管理者来领导国营企业。在所有这些情况下，问题的关键都是相似的：所有者（委托人）和工作者（代理人）通常并非利益共同体，因为工作者的目标可能与所有者的目标非常不同。

面对这样的代理问题，经济学家建议，必须向雇员提供适当的激励（胡萝卜加大棒），以便让他 / 她满意地履行他 / 她的职责。胡萝卜可能包括工资、薪水、基于业绩的奖金、佣金和晋升的可能性等，而大棒则包括指责、不合格的履职报告（将让其以后的晋升变得更加困难）、罚款、处罚、降职，当然还包括解雇等。事实上，激励对于实现雇佣关系的最佳结果是至关重要的，这种观点也是经济思维的基础。虽然经济学家经常在许多问题上存在分歧，但对设计适当的员工激励方案的必要性，人们却有着广泛的共识。N. Gregory Mankiw 是广受经济学专业大学生欢迎的教材之一的作者，他列出了大多数经济学家都认同的 10 条基本原则，第 4 条原则就是：人们会对激励作出反应。

这反过来又引出了以下信条：雇佣关系必须由激励相容（incentive compatible）的显性合同来管理，这意味着合同必须明确指出包括表现良好的奖励和表现糟糕的惩罚在内的激励。如果没有一份精心设计的、激励相容的、既提供胡萝卜又提供大棒的合同，员工就没有努力工作的动力，并将不可避免地会推卸、逃避责任，最终导致企业所有者的利润下降。虽然大多数经济学家会欣然承认激励的重要性，但现在有越来越多的证据表明，经济学家可能过分强调了显性激励的必要性。通常来看，一种在本质上依赖于所有者和员工之间相互信任和互惠关系的隐性合同体系，会与上述明确指出奖励和惩罚措施的这种显性激励体系一样表现良好。

然而，这并不是一个新思想，而是已经存在了一段时间；至少从 20 世纪 80 年代初伯克利大学的经济学家 George Akerlof 提出将劳动合同看作"礼物交换"（gift exchange）的想法时就开始了。Akerlof 的论点建立在社会学家 George Homans 在 20 世纪 50 年代中期进行的一项研究的基础之上。George Homans 关注的是位于美国东海岸的东部公用事业（Eastern Utilities）公司"现金记账员"的行为。Homans 研究了一个由 10 名年轻女性组成的小组，她们的工作是在收到付款时在总账本上记录客户的付款情况。该公司对这种现金记账的制度要求是每小时 300 条。每名员工的工作速度都被详细地记录下来，那些没有达到定额的员工会受到主管的温和训斥。Homans 研究发现，她们平均每小时记录 353 条现金到账信息，比雇主要求的数字高出 18%。

## 礼物交换模型

标准经济学理论很难解释：①为什么记账速度更快的员工没有降低他们的速度，以刚好满足 300 条的要求标准；②为什么公司没有再进一步提高对速度更快工人的期望。所有的现金记账员都被支付了相同的时薪，速度更快的工人并没有期望以绩效奖金的形式来获得更多的收入。如果工人获得了晋升，那也只不过就是去做一份责任更大但工资却不变的工作。此外，员工辞职率很高（大多数情况下是因为结婚），因此，公司与员工的关系也不是特别长久；所以，产生长期忠诚感的程度是有限的。由于时薪是固定的，不取决于付出的努力，而且未来晋升这样的奖赏也很少被考虑，如果按照经济学理论，就会建议工人要调整他们的工作习惯，以刚好满足公司设定的质量标准。但很明显，工人们付出的努力远远超出了对他们的期望。

这导致 George Akerlof 提出了一种基于雇主和雇员之间"礼物交换"的新的雇佣关系模型。按照 Akerlof 的观点，作为互动的一部分，员工彼此之间会产生情感，也会对公司产生情感。作为对公司产生情感的结果，员工在从与公司的"礼物"交换中获得了效用（满意度），而满意度的水平取决于礼物交换的规范。对工人来说，送出的"礼物"是完成超过最低工作标准的工作；对公司来说，送出的"礼物"是超出这些女性离开当前工作所能得到的工资。当公司支付给工人的工资超过了工人在其他工作中所能获得的收入，或者超过了劳动力市场供求关系所决定的工资时，经济学家称之为效率工资（efficiency wage）。这种效率工资在许多行业被用于：①建立员工对企业的忠诚度；②防止工人辞职（因为替代工作支付的工资可能更低）；③吸引更好的技术工人。Akerlof 认为，根据以往社会学研究的相关结果，工人的努力程度通常由工作群体的普遍现存标准和规范所决定，而不是完全由所支付的工资来决定。

这反过来又对劳动力市场产生了重要的、有些反直觉的影响。古典经济学理论认为，劳动力市场的工资标准是由企业对劳动力的需求和工人对劳动力的供给相互作用决定的。只要企业愿意支付这种由市场决定的工资，它就可以雇到它想雇的足够多的工人。如果企业不愿意提供市场工资，那么它将无法雇到任何工人。但是，如果企业与工人互动的礼物交换模型（gift-exchange model）是正确的，那么企业就很容易会发现，支付超过它们为雇用劳动力必须支付的工资（市场工资）是有利的，作为回报，工人可能会付出超过他们必须提供的努力之外的努力。

就劳动力市场上的"礼物交换"而言，这意味着，努力程度没有超过维持其工作所需的最低限度的工人可能至少会遭受轻微的名誉损失；相应地，以支付最低工资来留住员工的公司也会损失一些声誉。在标准经济模型中，利润最大化的公司从来不会选择支付高于市场出清（market-clearing）工资的工资，因为这样做没有任何优势。然而，在礼物交换模型中，企业支付超过其可以获得劳动力的最低工资是有利的。

耶鲁大学的 Truman Bewley 在劳动合同领域做了大量的研究工作，发现礼物交换模型确实适用于现实生活中的劳动管理实践。Bewley 在 20 世纪 90 年代早期对美国东北部 246 名公司经理和 19 名劳工领袖的访谈中发现，在经济衰退导致失业率居高不下的情况下，鉴于存在广泛的失业，大多数企业的经理都不愿意降低工资，尽管他们本可以很容易地以较低的工资雇到工人。对降薪的主要抵制来自上层管理者而非员工。Bewley 认为避免降薪的主要原因是降薪会影响员工士气。Bewley 对此评论道：

> 士气由三个要素组成。一是对公司的认同，以及对公司目标的内化。另一个要素是与公司及其他员工之间的隐性交换中所存在的信任；员工们知道他们对公司和同事的帮助最终会得到回报……第三个要素是有利于做好工作的氛围和情绪。经理们之所以会关心员工的士气，是因为它会影响到人员流动、招聘新员工和生产效率。由于侮辱效应（insult effect）的存在，现有员工的士气会受到降薪的伤害……员工们习惯于定期获得加薪以作为对其努力工作和忠诚的奖励，而会将降薪解释为一种侮辱、冒犯和对隐性互惠规范的违背……对降薪的抵制和对内部薪酬公平的需要源于公平的思想，而这里所谓公平与否的参照标准通常指的是一些参考工资。降薪的参考工资就是之前的工资。

虽然似乎有充分的证据支持 Akerlof 有关礼物交换的观点，比如 Homans 对东部公用事业公司现金记账员的研究，但这些都是不可复制的一次性观察研究。苏黎世大学的 Ernst Fehr 和其合作者 Simon Gächter、Urs Fischbacher、Georg Kirchsteiger、Arno Riedl、Klaus Schmidt、Alexander Klein 等人一起，通过一系列精心设计的实验，进行了一项雄心勃勃的研究项目，以检验礼物交换模型在雇佣关系中的有效性。再次说明，这些实验的最大优势在于，Fehr 和其合作者可以通过多种方式改变实验设计，以了解它们对行为的影响。这使得梳理出影响雇佣合同效力的各种因果因素成为可能。

Fehr 和其同事们采用各种不同的设计对这些问题进行了详细的研究。为了方便和简单，我将使用一种统一的语言来讨论他们的实验发现，尽管不同论文对实际进行的游戏的描述有所不同。其基本思想是研究公司和工人之间的雇佣关系。在实验开始时参与者会被分配一个公司或一名工人的角色，这些角色在所有时间内都保持不变。工人需要付出努力才能生产出要交给公司的产品。努力会使工人付出代价（可能是心理上的）。付出努力越多，产出产品就越多。但更多的努力也会使工人付出更大的代价。Fehr 和其同事们为这种成本估算了一个货币价值。公司销售产品并赚取收入。工人得到工资。公司的利润是其收入与支付给工人的工资之差。工人的利润是工资和他 / 她付出努力的（货币）成本之间的差额。

不用多说，工人付出的努力越多，公司利润就越高，因为这导致了更高的产出，从而为公司带来了更高的销售收入。然而，由于努力是昂贵的，投入更多的努力会使工人付出更大的成本；因此，如果他 / 她的努力得到的是固定数额的金钱，那么工人付出很少的努力会更好。因此，在公司的目标和工人的目标之间存在分歧。公司希望工人努力工作，付出更多的努力，这将会为公司创造更大的产出和更多的收入。但另一方面，如果工人的工资是固定的，那么他 / 她就没有动力这样做，并且在他 / 她可以侥幸逃脱监管的情况下（不会让他 / 她被解雇）应该会选择付出最小的努力。

在大多数设计安排中，为简单起见，一家公司一次只能雇用一名工人，但通常情况下，工人的数量比公司的数量要多，这意味着某些工人会在某一轮次中失业。某种意义上这给了公司更大的市场权力，考虑到工人之间会为了获得工作展开竞争，公司可以支付低工资而不受惩罚，还可以要求工人付出大量的努力作为回报。有些工人可能会不满于公司只提供低工资却要求他们付出很多努力；但另一种选择就是拒绝工作，什么也赚不到。面对无利可图或利润微薄的前景，一些工人可能会毫不犹豫地偏好后一种选择，尤其是当他们认为如果自己不接受这家公司的报价，其他人也可能会接受的时候。然而，公司和工人在一轮互动结束后、新一轮互动开始前是要随机重新配对的，这使同一家公司和同一名工人不太可能发生多次互动，也使每次互动都成为一次性的相遇。鉴于同一家公司和同一名工人在未来再次会面的可能性很小，公司和工人都有更强的动机以利己的方式行事，狭隘地专注于在每一轮中最大化自身的收益，而不担心未来被报复。

Ernst Fehr、Georg Kirchsteiger 和 Arno Riedl 对礼物交换模型进行了首次实验检验。他们的出发点是这样的：如果公司和工人都按照经济规律行事，那么我们将在任何劳动力市场中看到的是，公司将根据劳动力的需求和供给支付给他们的工人以市场工资。反过来，工人们也会为保住自己的工作付出必需的最低限度的努力。他们设计了一个实验，在第一阶段，公司向工人支付工资。工人可以接受或拒绝这份特定的工资。如果工人接受了，那他就可能会用一种努力水平来回报。在实验中，工人们没有金钱动力去付出任何大于最低要求的努力，并且，预料到这一点，公司也没有动力去提供任何东西，除了由劳动力的需求和供给所决定的市场出清工资。反过来说，如果礼物交换模型能很好地预测实际行为，那么我们将看到公司通常会提供比他们需要提供的最低工资更高的工资，而工人反过来也会付出比最低要求更大的努力。

Fehr、Kirchsteiger 和 Riedl 的研究结果强有力地支持了礼物交换模型。他们发现，平均而言，公司提供的工资比市场出清的工资高得多，即使他们不必这样做，特别是考虑到工人数量多于工作岗位的事实，因此工人应该愿意为了相对较低的工资工作。反过来，工人也以四倍于期望的努力水平来回报。

此外，他们还发现，平均而言，工人的努力会促使公司提高支付的工资；也就是说，当公司向工人提供更高的工资时（这是类似于信任的举动，因为工人原本可以只拿市场工资，并投入尽可能少的努力作为回报），工人会以更高的努力水平作为回报。Fehr、Kirchsteiger 和 Riedl 得出结论，公平因素确实阻止了工资下降到市场出清水平。这是令人惊讶的，因为，考虑到工作比工人少（因此，在任何一个给定的实验轮次中，一些工人都有可能失业），我们预计，工人在相互竞争稀缺的工作时，会给工资带来下行压力，使其降至市场出清水平。但是，很明显，这并没有发生，公司继续支付比他们需要支付的更高的工资来吸引工人。公司期待来自工人的互惠行为——提供更高的工资会带来更多的努力。

在一项后续研究中，Ernst Fehr 和 Simon Gächter 允许公司提供两种类型的合同。一种是信任合同（trust contract），这种合同的特点是：公司为工人提供固定的工资，并要求工人付出一定的努力作为回报。这与 Fehr、Kirchsteiger 和 Riedl 的研究中支付的工资类似。对工人米讲，如果他／她接受合同，可以领取工资，并决定他／她愿意投入多少努力。他／她没有被强迫付出公司要求之外的更多努力，因为公司没有机会以任何方式来惩罚工人，也不能在未来的轮次中报复工人，因为他们之间的互动不太可能超过一次。因此，在这种情况下，公司希望工人付出更多努力，这实际是一种请求（或道德劝告），工人不会被迫遵守。同样，遵循古典经济学理论的原则，在这种情况下，公司会为工人提供固定的工资，而工人可以提供任何努力程度作为回报（不管公司要求付出多少努力），工人没有明确的动机付出超过最小努力程度的努力，我们预期工人完全会这样做：领取工资，投入尽可能小的努力。因此，信任合同仅仅是通过寄望于工人的信任和诉诸他／她的互惠动机，它们为工人提供了一种隐性（或内在）的激励，但没有任何显性的激励机制。

或者，公司可以给工人提供一份激励合同（incentive contract）。在这种合同中，公司向工人提供一份工资，并像在信任合同中一样要求一个期望的努力水平。但除此之外，公司可以选择监督工人，也就是说如果工人没有投入必需的努力水平，出现不遵守规定的情况，公司可以通过强制性罚款（可以是扣除工资）来惩罚工人，并将扣除的工资上交公司［因此，在接下来的表述中，我经常会把激励合同称为"惩罚合同"（penalty contract），在发现员工偷懒的情况下，可以明确地依据合同处以罚金］。监控会给公司带来成本，因为公司必须投资使用监控技术（如闭路摄像头或安排监工随机到访检查工人工作情况）。此外，监控在某种意义上并不是完美的手段，因为监控技术既有可能发现员工的偷懒行为并对其进行惩罚，但也有可能无法发现员工的偷懒行为。然而，通过适当地选择支付给工人的工资价值以及施加的惩罚，公司应该能够为工人提供正确的激励，促使其投入超过最低限度的努力。这是一种更为传统的方法，即提供"胡萝卜加大棒"的显性激励，这种显性的激励合同比隐性的基于信任和互惠的合同更有望诱导工人投入更多努力。

在转向讨论本项研究结果之前，我想指出一件事情。在这方面的研究中，一个关键指标是合同中提供的租金（rent）。租金是衡量所提供合同是否慷慨的指标，这里租金的含义与其日常含义不同。在经济学中，租金是一个人（从目前这份工作中）实际赚到的钱和其从下一份最佳（工作）选择中可能赚到的钱之间的差额❶。从这一研究背景来讨论，工人的外在选项通常被设为零（不失一般性）。这意味着如果工人不接受雇主提供的合同，那么他将什么也得不到；或者，实际上，他只会得到研究的出场费。这是一个无关大局的假设，因为即使合同被拒绝，我们也总会付给工人一小笔钱。但关键的一点是：一个自利的雇主没有动力向工人支付正租金，他应该只会支付给工人在下一份最优（工作）选择中所能赚到的钱。无论这种替代方案的工资是多少，雇主都应该支付这个工资，或者可能再多支付一点。在这种情况下，我们将替代收益设置为零。这意味着雇主应该只会补偿给工人工作努力程度体现出的成本（或可能会再多一点，但也不会太多）。因此，支付的工资应该大致等于努力成本，因此，任何租金让步的幅度应该等于或接近于零。这在基于信任的合同中尤其如此，因为雇主没有执行机制来确保工人遵守合同。雇主可以自由地提供更高的工资（和租金），我们希望工人能非常感激地接受这一点，但是，在没有任何遵约机制的情况下，我们不会期望任何努力水平的提高。在图10.1中，我展示了在这类实验中所提供的租金的变化情况，其中租金被定义为所提供的工资与努力成本之间的差异，并假设所支付的租金应该很少。这个数据来自我（与奥克兰的 Amy Cruickshank 和 Erwann Sbai）复制的 Fehr 及其同事的研究成果。除了我们更感兴趣的是考察雇主和雇员在行为上的性别差异外，本研究在设计上与其他研究相同。我在本书中没有讨论性别问题，所以其余的研究结果与这里的话题无关。带菱形的虚线表示在信任处理条件下的平均租金，而带圆形的实线表示在激励（惩罚）处理条件下的平均租金。值得注意的是，雇主通常会在两套合同中都提供大笔的租金，无论是基于信任的合同还是基于激励的合同，尽管随着时间的推移，租金有下降的趋

❶ 根据这种测量标准，顶级职业运动员能获得大量的租金，因为他们的实际收入与他们在其他职业中可能获得的收入之间存在很大差异，如果他们在其他职业中不能达到各自领域的顶级水平的话。世界排名前50甚至是前100的网球选手收入颇丰（其中很大部分来自世界各地较小赛事的出场费，甚至是在没有实际取得比赛胜利的情况下）。但对于100强以外的选手来说，收入往往很少。同样的情况也可能发生在 CEO 们身上，他们的收入比二把手高得多。对此的一种解释是，在这些比赛中，获胜的奖金要足够大，以此来激励每个运动员努力训练，以获得最终的奖金。

势，但即使是在最后一轮，提供的租金金额也明显大于零。而且，虽然这两套合同之间的差异并不显著，但如果非要说有什么差异的话，就是基于信任的合同比基于惩罚的合同提供了更高的租金。

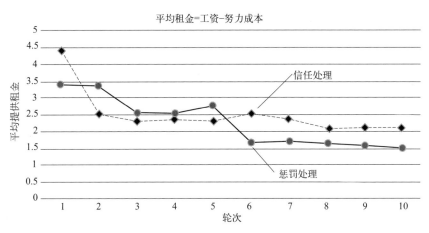

图 10.1　在信任处理及惩罚处理条件下的平均租金

基于 Chaudhuri 等（2015）数据重新制作

Fehr 和 Gächter 有一系列惊人的研究发现。首先，平均而言，与激励（惩罚）合同相比，在基于信任的合同中，公司会提供更高的工资（和更高的租金），并要求工人付出更高的努力。第二，工人在激励合同条件下投入的努力水平低于在信任合同条件下投入的努力水平。这一发现是受到如下事实推动：即使对不遵守约定的工人进行明确的罚款，由于监控技术不完善，并不能 100% 准确地发现他们的偷懒行为，许多工人还是偷懒了。自愿合作（voluntary cooperation）是通过测量工人努力的超额部分来进行的，结果发现自愿合作程度在信任合同条件下比在激励合同条件下更高，这意味着在提供更高租金的信任合同条件下，工人的努力水平会超过最低要求，而在激励合同条件下，很少有工人会这样做。这表明，在合同中规定明确的处罚可能导致工人之间自愿合作的减少。在基于信任的合同条件下，提供的工资（和租金）的增加会引发工人更高的努力水平。总的来说，与激励合同相比，依赖于公司和工人之间相互信任和互惠的合同导致当事双方的收入都更高。图 10.2 显示了基于信任的合同和基于惩罚的合同所要求付出的努力和实际提供的努力的情况。同样，虚线表示基于信任的合同，实线表示基于惩罚的合同。最突出的特点是，雇主会要求工人付出更高的努力，通常情况下，只有在基于信任的合同条件下才能够实现这一点。鉴于在这种处理中缺乏任何执行机制，这一结果令人惊讶，我们只能得出如下结论：这是由相互信任和互惠推动的；如果雇主支付高于工人所需的租金，那么他 / 她就会以高于最低限度的努力来作为回报。

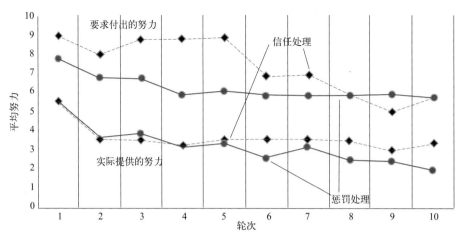

图 10.2　在信任处理及惩罚处理条件下要求付出的努力和实际提供的努力

基于 Fehr 和 Gachter（2002b）的数据重新制作

在另一项研究中，Fehr、Gächter 和 Kirchsteiger 在雇佣合同中增加了一个第三阶段。在第一阶段，公司向工人提供一份合同。就信任合同而言，其构成为：一份公司提供的工资约定、一项公司建议的努力水平；就激励合同而言，其构成为：一份工资约定、一项建议的努力水平和一项预先规定的罚款制度（该制度规定了在工人被发现偷懒或提供了少于要求的努力情况下，工人应向公司支付的罚款）。同样，监控并不完美，员工也许会（也许不会）被抓到偷懒。在第二阶段，工人决定是否接受提供的工资，如果他/她接受了提供的工资，那么他/她就要决定要投入多少努力。就像 Fehr 和 Gächter 的研究一样，在信任合同条件下，工人没有动力提供大于最小努力的更多努力，而在激励合同条件下，通过适当选择罚款的价值和被抓住的机会，公司可以保证工人会提供更多的努力。

Fehr、Gächter 和 Kirchsteiger 增加了一个第三阶段，在这个阶段，公司可以看到工人在第二阶段选择的努力水平，以及这个努力是大于、等于还是小于公司要求的努力水平。在观察了工人的努力水平之后，公司可以决定是在罚款的基础上进一步惩罚工人（在那些努力水平低于所要求的努力的案例中），还是用奖金奖励工人（在那些努力水平高于所要求的努力的案例中）。然而，无论是奖励还是惩罚，都会给企业带来一种货币成本，也就是说，如果企业希望奖励或惩罚工人，就必须动用其利润。请不要忘记，所有这些都是一次性的互动，双方在未来再次相遇的可能性很小。

在第三阶段，公司没有动力去花钱奖励或惩罚提供努力的工人。假设工人偷懒导致公司亏损。让公司因为惩罚工人而损失更多的钱仍然没有意义，因为公司不会再和这个特定的工人发生互动了。因此，这家公司倒不如吞下它的损失和骄傲，继续进行下一轮互动。同样，即使员工付出的努力比要求的更多，公司也没有动力去奖励工人。工人已经得到了工资，工人也没有办法强迫公司支付奖金。公司不关心员工是否不满意，因为公司不会再和这个特定的工人发生互动，所以，即使这个员工不开心，也不会在未来的互动轮次中对公司造成影响。

令人惊讶的是（或许也并不太令人惊讶），Fehr 和他的同事们发现，在第二阶段工人偷懒的案例中，有大约 50% 的案例，公司在第三阶段对工人给予了惩罚，尽管这种惩罚给公司带来了金钱成本，而且不会在未来产生任何好处，比如提高公司坚定、果断的声誉，因为双方同样将不会再次发生互动。此外，在工人只是提供了所要求的努力水平的案例中（或在少数案例中，工人提供的努力超过了要求），有大约 50% 的案例、公司实际上用奖金奖励了工人，即使公司不需要这样做，而且奖励对公司来说需要付出昂贵的金钱代价。虽然公司在第三阶段没有奖励或惩罚的动机，奖励／惩罚机会的存在应该不会产生任何影响，但这种奖励／惩罚机会确实存在的事实导致公司在这种处理中要求工人付出更高的努力，工人也会以更高的努力作为回报。图 10.3 清楚地表明，在要求的努力和实际提供的努力方面，有多少差异是由双边互惠因素的加入造成的，无论是工人方面还是雇主方面。 在该图中，弱互惠处理（weak reciprocity treatment，WRT）指的是不存在有奖惩可能的第三阶段（没有奖惩）；而强互惠处理（strong reciprocity treatment，SRT）指的是根据工人在第二阶段的努力，雇主可以在第三阶段（也就是最后阶段）对工人进行奖惩。

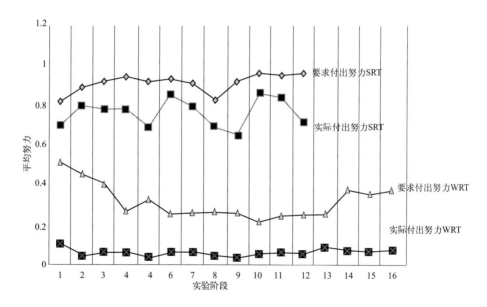

图 10.3　在 SRT 和 WRT 中要求付出的努力和实际付出的努力

基于 Fehr 等（1997）的数据重新制作

Fehr 和他的同事们进而认为，从公司和工人的角度来看，这种高工资、高努力的策略是更好的，公司和工人之间的相互信任和互惠会为他们带来更好的结果。他们认为：

完全依赖于自私自利，特别是忽视互惠动机，可能会导致错误的预测和错误的规范性推断。我们认为，互惠行为可能会导致可执行合同数量的增加，从而可能实现不可忽视的效率收益。

在雇主和员工之间"交换礼物"的想法在理论上可能听起来很好，但它真的适用于商业实践吗？它能降低员工流动性（employee turnover）吗？实施这种模式的公司比依赖于传统的指挥控制型制度的公司做得更好还是更差？斯坦福大学的 James Baron 和 Michael Hannan 以及麻省理工学院的 Diane Burton，在斯坦福大学新兴公司项目（Stanford Project on Emerging Companies，SPEC）的赞助下，以加州硅谷的高科技初创企业为样本，研究了组织实践对员工流动性的影响。Baron 和他的同事们提出了一个问题：鉴于硅谷不同的高科技初创企业似乎在所有者和工人之间构建了不同类型的合同关系，这些人力资源管理实践对员工离职倾向的影响是什么？

Baron 和他的同事们接触了 376 家成立于 20 世纪 90 年代的公司，这些公司至少有 10 名员工。其中，173 家公司同意参与这项研究。经过培训的工商管理硕士（MBA）和博士生对该公司的 CEO 进行了半结构化访谈。CEO 被要求找到最能提供公司起源信息的创始人（或创始团队成员），以及在组织人力资源管理实践方面的最佳信息提供者。相关人员在接受访谈前被要求填写调查问卷。研究者发现，在许多初创公司的组织中，雇佣关系的一个重要和突出特征是依恋（attachment）。

公司创始人阐述了员工依恋的许多不同依据，研究者将其大致分为三类：关爱、工作和金钱。一些创始人希望在员工和管理层之间，以及员工与员工之间建立一种强烈的、家庭般的情感纽带，这将激发员工付出更人的努力，并增加受欢迎员工的保留率，从而避免在许多初创公司都比较常见的员工频繁离职现象。在这个框架中，将员工与公司捆绑在一起的是对公司的归属感和认同感——与上面讨论的礼物交换模式一致。一些创始人希望通过提供有趣和有挑战性的工作机会来激励员工。也有一些创始人认为雇佣关系仅仅就是简单的劳动力与金钱之间的交换。至于协调和控制工人的行为，似乎有两种方法——一种是通过创造一种特定的组织文化，在同事之间进行非正式的控制，另一种则信奉一种更为传统的观点，即基于正式的"胡萝卜加大棒"的程序和制度。

基于大量的调查和访谈，研究者将高科技初创企业的组织结构分为五种独立的模式（尽管它们之间存在一定程度的重叠）：①工程模式（engineering model），包括通过挑战性工作产生依恋、同伴（同侪）群体控制和基于特定任务能力的选择；②明星模式（star model），以富有挑战性的工作为基础建立依恋关系，以自主和专业控制为依托，以长期潜力为基础选拔精英人才；③承诺模式（commitment model），即管理层与员工之间以及员工彼此之间在相互信任和互惠基础之上建立情感 - 家庭般关系的依赖；④科层制模式（bureaucracy model），包括基于挑战性工作的依恋，但是员工的选择是基于特定角色的资格和形式（正规）化的控制；⑤专制模式（autocracy model），它是依赖于以金钱考虑为前提的雇佣，是通过紧密的个人监督和员工选择执行预先指定的任务来进行控制和协调。结合我们前面讨论的主题，承诺模式是最接近礼物交换模型的，而专制模式以及某种程度上的科层制模式是最接近经典经济学方法的雇佣关系。如果你接受这样的一个原则，即要为员工提供显性的外部动机，以便他们能投入更多的努力。那么依赖承诺模式的组织应该会比采用专制模式或科层制模式的组织表现得更差。

Baron 和其同事们发现，人力资源实践中的主要差异是专制模式（员工流动率最高）和承诺模式（员工流动率最低）之间的差异。此外，CEO 依赖专制模式或科层制模式的公司比执行承诺模式的公司经历更大的人员流动。毕竟，员工流动率只是衡量公司经营状况的一个指标，可能比员工流动率更重要的指标是公司盈利能力，尽管过高的人员流动率可能会产生破坏性的影响，降低盈利能力。因此，Baron 和其同事们决定研究这些不同的模型在"一个令人信服的业绩指标"方面的表现：收入增长（率）（revenue growth）。鉴于年轻的高科技初创企业会承担大量的启动成本，这可能会降低盈利能力，增强收入流的能力是未来成功的一个很好的指标。Baron 和其同事们发现，员工流动和收入增长之间存在很强的负相关关系，这意味着劳动力流动过大的公司（如依靠专制或科层制模式的公司）的收入增长也比设法留住其员工的公司（如实施承诺模式的公司）慢得多。

## >> 经济发展的关键因素

### 适当的激励政策

归根到底，经济学家最关心的是改善人们的生活，这就涉及解决经济发展的问题。经济学家通常强调市场、法律和政治制度以及管理经济活动的正式规则体系和法律体系对成功的经济发展的重要性。这种传统方法没有考虑到公平或社会规范在发展过程中的作用。但是，在前面的几章中，我已经表明，非正式的社会规则或行为规范，体现在对诸如是否信任陌生人或回报他人的信任等事情的决策上，这同等重要，甚至更加重要。至少，经济学家和政策制定者需要意识到这种社会规范所起的作用，因为忽视它们往往会导致意想不到的后果，且弊大于利。

2001 年诺贝尔经济学奖得主 Joseph Stiglitz 在其《全球化及其不满》(*Globalization and its Discontents*) 一书中指出，国际货币基金组织 (International Monetary Fund, IMF) 等国际机构所支持的政策经常引起争议，其中一个原因是过度强调"市场原教旨主义"(market fundamentalism)，即认为开放和自由的市场是解决欠发达经济体所有问题的灵丹妙药。任何严肃的经济学家都会认为自由市场是可取的，但需要理解的是，改革的成功往往取决于这些改革的顺序，也取决于当地的规范和条件。中央政府或国际机构强加的完全无视地方积极性和主动性的外部调节可能会使问题恶化而不是缓解。我会用一些相关的例子来结束这一章。

## 格莱珉银行的经历

欠发达国家（甚至一些发达国家中较不富裕的成员）普遍存在的问题是信贷缺失，也就是说，无法借钱资助企业活动。现在让我继续讨论欠发达国家的问题。在这些国家的农村地区，有从事农业或手工业的人，经常为赚取微薄的收入为别人工作。他们中的一些人或许能够为自己工作——耕种自己的土地，或者开始自己编织篮子或做木雕生意。然而，大多数此类活动都需要一些启动资金，对于我们这些已经习惯了第一世界生活方式的人来说，这些启动资金通常少得可怜。然而，即使是这些很小数额的钱，对这些人来说也构成了不可逾越的障碍。正规银行不愿意借钱给他们，因为他们几乎没有任何可以用来进行抵押贷款的抵押品。

救生索通常是向当地放债者借钱，但他们通常会收取过高的利率，有时是 100% 甚至更高。反过来，这往往会迫使借款人背上终身债务，年复一年地难以偿还。银行不愿向农村贫困人口放贷并不难理解，因为银行很难监控这些贷款。例如，当债务人说他/她无法偿还贷款的原因是事情超出了他/她的控制范围，如遭遇洪水、干旱或瘟疫，面对这种情况银行经理往往不能很好地证实这个故事。其结果是，还贷违约率很高，许多农村信贷计划的贷款回收记录很差。经济学家们已经意识到农村贫困人口面临的这个问题，但第一个真正提出创新解决方案的是一位名叫 Muhammad Yunus 的有创业精神的经济学家。他在 20 世纪 80 年代初创办了一家名为格莱珉银行 (Grameen Bank)（格莱珉在孟加拉语中是"乡村"的意思）的企业。

格莱珉银行向农村贫困人口发放小额贷款，但不需要任何抵押品。借款人必须属于一个通常由五名成员组成的"团结小组"(solidarity group)。如果小组中有一名成员获得了贷款，他就必须在另一名成员获得贷款之前偿还这笔贷款。该小组不需要为其成员的贷款提供任何担保。偿还贷款的责任完全由借款人个人承担，而小组的工作是确保借款人以负责任的方式行事。格莱珉银行提供给妇女的绝大多数贷款是基于先前的证据，即借给妇女的钱得到了更有效的利用。这一制度安排主要依赖于两个原则：①同伴监督 (peer monitoring)，居住在同一村庄的小组成员会监督债务人，并确保钱花在生产活动上，而不是花在烟酒等消费上；②银行与借款人之间，以及小组成员之间的相互信任和互惠。在获得贷款前，小组成员必须承诺坚持遵守下列价值观及原则：

①我们将不会对任何人造成任何不公平；我们也不允许任何人这样做。②我们将共同承担更大的投资，以获得更高的收入。③我们将随时准备互相帮助。如果有人遇到困难，我们都将帮助他/她。④我们将集体参加所有社会活动。

格莱珉银行的过往记录令人瞩目，其贷款还款率接近100%。该公司在孟加拉国的借款人（近5000万人）中，有一半以上因这些贷款而摆脱了严重贫困，摆脱贫困的衡量标准包括：所有学龄儿童都能上学、所有家庭成员都能吃上一日三餐、有干净的厕所、有防雨住房、有清洁饮用水，以及每周有能力偿还300塔卡（taka）（按当时的汇率，300塔卡约为4.5美元）的贷款。2006年，Muhammad Yunus和格莱珉银行一起获得了诺贝尔奖，"因为他们为创造底层经济和社会发展做出了努力"。但是，可能由于Yunus思想激进且与主流经济学并不完全相符这一事实，颁发的奖项是诺贝尔和平奖，而不是诺贝尔经济学奖。

关于经济学实验在政策制定中可以发挥的作用，耶鲁大学的Dean Karlan提供了一个很好的说明。21世纪初，Karlan在麻省理工学院撰写博士论文时，曾前往秘鲁考察如何加入一个名为国际社会援助基金会（Foundation for International Community Assistance，FINCA）的小额信贷协会。他让397对参与者参加了一个稍作修改的Berg-Dickhaut-McCabe投资博弈游戏，然后他还观察了这些参与者参与信贷协会的行为。他发现，那些在投资博弈中扮演接收者角色、行为可靠守信的参与者（也就是说，他们返还的金额至少与发送者发送的金额相同，这样发送者就不会损失金钱），也更有可能偿还贷款，更有可能参与更多的自愿储蓄，更不可能退出信贷计划。

### 货币奖励可能适得其反

在第9章及本章开始部分，当讨论信任和信用在经济交易中的作用时，我提到经济学家通常强调显性的和外在的激励的必要性和重要性，以激励人们采取适当的行动方案（如诱导工人能够投入被期望的努力水平）。但我也指出，有时依赖相互信任、互惠和在有社会联结的人群中进行道德劝说的机制，即使不比依赖明确的"胡萝卜加大棒"的机制更好，至少也一样好。这里有更多的例子可以表明，与寄希望于人们的公平竞争意识和公民意识的方法相比，外部提供的胡萝卜和/或大棒的结果较差。

瑞士苏黎世大学的Bruno Frey和Felix Oberholzer-Gee探讨了人们对所谓的邻避（Not in My Backyard，NIMBY）问题的反应。邻避现象指的是一个社区愿意或不愿意接受在其社区内建造有害或不受欢迎的设施（如核电站、监狱、机场、电塔、化工厂等）。在这种情况下，政府机构的一种反应是向社区提供经济补偿，以换取他们愿意接受这类设施。Frey 和 Oberholzer-Gee 认为，在某些情况下，提供一种外部激励，如货币补偿，实际上效果可能是适得其反的，因为这种激励部分地破坏或"挤出"了社区在接受设施时可能感受到的任何内在动机。因此，这种货币激励可能会变得不那么有效，在某些情况下可能会导致人们接受建造上述设施的意愿更低。如果一个人通过表现出利他行为或履行他的公民义务来获得内在利益，那么为其支付报酬可能会降低他这样做的内在动机❶。

Frey 和 Oberholzer-Gee 推测，如果当地居民认为接受邻避项目是他们的公民义务，引入金钱补偿反而可能会减少对建造有害设施的支持。1993 年初，研究者聘请了一个专业的调查机构，对瑞士中部两个社区的 305 名居民进行调查，询问他们是否愿意接受在当地建造核废料仓库。向所有受访者提出的第一个问题是：

假设全国核废料储存合作组织（National Cooperative for the Storage of Nuclear Waste, NAGRA）在完成勘验钻探后，提议在你的家乡建造中低放射性废料储存库。联邦专家研究了这个提议，联邦议会决定在你所在的社区建造储存库。在市政厅会议上，你是接受这个提议，还是拒绝这个提议？

51% 的受访者表示，他们会投票支持在社区建造核废料储存库，45% 的人反对，4% 的人不关心。

接下来，研究者重复了完全相同的问题，询问受访者，如果瑞士议会愿意对接受核废料储存设施的社区的所有居民进行补偿，他们是否愿意接受建造核废料储存库。最初提供给受访者的金额为每人每年 2175 美元或每人每年 4350 美元或每人每年 6525 美元。令人惊讶的是，当没有提供补偿时，51% 的受访者同意接受建造核废料储存库，而当提供了补偿时，接受程度下降到 25%。然而，赔偿的确切金额似乎对人们的接受程度没有显著影响。所有拒绝首次补偿的人随后都得到了更高的补偿提议，比如将补偿金额从 2175 美元提高到 3263 美元，从 4350 美元提高到 6525 美元，从 6525 美元提高到 8700 美元。尽管补偿金额提高幅度很大，但拒绝首次补偿的受访者中现在只有一人改变态度准备接受更高的补偿金额。

为了进一步检验"挤出效应"（crowding-out effect），Frey 和 Oberholzer-Gee 在瑞士东北部的 6 个社区进行了一项相同的调查，这些社区被指定为瑞士第二个核废料储存库的潜在地点，这是一个计划存放长半衰期、高放射性废料的设施。在这些社区进行了 206 次访谈，使用的程序与第一次调查相同。在这次调查中，41% 的受访者表示他们

❶ 在 20 世纪 70 年代初，Richard Titmuss 声称，虽然很多人自愿献血，但有偿献血实际上会导致献血减少。许多自愿捐献者对这种获取报偿的安排感到厌恶，因为这些报偿（可能）减少了捐献者要沉浸于利他主义的人性"温暖光环"中的选择。当外在动机被视为具有控制作用时，它可能会破坏或减少出于利他主义而做某事的内在动机。

将会投票支持建造高放射性废料处理设施，56% 的人表示会投票反对，3% 的人表示不关心。当向社区成员提供补偿时，接受程度下降到 27%。同前一项研究一样，提供更高的补偿金额并没有导致支持程度的重大变化。这些发现并非瑞士所独有。宾夕法尼亚大学沃顿商学院的 Howard Kunreuther 和维克森林大学的 Douglas Easterling 以及其他合作者一道也在这一领域开展了重要的研究工作。他们的小组对美国内华达州的一个核废料处理设施的地点进行了调查，发现增加退税并没有带来对建造该设施的更多支持。其他研究者也报告了类似的研究发现：当人们获得补偿时，对建造有害设施的支持往往会减少。

当提供补偿时公民接受程度会下降的一个可能原因是，提供慷慨的补偿可能会被认为是一种暗示，表明该设施比他们之前认为的可能更危险。更高的补偿可能表明与该设施相关的风险更高，这反过来导致较低的接受程度。Frey 和 Oberholzer-Gee 通过直接询问受访者他们是否认知到补偿金额和风险水平之间的联系来验证这一点。只有 6% 的人承认了这种联系，这表明并不是对更高风险和更高补偿的认知驱动了这些反应。

Frey 和 Oberholzer-Gee 评论总结道：

> 在公益精神流行的地方，使用价格激励（price incentives）来寻求支持，以建造一个社会需要但当地不需要的设施，其价格会高于标准经济理论所建议的价格，因为这些激励往往会挤掉公民义务……这些结论对经济理论和政策制定具有普遍的意义，因为为了给社会所期望的事业争取支持，它们确定了一个货币补偿的特定限度。货币补偿的相对价格效应（price effect）没有受到任何质疑，但当考虑到挤出效应时，这一措施就变得不那么有效。

Frey 和 Oberholzer-Gee 采用的是调查的方法，Juan Camilo Cardenas（哈维利亚那大学）、John Stranlund 和 Cleve Willis（马萨诸塞大学艾默斯特分校）则提供了相同现象的实验证据。Cardenas 和其同事们在哥伦比亚的切尔卡西亚（Circasia）、恩西诺（Encino）和芬兰迪亚（Finlandia）三个乡村进行了实验。其中，恩西诺位于安第斯山脉的东部地区，切尔卡西亚和芬兰迪亚则位于安第斯山脉中部的金迪奥（Quindio）咖啡种植区。之所以选择这些地点，是因为它们都以农村人口为主，对当地的自然资源和环境质量非常感兴趣。他们的实验旨在模拟发展中国家农村居民经常面临的环境质量问题。

具体来说，参与者被要求决定他们会花多少时间从周围的森林中采集柴火，鉴于柴火采集对该地区的水质有不利影响，因为会导致水土流失。接下来，研究者让参与者面对政府规定的采集柴火的时间限额问题。然而，限额的执行并不完美，在某种意义上，超过限额的人被发现和被惩罚的可能性很小，这是欠发达国家农村地区通过这种命令加控制模式管理环境问题的典型现象。因此，参与者面临的社会困境在本质上与他们在日常生活中面临的困境非常相似。Cardenas 和其同事们发现，就采集柴火的时间而言，在政府强制监管不完善的情况下，结果会更糟，因为当面对外部监管时，参与者的行为明显变得更加自利，而在没有任何监管控制的情况下，他们的选择更倾向于群体导向。

Cardenas 和其同事们让他们的实验参与者参加两种实验处理，实验设计与我之前提到的公共物品（或社会困境）博弈非常类似。112 名参与者被分为 14 组，每组 8 名成员。所有小组在游戏的最初几轮中都没有任何规则，也不能与小组其他成员进行任何交流。112 名参与者中的 72 名（9 个小组）会玩额外的几轮游戏，在这几轮额外游戏中的每轮游戏之间，他们可以和自己小组的成员进行交流。剩余的 40 名参与者（5 组）继续玩追加的几轮游戏，但他们仍然没有任何交流的机会，而是面临一项规定，即他们采集柴火的时间不能超过某个时间限度。他们被告知，一旦每名小组成员选择了在这个活动中要花费多少时间，就有可能（小概率）会对被选择出的一名小组成员进行审查，以验证其是否遵守了这一时间规则。具体来说，在每名小组成员作出决定之后，就会掷骰子，只有出现偶数，也就是 2、4 或 6 时才会进行审查。如果要进行审查，那么将从帽子中抽取 1 到 8 之间的数字，以表示将审查 8 个小组成员中的哪一个。因此，不遵守规则的事件有 1/16（约 6%）的机会被发现和处罚。

Cardenas 和其同事们发现，当参与者没有面临任何外部限制条件，也不能相互交流时，他们的决策往往既不纯粹出于自身利益，也不符合群体利益最大化原则。这与其他有关社会困境行为的研究是一致的。当没有规则限制，但允许参与者在每轮游戏之间与小组成员交流时，个体会做出更有效的选择，即产生更多社会福利的选择。但令人惊讶的是，与其他两种情况相比，总体而言，监管控制会导致受试者倾向于做出更符合自身利益的选择。因此，尽管审查机制设置旨在诱导更有效的选择，但在监管下的平均个人收益比没有这种监管时要低，而且远远低于那些仅仅被允许相互交流的参与者的收益。

Cardenas、Stranlund 和 Willis 总结道：

> 如果经济理论不考虑其他方面的动机，或者如果它不能认识到这些动机在不同的制度安排下不是固定不变的，那么它就不能很好地指导环境政策的设计。认识到……在自利行为和群体关怀行为之间取得平衡，将对环境政策设计和评价的几乎所有方面都产生深远的影响。

上述情况再次表明，有相当多的实验证据以及基于调查的证据认为，外在激励可能会挤出内在动机，因此可能不利于成功的集体行动。这一结论在现实生活中适用呢？印第安纳大学"政治理论与政策分析工作坊"的 Elinor Ostrom❶ 和其同事们收集了数

---

❶ Elinor Ostrom 是 2009 年获得诺贝尔经济学奖的第一位女性。她于 2012 年去世。

千个有关当地渔业、灌溉系统和牧场用户管理资源的书面案例。在尼泊尔，他们收集了 200 多个灌溉系统管理规则和一般管理策略的数据。其中一些由政府机构管理（简称 AMIS），而有一些由农民管理（简称 FMIS）。Ostrom 和其同事们发现，与 AMIS 相比，FMIS 能够实现更高的农业产量、更公平的水资源分配和更好的灌溉系统维护。这两个系统的管理方式存在显著差异。在 AMIS 系统下，违规行为由政府官员记录，而在 FMIS 系统下，违规行为由农民监督员记录。此外，AMIS 往往比 FMIS 更依赖于对违规行为的罚款。农民在 FMIS 中有 65% 的时间遵循了规则和限额，而在 AMIS 中只有 35% 的时间遵循了规则和限额。因此，农民自己制定的规则和处罚往往比政府官员制定的规则和处罚更有效。

### 罚款政策可能加剧问题

Uri Gneezy 和 Aldo Rustichini 对以色列海法（Haifa）的 10 个私人日托中心进行了研究，这是一个关于外部干预的有害影响的有趣例子。日托中心都位于城镇的同一区域，它们之间没有明显的位置或其他差异。日托中心的拥有者也担任着校长的角色。这些日托中心于工作日上午 7 时 30 分至下午 4 时运营。如果家长在下午 4 点前没有来接孩子，那么老师就必须要留下来陪孩子。这给老师带来了不便，超出正常工作时间仍逗留中心的老师并没有获得额外的经济报酬。教师通常会轮流完成这项任务，这被认为是他们职责的一部分，在聘请教师时，这一事实会得到清楚的解释。

Gneezy 和 Rustichini 让他们的研究助理联系了这 10 个日托中心的校长。校长们被要求参加一项关于罚款的影响的学术研究。每名校长都得到承诺，在研究结束时，他将获得价值 500 以色列新谢克尔（Israeli new shekels，ILS）的可用来购买书籍的优惠券❶。这项研究从 1998 年 1 月到 6 月共持续了 20 周。在最初的 4 周里，Gneezy 和 Rustichini 只是简单地记录了每周迟到父母的人次。从第 5 周开始，他们在 10 个日托中心中的 6 个引入了罚款（机制）。罚款的公告是在日托中心的布告栏上张贴发布的，这通常是向家长传达重要信息和注意事项的途径。公告明确规定，迟到 10 分钟或 10 分钟以上的要罚款 10ILS。罚款是针对每个孩子的。因此，如果一对父母有两个孩子在该中心托护，而去接他们的时候迟到了，则该父母就必须支付 20ILS 罚款。这些罚款将被添加到父母每月需要支付的款项中。从第 17 周开始，罚款被取消了，没有任何解释。取消的通知也张贴在同一个布告栏上。如果家长们询问有关罚款取消的情况，校长们就会向家长们通报说："罚款是在限定的时间内进行的试验，目前正在对试验结果进行评估。"

图 10.4 表明罚款的影响相当大。带星号的实线代表在引入罚款措施的 6 个日托中心，罚款措施引入前后每周迟到家长人次的平均数。带圆圈的虚线代表其余 4 个没有引入罚款措施的日托中心，每周迟到家长人次平均数。

---

❶ 在 1998 年上半年进行这项研究时，1 美元约等于 3.7 新谢克尔（ILS）。

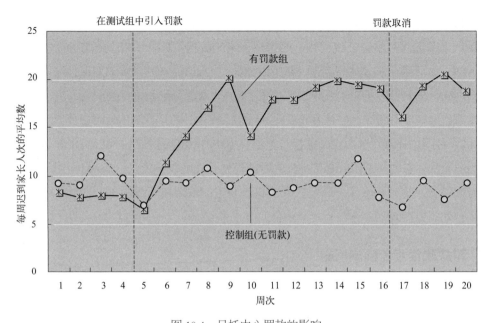

图 10.4　日托中心罚款的影响

基于 Gneezy 和 Rustichini（2000a）的数据重新制作

从这张图中可以明显看出两点：①在 6 个引入罚款措施的日托中心，在罚款措施实施后的头 3～4 周内，迟到家长人次急剧增加，这一比例最终稳定在每周约 20 人（次）迟到。这一水平高于最初的水平，大约是最初的两倍。在其他 4 个没有引入强制罚款措施的日托中心，迟到家长人次没有明显变化。②在引入罚款措施的 6 个日托中心，迟到家长人次一直很高，即使在第 17 周开始罚款被取消后，迟到家长人次仍然大大高于罚款措施引入前的水平。

因此，采用对迟到的父母处以强制罚款这样显性的措施，似乎加剧了迟到问题，而不是减轻了这个问题。我们该如何解释这个有点反直觉的现象呢？下面是 Gneezy 和 Rustichini 对家长行为的解释。在这项罚款规定出台之前，家长们可能认为老师下班后留下来照看孩子的行为是一种慷慨的行为。

他们可能会想："与日托中心的合同只涵盖下午 4 点之前的时间。老师是一个善良大方的人。我不应该利用她的耐心。"罚款措施的引入改变了这样的看法："老师照顾孩子的方式和她早些时候正常工作时间照顾孩子的方式差不多。事实上，这种行为也是有价格的（也就是所谓的'罚款'）。因此，我可以购买任何需要的服务。"家长们认为他们的（迟到）行为从社会规范角度来看是合理的，这种社会规范大概可作如下表述："当有人在需要的时候无偿提供帮助时，要克制地接受。而当一项服务以一定价格提供时，你觉得方便买多少就买多少。"可以随意购买商品的行为……不会带来内疚感和羞耻感。

Ernst Fehr 和 Bettina Rockenbach 的研究进一步证明了外在激励的负面影响。Fehr 和 Rockenbach 让 238 名参与者参加了 Berg-Dickhaut-McCabe 投资博弈游戏。发送者和接收者各有 10 美元。发送者可以将这 10 美元中的任何金额或全部送给接收者。任何送给接收者的金额都会被实验者增至三倍。然后，接收者可以选择保留所有送给他／她的钱，或返还一些给发送者。游戏就此结束。

Fehr 和 Rockenbach 考察了两种处理。第一种处理是信任处理；这与最初的投资博弈几乎相同，并且主要以上面描述的方式进行，但存在以下细微差异：如果发送者确实向接收者出让了一定金额，那么将要求发送者明确指定一个"返还出让"金额。也就是说，发送者被要求指定他／她希望接收者返还的金额。例如，假设发送者发送出了 5 美元。在这种情况下，接收者会得到 15 美元。然后，发送者可以指定一个返还出让金额，指定的返还出让金额区间在 0 美元到 15 美元之间（即小于或等于接收者收到的最大金额的任何金额）。在信任处理中，接收者没有被强制要求返还发送者期待的金额，而是可以返还任何金额，返还金额可以少于发送者期待的金额。

第二种处理是激励处理。类似于信任处理，但有一些细微的差异：除了指定一个期待的返还出让金额外，如果接收者返回的金额低于发送者期待的金额，发送者还可以选择对接收者处以 4 美元的罚款。不过，发送者也可以决定不进行罚款，即使他拥有这样的选择。

Fehr 和 Rockenbach 发现，与之前的研究一致，发送者选择信任接收者，并出让大数目的金额，而接收者则通过返还金钱来回报这种信任。但令人惊讶的是，在发送者的所有出让模式中，当发送者可以选择罚款但却选择了不罚款时，接收者返还的钱更多，而当发送者一开始就强制罚款时，接收者返还的钱少得多。平均而言，在信任处理中，接收者返还了收到的三倍金额的 41%（发送者没有罚款）。在激励处理中，发送者选择了罚款，接收者返还了三倍金额的 30%；在发送者可以罚款但却选择不罚款的情况下，接收者返还了三倍金额的 48%。

如果我们从返还金额和期待金额的比例的角度来分析，那么我们就会发现，平均而言，在信任处理中，接收者返还了 74% 的期待返还出让金额（发送者没有罚款），在激励处理中，在发送者选择强制罚款条件下，接收者返还了 55% 的期待返还出让金额，在发送者可以罚款但却选择不罚款的情况下，接收者返还了 74% 的期待返还出让金额。

## 社会资本

在前几章中，我讨论了社区成员之间的相互信任和互惠如何能够创造社会联结，从而使这些社区能够实现成功的集体行动，而在没有这种社会联结的情况下，集体行动是很难实现的。虽然有不同的称谓，但以公民之间的相互信任和互惠为基础的社会网络，通常被称为"社会资本"（social capital）。传统意义上，经济学家倾向于强调物质资本和人力资本的重要性，认为它们是经济成功发展的先决条件❶。但越来越多的经济学家开始意识到，这类无形的东西，如一个国家公民所展现出的信任程度——对其政府的信任，对国家法律和政治制度的信任，实际上，也包括他们彼此之间的信任——也发挥着至关重要的作用。事实上，如果没有这种相互信任和互惠，即使有充足的物质资本和人力资本储备，经济发展也有可能出现衰退。

世界银行的 Stephen Knack 和 Phillip Keefer 以及克莱蒙特研究生大学的 Paul Zak 在20 世纪 80 年代初和 90 年代初对 29 个以市场为基础的经济体进行了调查，对一国的信任水平和该国经济表现之间的关系进行了广泛的研究❷。他们报告说，社会资本对经济表现尤为重要。这些研究者关注信任和公民合作的作用。用来评估一个社会的社会信任程度的问题是："总体来说，你会说大多数人是可以信任的，还是会说你在与人打交道时越小心越好？"他们用每个国家认为"人是可以信任的"的人的百分比作为信任的指标。

为了获得有关公民合作规范的测量指标，他们通过人们对以下问题的回答来考察：以下每种行为是否"总是合理的，或总是不合理的，或介于两者之间"。问题包括：①要求获得他人无法享有的政府福利；②乘坐公共交通工具时逃票；③如果有机会就会偷税漏税；④占有他人获得的财物；⑤自己不小心损坏了一辆停在路边的汽车而不报告。假设让受访者在区间为从 1（总是合理的）到 10（总是不合理的）的数字量尺上选择数字，来回答这五个问题。然后，这些数字回答可以用作构建该社会公民合作程度的量化标准，更高的数字（接近 10）代表了更高的公民合作程度。

对于上面提到的 29 个国家，Knack 和其同事们探讨了人均收入增长率与他们测量的公民信任和公民合作之间的关系。他们发现，信任和公民合作规范对人均收入的增长率有很强的影响。公民信任程度和公民合作程度越高的国家，其经济增长速度越快，而且信任和合作对经济增长的影响在欠发达国家比在发达国家更为明显。

Knack 和其同事们解释了他们的发现，认为这主要是因为在信任程度较高的社会中，个人无须为保护自己在经济交易中不被剥削而花费太多，不太可能需要书面合同，司法诉讼也可能不那么频繁。在高度信任的社会中，个人也可能会减少通过贿赂或购置私人安全服务和设备等途径保护自己的资源，防止财产受到非法侵犯。

低信任也可能会阻碍投资和创新。如果企业家必须投入更多的时间来监督员工可能

---

❶ "物质资本"一词指的是对机器、工厂和基础设施（如道路、桥梁和高速公路）等实体的投资。"人力资本"是指对公民健康、教育和技能的投资。

❷ 这些国家包括阿根廷、澳大利亚、奥地利、比利时、巴西、加拿大、智利、丹麦、芬兰、法国、德国、冰岛、印度、爱尔兰、意大利、日本、墨西哥、荷兰、尼日利亚、挪威、葡萄牙、南非、韩国、西班牙、瑞典、瑞士、土耳其、英国和美国。

出现的渎职行为，那么他们投入新产品和新工艺创新的时间就会更少。以高信任度为特征的社会也较少依赖正式机构来执行协议。因此，建立在强大的人际信任基础上的非正式信贷市场（例如由格莱珉银行实施的信贷市场）可以在无法获得银行贷款的情况下促进投资。高信任度社会中的政府官员被认为更值得信任，他们的政策宣告也更可信。反过来，这往往会引发更大的投资和其他经济活动。最后，信任型社会不仅有更强的创新和积累资本的动机，对公民健康、教育和福利的投资在这些国家也更有可能产生更高的回报。

## 结语

在前面的内容中，我已经提供了社会规范和这种规范驱动行为的证据，表现为对陌生人的信任决策和回报他人的信任决策（通常统称为"社会资本"），它们在广泛的经济交易中具有深远的影响。这些规范影响面巨大，包括对整个社会增长和发展的影响。

我认为，与经济学中通常认为的激励工人努力需要显性的胡萝卜加大棒的观点相反，类似的目标可以在工人和雇主之间的相互信任和互惠的基础上成功实现。在许多情况下，这对员工流动和组织的盈利能力都有影响。依赖人类行为的纯自利模型的一个直接结果是强调在雇佣合同中使用显性的／外在的激励。正如我上面所论述的，以及像苏黎世大学的 Bruno Frey 在其著作《不只是为了钱》（*Not Just for the Money*）中所指出的那样，在许多情况下，这种显性的胡萝卜加大棒策略是有用的，而且也确实是有必要的，它会引发工人的努力或确保其遵守所期望的行动方案。但在很多情况下——我在上面已经确定了很多这种情况，包括 Frey 关于有害设施的位置的研究结果——这种对显性激励的依赖可能会产生相反的效果，而且是有害的，因为它们挤出了内在动机和一个人即使在没有任何经济激励条件下也会做正确事情的潜在愿望。在设计经济政策时，牢记这一研究路线的结果是很重要的，因为忽视它们可能会导致巨大的福利损失。

我将以另一个关于 Covid-19 的故事结束本章。2020 年年中，作为防止疫情传播的持续努力的一部分，新西兰政府决定，所有抵达新西兰的人将被要求隔离 14 天。随着隔离费用的不断增加，政府决定，所有返回者（几乎都是居住在海外的新西兰公民）必须自己支付隔离费用。这一政策在法律上和道德上都引发争议，因为返回家园的权利是国家和公民之间契约的一部分。当一些返回者违反隔离制度时，紧张局势加剧。在一个案例中，一名女子突破隔离去参加了她父亲的葬礼，被判入狱两周！当然，当这种情况发生时，每个人的注意力都集中在少数违反规则的人身上，而不是成千上万自愿遵守规则的人身上。

基于以上呈现的证据，我在平面媒体和电子媒体上都曾提出，更有效的政策应该是要求人们在大规模流行早期进行自我隔离两周。和斯堪的纳维亚国家一样，新西兰的社会信任程度很高，当被要求这样做时，大多数人都愿意自我隔离。正如 Cardenas 和其同事们在前文所论证的那样，当我们呼吁人们的善意时，他们更有可能以一种"群体心理"（group-minded）的方式行事。但是，在惩罚的基础上强迫人们服从反而会使人们更加自私，并可能产生反效果。本章和前一章提出的证据都表明，这种建立在相互信任和互惠基础上的人性模式（尤其是在社会资本水平较高的社会中）实际上比建立在普遍不信任基础上的执行政策的模式会产生更好的结果。不幸的是，我的论点被置若罔闻。但我的希望是，那些读到这本书并认为这一证据令人信服的人，在未来设计政策时会采用更加客观的观点。

# 11

# 社会困境中的合作

在本章，我们将：

- 介绍集体行动问题模型——公共物品博弈，有时也称为自愿捐献机制；
- 证实人们更愿意合作，人们在解决集体行动问题时的表现比我们预想的要好很多，这与以往利己主义（自利）模型所表明的不同；
- 证明在面对集体行动问题（通常被称为社会困境）时，多数人的行为关键取决于他们对群体其他成员的信念——如果人们相信其他成员会合作，那么他们也会合作；
- 进一步解释，社会困境问题本质上是囚徒困境博弈，尽管有多个参与者，但有可能将其转化为猎鹿型协调问题，其中每个人的合作行为都可以成为一个完美合理化的纳什均衡。

# 付出努力还是搭便车

我所居住的奥克兰市附近，有个给孩子建的游乐场，叫作"小朗伊托托保护地"。女儿小时候，我们经常去那里。据我所知，这个游乐场里的设施（滑梯、秋千、攀爬架、单杠）并不是奥克兰市议会所提供的，而是由当地居民自愿捐款建成的。这件事对我们来说好像并不稀奇，因为大家可能都有过为了一个正当理由而去冒险投资，或自愿捐款的类似经历。由于这类事件经常发生，我们会觉得它们很平凡。

我们再来回顾一下第 6 章"策略性思维"中提到过的上述案例。假设你想要在所处的社区建一个类似的公园，并且你决定向本地的家庭收取一定费用。不是每个邻居都必须为建设这个公园做出贡献，只要一些家庭捐款了，你就有足够的资金。你能筹到足够资金的可能性有多大呢？ 可能性其实很大，但这里存在一个固有的社会困境（social dilemma）。让我们在一开始就假设（经济学家通常倾向这样做）人在总体上是自利的，且（主要）在意自身的福祉。很明显，若每个人都出资，公园将被建设起来，并且邻居们都可以带着孩子来这里游玩。总之，如果大家合作，我们都会过得更好。

但是让我们思考一下一个只关心自己和亲人福祉的个体是否会捐助的问题。假设他 / 她没有捐钱，公园也没有建起来。那么他 / 她的情况不会更好，但也不会更糟，因为那里以前没有公园，将来也不会有公园。但假设他 / 她没有捐钱，而已筹到的资金足够建起公园的话，情况就会不同。公园和健身俱乐部不同，公园不会因为人们没有捐助就把他们拒之门外。人们也没有办法去成为一个公园的会员。因此，对那些没为公园建设捐钱的个体来说，他们仍可以带着他 / 她的孩子在公园里散步或遛狗。也就是说，即便他没有从自己口袋里掏钱，他仍可以享受公园的开放空间和葱郁的自然环境，这个人的情况变好了。对于一个只关注自身利益的个体而言，无论公园是建还是不建，他的实际行动方针就是不捐款。

回忆一下第 6 章中关于策略性思维的内容，你会很快认识到，上述情况在本质上类似于囚徒困境博弈。虽然每个人都做出捐赠会使所有人都变好（公园建成了），但是从纯粹的个人主义和自利动机的角度来看，个体不捐赠才是合理的。如果公园没建成，你的境况不会更糟；如果公园建成了，你的境况会更好。但如果所有人都按照自利的想法行事，那么没有人会进行捐赠，也就一事无成。经济学家把这种行为称为"搭便车"——利用他人的捐赠。这和我们第 6 章所探讨的关于 Yossarian 的故事一样，他从来不帮忙建设军官俱乐部，但俱乐部一旦建设起来，他却经常去那里。

经济学家把公园视为公共物品（public good）。所谓公共物品是指具有非竞争性（non-rival）和非排他性（non-excludable）的消费品。一件商品，当一个人使用它时并不妨碍其他人同样使用（消费）它，那么该商品在使用中便是非竞争性的。而非排他性则是指一旦这个产品（公园）被提供，任何人都不能被其拒之门外，即便这个人没有为它的建造支付任何费用。

公共物品的例子包括：整洁的环境、国防、公安、消防部门、高速公路、公园、公共图书馆、公立医院等。当然，上述公共物品在排他性程度上会有些差异。例如无法阻止任何人享受清洁空气所带来的好处。同样，军队参战是为每个公民而战，与谁纳了税无关。如果你的房子着火了，那么消防员将出现并控制火情，并不会问你是否最近缴纳过税款，或者你是否在消防局上个月举办的烘焙义卖中做出贡献。但是有些公共物品排他性会大些。如在阳光明媚的夏季周末，通往沙滩的高速公路上的司机越多，开车速度就越慢。有人看到这种交通情况后可能就决定不去游玩了。在这种情况下，那些决定待在家里的人被排除在外，而那些在路上的人则受到影响。因此，高速公路更具有排他性，在某种意义上，它比环境更不具有公共物品属性。

所以，我们想要回答的问题是：在合作行为中，人们受什么动机驱使？谁进行了捐赠？谁没有捐赠？为什么进行了捐赠的人会这样做，而那些没有捐赠的人却不会这样做？因为在这里我们本质上探讨的是人们的内在偏好和信念；自然发生的现场数据对我们没有多大价值，因为它们并不能真的帮我们窥探内心想法。我们可以用调查问卷来调查是什么驱使人们采取特定的行动。但问题在于，没办法保证他们会给你真实的回答。因为让那些在没有他人看到的情况下做出不捐赠决定的人公开承认他没有捐赠，可能很容易会让其感到尴尬。

为研究此问题，经济学家设计了一个很好的游戏来模拟这种决策情景。游戏是这样进行的：四个被试组成小组聚在一个房间里。他们每个人都得到一笔钱（比如 5 美元），且小组每个成员都可以在私人账户和公共账户间分配这笔钱。分配给私人账户的钱是保持不变的，永远属于他们。然而，任何向公共账户的捐款都会被实验者乘以一个大于 1（比如 2）的倍数。增加之后的总金额会被平均分配给四个组员。因此，个人对公共账户的任何捐款都会创造出一个正向的外部效应，因为它会给群体中没有捐款的组员带来回报。本游戏的具体内容见图 11.1。

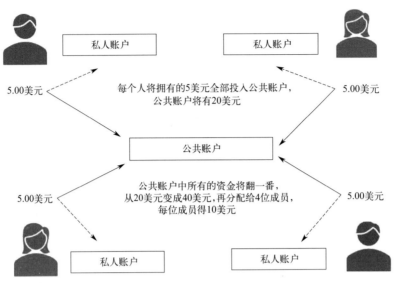

图 11.1　公共物品博弈游戏框架

在这个游戏中，社会最优（或社会期望）的结果是，每个玩家都向公共账户捐献全部金额。在该情况下，对公共账户的捐款总计 20 美元，如果乘以系数 2，则小组的金额数量可达 40 美元。随后再平均分配给小组成员，则使得每个人得 10 美元。这样，每个成员的初始投资都得到100%的回报。然而，个体的理性则建议采取不同的行动方案。想象一下，如果某一个玩家捐了 1 美元但是其他人没捐，那么这 1 美元会翻倍变成 2 美元。平均分配给 4 个玩家，每个玩家将得到 0.5 美元。这样，捐款的玩家会变得更糟（他／她的投资损失 50%），其他每一个玩家都会以牺牲捐款者的利益为代价变得更好。因此，如果一个玩家没有进行捐款，在其他人也不进行捐款时他／她将不会更糟，但如果其他人捐款了，他／她一定会变得更好。这种为公共物品捐款与搭便车之间的对立关系，就是被经济学家和心理学家广泛研究的社会困境问题❶。

加州理工学院的 John Ledyard 对该领域做了大量的研究，他指出，有关社会组织的

---

❶　我这里描述的公共物品博弈是由加州理工学院的 John Ledyard 提出的。确切地讲，可称这种特殊的博弈形式为"线性公共物品博弈"。这是因为在这种博弈中，向公共账户的任何捐献都会对所有小组成员产生正外部性。人们可能会想到"门槛公共物品博弈"（threshold public goods games），即只有当捐款达到某个门槛时，才会有正外部性（比如建造公园）；否则，捐款可能会被退还或作废。还有一种情况是，在线性公共物品博弈中，社会最优结果是全部捐献。而不捐献（完全搭便车）是个体理性的行动方案，这会导致纳什均衡。也许还存在"内在"纳什均衡等其他形式的公共物品博弈，这意味着要有捐献而不是什么都不捐献。我将把注意力集中在线性公共物品博弈上，因为这种博弈形式非常简单，且包含了所有我想要说明的观点。研究更简单的博弈并不会失去普遍性。适用于这种博弈的所有要点也几乎全部适用于所有其他更复杂的博弈规则。

一些最基本问题，核心都是由诸如上述公共物品的出现以及由此产生的社会困境所引发的问题。当前的政治制度在公共物品的生产和资助方面的表现如何呢？志愿精神在让我们尝试提供公共物品方面能走多远呢？在更基本的层面，为公共物品捐献，引发了"人们普遍是自私的还是合作的"这样一个基本问题。

基于理性经济人（homo economicus）假说的经济学理论表明，面对这种情况，每一个理性的利己主义者都将不向公共资金池捐献任何资金，进而做出明显的搭便车行为，就像《第22条军规》中的 Yossarian 一样。但如今我们有机会进行经济学实验，我们可以观察到人们面临这种特殊情况时会做些什么。

## 捐献衰减模式：人们的意愿并不稳定

亚利桑那大学的 Mark Isaac、印第安纳州的 James Walker 和加州理工学院的 Charles Plott 及他们的合作者 Arlington Williams、Susan Thomas、Oliver Kim 和 Kenneth McCue 完成了该领域早期的诸多研究。这些研究者发现，当你和一群人（他们可能是完全陌生的人、朋友或熟人）待在一起时，行为会有明显的规律性。对公共资金池的总捐献额通常在最大可能捐献额的 40%～60% 之间。也就是说，如果最大捐献额是 20 美元，则平均捐献额通常在 8～12 美元之间。这并不表明每个组员都捐献 40%～60%，而意味着，在其他人没有进行任何捐献的情况下，有一些人却捐献了 100%。这种行为特点似乎很稳健，在不同国家和文化中，这种行为具有很高的相似度。

如果你让同样一组人玩不止一次这种游戏，比如玩 10 轮，会发生什么呢？在每一轮中，他们都得到一笔钱（比如 2 美元），他们必须决定在这 10 轮中对公共账户捐献多少钱（如果他们在每一轮中都只坚持持有他们的 2 美元，他们最终会赚到 20 美元）。图 11.2 描述了上述情况。捐献率从最开始的 40% 到 60%，随着时间的推移而下降，平

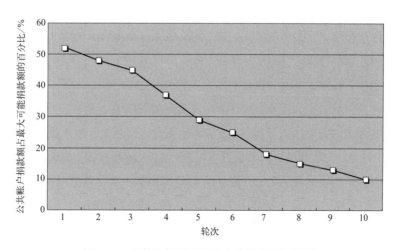

图 11.2　公共物品博弈游戏中的捐献衰减模型

均捐献率越来越低，但是即便人们玩 50 轮或 60 轮，捐献率也不会达到 0。一些人没有进行任何捐献，在所有的时间里都在搭便车，而另一些人则开始时捐献很多（100% 或接近 100%），然后随着时间的推移减少了他们的捐献。

这里就有很多令人费解的地方。当其他人不捐献的时候，为什么有些人会捐献呢？为什么有些人一开始合作，但在后来却选择搭便车呢？如果他们要搭便车，为什么不从开始就这样做呢？我们已讨论过了，在这种游戏中搭便车是一种自利行为。所以，也许更容易去理解为什么人们会搭便车。他们自私自利，希望以牺牲他人为代价来使自己的金钱收益最大化。但是我们能对那些捐献了很多的参与者作何评价呢？他们是纯粹的利他主义者吗？换句话说，他们是不是出于关心他人的福祉而进行捐献呢？简单地讲，这为什么会令人惊讶呢？当然，世界上有很多不同类型的人。我们中的有些人慷慨大方，更关心与他人的合作；而另一些人则不太关心他人［就像《奥德赛》（*The Odyssey*）中的独眼巨人］：

我们来到了独眼巨人的国度，这是一个残暴的、无法无天的民族，他们从不动手种植或耕作，只是把一切都留给不朽的神……独眼巨人们没有制定法律的程序，也没有任何成文的法典，他们住在高山上的洞穴中，每个人都是自己妻儿的立法者，没有人对邻居的决定有丝毫的兴趣。

### 小群体是否能更好地合作？

在我们开始寻求捐献衰减模式的解释之前，让我们先来解决另一个常出现的问题。至少从直觉上，集体行动问题似乎会随着群体规模的扩大而加剧。当然，如果在这种有 2～4 人的游戏中维持合作是困难的，那么在更多人的情况下，合作将变得更加艰难。Mark Isaac 和 Jimmy Walker 对该问题进行了研究，得到了否定的答案：较大的群体并不比较小的群体更缺乏合作。在我探讨 Isaac 和 Walker 的发现之前，我需要解释公共物品博弈中的边际单位资本回报（marginal per capita return，MPCR）的含义，因为这将在结果讨论部分发挥重要作用。

认真考虑一下在本章前面讨论过的四个人的公共物品博弈。如果一个参与者将 1 美元投入公共账户，且其他人没有任何捐献，1 美元被翻倍成 2 美元。当这 2 美元被平均再分配给 4 个组员时，每个人获得了 0.5 美元。因此，实际上，投入美元的参与者仅得到 0.5 美元。这 0.5 美元就是边际单位资本回报。如果 MPCR 是 0.5 美元，那么当有人投入 1 美元而其他人没有投入时，捐献的人预计每捐款 1 美元就可以得到 0.5 美元。如果有 5 名组员，每投 1 美元将被翻 1 倍后重新分配，则边际单位资本回报为 0.4（2/5）美元。如果有 10 名组员，则边际单位资本回报为 0.2（2/10）美元，依此类推。另一方面，如果有 4 名组员但每投 1 美元就会被乘以 3，则边际单位资本回报为 0.75（3/4）

美元。

要点在于：纯粹的自利意味着群体成员不应向公共账户捐献任何东西。但显然情况并非如此：大多数人都进行了捐献。下面，我们将看到，人们对其群体成员的信念是决定他们最终是否进行捐献的关键因素。设想一下每个玩家都期望其他玩家会进行捐献而不是一直搭便车，那么 MPCR 高时，玩家们会更有可能进行捐献。例如，如果 MPCR 仅为 0.2（有 10 个组员且捐款总额会被乘以 2），则与 MPCR 为 0.8（有 10 个组员且捐款总额会被乘以 8）相比，前者捐献的可能性更小。在第一种情况下，如果没有其他人出资，捐献的人仅获得 0.2 美元的回报，即每捐献 1 美元就损失 0.8 美元；而在第二种情况下，每捐献 1 美元仅损失 0.2 美元。一般来说，如果一个群体有 $n$ 个成员，且每捐献 1 美元都会被乘以 $m$，则 MPCR$=m/n$。

Isaac 和 Walker 研究了如下两个问题：第一，随着 MPCR 增高，捐献额是提高还是降低？上文已指出，我们认为高 MPCR 能带来高的捐献额。第二，小群体的捐献额是否高于大群体的捐献额？为了探究这些问题，Isaac 和 Walker 用了两个不同的 MPCR 值——0.30 和 0.75，并且他们研究了两个不同规模的群体——4 人组与 10 人组。这是个 2×2 的实验设计。表 11.1 中，4 和 10 代表群体的大小，而 L 和 H 代表了 MPCR 值的大小，即 0.30 与 0.75。比较 4L 和 4H，我们将得到，在人数较少的组内，MPCR 从 0.30 增加到 0.75 时，合作水平会发生什么变化。比较 10L 和 10H，我们将得到，在人数较多的组内，即 10 人组内，MPCR 增加后的效果。同样，通过比较 4L 和 10L，我们可以知道，当群体规模增加而 MPCR 保持在 0.3 的低值时，会发生什么情况。最后，通过 4H 和 10H 的比较，我们可以看出，当 MPCR 保持在 0.75 的高值不变时，增加群体规模的影响。

表 11.1　Isaac 和 Walker 研究（1988b）中群体规模与 MPCR 的交互

|  | 群体规模 =4 | 群体规模 =10 |
| --- | --- | --- |
| MPCR=0.30 | 4L 处理 | 10L 处理 |
| MPCR=0.75 | 4H 处理 | 10H 处理 |

研究结果见图 11.3。毫不意外，与先前的研究结果一致，所有组中，捐献额都会随着时间而减少。此外，可能并不令人惊奇的是，MPCR 为 0.75 时，组员的捐献额高于 MPCR 为 0.30 的情况。4 人组（黑色实线）和 10 人组（黑色虚线）都是如此。在 MPCR 较高的情况下，两组都更具合作性。值得一提的是群体规模的影响。研究结果显示，大群体合作性并不比小群体差。当 MPCR 较高（0.75）时，10 人组和 4 人组似乎处于同样的水平。但当 MPCR 较低时，10 人组似乎比 4 人组更具合作性 ❶。

---

❶　Isaac 和 Walker 后来与 Arlington Wiliams 一起，研究了 40 人和 100 人小组的小组合作水平。他们发现这些小组实际上比 4 或 10 人小组更具合作性；最大可能是监督效应发挥的作用，关于这一点我很快就会在下面提到。

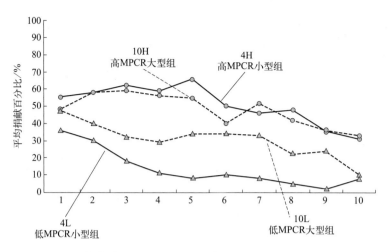

图 11.3　不同规模小组和不同 MPCR 情况下公共物品博弈游戏的结果

根据 Issac 和 Walker（1988b）的数据重新绘制

为什么较大的群体并没有减少合作呢？我们通常会认为，随着群体规模的扩大，搭便车会更容易，因为搭便车者可能会更少被注意到。但同样，群体规模越大，对成员的监控程度也越高。当一个小组有 4 个人时，有 3 双眼睛在看着你，而当小组有 10 个人时，将会有 9 双眼睛在看着你。如果一个人被发现"搭便车"，那么被更多人注视的启动效应，可能会导致大群体中"搭便车"现象的减少。事实上，一篇有关网络体系架构的文献阐明了这种情况。在我们已经讨论过的游戏安排中，网络是完整的，在这个意义上，每个参与者都可以观察他人，反过来，也可以被其他参与者观察。相反，一个人也可以拥有不完整的网络体系，在这种网络体系中，玩家被安排围成一圈，每个玩家只能观察到他们的两个近邻，也只能被他们观察到。有证据表明，在这种不完整的网络体系中，对每个参与者行动的监控程度较低，合作水平也会下降。关于这种网络架构有大量的研究文献。我将在下一章简要讨论这方面的问题。

## 学习假说和策略性假说

图 11.2 所示的捐献衰减模型需要回答两个问题：第一，为什么捐款额会随时间减少？如果人们想要搭便车，为什么不一开始就这样做？如果他们愿意合作，为什么不一直合作下去呢？鉴于这种衰减现象已经在使用不同参数和被试池的大量实验中得到了复制，它似乎是相当稳健的。随着时间的推移，大多数群体都很难维持合作。这就引出了第二个问题：随着时间的推移，需要采用何种干预措施来保持合作？我将在本章讨论第一个问题，在第 12 章讨论第二个问题。

为什么捐款会随着时间推移而衰减呢？一个可能的解释是：当你把参与者带到实验室让他们玩这个游戏来赚钱时，他们面临的情况比较新奇。给他们的说明通常是抽象的，不像类似于慈善捐款之类的情感语言。因此，被试需要一些时间理解这个游戏对应的现实生活状况。在真正理解游戏的激励结构前，人们可能会在一开始就进行捐款，但随着理解的深入，他们意识到理性的做法就是搭便车，于是便导致了向公共账户的捐款出现衰减。不同的人可能会在不同的时间认识到这一点，这就解释了为什么捐款是缓慢下降而不是突然下降。我们将其称之为学习假说（learning hypothesis），即参与者不会一开始就发现他们应该搭便车，而是随着时间推移，随着他们对情况的熟悉，"学会"了要这样做。

David Kreps、Paul Milgrom、Jhon Roberts 和 Rboert Wilson 等一群经济理论学家，提出了另一种假设并对该现象做出了更复杂的解释。他们提出：假设有两种类型的人，一种成熟老练，一种不老练。前一种类型的人意识到，在这个游戏中理性的行动方案就是搭便车，而后一种类型的人则不然。因为不老练的玩家不明白他们应该搭便车，所以他们会向公共账户捐款。老练的玩家虽然认识到他们应该搭便车，但也意识到如果他们从一开始就这么做，那么不老练的玩家就会看到他们在做什么，并且寻找到自己也搭便车的动机。因此，老练的玩家可能会决定在一开始时模仿不老练的玩家向公共资金池捐款，以便不去提醒那些不老练的玩家有搭便车的可能性。一旦不老练的玩家被诱导产生了一种安全感，认为群体中其他成员也会进行捐款，那么老练的玩家就会开始搭不老练玩家捐款的便车，这保证了老练的玩家获得更高的金钱回报（与他们从一开始就搭不老练玩家的便车相比），并诱导了不老练的玩家也开始搭便车。我们称之为策略性假说（strategies hypothesis）。

如何验证这些假说是否正确呢？这是问卷调查或现场数据根本无法给出解释的另一个例子。威斯康星大学的 James Andreoni 提出了一个非常巧妙的方法来验证这些假说。Andreoni 招募了 70 名参与者，5 人一组进行了 10 轮公共物品博弈游戏。在每一轮中，参与者都有 50 个代币，参与者可以在私人账户和公共账户之间分配他们的代币。存入私人账户中的代币每枚价值 1 美分。放入公共账户中的代币总数会乘以 2.5，并在 5 名参与者中平均分配。这意味着，任何参与者向公共账户捐献的 1 个代币都会为小组其他成员带来 0.5 美分的回报，无论他们是否向公共账户捐款。

Andreoni 观察了两种不同处理的效果。在陌生人处理组，随机将 40 名参与者（通过计算机）分配到 8 个小组中，每组 5 名参与者。这些参与者被告知他们将进行 10 轮该游戏，但每完成一轮后，小组的成员都会以不可预知的方式通过计算机随机再分组。虽然参与者知道他们将被重新分组，但他们在任何一轮中都不知道小组其他 4 名成员的身份。这种对参与者随机重新分组的方式严重限制了他们从策略性游戏中获得收益。在第二种伙伴处理组中，30 名参与者被分为 6 组，每组 5 人。他们和陌生人组玩完全相同的游戏，只是各组的组成在全部时间内都保持不变。

这两种处理旨在通过以下方法验证策略性假说：假设一名参与者最初向公共账户投

资了一定数量的代币，这名参与者在第 t 轮经历了一次顿悟，意识到理性的做法是在游戏中搭便车。如果该名参与者处于伙伴处理组，并且与同一组参与者反复互动，那么他／她可能会有继续合作并为公共账户捐款的动机，以避免提醒那些可能还没有弄清楚搭便车策略的玩家。但如果他处于陌生人处理组，那么他／她在每一轮中都会和不同的人进行互动，因此这一处理中的每一轮都类似于一次性互动。在这种情况下，采取策略性行为——比如模仿不老练参与者的行为，或发出关于自己要合作的信号——没有任何好处，因为你在将来不会再与他们互动。因此，一旦你意识到理性的行动方案是搭便车，在陌生人处理组中最好一开始就采取这种行为，因为在每一轮中你都在与不同的玩家群体互动。这意味着，与陌生人处理组相比，我们应该预期在伙伴处理组中看到更大的合作可能，以及对公共账户的更高捐款。

为了分离出学习假说，Andreoni 决定加入一次意外重启（surprise restart）。也就是说参与者完成 10 轮互动后，Andreoni 会告诉被试他们还有时间再玩几轮，这样他们就可以赚更多的钱，然后让他们再参加三轮游戏。这里的考虑是：如果捐款的减少主要是由于参与者逐渐找到了他们的理性策略（搭便车），那么一旦他们学会了搭便车，应该在重启后也会延续这样的方式。因此，重启不应该以任何方式改变搭便车的行为。即便在重启后，捐款也应该继续呈现相同的衰减模式。但如果不是这样的，那可能意味着单纯的学习并不能解释捐献衰减模式。

结果令人惊讶，上述研究结果并没有为策略性假说和学习假说提供佐证。首先，总体而言，相比于伙伴处理组，陌生人处理组的捐款更高。其次，在伙伴处理组中，搭便车的程度也更高。这两者都与策略性假说相矛盾。更令人惊讶的是，在游戏重启后，伙伴处埋组和陌生人处理组的捐款都大幅上升了，这与学习假说相矛盾。在图 11.4 中，我展示了最初 10 轮的捐款模式以及重启后的另外 3 轮的捐款模式。对于前 10 轮，捐款显示了我们在图 11.2 中看到的熟悉的衰减模式，但与策略性假说相反，陌生人处理组的捐款总是大于伙伴处理组的捐款。重新开始游戏后，捐款在第 11 轮增加了，这与学习假说相矛盾，而且这种增长在伙伴处理组中更加明显。

随后，来自美国及世界各国的许多研究者复制了 Andreoni 的实验。宾夕法尼亚大学的 Rachel Croson 和 James Andreoni 提供了这项研究工作的全面概述，并讨论了 9 篇采用这种"伙伴组／陌生人组"范式的论文。在这 9 项研究中，有 2 项是跨文化研究，研究的是不止一个国家的参与者的行为。其中一项是由 Jordi Brandts、Tatsuyoshi Saijo 和 Arthur Schram 所进行的研究，他们比较了来自日本、荷兰、西班牙和美国 4 个不同国家的参与者的行为。另一项研究由 Roberto Burlando 和 John Hey 完成，对英国与意大利参与者的行为进行了对比。因此，这 9 项研究分析了 13 组不同参与者的行为差异。结果好坏参半。在 13 组参与者中，有 5 组是伙伴组比陌生人组捐献更多；有 4 组是陌生人组捐献更多，而在其余 4 种情况下伙伴组和陌生人组捐献无差异。

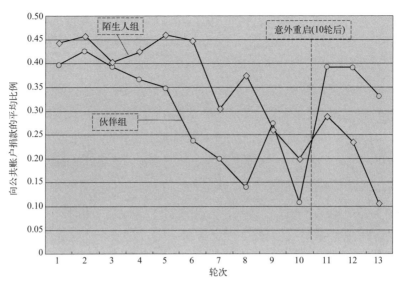

图 11.4　伙伴组与陌生人组以及意外重启条件下的公共物品博弈的捐献模式

根据 Andreoni（1988）的数据重新绘制

以上研究都有个共同点，他们都报告了意外重启效应，并且结果都显示该效应在伙伴组比在陌生人组更强。来自约克大学的 Richard Cookson（我在第 9 章中提到过他的研究，是关于信任博弈中的框架效应）发现，重启效应即使在游戏重启 4 次的情况下仍会出现。我将在本章后续部分进一步阐释重启效应及其背后的原因。

## >> 有条件合作与条件型合作者

因此，无论是策略性假说还是学习假说都无法为我们上述所提到的问题提供满意的解释。来自苏黎世大学的三位瑞士研究者 Urs Fischbacher、Simon Gächter 和 Ernst Fehr 设计了一项巧妙的实验，以检验游戏中捐献衰减现象的替代性解释。他们招募了 44 名参与者，然后将他们分成 11 组，每组 4 人。每名参与者只进行一次游戏，这产生了 44 个独立的观察结果。参与者参与的公共物品博弈与本章前面所描述的游戏非常相似。每名参与者都拥有可以分配到私人账户或公共账户的 20 枚代币。分配给公共账户的代币会乘以 1.6，并在小组成员中进行平均分配。主试向参与者提供了指导语和 10 个控制问题来练习，以便他们能够理解游戏的机制。

然后，要求参与者填写两份单独的表格：第一份是"无条件"捐赠的表格，参与者需要在不知道小组其他成员捐款的情况下决定给公共账户捐多少钱。随后，他们被要求指出，在小组其他成员捐献的平均值为 0（或 1，或 2，……，或 20）的情况（共 21 种情况）下，他们愿意捐献多少。小组中被随机挑选出的一名成员必须按照填写的有条件的捐赠表格来玩游戏，而其他三名成员则可以自由无条件地捐款。这将促使参与者认真对待有条件合作的问卷，因为每个人都意识到他们中的一些人必须遵守他们在这份表格上的回答。

Fishbacher 等发现：① 50%的参与者都是条件型合作者；这些参与者的捐款会随着组内平均捐款的增加而增加。如果这些参与者完全符合小组平均水平，那么他们的捐款曲线将与45°线重合。但事实并非如此，条件型合作者的捐款曲线几乎都略低于45°线，这表明条件型合作者之间存在一定的自利偏差。② 30%的参与者是搭便车者。③ 14%的参与者表现出驼峰式的捐献模式。该组参与者的捐献随着组平均捐献增加到10个代币而增加，但一旦组平均捐献超过10个代币，他们的捐献就会随着组平均的增加而下降 ❶。④ 6%的参与者的行为方式无法简单归类。考虑到大多数的参与者是条件型合作者，如果其他人捐献更多，他们也会愿意这样做，群体的平均捐献会随着对他人捐献的平均信念的增加而增加。也就是说，只要其他人捐献更多，整个群体的平均捐献也会更多。在图11.5中，我提供了他们研究结果的概况，只是我将条件型合作者分为两组：强条件型合作者（strong conditional co-operators），其捐献与小组成员的预期捐献呈强的正相关；弱条件型合作者（weak conditional co-operators），其捐献与小组成员的预期捐献显示出较弱的相关性。Fischbacheret 等将这两种类型归为一类，称为"条件型合作者" ❷。

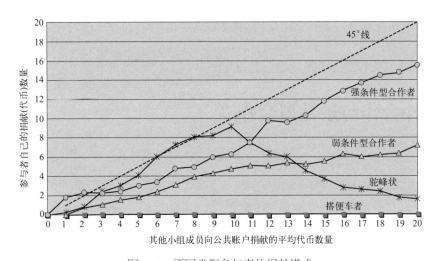

图 11.5　不同类型参与者的捐献模式

根据 Fischbacher 等（2001）的原始研究数据重新绘制

---

❶ 驼峰型捐献者出现在大多数探讨条件型合作现象的研究中，但他们总是少数。这种群体似乎是沿着以下路线来思考：如果小组的捐献低，他们就愿意参与进来帮助解决困难；但是，一旦捐献超过某一个临界点，当小组的捐款水平相对较高时，他们会觉得不再需要捐款，所以他们就会选择退出并宁愿保留自己的资金。

❷ 通过观察 Fischbacher 等（2001）的研究中个体参与者的数据，人们可以区分强条件型合作者和弱条件型合作者。两者的捐献曲线都是正斜率的，因为捐献额随群体成员的预期捐献增加而增加，但强条件型合作者的捐献曲线比弱条件型合作者的捐献曲线斜率更大。

为什么捐献会随着时间的推移而下降？Fischbacher 和他的同事们继续为这一问题提供了理论解释。他们认为，任何异质的参与者群体都由条件型合作者和搭便车者组成。那些条件型合作者对他们的同伴抱有积极乐观的信念，并且相信他们的同伴也会为公共账户捐款，所以他们首先也会为公共账户捐款。但是，随着时间的推移，他们开始意识到并不是群体中的每一个人都和他们一样，群体中的一些人是搭便车的。作为回应，随着时间的推移，条件型合作者也减少了他们的捐献，导致形成了捐献衰减模式。

还有一个原因可以解释捐献为什么会衰减。从图 11.5 中可以看出，即使所有参与者都是强条件型合作者，若他们预期其他参与者做更多捐献，他们就愿意做出更多捐献，但条件型合作者的捐款并不完全是一美元对一美元的匹配。如果条件型合作者与其他人的预期捐款是一美元对一美元，那么他们的捐献曲线应该和 45° 线重合，但事实上，即使是强条件型合作者的捐款曲线也略低于 45° 线。Fischbacher 等称之为有条件的合作，但这种合作带有自我服务偏差（self-serving bias）。

来自澳大利亚研究生管理学院的 Anna Gunnthorsdottir 以及来自乔治梅森大学的 Dniel Houser 和 Kevin McCabe 的一项研究进一步证实了这一观点——捐献的衰减主要是由于合作者的捐献减少。以下是 Gunnthorsdottir 和她的同事们所做的研究。他们在亚利桑那大学招募了 264 名参与者参加一项公共物品博弈游戏。每次游戏有 12 名参与者，他们分成 4 人一组，进行 10 轮互动。参与者被分配到两种处理中的一种。基线条件或控制条件下，参与者的分配是随机的。每一轮游戏结束后会重新组建小组，在控制组中，这种组合是随机进行的，这样每个参与者都有平等的机会与其他任何三个参与者组成一组。

然而，还有另外一种实验处理条件。这种条件下，在每一轮参与者都做出决定后，向公共账户捐款最多的 4 名参与者被分成一组；捐款排名第 5 至第 8 的捐献者被放在第二组，以此类推。参与者对小组的形成机制并不知情，但是他们可以通过观察向公共账户的捐款模式来推断这一点。

结果在意料之中，当更愿意合作的人被划分到同一个小组时，与随机组成的小组相比，他们会设法维持更高的捐献水平。在随机分组的处理中，我们会看到通常的衰减模式，然而当把想法一致的参与者组成一组作为一种处理类别进行观察时，会发现捐献的衰减要小得多。

然而，这项研究的创新部分——也是与我们的目的直接相关的部分——来自它对更具合作倾向的人和合作倾向更低的人的行为差异的分析。Gunnthorsdottir 和她的同事们从以下前提出发：一个人对公益事业的最初捐献是衡量他／她的合作意向的有用和可靠的标准。Gunnthorsdottir 和她的同事仅以第一轮捐款为准，将参与者分为两类：捐献 30% 或更少的人被称为"搭便车者"，其余的人被称为"合作者"。这样的分类只执行一次，并且在游戏期间不会更改。

Gunnthorsdottir 和她的同事们发现，在分类处理中，当合作者与其他合作者被分为一组时，他们始终设法保持了高捐献。此外，分类处理组中合作者的捐献总是会超过随机处理组被试的捐献。这在很大程度上是由他们所遭遇的不同性质的互动所导致。在分类处理中，合作者通过观察平均的群体捐献额，意识到他们是在与其他合作者互动的，他们共享合作的历史使他们更倾向于合作。然而，在控制组中，小组是随机组成的，而且合作者与搭便车者经常互动，在整个活动期间他们都没有共享合作的历史；这样，随着时间的推移，合作者减少了他们的捐献，有时这种减少速度相当快。

事实上，通过分别比较随机处理组中合作者和搭便车者的捐献情况（表现出我们所熟悉的捐献衰减模式），Gunnthorsdottir 和她的同事发现，这种处理中捐献的衰减主要源于合作者的捐献衰减。基于这些发现，我们在公共物品实验（通常的做法是随机分组）中观察到的常见的捐献衰减模式很可能主要源于合作者一方的信心丧失，他们一开始有很高的捐献额，但随着时间的推移，他们的幻想破灭，导致捐献随着时间的推移而减少。

随后，其他一些研究者也复制了这一发现，即当涉及这种社会困境时，大多数人既不是纯粹自利的搭便车者，也不是戴着玫瑰色眼镜的不可救药的乐观主义者。相反，他们都是精明的人，拥有或形成了对同伴将如何行为的信念，然后据此行事。如果他们认为同伴会合作，那么他们也会合作；如果同伴不合作，那么他们也不会合作。阿姆斯特丹大学的 Claudia Keser 和 Frans van Winden 也研究了这一现象，并根据参与者对上一轮平均小组捐献（average group contribution）的反应对他们进行了分类。与有条件合作的观点相一致，约 80% 的参与者在下一轮中通过改变自己的捐献来回应小组平均捐献的相关信息。在一轮中捐款高于平均水平的参与者在下一轮中会减少他们的捐款，捐款低于平均水平的参与者则会增加他们的捐款。(Keser 和 van Winden 可能是第一个正式使用"有条件合作"这一术语的实验经济学家。)

Ananish Chaudhuri 和 Tirnud Paichayontvijit 分析了 88 名参与者的行为，发现其中 62% 的人是条件型合作者，而只有 16% 的人是搭便车者，大约有 9% 的参与者表现出了我们所熟悉的驼峰型捐献模式。此外，他们还发现当把群体中存在其他条件型合作者这一信息告诉被试时，他们对公共账户的捐献会增加。但更重要的是，这种增加在条件型合作者身上表现得最明显。这反过来表明，培养更乐观的信念是让人们更愿意合作的有效方法，因为那些相信其同伴会合作的个体，自己也会更愿意合作。因此，你可能拥有一群条件型合作者，但他们不一定会合作，直到他们确信其他人也会合作。因此，为了促进合作行为的萌发，通常最关键的问题是说服这些人，让他们相信群体中有其他合作者的存在。

在继续下一节之前，我应该指出，在经济学家开始进行这方面研究之前，社会心理学家就一直在揭示有关他人行为的信念会影响社会困境下的行为这一现象，尽管心理学家可能实际上没有使用"有条件合作"这个术语，而且通常也不关注其经济含义。1970 年，加州大学洛杉矶分校的 Harold Kelley 和 Anthony Stahelski 对这一主题进行了最早的研究。Kelly 和 Stahelski 在囚徒困境博弈中研究了参与者的信念如何影响合作。在社会心理学领域有大量的文献，包括 Kelley 和 Stahelski 的研究以及随后的一些其他研究，常常采用囚徒困境博弈，广泛地研究了合作与自利的问题 ❶。

## 从众心理并非合作的主要驱力

有条件合作是一个全新的概念，它不仅提供了一种思考社会困境中的合作的新途径，而且，正如我们下面将看到的，也提供了关于我们如何在这种困境中加强人类之间的合作的思想。但是仍然存在一个问题，人们通常喜欢从众，因为不从众会带来心理上的痛苦。假设有人问你："如果小组中的其他人捐献了 18 个代币（90%），你会将你手中的 20 个代币捐献出多少呢？"你可能会很容易地回答说你将捐献出 90% 或接近 90%；不是因为你想这么做，而是因为你觉得你应该这么做，这样你就可以与群体中的其他人保持一致。

在第 3 章中，我们讨论了"启动"的概念，并简要介绍了 Solomon Asch 的研究。在研究中，研究者向参与者展示了三条线，并要求他们说出哪条线最短或最长。这本是一个很清楚、明确的选择，但参与者不知道，房间里的其他人都是实验者的同伙，他们都提供了相同的错误答案。问题在于：面对绝大多数人都相信他们的错误选择是正确的时候，参与者是会坚持明显正确的答案，还是会跟随"羊群"行为以避免不从众的心理代价呢？

总体而言，有关有条件合作的后续研究表明，从众或羊群心理（herd mentality）并不是有条件合作现象背后的主要驱动力。宾夕法尼亚大学的 Robert Kurzban 和乔治梅森大学的 Daniel Houser 通过让 84 名参与者参加一系列公共物品博弈，并通过进行数轮游戏来探索在类型上的异质性。在每个游戏中，参与者被随机分成 4 个小组。每名参与者有 50 个代币，所有参与者需要同时决定如何在私人账户或公共账户之间分配代币。每一个游戏都有若干轮，每轮的过程如下：首先，向每组中的一名玩家提供当前公共账户的总捐额，他 / 她可以改变这两个账户的资金（代币）分配。然后下一个玩家将获得同样的机会，以此类推。每个游戏一轮接一轮进行，每个参与者至少有一次机会改变他 / 她的想法，游戏会在参与者不知道的时间点结束。每个游戏参与者的收益取决于游戏

❶ 还有一个例子，1984 年，东安格利亚大学的 Bob Sugden 基于参与者的共同互惠，提出了一个自愿提供公共物品的理论。Sugden 的互惠理念本质上是有条件合作理念的先驱。Rachel Croson 在 2007 年发表的一篇论文中，为 Sudgen 的互惠概念提供了实验支持。（向 Simon Gächter 致敬，是他指出社会心理学对有条件合作的研究要早于经济学；感谢 Abhi Ramalingam，是他提醒我将有条件合作与 Sudgen 的研究联系起来。）

结束时私人账户和公共账户之间最终的代币分配。每个实验阶段至少包含了 7 个游戏，最初的捐献决定被同时做出，在接下来的多轮博弈中，参与者有机会改变他们的分配决定。

这种有关每名参与者希望为公共账户捐多少钱的信息，经过重复诱导激发，确保了两件事：一是通过让参与者多次思考自己的答案使他们对问题有更好的了解，避免了捐献是由于错误所导致而非有意为之的可能性；二是参与者可以匿名作出选择，并提供了多次改变主意的机会，这降低了从众发挥主要作用的可能性。毕竟，一个参与者可能会在第一次或前几次选择遵循群体中其他成员的做法。但很可能的是，若有参与者不想遵守了，那么在前几次尝试后，他／她会选择坚持自己真实的偏好。特别是当告诉参与者只要他们愿意或者看到了其他人也这样做时，他们就可以改变主意。至少，在匿名条件下，对反应的重复诱导应该会强烈减弱任何潜在的从众欲望。

Kurzban 和 Houser 采用了与上文讨论过的 Fischbacher 和 Fehrand Gächter 类似的程序。与 Fischbacher 和其同事们一样，Kurzban 和 Houser 也探讨了捐献是如何随群体平均捐献的变化而变化的。他们基于自己对参与者类型的推断，将参与者的捐献与参与者在自己捐献之前观察到的群体向公共账户捐献的平均值进行对比，绘制在一张图上。在该图中合作者的捐献远远高于 45° 线，条件型合作者的捐献在 45° 线附近，而无论其他参与者的捐献如何，搭便车者都捐献较少。采用这种方法，Kurzban 和 Houser 将 84 名参与者中的 53 名（63%）划分为条件型合作者，17 名（20%）被划分为搭便车者，11 名（13%）被划分为合作者，其余 3 名参与者不属于上述三类中的任何一类。作者发现，这些分类是稳定的，通过让参与者玩另外三个游戏，能够表明，那些被分类为搭便车者的参与者，平均捐献比他们的同伴更少，合作者捐献更多，而有条件的合作者与他们的群体平均捐献差不多。另外，由更多合作者组成的小组，平均产生更高的捐献。

## 对同伴的看法发挥关键作用

1993 年，加利福尼亚大学伯克利分校的 Matthew Rabin 撰写了一篇名为《将公平纳入博弈论和经济学》的论文。他在文中对公共物品博弈中的行为提供了一个不同的解释。他认为人们对待游戏的方式不同于游戏之前的想法。他进而认为，从本质上讲，人们将游戏看作需要参与者进行协调的行动，有多种可能的结果。在一个结果或一个群体中，参与者可能成功地产生一种内隐的、道德的规范，在这种规范的影响下，每个人都设法协调自己的行动，以便每个人都选择向公共账户进行高额捐献。从社会的角度来看，这当然是最理想的结果。但也有可能，有时参与者无法协调好他们的行动以达到这种社会期望的结果，最终选择低捐献。选择低捐献成为一种"坏的"均衡，在这种均衡中每个人都意识到，他们作为一个整体，没有成功达到社会期望的结果，但一旦他们都协调行动选择低捐献，就没有人愿意增加他们的捐献，除非每个人都同时增加他们的捐献。例如，正如我们之前在第 7 章中所讨论的最后通牒博弈，Lamalera 和 Ache 似乎已逐渐形成了一种作出慷慨报价的规范，而 Machiguenga 似乎也逐渐形成了一种经常会被响应者接受的低报价规范。

因此，Rabin 认为实际行为比初看起来要微妙得多，行为背后的动机也相当复杂。在囚徒困境一类的博弈中，合作与自利存在冲突。Rabin 认为，如果每个玩家都关心对方，并且假设另一名玩家也这样做，那么玩家也许会集体性地实现相互合作。在某种程度上，Rabin 的观点预见了有条件合作的思想，即他们的捐献在很大程度上取决于他们认为群体中的其他成员会如何捐献。那些有乐观信念的人，也就是相信他们的同伴会慷慨地向公共账户捐款的人，一开始也会捐很多钱。这些乐观主义者本质上试图协调他们的行动，以达到社会期待的高捐献结果。但那些认为其他人将很少捐献的人，会以同样的方式回应，并将每个人要么搭便车、要么接近搭便车的结果作为目标。因此，人们既不是纯粹的利他主义者，也不是纯粹的搭便车者（当然，也存在一些人是利他主义者，一些人总是搭便车）。更确切地讲，大多数人的行为取决于他们对群体成员的看法。

图 11.6 强调了 Rabin 的论点。我们知道，公共物品博弈本质上是囚徒困境博弈的一种多人版本，搭便车是导致纳什均衡的占优策略，而相互合作是社会最优策略，但不是均衡行动的一部分。Rabin 根据简版囚徒困境博弈提出他的理论。图 11.6 的上图显示了囚徒困境博弈的一般形式，搭便车是占优策略。但现在假设每个玩家都关心另一个玩家，如果他们都选择合作，就会得到额外心理收益 $\delta$。进一步假设，$\delta=2$。新的收益矩阵显示在图 11.6 的下图。这就将囚徒困境博弈变成了一个有两个均衡的猎鹿博弈，一个策略是双方都合作，每人得到 5 美元，另一个策略是双方都背叛（各自得到 2 美元），但重要的是，双方合作的均衡是收益占优均衡。这就意味着，在参与者双方都存在互惠动机的情况下，相互合作可以作为一种均衡出现，事实上可以作为一种收益占优的结果，使其成为一种相对更具吸引力的选择。因此 Rabin 提供了一个非常合理的解释，说明在公共物品博弈中，在相互信任和互惠动机存在的情况下，人们能够也应该期待看到合作行为的发生。

如果玩家对彼此未来行动的信念和互惠利他主义的程度，可以将多人囚徒困境博弈转变成一个以相互合作为主要收益结果的协调问题，那么这些信念在缓解搭便车行为方面就会发挥至关重要的作用。反过来，这对随时间推移而衰减的捐献模式又会产生另一个重要的启示。之前我们认为，衰减模式是由条件型合作者和搭便车者之间的相互作用而产生的。条件型合作者一开始期待他人会进行捐献，但随着时间的推移，他们意识到他人并不会这样做。

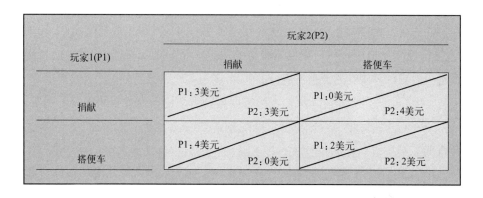

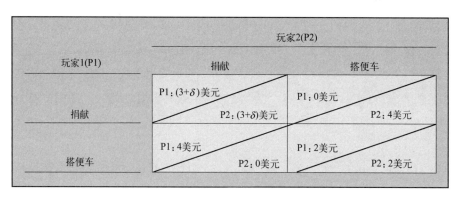

图 11.6　Rabin（1993）的一般囚徒困境博弈收益矩阵及其修正版

即便大多数参与者是条件型合作者（会有少数搭便车者），但他们对其同伴的信念不同，捐献的衰减仍然是可能的。考虑一个由三人组成的小组——两个条件型合作者和一个搭便车者。一个条件型合作者如果相信其同伴会为公共账户捐献很多钱（代币）（比如捐献 80% 或更多），那么他自己也会这样做。假设第一个捐献者将其初始金额的70% 捐献给公共账户。但另一个条件型合作者可能很容易对其同伴持有悲观的信念，一开始只向公共账户捐献了 20%。搭便车者对公共账户没有任何捐献。因此，这个组的平均捐献额是最大可能捐献额的 30%。这将诱导第一个乐观的条件型合作者向下修正他／她的信念，并在随后的几轮中减少他／她的捐献。当然，这也会诱导悲观的条件型合作者向上修正他／她的信念，并在未来的几轮中增加他／她的捐献。但情况似乎是这样的：乐观者捐献的减少（源于其信念幻灭和由此导致的不满），远远超过了悲观者捐献的增加，最终引发了捐献衰减模式 ❶。

Ananish Chaudhuri、Tirnud Paichayontvijit 和 Alexander Smith 的研究为这一假设提供了实验支持。他们进行了一个标准范式的线性公共物品博弈，参与者首先依据他们的先前已有信念（prior beliefs）被分为三类。为了使参与者有动机如实报告他们的信念，

---

❶　我将回避这些信念最初从何而来的问题。它们可能是先天或后天（教养和社会化）的产物。这一讨论超出了本书的范围。

信念诱发过程被加以强化。这三种类型分别为：乐观主义者，即那些预期他人会捐献70%或更多的人；现实主义者，他们预期别人会捐献 40%～60%；悲观主义者，他们预期别人会捐献30%或更少❶。包括 Umut Ones 和 Louis Putterman 在内的其他人进行的研究表明，随着时间的推移，这种初始信念可以具有跨时间的高度稳定性。因此，将玩家分成这样的类别，然后追踪这些类别的人的行为就会是一种有意义的操作。

Chaudhuri 和他的同事们考察了一系列不同的处理，每一种处理都以固定的 4 人为一组，进行 24 轮互动。在其中一种处理中，参与者玩了 24 轮游戏，直到游戏结束他们才知道其他人的捐献或自己的收益。他们的研究结果发现，在这种情况下，无论是总体上，还是在乐观主义者、现实主义者、悲观主义者个体所组成的小组中，不同处理条件下的捐献几乎都没有衰减的迹象。图 11.7 显示了按三个类别划分的结果。那些预期他们的同伴会向公共账户捐献 70%或更多的人，在所有 24 轮中平均捐献 70%或更多；那些期望他们的小组成员捐献在 40%～60%之间的人，他们自己在整个过程中的捐献也在 40%～60%之间；而那些预期其他人捐献低于 40%的人，在整个实验中的捐献也低于 40%❷。

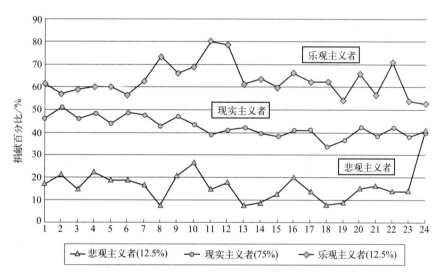

图 11.7　乐观主义者、现实主义者和悲观主义者在公共物品博弈中的捐献额情况

根据 Chaudhuri 等（2017）的数据重新绘制

这一结果似乎与 Rabin 的猜想一致，玩家的行为就像是在进行一个有三种不同均衡的猎鹿式协调博弈：一种是高捐献均衡，一种是中等捐献均衡，还有一种是低捐献均

---

❶　每个参与者在每一轮都被给予 10 个代币，捐献代币只能捐整数，所以捐 70%意味着会捐 7 个代币或更多。

❷　本图显示了悲观主义者明显的"终局效应"，他们在最后一轮的捐献显示出一个急剧上升的峰值。这种终局效应在公共物品实验中很常见，我将在下一章中进行更多讨论。值得注意的是，捐献情况是朝着"不合乎事实的方向"变化的。如果人们更有可能在最后一轮中搭便车，那么我们预计捐款将会大幅下降。但对于乐观主义者和现实主义者来说，并没有出现这样的下降，而对于悲观主义者来说，实际上还有上升，这与纳什均衡预测相反。

衡。每组都受到其对同伴的最初信念的影响，在不知道其他人捐献信息的情况下，每个小组坚持捐献与其信念相称的数额。这也进一步证明了 Fischbacher、Fehr 和 Gächter 的观点，即随着时间的推移，条件型合作者会减少他们的捐献，因为他们开始意识到群体中的其他人要么捐献更少，要么完全在搭便车。

但 Chaudhuri 等人也有新的发现。在其他处理中，参与者确实可以看到其他人在做什么，他们的结果复制了通常的捐献衰减模式，但有一个不同。如上所述，这三个小组本质上都试图努力协调到一个他们认为其他人也会与之匹配的捐献水平。随着时间的推移，现实主义者的捐献相对稳定，降幅较小，因为总的来说，他们接近于群体平均水平，不需要进行大的调整。变化主要来自乐观主义者和悲观主义者。随着时间的推移，乐观主义者捐献下降而悲观主义者捐献上升。但是，为什么捐献会衰减呢？这是因为随着时间的推移，乐观主义者捐献的减少远远超过了悲观主义者捐献的增加。

这一结果符合人们的直觉，但苏黎世大学的 Ernst Fehr 和慕尼黑大学的 Klaus Schmidt 对乐观主义者和悲观主义者的这种行为差异做出了更好的解释。Fehr 和 Schmidt 认为，人们主要关心两件事：当然，他们关心自己的收益；然而更为重要的是，他们还关心与小组中其他人相比，自己的表现如何，也就是说，他们还关心是否公平。考虑到我们在前一章中对最后通牒博弈结果的讨论，这并不奇怪。但人们实际上关心两种不平等：①有利的不平等，指某人比其他人平均收入更多，生活更好；②不利的不平等，即某人平均得到的比其他人少，情况更糟。有利的不平等（我们比别人过得更好）会导致"内疚感"，而不利的不平等（我们比别人过得更差）会导致"嫉妒"。Fehr 和 Schmidt 认为，嫉妒是比内疚更强大的动机。可这与乐观主义者和悲观主义者的故事又有什么关系呢？

总体而言，乐观主义者的捐献要高于平均水平。这意味着，通常而言，他们会被利用，其最终收益会低于平均水平。所以，乐观主义者会嫉妒。另一方面，悲观主义者的捐献会低于平均水平，并从他人的捐献中获益。通常而言，他们会比其他人有更多获益。所以，悲观主义者会感到内疚。这两种情绪都会导致在捐献方向上的调整：乐观主义者是向下调整，悲观主义者是向上调整。但嫉妒是比内疚更强大的动机。因此，乐观主义者向下调整的幅度远远大于悲观主义者向上调整的幅度，最终的结果就是捐献曲线图所显示出的稳步下降 ❶。

---

❶ 在一项后续研究中，Chaudhuri 按照同样的方式将参与者分为乐观主义者、现实主义者和悲观主义者。Chaudhuri 沿着 Richard Cookson 的思路，重新审视了多次意外重启的问题，在 Cookson 看来，即使有多达 4 次重启，捐献额也会大幅上升。除此之外，Chaudhuri 想知道是谁导致了这种增长：是乐观主义者、现实主义者还是悲观主义者。Chaudhuri 实施了 3 次重启，并在每种情况下都发现了捐献额大幅提升。虽然并非所有的差异都是显著的，但最明显的大幅提升来自乐观主义者，主要原因是在每次重启后，乐观主义者都会产生新的乐观情绪，他们相信重启后群体成员将会进行更多捐献。与之前的研究结果相呼应，重新产生的乐观情绪和重启效应在伙伴配对中最为明显，在这种配对中，随着时间的推移，群体构成是固定的，而在陌生人配对中，参与者从一轮到下一轮是随机重新配对的。

# 结语

显而易见，本章主要向读者介绍和讨论的思想及其应用，是关于为了共同利益而合作和为了个人利益而搭便车之间存在的紧张关系的。它们的范围从向慈善机构自愿捐款，到提供地方及国家公共物品，到控制环境污染，再到保护公共土地、控制过度放牧及过度捕捞。大多数读者都能想到一个或多个与此相关且亲身经历过的社会困境案例，在这些案例中，他们要么通过成功培育合作解决了困难，要么由于一个或多个群体成员的搭便车行为而宣告失败。我们都是一个共同体的一部分：群体、部落、宗族、国家、人类……。John Donne 在 1623 年写道："包括我们自己在内的所有人，没有人是一座孤岛，每个人都是一片陆地，都是陆地的一部分；如果一块土地被海水冲走了，陆地就少了一块，就像一个海角被海水冲走了一样，就像你的朋友或你自己的庄园被海水冲走了一样；任何人的死亡对我而言都是损失，因为我与人类息息相关，因此我从不去打听丧钟为谁而鸣；它为你而鸣。"

2003 年秋，新西兰面临严重的电力短缺问题。这个国家主要依靠水力发电，一个异常干燥的夏天导致水库枯竭。面对这场危机，政府公开呼吁家庭和企业尽可能减少电力消耗。现在，从一个经济学家的角度来看，这样的呼吁是注定要失败的。因为不是每个人都必须减少消耗；只要一些人这样做，电力危机就可以避免。因此，如果我的邻居减少了他/她的消耗，我就不必这样做，我可以搭他/她节约的便车。因此，只要其他人减少的消耗足够多，每个人就都会有搭便车的动机，而不减少自己的消耗。但如果每个人都按照这种思路思考，那么就没有人会节约电力，将肯定会出现电力短缺。令我惊讶的是，这场危机被避免了。人们自愿减少消耗。奥克兰的餐馆关掉了灯，开始用烛光提供晚餐照明。一些餐厅报告说，这使晚餐变得更加亲密和浪漫，似乎增添了用餐者的乐趣。当我在 2020 年年中写这本书时，由于夏季漫长而少雨，我们正面临另一次干旱。奥克兰市要求市民自愿减少用水量。尽管结果尚未公布，但根据过去的经验和本章所提供的研究结果，我希望我们将能够实现必要的削减用水的目标。

这一领域的研究问题和发现影响深远，远远超出了经济学范畴，并直指进化问题的核心。合作或利他行为是一个进化谜题。在进化的背景下，一个生物有机体或人类个体如果进行了利他行为，其繁殖成功的机会就会大大降低，就会替那些进行自利行为的人付出代价。如果你放弃你的食物份额，或随时分享你的猎物，甚至为他人（你的宗族/部落/族群/国家的成员）甘冒生命危险，那么你可能会让自己变得更糟，而另一个以自利的方式利用了你的利他行为的人，却以你的利益损失为代价获得了利益。也有许多合作的例子，不仅存在于人类之间，也存在于其他生命形式之间，其中一些生命体使用了有利于其他生物成功繁殖的策略，甚至会以牺牲自己的生存和/或繁殖为代价。

以下是一些例子：①昆虫群落，不育的雌性充当工人角色，帮助它们的母亲生产更多的后代；②松鼠或鸟类发出警报声，尽管警报声可能会提醒同类群体成员捕食者的存在，但也会使自己成为注意的焦点从而增加被捕食的风险。这里的谜题是：如果一些个体在遗传基因上倾向于为了他人的利益而采取利他行为，那么这种行为就会降低利他者自身的生殖适合度，而像这样一种"利他"的基因，如果它是存在的，它肯定会随着时间的推移而消亡。因此，通过自然选择的过程，增加个体适合度的基因，其在种群中的生存频率应随着时间的推移而增加；相反，降低其携带者个体适合度的基因则应该会被淘汰。合作问题是一个受到包括经济学家在内的各类社会科学家极大关注的问题，也是一个充满争议的问题。解释生物间合作的两个最流行且被广泛接受的理论是：① William Hamilton 在 1964 年提出的亲缘选择理论；② Robert Trivers 在 1971 年提出的互惠利他主义理论。

William Hamilton 在《理论生物学杂志》（*Journal of Theoretical Biology*）上撰文，为合作行为的持久性提供了一种解释。Hamilton 认为，一种导致提高亲属适合度行为的基因，会降低表现出这种行为的个体的适应性。尽管如此，这个人的基因仍可能在种群中增殖，因为亲属通常也携带着相同的基因。这个理论就是大家所熟知的亲缘选择（kin selection）理论，尽管这个概念本身是由 John Maynard Smith 首先提出的。据说著名生物学家 J. B. S. Haldane 曾说过："我愿意为两个兄弟或八个表兄弟牺牲我的生命。"Haldane 的话暗示了这样一个事实，如果一个人为了拯救两个亲兄弟或八个表兄弟而牺牲自己的生命，从进化的角度来说，这是一个"公平的交易"，因为亲兄弟共享 50% 的基因，而表兄弟共享 12.5% 的基因。

Robert Trivers 提出的互惠利他理论认为，一个生命有机体慷慨地为另一有机体提供利益而不期望任何立即的回报，这样的利他行为可能是有条件的，即这种最初的利他行为必须在未来某个时候得到最初受益人的回报。如果受益人不给予回报将导致原施惠人在未来不再从事这种利他行为。为了使利他者不被非互惠者利用，只有具备"骗子"能够被识别和惩罚的机制时，我们才会期望互惠利他主义存在。吸血蝙蝠之间的血液共享，就是互惠利他主义的典型例子。那些设法获得足够血液的蝙蝠会反刍血液喂给那些没有采集到足够血液的蝙蝠，因为它们知道，有一天它们自己也可能从类似的赠送中受益；骗子会被种群所铭记，并被驱逐出种群的合作。

然而，我在本章前面部分提出的证据表明，在各种经济交易中，人类通常与基因无关的陌生人合作，通常是在大群体中，与他们永远不会再见面的人合作，这时的声誉收益很小甚至没有收益。但人们不仅常常会为慈善事业捐款，他们还会献血和捐献器官，而且通常是给完全陌生的人。因此，诸如亲缘选择理论或互惠利他主义等社会生物学理论，可能无法解释人类合作的广泛模式。

苏黎世大学的 Ernst Fehr 和他的许多合作者，包括 Simon Gachter、Urs Fischbacher、Armin Falk、Klaus Schmidt、Herbert Gintis、Samuel Bowles 和 Robert Boyd，他们进行了大量的研究工作，提出了一种他们称之为"强互惠"（strong reciprocity）的替代性合作理论。强互惠被定义为一种倾向，即建立良好的合作规范，并（在必要时，付出个人代价）惩罚那些违反合作规范的人，即使这些代价在未来难以得到补偿。他们认为，强互惠者是条件型合作者（只要他们相信其他人会表现出利他行为，他们就也会这样做）和利他型惩罚者（altruistic punishers）（他们会制裁那些违反内隐社会规范的人，即使他们自己也会为此付出个人代价）。在下一章中，我们将会更多谈及有关这种利他型惩罚者的内容。

此外，一个由大多数合作者组成的群体，通常会优于主要由搭便车者组成的群体，且只要合作者进行选择性匹配（即选择与他们自己一样的合作者类型匹配），合作基因就可以在群体中增殖。虽然这种群体选择主义的论点在生物学上一直存在争议，但鉴于人类有能力创造出推动文化进步的合作规范，相比于其他灵长类动物，群体选择理论在人类中更合理。

强互惠的研究思路，为合作和良性规范的形成提供了新的理解。因此，相比于标准经济学，这一研究路线表明，有社会联结的共同体也许能够实现更多的合作。这也表明，在许多情况下，共同体也许能够基于他们自己的资源为当地提供公共物品，而不是等待政府的干预。补充一点，我不是那种认为政府是恶人的新自由主义者。我坚信福利国家的优点，坚信政府在提供社会安全网络方面的作用。

然而，我们也需要认识到政府促进社会福利能力的局限性。为共同利益采取集体行动并不像我们（经济学家）通常认为的那样是一个不可克服的问题，共同体可以采用创新的方法——基于网络、沟通、惩罚或社会排斥——以产生他们自己的合作规范。成功的合作至关重要的一点，是建立对同伴行为的乐观信念。更重要的是，只要有足够多的人参与合作，其他人大多也都愿意合作；只需要意识到还有其他人和他们一样，这似乎是产生必要的乐观信念的关键，这种乐观信念可以导致成功的集体行动。

# 12

## 胡萝卜还是大棒
### ——维持良性社会规范

在本章，我们将：

- 扩展上一章的讨论，进而探索在社会困境中维持合作的方法；
- 讨论如何通过使用利他性惩罚来维持合作，在利他性惩罚中参与者会惩罚搭便车的其他人，即便这种惩罚方式成本很高且不具有长远利益；
- 探索影响利他性惩罚效力的因素，包括实施惩罚的潜在成本和收益，以及其作用持续的时间范围；
- 检验促进长期合作的其他非惩罚性机制，例如根据参与者的合作倾向以及其他各种道德规劝措施来将其分类成不同的人群。

在第 11 章中，我探讨了在各种各样的社会困境中，人们表现为"有条件合作"——这些条件型合作者会根据自己对同伴的信念来决定是否合作。而在这一章中，我将展示这些条件型合作者们如何通过使用高成本的惩罚措施或者其他机制（如沟通、表达反对、分类匹配和给予建议）从而保持合作。密歇根大学著名政治学家 Robert Axelrod 认为，良性的社会规范可以通过威慑和内化来维持。前者依赖于惩罚那些偏离正确行动路线的人，后者则意味着某种规范在社会中变得根深蒂固，以至于违反它会导致人们心理上的不适。这也正是我接下来要谈的内容。

## ⟫ 通过金钱惩罚约束搭便车者

在 20 世纪 90 年代和 21 世纪初，苏黎世大学的 Ernst Fehr 和 Simon Gächter 一直在思考和研究在社会困境中保持合作的问题。他们已经发现，大多数人都是条件型合作者，他们的行为是与他们对同伴的信念相一致的，并且往往可以成功地保持合作。他们现在有了另一个惊人的发现。他们发现条件型合作者也是"利他性惩罚者"，也就是说，条件型合作者愿意惩罚那些违反内隐社会规范的人，即使这会让施罚者付出巨大的金钱成本。

Fehr 和 Gächter 招募参与者来参与公共物品博弈。所有参与者被分为"伙伴"组和"陌生人"组两种处理。整场博弈需要 4 人一组进行 20 轮，"伙伴"组的组成在整个 20 轮中是固定不变的；而"陌生人"组的参与者在每一轮结束后都会被随机重新配对，这也与 Andreoni 的研究范式完全相同。"伙伴"组和"陌生人"组中的参与者都需要进行 20 轮博弈——前 10 轮没有任何惩罚，而后 10 轮设置有惩罚。在每一轮中，参与者有 20 枚代币，可以自由选择在私人账户和公共账户之间进行分配。分配给公共账户的总代币数会先乘以 1.6，然后再重新平均分配给 4 位成员。这样每一名参与者在某一轮中的收入就是分配给私人账户的代币加上公共账户的回报的总和。实验结束后，代币会被兑换成现金。在前 10 轮中，参与者在每一轮中仅需要决定如何在两个账户之间分配这 20 枚代币。

而在后 10 轮中，每轮都有两个阶段。在第一阶段，参与者按照与之前完全相同的规则进行公共物品博弈：决定如何在私人账户和公共账户之间分配代币。而在第二阶段，参与者可以看到其他小组成员的分配结果（但不知道他们的身份），然后可以选择惩罚他们。参与者每轮最多可以分配 10 个惩罚点，每个惩罚点会减少被惩罚的小组成员一定数量的回报。为了简化规则，我们假设施罚者每放弃 1 美元，受罚者的收益就会减少 3 美元❶。因此，施加惩罚本身就具有很高的成本，惩罚点的成本会从施罚者的收益中扣除，但会导致受罚者的收益更大幅地减少。

按照 Andreoni 的思路，Fehr 和 Gächter 推测"陌生人"组中的参与者不会参与惩罚，因为在每轮结束后他们都会被随机重新配对，通过惩罚这些搭便车的人来打造个人"违规必究"的形象，并将这一信息传达给他人，所能带来的价值是非常小的，尤其是考虑到这种惩罚会给施罚者本身带来收益的损失。因此，这个博弈的纳什均衡是任何人都不会对别人施加惩罚，而且当所有人都预料到这一点时，每个人都会选择搭便车。然而，在"伙伴"组中，通过惩罚搭便车者来打造个人"违规必究"形象的价值会更大。受到惩罚的参与者可能认为群体中有施罚者，因此不会倾向于产生搭便车行为。因此，在固定搭配的小组中，允许施加惩罚对公共利益可能会带来更多的贡献。

然而 Fehr 和 Gächter 在这两种条件下都观察到了大量的惩罚。允许施加惩罚在两种条件中都显著提高了参与者对公共利益的贡献，但是在"伙伴"组中的提高比在"陌生人"组中更显著。事实上，在"伙伴"组处理的最后几轮博弈中，参与者的捐献率甚至接近 100% 的社会最优（即全部捐献）。图 12.1 展示了有惩罚和无惩罚这两种处理条件下平均捐献额的总体情况。整体来看，在没有惩罚的条件下，参与者对公共利益的平均捐献率是 19%；而一旦允许惩罚，其平均捐献率达到了 58%。

大家还记得，在典型的公共物品博弈实验中，参与者的捐献呈现出一种我们所熟知的随时间衰减的模式。然而，一旦参与者被允许互相施加惩罚，无论是在"伙伴"组还是"陌生人"组中，捐献都表现出增长的趋势。在无惩罚条件下，最后一轮的平均捐献率为 10%，明显低于所有轮次的平均值 19%。但在有惩罚条件下，最后一轮的平均捐献率为 62%，高于所有轮次的平均值 58%。Fehr 和 Gächter 还发现，惩罚主要是针对那些在每一轮中捐献额都低于小组平均捐献水平的参与者，他们的捐献额越低于平均水

---

❶ 这对于早期的研究来说并不太准确，但大量后续论文倾向于采用这种惩罚结构：施罚者每放弃 1 美元，受罚者获得的收益就会减少 3 美元。我假设，这并没有太偏离 Fehr 和 Gächter 早期的研究。

平，受到的惩罚就越严重。❶,❷

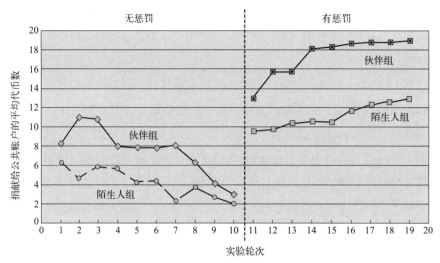

图 12.1 "伙伴"组和"陌生人"组在有惩罚和无惩罚条件下的平均捐献情况

根据 Fehr 和 Gächter（2000）的数据重新制作

　　虽然 Fehr 和 Gächter 的文章表明，高成本的惩罚相比于无惩罚确实可以提高参与者的捐献水平，但在这些研究中，参与者无权选择是否进行惩罚。三位德国研究人员 Ozgur Gurerk、Bernd Irlenbusch 和 Bettina Rockenbach 分析了一个公共物品博弈实验中的捐献行为，在该实验中，参与者可以选择一个允许惩罚的规则环境（即允许参与者惩罚其群体成员的环境）或一个禁止惩罚的规则环境来进行博弈。

　　这个实验的每一轮都包括多个阶段。在第一阶段，参与者可以选择进入允许惩罚规则组或禁止惩罚规则组。在第二阶段，参与者参与一项线性公共物品博弈。对于选择禁止惩罚规则的参与者，博弈就到本轮结束。而选择允许惩罚规则的参与者则继续进入第三阶段，他们可以向其他成员分配积极或消极的惩罚点。积极惩罚点（实际上是一种奖励）会奖励给接收者 1 枚代币，同时消耗施罚者 1 枚代币；消极惩罚点会让受罚者

---

❶　在随后的一项研究中，Fehr 和 Gächter 除了在所有实验阶段都随机重新配对外，还将他们的探索扩展到了被试内设计。在一种处理中，参与者玩了 6 轮没有惩罚选项的博弈游戏，然后又进行了 6 轮有惩罚选项的游戏。这一顺序在第二种处理中正好相反。在这项研究中，每 1 个惩罚币都会使受罚的参与者的收益减少 3 个代币。由于参与者在每一轮游戏开始时都被随机重新配对，所以互惠理论或昂贵信号假说不能解释这种环境下的合作和惩罚。作者认为，这种情况下的惩罚是真正的"利他主义"，即这种惩罚对施罚者来说代价高昂，但对当前的小组成员来说不会带来任何直接的好处，因为小组在每一轮结束时都是随机重组。结果显示，84% 的参与者至少实施过一次惩罚。惩罚似乎是由负面情绪引发的，因为 74% 的惩罚是由那些捐献高于小组平均水平的参与者对那些捐献低于小组平均水平的参与者施加的。

❷　关于实施惩罚机制的研究可分为两类。他们要么采用"被试内"设计，即同一参与者参加两种处理：有惩罚选项的实验处理和没有惩罚选项的对照处理。另一些人则采用了"被试间"处理，其中一些参与者接受有惩罚的处理，而另一些参与者则接受没有惩罚的对照处理。在接下来的内容中，每次我说这是一种"被试间"处理时，都意味着除了实验处理之外，还有一组参与者总是接受没有惩罚机会的对照处理。

失去 3 枚代币,同时也消耗施罚者 1 枚代币。参与者在每一轮结束时都会收到本轮的收益反馈。该实验包括 30 轮,在每轮结束后参与者都会被重新随机配对。这是一项被试间设计,在每一轮中,一旦参与者选择在某一种惩罚规则下进行博弈,他们将不会知道其他规则下的博弈结果。

在第一轮博弈中,大多数(63%)参与者选择禁止惩罚的规则(sanction free institution,SFI)环境而非允许惩罚的规则(sanctioning institution,SI)环境。然而,选择允许惩罚规则的参与者对公共物品的捐献率平均为 64%,远远高于选择禁止惩罚规则的参与者的 37%。随着时间的推移,允许惩罚的规则占据了主导地位。最终,接近 100% 的参与者都选择了在允许惩罚的规则下进行游戏。在共计 30 轮博弈的第 10 轮,选择允许惩罚规则的参与者的捐献率增加到 90%,并在之后的轮次里继续上升。相比之下,选择禁止惩罚规则的参与者的捐献率减少到了 0。从所有轮次的平均值来看,选择允许惩罚规则的参与者的捐献率为 91%,明显高于选择禁止惩罚规则参与者的 14%。

此外,随着时间的推移,不仅越来越多的参与者从禁止惩罚规则中转换到允许惩罚规则中进行游戏,并且都参与了高水平的合作,并很快适应了新规则对低捐献者的惩罚。但随着时间的推移,搭便车行为的发生次数下降到零、惩罚的需求逐渐变小,此时不惩罚搭便车者的高捐献者和惩罚搭便车者的高捐献者之间的回报差异也在变小,这表明施加在强互惠者身上的"选择压力"正随着时间的推移变得越来越弱。图 12.2

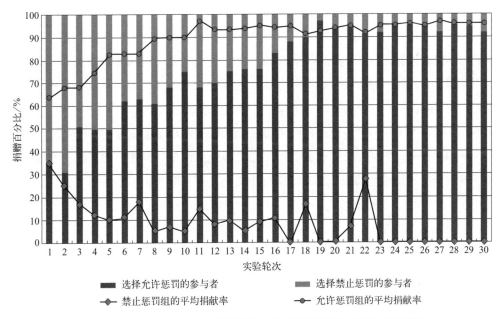

图 12.2　参与者选择允许惩罚规则和禁止惩罚规则情况以及捐献情况

根据 Gürerk 等人(2006)的数据重制

显示了 30 轮互动中参与者对规则选择和捐献额的演变。整个实验中这两种规则条件下的平均捐献以捐献额占公共账户获捐总额的百分比来衡量。

## 惩罚措施有效的关键：成本效益

Nikos Nikiforakis（当时就职于墨尔本大学）和 Hans-Theo Normann（来自杜塞尔多夫大学）发现关于利他性惩罚的结果虽然可信，但仍有一个问题尚未解决。很明显，使用严厉的惩罚手段可以促成更高的捐献。但是归根结底，我们主要关心的并不是对公共账户的捐献，而是公共账户带给个体的回报。换句话说，假设我们都向公共账户捐献了所有的代币，但同时也花了很多代币来惩罚彼此，以确保每个人都捐献。在这种情况下，公共账户的回报可能很高，但我们也浪费了大量资源来惩罚彼此。因此，相比于关注捐献，我们更需要关注效率。假设没有惩罚，每个人都把他们的所有资金捐献给公共账户，这样公共账户就包含了最大可能的金额，并在群体成员中重新分配。这是社会最优的结果，也可以称之为最高效的结果。所以，如果每个人都有 5 美元，并把所有的钱都捐献出来，那么公共账户中就有 20 美元，并在翻倍后变成 40 美元。当重新分配时，每个人都会得到 10 美元。在这种情况下，社会实现了最高效的结果——100% 的投资回报。但是假设，为了达到这个结果，玩家最终花了 4 美元施加惩罚或被惩罚，那么每个玩家便只剩下 6 美元——只有 20% 的投资回报。

因此，根据 Nikiforakis 和 Normann 的观点，真正的问题在于：当我们减去惩罚背后的成本时，回报还会那么高吗？要计算效率，我们需要关注四样东西：分配给私人账户的钱、公共账户的回报（如果有的话）、惩罚他人的成本、被其他人惩罚所产生的损失。为了获得更高的社会福利，个体在排除这些成本之后还应该有更好的收益结果。此外，理想状态下我们希望看到允许惩罚规则下的效率比禁止惩罚规则下的效率要高。例如，如果没有惩罚机制，那么人们可能会更多地搭便车。但如果相互惩罚的成本过高，以至于在高捐献的情况下净效率实际上更低，那么即使捐献水平再高，我们实际上并没有真正对现状做出改善。

Nikiforakis 和 Normann 认为，高成本的惩罚能够维持对公共利益的高捐献的关键在于惩罚的有效性，即每个惩罚点是否能有效减少被惩罚者的回报。他们设置了 4 种不同的实验处理，每 1 个惩罚点都要花费施罚者 1 枚代币（experimental currency unit，ECU）。但是在处理 1 中，每 1 个惩罚点都将使受罚者的收入减少 1 枚代币，在处理 2 中减少 2 枚代币，在处理 3 中减少 3 枚代币，在处理 4 中减少 4 枚代币。除此之外，还有一个禁止惩罚的控制组。参与者被分成四人一组，按照"伙伴"组的规则进行 10 轮游戏。为了防止形成个人声誉，在每个给定的固定组别中，参与者的编号每一轮都会随机变化。

作者发现，惩罚的有效性与平均捐献率之间存在单调关系（monotonic relation）：平均捐献率提高，有效性也会提高。平均捐献率的变化从控制组的 9% 到处理 1 的 33%、处理 2 的 57%、处理 3 的 87% 和处理 4 的 90%。然而，正如最初 Fehr 和 Gächter（2000）的研究结论一样，惩罚的有效性很重要，因为只有在两个"高"惩罚处理中，每个惩罚点让受罚者的收入减少 3 枚或 4 枚代币，捐献率才会随着时间的推移而增加。而在其他不太有效的惩罚处理中，捐献率都符合更广为人知的衰减模式。

更进一步来说，在惩罚基础上维持的高捐献率并不一定会转化为高效率。与对照处理相比，仅在处理 4（对受罚者施加最大的惩罚）时的平均收益持续较高。因此，似乎单是允许惩罚本身并不总是足以提高合作。为了使惩罚真正发挥作用，它为受罚者带来的损失必须远远高于施罚者付出的成本。图 12.3 总结了惩罚有效性对效率的作用。只有当惩罚的有效性最大（如标签为"处理 1∶4"的带圆圈的线所示）时，与对照组相比，惩罚才会使效率显著提高。

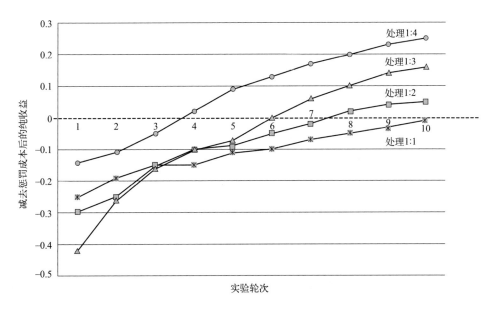

图 12.3　惩罚有效性对效率的作用

根据 Nikiforakis 和 Normann（2008）的数据重制

在第 11 章中，我们探讨了当群体变大时，合作会发生什么变化。当时我们看到，规模大的群体并不比规模小的群体更少合作，甚至更可能合作。我还提出一个至关重要的因素是监督的程度：每个玩家能看到其他玩家所有的决定，还是只能看到他们之中部分人的决定；也就是说，对玩家的监督是全面的还是只是部分的。明德学院（Middlebury College）的 Jeffrey Carpenter 决定探寻随着群体规模的扩大，对搭便车者的监督和惩罚行为会发生什么变化，从而将这个问题扩展到有关惩罚有效性的问题上。一方面，随着群体的壮大，每个人对其他人的监督将变得更加困难。结果就是，随着惩罚行为的威慑力减弱，搭便车现象可能会变得更加普遍。但另一方面，在较大的群体中，有更多的人监督着每个搭便车的人，因此与较小的群体相比，搭便车的人实际上更可能受到惩罚。

Carpenter 的研究既关注了群体规模的影响，也考虑到了监督比例（monitoring fraction）。监督比例指的是每个代理（监督者）可以监督的群体占比。共有两种规模的群体：5 人和 10 人；边际单位资本回报（MPCR）值分别是 0.375 和 0.75。以及有 4 种可能的监督类型：无监督、全监督、半监督和单一监督。在无监督处理中，监督者可以看到其他人做了什么，但不能惩罚他们；在完全监督中，只要监督者有资源，就可以惩罚任何其他成员；在半监督中，监督者可以惩罚群体中距离他们最近的那一半群体；最后，在单一监督中，他们只能惩罚群体中的一位小组成员。

该研究中，惩罚规则与 Fehr 和 Gächter 使用的规则相同。对于 MPCR 的任何一个值，5 人小组在全监督或半监督下的捐献率从大约 55% 开始，并在整个博弈期间保持稳定。对于 10 人小组而言，无论是全监督还是半监督，起初的捐献率相同，但随后显示出明显增加的趋势，并在最后三轮博弈中达到几乎 100% 的捐献率。在 5 人组和 10 人组中，特别是 MPCR 为 0.75 时，捐献率因监督类型的不同而存在明显的差异。一方面，捐献率在全监督或半监督中都是一条递增的曲线；另一方面，在无监督或单一监督中的捐献率则符合一般捐献衰减模式。

## "反向"惩罚可能让事情变得更糟

上述讨论表明，对搭便车者进行高成本的经济惩罚，可以维持对公共利益的高水平捐献，但效率方面的影响却有些模糊不清。惩罚可以导致更高的效率，但是，为了做到这一点，惩罚必须具有成本效益，即必须能以相对较低的成本施加重罚。就我们的实验安排而言，这意味着惩罚的成本收益比必须至少为 1∶3，也就是说，惩罚成本中放弃的每 1 美元必须使受罚者的收益减少 3 美元或更多，才能使惩罚有效。如果成本收益率很低，比如说 1∶2 或更低（即 1 美元的惩罚成本使受罚者的收益减少 2 美元或更少），那么效率实际上比没有任何惩罚的条件下还要低。

Nikos Nikiforakis 对惩罚和报复这样的问题非常感兴趣，他还对惩罚的有益效果提出了另一个忠告。他指出，如果允许被惩罚的搭便车者进行"反惩罚"（counter-punishment），那么合作者就会变得不太愿意施加惩罚。他发现惩罚在本质上常常是"反常的"或"反社会的"，因为那些搭便车的人往往会惩罚那些选择合作的人。我将很快解释这种反向惩罚背后的思想。在接下来的内容中，我将使用"反社会"惩罚来表示对高捐献者的惩罚，而"亲社会"惩罚则指的是更常见的由合作者实施的对搭便车者的惩罚。

Nikiforakis 着眼于两种不同的惩罚机制。惩罚处理类似于上面讨论过的 1∶3 处理的规则；而另一个处理是这项研究的优先关注点，主试在每一轮的第二个惩罚阶段之后增加了第三个反惩罚阶段。在这个第三阶段一开始，每个参与者都会被告知其他团队成员分配给他的惩罚点数，并有机会依次分配反惩罚点数给那些成员。这些成本也会累计在一起。在第三阶段处理中，一名参与者在一轮中的最终收益，是他在第一阶段的公共物品博弈中的收入，减去由其他人分配给他的惩罚点数以及他在惩罚和反惩罚两个阶段分配给其他人惩罚点数所导致的损失。

这项研究的一个重要特点是，只有那些在第二阶段受到惩罚的参与者才被允许参与反惩罚，且只能惩罚那些先惩罚了他们的人；此外，参与者账户中必须有余额，才有资格进行任何反惩罚，且必须在惩罚之后立即执行。这是一项被试内设计，有固定的分组和随机的重新匹配分组。参与者被分入两个经过相互平衡的区组中进行 20 轮互动 ❶。在其中一个区组中的参与者进行标准的公共物品博弈；而在另一个区组中的参与者则有机会参与到惩罚之中或惩罚与反惩罚之中。

Nikiforakis 发现，接受反惩罚处理的人的捐献率显示出我们熟悉的衰减模式；而相比之下，接受惩罚处理的人则更有可能向公共账户捐献金额。与惩罚处理和对照处理相比，反惩罚处理也带来较低的平均收益（较低的平均效率）。在研究为什么反惩罚处理比惩罚处理更糟糕时，作者发现这种处理下的参与者进行了大量的反社会惩罚，而这可能有两个原因。一个原因是一些搭便车者产生了"合作者即将施加惩罚"的预期，以及合作者会产生"对这些惩罚进行报复"的想法。在这种情况下，参与者会策略性地使用反惩罚来表明自己不接受可能发生的惩罚。在固定分组中尤其如此，因为固定分组为这种信息的传递提供了空间。第二个原因与参与者"对自己在前几个阶段受到的惩罚进行报复"的意愿有关。事实上，与只允许惩罚处理相比，允许反惩罚处理下的参与者惩罚搭便车者的可能性要低 15%。这主要是因为合作者预期这可能会反过来导致自己被"反社会惩罚"，从而力求避免这种情况。

然而，来自布朗大学的三位研究人员 Matthias Cinyabuguma、Talbot Page 和 Louis Putterman 认为，反惩罚的具体实施机制可能会对其最终结果产生很大影响。在他们的研究中，参与者并不知道惩罚他们的人的身份。这使得他们不可能进行有针对性的报

---

❶ 这意味着参与者并不是都以相同的顺序接受处理。有些人可能首先接受一种处理，而另一些人则先接受另一种处理。

复。取而代之的是，每个参与者在第一阶段都会被明确告知在小组中惩罚使用率高、中、低的捐献者的博弈模式，然后参与者可以决定对谁进行反惩罚，即对亲社会者进行反惩罚还是对反社会者进行反惩罚。

与 Nikiforakis 发现反惩罚处理下参与者的捐献率和收益率都低于惩罚处理的结果相反，Cinyabuguma 等人发现允许反惩罚的处理条件下，捐献或收益并不会低于仅允许惩罚的处理条件，至少没有显著差异。可以想象，这主要是由于两项研究之间的设计差异所导致的。因此，进行反惩罚的机会似乎会产生非常不同的影响，这取决于它的具体实施情况❶。所以惩罚是否能够以及在何种程度上提高效率，在很大程度上取决于有针对性的报复是可能的（如 Nikiforakis 的研究）还是不可能的（如 Cinyabuguma 等人的研究）。

Simon Gächter 长期以来一直在研究和思考正义与惩罚问题。目前，他和他的同事 Benedikt Herrmann 和 Christian Thoni 一起组织了一项宏大的跨文化项目，试图通过使用被试间设计来比较 16 个城市❷的大学本科生的行为，来理解亲社会惩罚和反社会惩罚的本质。在来自西方发达国家的参与者（这也是之前大部分实验数据的来源）中，反社会惩罚的发生率是最低的。这反过来也说明，来自西方社会先前实验得出的支持"惩罚可以增强合作"的证据，实际上可能高估了惩罚的效力。而在其他社会中，反社会惩罚的存在实际上可能具有很大的副作用。

不同的参与者样本对受到的惩罚反应差异很大。在 16 个不同社会中，只有 11 个在第一轮中因捐献低于小组平均水平而受到惩罚的人会在下一轮增加他们的捐献，并且接收到的每个惩罚点所带来的捐献增幅差异也很大。因此，在增加合作方面，惩罚并没有对所有参与者中的搭便车者产生同样的强约束效果。甚至在一些社会中，惩罚根本没有增加合作。图 12.4 总结了这些不同社会中亲社会惩罚和反社会惩罚的实质。作者进而认为，反社会惩罚在具有以下特征的社会中更为普遍：①缺乏强有力的公民合作的社会规范，这表现在人们对逃税、滥用福利制度或在乘坐公共交通工具时逃票等行为的态度上；②执法不力❸。

---

❶ 事实上，在一项与 Arhan Ertan 一起进行的后续研究中，Page 和 Putterman 允许他们的参与者投票决定谁应该受到惩罚——是那些捐献小于、等于还是大于群体平均捐献水平的人。作者发现，没有一个群体的多数投票允许惩罚那些捐献超过群体平均水平的参与者。这就排除了"反社会"惩罚的可能性。

❷ 这些城市包括：雅典、波恩、波士顿、成都、哥本哈根、第聂伯彼得罗夫斯克、伊斯坦布尔、墨尔本、明斯克、马斯喀特、诺丁汉、利雅得、萨马拉、首尔、圣加伦和苏黎世。Henrich 等（2010）指出，地球上绝大多数人并不符合如下特征：西方的、受过教育的、工业化的、富有的和民主的。然而，绝大多数研究中的参与者，包括本书引用的那些研究的参与者，却都来自具有以上特征的群体。因此，这些结果在多大程度上适用于那些不具备这些特征的人还有待讨论。

❸ 法治指标是基于许多变量的，这些变量测量了"人们对社会规则的信任和遵守程度，特别体现于合同执行、警察和法院的工作，以及犯罪和暴力的可能性"（Herrmann et al., 2008, p 1366）。

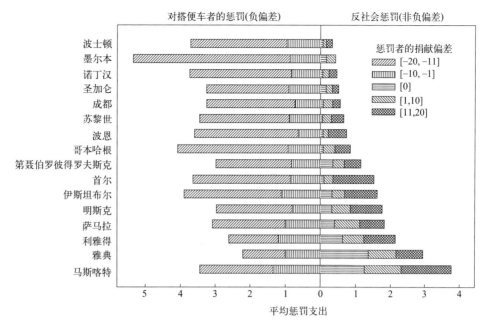

图 12.4　不同社会的亲社会惩罚和反社会惩罚

根据 Herrmann 等人（2008）的数据重制

## 惩罚措施会长久有效吗

　　来自哈佛大学的 Joe Henrich 和来自加利福尼亚大学洛杉矶分校的 Rob Boyd 认为，惩罚需要时间来在人们心中"扎根"，一旦扎根，惩罚措施在更长的时间范围内会更有效。假设被惩罚的代价足够大，合作者会比背叛者获得更高的回报，那么一个选择合作而不惩罚搭便车者的次级搭便车者会获得更高的回报，因为他们避免了惩罚的代价。但是如果背叛并没有回报，那么这种背叛将很少发生或仅在无意中发生；因此，随着时间的推移，这种背叛的发生频率会越来越低。并且随着惩罚力度的提高，惩罚者和次级搭便车者之间的收益差异将开始趋近于零。随着时间的推移，正常的博弈过程会使天平从搭便车向合作倾斜。这意味着从长远来看，惩罚的威胁将足以维持合作，而并不需要实施太多的实际惩罚。

　　这个猜想被诺丁汉大学的 Simon Gachter、Elke Renner 和 Martin Sefton 证实。他们采用被试间设计，通过观察两种不同的惩罚处理——一种持续 10 轮（处理 P10），另一种持续 50 轮（处理 P50），来检验博弈的持续时间是否影响惩罚的效果。还有两种没有任何惩罚安排的对照处理，其中一种持续 10 轮（处理 N10），另一种持续 50 轮（处理 N50）。在这个实验中，每个惩罚点花费施罚者 1 枚代币，但是会减少受罚者 3 枚代币的收益。其中特别令人关注的是，P50 处理组的每周期捐献比 P10 处理组高 25%，比

N50 处理组高 50%。P50 处理的平均净收益显著高于 N50 和 P10 两种处理。最后，到了 P50 处理的后段，合作似乎变得稳定，而没有给予太多实际惩罚，惩罚成本变得可以忽略不计，从而导致这种处理的收益更高。图 12.5 显示了这项研究的结果。你可能还记得我们在第 11 章讨论过的终局效应。值得注意的是，在带有惩罚的 50 轮游戏中存在明显的终局效应，在最后一轮中参与者的捐献率会急剧下降。

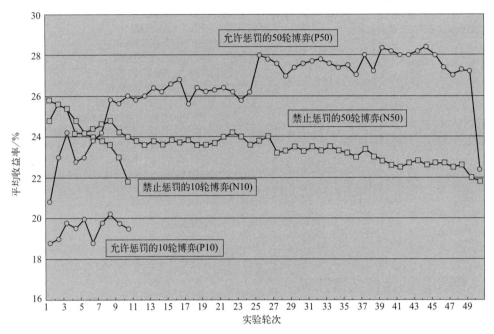

图 12.5 长时距惩罚的有效性

根据 Gächter 等人（2008）的数据重制

## 小结

关于高成本惩罚的研究表明，给参与者提供对群体成员进行这类惩罚的机会通常有助于维持高水平的捐献。但是这一发现至少有三点需要注意。一是存在惩罚本身创造了次级公共困境：那些愿意付出高昂代价实施惩罚的人不仅必须惩罚搭便车者，还必须惩罚那些非施罚者；这些非施罚者自己可能会捐献但却不愿惩罚搭便车者，进而会因此搭别人惩罚的便车；等等。用密歇根大学的 Robert Axelrod 的话来说，这需要创造惩罚的"元规范"。后文中我会就这个话题进行一个简短的讨论。

第二个问题与反社会惩罚有关。与没有惩罚的控制组相比，这种反社会惩罚的存在不仅不会增加合作，而且会严重降低效率。惩罚的合作促进效应在特定的参与者群体中似乎更为突出，尤其是在西方发达社会中。此外，反惩罚的确切性质也很重要。如果参与者只被允许进行亲社会的惩罚，而不被允许有针对性地报复，那么这也许能够改善社会福利。然而，如果我们同时允许进行反社会惩罚和具有"强制性规范"性质的亲社会惩罚，那么其净效用对合作将是有害的，因为通过实施制裁规范所导致的合作增加并不能完全抵消反社会惩罚对捐献的减少作用。

第三个问题是，代价高昂的惩罚对效率的影响并不明确。总的来说，在前文引用的大多数研究中，与没有惩罚的对照处理相比，有惩罚处理的效率实际上更低。惩罚提高效率的能力似乎主要取决于惩罚的成本效益和互动的时间范围。只有当惩罚是低成本和强影响时，它才会导致效率的提高而不只是捐献的些许增加。互动还必须足够持久，这样从长远来看，惩罚的威胁足以维持合作，而不需要进行太多实际的惩罚。

## ❯❯ 金钱惩罚以外的有效途径

上文讨论的 Fehr 和 Gächter 等人的研究表明，条件型合作者往往愿意施加高成本的惩罚，以阻止搭便车并维持良性的合作规范。这与《利未记》中的劝喻是一致的："人若伤害他的邻舍，正如他所做的一样，他也要这样被对待：以伤还伤，以眼还眼，以牙还牙；他怎样伤害了一个人，同样也会反噬他自己。"但是，正如 Robert Axelrod 指出的，惩罚的存在造成了次级社会困境。如果群体中的一个成员对一个搭便车者进行了代价高昂的惩罚，那么另一个群体成员则可以搭第一个人的惩罚的便车。因此，我并不一定是搭便车的人，但我可能也不希望花时间和精力去惩罚那些搭便车的人。街头聚会上乱丢的垃圾、涂鸦、喧闹的音乐以及发生在附近酒吧里的酒后斗殴让我感到烦恼，但我可能会让我的邻居去造访市议会，或者去见当地的议员，让他们做点什么。在这种情况下，我可以搭便车，因为我的邻居愿意花时间和精力来解决这些问题。但是，如果有些人愿意实施惩罚，而其他人不愿意，那我们就需要对选择不惩罚的人进行第二套惩罚！现在我们需要惩罚那些不惩罚他人的人，因为除非每一位条件型合作者都愿意实施惩罚，否则合作就可能会破裂。

因此，一套合作规范和惩罚搭便车者的规则已经不够了，我们现在需要元规范：对选择不惩罚的人（非惩罚者）施加惩罚，然后对那些不惩罚"非惩罚者"的人施加惩罚，等等。但这可能也意味着"以眼还眼会让全世界都失明"——一句通常被认为是 Mahatma Gandhi 所说的箴言。然而，令人欣慰的是，虽然这种高成本的惩罚在阻止搭便车方面确实非常成功，但事实证明，条件型合作者并不需要完全依赖高成本的惩罚来实现这一目标，而是也可以求助于各种其他机制来维持合作。关于非惩罚性措施的研究可以大致分为两类：①试图促进参与者之间的合作而不试图对他们进行归类的研究；②试图根据行为或偏好的相似性形成类别群体的研究。

这些本质上是诉诸人类善意的手段。或者，用《威尼斯商人》（*The Merchant of Venice*）❶中 Portia 的话说：

> 慈悲不是出于勉强，
> 它像甘露一样从天而降，
> 既赐福于施予者，
> 也赐福于受施者。

## 在随机形成的群体中保持合作

促进合作的一个明显机制是允许参与者之间进行交流。亚利桑那大学的 Mark Isaac 和印第安纳大学的 James Walker 研究了沟通在促进合作中的作用。他们让参与者 4 人一组玩公共物品博弈游戏。在第一种处理中，参与者在没有任何交流机会的情况下玩了 10 轮游戏，然后他们再玩 10 轮，在这新 10 轮游戏中的每一轮开始时，他们可以就手头问题的各个方面进行自由交流。在第二种处理中，他们可以在第一组 10 轮中的每轮之前进行沟通，但在第二组的 10 轮中不允许进行沟通。图 12.6 说明了这些结果。

在第一种处理中（图 12.6 上图），当参与者在最初的 10 轮测试中没有交流时，捐献率从 45% 左右开始显示出熟悉的衰减模式。然而，一旦在第二组的 10 轮中允许交流，捐献率在第 11 轮中就会跃升至 60%，在剩下的几轮中表现出不断增长的趋势，在第 18 轮达到 100%，在最后三轮中平均超过 90%。在第二种处理中（图 12.6 下图），捐献率从第 1 轮的 100% 开始，在第 2 轮到第 6 轮徘徊在 90% 左右，在最后四轮稳定在 100%。令人惊讶的是，即使在他们被阻止交流之后，参与者也仍然能够维持这种高水平的合作。在接下来的 7 轮中，捐献率保持或接近于 100%，在最后 3 轮中降至 80% 左右。

人们可能会认为，沟通的主要作用是培养共同体意识和归属感，因此，任何类型的沟通都可能加强合作。但 Robyn Dawes、Jean McTavish 和 Harriet Shaklee 认为，为了沟通有效，这种沟通必须允许参与者广泛地谈论他们所面临的实际困境。无关的交流，即允许参与者谈论他们面临的问题之外的其他事情，在促进合作和阻止搭便车方面没有那么成功。

印第安纳大学的 Elinor Ostrom、James Walker 和 Roy Gardner 通过证明沟通在公共池塘资源提取博弈（common pool resource extraction game）中的有效性也验证了这一发现。公共池塘资源提取博弈类似于公共物品博弈，但参与者不是向公共账户捐款而是

---

❶ 《威尼斯商人》，第 4 幕，第 1 场。

从公共资源中提取资金。当每个人都遵守预先分配的提取配额时，就会实现最优结果，但每个人都有提取超过配额资金的动机，因为如果其他每名参与者都遵守配额，那么进行超额提取的人（类似于公共物品博弈中的搭便车者）的境况会明显更好。这个博弈游戏模拟了许多现实生活中的困境，比如在湖泊、河流和海洋中过度捕捞，在公共土地上过度放牧以及环境污染等。

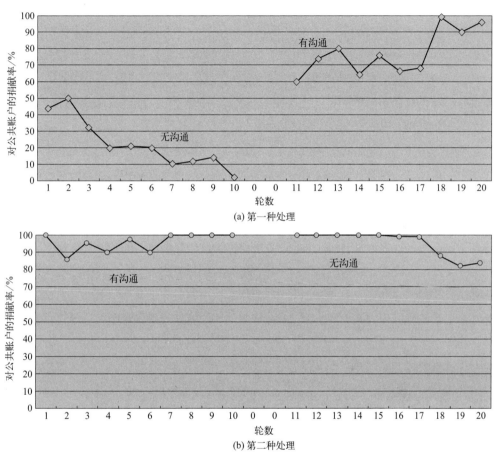

图 12.6　沟通在公共物品博弈中的效果

根据 Isaac 和 Walker（1988a）的数据重新创建

　　他们对比研究了沟通和代价高昂的惩罚两种方式，发现如果参与者被允许在每轮开始进行沟通，多轮之后，从公共池塘中提取资金的行为就减少了，在他们的研究中，这种重复的沟通几乎与代价高昂的惩罚一样有效。尽管我应该指出，在这项研究中，惩罚比 Fehr 和 Gächter 研究中的更为温和，因为在 Ostrom 和她的同事们的研究中，某个特定群体中的每个参与者只能针对另一个成员进行惩罚，不能惩罚多个成员。Ostrom（获得了 2009 年诺贝尔经济学奖）和她的同事评论说，与合作性行为规范必须用"剑"（这里指代价高昂的惩罚）来强制执行的信念相反，有可能在没有"剑"的情况下，通过其他惩罚性较低或非惩罚性措施来建立起这种类似的契约（因此，在前文我选择引用了《威尼斯商人》中的话）❶。

以上研究结果表明，即使在没有惩罚的情况下，沟通也可以促进合作。由于这种方式没有强制执行的成本，更高的捐献也就意味着更高的效率。Olivier Bochet、Talbot Page 和 Louis Putterman 采用被试间设计，通过直接比较沟通与惩罚在维持合作方面的相对效果，扩展了这一领域的研究成果。作者研究了三种沟通类型：面对面沟通、（电脑）聊天室沟通和数字式廉价磋商（numerical cheap talk）。在面对面沟通条件下，每个参与者都有机会在游戏开始前与其他三位小组成员交谈 5 分钟。在使用聊天室沟通条件下，每个参与者都可以通过电脑聊天室与小组成员交换口头信息。在数字式廉价磋商条件下，每个参与者都可以选择输入一个数字来表明他对公共账户的可能的捐献，不允许进行其他形式的交流。作者还研究了另外三种处理方法，其中每一种特定的沟通策略都与惩罚小组成员的机会相结合。通过 1 个代币惩罚另一名参与者需要花费 0.25 个代币的成本，这意味着成本收益比为 1:4。还有一种只允许惩罚的处理，只允许惩罚小组成员，但没有交流的机会。

这项研究的主要结论是，一旦允许面对面交流，平均捐献额将会上升到最大捐献额的 96%，显著高于对照组和仅惩罚的处理组。考虑到在面对面的情况下捐献率已经很高，在此基础上再允许惩罚只会导致平均捐献率小幅增加到 97%。有惩罚的聊天室交流的效果几乎与面对面交流一样好，平均捐献率约为 96%，而没有惩罚的聊天室交流的效果不好，平均捐献率为 81%。然而，两种版本的聊天室处理都比对照组或仅惩罚的处理组的效果好。与其他沟通处理不同的是，与对照组或仅惩罚的处理组相比，有无惩罚的数字式廉价磋商处理并没有表现出更高的捐献率或更高的收益。

包括里昂大学的 David Masclet、Marie-Claire Villeval 以及普渡大学的 Charles Noussair、Steven Tucker 在内的一组研究人员，对 Fehr 和 Gächter 关于代价高昂的惩罚的结果很感兴趣，并决定通过观察非金钱惩罚的影响来扩展这项工作，考察这类非金钱惩罚（如表达反对）是否也可以加强合作。他们研究了两种处理，第一种是金钱惩罚处理，在方法上与上面讨论的大多数其他研究相同。第二种是非金钱惩罚处理，参与者有机会对其他成员的行为表达赞成或反对，但赞成或反对不会对任何人的收益产生任何金钱上的影响。与金钱惩罚处理相同，每个参与者可以给另一个参与者分配 0 到 10 分，其中 0 表示不反对，10 表示最大程度的反对。

本研究的每一期实验由 30 个时间段组成，这 30 个时间段可以分成三节，每节包含 10 个时间段。在每 10 个时间段所构成的一节中，参与者不知道该节之后实验是否还会继续。

---

❶　Elinor Ostrom（她的许多学生、合作者和仰慕者都称呼她"Lin"）于 2012 年去世。Ostrom 主要是一位政治学家，但最为人所铭记的可能是她利用行为经济学的见解在保护公共池塘资源（译者注：也可称为公地资源、公共资源）研究方面做出的巨大贡献。早在可持续发展和气候变化问题成为时尚和主流之前，她就在研究这些问题。

然而，他们知道每一节的时间长度，并且知道每一节中的每一个时间段游戏都将以相同的方式进行。前 10 个时间段的博弈没有任何惩罚机会。金钱惩罚或非金钱惩罚在第 10 个时间段结束时被引入，并持续有效到第 20 个时间段。在这之后，参与者重新恢复到前 10 个时间段的基线处理，进行另外 10 个时间段的没有惩罚机会的博弈。作者还比较了固定组（伙伴组）与随机重新配对组（陌生人组）在金钱惩罚条件与非金钱惩罚条件下的表现。

这些研究人员发现，金钱惩罚和非金钱惩罚条件下的捐款数额最初增加的幅度相似，但随着时间的推移，金钱惩罚比非金钱惩罚更有效，导致金钱惩罚条件下捐款额更高。此外，毫不意外的是，他们发现非金钱惩罚在伙伴组处理中比在陌生人组处理中更有效。作者还发现，与没有任何惩罚的情况相比，接受金钱惩罚或非金钱惩罚的参与者的平均收益更高。

奥克兰大学的 Ananish Chaudhuri 和 Tirnud Paichayontvijit 扩展了有关沟通在社会困境中作用的研究。用经济学的术语来说，这些承诺合作的信息或声明只不过是"廉价磋商"，因为这些信息是完全没有约束力和不可强制执行的，尽管它们显然在加强合作方面产生了影响。Chaudhuri 和 Paichayontvijit 为 Gächter 等人的研究提供了一个不同的视角，即从长远来看，惩罚更有效。在本研究中，参与者进行了 30 轮的线性公共物品博弈。在其中一种处理中，他们可以像以前的研究那样进行代价高昂的惩罚。在另一种处理中，实验者定期大声朗读一条规劝性的信息，要求每个人向公共账户捐款，因为如果每个人都把他的全部代币捐赠给公共账户，每个人都会更好。这种规劝性的信息可以被认为是类似于公共服务的信息或广告。最后，第三种处理是将信息与一个意外重启结合起来。对于这些处理中的每一种处理，他们还分别研究了参与者在小组组成是固定的（伙伴组）和小组成员每一轮后重新随机匹配（陌生人组）两种条件下的行为。他们的研究结果表明，与惩罚相比，呼吁人类善意的信息，在加强合作方面可能更有效，即使是在一个比较长的时距范围内。惩罚在伙伴条件下的作用要比在陌生人条件下大得多。因此，作者的结论是：

显然，在特定时间范围内，惩罚在效率方面总是会超过其他机制。但是，惩罚提高效率的作用需要时间来建立，而对人类善意的呼吁则会产生更加立竿见影的效果，并在更长时间范围中超过惩罚的作用。但是，问题不在于惩罚是否足以阻止反社会行为（当然它们可以），而是，有时在一系列社会困境中，特别是在匿名的短时间互动的背景下，更良性的机制也许应该是以较低的社会成本实现同样的目标。

## 在预先组织的群体中保持合作

在我们生活里所做的许多事情中，我们实际上是选择了我们希望与之互动的人。我们要决定邀请谁参加我们的聚会和野营旅行，决定和谁一起观看超级碗橄榄球赛或世界棒球大赛或橄榄球世界杯，我们加入读书俱乐部、桥牌俱乐部和政党，我们加入志愿者协会等——在这些已分类的群体中保持合作可能没那么具有挑战性。这种分类可能是外源性的（由实验者根据预先确定的规则进行分类，参与者可能知道也可能不知道该规则）或内源性的（允许参与者自发地组成小组或离开小组）。

## 外源性分类群体

Anna Gunnthorsdottir（就职于新南威尔士大学澳大利亚管理研究生院）、Daniel Houser 和 Kevin McCabe（后两人在乔治梅森大学工作；我们在前面已经介绍过 McCabe，他是信任博弈经典范式的创造者之一）通过对合作者进行分类来研究这个问题。每期实验由 12 名参与者组成。参与者被分成四组，进行 10 轮公共物品博弈实验，边际单位资本回报（MPCR）有三个可能的值：0.3、0.5 和 0.75。作者研究了两种不同的分组规则：①参与者在每一轮结束时被随机重新分配到不同的组（随机处理组）；②参与者在每一轮结束时根据他们的捐献被分成不同的组（分类处理组）。将对公共账户捐献最多的 4 名参与者分为一组，排名第五到第八的捐献者被分为另一组，捐献最少的 4 名捐献者被放在第三组。因此，分组取决于当前一轮的捐献情况。为了避免策略性行为，参与者并不知道这些小组是如何形成的。对于给定的 MPCR 值，分类处理组的捐献总是大于随机处理组的捐献。此外，与随机处理组相比，分类处理组的捐献衰减要慢得多，在 MPCR 值为 0.5 和 MPCR 值为 0.75 的两个分组处理中，捐献的衰减很少或没有衰减。

作者将"搭便车者"定义为在第一轮中向公共账户捐献等于或少于 30% 的人。其余的则被定义为"合作者"。在每个 MPCR 条件下，最迟到第四轮，分组处理中合作者的捐献就超过了随机处理组中合作者的捐献。由于分组处理减少了合作者和搭便车者之间的互动，作者因此得出结论说，合作者在这种处理中的捐献更高主要是由于他们之前的互动更有效，以及有过合作性互动的历史。另一方面，随机重新匹配处理中捐献的衰减几乎完全是由于合作者在与搭便车者经历了更多互动之后，他们的捐献减少了。

在 Simon Gächter 和 Christian Thöni（来自瑞士洛桑）的一项研究中，参与者首先参加了一项"排名实验"，即在随机组成的三人组中玩 MPCR 值为 0.6 的一次性线性公共物品博弈。参与者不会收到任何关于其他小组成员此时捐献或他们的收益情况的信息。随后，参与者参加主实验，主实验是进行 10 个时间段的重复线性公共物品博弈。

在主实验中，捐献排名最高的 3 个捐献者被分成一组，接下来的 3 个人被放在第二组，以此类推，直到排名最低的 3 个捐献者组成最后一组。参与者了解这些小组是如何组成的，也知道他们的新小组成员在排名实验中捐献了多少。还有一种对照处理，即随机分组，与参与者在排名实验中的捐献无关。作者还将这两种分组方案与惩罚小组成员的机会结合起来。这样就产生了四个独立的条件：没有惩罚的分类组、没有惩罚的随机组、有惩罚的分类组以及有惩罚的随机组。

根据人们在排名实验中的表现将他们分成不同小组，这导致了捐献的大幅增加。即使没有任何惩罚机会，分类组中排名前 1/3 的捐献者的捐献率也高于随机组中最合作的 1/3 的人的捐献率，分类组中平均捐献率为社会最优的 70%，而在随机组中只有 48%。不仅如此，分类组中捐献最高的 3 个人与随机组中最合作的 1/3 成员的捐献水平相同，即使后者所在处理中有惩罚的选择。惩罚机会的可得性在没有惩罚的分类组中没有影响，因为没有惩罚的分类组中的 3 个最高捐献者能够维持与有惩罚的分类组中的成员相同的合作水平。

Angela de Oliveira、Rachel Croson 和 Catherine Eckel 也进行了外源性分类研究，但在他们的研究中，有一些参与者被明确告知了其他小组成员的类型，而另一些则没有被告知。因此，他们研究的重点是有关小组成员类型的信息的作用。参与者首先进行一个一次性的公共物品博弈，在博弈游戏中，他们或被归类为"条件型合作者"，或被归类为"自利者"，采用的方法与 Fischbacher、Gächter 和 Fehr 最初关于条件型合作的研究方法相同。然后，在另一天，他们参加了一个重复 15 轮的线性公共物品博弈。参与者被分成三人一组，这个三人一组的小组可以是同质的，由所有条件型合作者或所有自利者组成，或者异质的，由一种类型的两个参与者和另一种类型的一个参与者组成。在已知小组构成处理中，参与者在实验开始前被明确地告知了该组的组成情况，而在未知小组构成处理中，他们没有得到这些信息。在这两种处理中，参与者都知道自己的类型。各小组的组成在实验期间保持不变。

这项研究有两个重要的结论。首先，毫不意外的是，有三个条件型合作者的小组的捐献显著高于有两个或一个条件型合作者的小组。但是，更重要的是，有三个条件型合作者的小组，在已知小组构成条件下比在未知构成条件下的捐献率更高。这表明，仅仅存在条件型合作者（这可以从捐献模式中推断出来）是不够的；条件型合作者还需要知道，在他们的小组中有没有自利者，才能决定是否维持合作。后一项发现与 Ananish Chaudhuri 和 Tirnud Paichayontvijit（在第 11 章）报告的结果相呼应，即条件型合作者在意识到其他条件型合作者的存在时，他们的合作会更多。

### 参与者的内源性分类

Talbot Page、Louis Putterman 和 Bulent Unel 采用了类似于前述 Gächter 和 Thöni 的方法，只是在 Page 等人的研究中，参与者可以选择他们想要的人与他们在一个小组。实验共 16 期，每期各有 16 名参与者。在一期实验的固定时段，每个参与者都能看到一份清单，清单中没有其他身份信息，只是以随机的顺序显示出到那时为止其他 15 名参与者对公共账户的平均捐献情况。然后，参与者有机会通过对未来可能的伙伴进行排名来表达自己的偏好。实验者将排名最高的4个人放在同一组，然后是接下来的4个人，以此类推。在这项研究中，小组的规模总是等于4，参与者可以选择他们希望属于哪个组。

在新的小组形成后，参与者在不知道与谁分在一组的情况下继续游戏，尽管他们可以通过观察小组成员的捐献来推断这一点。作者还分别研究了惩罚处理和重组加惩罚的联合处理。与对照组处理相比，重组导致了对公共利益的捐献的显著增加。此外，重组处理中的平均捐献与惩罚处理中的平均捐献大致相同（平均约为社会最优的70%）。因此，在本研究中，参与者影响分组结果的能力（影响他们与谁组成一组的能力）对合作和效率有明显的积极作用。

Gary Charness 和 Chun-Lei Yang 进行了一项更为详细的研究，参与者不仅可以自由离开他们目前的小组，还可以投票驱逐小组成员。然而，本研究中，驱逐投票的惩罚性较小，因为被驱逐的成员可以自由加入其他小组，或者以"独立者"身份做出相同的捐献。因此，被驱逐并不意味着收益减少。除此之外，所有小组之间也有合并的机会。有两个实验处理和一个对照处理，每个处理包括两个任务区组，每个区组进行15轮博弈。

这项研究的主要关注点是处理2。在这一实验处理下，属于同一"社会"中的9人被分成3组，每组3名参与者，进行一项15轮的公共物品博弈游戏。向公共账户分配金额的社会价值大小取决于群体的规模，而最大的群体收益是通过组成一个"大联盟"来实现的，这个"大联盟"包含该"社会"的所有9名成员。在前三个阶段之后，参与者了解了在过去三个阶段中彼此对社会的平均捐献（仅通过识别身份号码）。此时，参与者可以选择退出小组或投票驱逐其他小组成员。也允许各小组合并。在由15轮组成的第一节实验结束后，小组重组，并按照类似的路线进行第二节的15轮游戏。

显然，与外源性分类形成的群体相比，内源性群体的形成提高了对公共利益的捐献，如在对照组中，外源性构成组的捐献率稳步下降到社会最优的25%左右，而内源性构成组的捐献率在后期上升到95%以上。事实上，在这种处理中，最常见的群体构成是由同一社会所有9名成员组成的大联盟，随后分别是8人对1人以及7人对2人的分裂形态。随着时间的推移，这些较大的群体往往相当稳定。作者还发现，小组成员的捐献相对于小组平均捐献水平越高，参与者越不太可能驱逐他，且当后一个小组比前一个小组的捐献更高并实现更高的平均捐献时，个人/小组更有可能与之合并。因为在这种处理中可以对合作者进行分类，追求利润最大化的参与者发现合作是值得的，他们设法加入其他人也会进行捐献的小组。

## 社会规范的代际传递

Ananish Chaudhuri、Pushkar Maitra（莫纳什大学）和 Sara Graziano（韦尔斯利学院）

对合作规范如何从父母传递给他们的后代方面的研究很感兴趣。毕竟，我们总是告诉我们的孩子要公平游戏，在操场上玩的时候要等待轮到他们，并和别人分享他们的玩具。虽然我们在现实生活中面临着许多社会困境，但我们很少在封闭状态中面对它们。当面对这种情况时，我们经常可以借助家人或朋友的智慧，他们可能有关于特定情况的经验，并可能就如何解决特定问题提供建议。在美国，你的朋友会告诉你在餐馆应该给消费额15%的小费，如果你不这样做，人们会认为你是个吝啬鬼。但在新西兰或澳大利亚，你根本不应该给小费，如果你这样做了，人们会生气的，他们会告诉你："你毁了我们其他人的生活。"

Chaudhuri 和他的同事们推测，如果在进行公共物品博弈游戏时，每一组参与者在他们的轮次结束后，可以给接下来的小组留下建议，那么随着时间的推移，可能会导致合作规范的演变，后来者不仅能实现更高水平的捐献，还能设法缓解搭便车的问题。在一代人中产生的行为规范或惯例可以传递给下一代。

在这项研究中，上一代参与者通过形式多样的信息传递为下一代留下建议。这些建议可以是私人间传递的知识（某位上一代玩家留下的建议只提供给他下一代的直接继任者），也可以是在公众间传播的知识（某位上一代玩家留下的建议被提供给下一代的所有成员），还可以是公开传播的知识（这些建议不仅是公开的，还可以由实验者大声朗读）。将这些建议处理组的捐献与对照处理组（没有建议）的捐献进行比较，对照处理组的参与者在没有任何建议的情况下进行通常的公共物品博弈。参与者分5人一组进行10轮博弈游戏。每个参与者每轮有10个代币，可以将代币分配给私人账户或公共账户。向公共账户捐献的代币将增加一倍，并重新平均分配。然而，上一代的每个参与者都与下一代的另一个参与者相关联，上一代的每个参与者都将获得第二笔收益，相当于他的下一代继任者收入的50%。这第二笔收益激励了参与者认真对待给予建议者的角色。

Chaudhuri 和他的同事们利用在奥克兰（新西兰）、加尔各答（印度）和韦尔斯利（美国马萨诸塞州）收集的数据，发现这种建议代代相传确实成功地加强了合作，减少了搭便车，但只有当从上一代传到下一代的建议是通过公开传播形式传播（即上一代的玩家留下的建议可以提供给下一代的所有成员，这个建议也会被实验者大声朗读）时才有效。他们发现，公开传播建议处理组的平均捐献明显高于其他处理组，包括对照处理组（无建议组）。在很大程度上，公开传播建议处理组的高捐献是由强烈的规劝性建议驱动的。在公开传播建议处理中，特别是对下一代来说，建议非常强烈，几乎每个参与者都规劝他们的继任者"要始终捐献所有10个（代币）！"这种规劝性建议又反过来通过影响参与者所持有的信念来影响他们的行为。作者还收集了有关参与者对其同伴会如何做所持有的信念的数据（采用激励信念启动的方式），发现当上一代的建议是通过公开传播途径传播时，参与者对群体成员的合作性更加乐观。

# 结语

在本章，我讨论了在社会困境中维持合作的问题。我在本章开始时展示了如何通过利他性惩罚来维持合作。我接着讨论了这种惩罚的一些局限性。这些局限包括惩罚创造了一种次级公共物品需求，用 Robert Axelrod 的话来说，就是对"合作的元规范"的需求。我还表明，惩罚对效率的影响可能是模糊的。这可能主要取决于成本效益比和时间范围的长短。最后，我展示了"反社会"惩罚者的存在是如何降低惩罚的效率的。

我提供的证据表明，在条件型合作者存在的情况下，对公共利益的捐献可以通过金钱惩罚以外的手段来维持。这些措施可能包括非金钱性惩罚措施，如表达反对或社会排斥。它们还可以包括其他干预措施，如不同类型的沟通交流，包括一代人给下一代人提供建议，以及志同道合的参与者的协调性匹配。在某些情况下，这种分类匹配是通过外部实现的，实验者根据参与者的行为或偏好的相似性将参与者分成不同的组。在其他情况下，参与者可以内源性地形成合作群体，并可以通过驱逐搭便车者或离开合作程度较低的群体转而加入合作程度较高的群体来维持合作。

我们现在对参与者之间的偏好异质性和条件型合作者的优势已经有了相当清晰的了解。我们还很清楚如何着手建立制度——特别是那些依赖于高昂代价的惩罚制度，利用行为的这种条件性来维持合作。那么，还可以进一步探索的潜在有效途径是什么呢？一个明显的推进方向是在设计应对社会困境的制度时，应该将学到的经验教训应用于"实地"情境。可能的应用有很多，包括慈善捐款、守法纳税、自然资源管理、劳资关系、法律执行，以及目前可能尚未被探索的其他应用。同样清楚的是，神经经济学视角的研究也将继续做出实质性的贡献，特别是在理解利他性惩罚和规范依从背后的动机，以及涉及的神经通路方面。

最后，这一领域的研究正在扩展有关人类合作的传统社会生物学理论，传统理论强调个体选择，如亲属选择 [ 如 William Hamilton（1964）的研究 ]、互惠利他主义 [ 由 Robert Trivers（1971）提出 ] 或昂贵信号假说（Zahavi et al., 1997）。事实上，关于"强互惠"的近期文献 [ 如由 Herb Gintis、Sam Bowles、Rob Boyd 和 Ernst Fehr 编辑出版的《道德情操和物质利益》（*Moral Sentiments and Material Interests*）一书中所述 ]，认为互惠者（homo reciprocans）的存在可能是在各种社会环境中维持合作的主要驱动力。因为互惠者是条件型合作者，而条件型合作者愿意惩罚搭便车者，即使这种惩罚对施罚者来说代价高昂且不会带来未来的利益。这些见解似乎提供了支持多水平选择（而不只是在个体水平上的选择）以及基因和文化共同进化的新证据 [ 例如，Peter Richerson 和 Rob Boyd 1985 年的著作《不仅仅是基因》（*Not by Genes Alone*），或者 Eliot Sober 和 David Sloan Wilson 1998 年出版的著作《奉献：无私行为的进化和心理》（*Unto Others：the Evolution and Psychology of Unselfish Behavior*）]。

最近，由奥克兰大学的 Quentin Atkinson 领导的一组研究人员❶将这一研究领域扩展到研究政治意识形态的演变。20世纪下半叶和21世纪头十年左右的研究表明，全球的政治态度和价值观是由两个意识形态维度所形塑的，通常被称为经济和社会保守主义（与之相对的是经济和社会进步主义）。然而，这种意识形态结构存在的原因尚不清楚。Atkinson 和他的合作者 Scott Claessens、Chris Sibley 以及其他人一起，表明这些意识形态的双重维度和人类群体生活进化中两个关键转变的独立趋同证据之间存在着惊人的一致性。首先，人类开始在更广泛的相互依存的网络中进行更多的合作。第二，人类变得更有群体意识，在有文化印记的群体中遵守社会规范，并惩罚违反规范者。他们提出，适合度权衡和环境压力导致了固有偏好的不同表达，维持了这两种倾向的差异：现代人类群体中的合作意愿和服从意愿，自然产生了政治意识形态的两个维度。Atkinson 等人使用了一系列类似于本书中讨论过的行为决策博弈，对政治意识形态及其演变的生物学和文化基础提供了深刻的见解。

---

❶ 这个小组的其他成员还有 Ananish Chaudhuri、Scott Claessens、Kyle Fischer、Guy Lavender-Forsyth 和 Chris Sibley。

# 13

# 组织中的协作失败

在本章，我们将：

- 描述导致多重均衡的协作问题；
- 解释日常生活中出现的协作问题；
- 定义两种不同类型的协作问题：一种的收益取决于排序，某个均衡会给所有参与者带来更大的收益，另一种均衡中没有这样的排序；
- 表明解决协作问题的一个关键是对同伴的行为产生适当的乐观信念；
- 讨论这种协作问题在经济学中的应用。

## >> 短板的威胁：低生产率陷阱

下次你乘飞机去某个地方，在等待登机的时候，请看看外面排队的飞机。我们大多数人并没有真正意识到，一些忙碌的活动正在进行：机长和副机长正在进行飞行前检查；行李搬运人员正在为入境旅客卸下行李，为出境旅客装载行李；一组人员负责打扫客舱和厕所，另一组人员在装载燃料，还有一组正在装餐食集装箱。要保证飞机准点起飞，唯一的方法是所有这些团队成功地协调他们的行动，以相同的速度工作，而准点起飞的百分比是衡量航空公司业绩的一个重要指标（即使只有一组人掉队，飞机也会晚点）。

一个航班起飞时，即使很小的延误往往也会对当天晚些时候的航班产生连锁反应，因为随着时间的推移，所有航班的延误情况会越来越严重，尤其是在法兰克福、纽约或新加坡的这些繁忙的大型机场。因此，航班准时起飞需要一大批人协调一致地行动。

对我们大多数人来说，这似乎是一个微不足道的问题——毕竟相比于延误，更多时候飞机都会准时起飞。但是，让一大群人员成功地协调其行动，对许多组织来说实际上是一个不小的挑战。例如在 20 世纪 80 年代，美国大陆航空公司（Continental Airlines）就因为难以令人满意地解决这些协作问题而陷入困境。自 1978 年美国放松对航空业的管制以来，在接下来十年左右的时间里，大陆航空在准点率、行李处理和客户投诉方面的排名通常都在美国十大航空公司中的最后，分别在 1983 年和 1990 年两次申请破产。在后文中，我还会对大陆航空公司的经历进行更多介绍❶。

协作问题不仅发生于航空公司，也出现在各种组织和各类不同环境中。在任何装配线上进行团队生产的行业（如钢铁厂和汽车厂），都会出现这样的协作问题。下次你带

---

❶ 大陆航空公司在 2010 年与联合航空合并，现在已经不存在了，合并后的公司被称为联合航空公司。

孩子去麦当劳或汉堡王的时候（或者你自己偷偷溜进去买汉堡的时候），可以看看柜台后面，那里正在处理一个巨大的协作问题。为了得到一个汉堡，从煎汉堡的人到放汉堡的人，到放奶酪、洋葱和咸菜的人，再到把汉堡包给站在店门口的人，最后到店门口把汉堡交给顾客的人，这些人要一起解决一个复杂的协作问题，其成功与否取决于能以多快的速度把汉堡送到顾客手中，并减少人们排队等候的时间。

例如，在决定是否加入某项抗议活动时，也会出现类似的协作问题。只有当我确信另一个人或群体也会加入的时候，我才会希望加入抗议。如果有数千名抗议者，那么安全程度要比只有少数人的情况高得多。因此，只有当足够多的人加入抗议时，我才会想加入。站在参与者的角度，只有在足够多的其他人如此做的情况下才愿意采取行动，往往意味着完全缺乏协作和不成功的结果；但是，如果参与者能够协调其行动，他们也可以取得巨大的成功。

## 协作问题和社会困境的区别

### 案例研究 13.1 个人电脑、购买杂货和绿灯停车

如果你坐在电脑前，看看键盘。我们大多数人使用的键盘被称为 QWERTY 键盘。它的名字来自位于键盘第一排左边的前 6 个字母。QWERTY 键盘设计于 1874 年，由 Christopher Sholes 获得专利，并于同年被卖给 Remington，这也是它首次出现在打字机上。事实上，这是我们大多数人唯一接触过的键盘。键盘最初的设计是把字母按字母顺序排列，放在一根金属棒的末端，当按下相应的键时，金属棒就会击打纸张。然而，当一个人打字速度很快时，键盘上紧密相连的字母上的条状结构往往会粘在一起，迫使打字员只能手动解开条状结构。这促使 Sholes 将常用字母的键分开，以加快打字速度。但这也带来了意想不到的后果，即降低了 QWERTY 键盘的效率。还有一种键盘叫 DVORAK 键盘，它更简单，打字速度更快。但我们很少看到这些键盘。为什么呢？因为从 QWERTY 键盘换到 DVORAK 键盘需要用户和键盘生产商之间进行大量的协调：有且只有当有足够多的人这样做，即这些键盘被广泛使用时，已经花时间和精力学习 QWERTY 键盘的人才会愿意学习 DVORAK 键盘；但是，只有存在足够多的用户，即有足够的键盘需求时，制造商才会生产键盘。所以，向 DVORAK 键盘的转变需要用户和生产商同时进行切换。

同样，一个机构应该投资 Mac 电脑还是 PC？如果我周围的人都在用 PC，我就会想熟练使用 PC，但如果每个人都用 Mac，那么我最好就用 Mac。但如果我花了大量时间学习使用 PC，然后发现我周围的人都在用 Mac，那么我就有问题了，

我最好也换 Mac，但换 Mac 需要花费时间和精力。

如今，当我们去超市买杂货时，我们把产品上的条形码当作是给定的，不再去考虑它。这些条形码使付款变得更容易，因为它避免了收银员一直查看价格。但是这些条形码的实现需要解决一个复杂的协作问题：只有生产商对在他们的产品上印刷条形码的技术进行投资，超市才愿意安装昂贵的条形码扫描器；但只有在足够多的超市有条形码扫描器，生产商才会愿意把条形码印刷在产品上。

单纯协作问题的一个经典例子是在道路的哪一边开车。美国人和西欧人靠右行驶；英国人以及印度、新西兰和澳大利亚等前英属殖民地的人靠左行驶；当美国游客来到新西兰时，就会产生困惑，反之亦然。

类似的情况是，世界大部分地区的电器都适用 220 伏特电压，而美国的电器是适用 110 伏特电压。这使美国的电器在世界其他地方无法使用。当我们从美国搬到新西兰时，我和妻子带来了一堆电子产品，有一段时间试图用电压转换器来运行它们；没过多久，它们就都烧坏了！

这些故事的主要启示是：

首先，在大多数情况下，为了某种结果而协作比完全不协作更可取。所以，如果我们都靠左行驶，都使用 220 伏电压会更好。尽管这将使那些需要适应新制度的人付出代价，但从长远来看，这有助于协调和消除目前存在的混乱。

其次，协作问题 (coordination problems) 所带来的基本策略问题与我们在前几章中遇到的社会困境非常不同。协作问题不是囚徒困境那样的社会困境。在决定是否为建设军官俱乐部努力工作时，Yossarian 如果逃避，让 Nately 做所有的工作，他就会过得更好。但在采取协作行动方面，情况就有所不同了。对 Yossarian 来说，如果他认为 Nately 会努力作为，他就会努力作为，如果他认为 Nately 会逃避，他也会逃避；若 Nately 加入，Yossarian 也会加入，反之亦然；如果 Nately 喜欢在左边开车的话，Yossarian 也会喜欢在左边开车；如果 Nately 喜欢用 PC，Yossarian 也会喜欢用 PC。

如果 Yossarian 的策略不再像囚徒困境里面那样独特；如果 Yossarian 做 Nately 做的事，他会过得更好——但他们如何确保他们做的是一样的事呢？我怎么确定其他人会出现在抗议活动现场？或者在一个更普遍的背景下，大陆航空公司的团队如何协调他们的行动？此外，在许多这种情况下，存在不止一个可行的结果，如：Yossarian 和 Nately 都决定努力作为或都决定逃避；Yossarian 和 Nately 要么都拿着标语出现在抗议活动现场，要么都待在家里；大陆航空的机组人员要么都在指定时间迅速让飞机起飞，要么都由着性子慢吞吞做事，最后导致大量航班延误和客户不满。

我在第 6 章介绍了这种协作问题，在那章我讨论了策略性思维。我介绍了两种不同类型的协作博弈，它们的激励也是不同的。在 Della 和 Jim（来自 O. Henry 的《麦琪的礼物》）的两性之争博弈中，存在两种均衡：一种给 Della 带来了更高的回报，另一种给 Jim 带来了更高的回报。另一个是猎鹿博弈，也存在两种均衡，其中一种是收益主导，也就是说，如果双方都能协作达到这个均衡，双方都能获得更高的收益，另一种则是安全或风险主导的均衡，后者会产生较低但有保证的最低收益。我在图 13.1 中重现了这两种博弈，以提醒读者并引导他们继续本章的讨论。图 13.1 中上方显示的是两性之争博弈，下方显示的是猎鹿博弈。我已经强调了每种情况下的均衡，尽管我希望大多数读者能从我们之前的讨论中回忆起这一点。

图 13.1 两性之争博弈和猎鹿博弈的收益矩阵

## 通过实验 "风洞" 探索问题机制

那么，当人们遇到上述协作问题时，他们会怎么做呢？我们应该如何去了解人们在协调他们的行动时，表现得是好是坏呢？我马上想到的一个想法是，看看那些经常处理这类问题的组织。你可以去汽车制造厂或钢铁厂，观察工人在装配线上的表现。或者你可以花点时间在航空枢纽，比如达美航空所在的亚特兰大或新加坡航空所在的新加坡，看看这些公司是如何让员工协调其行动，以确保飞机平稳降落和起飞的。这一定会产生有价值的信息。但是，在一天结束的时候，你得到的数据可能会告诉你很多有关该公司运营情况的信息，但从这些数据可能并不容易推断其他公司的运营情况。这是因为每个组织都有自己的文化和自己的一套规则，并以自己独特的方式解决他们的问题。通常，我们很难将基本问题从各组织为解决这个问题而制定的规则、惯例和简略表达中分离出来。

实验提供了另一种选择。它使我们可以针对潜在的问题及其激励结构，设计一个合适的实验。实验室的无干扰环境和脱离生活环境的语言当然牺牲了很多真实性，但这也带来了一些好处。

首先，它允许我们在没有任何干预的情况下研究这个问题，从而了解在没有任何规则或惯例的情况下会发生什么。由于这些组织为处理现实生活中的协作问题形成了惯例和文化，这些组织的运作可能不会像实验室实验所显示的那样失调。但这些实验可以为问题的严重程度或一个新组织一开始可能会遇到的问题设立一个下限。

其次，实验还可以为解决这些问题提供有价值的指引。因为你可以对实验设计做一些小的改变，梳理出对这些变化的不同反应，你可以看到哪些干预措施比其他更好。因此，你可以把这些实验当作一个"风洞"，在那里你可以测试各种建议，看看哪些有效、哪些无效；因为直接在公司层面实施一套政策，结果却发现它们完全无效，或者更糟糕，给员工提供了错误的激励，这种错误的代价是十分高昂的。

第三，从实验中获得的见解可以补充通过现场研究学到的东西，同时，也能为带来更大的协作和效率的变革提供想法和方向。实验不仅为你提供了一种更好地处理潜在问题的机制，而且还为你提供了一种相对便宜的方法，让你知道如何实施有助于员工协作行动的政策。

20 世纪 80 年代末，艾奥瓦大学的研究人员 Russell Cooper、Douglas DeJong、Robert Forsythe 和 Thomas Ross 开展了一项宏大的项目，以了解协作失败（coordination failure）的问题。他们决定研究两性之争博弈和猎鹿博弈。他们提出了两个问题：①在这些游戏中，人们如何协调自己的行动？②如果他们不能协调，那么有什么机制或干预措施可以帮助他们实现更大的协作？

让我从第一个问题开始。他们让 99 名高年级本科生和 MBA 学生参加两性之争博弈，275 名高年级本科生和 MBA 学生参加两种不同版本的猎鹿博弈。他们设计了一套适当的博弈，保留了两个不同问题的激励结构。这两种博弈看起来与我在图 13.1 中所描述的博弈相似，不同之处在于两名玩家的策略被赋予了非情感标签，如一名玩家被赋予了"上面"和"下面"，另一名玩家被赋予了"左边"和"右边"。参与者玩了很多轮次，在每一轮结束时，他们会被随机重新配对，这样他们通常不会和另一个玩家玩一次以上。在任何情况下，所有的互动都是通过计算机进行的，所以没有人知道其配对玩家的身份。

当 Cooper 和他的同事们观察两性之争博弈中的行为时，他们发现了大规模的协作失败，这可能并不令人惊讶。所有互动中只有 48% 的轮次，玩家成功协作达到了一个可行的均衡；而在 52% 的互动中，由于未能实现协作，双方都没有获得任何收益。毫无疑问，这种协作失败大多数是由于每个玩家都在追求自己最喜欢的结果，也就是说，Pat 选择买一张歌剧票，而 Chris 则买了一张球赛票。这表明，当面临这样的问题时，像 Pat 和 Chris 这样的人会更可能选择在周年纪念日做自己想做的事情❶。

但更令人惊讶的是参与者在猎鹿博弈中的行为。在这个博弈中，玩家获得的回报是众所周知的，因为双方都很清楚，如果他们合作（猎鹿），而不是自己行动（猎兔），他们会获得更多的收益。然而，在 Cooper 团队进行的实验中，出现了大量的协作失败。绝大多数参与者都没有协作以实现收益主导的结果，而是选择了安全的结果。在一个版本的猎鹿博弈中，每个参与者必须从两种策略中选择一种，结果超过 80% 的参与者选择了安全策略，即猎兔，从而获得安全的结果。在另一个版本中，每个玩家都可以从三种策略中选择一种，这种缺乏协作的情况更加明显。Cooper 和他的同事们发现，在第二个游戏的参与者做出的 330 个选择中，只有 5 个是与收益主导结果相称的，剩下的 325 个都是导致安全和低回报结果的策略。

事实上，Cooper 等人发现，劣势策略的存在以及这些劣势策略所产生的回报对协作成功的程度有显著的影响。考虑一下表 13.1 所示的两个游戏。表面上看，这两个博弈都有三个纳什均衡——{1，1}、{2，2} 和 {3，3}，但这是不正确的。如果你仔细观察，你会发现双方的策略 3 都被策略 1 主导。以行玩家为例。如果列玩家选择策略 1，那么行玩家可以从策略 1 中获得 35 美元，而不是从策略 3 中获得 0 美元；如果列玩家选择策略 2，那么行玩家从策略 1 获得 35 美元，从策略 3 获得 0 美元；最后，如果列玩家选择策略 3，那么行玩家从策略 1 获得 70 美元，从策略 3 获得 60 美元。在每种情况下，策略 1 的收益全都高于策略 3。同样的参数也适用于列玩家。这意味着对双方玩家来说，策略 3 全都是劣势策略。如果我们消除了劣势策略，那么剩下的博弈就变成了标准的 2×2 猎鹿博弈，有两个均衡；收益主导均衡为 {2，2}，每个参与者收益为 55美元；风险主导均衡为 {1，1}，每个参与者收益为 35 美元。

值得注意的是，每个玩家都选择策略 3 的结果是每人获得 60 美元，这比他们在收益主导的均衡中获得的 55 美元要高。所以 {3，3} 可以被认为是一个联合最大值，但要达到这个值需要玩家都采取劣势策略，这可能需要更大的协作能力。

最后，表 13.1 两个博弈中一个有趣的事情是，如果玩家不能协作会发生什么。首先来看博弈 1。假设行玩家选择策略 2 是为了协作达到 {2，2} 收益主导的结果，而列玩家希望达到 {3，3} 的结果，使双方的收益最大化。列玩家选择劣势策略 3。这意味

---

❶ 这个例子出自第 6 章。

着玩家最终将获得 {2，3} 的收益，并且每个人都将一无所获（记住，因为博弈是对称的，适用于行玩家的参数也适用于列玩家）。但是，如果我们现在着眼于博弈 2，我们会发现在这个博弈中，行玩家不会因为错误协作导致 {2，3} 而得不到任何回报。在这里，行玩家得到 100 美元，而列玩家什么都得不到。

表 13.1　两个猎鹿博弈均存在一个劣势策略，从而导致不同结果 （单位：美元）

| 博弈 1 | | | |
| --- | --- | --- | --- |
| 行玩家 | | 列玩家 | |
| | 1 | 2 | 3 |
| 1 | 35，35 | 35，25 | 70，0 |
| 2 | 25，35 | 55，55 | 0，0 |
| 3 | 0，70 | 0，0 | 60，60 |
| 博弈 2 | | | |
| 行玩家 | | 列玩家 | |
| | 1 | 2 | 3 |
| 1 | 35，35 | 35，25 | 70，0 |
| 2 | 25，35 | 55，55 | 100，0 |
| 3 | 0，70 | 0，100 | 60，60 |

通常，博弈论认为，那些不属于任何均衡的单元格中的收益对玩家的选择没有任何影响。在经济学和其他学科中，这个概念的华丽术语是"无关备选方案的独立性"（independence of irrelevant alternatives）。这意味着无关的备选方案对我们的选择没有影响。在这个特定的例子中，这意味着当玩家选择劣势策略时，所发生的事情不会对博弈结果产生影响。这是因为我们假设玩家会通过排除劣势策略 3 来开始游戏。这让他们只剩下策略 1 和策略 2，理性的玩家应该不难通过协作实现 {2，2} 这一收益主导的均衡。

但是，正如我们现在所熟知的那样，无关的备选方案和劣势策略确实很重要。Cooper 等人发现，在游戏 1 中，不协作的惩罚是得到 0 美元（一无所获），大多数玩家最终都选择了风险主导的 {1，1} 均衡。但在游戏 2 中，惩罚不再存在，玩家发现更容易协作实现收益主导的 {2，2} 均衡。Cooper 等人认为，在这两个博弈中，玩家都将寄希望于其他玩家会选择劣势但是协作的策略 3。这并不奇怪，因为我们之前已经讨论过人类合作的问题。但是，这样做的话，当玩家无法协作并最终得到 {2，3} 的结果时，收益将对选择哪种均衡产生至关重要的影响。当我在讨论沟通在这类博弈中的作用时，还将进一步阐述这一点。

## 最小努力协作博弈

大约在 20 世纪 80 年代末，得克萨斯州农工大学的研究人员提出了一个更引人注目的例子，说明人们无法协调自身的行动以获得最大的回报。John van Huyck、Raymond Battalio 和 Richard Beil 研究了一个更复杂的猎鹿博弈版本。他们的设置实际上更好地代表了组织中的团队所面临的协作问题，比如那些致力于让飞机起飞的航空公司。Van Huyck 及其同事们将他们的博弈版本称为"最小努力博弈"（the minimum effort game）。

在他们的博弈中，一组玩家必须在 1 到 7 之间进行选择。这些选择是在没有任何沟通或互动的情况下做出的。每个人赚的钱取决于两个因素：①这个人选择的数字；②群体中某个人选择的最小数字。如果每个人都选了 7，那么每个玩家可以赚 1.3 美元；如果他们都选了 6，每个玩家赚 1.2 美元；如果他们都选了 5，每人赚 1.1 美元；以此类推，如果每个人都选择 1，每个玩家能获得 0.7 美元。但这里有个问题。因为收益不仅取决于你自己的选择（或你自己的努力水平），还取决于其他成员选择的最小数字（即群体中付出的最低努力），即使只有一个人选择小数字（低努力），选择更大的数字也是有风险的。如果你选了一个大的数字，而另一个人选了一个小的数字，那么你几乎什么都得不到。例如，假设你选择了 7，而另一个人选择了 1，那么你只能得到 0.1 美元。本质上，这就意味着偏离（高于）群体选择的最小数字，只会带来很少的收益。如果群体中只有一个人没选 7，而是选了 1，那么选 7 的人每人赚 0.1 美元，选 1 的人赚 0.7 美元。选择最小数字的人就有很大的能力去伤害那些冒险选择更大数字的人。表 13.2 显示了这个博弈的收益矩阵。

表 13.2  Van Huyck 等人（1990）最小努力博弈的收益矩阵　　　（单位：美元）

| | | 团队内选择的最小努力值 | | | | | | |
| --- | --- | --- | --- | --- | --- | --- | --- | --- |
| | | 7 | 6 | 5 | 4 | 3 | 2 | 1 |
| | 7 | 1.30 | 1.10 | 0.90 | 0.70 | 0.50 | 0.30 | 0.10 |
| | 6 | — | 1.20 | 1.00 | 0.80 | 0.60 | 0.40 | 0.20 |
| 玩家选择的 | 5 | — | — | 1.10 | 0.90 | 0.70 | 0.50 | 0.30 |
| 努力值 | 4 | — | — | — | 1.00 | 0.80 | 0.60 | 0.40 |
| | 3 | — | — | — | — | 0.90 | 0.70 | 0.50 |
| | 2 | — | — | — | — | — | 0.80 | 0.60 |
| | 1 | — | — | — | — | — | — | 0.70 |

这与飞机准时起飞的例子类似。以此为例，即使几乎所有小组都在规定时间内快速完成任务，而另一个小组却在磨蹭，飞机也不能按时起飞。这就浪费了认真工作的人所付出的努力。同样，在爬山中，即使所有人都在稳步前进，那一个掉队的人——薄弱的一环——也可能会阻碍团队前进。

因此，在这种最小努力博弈中，玩家会面临两个挑战。第一个是协调他们的行动，达到 1～7 之间的一个数字。这是因为如果其他人都选 1，你就不想选更高的数字，因为这会让你花钱。但是其次，你也希望团队能够共同协作，选择尽可能大的数字，因为这样每个参与者都能获得最高的收益。所以，如果每个人都选择 7，每个人就会过得更好，赚的钱也最多（相当于每个人都努力工作）。

但就像我之前提到的，即使几乎所有玩家都选择 7，而另一个玩家选择了 1，那么那个选择 1 的人——最低的数字或最低努力水平——可能会严重伤害其他玩家并减慢进程。如果你不相信群体里每个人都会选 7，你甚至怀疑组里有人会选 1，那么你就会想要规避风险，也选 1。通过选择 1，你将保证你的选择是组中最小的。如果每个人都这么想，那么他们也会选择 1。在这个结果下，你可以保证赚 0.7 美元。只要每个人都选择大数字，则更有利可图，但在没有与他人沟通或承诺的情况下，选择大数字也带来了低回报的风险，越偏离被选择的最小数字，你的情况就越糟！这就意味着，如果你不确定其他人是否会选择更大的数字，那么安全的做法就是选择 1，以保证 0.70 美元的收益。每个选择 1 的人在这个博弈中都是安全的。这和猎鹿博弈并没有什么不同。每个人选择 7 就像猎人合作猎鹿，而每个人选择 1 就像每个猎人自己独自去猎兔。

Van Huyck 和他的同事们招募了 107 名参与者，把他们分成 7 组。其中 4 个组每组 16 人，2 个组 14 人，1 个组 15 人。小组成员进行了 10 轮互动，每轮都选择一个数字。在每一轮结束时，会告知参与者小组成员选择的最小数字，但不告知是谁做出的选择。他们也不知道其他小组成员选择了什么数字。因此，一个小组中很多人（如果不是大多数的话）可能选择 7，而只有一个玩家选择 1。在一轮结束时，参与者只知道小组选出的最小数字是 1。由于每个玩家的收益取决于他／她的选择和小组选择的最小数字，只要知道了小组选择的最小数字，每个玩家都可以计算出他／她在特定轮次中会获得多少钱。小组的构成在整个实验期间都没有变化，所以同一组的人会反复互动，这会更接近现实生活中发生的情况。

记住，如果所有玩家都选择 7，他们将获得 1.30 美元，而如果他们都选择 1，他们将获得 0.70 美元。因此，在每一轮中，协作实现收益主导结果的收益几乎是协作实现安全结果的两倍。实验者会大声读出指导语，确保参与者都知晓这一事实。在表 13.3 中，我展示了一个 16 人玩 10 轮游戏的典型选择模式。在第一轮中，有 8 人选择了"7"，16 人中有 13 人选择了"5"或以上，没有人选择"1"，选择的最小数字是"2"。但是，随着时间的推移，人们不可避免地会选择更小的数字，比如在第 10 轮，16 个玩家中有 13 个选择"1"。前三轮的最小选择是"2"，其余七轮的最小选择都是"1"。

小组成员不能协作以获得收益主导结果的行为是惊人的！表 13.4 显示了 7 个小组在最小努力博弈中选择的最小数字。从这个表中可以看出，没有一个组能够通过协作实现高于 4 的数字。只有两组——第三组和第四组选择了 4，但这也是第一轮的情况。此外，在超过 3 轮的时间里，7 个小组中没有一个能够将最小选择保持在 1 以上。到第四轮时，每组至少有一人选择 1。此外，在大多数小组中，到第 10 轮结束时，大多数小组成员都选择了 1。第一组和第二组各有 16 名选手，16 名选手中有 13 人在第 10 轮选择 1。第 4 组有 15 名选手，其中 13 人在第 10 轮选择 1。因此，毫无疑问，这些玩家整体上是在协调他们的行动，但他们的协作却带来了可能获得的最糟糕结果。很明显，他们无法协作实现每个人都选择 7，并在每轮中获得 1.30 美元的收益主导结果。

表 13.3 Van Huyck 等人（1990）最小努力博弈中群体内个体选择的典型模式

| 数字选择 | 轮次 | | | | | | | | | |
|---|---|---|---|---|---|---|---|---|---|---|
| | 1 | 2 | 3 | 4 | 5 | 6 | 7 | 8 | 9 | 10 |
| 7 | 8 | 1 | 1 | 0 | 0 | 0 | 0 | 0 | 0 | 1 |
| 6 | 3 | 2 | 1 | 0 | 0 | 0 | 0 | 0 | 0 | 0 |
| 5 | 2 | 3 | 2 | 1 | 0 | 0 | 1 | 0 | 0 | 0 |
| 4 | 1 | 6 | 5 | 4 | 1 | 1 | 1 | 0 | 0 | 0 |
| 3 | 1 | 2 | 5 | 5 | 4 | 1 | 1 | 1 | 0 | 1 |
| 2 | 1 | 2 | 2 | 4 | 8 | 7 | 8 | 6 | 4 | 1 |
| 1 | 0 | 0 | 0 | 2 | 3 | 7 | 5 | 9 | 12 | 13 |
| 平均选择 | 5.81 | 3.88 | 3.88 | 2.88 | 2.19 | 1.75 | 2.06 | 1.50 | 1.25 | 1.56 |
| 最小选择 | 2 | 2 | 2 | 1 | 1 | 1 | 1 | 1 | 1 | 1 |

表 13.4 Van Huyck 等（1990）最小努力博弈中各群体最小选择的典型模式

| 组别 | 轮次 | | | | | | | | | |
|---|---|---|---|---|---|---|---|---|---|---|
| | 1 | 2 | 3 | 4 | 5 | 6 | 7 | 8 | 9 | 10 |
| 1 | 2 | 2 | 2 | 1 | 1 | 1 | 1 | 1 | 1 | 1 |
| 2 | 2 | 1 | 1 | 1 | 1 | 1 | 1 | 1 | 1 | 1 |
| 3 | 4 | 2 | 2 | 1 | 1 | 1 | 1 | 1 | 1 | 1 |
| 4 | 4 | 2 | 3 | 1 | 1 | 1 | 1 | 1 | 1 | 1 |
| 5 | 3 | 2 | 1 | 1 | 1 | 1 | 1 | 1 | 1 | 1 |
| 6 | 1 | 1 | 1 | 1 | 1 | 1 | 1 | 1 | 1 | 1 |
| 7 | 1 | 1 | 1 | 1 | 1 | 1 | 1 | 1 | 1 | 1 |

　　缺乏成功协作在多大程度上取决于团队规模呢？Van Huyck 及其同事们使用的群体比较大，有 14～16 人。那么较小的团队会做得更好吗？Van Huyck 及其同事们对此博弈进行了重复，但这次每组只有两名玩家。他们发现，这两名参与者在大多数时候都成功地进行了协作，使得双方都选择 7。所以，在两人组中，协作失败并不是一个问题。因此，不能成功协作似乎是大群体的问题。但是到底"大"是多大呢？芝加哥大学的 Marc Knez 和加州理工学院的 Colin Camerer 给出了答案。他们让参与者以三人为一组，参加一种最小努力博弈的变体。三个玩家的小组并不能完全成功地协作，达成收益主导结果。因此，三人组似乎就大到足以破坏协作，而更大的小组应该会做得更糟。

　　随后的许多研究都重复了这一现象，即群体无法协调一致地获得收益主导的结果。很明显，这些结果是可靠的，并非 Cooper 及其同事们或 Van Huyck 及其同事们所做的实验所独有的发现。经济学家对经济主体的理性以及他们寻找机会赚取最大收益的能力抱有极大的信心。不用说，Cooper 及其同事们或者 Van Huyck 及其同事们所报告的结果让大多数经济学家大吃一惊。在这些结果发表之前，经济理论家就已经指出，当遇到猎鹿博弈式问题时，理性的经济主体可以使用其演绎推理能力，发现他们应该通过协作来获得收益主导结果；毕竟，这是能赚到最多钱的结果。

这些结果推翻了这个猜想。这表明，在没有任何干预的情况下，如存在某种规则或惯例，或没有与其他成员沟通的可能性和做出承诺的机会，理性的聪明人可能会很难协作以实现收益主导结果。然而，Van Huyck 及其同事认为，这并非源于演绎推理的失败，因为人们并非不清楚，如果他们都选择 7，并协作实现收益主导结果，他们就会赚更多的钱。相反，未能实现收益主导结果是由策略不确定性（strategic uncertainty）造成的；也就是说，人们不愿意选择大的数字，是因为他们不完全相信群体中其他人也会这么做。所以，在某种程度上，这归根结底是一个信任的问题。只要团队中某个特定成员知道他可以信任其同伴，并且相信他们也会努力工作，他就会非常愿意努力工作。但如果群体成员有任何疑虑，哪怕是很小的疑虑，担心群体中至少会有一个人最终选择 1，就会导致他们也选择 1，从而破坏了协作实现收益主导结果的可能性。因此，关键问题是在参与者的头脑中建立适当的乐观信念（optimistic beliefs），即相信团队成员都会选择与收益主导结果相称的策略。

正如我上面所指出的，这并不意味着大多数团队或组织在协调团队成员的行动方面真的如此糟糕。事实上，大多数公司都很擅长解决这类问题。但这些结果清楚地表明：①在这种情况下，对于其他成员行动的策略不确定性挥之不去；②如果缺乏可以缓解协作失败问题的有效干预，这种策略不确定性可能会导致大规模的协作失败和一些严重的次优结果。因此，反过来，这又会让人们去探寻应该采取何种形式的干预措施，并去分析哪些干预措施会比其他措施效果更好。这就是我接下来要阐释的。

但在此之前，我需要指出以下几点。在讨论促进协作的干预措施时，我会更多关注猎鹿博弈中的协作。这有两个原因。首先，两性之争博弈所包含的问题（例如键盘排布、操作系统、电视广播系统、电力、在道路哪边开车等标准的采用）往往极其依赖于历史。也就是说，一个特定标准的采用是由于一个历史上的偶然事件，或者因为某人首先发明了某个东西或发现了某件事，而这个最初的事件在很大程度上决定了事件的发展过程。

这就像有一条突起的山脊，降雨会落在这个分水岭的两侧。落在分水岭一侧的雨滴最终会流到一个海洋或水体中，而落在分水岭另一侧的雨滴通常会流到陆地另一侧的海洋或水体中。因此，一旦一个人或一个团体开始使用 QWERTY 键盘，其他人也会开始使用它；电影制片厂会追随先行者，在好莱坞周边建厂；初创网络公司会聚集在硅谷，而其他高科技公司则会被马萨诸塞州的 128 号公路所吸引。但这也意味着，一旦玩家、团体和组织锁定于其中一种选择，就很难诱使相关各方改变策略，走向不同的结果。因此，在这种情况下解决协作失败是比较困难的（也不那么必要）。

第二，很可能是由于第一个困难，更多的研究试图了解如何促进猎鹿博弈中的协作，而不是两性之争博弈中的协作。此外，猎鹿博弈与许多组织面临的问题更为相关，因此，经济学家花了更多时间去了解如何解决此类情况下的协作失败问题。

## >> 解决协作失败

### 沟通与公开声明

我们如何在一个协作博弈中协调人们的行动以达到一个有效的均衡？或者换句话说，我们如何避免人们无法协作，以一个糟糕的结果告终？一个显而易见的答案是允许人们沟通。不可否认，在无干扰、情境中立的实验室环境中，人们不能很成功地使用演绎原则来协调他们的行动。但是，在日常生活中遇到这些问题的人彼此是同伴或同事，他们会在喝咖啡时或在饮水机旁聊天。这种与团体其他成员沟通的能力肯定足以消除任何策略上的不确定性，避免导致实验室中那样的大规模协作失败。

如果你和经济学家交谈，你会经常听到"空谈无用"这句话。他们的意思是，在涉及策略性决策的各种情境中，人们可以承诺他们会以特定方式——公平或合作行事。但当到了真正要作出决定的时候，没有什么能阻止他们违背承诺，特别是如果这样做会让他们的经济状况更好的话。因此，"空谈无用"论点实质就是完全不认可承诺具有约束性。因为在许多情况下，尽管早些时候作出了承诺，但事后执行承诺很困难，从而给机会主义行为留下了可能性。如果一个人不能遵守他的承诺，那么承诺或谈话并不是未来行为的良好指标。然而，正如我在前几章中所论述的那样，在很多环境中，人们的行为远没有经济学理论所暗示的那样机会主义。许多人（如果不是大多数的话）会对违背善意的承诺感到道德上的内疚，因此，我们应该期待这样的承诺会产生影响。我在第12章中也提到了无用空谈信息的功效，在那一章中我们讨论了沟通在促进合作中的作用。

Cooper 和他在艾奥瓦州的同事们很快就发现了这个问题。他们决定看看如果允许玩家在两性之争博弈和猎鹿博弈中沟通，会发生什么。这里的一个问题是如何组织这种沟通。经过深思熟虑，Cooper 及其同事们决定让参与者做一个简短的声明，而不是进行无组织的自由对话。这主要是因为在这种自由谈话中，人们往往很难提炼出谈话内容的精髓。人们经常可能因为不严谨，做出不同的，甚至相互矛盾的声明，因此很难知道某个特定参与者真正提倡的行动方案是什么。这也可能导致失去实验控制。结构化语句的优势在于，它们通常不那么模棱两可，并清楚地表明参与者希望采取的行动方案，比如"我将选择猎鹿"。

Cooper 及其同事们还决定研究两种不同类型的沟通：①两个玩家中只有一个可以发表声明；②两个玩家都可以发表声明。玩家也可以选择保持沉默。这些结果并不令人意外，或者可能只会让那些对"空谈无用"表示怀疑的经济学家感到意外。Cooper 及其同事们首先研究了两性之争博弈。当两个参与者中只有一个人可以发表声明时，他／她几乎总是宣布将采用能给其带来更高回报的策略（所以 Pat 说的是"歌剧"，Chris 说的是"棒球"），但一旦发表声明，几乎 100% 的情况下都会出现协作。Cooper 及其同事们观察到，在 330 种结果中，只有 16 次玩家未能实现一个均衡。

然而，当他们转向两个玩家都可以宣布声明的情况下，结果并不令人满意。该条件下出现了更多的不均衡结果，很大程度上是因为每个参与者现在都倾向于宣布他／她将采用能给他／她带来更高收益的策略。然而这些结果清楚地表明，与经济学家的假设相反，不具约束力的"无用空谈"信息可以非常有效地促进协作行为。

正如上文提到的，对于经济学家来说，更有趣的协作问题是猎鹿博弈。在这个博弈中，玩家需要协作以获得收益主导结果。Cooper 及其同事们决定研究两种不同的猎鹿博弈：①玩家从两种策略中选择一种；②一个更复杂的博弈，玩家可以从三种策略中选择一种。和以前一样，他们既允许"单向"声明，即其中一方可以就他／她的策略选择发表声明；也允许"双向"声明，即双方玩家都可以发表声明。

当两名玩家中只有一人可以发表声明时，肯定会比没有发表任何声明时产生更多的协作，但这并不像人们所期望的那样多。在大约 13% 的情况下（165 个案例中的 21 个），做出声明的玩家实际上声明他／她将使用猎兔这一安全策略；而在大多数情况下（165 个中的 144 个，87%），玩家选择声明他／她将猎鹿。尽管如此，这只在 60% 的情况下导致双方都选择了猎鹿，从而获得收益主导结果。在 51 个案例中（35%），玩家在其中一个玩家承诺猎鹿后，仍然获得了一种不均衡的结果。这让人感到意外，并表明单向声明并不能有效地消除玩家心中的策略不确定性，即双方玩家在声明后都会真正选择猎鹿❶。

然而，一旦 Cooper 及其同事们允许双方都发表声明，协作就大大改善了。在 95% 的情况下，每个玩家都宣布他将猎鹿。在 91% 的案例中，玩家成功地协作实现了收益主导结果。因此，允许两个玩家都宣布一个策略似乎可以保证两件事：①两个玩家都将压倒性地宣布采用能够带来最大收益的策略；②这的确会导致协作以达成这个结果。

Van Huyck 及其同事们还探索了沟通在促进和加强群体间协调方面的作用，并决定采取略微不同的策略。他们想出了一个看似简单却极其有效的想法。他们决定，与其让玩家公开宣布，不如让一个外部仲裁者来宣布。外部仲裁者的作用很简单，就是向

---

❶　这里需要反复强调的是，我经常使用"猎鹿"一词来指代收益占优策略。我认为，在所讨论的情况中，读者会很清楚这就是"猎鹿"所指的意思。这也是一种简单的利于记忆的方法，能够立即提醒读者这些游戏背后的动机本质。

玩家指出，如果他们成功地协作实现收益主导结果，他们的经济状况就会好很多。因此，选择可以导致这种结果的策略，将符合他们的最大利益。当然，玩家可以完全无视这个声明，选择任何他们想要的策略。Van Huyck、Ann Gillette 和 Raymond Battalio 发现，在几乎 100% 的情况下，简单指示玩家选择与收益主导结果相匹配策略的声明都会导致实现这种结果的协作。

如果你想知道如何通过这样的公开声明来促进协作，加利福尼亚大学洛杉矶分校的 Michael Suk-Young Chwe 指出，组织其实一直依赖这样的公开声明。这一般是采取在活动期间进行电视广告的形式。例如，在美国，收视率最高的赛事是超级碗，即美国国家橄榄球联盟的冠军赛。Chwe 指出，超级碗期间电视广告的最新趋势是网站广告的出现。在 1999 年的超级碗期间，HotJobs.com 在一个广告位上花费了将近一半的年收入，而 Monster.com 购买了两个广告位。这两家都是招聘网站，它们的成长实质就是一个协作问题。只有当一个雇员知道雇主也在那里找应聘者时，他 / 她才会想在这些网站上找工作，而只有当雇主确定在这个网站上有足够多的潜在求职者时，他 / 她才会列出其要招聘的岗位。

在《理性仪式：文化、协调与共同知识》（*Rational Ritual：Culture，Coordination and Common Knowledge*）一书中，Chwe 写道：

> 因为每个人只有在其他人参与时才会想参与，所以每个人必须知道其他人也收到了消息。同样，每个人都知道，其他人也需要相信其他人会参与，所以每个人都必须知道，其他人也都知道其他人已经收到了消息，等等。换句话说，仅仅了解信息是不够的，还需要对他人了解程度的了解，对他人对他人了解信息程度的了解，等等——这就是"共同知识"。因此，要理解人们如何解决协作问题，我们应该着眼于产生共同知识的社会过程。

然而，当 Cooper 及其同事们研究更复杂的博弈，即允许人们从两种以上策略中进行选择时，事情就变得扑朔迷离了。这些博弈允许人们从两种以上的策略中选择，比如 Van Huyck 及其同事们研究的最小努力博弈，参与者必须从 7 个可用策略中选择一个，或者如表 13.1 所示的那种博弈，参与者需要从 3 个策略中选择一个。当 Cooper 及其同事们研究了每个玩家有 3 种选择的更复杂博弈时，他们发现玩家会更难协作以实现收益主导的均衡。这在很大程度上是因为，现在的玩家通常会宣布使用截然不同的策略。实际上，在这种情况下，当只允许一名玩家发表声明时，玩家会更轻松地做出选择。当只有一个玩家可以做出承诺时，在 165 个案例中，有 118 个（72%）人宣布使用"猎鹿"策略，而在这 118 个案例中，玩家协作成功地实现了 111 次收益主导结果❶。

---

❶　如前所述，我使用"猎鹿"作为收益占优策略的缩写。在这些博弈中，有时会有两种以上的策略，但当每个参与者选择与这种均衡相称的收益占优策略（"猎鹿"）时，总会出现收益主导均衡。

但当允许两位玩家都发表声明时，就乱成一团了。当两名玩家都宣布想要"猎鹿"时，通常会导致收益主导结果。但问题是，在超过一半的情况下，玩家会宣布希望选择一种不同于"猎鹿"的策略。实际上，玩家想要"猎兔"的声明占到了25%。无须多说，由于玩家经常宣称他们想要使用"猎鹿"之外的其他策略，这意味着在这个更复杂的博弈中，他们很难协作实现收益主导结果。

部分原因是现在玩家需要解决两个而不是一个协作问题。换句话说，他们现在需要解决两个连续的协作问题，即第二个博弈的成功取决于第一个博弈的成功。如表13.1所示的博弈，他们首先必须协作进行声明，比如采用策略1、策略2或策略3。一旦他们做到了这一点，那么他们就需要在所声明的策略上进行协作。这并不容易。正如我们上面所讨论的，行玩家可能认为每个人都知道策略3是劣势策略，合理的做法是协作以达成收益主导的{2，2}。所以，行玩家会声明采用策略"2"。同时，列玩家认为，很明显玩家都应该选择"3"，因为这会使双方玩家的收益最大化，即使它是一个劣势策略（毕竟，我们已经知道很多人在社会困境博弈中选择"合作"，即使搭便车是占优策略）。因此，列玩家声明采用策略"3"。现在，{2，3}单元格的收益也很重要。如果在表13.1的博弈1中，收益是{0，0}，那么在这些声明之后，任何一个玩家都不想以这个单元格的结果告终。如果这是博弈2，行玩家在{2，3}的收益是100美元，而列玩家是0美元，在{2，3}的声明之后，行玩家可能仍然想选择策略2，但列玩家不会想选择策略3。所以他们会怎么做呢？是行玩家听从列玩家挪到策略3，还是列玩家听从行玩家挪到策略2？如果他们都为了避免{2，3}的结果而移动，那么他们很可能会以另一个{3，2}的不平衡结果结束。这对列玩家来说是好事，他可以得到100美元，但对行玩家来说就糟了，他什么都得不到。

Cooper及其同事们得出结论，在玩家可以从3种策略中选择一种的博弈中，声明的效果不太好。这一结论得到了巴塞罗那经济分析中心的Jordi Brandts和蒙特利尔大学的Bentley McLeod的证实。他们还发现，在更复杂的博弈中，向玩家推荐特定策略（类似于Van Huyck、Gillette和Battalio的方法）并不能很好地让玩家协调他们的行动，因为这种博弈的收益主导结果也是有风险的，也就是说，对于玩家来说未能协作实现这个结果可能会导致一个糟糕的结局（只得到很少的钱）。

匹兹堡大学的Andreas Blume和布拉格查尔斯大学的Andreas Ortmann研究了沟通在最小努力博弈中的影响，玩家需要在1和7之间选择一个数字。他们让12组人玩这个游戏，每个小组有9名成员，共进行8轮博弈，整个小组的构成一直保持不变。其中4个组在没有任何机会沟通的情况下玩最小努力博弈，而其他8个组则可以沟通。按照Cooper及其同事们的做法，Blume和Ortmann让玩家发表一个公开声明，而不是进行无组织的对话。在这8轮游戏中，每轮都有两个阶段。在第一阶段，玩家可以相互发送信息，声明他们将在第二阶段选择什么数字。因此，在阶段1中，玩家可能会说

"我将选择 7"，这一信息将通过电脑屏幕传达给其他成员。一旦所有的玩家都得到过机会发送信息，实验就进入了第二阶段，参与者要做出实际的数字选择。第一阶段的信息是"无用空谈"，因为参与者没有做出有约束力的承诺。玩家可以在第一阶段说他会选择 7，但在第二阶段自由改变主意，选择不同的数字，没有人可以强迫他在第二阶段选择他说他会选择的数字。

Blume 和 Ortmann 发现了两件事。首先，毫无疑问，能够发送信息有助于协作。因此，能够相互发送消息的小组比没有这种机会的小组能够更好地进行协作。但第二点，非常令人惊讶的是，群体仍然很难一致协作实现收益主导结果。在有机会交流的 8 组中，只有一组参与者在所有 8 轮中都坚持选择 7。其他小组取得了不同程度的成功，但没有一个小组能够在整个 8 轮比赛中保持全部选择 7 的结果。

这些结果表明：首先，现实生活中的协作问题并不像早期实验室实验中那样具有挑战性，因为实验中往往使用的是脱离生活环境的语言，也不允许参与者有任何交流的机会。其次，在现实生活中，被试或许可以通过与团队成员以某种形式交谈，来解决这样或那样的协作问题。最后，与此同时，这些实验也表明，让参与者始终一致地协作实现收益主导结果，比人们想象的要困难。与缺乏沟通的情况相比，双方或多方沟通能促进更大程度的协作，但似乎仍不能成功地让参与者一致地协作以实现收益主导结果，特别是在以下情况下：①博弈很复杂，允许玩家做出两个以上的策略选择；②博弈涉及大量玩家，这里的"大"意味着有三个或以上的群体成员。

在某种程度上，参与者不能很好地处理多边信息，这个事实可能并不那么令人惊讶。这里的重点是减少策略不确定性，让每个人都相信其他人会选择猎鹿。因此，与所有人都可以发表声明相比，当只有一个人可以宣布"我要去猎鹿"时，其他人能更容易地协调他们的行动；如果每个人都可以发送消息，这实际上就会造成两层协作问题。现在，每个人都必须首先协调一致地传达相同的信息，尽管这是无法保证的，并且在成功地做到这一点之后，他们必须继续成功地、协调一致地采取相同的行动。太多的信息选择似乎不利于更大的协作。

这反过来又促使研究人员开始思考，除了沟通之外是否有其他方式来促进组织中的协作。接下来，我将研究这些不同的方式。我想再次提醒的是，下面我将把注意聚焦在猎鹿类博弈上，原因我在前面提到过。

## 金钱激励与强势领导

大多数经济学家认为，各种各样的经济问题都可以通过正确的激励措施来解决。所以，显而易见的问题是：我们能否通过激励员工有效地协调他们的行动，来改善组织的协作情况？如果是这样，这些激励应该采取什么形式？

巴塞罗那经济分析研究所的 Jordi Brandts 和 David Cooper（当时就读于凯斯西储大学魏德海管理学院，现在佛罗里达州立大学工作）联手探讨协作问题，特别是在经济组织的背景下，并设计了一组模拟公司内部运作的实验。为了给他们的设置增加更多的真实性，他们放弃了使用非情感和脱离生活环境语言的标准经济实验，选择在更现实的语境中提供说明。他们将 Van Huyck 及其同事研究的最小努力博弈转化为"企业周转博弈"（corporate turnaround game）。在这个游戏中，参与者被称作为"公司"工作的"员工"，每家公司有 4 名工人和 1 名经理。工人们可以从 0、10、20、30 或 40 这五个数字中选择一个，这相当于选择一周工作多长时间。选择"0"意味着什么都不做，而选择"40"意味着每周工作 40 小时。收益主导结果是所有员工都选择每周工作 40 小时，而安全结果是所有员工都懈怠，选择 0。研究包括了来自巴塞罗那和克利夫兰两地的 60 家公司，240 名员工。

经理的目标是通过选择适当的激励奖金，使工人协作实现收益主导结果。工人的工资取决于固定工资和激励奖金，激励奖金的数额取决于被（团队中某人）选择的最低工作小时数。工人们能挣到的奖金是用公司成员选择的最低工作时数乘以一个常数（即奖金率）。因此，企业周转博弈保留了最小努力博弈的特点，因为一个员工选择懈怠，就会降低整个团队的最小努力，导致每个参与者（包括那些工作更努力的人）奖金减少。这也意味着，即使群体中有一个人选择不付出任何努力，那么整个群体的有效奖金也是零。但如果最低工作时数大于零，那么所有的工人都将获得适当的奖金，这取决于最低工作时数和奖金率。

参与者共进行 30 轮博弈，分为三个区块，每个区块 10 轮，公司的构成在整个 30 轮中保持不变。这意味着这四名工人在整个过程中都要相互沟通，让他们建立信任，并形成一种团体感。此外，在现实生活中，大多数面临这种协作问题的群体实质也是固定的，因为这需要同一群人在很长一段时间内进行互动。但与此同时，群体的固定属性也可能加剧依赖过去经验的问题，也就是说，一旦一个群体陷入低水平或不协调的陷阱，如果他们反复与相同的人互动，他们可能会更难爬出这个陷阱。

在 Brandts 和 Cooper 进行的第一项研究中，经理扮演了一个被动的角色，激励奖金的大小实际上是预先确定的。在每一种情况下，第一个区块 10 轮博弈的奖励都设置在一个非常低的水平。Brandts 和 Cooper 是故意这样做的，因为他们希望工人在他们的协作尝试中无法成功。也就是说，他们希望在第一区块的第 10 轮结束时，每个公司的工人都选择接近于 0 的小数字。这样每个公司在 10 轮结束时都会经历严重的协作失败。他们这样做的原因是：如果企业没有经历协作失败，那么实际上就不会有需要解决的问题。只有当公司正在经历协作失败时，人们才能研究改变激励措施是否会影响员工实现更好的协作。所以 Brandts 和 Cooper 实际上就是想要在第一区块的 10 轮中建立一种协作失败的历史记录，然后来看增加激励奖金率是否能让人们打破这种情况，实现更大的协作。

通过设置相当低的奖金率，Brandts 和 Cooper 成功地让这些公司陷入普遍的协作失败。在第一区块的 10 轮中，选择的最小努力确实很低，71% 都是 0 小时。在第一区块的 10 轮中，所有公司在所有轮中的最少工作时间平均值仅为每周 5.71 小时。也就是说，平均下来，所有公司在前 10 轮，工人每周投入的最低工作时间约为 5.71 小时。大多数公司都在经历严重的协作失败，许多工人选择完全逃避工作，每周不投入任何时间。在第 10 轮中最小努力值为 0 的 45 家公司中，43 家有一个以上的工人选择 0，26 家的 4 个工人都选择 0。

问题是：奖金率的增加能否诱使工人打破这种协作失败的陷阱，使他们更努力地工作呢？答案是肯定的，但有一个转折。Brandts 和 Cooper 研究了奖金率三种可能的增加：①增加 33%；②增加 67%；③增加 133%。Brandts 和 Cooper 发现，提高奖金率对协作有较大的正向影响。当奖金率提高时，平均努力水平也有较大增长，但奇怪的是，奖金率实际增加的大小似乎并不重要。虽然所有三个增量都带来了更高的努力，但 133% 的增量并不比 33% 的增量更能提高表现！因此，员工似乎会对更高的奖金有反应，但是一旦超过一个点，只要他们因为更努力工作而得到奖励，实际的增量就变得次要了。当然，考虑到工作努力会有一个上限，无论奖金提高了多少，奖金所能带来的改进也会有一个上限。

还有其他一些有趣的发现。一旦奖金率提高，员工就会因为工作更努力而得到奖励，大多数员工确实会从零开始更加努力。但随着时间的推移，分歧出现了。在一些群体中，努力程度更高的员工会把更不听话的同事拉上来；但在另一些群体中，落后者不会增加自己的工作努力程度，这最终会打击其他正在努力的人，而努力的员工最终也会相应地降低自己的工作努力程度。因此，在微观层面上，高奖金对每家公司的影响是不一样的——它对一些公司的影响比对另一些公司的影响要大。

在某种程度上，奖金是否有效取决于"强势领导"（对奖金增加回报以大幅增加工作努力程度的员工）的存在。在一个特定的群体中，"强势领导"越多，会有越多人在奖金增加之后显著增加其工作努力程度，也就使公司在提高其平均生产率方面做得更好。我将很快在下面再次提到这一点。

Brandts 和 Cooper 还发现，一旦公司成功地摆脱了低努力陷阱，降低奖金率并没有什么坏处。这对公司来说是个好消息，因为支付奖金是昂贵的，而且会影响公司的财务。因此，似乎工人们需要的只是一根临时拐杖。一旦更高的奖金减少了策略不确定性，使他们能够提高生产率，即使奖金后来减少，他们也可以设法保持协作。

最后，Brandts 和 Cooper 提出了这样一个问题：一家公司经历生产率低下的时间长短和士气低落有关系吗？那些长期陷入低生产率陷阱的公司是否更难翻身？不出所料，答案是肯定的。当协作问题持续时间较长时，奖金的有效性就会降低。当提早引入奖金激励时，许多员工（比如"强势领导"）会更加努力并坚持下去，最终他们也会把落后的员工拉到更高的努力水平。但是，当协作失败的问题恶化持续更长的时间，尽管引入奖金之后，"强势领导者"确实相应地增加了他们的努力水平，但当其他人没有迅速效仿时，他们很快就放弃了，并减少了他们的努力。看来，长期的协作失败导致了更大的悲观主义，甚至在那些对激励增加做出积极反应的更有活力的"强势领导者"中也是如此。

在一项后续研究中，Brandts 和 Cooper 给每家公司都带来了第 5 名参与者——经理。在之前的研究中，奖金率是预先确定的，每个区块每次 10 轮，而现在，经理有权决定在一轮又一轮中，他 / 她想支付给工人多少奖金。此外，经理还可以发送信息，试图劝说工人付出更大的努力。现在的"公司"由 4 名工人和 1 名经理组成，在 30 轮的互动中，公司的组成在整个过程中保持不变。在前 10 轮中，经理完全是被动的，不参与任何进程。再一次，我们第一区块的目标是让公司的工人陷入一个低（或无）协作陷阱，然后让经理加入，通过明智地使用信息和 / 或奖金来改善协作。因此，经理在后面 20 轮博弈中发挥了积极作用。与之前的研究一样，在每一轮中，工人都要在 0 ～ 40 之间选择一个努力程度。经理只能看到工人中付出的最低限度的努力，而不能看到每个工人付出的努力；因此，在某种意义上，经理无法区分谁在努力工作，谁没有在努力工作，但可以判断出流水线是否在快速运转（与前一项研究相比，第二项研究的参与者实际上得到的反馈更少，这使解决协作问题变得更加困难）。一旦经理接手，他 / 她可以使用（为增加工人努力程度而设的）绩效奖金以及劝诫信息，来促进更大的协作。

Brandts 和 Cooper 发现，混合使用劝诫信息和适当的绩效奖金，确实能成功地提高协作和生产率，这也不足为奇。但令人惊讶的结果是，沟通，即发送信息的能力，似乎是一种比单纯发放绩效奖金更有效的工具。以下是 Brandts 和 Cooper 的看法：

> 我们的研究结果强调了沟通的重要性。随着沟通渠道的增加，员工的努力和管理者的利润都会增加。沟通是一个比财务激励更有效的工具……这是我们论文的核心结论——对于那些试图克服失败的管理者来说，在很大程度上决定你成功的是你说了什么，而不是你付出了什么。虽然管理者尝试了各种各样的沟通策略，包括复杂的多回合计划，但最成功的沟通策略相当简单：明确要求所有员工选择一个高努力水平，强调在一个高努力水平上协作的共同利益，并向员工保证他们会得到良好的报酬（虽然没有必要实际给他们很多）。换句话说，通过良好的协作机制，管理者可以在这种环境中取得成功。

并不难看出为何良好的沟通是一种更有利可图的策略，毕竟信息的成本远低于激励奖金！因此，如果你能使用适当的劝诫信息来提高业绩，那么你的盈利能力就会大大提高，而非被迫选择支付更多的工资来激励员工。这是否意味着激励奖金不重要，而简单的"无用空谈"信息（比如一句巧妙的"好样的"或拍拍背）就足以改善陷入低生产率泥潭的公司的业绩呢？ Brandts 和 Cooper 认为并非如此。他们接着补充说，金钱激励很重要，但要与适当的劝诫信息相结合。单纯加强激励是糟糕的管理策略；有必要通过传递这样的信息来强化财务激励，即每个人都更努力工作，每个人都能过得更好。在这个意义上，Brandts 和 Cooper 的研究结果为 Van Huyck、Gillette 和 Battalio 的研究结果增加了分量，他们也研究了外部仲裁机构发布信息的有效性。激励奖金与信息的结合似乎是一种更好的协作手段，能够更好地减少参与者之间的策略不确定性。

之前的研究着眼于管理者是否能发挥作用；但这项研究中的"管理者"毕竟是一名本科生，他几乎没有真正的管理经验。要想知道管理者是否真的能让员工进行协作，就得看看现实生活中的管理者。如果让员工以协作方式工作是许多组织的中心问题，那么成功的管理者应该善于解决这种协作失败。这有两个原因：首先，那些更善于激励员工的人最终打败了其他人，登上了高级管理职位；其次，他们担任管理职位的事实也意味着，他们在处理协作失败的问题上有更丰富的经验，这反过来使他们有宝贵的见解和知识，知道哪些策略比其他策略更有效。

这就是 David Cooper 接下来要研究的。（这个例子表明，实验经济学家越来越多地从通常的学生群体之外吸引参与者。）但如何让真正的管理者来到实验室，参与到这个游戏中来呢？魏德海管理学院的 EMBA 课程提供了一个解决方案。EMBA 课程的学员都是经验丰富、成功的管理者，至少有 10 年的工作经验，其中包括 5 年的管理经验。Cooper 发现，管理者的经验确实很重要，因为当 EMBA 课程的学员在企业周转博弈中扮演管理者角色时，他们能够比扮演管理者角色的学生更快地克服协作失败的历史。这种卓越的表现不是通过支付给工人更多钱来驱动的，而是通过发送更有效的信息来更好地激励员工。

为了解哪种沟通策略更有效，Cooper 将发送的各种信息分成适当的类别。例如，其中一个类别是"要求付出努力"。在这一分类下，有三个子类："礼貌""粗鲁"和"具体努力程度"。Cooper 发现，职业经理人比学生经理人更善于沟通，而且他们对于哪种信息能更好地减少员工的策略不确定性有更好的直觉。"真正的"经理说的事情与"学生"经理说的事情并没有太多不同，但"真正的"经理会更频繁地说出正确的话。例如，职业经理人更有可能要求员工付出具体的努力，也更有可能给予员工鼓励。一个显著的区别是，职业经理人明确表示"信任同事"的可能性是学生经理人的 6 倍。

Cooper 补充道：

> 要理解为什么这种特定的沟通策略会有效，回想一下协作在很大程度上其实是一个信念的问题。沟通与信念相关，从而导致与行动的关联。有了良好的沟通策略，经理就会建立一个共同的信念，即大多数员工会选择高努力水平。当经理要求员工付出具体的努力时，这一点最明显。更微妙的是，经理指出了成功合作的互利……创造了所有员工都会选择高努力水平的期望，以享受更高的回报，让每个员工都能更安全地提高他自己的努力水平。

## 建立信任的文化适应过程

到目前为止，我们的讨论引出了两个主题。首先，在没有任何交流或其他干预措施的情况下，在完全脱离生活环境的实验室环境中，参与者往往发现很难协调他们的行动。第二，一些干预措施，例如各种沟通机制或绩效奖金，即使不能完全解决这个问题，也可以在很大程度上缓解问题。放眼现实世界，虽然大规模协作失败在许多组织中是现实，但许多其他组织似乎确实充分地解决了这些问题。至少，许多组织并没有像实验室中最坏的情况那样功能失调，不少组织确实在解决这些问题方面做得很好。

它们是怎么做到的呢？他们很可能依赖于以上建议方法的组合，但可能还有另一种促进协作的选择——新员工的文化适应过程。公司会开展各种活动，试图在员工之间建立信任和促进团队合作。这包括由公司更资深的成员指导新人，有时还包括团建活动，例如攀岩或漂流，以促使团队成员相互依赖和支持，并在队友之间建立信任。

卡耐基梅隆大学的 Roberto Weber 想了解文化适应过程是否能帮助员工学会更好地协调他们的行动。我们已经知道，通常情况下，一个小团队（比如两个玩家）更容易协调行动。只有当团队开始壮大时，问题才会出现。然而，在现实生活中，许多大公司和组织确实做到了让员工协调一致行动。Weber 推测，这可能是由于公司的创始成员是一个小团队，他们设法解决了协作问题，由此，他们建立了一套规则或自治规范。随着团队的成长，新进入者会接触到这些"好的"规范，适应其中的文化，并设法维持已经建立的协作规范。所以，我们的想法是从小团队开始，尽早建立一个协作的规范（这在小团队中更容易），然后慢慢发展，同时让新成员接触到已经建立的规范，并期待他们遵守它。这将使组织得以壮大，但仍然保持协作。

Weber 使用了 John van Huyck 及其同事最初研究的最小努力博弈，想看看它是否真能让小团体首先设法协调他们的行动，然后在保持这种协作的情况下扩大规模。我想提醒大家的是，在最小努力博弈中，每个参与者在 1 到 7 之间选择一个数字，他／她获得的回报取决于其选择的数字和小组中其他人选择的最小数字。不管如何，如果所有小组成员都设法协调其行动选择 7，每个人都会更好，并获得最大的收益。

Weber 研究了三种处理方式：①控制处理。一组 12 名参与者在 12 个时间段内玩最小努力博弈。②"历史"处理。每个小组一开始有两名玩家，团队中其他成员最初并不参与其中，只是观察最初玩家在做什么；每隔几轮，就会有一个人加入博弈，并开始与之前玩家一起博弈，这样所有 12 名玩家都将参与最后几轮博弈（在某些情况下，Weber 会同时增加不止一个人，但这只是例外，而不是规律）。Weber 指出，这种"历史"处理是"一个简单的比喻，用于描述新进入一个公司或文化所需的大量培训、社会化和文化适应"。③"无历史"处理。与"历史"处理方法类似，即添加玩家，通常是一次添加一名玩家，但与"历史"处理不同的是，这些新进入者在进入博弈前并不能看到发生了什么，因此也就没有可以依靠的历史。研究有 5 个"控制"组，每组 12 名玩家，共计 60 名参与者；9 个"历史"处理组，每组 12 人，共 108 人；3 个"无历史"处理组，每组 12 人（共 36 人）。这些小组的构成在博弈中全程保持不变。

　　Weber 发现了一个很强的规律：在缓慢的组织成长过程中，同时让员工接触"历史"——一种共同的协作规范——通常会导致 12 人的大团体有效地协调他们的行动，也就是说，组中的所有成员都能连续多次选择 7。即使所有 12 名玩家都参与其中，在 9 个小组中，有 3 个小组在整个成长过程中，最低分数也保持在 7。在另一组中，玩家在整个成长过程中选择 5。总的来说，9 个小组中有 5 个小组的 12 名成员在所有回合中保持了至少高于 1 的协调性。这与 Van Huyck、Battalio 和 Beil 的研究形成了鲜明的对比，其研究的每个小组到第四轮时，最小值已经下降到 1。

　　并不是所有的小组看到之前的历史就会做得更好。在 4 个小组中，当参与者达到 12 人时，最小数字选择已经减小到 1。然而，同样的事实是，"历史"处理组比控制组或"无历史"处理组协作得更好。Weber 的结果表明，如果群体从小规模开始缓慢成长，并在成长过程中让新成员接触到已经建立的协作规范，那么就可以实现高效的协作。如果接触不到这些历史，那么就不可能进行有效的协作。

　　奥克兰大学的 Ananish Chaudhuri、纽约大学的 Andrew Schotter 和罗格斯大学的 Barry Sopher 通过一个精心设计的实验，进一步采纳了 Weber 关于文化适应的观点。在这个实验中，新进入者不仅可以观察到他们到来之前发生的历史，还可以从他们的前辈那里获得建议。Andrew Schotter 和 Barry Sopher 已经在开展一项详尽的研究项目，试图理解各种经济交易中规范和惯例的演变。他们认为，社会化和文化影响对人类行为的各个方面都有巨大的影响，包括经济互动。在一代人中产生的行为规范或习惯可能会在接下来的几代人中传给后代。这种规范驱动的行为可能有助于在许多社会困境中维持更高水平的合作，这比基于基因的经济或进化理论（如我在第 12 章末尾讨论的互惠利他理论或亲缘选择理论）所预测的要高。

　　为了研究社会规范的演变，Schotter 和 Sopher 设计了一个创新的"代际框架"。在这里，一系列参与者在一定时间内玩各种博弈（如两性之争博弈或最后通牒博弈），然后被新玩家取代，这些新玩家在相同时间内继续扮演他们的角色。一代玩家可以与下一代玩家交流，并建议他们如何博弈。一代人形成的规范可以通过知识和经验的口口相传在人类社会的历史中传承下去。此外，每一代玩家都关心下一代玩家，因为每一代玩家的收益不仅取决于自己这一代的收益，还取决于其下一代的收益。因此，每一代人都与下一代的情况有直接的金钱利益关系。

　　他们的想法是研究那些有处理当前问题经验的人所留下的建议如何建立起行为规范，以帮助解决社交困境或协作问题。毕竟，我们在做很多事情时都在寻求建议，比如当我们选择医生、汽车技工或为孩子选择学校时，或当我们购买房子、汽车或选择基金时。因此，当我们第一次遇到一个问题时，我们可能不是完全处于真空状态；周围可能也通常会有其他人已经有了一些经验，可以就行动方案给我们提供适当的建议。这是 Weber 关于新进入者对新组织或国家的风俗和文化的文化适应观点。

Chaudhuri、Schotter 和 Sopher 决定用这种由几代玩家为继任者留下建议的想法，看看这是否有助于解决普遍的协作失败问题。和 Weber 一样，他们也研究了 Van Huyck 及其同事的最小努力博弈，但他们的设计比 Weber 的更精细。在 Chaudhuri 及其同事进行的实验中，每组有 8 个玩家，每组构成一个世代。每一组玩 10 轮最小努力博弈，整个过程中小组构成保持不变。

Chaudhuri 及其同事研究了历史和建议的影响。在一种处理中，每一代被试都会"私下"留下建议，即某一代的玩家只会将建议留给他／她的下一代继任者；因此，每一代人都会从他们的前辈那里得到一条建议。在第二种处理中，建议与历史相结合，每一代的成员不仅可以从其直接前辈那里得到一条建议，还可以看到之前的互动历史，也就是说，他们可以看到上一代和上上代发生了什么，等等。第三种处理方式是，建议是"公开的"，在这里，某一代成员的建议可以提供给下一代的所有成员。但是公开的建议是通过两种不同的方式提供的：①对于一些参与者，上一代人的建议被打印在一张纸上，然后发给这一代的成员。这一代的每个人看到的是一张纸，上面有完全相同的 8 条建议，是他们的前任写的。②对于其他一些参与者，这些建议不仅会写在纸上，还会由实验者（实际上是一名研究助理）在实验开始前大声朗读。在第三种处理方式中，参与者没有看到之前的博弈历史。与往常一样，获得建议和／或看到之前互动历史的参与者的行为会与没有获得建议和看到历史的对照组参与者行为进行比较。

Chaudhuri 和他的同事推测，允许参与者使用这种代际设计给他们的继任者留下建议，随着时间的推移，可能会使后代实现有效的协作。未能彻底解决协作问题的一代人可能会通过写下"照我们说的去做，而不是照我们做的去做"这样的建议给下一代人，如果按照这样的建议行事，可能会形成一种带来收益主导结果的惯例。

然而，Chaudhuri 及其同事进一步收集了人们持有信念的数据。记住，我一开始就说过，缺乏协作背后的根本原因通常是策略不确定性，即不确定他人将要采取的行动。创造更乐观的信念的机制或过程会更成功地解决协作问题。很可能成功的干预是通过创造适当的信念来实现的，但实际观察这些信念以及它们如何受不同制度的影响仍然是重要和有指导意义的。

Chaudhuri 及其同事发现，虽然提供咨询意见确实在很大程度上有助于解决协作失败的问题，但这种咨询意见的分发方式至关重要。当一代又一代的建议都是私密的，父母只能单独向自己的子女建议时，这种建议对协作完全没有帮助，主要是因为这里的建议往往是悲观的，建议参与者坚持使用能够带来安全结果的策略。这里的很多建议都是类似这样的："在所有的回合中选择 1，你可以打赌说每个人都可能选择 7，但他们不会，他们总是选择 1。"

Weber 的发现是，如果群体开始时很小，增长缓慢，历史就会有所帮助；Chaudhuri 及其同事发现，历史对已经很大的群体没有太大帮助，事实上，他们发现，与历史相比，建议更有用，有助于更大程度的协作。奇怪的是，如果参与者收到悲观的建议，那么他们很可能会以"糟糕的"安全结果告终，即使他们可以看到其前任之前相对成功地实现了协作。从这个意义上说，如果留下的建议是"坏的"，那么"好的"历史就没有帮助，而"好的"建议（即使加上"坏的"历史）会比"好的"历史更有效。

为了帮助人们协调行动，这一建议必须公开分发，即来自一代人所有成员的建议必须提供给下一代的所有成员；也必须大声朗读。因此，组中的每个成员都必须知道其他人正在接收完全相同的信息（消息），所以每个人必须确信，他们每个人都听到了这个消息被大声读出。由此，大家都必须知道每个人都收到了相同的信息。只有当信息被公开并大声读出，成为公共知识时，参与者才会在最小努力博弈中始终选择 7，并设法协调主收益主导结果。公开建议的性质与私人建议也有质的不同。一个典型的例子是："每次选 7，每次都选。如果每个人每次都选 7，那么每个人每轮都将获得最大收益（1.30×10=13.00）……别傻了，选 7。"

这一发现有一个转折。如果传递给被试的信息非常强烈，每一代人都敦促他们的继任者一直选择 7，就像上面给出的强烈劝诫信息一样，只要它以一种公开的方式分发，以便每个人都知道每个人都在阅读相同的信息，那么这个信息将促进协作，即使它没有被大声读出。但是，如果给出的一个或多个建议中有哪怕是少量的含糊其词，那么为了有效地进行协作，这些信息必须是公开的，也必须被大声读出。

为什么建议——尤其是强烈的劝诫建议——会对行为产生如此积极的影响？建议促进协作的一种方式是通过创造更乐观的信念。我在上面已经讨论过，这里的问题本质上是信任问题。为了选择能带来收益主导结果的策略，每一个被试都必须确信其小组成员也会选择相同的策略。即使对他人的选择有一点点的怀疑，往往也足以摧毁成功协作的任何可能性。建议的作用是消除或减少对其他玩家策略选择的怀疑。它做到了吗？Chaudhuri 及其同事更有优势来回答这个问题，因为他们的确收集了有关这些信念的数据。

在实验开始时，Chaudhuri 及其同事向参与者提供了实验说明。然后，参与者会收到上一代的建议，根据处理情况，还会受到上一代人的博弈历史信息。这个建议可以是私人的，也可以是公开的。在这之后，在真正博弈开始之前，研究人员要求参与者陈述他们希望小组中的每个成员在 10 轮博弈中的第 1 轮选择什么。参与者的薪酬实际上取决于他们预测的准确性。因此，他们有动机仔细思考他们的预测，并作出准确的预测。Chaudhuri 及其同事发现，他们的大多数处理包括历史和 / 或建议处理，并不能完全消除人们对有人会选择 1 的怀疑。在所有这些处理中，参与者认为，虽然概率很小，但小组中有人会选择 1。这个非常小的怀疑足以破坏成功的协作，并确保大多数（如果不是全部的话）参与者在短时间内落入选择 1 的协作失败陷阱。消除这种疑虑的一种方法是将建议公开并大声朗读出来。在这里，参与者终于确信组中没有人会选择 1。这些乐观的信念让参与者在处理中始终选择 7。

为了成功地协调其行动，玩家需要对彼此的行动有适当的乐观信念，也需要对他人的信念具有乐观信念。当建议是私人的或不是公开的时候，玩家的信念就没法足够乐观。但是，当这些建议被公开并大声朗读而成为公共知识时，每个实验对象都读到和听到同样的信息，并且知道其他人也在读到和听到同样的信息。这最终成功地创造了一种氛围，让玩家能够大胆地选择 7，然后基于这一有利的开始去建立一个协作规范。

### 从实验室到现实世界：大陆航空公司的故事

到目前为止，我们的讨论应该已经让你相信了两件事：①在猎鹿博弈型协作问题中，参与者通常发现很难协作实现收益主导结果；②但是一些相对容易的干预措施，如参与者之间的沟通、从有相关经验的人那里得到建议、引入相关群体的规范或激励奖金，似乎在促进协作方面相当成功。最大的问题是：这些干预措施似乎在相对无干扰的实验室环境中很有效，但它们在现实世界中仍然有效吗？

Marc Knez 和 Duncan Simester（两人都来自麻省理工学院）决定考察大陆航空公司在 20 世纪 90 年代中后期扭转局面的过程，来看看这些干预措施是否有效。我之前提到过，航空公司的运营需要广泛的协作，并且其结构上有一个"薄弱环节"，即组织作为一个整体的表现极其依赖于各个组成部分的表现。即使其他人都在快速工作，一个行动迟缓的员工或团队也会拖慢进度并损害组织效率。因此，组织的整体绩效在很大程度上是由组织中最慢或表现最差的那部分的绩效所决定的。反过来，这意味着让所有的团队和员工协调一致地活动对组织的好处是巨大的。航空公司的运作可以告诉我们，各种关于促进成功协作的干预措施效果如何。

1995 年之前，大陆航空是业内表现最差的航空公司之一。在 1978 年美国航空业放松管制后，大陆航空曾两次宣布破产，一次是在 1983 年，一次是在 1990 年。平均而言，在准时到达、行李处理和客户满意度等重要指标上，大陆航空在美国国内十大航空公司中排名最后。1994 年底，大陆集团引入了一个新的高级管理团队，以解决大陆集团面临的各种问题。新团队推出了"前进计划"。该计划有三个重要组成部分：①更换机场管理者；②改进航班计划；③引入团队激励方案，如果公司的准时绩效目标得到满足，则每月支付奖金。1995 年 1 月 15 日宣布的奖金计划承诺，如果大陆航空的准点率排在行业前五名之内，每位时薪雇员（包括兼职员工）每月可获得 65 美元的奖金。1996 年，该计划进行了修改，当大陆航空准时率排名第二或第三时，每月支付 65 美元；如果排名第一，每月支付 100 美元。

大陆航空 1992 年净亏损 1.25 亿美元，1993 年净亏损 1.99 亿美元，1994 年净亏损 6.13 亿美元，1995 年净盈利 2.24 亿美元，1996 年净盈利 3.19 亿美元，1997 年净盈利 3.85 亿美元。这些利润的增长伴随着其他业绩指标的改善，如准时到达和起飞。大陆航空的高层管理人员将这一成功很大程度上归功于新的奖金计划，该计划提高了员工的工作积极性，同时也加强了同事间的相互监督，降低了员工流失率，也减少了因病请假的人数。此外，奖金计划是自筹资金的。该计划推出后，大陆航空的乘客越来越少地错过转机而被重新安排到其他航班，而其他航空公司现在越来越多地使用大陆航空来重新分配其错过航班的乘客。

但是，除了为改善业绩而提供的财政激励措施外，新的管理层还采取了其他新政策，包括引入公告栏和员工季度杂志，首席执行官定期发送语音邮件和视频声明，以及提高高级管理人员的关注度和加强问责制。这些额外的措施也大大促进了业绩的好转。

当时，大陆集团约有 3.5 万名员工，他们每个人对整体业绩的影响微不足道。此外，员工分散于各处，这会限制（或阻止）员工之间的直接互动和直接观察彼此的行为。新的管理团队实施的政策（包括奖金和其他手段，如使用公告栏和首席执行官的公告）如何影响业绩？为什么？ Knez 和 Simester 认为，在很大程度上，这些干预措施通过增加员工之间的相互监督水平来改善绩效。大陆航空采用的激励方案提高了人们的预期，即其他小组也在改善他们的准点率表现，无论是在同一个机场还是不同的机场，这种提高的预期使员工能够协调他们的行动。

绩效奖金不是针对特定的员工，而是基于许多员工的协调行动。因此，任何一个工人或群体选择低努力，不仅减少了该群体获得奖金的机会，也减少了其他所有群体的机会，这些群体的绩效取决于落后的一个群体。这会激励员工监督彼此的努力程度，并鼓励落后的同事更努力地工作。这可能表现为两种形式：①对那些没有付出相应努力的人施加同伴压力，加上落后者（可能）的羞耻感；②向管理层反映部分工人工作不够努力的情况。因为在将飞机推出或装卸行李时，许多小组的工作人员都是紧密合作的，所以他们可以很好地观察到某个人工作的努力程度❶。

这种相互监督采取了多种形式，包括员工被同事叫出休息室，或员工因离开岗位而受到惩罚。员工们也开始联系那些请病假的同事，询问他们是否需要协助，并监督他们的缺席是否合法。当 Knez 和 Simester 问大陆航空的 CEO，为什么要给所有的员工发放奖金，而不仅仅是那些业绩有所改善的员工时，他回答说这样做是为了让所有的员工都明白，改善需要每个人的努力和承诺，而不仅仅是少数关键的人。因此，重点是创造更乐观的期望和改变全体员工行为。大陆航空采用了一种明智的财务激励、良好的沟通策略和规劝性信息的组合来扭转局面，正如我在上面引用的一些论文所建议的那样。

---

❶ 请注意，这与孟加拉国格莱珉银行实施的团体贷款政策和同行监督有相似之处，我们在第 10 章讨论过这个问题。

## 从现实世界回到实验室：你们是搭档还是陌生人

在现实生活中出现的许多协作问题涉及人和群体之间的反复互动。在大陆航空、钢铁厂或汽车制造公司流水线上工作的人，本质上是在与同一群人反复互动。因此，他们通常很了解对方。这也让你更容易监督他人的工作，并弄清楚某人什么时候没有投入必要的工作，什么时候在休息室花了太多时间，什么时候以虚假的借口请病假。我们已经看到，即使是在日常交往的人群中，协作失败的问题也会很严重。我上面所讨论的大多数研究（除了 Russell Cooper 和他在艾奥瓦大学的同事所做的工作），特别是所有考察在最小努力博弈中提高大型群体协作的研究，都是使用了其构成随时间保持不变的群体。专注于固定群体是可以理解的，因为这些问题中的大多数本质上就是其成员随时间推移反复互动所面临的问题。

但是，并非只有在一段时间内组成保持相对稳定的群体才面临协作问题。在许多情况下，群体成员关系经常发生变化。美国国税局或其他国家的税务机构通常会在报税截止日期前后雇用额外的临时工人。同样，许多国家的移民机构在面临突然涌入的申请时，也会雇用更多的临时工人。邮局会雇用更多的工人来帮助他们度过假期高峰期。大多数快餐店的员工流动率都很高，这意味着员工来来往往。所有这些企业也需要解决要求很高的协作问题。

但它们的问题性质不同，因为这些群体的成员不像那些在团队组成相对稳定的公司工作的人关系那样紧密。如果我们把大陆集团的员工视为"搭档"，那么麦当劳或美国国税局的员工往往是"陌生人"：人们在一起工作的时间相对较短，在没有足够时间建立持久关系的情况下就分开了。那么，这些陌生人在进行协调行动时是如何表现的呢？

这可以通过两种方式实现：拥有与相同的人反复互动的能力，以及建立长期关系的可能性，可以更容易地建立信任；反过来，可以通过建立对其他成员行动的乐观信念来促进协作，如果这是正确的，那么相对于短期群体，固定群体应该能够更好地协调其行动。但是，不能排除固定群体遇到更多问题的可能性。在固定群体中，最初的不诚实行为（如不够努力）可能会恶化成员间关系，团队可能会陷入一个相互指责的循环，就像糟糕的婚姻，结果是团队成员都不再付出足够的努力。没有新鲜血液进入，就没有人能找到能量来打破这个循环。在这种情况下，短期群体实际上可能做得更好。随着群体组成的频繁变化，新加入的人在之前的互动中没有包袱或不舒服的感觉，并带来新的乐观信念和期望，这可能会使这些群体在协调行动方面做得更好。

事实证明，前一个猜想是正确的。曼彻斯特大学的 Kenneth Clark 和纽卡斯尔大学的 Martin Sefton 在 20 世纪 90 年代末对这一问题进行了首次明确的研究。他们让 160 名参与者参加一个简单的猎鹿博弈。参与者两人一组，一起玩一个博弈，每个参与者可以从两种策略中选择一种。这个博弈有两个均衡，一个是收益主导的结果，另一个是安全结果。

每次实验包括 20 人，其中 10 人被送到一个房间，而另外 10 人被送到另一个房间。一个房间的人总是和另一个房间的人配对。在一种处理中，被试被分为"固定"组。在这种处理中，同样的两个参与者（位于不同的房间）在连续 10 次博弈中互动。在"重新配对"处理中，每个参与者玩 10 次博弈，但每次都是与另一个房间的不同参与者进行配对。因此，在第一种处理中，由于参与者是反复互动的，他们有更大的机会建立信任，并以特定的行为方式建立声誉。他们可以选择使用以下类型的条件策略：我将从付出巨大努力开始，因为我希望你也这样做；如果你不这样做，那么我也会停止努力工作，我们的情况都将变得更糟。这些利用早期回合来建立关系的条件策略可能会鼓励人们选择更有风险的策略，即及早猎鹿，然后在早期合作的基础上继续发展。如果参与者没有这样的机会，并且不断被扔进新的关系中，他们将很难建立信任。

Clark 和 Sefton 发现，在固定组中，更多的参与者选择了风险更高的猎鹿策略。他们在每种处理中对游戏进行了 200 次观察，包括固定配对和重新配对。固定配对的参与者在 200 次博弈中有 116 次成功获得了收益主导结果，而重新配对的参与者在 200 次博弈中只有 4 次成功。固定组中的人也设法协调其行动以获得某种均衡，要么是收益主导结果，要么是安全的选择。这些固定组的参与者只有 17% 的结果是不均衡的，而每一轮结束后重新配对的参与者会更难协作，30% 的结果都是不均衡的。

如果在固定配对中扮演搭档的参与者在这个博弈中表现得更好，那么可以想象，同样的情况也适用于更复杂的最小努力博弈，这个博弈抓住了许多公司中互动的本质。事实就是这样。奥克兰大学的 Ananish Chaudhuri 和 Tirnud Paichayontvijit 让 208 名参与者参加了一个稍微被修改过的最小努力博弈。他们问了两个问题：①员工流动率高的团队在协调他们的行动时表现得更差吗？②如果是这样，那么什么样的干预措施对这些群体有效呢？适用于固定群体的方式是否也适用于其组成经常变化的群体？

参与者分成五人一组，一起进行几轮博弈。有两种匹配方式：在一种处理中，这个分组是"固定的"，因为组的构成保持不变，相同的 5 个参与者在整个时间内相互交流。在第二种处理中，参与者在每一轮结束后重新匹配。此时，每一轮通常有 20 名参与者，在每轮开始，这些参与者被随机地用计算机程序分成 5 组。这就使得同一组 5 个人不太可能多次互动。记住，在这个游戏中，最好的结果是小组所有成员都选择 7，这将给每个参与者带来最大的收益，并对应于收益主导结果。

在每种匹配中，小组首先进行 5 轮不受任何干预的博弈。每个小组有 5 名玩家，在任何特定回合中，一旦小组的 5 名成员都做出了努力程度选择，就会产生一次博弈结果。这使 Chaudhuri 和 Paichayontvijit 在随机匹配处理中得到 120 个观测值，在固定匹配处理中得到 75 个观测值。就像 Clark 和 Sefton 的研究一样，与每一轮结束后成员重新匹配的组相比，构成不变的小组在采取协调行动方面更胜一筹。当这些研究人员考察小组中选择最小数字为 1 的情况比例时，他们发现在固定小组中，最小数字为 1 的情况比例相对稳定，徘徊在 10% 左右。在随机重新匹配的两组中，情况截然不同。在这里，最终处于最低努力水平的小组比例从第 1 轮的 27% 增加到第 4 轮和第 5 轮的 50%。

由于重新匹配的小组缺乏成功协作，下一个问题是：什么样的干预措施对这些小组更有效？ Chaudhuri 和 Paichayontvijit 研究了两种不同的干预措施：类似于 Van Huyck、Gillette 和 Battalio 的声明（本质上是来自外部仲裁机构的建议），以及 Brandts 和 Cooper 的激励奖金。声明有两种形式：①公告，将信息打印在一张纸上发给每个人；每个人都知道其他人正在接收完全相同的消息（可以把这看作是在公告栏上发布消息）。②共同知识，助手除了分发带有信息的纸外，还会大声读出信息，让每个人都能听到（可以把这想象成同时向一个群体的所有成员播放劝诫信息的视频）。奖励则与 Brandts 和 Cooper 的做法略有不同。在 Brandts 和 Cooper 的研究中，奖金取决于所选择的最低工作时数，只要最低工作时数大于 0，工人就能获得奖金；当然，当他们选择工作 40 小时（类似于在最小努力博弈中选择 7）时，他们就能获得最高的奖励。在 Chaudhuri 和 Paichayontvijit 的研究中，小组每轮协作到 7 才会给予奖励，即所有小组成员都选择 7 时给予奖励。与 Brandts 和 Cooper 的研究不同，在 7 以下的范围内进行协作是没有好处的。这类似于大陆航空公司的政策，排名第一时支付 100 美元奖金，排名第二或第三时支付 65 美元，但排名第四或更糟时根本没有奖金。该奖金待遇只对陌生人匹配处理实施，这样做的原因会在下面说明。

图 13.2 显示了本研究中发生的情况。Chaudhuri 和 Paichayontvijit 发现，当小组的构成随时间推移保持固定时，通过共同知识的声明劝诫每个人选择 7，并指出这样做的好处，这足以获得协调一致，以获得收益主导结果，即所有人都选择 7。然而，当小组是短期的，即参与者在每一轮结束时被随机重新匹配时，无论使用公告的声明还是共同知识的声明，

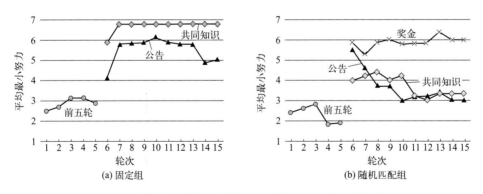

图 13.2　在最小努力博弈中固定组和随机匹配组的声明和奖金

基于 Chaudhuri 和 Paichayontvijit（2010）的数据重新绘制

成功的机会都很有限。在这里，最终试图让玩家协作实现收益主导结果（或接近收益主导结果）的干预是支付激励奖金并公开宣布奖金；如果没有公开声明和绩效奖金，这些组织就不能很好地协调他们的行动。这表明，经历频繁人员流动的群体更容易出现普遍的协作失败；单靠沟通或许已不足以解决这些问题，还需要以绩效奖金的形式提供财政奖励。

## 结语

哈佛大学经济学家 Michael Kremer（2019 年诺贝尔经济学奖获得者）指出了一个戏剧性的、最终令人心碎的协作失败的故事。1986 年 1 月 28 日，挑战者号航天飞机在升空 73 秒后爆炸，其右侧固体火箭助推器的 O 形密封圈在升空时失效，进而导致了结构性破坏。最终，空气动力问题使航天飞机解体，导致航天飞机被摧毁，7 名机组人员全部遇难。虽然航天飞机的数千个部件都很好，但航天飞机爆炸的原因是一个相对较小的部件 O 形圈没有正常工作。

Kremer 用这个例子论证，在各种经济环境中，看似微小的故障或很小程度的不确定性也会阻止协调行动。他接着利用挑战者号航天飞机的经验和 O 形圈的失效，提出广泛的协作失败可能是许多国家难以发展的核心因素。在此方面，当发展需要许多经济部门同时实现工业化，但没有一个部门可以通过单独工业化实现收支平衡时，国家可能会陷入低水平的均衡"陷阱"。因此，成功的发展可能需要"大推动"，需要不同经济部门的协调行动。同样，在宏观经济背景下，经济在衰退期间可能陷入就业不均衡。在这种情况下，没有一家公司愿意扩大生产，除非它能保证其他公司也会这样做，然而不这样做会导致对所有相关各方都更糟糕的结果。

现有证据表明，在大多数协作失败的案例中，问题的主要来源是对他人行动的策略不确定性。我不希望采取可能导致收益主导结果的风险策略，除非我确信我团队中其他人也会这么做。在我获得对同伴的信任之前，我们可能注定会陷入低（或无）协作陷阱。在很大程度上，解决这种协作失败的问题可以诉诸建立适当的乐观信念，即群体中的其他人也会选择风险更大的猎鹿策略。

建立这些信念的确切机制将取决于当前的特定问题，并可能涉及使用良好的沟通策略，例如通过公告板或电视广告发出劝诫信息；有时可能需要金钱激励；有时金钱激励可能需要通过鼓励信息来加强；有时也可能需要新进入者进行充足的文化适应和社会化。无论干预的性质是什么，它几乎总是需要社会过程，通过将信息置于公共领域来产生共同知识，以便每个人都相信其他人都得到了完全相同的信息，并感到有勇气采取行动，以协调他们的行动。对信息的共同理解是实现成功协作的关键。

# 14

# 市场行为分析

在本章，我们将：

- 概述市场体系的运作，包括需求、供给、均衡价格、消费者剩余和生产者剩余的概念；
- 表明市场可以采取不同的形式，具有不同的规则和制度；
- 探讨不同市场结构对这些市场价格以及消费者剩余和生产者剩余的影响；
- 重新审视公平在确定市场结果中的作用；
- 考查价格管制在这些市场机构中的作用。

## >> 市场体系是怎样运作的

我在 2020 年初开始写这本书，当时世界正在经历新冠肺炎疫情。在几个月甚至几周内，由于恐慌的投资者抛售了他们预计会贬值的股票，导致道琼斯指数（以及标准普尔 500 等其他指数）随着股票价格下跌而暴跌。随着国际旅行陷入停滞，对机票的需求下降，航空公司开始提供优惠机票来吸引乘客，机票价格也随之下降。由于旅游业的停滞，酒店的房价下降，而且越来越多的人在严格的封锁期间不开车，对燃料的需求下降，导致汽油价格大幅下跌。到 2020 年 5 月，由于企业停止招聘，美国有近 4000 万人申请失业。几乎每个人都能直观地理解为什么会发生这些事情。它们都可以通过供求关系归因于市场体系的运作。由于企业没有招聘，工人（或劳动力）的供给远远超过需求，导致大规模失业。随着人们减少开车，对汽油的需求减少，导致汽油价格下跌。大多数投资者在几乎没有人愿意购买的情况下也都想抛售自己的股票，这导致了股价的大幅下跌。

需求和供给是经济学中常用的两个词。事实上，大多数人认为需求和供给构成了经济学的主体。当你在社交聚会上告诉别人你在学经济学时，迟早有人会说："一切都是供求关系，对吗？"此时，你也会意识到，这是部分正确的，但不完全正确。毕竟，我们现在读的是本书第 14 章，而"需求与供给"这个词在前面章节中出现得很少。因此，除了需求和供给之外，经济学还有更多的内容。但是，需求和供给的概念以及市场系统的运作确实是经济学研究的一个组成部分。因此，在这一章和下一章中，我将讨论市场，看看行为经济学对此有什么看法。

### 需求与供给

所有流派的经济学家都认为，在可行的情况下，事情应该留给市场来处理。正如谚语所说：市场可能是组织贸易和交换的一种糟糕方式，但其他一切（如计划经济）都更糟糕。事实上，可以公平地说，每当非经济学家听到"市场"这个词时，他们的眉头就会皱起来，好像整个概念有什么令人反感的地方。但是，正如我希望能说服你的那样，人们对市场的不信任是错误的。这种保留意见在很大程度上依赖于某些类型的市场失灵假设。例如，市场不太擅长处理污染等外部因素，而这些反过来又需要政府进行一些监管。市场往往是非竞争性的，并赋予一个群体过多的"市场势力"（market power），而损害了另一个群体的利益。我稍后会解释这意味着什么。但是正如我前面指出的，市场也对行为产生人性化的影响，因为当我们观察小规模社会时，那些更加融入市场经济的社会往往更遵循公平的准则。

## 需求

我是 Leonard Cohen 的超级粉丝，他于 2016 年去世。值得庆幸的是，在那之前的几年，Cohen 在奥克兰连续举办了两场音乐会，都座无虚席。我设法给我和妻子抢了两张票，这是我一生中最难忘的经历之一。但是，我对 Leonard Cohen 的钦佩已经够多了。让我们谈谈其他粉丝，他们做了什么，以及他们愿意为这些门票支付的价格。图 14.1 显示了对 Cohen 音乐会需求的假设结构。显然，Cohen 有很多粉丝，但这些粉丝在喜欢他的程度、愿意为演唱会支付的金额（可能取决于他们赚了多少钱以及他们还有什么其他娱乐计划）、愿意购买的门票数量（无论是给父母还是给孩子）等方面有所不同。

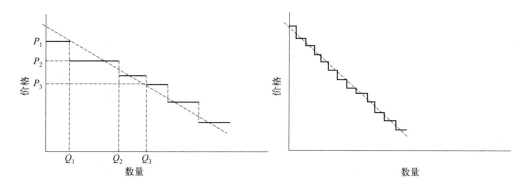

图 14.1 阶梯式需求函数

在看这场音乐会的需求时，我们会把价格放在 $y$ 轴上，把数量放在 $x$ 轴上。这样做没有令人信服的理由，更像是一种惯例，我们很快就会看到，这使得其他计算变得更容易。假设有价格 $P_1$ 美元（比如 500 美元），如果价格超过 $P_1$ 美元，没有人愿意买票。但在 $P_1$ 美元的价格时，像我这样的一些人愿意购买多达 $Q_1$ 数量的门票。因此，如果音乐会组织者决定向每个人收取 $P_1$ 美元，他们将出售数量为 $Q_1$ 的门票。但是，如果音乐会组织者决定向每个人收取 $P_2$ 美元（比如 400 美元），那么那些愿意支付 $P_1$ 美元（500 美元）的 $Q_1$ 消费者仍然愿意购买，此外，现在还会有更多的人愿意购买。例如，在 $P_2$ 美元的价格时，我不仅可以给我的妻子买票，还可以给我的两个女儿买票。这里需要注意一个假设，如果音乐会组织者把价格降到 $P_2$ 美元，他们需要为每个人这样做，这样即使那些愿意支付 $P_1$ 美元的人现在也会支付更低的价格 $P_2$ 美元 ❶。所以当价格降到 $P_2$ 时，有更多的买家愿意购买，售出的门票总数上升到 $Q_2$。如果价格更低，比如说 $P_3$ 美元，那么售出的门票数量将上升到 $Q_3$，以此类推。

这就产生了如图 14.1 左图所示的阶梯式需求（step-like demand），也就是对这场 Leonard Cohen 音乐会的特定需求。一个关键特征是价格和数量之间存在负相关关系：如果价格下降，就有更多的人愿意购买门票，因此，在较低的价格时，可以销售更多的门票。阶梯式需求函数显示了对 Leonard Cohen 音乐会门票不同价格的需求。使用像这样的阶梯函数并不方便。所以，我们可以用一条直线来近似它，我们称之为需求曲线（demand curve）❷。很明显，如图 14.1 的左图所示，每个价格点之间的数量阶跃都很大，直线近似不是很精确。但是，如果市场更"稠密"，在这个意义上，我看到许多价格 - 数量配置是彼此接近的，如图 14.1 的右图所示，那么我的直线近似就差得不远了。当然我牺牲了一些准确性，但是，作为回报，我获得了易处理性（tractability），因为处理一个平滑的直线需求曲线比阶梯状曲线要方便得多。

事实上，这种对需求的"直线近似"是需求估计的核心。如果你正在经营一家企业，并且想要估计你的产品的需求，那么你会进行一个类似的操作。你可以从市场调查开始，或者获取一些历史的价格 - 数量数据。通常情况下，你想了解的东西不仅是价格，还包括你想出售商品的市场收入水平，或者补充商品或替代商品的价格 ❸。一旦你收集了所有这些数据，你通常需要运行一个多变量回归，将你商品的需求与商品的价格以及所有其他变量联系起来。这个回归分析会给出商品的数量和价格以及其他变量之间的直线（或仿射）关系。通常情况下，我们会说，ceteris paribus（意思是"保持其他条件不变"，

---

❶ 当然，音乐会的价格是不同的。考虑这个问题的一种方式是，我们做一个简化的假设，即每个人都将付出相同的价格。另一种思考方式是假设这些是特定区域的门票，比如预订的黄金位置或白银位置的门票。因此，以 $P_2$ 美元购买的票要比以 $P_1$ 美元购买的票坐得靠后一点。但是如果组织者对黄金位置门票收取 $P_2$ 美元而不是 $P_1$ 美元，那么他们将不得不对每个人收取 $P_2$ 美元；他们不能以不同的价格出售一些黄金位置门票。

❷ 我们通常把它称为需求曲线，即使它应该被称为需求线。另外，如果我们把价格作为因变量（放在 $y$ 轴上），把数量作为独立变量（自变量）（放在 $x$ 轴上），从技术上讲我们所创建的就是逆需求函数。你可能以前见过这种推论。但无论如何，我们都不太担心这个问题。我将这条线称为需求曲线。

❸ 例如，如果你销售可口可乐，那么你的产品需求将受到市场上百事可乐（一种相近的替代品）的强烈影响。如果百事可乐降低价格，百事可乐的需求上升，那么可口可乐的需求就会下降。同样，如果你生产咖啡伴侣，由于某种原因，咖啡的消费量下降，那么你的咖啡伴侣的需求也会下降。这是因为咖啡和咖啡伴侣是互补的。如果咖啡需求上升 / 下降，咖啡伴侣的需求也会随之上升 / 下降。

也就是说，除了商品价格之外的其他所有条件，如收入或其他商品的价格都保持不变），我们可以将商品的数量表征为其价格的函数（需求曲线），或者我们也可以将价格表征为其数量的函数（逆需求曲线）。我们通常会使用后一种形式，尽管我会冒昧地称之为需求曲线。

那么在需求曲线上，价格和数量是负相关的。如果价格更高（更低），那么购买量就会更少（更多），从而在需求曲线上从一点移动到另一点。这通常被称为沿着曲线的运动，或者更确切地说，需求量的变化。但还有其他因素可能影响对商品的需求。例如，如果汽油价格上涨，那么更多的人可能决定乘坐公共交通工具，从而增加对公共交通工具的需求。如果咖啡豆价格上涨，那么将导致对咖啡的需求减少，但同样，这也将导致对咖啡伴侣的需求下降。这些变化通常被称为整体需求曲线的移动，或者更确切地说，需求的变化。这种观点认为，这些变化是由商品价格之外的因素驱动。因此，当咖啡价格上涨时，人们会购买更少的咖啡伴侣，即使咖啡伴侣的价格没有变化。

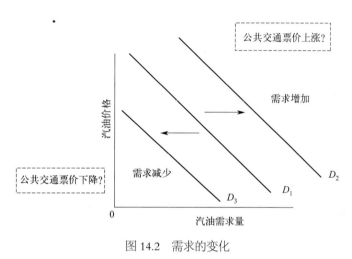

图 14.2　需求的变化

图 14.2 显示了这种需求的变化。在这里，我画了一条向下倾斜的汽油需求曲线。当汽油价格上涨（下跌）时，人们购买的汽油就会减少（增加）。但是，即使价格没有变化，另一个因素，如公共交通的票价，可能会影响对汽油的需求。例如，如果乘坐公共汽车／火车／地铁上班变得非常便宜，或者奥克兰市中心的停车费上涨了很多，那么很多人可能会决定少开车上班。这减少了对汽油的需求，即使汽油价格没有变化。如果公共交通费用大幅上涨，也会出现类似的相反效果。乘坐公共交通工具的人可能认为开车上班更便宜、更方便。这将增加对汽油的需求，尽管汽油价格没有变化。

## 供给

显然，如果我们作为消费者存在购买各种商品的需求，这些商品就必须有相应的供给。正如我们在需求的情况下所做的那样，我们也可以把供给看作一个阶梯式函数。图 14.3 显示了一个典型的供给函数。一种直觉的思考方式是：不同的卖家生产商品的成本不同，因此，他们愿意接受的商品价格反映了他们潜在的成本结构。因此，如果市场价格恰好是 $P_1$ 美元，那么只有卖家 1 愿意以这个价格出售商品，因为这是唯一的卖家，其成本低到使其在这个价格出售仍然有利可图。假设这个卖家的成本比 $P_1$ 美元低一个零头（比如 0.5 美元），那么，被逼无奈时，这个卖家愿意接受 $P_1$ 美元，并且每个单位赚取 0.5 美元的利润。当然，他/她希望得到更多，但显然，必须存在一些使他/她值得出售的价格。所以，这是他/她为了自己的利益愿意接受的最低价格。现在，我们假设生产和销售是一回事；每个生产者都有一个有限的生产能力，只要市场价格使得销售有利可图，这个销售者就会销售所有产品，直到他缺货。

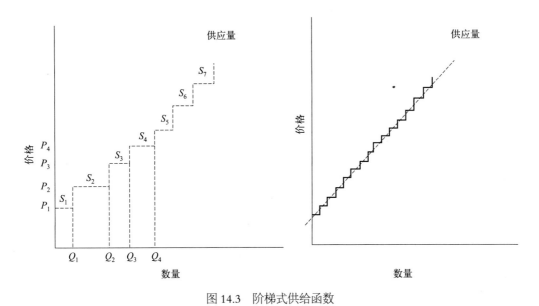

图 14.3　阶梯式供给函数

如果市场价格高于 $P_2$ 美元，那么第二个卖家发现销售有利可图，因为他的成本低于 $P_2$ 美元。在 $P_2$ 美元时，第一个买家仍然有利可图，因此该市场中可供销售的总量增加到 $Q_2$。如果价格高于 $P_3$ 美元（或 $P_4$ 美元），那么更多的卖家进入市场，可供销售的总量增加到 $Q_3$（或 $Q_4$）。如果所有卖家的生产成本都是一样的，那也绝对没有问题；比如说，每个人的成本都和另一个卖家相同，而且他们都愿意接受 $P_1$ 美元作为最低可接受价格。在这种情况下，供给曲线在价格 $P_1$ 处成为一条水平直线。这种情况可能会发生，但更普遍的假设是不同的卖家有不同的成本，从而产生阶梯式的供给函数（step-like supply function）。我将随后讨论供给曲线保持水平的情况；而且，和需求一样，如果市场很"稠密"，有很多不同成本/价格的卖家，那么我们可以很容易地用一条直线来近似阶梯式函数，而不会在准确性方面牺牲太多。

与需求相反，供给曲线是向上倾斜的，这仅仅是因为当市场价格上涨时，越来越多的卖家带着他们的商品进入市场，因此供给量增加了。沿着供给曲线，当价格上升时，数量也上升，这就是沿着曲线的运动；如果市场价格更高（更低），更多（更少）的卖家想要出售，因此可供出售的数量更多（更少）。而且，正如需求的情况一样，除了价格之外，其他因素也可能改变供给曲线。例如，如果我们的石油主要来自中东地区，那里发生战争，切断了供给线，那么无论价格如何，石油供给都会下降（向左移动）。同样，如果石油输出国组织（Organization of Petroleum Exporting Countries，OPEC）成员国各自决定生产大量超过配额的石油，那么无论油价如何，石油供给都将增加（向右移动）。图14.4 说明了这些变化。

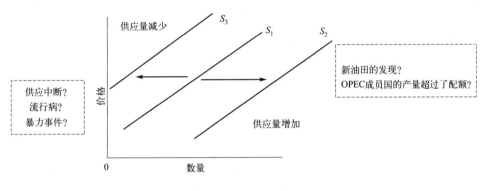

图 14.4  供给的变化

## 竞争均衡理论

我们教授给经济学学生最常见的市场互动范式是完全竞争市场（perfectly competitive market）。一个完全竞争市场的特点是"稠密"，即有很多买家和卖家。与市场的总供求量相比，每个买方的需求量或卖方的可销售量都是很小的。因此，买方和卖方都不具有任何"市场势力"，这意味着个别买方或卖方的买卖决定不会对现行市场价格产生任何影响。另一种说法是，每个买家或卖家都是"价格接受者"（price-taker），这两者都不能单独影响这个市场中通行的价格，这个市场是由许多买家和卖家集体决定的。

我们有时会做一些额外的假设。例如，每个卖家销售一样的商品（比如盐、糖、土豆或西蓝花），这样买家就不会在意他们从哪个卖家那里购买，也不会在意他们会从哪个卖家那里购买最便宜的产品。我们还假设在这个市场中没有进入或退出的障碍：卖家不需要专利或许可证就可以销售。如果你的花园里有一块菜地，而且你种植了大量的西葫芦，那么没有什么可以阻止你把这些西葫芦带到当地的市场上去卖。

显然，正如你可能从经济学入门课程中所知道的那样，这是一个程式化市场。经济学家使用这一点有两个原因：首先，对于某些商品（如上面的例子和我将在下面讨论的其他例子），这是一个很好的近似。第二，这种程式化的完全竞争市场起到了一个基准作用。正如我将在下面讨论的（你可能已经知道），在这样的市场当中价格可能是最低的。换句话说，市场竞争越激烈（买家和卖家越多），价格就越低；市场竞争越弱，价格就越高。在只有一个生产商销售商品的垄断市场中，价格往往是最高的❶。因此，要衡量一个市场竞争（或不竞争）的程度，一个很好的方法是检查该市场中占主导地位的价格偏离完全竞争基准的程度。

所以，我们现在有一群买家和卖家，他们都聚集在这个叫作"市场"的地方。他们如何决定以什么价格买入和卖出？不同的买家愿意支付不同的价格，而不同的卖家也希望收取不同的价格。他们是如何达成协议的？ Leon Walras（1834—1910）生前是瑞士洛桑大学的政治经济学教授，他提供了一种方法，让买卖双方能够达成一致的价格。

Walras 的灵感来自他于 19 世纪在法国交易所的经历；本质上这就是各种商品的市场。这些市场由一个拍卖师管理。拍卖师会叫出各种价格。在每一个价格，买家将表明他们打算在这个价格购买多少。把这些因素加起来，就可以衡量市场的总需求。同样，卖家也会表明他们愿意以这样的价格出售多少，这反过来又提供了一个可供出售的价格的估计。拍卖师会不停地喊价，计算需求和供给的估计值，直到他 / 她通过一个叫 *tatonnement*（法语，"试错法"的意思）的过程得到一个总需求和总供给完全相等的价格。一旦发现这个价格，所有的销售和购买都按照这个价格进行。

图 14.5 展示了这个"试错"过程。假设拍卖师喊出 1.5 美元的价格。显然，在这一点，买家想要购买的金额大于卖家愿意出售的金额。这是一种需求过剩（或市场短缺）的情况。因此下一步，拍卖师叫出 1.6 美元。需求和供给之间的差距缩小了，但需求仍然大于供给，因此仍然存在供给短缺。那么，拍卖师知道价格需要提高，但要多高呢？他 / 她会涨到 2.5 美元。现在，卖方想要出售的金额超过了买方想要购买的金额，导致供给过剩。拍卖师现在知道 1.6 美元太低，而 2.5 美元太高。他 / 她不断调整，直到他 / 她到达 2 美元的价格。在这里，买方的总需求量恰好等于卖方可供出售的总量。这通常被称为"市场均衡"（market equilibrium）。均衡价格为 2.00 美元，均衡数量为 7（以某些相关单位衡量）。

为什么这是一个均衡？因为一旦这个价格确定下来，在没有外部因素冲击需求曲线和供给曲线的情况下，它将趋于持续，因为个别买家和卖家无法再影响价格。显然，

---

❶ 许多拯救生命的药物，如胰岛素，都是由拥有该药物专利并成为该药物唯一供应商的大型制药公司生产的。由于没有替代品，这些药物的价格往往比市场竞争更激烈的时候要高得多。有时，这些药物的仿制药生产商会导致价格下降，但往往不会。这是一场复杂的辩论，而不是讨论专利利弊的地方（当然也有利弊，因为在没有专利保护的情况下，公司几乎没有创新或从事研发的动力）。这只是为了强调这样一个事实：市场上的公司越少，价格就越高。在下面我会有更多的话要说。

每一个愿意支付 2 美元，或者可能多一点（比如说，一直到 2.05 美元）的买家都很乐意以这个价格购买。任何不愿意支付 2 美元的买家都不能购买。同样，每个愿意以 2 美元或更低价格出售的卖家（比如，成本为 1.95 美元或更低的卖家）也可以出售。任何成本超过 2 美元的卖方都不能（无法）在这个市场上销售。

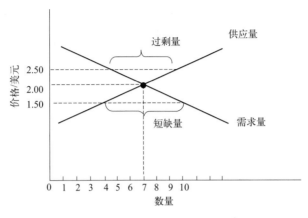

图 14.5　实现市场均衡的过程

### 案例研究 14.1　新冠肺炎疫情期间的汽油价格

我在上文中提到，在新冠疫情期间，汽油价格大幅下跌。这背后有两个主要因素，一个影响需求，另一个影响供给。一旦病毒开始传播，越来越多的国家要求其公民待在家里。人们在家工作，而学校在线授课。这意味着，不管汽油价格如何，人们开车的次数都比以前少了很多。这样就减少了对汽油的需求。

汽油市场上的大部分供给由一些国家控制，这些国家共同组成了石油输出国组织（OPEC）。这些国家包括阿尔及利亚、安哥拉、伊朗、伊拉克、科威特、利比亚、尼日利亚、沙特阿拉伯、阿拉伯联合酋长国和委内瑞拉，沙特阿拉伯是该集团的实际领导者。俄罗斯等其他国家也拥有石油储备，但与 OPEC 控制的数量相比，储备规模较小。

OPEC 不是一个"价格接受者"。OPEC 实际上是一个垄断组织，它可以通过严格控制石油供给来决定市场价格。它是通过向每个 OPEC 成员国分配配额来实现这一目标。只要 OPEC 成员国遵守自己的配额，供给曲线就会保持在 OPEC 希望的水平。但是不管是由于内部分歧还是计算错误，一个或多个国家都会定期超额生产更多的石油。对 OPEC 成员国而言，这是一个社会困境。只要每个成员国都遵守配额，每个人都会过得更好，获得更大的利润。然而，如果其他所有成员都遵守配额，但其中一个成员略微增加产量，那么这个国家就会以牺牲其他成员国的利益为代价使其自身经济状况有所改善，而其他成员国的经济状况就会受到影响。但如果一个国家这样做，那么其他国家就不希望落在后面，并受到诱惑，试图增加其产量。这会导致供给增加，直到所有人聚集到一起，谈判达成协议，并减少产量，以遵守各自的配额。在新冠疫情期间，虽然需求下降，但至少在一段时间内，OPEC成员国增加了产量，导致供给增加。结果是价格更低。

图 14.6 对此进行了解释。假设疫情前的汽油需求量为 $D_1$，而疫情前的供给量为 $S_1$。那么这个市场的初始均衡点是 $E$、均衡价格是 $P_1$、均衡量是 $Q_1$。疫情之后，需求从 $D_1$ 下降到 $D_2$，而 OPEC 的供给则从 $S_1$ 上升到 $S_2$。新的市场均衡现在是 $F$，其中市场价格已经下降到 $P_2$，并且，考虑到需求和供给变化的相对幅度，在疫情之后，买卖总量已经下降到 $Q_2$。因此，即使汽油价格下降，需求仍然大幅下降，人们购买的汽油仍然比以前少。

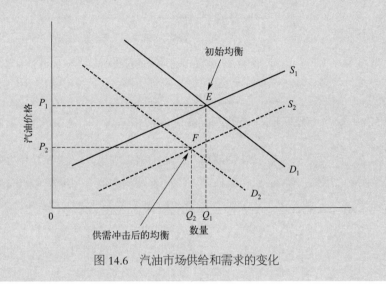

图 14.6　汽油市场供给和需求的变化

## 消费者剩余和生产者剩余

一旦市场通过 Walras 的试错过程达到均衡，在没有任何需求和 / 或供给冲击的情况下，价格就不再有任何变化的趋势。但这并不意味着每个人对这一市场结果都同样满意。显然，有一些低估价的买家和高成本的卖家根本没法在这个市场交易。但是，撇开这些不谈，即使是那些最终在这个市场上买卖的人，也不是每个人都享有同样的回报（或 "剩余"）。

图 14.7 所示的市场，其均衡价格为 8 美元。这意味着所有的商品都将按这个价格买卖。看一下像 Avala 这样的买家。实际上她愿意付的远远不止 8 美元。假设她愿意花 14 美元买一件这样的商品。为什么？因为 Avala 相信，购买一件商品会给她带来价值

14 美元的快乐（效用），因此，她最多愿意支付 14 美元（或者稍微少一点，比如 13.9 美元）。为了简单起见，我们假设 Avala 最多支付 14 美元，但她可以用 8 美元买下这件商品。因此，这就好像 Avala 有 6 美元（14 美元 −8 美元）的心理"盈余"。这种心理盈余，也就是 Avala 愿意支付的金额与她实际支付金额之间的差额，被定义为消费者剩余（consumer surplus）。再来看另一个买家，比如 Erik。Erik 并不像 Avala 那么看重这个东西，所以他最多愿意花 12 美元买下它。Erik 花 8 美元买下这件商品时，他得到了 4 美元的剩余。这意味着，如果我们把所有愿意支付 8 美元或更多的买家剩余加起来，那么我们就得到了对这个市场中消费者剩余总量的一个度量。需求曲线和均衡价格之间的竖直条纹区域描述了这一点。一旦我们知道了需求截距、价格和均衡，就很容易计算出总消费者剩余的大小。竖直条纹三角形的面积 =1/2× 底 × 高。

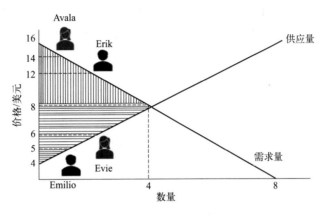

图 14.7　消费者剩余和生产者剩余

接下来，让我们看看供给方面，看一下两个卖家，Emilio 和 Evie。Emilio 是比 Evie 成本更低的卖家。他可以用每件 5 美元的价格生产和销售他的商品。当 Emilio 每件商品得到 8 美元时，他每件商品就有 3 美元的剩余（利润）。Evie 以每单位 6 美元的更高成本生产她的商品。因此，在 8 美元的价格下，Evie 每单位的剩余（利润）为 2 美元。如果我们再一次把所有能以 8 美元或更低价格生产商品的卖方剩余相加，我们就得到了生产者剩余（producer surplus）总量。对生产者剩余的解释比对消费者剩余的解释更直接。就消费者而言，我们必须诉诸他们的心理效用和对商品的估价来衡量他们的福利。对于生产者来说，剩余仅仅是卖方卖出每单位商品的价格与生产每单位商品的成本之间的差额。因此，生产者剩余就等于利润。在图 14.7 的市场均衡中，生产者剩余总额（利润）由供给曲线之上和均衡价格之下的水平条纹区域表示。生产者剩余的大小等于水平条纹三角形的面积 =1/2× 底 × 高。

事实上，生产者剩余和消费者剩余的概念在政策制定中占有重要地位。例如，如果一个国家正在考虑对外国进口产品（如汽车）征收关税，经常考虑的问题是这会对消费者剩余和生产者剩余的总和产生什么影响。在关税的例子中，征税之后价格会更高，导致生产者剩余增加但消费者剩余减少，问题是一方的收益是否能弥补另一方的损失。

重申一下：为什么经济学家如此多地谈论竞争市场？正如我前面提到的，因为很多市场都有这些特性。其次，因为它是一个重要的基准。如果你有一个市场设置，其中的均衡价格是通过这个"瓦尔拉斯试错过程"（Walrasian *tatonnement* process）实现，那么通常你会确保得到最低的价格和最高的效率。效率意味着什么？它可以用几种不同的方式来表达，本质上意味着同一件事。考虑效率的一种方式是，每一个以高于均衡价格的价格购买商品的买家都可以购买，而每一个以低于均衡价格的成本生产商品的卖家都可以出售。因此，在本市场的市场均衡中，所有可能的交换收益都已实现。反过来，这意味着生产者剩余和消费者剩余总和的最大值。重要的是要明白，这种"效率"的概念纯粹是描述性的（或者像经济学家喜欢说的那样是"实证的"）：它没有规范性内容，不涉及价值判断。Walras 并没有宣称市场均衡是公平或不公平、公正或不公正、平等或不平等。Walras 简单地说，如果我们以这种方式组织市场，那么每个可以盈利的商品都将被买卖，每个愿意以均衡价格出售的卖家都能够出售，而每个愿意支付均衡价格或更高价格的买家都能够购买。这将使消费者剩余和生产者剩余之和最大化，这就意味着效率最大化。

## 瓦尔拉斯模型的现实应用

完全竞争市场的瓦尔拉斯模型（Walrasian model）是一个优雅的理论。但是，读者（或学生）有理由这样想：这看起来不像我所知道的市场；当我去商店时，我没有看到拍卖师在叫价。事实上，我唯一一次见过拍卖师是在我买／卖我最后一栋房子或者买／卖古董的时候。这里实际上有两个不同的问题：第一，瓦尔拉斯式的拍卖师当然是一个虚构的人工产物，一个旨在强调市场如何达到均衡的解围设计（*deux ex machina*）。事实上，正如我将在本节展示的，市场均衡的过程并不需要拍卖师在场。买家和卖家寻找有利可图的交易将能够实现同样的结果，但需要注意一些事项。然后在后面的一节（"公布报价市场"），我将讨论第二个问题：这似乎与我们购物的市场不同。当我去超市时，我通常不讨价还价。价格有清楚的标记，我决定买多少或不买。这叫作"公布报价市场"，我很快就会讲到这一点❶。

那么，如果我们把一群对一件商品有不同估价的买家和另一群有不同生产成本的卖

---

❶ 我发现讨价还价很痛苦，而且，正如我妻子喜欢指出的那样，如果我没有经过谈判就接受了所收到的工作邀请，我的薪水可能会低得多。在美国，我害怕讨价还价，我在新西兰买的车都是从那些"不讨价还价"或"公布报价"模式的公司购买的。在下一节中，我将讨论这对市场和像我这样的买家意味着什么。总之，我们注定要付出比别人高得多的代价。

家在市场上混在一起，在没有拍卖师的情况下，他们能达到均衡结果吗？市场会出清吗？我的意思是，每个愿意买的人都会买吗？每个愿意卖的人都会卖吗？市场是否会达到潜在的需求和供给曲线所预测的均衡价格？如果没有拍卖师，那么谁又能保证这样的结果真的会出现呢？而且，究竟什么样的市场才是如此呢？

首先来看第一个问题。正如我之前提到的，Walras 受到了法国交易所发生事情的启发，但是，总的来说，很多市场看起来可能都是如此。任何允许讨价还价的市场都可以用这种方式描述，可以是农贸市场，也可以是荷兰郁金香市场，甚至是二手车市场。事实上，Walras 所设想的交易所与纽约证券交易所等证券交易所非常相似。因此，有一点需要记住：市场机制至关重要。我们这里有一组支付意愿不同的买家和一组生产成本不同的卖家，因此，他们愿意接受的商品价格不同。他们如何聚集和交易是一个市场设计的问题。人们不需要一个拍卖师；在这个时代，每个买家都可以在电脑上输入他想要支付的价格（出价，bid）和想要买的数量，卖家也可以输入他想要收取的价格（要价，ask）和他想要以此价格出售的单位数。然后电脑就可以计算出潜在的需求和供给曲线，计算出均衡价格，让每个人都知道价格是多少。根据库存情况，每个想以这个价格购买的买家都可以购买，而每个愿意以这个价格出售的卖家都可以出售。这是建立市场的一种可行方式。

1990 年，Steven Wunsch 在亚利桑那州凤凰城建立了一个证券交易所（称为亚利桑那州证券交易所），就用了这样的运作方式。买家和卖家可以把他们的买入价格（出价）和卖出价格（要价）输入计算机，然后计算机会创建潜在的需求和供给函数以及由此产生的均衡价格。所有的交易都发生在这个均衡价格上，就像一个瓦尔拉斯市场（Walrasian market）。这样的市场有一个别致的名字，叫"拆放市场"（call market），一旦需求和供给曲线的信息被汇总，所有的交易都会在特定的时间发生。然而，由于交易量非常低，这家证券交易所在 2001 年关闭。这里，瓦尔拉斯市场（以及拍卖师的概念）对应于一个集中式（centralized）系统，在这个系统中，拍卖师（或计算机）进行计算，并告诉每个人他们应该以什么价格买入和卖出。但是即使是需要买卖双方达成共识的市场通常也不会依赖于这样一个集中机制。相反，它们允许买卖双方进行分散（decentralized）交易。这意味着这个市场的买家和卖家可以四处走动（也许是在数字世界），进行他们喜欢的交易。主要的问题是：有没有任何理由相信这种买卖双方都会试图寻找最佳交易的分散交易是有效的？市场会出清吗？市场会达到预期的均衡价格吗？

从一开始，我们就说过，理性的一个关键组成部分是最大限度地获得回报，而那些始终未能做到这一点的人可能会发现自己处于选择压力之下。如果一些卖家始终无法实现利润最大化，那么他们就会落后于其他表现更好的卖家，并可能被赶出市场。持续支付高于必要价格的购买者很快就会用完购买其他必要物品所需的钱。

1948 年，哈佛大学的 Edward Chamberlin 决定看看这种方法是否可行。他让学生扮演买家和卖家的角色。简单起见，Chamberlin 假设每个卖家可以出售一个单位，每个买家也可以购买一个单位。所以，一旦买家和卖家在一起完成了交易，他们的活动就结束了。这是我使用的一个简化假设，我知道即使我们让买卖双方同时交易多个单位，这也不会发生任何变化，只会延长需求和供给曲线。如果我们允许少数买家和卖家分别买卖多个单位，那么需求和供给曲线上的阶梯就会变长，市场就会变得更"稀薄"（thinner）。这是图 14.1（需求）和图 14.3（供给）的左图所描述的情况。如果我们允许许多买家和卖家各自买卖少量单位（一个单位是我对少量的代称），那么阶梯就会缩短，市场就会变得更"稠密"。图 14.1 和图 14.3 的右图显示了这一点。

每位买家都会得到一张写有数字的纸条。这是买方对商品的估价，即他愿意支付的最高金额。每位买家都被告知尽可能低的价格购买，以尽量扩大其盈余。每个卖家也会得到一张写有数字的纸。这是卖方的生产成本，因此是卖方愿意接受的最低价格。每个卖家都被告知，他应该尽可能以最高的价格卖出，使利润最大化。在我解释 Chamberlin 及后续研究者的发现之前，让我借助图 14.8 稍微解释一下这个设置。

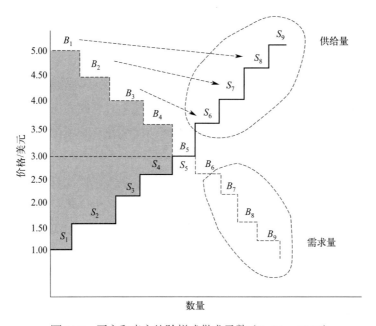

图 14.8　买方和卖方的阶梯式供求函数（Smith，1962）

这个图显示了我们以前看到的阶梯式需求和供给函数。我把买方（$B_1$，$B_2$，$B_3$…）按照他们的估价（他们愿意支付的最高价格）以递减的顺序排列，并把卖方（$S_1$，$S_2$，$S_3$…）按照他们的成本（他们愿意接受的最低价格）以递增的顺序排列。现在，假设我们把这些买家和卖家放在一个房间里，让他们进行完全无监督的分散交易。根据潜在的需求和供给曲线，这个市场的均衡价格应该是 3 美元，4 个或 5 个单位的商品应该会被交易。这是因为我们有一个买家 $B_5$，估价为 3 美元，一个卖家 $S_5$，生产成本为 3 美元。他们对买不买与卖不卖无所谓，因为他们得到的是零盈余。或者，你可以这样想，如果买家和卖家的估值和成本分别略高于和低于 3 美元，他们只会得到很少的盈余。但我们更感兴趣的是这样一个市场中通行的价格。这个价格是等于还是接近 3 美元？

理想情况下，如果你可以进行指导，那么你可以要求 $B_1$ 与 $S_1$，$B_2$ 与 $S_2$ 等结合起来，并在买方估价和卖方成本之间确定一个价格。但是请注意，如果你可以做到这一点，你就在每一个买家和每一个卖家之间建立了一套双边最后通牒博弈。$B_1$ 愿意支付 5 美元购买一个单位的商品，$S_1$ 生产单位商品的成本为 1 美元。因此，他们可以很容易地就 3 美元的价格达成一致，每人获得 2 美元的盈余。听起来很公平，对吧？类似地，$B_2$ 和 $S_2$ 会聚在一起。$B_2$ 愿意支付 4.5 美元，而 $S_2$ 应该愿意接受 1.5 美元。达成一笔 3 美元的交易，每人带走 1.5 美元的盈余。如果每一对都这样做，并简单地平分差额，那么每一对达成交易的价格是 3 美元，市场价格如果不是完全等于 3 美元的话，应该至少接近 3 美元。

但这个故事有两个潜在的问题。首先，正如我刚才提到的，在这里设置的是一系列最后通牒博弈。如果买家或卖家都很固执呢？如果 $B_1$ 愿意支付 3 美元，但 $S_1$ 坚持要得到超过 3 美元，那该怎么办？如果 $S_2$ 愿意接受 3 美元，但 $B_2$ 坚持要少付一些呢？显然，交易可能发生在需求和供给曲线左侧的浅阴影区域。但谁能保证他们会同意 3 美元呢？如果他们不这样做，那么我们可能最终得到不同于 3 美元的更广阔的价格范围。

还有一个问题。在没有拍卖师或其他人指挥的情况下，如何防止 $B_1$ 与 $S_8$ 结合在一起？$B_1$ 愿意支付 5 美元，$S_8$ 愿意接受 4.5 美元。他们可以以 4.75 美元成交。这是因为，在这样一个分散的市场中，$B_1$ 不知道还有许多其他卖家的成本更低，如果他／她与 $S_1$ 或 $S_2$ 交易，他／她可能会得到一个更好的结果。类似地，$B_2$ 可以与 $S_7$ 结合，$B_3$ 可以与 $S_6$ 结合。他们每个人都可以参与有利可图的交易，尽管只有很少的盈余。但通常情况下，像 $S_6$、$S_7$ 和 $S_8$ 这样的卖家甚至不能以均衡价格进行交易。那么，$B_1$、$B_2$ 或 $B_3$ 如何了解像 $S_1$、$S_2$ 或 $S_3$ 这样的低成本卖家呢？有关各自价值和成本的信息变得至关重要，这反过来意味着，市场的设计方式是实现均衡结果的基础。

这就是 Chamberlin 的实验在一定程度上不足的地方。Chamberlin 发现，他的市场中的价格不能很好地跟随均衡价格，而按买卖双方享有的总剩余来衡量市场效率，会低于瓦尔拉斯市场出清程序的预期。这导致 Chamberlin 得出结论，在一些没有中央结算机构的情况下，这样的市场可能无法结算，也可能无法达到预期的均衡。Chamberlin 没有正确认识到这样一个事实，尽管他已经很好地建立了市场，但问题出在信息的汇总和传播上。买家和卖家发现自己处在一个相当贫瘠的环境中，很难发现价格。这意味着，买家和卖家很难计算出潜在的估值和成本分布，也无法准确估计出潜在的利润可能是什么样子。简而言之，$B_1$ 或 $B_2$ 这样的高估值买家不明白，他们应该坚持，直到他们找到 $S_1$ 或 $S_2$ 这样的低成本卖家，而不是与 $S_7$ 或 $S_8$ 这样的卖家交易。

Vernon Smith 曾是哈佛大学张伯伦商学院的学生，后来与 Daniel Kahneman 一起获得了 2002 年的诺贝尔经济学奖。Smith 在普渡大学作为助理教授开始他的学术生涯时，他意识到 Chamberlin 的方法实际上非常适合研究市场，但需要一些修改，特别是在向市场中的交易者传递信息的方式上。Smith 建立了一个不需要拍卖师来喊价的市场，这与纽约证交所等证券交易所的运作方式非常相似。

图 14.8 也可以说明 Smith 的方法。每个买家首先输入一个愿意支付的价格（如果需要，也可以输入他／她想要购买的单位数量，但是目前，让我们继续假设每个买家和卖家只交易一个单位）。每个卖方输入一个要价，即该卖方愿意出售的价格。请记住，买家有以尽可能低的价格购买的动机，而卖家则希望以尽可能高的价格出售。另一种方法是让估值最低的买家先买。或者，如果你不确定自己是高估值买家还是低估值买家，那就等着看会发生什么。如果没有人出价，那么就根据你自己的估值输入有意义的出价。类似的叫价也适用于卖方。根据图 14.8，这意味着，在所有的可能性中，买方 9 和卖方 9 将首先行动。$S_9$ 要 5 美元而 $B_9$ 愿意付 1 美元。显然，没有交易可能。实际上，不一定非得是 $B_9$ 出价。$B_1$ 在 1 美元"低位"出价是完全可行的，这时 $B_9$ 也可能出价 1 美元。在这一点上，有两个买家都愿意支付 1 美元，但没有卖家愿意以这个价格出售。然后 $B_8$ 可能会通过将"出价"提高到 1.5 美元（其他买家也可以这样做），而 $S_8$ 进入市场并将要价降低到 4.5 美元。任何买家都可以在任何时候自由出价，就像卖家可以要价一样。

Smith 建立了一个约束条件。任何出价都必须是对上一个出价的改进。因此，如果当前最高出价是 1.5 美元，那么下一个出价必须要么更高，要么更低（比如说 1 美元），那么它将被放在当前最高出价 1.5 美元之后的排序队列（rank queue）中。同样的道理也适用于卖家的要价。要么要价必须低于当前的要价，要么将其放在要价队列中当前低要价的后面。因此，本质上，当我们直观地认为需求曲线是从 $y$ 轴的高处开始，然后向右下倾斜，但在 Smith 的市场操作中，需求曲线从右侧的低处开始（出价最低），然后随着出价的增加而向左上移动。同样地，供给曲线不是从 $y$ 轴的左侧低点开始向右上方倾斜，而是从右侧高点开始，并且随着要价的下降而向左下移动。

随着时间的推移，越来越多的高估值买家和低成本卖家进入市场，逐步形成了阶梯式的供需函数。这仍然不能阻止，比如说，$B_1$ 以高于均衡价格的价格与 $S_7$ 或 $S_8$ 的要价进行交易。但在这个市场中，每个人都可以看到所有持续的出价和要价，这让交易者对这些出价如何分配有了充分的了解。交易者还可以看到合同达成的价格。假设 $B_2$（愿意支付 4.5 美元）和 $S_7$（愿意接受 4 美元）一起以 4.2 美元进行交易，那么这就告诉了其他人一些事情。如果 $B_1$（愿意支付 5 美元）正在考虑与 $S_7$（愿意接受 4 美元）合作，并以 4.5 美元进行交易，那么 $B_1$ 很快意识到这比 $B_2$ 支付的要多。因此，$B_1$ 现在就会有动机坚持，等待愿意在 4 美元或更低价格出售的卖家。

事实证明，这两个创新：升序出价—降序询价过程（其中每一个后续出价或要价是对前一个出价或要价的改进）和揭示合同价格就像魔法一样有效。Smith 将这种市场机制称为连续双向拍卖（continuous double auction）。在图 14.9 中，我展示了 Smith 早期实验的结果。其中左图显示了与图 14.8 相同的信息，右图则展示了当一组被分配到买卖双方角色的人实际参与到这个市场中时会发生什么。这个市场通常有 8～10 个买家和卖家。买卖双方每交易一个单位，就会公开合同价格。在右图中，我展示了两件事：一是每个点代表一个交易价格；二是虚线代表平均价格的时间路径，以保持事情的简单性。但是，在每种情况下，应该进行 5～6 笔交易，少数买家和少数卖家因估值过低或成本过高而被排除在外。虽然买家和卖家角色在整个交易期间保持不变，但买家在每个时期都得到不同的估价，就像卖家被分配不同的成本一样。他们各自在多个市场周期交易，每个周期持续 2～3 分钟。钟声响起表示交易期已经打开或关闭。每个买家都有一个记录表，记录他在购买一个单位时所支付的价格。他的估值减去支付的价格就是他这一轮的利润。同样，卖家记下他收到的价格。这个价格减去他的生产成本就是他的利润。在交易结束时，这些利润加起来，并以现金支付给交易者。

在图 14.9 中，我显示了 5 个周期的数据。如上所述，每个点表示每笔交易发生的价格，虚线表示该时期所有交易的平均交易价格。有三件事很清楚。首先，随着时间的推移，平均价格非常好地跟随了均衡价格。其次，尽管最初的价格有相当大的差异，但随着时间的推移，即使是单笔交易也会以接近均衡价格的价格进行。最后，在每个周期，交易数量（5 或 6 次）大致按预测发生。因此，即使在没有拍卖师的情况下，买方和卖方各自追求盈余最大化的动机也会导致所预测的价格和数量方面的均衡结果。这清楚地证明了市场均衡的瓦尔拉斯模型是准确的，可以用来预测均衡价格和市场交易数量。因此，在这种情况下，通过采用 Smith 的连续双向拍卖市场机制，个体理性，即每个交易者都试图最大化他的盈余，会导致市场出清，并在总生产者剩余和消费者剩余方面实现最高效率❶。

---

❶ 事实上，对于价格来说，出价和要价的排名可能没有宣布签订合同的价格那么重要。我和其他人一样，用 Smith 的设置进行了大量的课堂实验。给买家一套估价，给卖家一套成本（最低可接受价格）（我通常使用不同颜色的便利贴，这样很容易看出谁是买家、谁是卖家），让他们在房间里走来走去，试图找到最好的交易。通常情况下，每个买家可以购买一个单位，卖家可以出售一个单位。一旦合同达成，这些买家和卖家就会离开市场，各自就座。然后我把合同价格写在黑板上（或记录在摄像机上）。这通常足以让人们找出可能的均衡点。虽然价格在早期有相当大的变化，但经过 4～5 个回合，差异会减小，价格趋向于紧紧围绕均衡价格聚集，因此平均价格紧紧跟随均衡价格。然而，对于那些计划尝试这种做法的人来说，一个重要的警告是：由于你很快就会看到的原因，重要的是要确保你使用的需求和供给曲线导致消费者剩余和生产者剩余在数量上大致相等。否则，市场价格将不会跟随均衡价格。

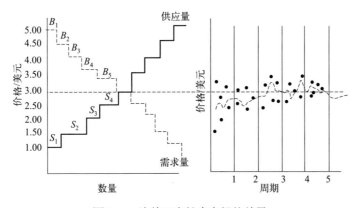

图 14.9　连续双向拍卖市场的结果

根据 Smith（1962）中的数据重新绘制

## 市场均衡过程的稳健性

Smith 清楚地表明，即使是以自利卖方和买方的双边交易为基础的完全分散的交易过程，在双向拍卖的形式下，也可以产生瓦尔拉斯试错过程所预测的市场均衡。但是这种方法适用于所有类型的需求和供给曲线吗？这些曲线可以是平坦的，也可以是陡峭的。你可以在所有卖家生产成本相同的市场上看到水平供给曲线和向下倾斜的需求曲线。或者你可以有一个向上倾斜的供给曲线，但是所有的买家对商品的估价都是一样的，这样就形成了一个水平的需求曲线。在所有这些情况下，分散的交易过程是否能保证市场达到预期的均衡？这就是我所说的"稳健性"；图 14.9 的发现是否广泛适用？答案既是"是"也是"否"。这就是我接下来要讨论的问题。

图 14.10 显示了需求和供给曲线相对平坦的情况，比如，与图 14.9 相比，图 14.9 中的两条曲线相对陡峭。Walras 认为在需求和供给相对平稳的情况下，市场应该更快地实现均衡。Walras 的观点是，在这样一个市场中，任何高于或低于均衡价格的价格都将导致大量的盈余或短缺。这些措施应该会导致更快的试错学习，以及更快地收敛到均衡价格。如图 14.10 所示，即使在 Smith 的分散交易制度中，情况也是如此。事实上，Smith 发现，需求和供给曲线是更陡峭还是更平坦，对于平均价格是否跟随均衡价格以及两者收敛的速度并没有太大影响。实际上，合同价格的轨迹在图 14.9 和图 14.10 之间并没有什么不同。

但是，当 Smith 使用生产者剩余和消费者剩余之间存在很大差异的需求和供给曲线时，情况没有像他预期的发展得那么好。图 14.11 说明了这一点。在这种情况下，生产者剩余（供给曲线以上和均衡价格以下的面积）显著大于消费者剩余（需求曲线以下和均衡价格以上的面积）。价格开始大幅低于预测的均衡水平，虽然它们显示出与均衡水平的趋同，但很明显，在这个过程中会出现很大的波峰和波谷，而且总的来说，平均价格低于均衡水平。在这种情况下，预测的均衡可能无法很好地捕捉到实际（或平均）的合同价格。为什么呢？

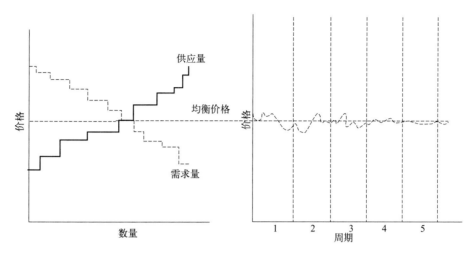

图 14.10　连续双向拍卖市场的结果，供求曲线相对平缓

根据 Smith（1962）的数据重绘

根据我们之前关于最后通牒博弈的讨论，这种直觉并不难理解。在图 14.11 中，预测的均衡价格是 8 美元。现在，像 $B_2$ 这样愿意支付 10 美元的买家，遇到像 $S_2$ 这样成本为 2 美元的卖家。如果他们同意以均衡价格进行交易，那么买方将获得 2 美元的盈余，而卖方将获得 6 美元。同样，如果 $B_3$（愿意支付 9 美元）和 $S_3$（愿意接受 3 美元）一起商定 8 美元，那么 $B_3$ 得到 1 美元的盈余，而 $S_3$ 得到 5 美元。买家很快就会明白，他们在这个市场上是输的一方。因此，他们更加努力地谈判，以保持低于 8 美元的价格。

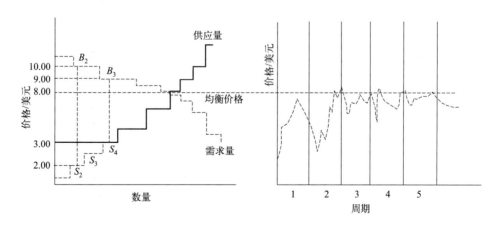

图 14.11　生产者剩余大于消费者剩余的连续双向拍卖市场结果

根据 Smith（1962）的数据重绘

卖方现在面临的前景是获得较少的盈余，或者根本不出售。毫不奇怪，卖家愿意以平均低于 8 美元的价格出售。关于这个市场的观点是，在生产者剩余的规模大于消费者剩余的情况下，分散的双边贸易将导致市场价格平均低于预测的均衡价格。虽然我没有在图中显示这一点，但这通常也意味着交易的单位数量会少于预期数量（因为如果消费者剩余较少，部分买家可能会选择不购买），因此，这个市场的效率也会低于预期。

理解这一点之后，Smith 决定检验当消费者剩余的数量远大于生产者剩余的数量时，是否存在类似的结果。事实上，Smith 决定用一个极端的例子来证明他的观点。他决定让供给曲线保持水平。正如我前面提到的，这对应于所有卖家都具有相同成本的情况，因此，所有卖家都愿意接受相同的最低价格。图 14.12 说明了这种情况。此外，Smith 还决定在过程中引入一个需求改变，从需求 1 下降到需求 2。

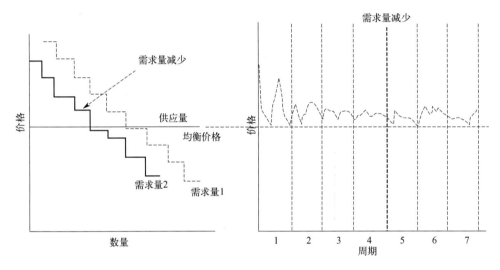

图 14.12　存在水平供给曲线和需求改变的连续双向拍卖市场结果

根据 Smith（1962）的数据重绘

首先，我们将通过水平的供给曲线和由需求 1 给出的需求状况来看看市场中发生了什么。在我们围绕图 14.11 的讨论中可以清楚地看出，图 14.12 是一种买方的消费者剩余大于卖方的生产者剩余的情况。事实上，在均衡状态下，卖方根本没有得到任何盈余，只是勉强达到收支平衡，也就是说，他们得到的价格大概涵盖了他们的生产成本。使用类似于图 14.11 的论点，很容易看出，对于这个市场中的每一笔双边交易，卖方得到的盈余接近于零。我们预计，如果卖家无法获得一些正盈余，他们会在这个市场上更加努力地讨价还价（甚至放弃销售）。不出所料，事情就是这样。从图 14.12 右图可以看出，价格开始远远高于预测的均衡价格，虽然它们似乎在几个周期之后稳定下来，但很明显，平均价格高于预测的均衡价格。

此时，从第 5 个周期开始，Smith 将需求从需求 1 减少到需求 2。Walras 会说这对市场没有任何影响。均衡价格将保持不变。但作为一名行为经济学家，Smith 更清楚地意识到，随着需求的减少，价格将会有一些下行压力，因为买家现在获得的盈余比以前少。因此，他们会比以前更努力地讨价还价。数据证实了这一点。从第 5 个周期开始，平均价格有所下降，前 2 个周期可见的大幅峰值已经消退。但是，尽管如此，考虑到生产者零盈余的情况，价格会收敛到一个仍然高于预测均衡价格的水平，这并不令人惊讶。

我们从中学到了什么？首先，瓦尔拉斯模型似乎很好地模拟了现实生活中市场的运作方式，即通过双向拍卖设计，买家和卖家分别提交出价和要价的分散交易。但是，这些市场是否会收敛到预期的均衡，以及效率是否会最大化（由所有有利可图的交易发生与否来衡量），关键取决于市场势力的程度，即消费者剩余和生产者剩余的规模。当这些数值大致相等时，市场会按照预期运行，价格收敛到预测的均衡点，并且效率较高。但是，如果市场势力存在很大的差异，无论是消费者剩余大于生产者剩余（买方市场势力）还是生产者剩余大于消费者剩余（卖方市场势力），均衡过程都不会那么顺利。在第一种情况下，价格将倾向于被定在预测的均衡价格之上，而在后一种情况下，价格将倾向于被定在预测的均衡价格之下。在这两种情况下，交易量（买卖单位的数量）都会降低，导致效率降低。

## ≫ 公布报价市场

正如我前面提到的，我们在日常生活中遇到的大多数市场看起来跟上面讨论的那些市场都不像。是的，这些市场可能对于买卖股票是合理的，但是当你去买一双运动鞋、一条牛仔裤或者杂货时，你通常不会讨价还价。你可以查看商品上"公布"的价格（基本上是标签价格），然后决定是否购买。有时，你可能会决定等待一个大减价，看看商品是否会以一个更便宜的价格出售。这种公布报价是几乎所有零售行业的主导模式，是梅西百货和伍尔沃斯在 19 世纪下半叶引入市场的一项创新。大规模零售商通过雇用大量店员，实现了商店所有权与实际销售商品之间的分离。这导致了"要么接受要么放弃"的公布报价定价策略，取代了此前一般商店交易的讨价还价策略。到 20 世纪 30 年代，这种定价形式被称为"管理"定价，经济学家普遍认为，这种定价策略将导致竞争性下降。

在探索了竞争市场中供求机制的运作之后，Smith 及亚利桑那大学的 Jon Ketcham（Smith 此时也已经转到亚利桑那大学任教）和印第安纳州阿灵顿威廉姆斯大学的

Arlington Williams，将注意力转向了理解这些公布报价市场中价格形成和趋同的过程。需要注意的是，公布报价的市场制度只是市场规则的另一种变体。在双向拍卖中，买家和卖家同时分别递交出价和要价。我们可以想出各种其他出清市场的规则。例如，在亚利桑那证券交易所，所有交易都以通过潜在需求和供给曲线计算得出的均衡价格进行，而不是允许分散交易。在报价市场中，卖家在某种程度上是不活跃的。一旦他们公布了其价格，那就这样了。买家可以决定是否以这个价格购买。Smith 及其同事想问的问题是：假设我们有一个如图 14.9 所示的市场，我们知道如果这个市场被设置成双向拍卖会发生什么，如果这个市场是一个公布报价市场，又会发生什么？价格是否仍然会收敛到理论和预测的均衡价格？预计的交易数量会发生吗？与双向拍卖相比，效率是高还是低？

Smith 及其合作者研究了许多不同的市场表现指标。整体上，双向拍卖市场的价格是否比公布报价市场的价格更接近均衡价格？效率是否具有可比性？事实证明，这两个问题的答案都是否定的。公布报价市场的市场价格（及其与预测均衡价格的离散度）较高，效率较低。然而，Smith 及其同事发现，如果交易员获得更多的市场经验（通常是通过引入因以前参与过市场活动而熟悉市场机制的参与者），这种差异就会消失。

接下来，Smith 和他的同事研究了如果市场供应曲线是水平的会发生什么，如图 14.12 所示。令人惊讶的是，在这里，双向拍卖机制和公布报价机制之间的差异似乎并不那么重要。在这两种情况下，价格都高于均衡水平，效率也低于均衡水平。但是在我们围绕图 14.12 的讨论中可以明显看出其中的原因。在这些市场上，公布报价并不会降低价格或提高效率。公布报价市场的价格往往较高，效率较低。只是在这种情况下，买方比卖方拥有更大的市场势力。正如我们在图 14.12 中讨论的市场情况，这意味着卖方在这个市场中更难讨价还价。即使在双向拍卖的情况下，这也会导致交易量和价格下降。因此，在这个市场上，公布报价市场和双向拍卖市场之所以表现得差不多，是因为双向拍卖在达到均衡价格方面不太成功。

## 市场势力与价格信号

正如 Smith 及其同事所指出的，不难理解为什么公布报价市场往往有利于卖方，而不利于买方。为了理解这一点，请看图 14.13。在这个市场上，有很多买家和 3 个卖家。卖家 1 有 8 个单位商品待售，卖家 2 有 10 个单位，卖家 3 有 4 个单位。因此，共有 22 个单位商品可供出售。在继续之前，我想提醒一下这个市场有很多买家和 3 个卖家，其结构将对卖家有利。这是因为买方之间的竞争更加激烈（考虑到买方数量更多），而卖方的竞争更少（考虑到卖方数量更少）。所以一般来说，如果市场的一边比另一边稠密很多，那么市场稀薄的一边将拥有更大的市场势力 ❶。

　　但是，撇开这一点不谈，让我们想一想，像图 14.13 这样的市场可能会发生什么。瓦尔拉斯式推理提出了一个直截了当的解决方案：均衡价格为 5 美元，应该出售 11 个单位（每个买家购买一个单位）。卖家 1 应该以每个单位 3 美元的成本卖出他 / 她所有的 8 个单位，卖家 2 应该以接近 5 美元的成本卖出他 / 她 10 个单位中的 3 个。到这个时候，读者应该不难理解这里的基本概念。因此，卖家 1 每个单位获利 2 美元，卖家 2 每个单位获利非常少，卖家 3 将退出这个市场，因为他 / 她的成本太高了。但这会发生吗？尤其是如果卖家能看到每个人发布的价格，就像 Smith 及其同事非常正确地假设的那样？

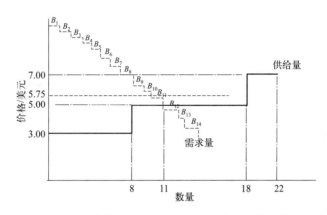

图 14.13　有许多买家和 3 个卖家的公布报价市场

　　假设卖家 3 公布的价格是 7 美元（或更低）。市场上有七八个买家愿意支付超过 7 美元（这取决于我们是否包括 $B_8$，他实际上对以这个价格购买和不购买无动于衷）。如果 $S_1$ 和 $S_2$ 跟进，并且价格也是 7 美元（或者稍微低一点），假设得到少量盈余的 $B_8$ 购买，那么在这个市场上卖出 8 个单位。这取决于谁最终进行销售，特别是如果这些销售最终流向 $S_1$ 和 $S_2$，那么他们将获得比 5 美元更高的利润。或者，$S_1$ 和 $S_2$ 可以跳过 $S_3$，以 5.75 美元的价格达成协议。如果他们这样做，那么他们就失去了一个买家（$B_{11}$），但是卖家 1 可能每单位赚 2.75 美元，而卖家 2 每单位赚 0.75 美元。这意味着，不再有一

　　❶　尽管人们更容易想到买家多于卖家的市场例子，但情况并非如此。在许多市场，情况恰恰相反。想象一下这样一种情况：大量的小供应商向伍尔沃斯、家乐福或沃尔玛这样的大型连锁店出售产品，或者小型肉类和蔬菜生产商向麦当劳这样的大型连锁店出售产品。在这些情况下，买方具有更大的议价能力，并且最有可能支付比卖方更具竞争力时更低的价格。其他例子包括劳动力市场。例如，印第安纳州的加里市，它位于伊利诺伊州芝加哥南部。这座城市是以美国钢铁公司的创始人兼董事长 Elbert Henry Gary 的名字命名的。在加里市的历史上，很长一段时间里，许多成年人都在钢铁行业工作。不用说，在这种情况下，这些工人的工资往往低于工人可以选择多个雇主时的工资。1941 年的电影《青山翠谷》（How green was my valley）改编自 Richard Llewellyn 的同名小说，由 John Ford 执导，描绘了一个"公司城"的兴衰起伏，在这部电影中，描述的是南威尔士的煤田。

个令人信服的理由，来说明为什么价格会收敛到 5 美元的均衡价格，但价格很可能会稳定在 5 美元到 7 美元之间。考虑到买方不知道潜在的销售成本，但卖方对此有合理的了解，因此几乎没有下行压力来推动价格达到均衡结果。

事实上，这正是 Smith 及其同事发现的。他们发现了大量的价格信号（price signalling），即成本较高的生产商提供更高的价格，以吸引一些估值较高的买家，也吸引成本较低的卖家效仿这一做法。Smith 等人还发现，公布报价市场容易受到默契合谋（tacit collusion）的影响。在这种情况下，卖家 1 和卖家 2 可能会默认 5.75 美元这样的价格，这保证了他们双方的利润都高于竞争均衡。卖家 2 这样做的动机是显而易见的。但是既然卖家 1 有能力这样做，为什么他不降低这个价格并收取更少的费用呢？这是可能的，但请注意，在这个市场的竞争均衡中，卖家 1 希望做的是以每单位 2 美元的利润出售 8 个单位，总利润为 16 美元。但是，如果价格是 5.75 美元，那么即使卖家 1 以这个更高的价格只卖出 6 个或 7 个单位，他的情况也会更好 ❶。因此，卖家 1 几乎没有动力去将价格降到 5.75 美元以下。无论什么样的例子，都存在一个基本点。鉴于卖方之间可能存在价格信号和默契合谋，在公布报价市场中，价格几乎没有下行压力。公布报价的机构所做的就是禁用了一部分瓦尔拉斯试错过程。如果市场双方都具有同等的竞争力，并且价格是通过升价和降价过程的双向拍卖确定，那么结果总是比通常的价格更高。这就是为什么我认为我对讨价还价的厌恶和被公布报价卖家吸引的倾向，很可能意味着我错过了便宜货，并最终支付更多的钱！

## 重新审视公平性

在第 8 章中，我讨论了最后通牒博弈结果对这种公布报价市场的影响。我概述了 Kahneman 及其同事的研究结果，表明人们愿意接受成本增加导致的价格上涨，但不愿意接受需求冲击和 / 或买家脆弱性增加引起的价格上涨（暴风雪导致对铁锹的需求增加；某地区的失业潮导致对劳动力的需求降低，从而导致工资下降等）；也就是说，价格上涨是为了获得更大的利润。我还提供了一些研究结果，表明如果买家认为价格高于应有水平，他们通常会抑制需求（并且会少买）。当市场上的买家较少，而且这些买家意识到消费者剩余与生产者剩余之间的差距，尤其是后者远高于前者时，这种需求抑制（demand withholding）就会增加。

---

❶ 请记住，如果卖家 1 以 5 美元的价格卖出 8 个单位，那么他将获得 16 美元的利润。假设卖家 1 生产和销售每个单位的成本为 3 美元，如果他以 5.75 美元卖出 8 个单位，那么他的收入为 5.75×8=46（美元），他的成本为 3×8=24（美元）。所以，他的利润是 22 美元。对于 7 个单位，他的收入是 5.75×7=40.25（美元），他的成本是 3×7=21（美元），所以他的利润是 19.25 美元。如果他卖出 6 个单位，利润是 5.75×6-3×6，也就是 16.5 美元，比以 5 美元卖出 8 个单位的利润 16 美元稍微高一点。因此，在所有这些情况下，卖方 1 的利润都高于竞争均衡。

与另一组合作者 ❶ 一起，Smith 对这场关于公平问题如何影响市场的辩论提供了一些不同的观点。Smith 和他的合作者从 Kahneman 等人的推测出发，认为由于卖方成本的增加，人们更愿意接受价格上涨，但如果他们认为这是为了过度利用消费者（可能后者缺乏市场势力），他们就不太愿意接受。Franciosi 等人研究了两种不同的情况：第一，卖方成本增加。这意味着原来的供给曲线将向后和向左移动，导致更高的均衡价格和更低的销售量。第二，卖方需要缴纳利润税。这不会改变卖方成本，因此，供给曲线保持不变。但是，任何卖家的利润都要缴税，使得卖家的钱比以前少了。在这里，没有提高价格的理由。卖方根据利润税提高价格的唯一原因是为了保护这些利润，特别是如果卖方的行为表现得好像希望保持一个参照利润水平的话。那么，在第二种情况下，卖方提高价格主要是为了保护他们的利润，这可能被认为是在利用买方（特别是如果卖方已经获得了可观的利润）。

Franciosi 等人推测：首先，当成本上升时，价格将高于征收利润税时的价格；其次，在前一种情况下，需求抑制将不如在后一种情况下明显。与 Ruffle 报告的结果一样，Franciosi 等人也发现这是正确的，但有一些附加说明。首先，当成本增加时，价格肯定高于对利润征税时，但需求抑制的规模没有那么大的差别。Franciosi 等人通过计算原本可用低于其估计的价格购买商品，但却选择不这样做的买家数量来计算需求抑制。此外，价格差异最初是存在的，但随着时间的推移往往会消失。

为什么其结果与 Ruffle 不同？首先，回到图 14.13 的这三个卖家。请记住，如果成本增加，供给曲线就会向后并向左移动。我们知道这会提高价格。我们可以在同一个图的背景下通过思维练习来看到这一点，而不需要再画另一个图。假设市场价格过去是 3 美元，现在是 5 美元。卖家 1 还是收 3 美元。在 3 美元的价格上，至少有 14 个人愿意购买，但卖家 1 只能卖出 8 个单位。这可能意味着卖家 1 必须对每个买家可以获得的数量进行定量配给，或者由于他的价格较低，在卖家 1 的商店外可能会排很长的队伍。但这反过来又意味着，一些估值较高的买家可能对排队不感兴趣，这些买家会被卖家 2 甚至卖家 3 所吸引。最终，如果有足够多的买家这样做，那么 5 美元或 7 美元的更高价格就不再显得离谱。Franciosi 等人认为，什么被认为是"公平"或"不公平"很可能取决于买方的期望。我们在第 7 章早些时候看过，这是 Al Roth 及其合作者最后通牒博弈的一部分。公平的观念在匹兹堡或卢布尔雅那与在耶路撒冷或东京大不相同。因此，随着时间的推移，不同处理的价格并无差异也就不足为奇了。

还有市场（或议价）势力的问题。我在上面提到，价格变化背后的一个关键问题是双方的抗衡力量。如果买家和卖家双方的数量相似，那么，至少在双向拍卖中，价格会趋于市场均衡。但是如果有更多的买家（卖家），那么价格将趋向更高（更低）。这仅仅是因为数量越少，采取协调行动就越容易。在 Ruffle 的研究中，当有 2 个买家

---

❶ 这组合作者包括 Robert Franciosi、Praveen Kujal、Roland Michelitsch 和 Gang Deng。

而不是 4 个买家时，需求抑制最为明显。在 Franciosi 等人的研究中，总是有 6 个买家和 6 个卖家。如果买家很少，他们就更容易协调行动，抑制需求。同样，当卖家很少的时候，他们更容易相互发出信号，进行默契合谋。随着卖家数量的增加，削弱其他卖家价格的动机（和压力）也会增加，因为这将增加销售额。数量越多，行动的默契协调就越困难。

## 市场政策干预

在本章前面部分，我提到了瓦尔拉斯的市场观是价值中立的。对于均衡价格是公平还是不公平，这个结果是公正还是不公正，Walras 没有发表任何意见。瓦尔拉斯的观点只是假定，考虑到买方以需求曲线的形式表达的估值，以及卖方通过供给曲线表达的成本结构（和最低接受意愿），人们会预期看到一个特定的均衡结果。一旦达到这种均衡，在需求和 / 或供给没有受到外部冲击的情况下，均衡价格应该不会改变。

但是，如果你觉得这样的价格是"不公平的"，需要采取一些措施来解决这个问题吗？ 毕竟，商品的价格需要考虑到人们的收入和对各种商品的负担能力，尤其是食品或公用事业等必需品。例如，在 2010 年，Jimmy McMillan 在竞选纽约州州长时说了一句口号："该死，房租太高了！"事实上，这很快就变成了一个表情包。同样，在世界各地的城市和国家，"最低生活工资"运动也在不断发展。如果你浏览一下新西兰奥特亚罗瓦生活工资运动的网站，你会发现以下内容：

> 最低生活工资的出现是对日益加剧的贫困和不平等的一种回应，这种贫困和不平等持续阻碍着如此多的新西兰工人、他们的家庭和我们的经济。新西兰奥特亚罗瓦生活工资运动将社区 / 世俗、工会和信仰团体聚集在一起，开展争取最低生活工资的运动。

这些人认为，通过供求关系得出的均衡价格是不公平的，需要对此采取措施。McMillian 认为，租金（对许多人，尤其是那些不那么富裕的人来说，租金是日常开销的很大一部分）过高，因此，对纽约等大城市的许多人来说是负担不起的。奥特亚罗瓦生活工资运动宣称，蓝领工人的需求和供给决定了小时工资是如此之低，以至于人们无法靠它生存。这里不是裁决这些问题的地方。但各级政府，无论是城市、州还是国家，通常会制定与市场决定的价格不同的法规，这一点无疑是正确的。这些干预通常被称为价格上限（price ceiling）或价格下限（price floor）。

### 价格上限

价格上限的一个例子是租金管制。许多城市，例如纽约，都有租金管制的公寓。这是什么意思？这意味着，如果让市场来决定，纽约市一套小型单间公寓的租金将是每月 2000 美元。市议会认为这个价格太高了。他们立法规定房东每月租金不能超过 1500 美元。图 14.14 的左图说明了这种情况。到目前为止，你知道这样做会阻止市场达到 2000 美元的市场均衡价格，这时需求量和供给量是相等的。在 1500 美元的价格下，想租房子的租客（$Q_D$）比可租公寓（$Q_S$）多得多，这导致了公寓的短缺，进而导致更多的人在寻找公寓，从而需要某种形式的配给：人们不得不与许多申请同一套公寓的人竞争，而房东可以选择租客❶。

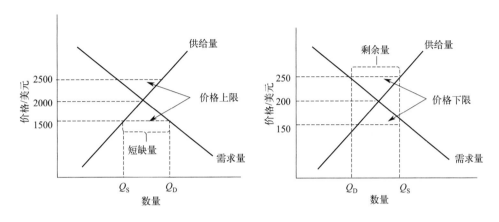

图 14.14　价格上限和价格下限

现在，通常情况下，经济学家认为，当且仅当价格上限低于均衡价格时，价格上限将是"有约束力的"，意味着它将对市场产生影响，并导致价格下降。因此，只有将价格上限设定在 1500 美元或低于 2000 美元（均衡价格）时，价格上限才会起作用。这反过来表明，如果出于某种原因，市议会规定的价格上限高于均衡水平，比如 2500 美元❷，将不会对市场均衡价格和数量产生任何影响。但是，事实证明，即使是高于均衡水平的价格上限（比如 2500 美元）也可以通过降低价格对市场产生显著的调节作用。

为了考察这一点，Vernon Smith 与长期合作者 Arlington Williams 合作。他们制定了一个与图 14.9 或图 14.10 所示十分相似的市场，只不过他们让参与者参加两个不同的处理，其中一个有价格上限，一个有价格下限。参与者首先参与一个无干预的市场，然后引入价格上限或价格下限。当价格上限高于均衡价格时会发生什么？根据理论，这应

❶ 在《宋飞正传》（*Seinfeld*）早期的一集中，在 Jerry Seinfeld 的公寓楼里，一个租金管制的公寓变成免费的了。大楼管理员愿意让 Jerry 的前女友 Elaine Benes 拥有这套公寓，但要收取 5000 美元的费用作为回报，这本质上就是贿赂。一开始 Jerry 愿意借给 Elaine 钱，但后来意识到和前女友住在同一栋楼里可能不是个好主意。这个脚注可能是多余的。我提出这一点是为了表明，以租金管制的形式设定的价格上限并不是一个抽象的概念，而且确实适用于现实生活。同时，我也是《宋飞正传》的忠实粉丝，我觉得这是一个很好的机会，可以为你们这些在节目播出时还太年轻（或者还没有出生）的人介绍一下这部剧。它值得一看——我"时髦"的孩子们也同意这个评价。

❷ 可能是市议会搞错了这一点，或者市场状况已经发生变化，实际上均衡价格已降至 2000 美元，低于拟议的 2500 美元。

该不会产生任何影响，市场应该达到预期的均衡价格和数量。图 14.15 显示了这个价格上限的影响，这个上限的价格略高于预测的均衡价格。正方形的实线表示购买出价，带有"×"的实线表示销售出价，带有菱形的虚线表示签订的合同。左图显示价格上限实施之前的情况，而右图则显示价格上限实施之后的情况。就算乍一看也很明显，在两种不同的情况下，结果是不同的。请记住，价格上限低于均衡价格（因此具有约束力）的情况与价格上限不具有约束力的情况都会影响价格。有约束力的价格上限，其影响将更加明显。

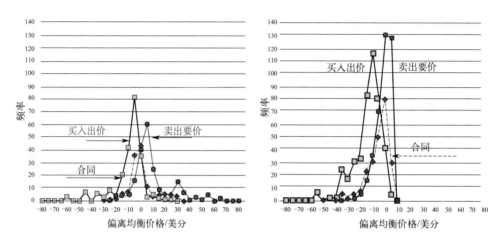

图 14.15　价格上限的影响

根据 Smith 和 Williams（2008）的数据重新绘制

这里的水平轴测量的是从低于均衡价格 0.8 美元到高于 0.8 美元所产生的预测均衡偏差。价格上限设定为高于均衡价格 0.05 美元。垂直轴测量在每个价格点有多少出价和要价。通过比较左图和右图，我们可以看到价格上限的直接影响是将销售报价截断到比均衡价格高 0.05 美元左右，也就是在价格上限附近。与左图不同，右图的尾部不再有任何要价，因为在给定最高限价的情况下，不再可能要求更高的价格，例如高于均衡价格 0.4 美元或 0.5 美元。相反，现在在均衡价格附近的要价急剧上升。记住我在讨论图 14.8 时说的话。这就好像供给曲线开始向右上移，然后随着卖家降低要求而向左下移。但在有了价格上限的情况下，这些高要价就不再可能出现，这实际上意味着要价的分布向左移动（意味着价格下降）。

价格上限对出价过程的影响不那么大。请记住，你可以将需求曲线想象为从图 14.8 右侧的低点开始，然后随着买家逐渐提高出价而向上移动。价格上限不会影响那些低出价，只会对达到或高于价格上限的出价产生影响。此外，考虑到买卖双方都已经经历过没有价格上限的市场，一旦价格上限被引入，看到卖方提出较低要价（在价格上限之下）的买方会发现，在较低水平开始谈判符合他们的自身利益，因此，会从比以前更低的出价开始谈判。现在很少有人以更高的价格出价，原因有二：首先，在任何情况下都不可能有高于上限的出价；其次，意识到价格上限降低了卖方的要价，买方也相应地降低了出价。最终结果不难预测。即使设置了不具约束力的价格上限，出价和要价也会向左移动，这意味着，平均而言，设置了价格上限的出价和要价低于没有价格上限的出价和要价。这就导致了价格的下降和盈余从卖方向买方转移。

### 价格下限

图 14.14 的右图描绘了一个价格下限。这就是我们以最低价格的形式进行干预的地方。这方面的一个例子是农业支持价格。假设美国中西部地区的小麦均衡价格趋于每吨 250 美元左右。假设说，由于丰收和供应的增加，均衡价格下降到每吨 200 美元。政府认为均衡价格过低，将给农民造成重大困难。政府规定最低价格为每吨 250 美元。这意味着小麦的所有买卖都必须以这个价格进行。很明显，在这个价格下，需求会减少，小麦也会过剩。通常情况下，政府会以最低价收购剩余产品，以确保价格不会跌破下限。如果政府将价格下限设定在均衡水平之下，比如每吨 150 美元，这样做有意义吗？这不会阻止市场在 200 美元时达到均衡。

但是，正如我们之前讨论的那样，即使是 150 美元这样的价格下限也会产生影响。结果与图 14.15 中的价格上限相似。在这种情况下，有了价格下限，主要的影响将是在买家方面，因为消除了图 14.8 右侧的一些低出价。这意味着出价将被价格下限向左截断，这就排除了低于下限的要价。这也将对要价产生调节作用，因为卖方现在将意识到他们不需要降低要价，并且可以用比没有价格下限时更高的价格开始谈判。这种做法的最终结果将是把买卖双方的出价和要价的分布向右移动，从而导致价格上涨，并将盈余从买方转移到卖方。我没有画图来说明这一点，因为这个图将非常类似于图 14.15。在图 14.15 中，出价和要价的截断发生在右边，这是由于价格上限切断了高出价和高要价。而价格下限从左边切断出价和要价，即去掉低出价和低要价。这导致价格上涨，盈余从买家转移到卖家。

类似的论点也适用于最低工资。通常，最低工资被设定为高于蓝领工人的均衡工资。但是，如果从可持续性的角度来看，通行的均衡工资被认为是较低的，那么即使一个城市或一个州规定的最低工资低于市场均衡，这仍然会产生提高有效工资和将一些盈余从雇主转移到工人的影响。

## 结语

在这一章中，我讨论了买方和卖方之间通过一个分散的降序要价—升序出价过程的互动如何产生瓦尔拉斯试错过程所预测的均衡结果。Smith 将这一过程称为连续双向拍卖，买方和卖方同时提交买入报价和卖出报价。我已经表明，这种由买方和卖方的共同利益指导的分散过程，将最大限度地提高效率。这就是 Adam Smith 所说的"看不见的手"，即使在没有拍卖师或其他中央权威机构的情况下，买卖双方的双边谈判也会导致预期的均衡。

从中得出的一个关键教训是，与非经济学家经常表达的怀疑态度相反，市场本身没有什么不道德或值得怀疑的地方。事实上，正如我前面所说，所有的证据都表明，市场实际上起到了一种调节的作用，有助于实现生产者剩余和消费者剩余总量的最大化。但这也有一些需要注意的地方。一方面，市场的有效运作确实需要买方和卖方市场力量之间的近似平衡。当消费者剩余和生产者剩余（它们可以分别作为买方和卖方抗衡能力的良好代表）的规模近似相等时，市场就会有效运行。

只有当一方或另一方拥有过度的市场势力时，问题才会出现。这种情况的一个极端是单一卖家（卖家垄断，如谷歌或微软）或单一买家（买家垄断，如属于一个老板的"公司城"）。但即使没有极端情况，我们也可以想象一个市场被少数大卖家主导的情形。想想美国航空市场，有三大"传统"航空公司——美国航空、达美航空和联合航空，以及其他一些较小的航空公司，如阿拉斯加航空、捷蓝航空和西南航空。但对此的解决办法通常不是放弃市场体系，而是采取一些宽松的监管措施，以调节这些市场中的一些卖方势力。我们将不得不把这个讨论留给另一门课程和另一本书。

第二个问题是，虽然 Smith 探索的分散降序要价—升序出价的双向拍卖似乎是个人理性发挥作用的典范，但这种理性并不普遍。在本书的下一章（也是最后一章），我将研究资产泡沫现象，这至少在一定程度上是买卖双方的非理性结果。因此，即使双方的市场势力达到平衡，市场也不一定能够取得有效的结果。一定程度的理性和市场制度的本质似乎具有重要意义。我将在下一章更详细地讨论这个问题。

我还指出，我们参与的大多数市场并不是 Smith 提出的分散双向拍卖。更确切地说，这些是公布报价市场，在这里，卖家公布价格，买家决定是否购买。我已经表明，这种公布报价市场的价格通常会高于由潜在需求和供给曲线决定的竞争均衡价格。如果市场的特点是少数卖家具有不一样的成本，那么公布报价市场上价格上涨的趋势将会加剧。这些市场有可能最终以接近最高成本卖方可接受的最低价格结算。这在一定程度上是因为这些市场的卖家有能力进行价格信号传递和默契合谋。

我重温了关于市场公平性的争论，以探讨在意识到大部分盈余都归于卖方的市场中，买方是否会抑制其需求。我证明了这一点是正确的，但这关键取决于买方的稠密度。如果买家众多，难以采取协调行动，那么需求抑制就难以维持。为了成功地抑制需求，人们需要更少的买家（因此，具有更大的议价能力）。我还证明了时间维度也许很重要。成本较低的卖家可能出于公平考虑不会立即提高价格，但是如果这个卖家没有存货，其他卖家就会收取更高的价格，随着时间的推移，买家的期望会调整到"公平"价格上，市场价格也会上涨。

最后，我讨论了一些以价格上限和价格下限为形式的政策干预。经济学理论认为，价格上限只有在低于均衡价格的情况下才会对市场价格产生影响。我讨论了 Smith 在本领域的工作，指出不止如此，即使价格上限高于均衡价格，它也将通过截断高出价和高要价导致价格降低。这反过来将一些盈余从卖方转移到买方。类似的论点也适用于价格下限。这将会截断低出价和低要价，并导致市场价格高于均衡水平，从而将一些盈余从买方转移到卖方。

那我们该怎么办？我之前说过我是 Leonard Cohen 的超级粉丝。在他的一首歌《人人都知道》❶ 中，Cohen 总结了许多人在谈到市场时的想法。Cohen 唱道："骰子已被动过手脚……战斗已经结束。"游戏总是对好人不利，富人变富，穷人继续穷下去。我不同意 Leonard Cohen 的观点。是的，骰子可能已被动过手脚，战斗可能已经结束，但这并不是市场运作的一个基本部分。如果竞争环境是公平的，双方的市场势力均衡，那么市场就是有效的。当然，竞争环境经常是不公平的。这并不意味着我们不能依赖市场。这只是意味着，我们需要通过监管和政策干预，尽可能在可行的范围内创造公平的竞争环境。但是，重复一遍：市场可能有它的缺点，但是我们尚未发现一种更好的组织贸易和交易的方法。不幸的是，这里涉及一些广泛的哲学问题，超出了我们目前想要讨论的范围。我希望本章和本书的讨论能够启发你更深入地研究这些主题。

---

❶ 《人人都知道》由 Leonard Cohen 和 Sharon Robinson 创作，选自哥伦比亚唱片公司的专辑《我是你的男人》。

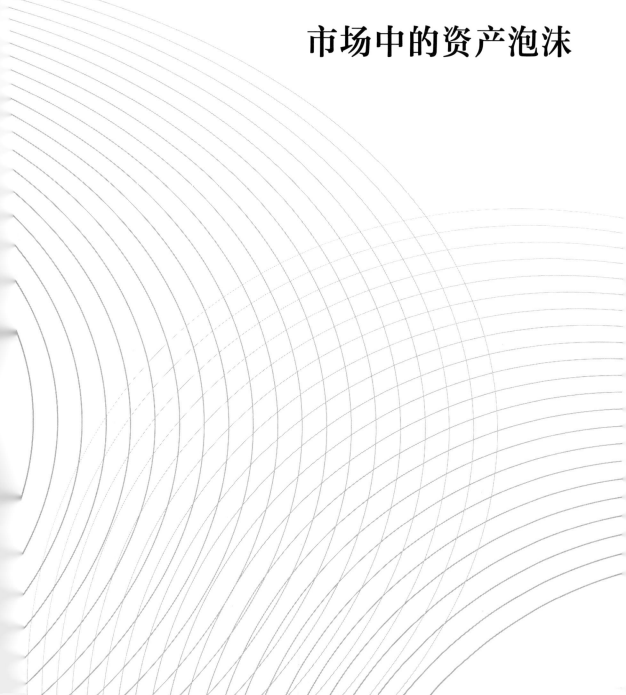

# 15

# 市场中的资产泡沫

在本章，我们将：

- 讨论什么是资产市场泡沫，即金融资产的价格上涨远远超过资产的实际价值；
- 探索一些历史上的资产泡沫来设定场景；
- 展示我们如何在实验室研究资产泡沫，以及我们已知的资产泡沫的促成因素；
- 强调认知偏差在产生资产泡沫中的作用，反过来，这也为我们从源头上避免产生资产泡沫提供线索。

## >>> 金融危机如何演变成全球经济大衰退

这本书的大部分内容是我在 2020 年写的，当时全世界都在应对新冠肺炎疫情以及它带来的影响。在那时，国内生产总值下降，失业率上升，很明显，我们看到了一场全球经济萧条。目前尚不清楚这场萧条是否会与 20 世纪 30 年代的经济大萧条持平，但显然，这场萧条将比 2008—2009 年的全球金融危机更为严重。对我们许多人来说，在遇到新冠肺炎大流行之前，全球金融危机是我们遇到过的最严重的经济萧条。

从很多方面来说，全球金融危机肇始于美国房地产泡沫破裂引发的金融危机。图 15.1 显示了 20 世纪 90 年代后期和 21 世纪头十年通货膨胀调整后的平均房价。从这张表可以看出，从 1998 年左右开始，直到 2006 年左右，房价急剧上涨。这个时候，经济萧条袭来。房价下跌，大量房屋持有者承受着负资产负担。这意味着现在他们购买房屋的抵押贷款超过了房屋的价值。因此，他们再也无法通过简单地出售房屋来偿还抵押贷款。这一切是怎样发生的？ 这又如何引发了这场大规模全球经济衰退？ ❶

到了 20 世纪 90 年代末，抵押贷款机构之间对收入和市场份额的竞争导致了更宽松的担责标准，以及对信用（偿还这些贷款的能力）存疑的借款人进行更高风险

---

❶ 本章的主要焦点是资产市场上的价格泡沫现象，即价格的上涨远远超过了资产的基本价值。这与全球金融危机无关。我对金融危机提供了一个非常粗略的概述，作为我对资产泡沫的讨论。在这个领域有大量的学术文献，我不可能在几页之中讲明白这场危机的各个方面。这里出现的大部分内容是基于我对 Michael Lewis 观点的解读和理解。Michael Lewis 是畅销书《谎言家的扑克》（*Liar's Poker*）、《弱点》（*The Blind Side*）（Sandra Bullock 凭借该书电影版获得奥斯卡最佳女演员奖）和《点球成金》（*Moneyball*）（由 Brad Pitt 主演）的作者。Lewis 在他的书《大空头》（*The Big Short*）（改编成了由 Christian Bale、Steve Carrell、Ryan Gosling 和 Brad Pitt 主演的电影）中探讨了全球金融危机的原因和后果，很多这方面的材料都曾出现在流行媒体上，包括《名利场》（*Vanity Fair*）和其他地方的文章。我在这里修改了他的一些论点，主要取自这些不同的文章。

的抵押。这衍生出了所谓的"次级"贷款。这些贷款的利率一开始远低于"最优惠"（即市场）利率，但随后很快大幅上升。这些贷款具有潜在风险，但华尔街似乎愿意接受这一更高的风险。一些人认为，政府直属的联邦国家抵押贷款协会（FNMA，俗称房利美）和联邦住房贷款抵押公司（FHLMC，或房地美）通过推行自动担责和评估系统（借助数千家小型抵押贷款经纪人）和通常不要求首付，鼓励了更宽松的担责标准。

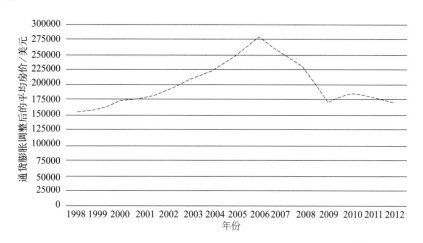

图 15.1　美国房地产市场泡沫

反过来，雷曼兄弟（Lehman Brothers）等投资银行在这些抵押贷款的基础上，创建了一套被称为债务抵押债券（collateralized debt obligations，CDO）的债券。这些债券本质上是人们持有的债券（纸片），而债券的支付取决于一群稳定的人定期支付抵押贷款。如果这些抵押贷款支付停止，甚至广泛波动，CDO 将难以履行其对持有人的财务义务。2000 年，银行发放了 1300 亿美元的次级贷款，并发行了 550 亿美元的抵押债券。到 2005 年，次级贷款已增长到 6250 亿美元，其中 5070 亿美元已转为抵押债券。因为房主违约的可能性很高，这些次级贷款一开始风险就很高，这反过来就说明，按理来讲这些贷款支持的 CDO 也具有很高的风险。然而，这些债券被穆迪（Moody's）和标准普尔（S&P）等评级机构评为"AAA 级"。很多人以及大型养老基金（他们通常只能投资 AAA 级债券）投资于这些 CDO。当那些几乎没有能力偿还贷款的房主违约时，这些抵押贷款也就违约了，由此造成严重的损失。

但是，这场金融危机是如何演变成全球经济大衰退的呢？一方面，随着银行对放贷变得更加谨慎，导致信贷变得更加难以申请，商业活动也由此受到阻碍，这就是"供给侧"效应（supply side effect）。另一个重要的因素是，在企业和个人中普遍存在的悲观情绪和信心的丧失。金融危机只是作为一个转折点，当房地产市场崩溃时，该市场的材料供应商受到了打击。对于许多业主来说，他们的房子代表了他们的主要资产，当他们的房屋价值急剧下降时，他们开始大幅削减开支。因此，危机蔓延到汽车和其他耐用品市场。这就是"需求侧"效应（demand side effect）。

经济衰退的另一个根本问题是：经济陷入了就业不足的陷阱。除非能够确保其他人行动一致，否则没有一家公司希望扩大生产，但如果不这样做，就会导致对所有相关人员而言更糟糕的结果。这是一个我们已经在第 13 章中讨论过的经典协作问题。这种信念的丧失往往是注定产生的，且可能会产生毁灭性的经济后果。但是如我所言，这一章的重点不是关于全球金融危机的，而是关于引发危机的房地产泡沫。在本章中，我将讨论什么是泡沫：它们如何产生，如何在实验室中进行研究，以及此类泡沫的形成或影响因素。

### 案例研究 15.1 南海公司泡沫

1710 年 8 月，Robert Harley 被任命为英国财政大臣，相当于财政部部长。自 1694 年以来，私有的英格兰银行一直是政府所有借贷的垄断经纪人，由于政府对其获得的服务感到不满，于是 Harley 便积极寻求改善国家财政的新方法。Harley 调查得出的结论发现，政府总共欠了 900 万英镑，但是用于偿还的收入却几乎没有。基于此，Harley 设计了一项计划来整合这笔债务，就像英格兰银行整合之前的债务一样。持有该债务的债权人必须将该债务移交给为此目的而成立的一家新公司——南海公司，作为回报，该公司将以相同的名义价值发行该公司的股份。政府将每年向该公司支付相当于 6% 的利息和费用，然后作为股息重新分配给股东。

反过来，该公司收到了南海（南美和周边水域）的"特许证"（asiento）❶。但事实上，这几乎没有任何意义，因为虽然该公司确实获得了交易奴隶到南美的权利，但这种特殊的贸易是由西班牙主导的，且当时英国正与西班牙处于战争状态❷。该计划的发起人知道没有任何现实的预期，即永远不会做成一笔贸易，尽管如此，当时仍然详细讨论了这项计划的巨大财富潜力。此外，当时还存在明显的内幕交易，公司资金被挪用来购买自身的股份；负责监督公司的政府官员被赠与股份，并获得

---

❶ 特许证（asiento）是西班牙王室授予个人或公司的合同，允许特许证持有人拥有（在与西班牙属美洲殖民地交易时）奴隶贸易中的独占权；它构成了向西班牙属美洲提供奴隶的主要法律手段。

❷ 这是西班牙王位继承战争（1701 ～ 1714 年）。1700 年，西班牙无子嗣的 Charles Ⅱ 去世。Philip of Anjou，法国国王路易十四的孙子，继承了一个未分割的西班牙帝国。关于领土和商业权利的争端导致了 1701 年法国波旁王朝、西班牙和大联盟之间的战争，大联盟包括英国、荷兰和奥地利，大联盟的候选人是 Charles，他是神圣罗马帝国皇帝 Leopold I 的小儿子。

这些股份支持的现金贷款用于购买更多股份。所有这些事件都导致了投机狂潮。图 15.2 显示了 1719 年至 1722 年期间南海公司的股价❶。在 1720 年，该公司的股价在下跌之前大幅上涨。

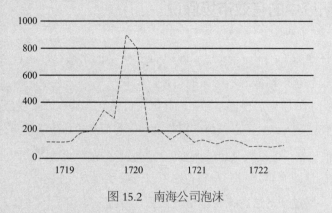

图 15.2 　南海公司泡沫

许多投资者因股价暴跌而破产，因此国民经济大幅下滑。泡沫破裂后，议会进行了调查以查明其原因。许多政客被发现从该公司非法获利，最终他们非法获益的个人资产均被没收。后来这家南海公司进行了重组，又继续经营了一个多世纪。南海公司的倒闭恢复了英格兰银行作为英国主导银行的地位。有趣的是，牛顿似乎也持有这家南海公司的股票。当被问及价格泡沫时，有传言说他曾说过："我能算出星星的运动，但算不出人类的疯狂。"直到目前，我们也还不知道牛顿可能损失或获得了多少钱。

历史上还有许多其他这样的泡沫例子。1637 年，郁金香球茎的价格出现了巨大的投机泡沫，正如英国记者 Charles Mackay 在《大众错觉与群体狂热》（*Extraordinary Popular Delusions and the Madness of Crowds*）一书中记载的那样。郁金香可能在 16 世纪中期从土耳其引入欧洲。不同于其他欧洲花卉，它们很快成为身份的象征。随着这种花卉越来越受欢迎，专业种植者为球茎支付的价格越来越高，球茎的价格也因此稳步上涨。到 1636 年，郁金香球茎成为荷兰的主要出口产品之一。由于从未见过郁金香球茎的人对郁金香期货的投机，郁金香的价格飙升。这种投机狂热在 1636 ～ 1637 年的冬天达到了顶峰，据报道，当时一些郁金香球茎一天之内能够易手 10 次。崩溃始于买家拒绝出席哈勒姆市的郁金香球茎拍卖会，当时哈勒姆正遭受黑死病暴发，这次疫情也可能促使了泡沫的破裂。

---

❶　图中的 $y$ 轴是用对数尺度绘制的，这和股价不一样。对数尺度是一种以紧凑的方式显示大范围数值数据的方法，其中数据中最大的数字通常比较小的数字大得多。在这种情况下，可以对实际值进行对数转换。这使得我们可以将这些变化解释为比例的变化，而不是绝对幅度的变化。

# 泡沫是如何形成的

## 实验室研究中的有效市场假说

资产或价格泡沫（asset or price bubble）是指资产的价格远远超过资产的基本价值的情况。譬如，想想一栋房屋。房屋的价格应反映房屋所在土地的价值以及建筑物本身的总成本。由于估值肯定存在差异，因此房屋价格与其基本价值也会存在一些偏差，但这些偏差不应该很大，且不应该持续很长时间。类似的论点也适用于公司股份。

股票的当前价格一般反映其风险调整后预期股息的贴现价值❶。因此，当前价格应包含所有相关信息，除非公司、人们的期望或市场状况发生根本性变化，否则该价格不应发生变化。反过来，这意味着价格应该密切跟随基本价值，并且一般而言很难通过买卖此类股票"击败市场"。如果所有交易者都是完全理性且对市场状况同等明晰，那么他们都应该以类似的方式对股票定价。正如芝加哥大学的 Eugene Fama 在 20 世纪 70 年代提出的有效市场假说，股票等金融资产的价格应跟随基本价值。

但是正如我们知道的那样，并非每个人都是理性的，或者至少不是同等理性的，而且人们也并非拥有同样灵通的消息渠道，更重要的是，人们往往有着非常广泛的认知误差。所有这些都表明，尽管有效市场假说是一个通俗易懂的理论，但在实践中可能并不完全成立。此外，试图通过自然发生的价格和数量数据来理解市场泡沫的形成也依旧存在问题，如果市场泡沫是因为投机狂热而非潜在需求和供应条件的变化（通常很少见到）所形成，那么要将价格动态从其他潜在的混杂因素中分离出来也并不那么容易。

Vernon Smith 近来成功证明了交易者的理性，以及升序出价—降序要价的分散双向拍卖机制对瓦尔拉斯试错法猜想的修正能力，他现在决定将注意力转向有效市场假说。Smith 的问题是：泡沫是很可能会发生的且现实的，还是仅仅是特定历史或社会环境的产物？如果我们选择一种基本价值众所周知的资产，我们是否应该期望看到投机性泡沫会常态性地出现？还是说价格泡沫的异象很少发生？

---

❶ 在这里，术语"风险调整"仅仅意味着不同的资产有不同的风险和回报。一些资产承诺有更高的回报，但如果项目或公司失败，损失的风险更高。其他资产承诺回报较低，但风险也较低。风险最低的资产是定期存款，损失的机会几乎为零。所以这里的关键是，在计算特定金融资产的预期收益时，必须考虑该投资的潜在风险，因此需要"风险调整"。我们已经知道贴现意味着什么。这仅仅意味着，未来的回报需要通过使用我们在第 3 章中一直讨论的"时间贴现"来进行充分的折现。但是，在所有的术语背后，主要论点很简单：理性交易者应该很好地了解资产的价格（或价值），因此，这些资产不应该以高于（或低于）资产基本价值很多的价格进行交易，正如我们通常不应该期望以远高于房屋或汽车价值的价格买卖房屋或汽车一样。

Smith 的事前推测是，正如他在双向拍卖中所发现的那样，理性、自利的买家和卖家之间的分散交易将导致有效的结果，这在人们交易金融资产的相关市场中也是如此。他发现，这些市场（或这些市场中的买家和卖家）的表现截然不同，存在着巨大而持久的资产泡沫，价格长期徘徊在任何可行的基本价值之上。

在这项工作中，Smith 与其在亚利桑那的同事 Gerry Suchanek 以及长期合作者之一 Arlington Williams（来自印第安纳）合作。Smith 及其同事在这一领域做了大量的工作，这已经成为研究和理解市场中资产泡沫形成的标准范例。我将提供对其设计的大致概述，并将其作为本章其余部分的基准。

假设你以公司股份的形式拥有一项金融资产。如果你持有这些股份，那么你可以从公司获得股息。简单起见，我将使用"股"（share）一词来表示该金融资产的一个单位。此外，假设这些股票在持续一段时间之后将变得毫无价值❶。我们可以说，这是由于公司收益不确定，股息分红也不确定。但可以肯定的是，对于你持有的每一股，有 1/4 的可能性获得以下 4 个值之一的股息分红：0 美元、0.08 美元、0.28 美元和 0.60 美元。这意味着在任何时期，预期股息是 $1/4 \times (0+0.08+0.28+0.60) = 0.24$（美元）。因此平均而言，在任何一段时间，你持有的每一股将获得 0.24 美元的股息分红。

随后，Smith 等人开展了大量实验，每个实验都当作一个市场。通常每个市场中有 9～12 名交易者。这些交易者将进行 15 期的互动。在实验开始时，每名交易者都会收到一些现金和一些股票。持有的现金可以赚取利息，也可以用来购买股票。现在，请记住，每股可为你带来每期 0.24 美元的预期股息。这意味着，如果你在整个 15 期内都持有 1 股，那么你从该股中获得的预期收益是 $0.24 \times 15 = 3.60$（美元）。简单起见，我们不会对未来的回报进行折扣，因为这不会对这一活动的基本直觉产生任何影响。通常，Smith 等人会建立自己的市场，在一个有 9（12）名交易者的市场中，有 3（4）名交易者分别属于以下三种类型：第一组有 3 股股票和 2.25 美元现金，第二组有 2 股和 5.85 美元现金，第三组有 1 股和 9.45 美元现金。需要注意的是，每组的有效禀赋都是同样的 13.05 美元。例如，根据每股 3.60 美元的预期价值，第一组拥有 10.80 美元的股票和 2.25 美元的现金，第二组拥有 7.20 美元的股票和 5.85 美元的现金，以此类推。交易者在整个交易日的总收益由初始禀赋开始，加上赚取的利息、收到的股息和出售股票的利润，减去为购买股票而支付的款项。

股票交易采用连续双向拍卖机制。股票的买家可以出价购买，卖家可以要价出售。在任何时期，每次出价（要价）必须高于（低于）之前的出价（要价）。低于当前最高

---

❶ 时间长度有限的假设是一种简化。我将很快表明，即使我们考虑到无限寿命的资产，我们仍然会观察到类似的泡沫现象。理解在一段时间后贬值的资产的一种方法相当于理解为持有一家投资于可枯竭自然资源（如铜、金或煤矿）的公司的股份。在公司运营期间，这种自然资源将以股息的形式产生现金流，但在某个时间点，资源将被耗尽，使这些股票毫无价值。

出价的报价或高于当前最低要价的报价被放在当前低出价或高要价的序列之后。如果买家和卖家愿意以这个价格进行买卖，他们也可以分别接受入列的出价或要价。每一期持续 3～5 分钟，在此期间，买卖双方可以分别出价或要价，或接受入列的出价或要价。当然，他们可以不做任何操作，只持有他们的现金及获得的股息。

一开始有三点需要注意。第一，与现实市场的区别。在现实市场中，有许多事情同时发生，不确定性程度高、共识水平低，而实验中的变量会受到严格控制。不仅如此，所有实验参数都是公共知识，例如参与者知道预期股息和利率是多少、他们知道他们会互动多少时间、他们确切地知道谁有多少现金和／或股份，这与真实市场有很大不同，在真实市场中，并非所有参与者都知道相关的机会成本。例如，如果 Grace 开立了一个日间交易账户，并决定购买新西兰航空公司的一些股份，她也许知道，抑或并不知道可能影响她选择的其他变量的价值。她投资黄金会更好吗？或者购买新西兰元、美元或欧元？ Smith 等人建立的程序化市场的优势在于，它允许我们识别泡沫形成背后的具体机制。如果在实验室相对无干扰的环境中出现了泡沫，此时所有信息都是公共知识，那么我们可以合理地预计，在存在更多潜在混杂因素的情况下，更有可能出现经济泡沫。

第二，鉴于对这些参数的实验控制以及参与者对这些参数的公共知识，股票的基本价值也应该得到普遍理解。考虑到每份股票在第 15 期结束时将变得毫无价值，并产生每股 3.60 美元的预期股息分红，这些股票的买卖价格似乎不太可能显著偏离基本价值。因此，在交易开始时，股票的预期价值为 3.60 美元，这是一段时间内预期股息的总和。剩下 10 期时，股票的预期价值为 2.40 美元；倒数第二期时，该股票价值仅为 0.48 美元，以此类推。

第三，请注意，交易者的收益包括资本收益的可能性。例如，如果一名交易者持有一股股票，那么他／她对该股票的预期收益为 3.60 美元，但如果他／她可以以 5.60 美元的价格将该股票出售给另一名交易者，那么他／她可以获得 2.00 美元的利润（或资本收益）。如果第二名交易者能够以 8.00 美元的价格出售该股票，那么他／她反过来可以获得 2.40 美元的资本收益。为什么另一个交易者愿意在 5.60 美元（或 8.00 美元）买入？这是一个我们稍后将详细讨论的问题。

图 15.3 显示了一次资产市场实验中发生的情况。如前所述，Smith 等人和许多后继者做了大量工作。这个发现无处不在，只存在一些例外情况，我将在下面进行讨论。所有这些市场都可靠地复现了像美国房地产市场或南海公司的股票一样的泡沫和崩溃模式。在这个图中，我从我自己的一个复制研究中获取了数据，该复制研究中设置的交易者数量要比 Smith 市场中的交易者数量多，尽管如此，它仍很好地说明了此类市场中股票的典型价格模式。这幅图表比较杂乱，我来解释一下。实心的黑色横线从左到右逐步地向下移动，这是股票的基本价值。在第 1 期开始时，该值等于 3.60 美元，在图中表示为 360 美分。在第 2 期开始时，基本值为 0.24×14= 3.36（美元），依此类推。

纵向的灰色虚线表示期数。小圆圈表示 15 期中每一期发生的交易。粗虚线表示的是一段时间内的平均交易价格。值得注意的是，我们通常会关注整个交易期间的平均市场价格，但平均价格有时可能会掩盖一段时间内价格与平均价格的差异。

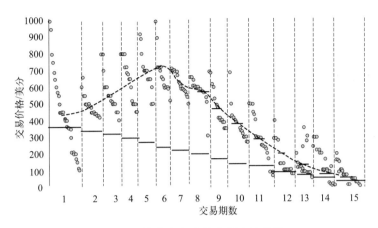

图 15.3　资产市场实验中得出的结果

如前所述，这一组数据全面介绍了 Smith 等人的主要发现。首先，一开始股票出价往往较低，一般低于基本价值。Smith 等人认为，总体而言，参与者在开始时倾向于规避风险，因此交易开始时的价格低于基本价值。在这一特定市场中，第 1 期的平均价格开始略高于 3.60 美元的基本价值，该阶段有大量交易，许多股票易手。从那时起，平均交易价格开始上涨，部分原因是参与者预期价格将继续上涨，直到在第 6 期达到约 7.40 美元的平均值。值得注意的是，这是该股票初始预期价值 3.60 美元的两倍多。在第 6 期，还剩 9 期，该股票的剩余预期股息只有 2.16 美元。因此，如果 Grace 以 7.40 美元的价格购买该股票，她最多可以从持有该资产中获得 2.16 美元，损失 5.24 美元，当然，除非她设法找到另一个愿意为该股票支付更高价格的买家。然而，在这种特殊情况下，Grace 很可能会发现，她是最为夸大地预期未来价格上涨的人。她最终在泡沫达到顶峰时买进了这只股票，之后股价就向基本价值暴跌。Smith 等人还发现，这种泡沫和崩溃模式不仅在市场接近尾声时反复出现，而且交易量也有所减少，换手的股票更少。

这些结果对有效市场假说的有效性提出了质疑。很明显，即使在对结果和机会成本有着公共知识的实验中，泡沫和崩溃也会频繁地发生。然而，Smith 等人注意到，价格确实崩溃并恢复到基本价值这一事实在一定程度上肯定了有效市场：这种泡沫可能并不会无限期地存在，市场价格最终会回归现实。但显而易见的是，价格可能在更长一段时间偏离基本价值。同样的双向拍卖机制为个人理性提供了强有力的支持，并确保商品市场平稳收敛到均衡，但在金融市场上，这种机制并没有为理性提供类似的证明，因为在金融市场中，买卖双方没有区别，投机收益的潜力依旧很大。

Smith 等人得出的结论表明，同样的股息和公共知识并不足以引发共同的期望，他们将此解释为参与者不确定其他买家行为的结果。这些作者指出，对其他交易者的理性缺乏共识是产生这种泡沫现象的原因。显然，虽然实验者可以控制实验的所有其他方面，但对参与者原本持有的信念或固有偏好的控制较少。然而，泡沫和崩溃模式是否可以完全归因于非理性，这是我很快就会回到的话题。

## 基本价值在下降的资产市场

研究者们常说的一句话是：为什么基本价值在下降？当一个人拥有房屋时，房屋的价值通常不会下降；它很可能会随着时间的推移而增加，而且比实验室里的 15 期持续的时间更长。正如我在前面提到的，这些泡沫和崩溃并不是资产的有限寿命的产物。即使基本价值不变，这些模式也会出现。弗吉尼亚州的 Charles Holt 和其长期合作者 Jacob Goeree 等人对基本价值恒定的情况做了大量研究。由于我们无法进行真正无限长的实验，恒定基本价值范式通常被认为能很好地近似资产（如房屋），因为其持续时间长，且不会随时间而失去价值。

与 Smith 一样，Holt 等人研究的参与者也从可赚取利息的现金和股票开始，不同的是这些股票将在实验结束时以固定价值赎回。在图 15.4 中，我展示了在此类市场中发生的情况。在此过程中，我提供了 David Dickinson（来自阿巴拉契亚州立大学）以及 Ananish Chaudhuri 和 Ryan Greenaway McGrevy（均来自奥克兰）的研究数据（与 Holt 研究中报告的结果类似。）我将在案例 15.2 中更详细地讨论这项研究。研究的基本设置与 Holt 的设置相同。由 7～13 名受试者组成的群体［群体规模中位数 = 11（名受试者）］参与了在线资产市场实验。其中，所有参与者都有相同的现金禀赋和 6 股股票。在所有实验处理中，每股的基本价值都是 7 美元。每轮结束时持有的现金获得 10% 的利息。在每一轮中，每股获得 0.40 美元或 1.00 美元的股息（因此，预期股息为每轮 0.70 美元），并在最后 1 轮结束时将股份以 7.00 美元的价格赎回 ❶。

---

❶  这里有一种方法来思考这个恒定基本价值是如何发挥作用的。假设你的股票只能持有 2 期。假设该资产在第 2 期或最后 1 期的价值为 $V$；也就是说，如果你将这些股票保留到第 2 期，那么每股股票都可以被赎回为 $V$ 美元。每个人都知道这一点。假设第 1 期的预期股息为 $E(D)$，那么任何持有这一资产的人都希望在第 2 期后获得 $E(D)+V$。你愿意在第 1 期开始时为这股票支付多少？假设现行利率为 $r$。我们暂时忽略准双曲贴现等问题，该股票的两期贴现价值为 $P=\dfrac{E(D)+V}{1+r}$。但假设，资产并非持续 2 期，而是持续无限长，每期的预期股息为 $E(D)$。因此，该资产在第 2 期的贴现价值可以被认为是 $V=\dfrac{E(D)}{1+r}+\dfrac{E(D)}{(1+r)^2}...$，一直到无穷大。（请记住，为了简单，我们没有考虑贴现未来收益。）这是一个几何级数，有时被称为 "永续" 公式，其中每个连续的项都乘以 $\left(\dfrac{1}{1+r}\right)$，值可以计算为 $V=\dfrac{E(D)}{r}$。如果你将 $V$ 值代入方程 $P$ 求解，你就得到 $P=\dfrac{E(D)}{r}$。因此实际上，资产的价值为任何时期的预期股息除以利率。请注意，Holt 将预期股息设定为 0.70 美元，利率设定为 10%（0.10 美元），从而维持股价为 7 美元。

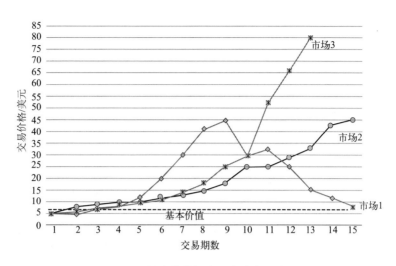

图 15.4　基本价值恒定的资产市场结果

根据 Dickinson 等（2019）的数据重制

Dickinson 等人收集了许多市场的数据，我只提供其中 3 个市场的数据。我之所以选择这些，是因为它们有助于确立我的观点，但在这项研究或其他人所做的研究中，它们与很多其他市场并没有太大不同。和 Smith 的研究一样，参与者均互动了 15 期，研究结果显示，3 个市场中的初始出价都低于基本价值，这与 Smith 的论点是一致的。但随后价格开始上涨。在市场 1 中，价格稳步上涨至第 9 期时的 45 美元，然后在最后一期相对平稳地下跌至 7 美元的基本价值。令人惊讶的是，在市场 2 中，泡沫从未破灭！价格缓慢但一直在上涨，即使在第 15 期中，基本价值仅为 7 美元的股票的平均价格也超过了 40 美元。与前两个市场不同，市场 3 显示出巨大的泡沫和急剧崩溃，第 13 期价格达到 80 美元之后，第 14 期没有股票易手，最后在第 15 期时市场崩溃到基本价值，这样的结果也再次验证了 Smith 的观察结果，即交易量在接近尾声时急剧减少。

Holt 的研究结果表明，即便金融资产长期（或无限）存在且基本价值恒定而不贬值，泡沫和崩溃模式依旧会出现。这也表明无论交易者拥有现金禀赋还是股票禀赋，经济泡沫都可能产生。在 Holt 和 Dickinson 等人的研究中，所有参与者都拥有完全相同的现金和股票禀赋，但实验中都观察到了明显的经济泡沫。我们还看到了一些其他现象。相比于基本价值恒定的 Holt 型市场，经济泡沫现象在基本价值下降的 Smith 型市场中更为明显。此外，在基本价值恒定的市场中，经济泡沫的规模和持续时间也往往更大，且易手流动性也会增加。在图 15.4 的市场中，如果我们让收益翻番，股息从 0.40 美元和 1.00 美元变成 0.80 美元和 2.00 美元，预期股息变为 1.40 美元，现金收益也从 10% 变成 20%，即便股票的基本价值保持 7 美元 [ 1.40/0.20（美元）] 不变，泡沫也将更大、持续时间更长。因此我们思考图 15.4 中呈现的现象时，我们可以预想即便是市场 2 中的参与者，如果将预期的股息和利率增加一倍，那么这些参与者引发的泡沫和崩溃的模式也将和市场 3 相似。

可能会有人质疑这种现象的外部效度，认为这是由参与者群体选择了学生而造成的假象。在他们的研究中，Smith 等人从当地社区邀请了包括熟悉股票交易的人士在内的商人，这些人操盘的市场中也产生了类似的泡沫，这一发现后来被其他市场复制。如果再引入一些熟悉这个问题并了解潜在机制的参与者（如经济学研究生），会产生什么样的结果？最终结果并没有什么区别。交易者之间的沟通也是如此。Arlington Williams 主持着一个有 300 多名学生的大型市场，学生们可以参加好几天的活动，在此期间，学生们互相交谈，老师也经常在课堂上讨论这一现象，即便如此也难以最小化经济泡沫 ❶。

那么各种形式的做空（short-selling）呢？由于这不是一门行为金融学课程，我将避免过多地讨论此类金融操作的细节。但简而言之，我们可以用两种方式定义做空。首先，假设你处于图 15.4 中市场 2 的第 9 期，这时股价已上涨至 45 美元，你知道崩溃即将到来。你与另一名交易者达成未来交易（签订未来执行的合同）：在第 15 期结束时，你将以每股 30 美元的价格向他出售一定数量的股份。即使你目前实际上没有任何股份，另一个交易者可能愿意接受这一合同，因为你似乎提出以每股 15 美元的折扣出售目前以每股 45 美元交易的股票。但在第 14 期，股价已跌至每股 12 美元，你以每股 12 美元的价格买下这些股票，然后根据交易条款，以每股 30 美元的价格将其出售给另一位交易者，从而获得每股 18 美元的利润。当然，如果价格没有暴跌，最终超过 30 美元，那么你将蒙受损失，因为你将不得不以更高的价格购买这些股票，然后以 30 美元的价格出售，以履行合同条款 ❷。

第二种方法是，在第 9 轮时，从股票经纪人那里借钱买股票。目前，该股的售价为每股 45 美元。你借了 4500 美元，这相当于以每股 45 美元的价格借 100 股。然而此时的交易是，你将必须偿还经纪人的 100 股股票，而非 4500 美元。你要等到第 15 期股价跌到 8 美元的时候，再以 800 美元的价格买下 100 股股票还给经纪人，你将获利 3700 美元。但同样地，如果由于某种原因价格没有下跌，股价仍然保持在 45 美元以上，那么你将面临重大的经济损失。举个例子，如果你在市场 2 中遵循了这一策略，你可能会遇到麻烦。假设你在市场 2 的第 10 期，此时价格为每股 25 美元。你预计第 15 期股价将降至每股 10 美元，于是你从经纪人那里借了 2500 美元买下现在的 100 股

❶ 对于这些大型市场，学生们获得的是额外学分，而不是现金。如果你想知道这种方法的有效性，我可以向你保证，这在提供适当的激励方面相当有效，甚至可能比现金更好。

❷ 由 Eddie Murphy 和 Dan Ackroyd 主演的电影《颠倒乾坤》（Trading Places）中描述了这种卖空方式的一个版本。这是一部老电影，但很值得一看。在影片中，Murphy 和 Ackroyd 事先了解到，橙子丰收会导致橙子价格暴跌，然后他们向公爵兄弟提供了一份虚假的报告，称价格将会上涨，但与此同时，他们卖空了橙子期货。当真正的消息传出、价格崩溃时，他们就廉价地买下这些股票，并报复公爵家族，后者曾押注价格会高得多。

股票。如果到第 15 期时，预计价格确实降到了 10 美元，那么你可以用 1000 美元买 100 股还给经纪人，从中赚取 1500 美元的利润；但如果第 15 期股价涨到了 45 美元，那么为了向经纪人返还 100 股股票，你就必须支付 4500 美元来抵消你之前借来的 2500 美元，这么看来，此时每股的净收益是 −20 美元 ❶。

为什么会产生这样的关联？因为如果有很多人都在这样操作，那么他们正在进行交易的对象或经纪人都可能产生这样的印象：有人或多数人认为价格最终会崩溃。毕竟你能赚钱的唯一方法就是市场的崩溃。但对其他人来说，这反而应该是市场即将崩溃的信号，他们应该避免以非常高的价格买入或抛售。如果这种情况发生，价格应该会更快地收敛到基本价值。此时的佐证却略为不同。该领域早期（包括 Smith）所做的一些研究表明，做空对泡沫没有影响。但随后的一些研究表明，做空可能确实会导致较小的泡沫，做空能力越大（或预测市场崩溃和参与做空的交易者数量越多），价格就越接近基本价值，但即使是大量卖空也不能完全或迅速摆脱泡沫。唯一能摆脱泡沫的似乎是对这些市场的经验，交易者的经验越多，抬高价格的倾向就越小，泡沫也就越小，因为经验越丰富市场价格越趋于基本价值 ❷。

## 有限理性的投机行为

考虑到我们对人类决策的了解，行为模式似乎在一定程度上是可预测的。投机性收益的可能性在没有经验的交易者中会释放出"动物本能"。此外，因为现实市场对买家和卖家的角色不再有明确的描述，认知局限可能在这个更复杂的市场中发挥作用，这使得更有可能出现认知和／或决策错误。虽然在这一过程中有许多因素在发挥作用，但更详细地梳理出一些变量总是有用的。

首先，投机可能并不是非理性的。如果我们假设不同的交易者对市场有不同的期望，那么像 Grace 这样的人在高位入手股票可能很有意义，只要 Grace 确定有另一个交易者 Izzy 愿为该股票支付更高的价格。反过来，Izzy 可能会把她的股票卖给第三个交易者 Becky，后者愿意支付更高的价格。可能 Izzy 或 Becky 发现自己是最后一个以高位价格购买的人，随后市场就崩溃了。但是，只要有 Izzy 和 Becky 式的交易者，Grace 为了获取资本收益而采取的最初投机行动可能就是理性的。即使出售价格低于购买价格，

---

❶ 类似的版本一直出现在与华尔街相关的电影中，精选影单中包括我在上文提到的《大空头》，还有《商海通牒》（*Margin Call*）、《华尔街》（*Wall Street*）等。

❷ 从 16 世纪开始，卖空是可能的，这也可能是 18 世纪早期南海泡沫时期牛顿采用的一种策略。人们想知道，尽管牛顿声称无法预测人类的事情，但他是否足够精明地进行一些卖空，从这次崩溃中赚钱。维基百科显示，在股市崩溃后，牛顿持有约 22000 英镑的南海公司股票。这表明，他可能没有从中受益，否则，他会在股市崩溃时卖掉这些股票以盈利。但目前还不清楚他在崩溃前持有多少南海股票。

如果未来股票的股息流大于资本损失的规模，即使有资本损失的情况，投机也可能是有收益的。因此显而易见，泡沫和崩溃的模式可能是由理性交易者和非理性交易者混合产生的，后者指的是那些在何时买入或卖出方面更容易犯错的交易者。同样，即使所有交易者都是理性的，泡沫和崩溃也可能发生，因为这样一种理性并非大家熟知的公共知识，所以我们也能够理解为什么一些交易者会认为市场上还有一些人的行为不理性，或者在买卖过程中容易犯错误。

但是一个关键问题是：虽然不是全部市场都会如此，但大多数市场的价格最终都会回到基本价值水平，那么为什么交易者预测不到这种崩溃？首先，正如我们上面看到的，并非所有市场都会发生崩溃。其次，预测崩溃需要交易者进行相当复杂的逆向归纳总结，这是一件很难的事情，更不用说那些没什么经验的新人了，他们很多人甚至会基于他们对价格预期的预测（通常是短视的）而采取更加幼稚的行为。Smith 等人通过明确诱发交易者在一轮前对（平均）价格的预测，并对比在这一轮通行的实际（平均）价格来探索这一问题。如果交易者大多是理性的，并在形成预期时考虑全部或大部分相关信息，那么我们预计他们在某一轮之前的预测与这一轮的通行价格密切相关。Smith 等人发现，平均来看，这一假设并不正确。实验中，参与者的预测并不准确，大多数交易者将当前的价格作为他们未来预测的基础。一旦价格开始偏离基本价值，交易者们似乎认为基本价值不再是主要关注的问题，他们就会根据当前的价格来预测未来的情况，这通常被称为适应性预期（adaptive expectations）；也就是说，在形成他们的价格预期时，交易者并没有考虑所有重要的信息（如基本价值或时间范围的长度），而仅仅根据当前的价格来形成他们未来的预测❶。但不仅如此，大多数交易者也往往低估了经济繁荣时期的价格上涨，而高估了经济低迷时期的价格下跌，他们也不太擅长预测大规模的价格变化或转折点。但有一点需要注意：那些更善于预测价格的人最终赚得更多，这说明，至少存在一部分交易者，其针对资本收益预期的投机行动是完全理性的。

很明显，交易者在预测价格和预期他们预测的价格方面做得并不好。这反过来意味着，在价格上涨的繁荣时期，买入价会超过卖出价，许多出价都没有被兑现。这导致为购买进行的出价增加，而出价的上涨速度超过了交易者的预测。在经济低迷时期，情况正好相反。卖出价开始超过买入价，预示着经济下滑，价格开始迅速下降，远远低于预测价格。

Charles Noussair（目前在亚利桑那州工作）和 Charles Plott（来自加州理工学院）也

---

❶ 我应该指出的是，我按照过去的定义来使用"适应性预期"这一术语。人们目前认为适应性预期是在一个特定的方向上调整一个人的信念，以纠正前一时期的预测错误。我所说的适应性预期可能更适合被称为向后看或跟随趋势的预期。我选择坚持适应性预期的命名，因为这是最初的作者所使用的。眼光敏锐的读者应该记住这种区别。当我说预期是适应性时，我真正指的是向后看或后瞻性的预期。我感谢 Charles Noussair 强调了这一区别。

一直在探讨这种对有效市场假说的违反，以及市场中形成价格泡沫的问题。与另一个同事，Vivian Lei 一起，他们想理解 Smith 等人的解释，即泡沫部分是由于理性投机，部分是由于短视（或适应性）预期，此时交易者只是基于当前价格进行未来预测，不一定考虑其他因素，如他人的理性或时间跨度。Lei、Noussair 和 Plott 想知道，这是不是由于将交易者置于一个苛刻的认知环境中，有限的理性会导致交易者犯下决策错误，从而加剧这些泡沫。如果是这样的话，那么泡沫的出现可能不仅是因为交易者未能考虑到他人的理性，还因为一些交易者的行为实际上确实偏离了理性。

Lei 等人也想知道，考虑到 Smith 式市场的复杂性，Smith 等人是否实际上高估了泡沫的大小和频率。在这种实验室实验的背景下，交易者除了参与交易之外就没有其他事情可做。可以想象的是，没有更好事情可做的交易者在实验室交易中"过度交易"(excess trading)，这放大了泡沫。如果交易者因为在实验期间需要做些事情而最终买入或卖出，那么他们很可能是在没有经过深思熟虑的情况下进行交易，这加剧了犯错的倾向。

为了区分理性投机动机和错误，Lei 等人决定完全关闭投机渠道。他们本质上重新创造了 Smith 双向拍卖商品市场的实验——通过给每个交易者分配一个单一的角色，无论是买家还是卖家。买家被赋予了现金禀赋，他／她可以购买股票，但没有任何股票可以出售，同时也被禁止转售任何已购买的股票。同样，卖家拥有股票、可以出售，但没有现金，也不允许购买股票。主要的区别在于，买卖双方都在买卖相同的金融资产，实际上，该资产对买卖双方应该具有相同的基本价值。因此，与早期的双向拍卖商品市场不同，买家估值和卖方成本没有系统性的变化。因此，这种设计能够消除投机收益的可能性，进而消除泡沫。

Lei 等人还向参与者提供了有关预期股息的详细信息，这与股票的基本价值相对应。理想情况下，这应会使所有交易者对基本价值形成共识，从而确保交易价格不会与资产的基本价值偏离太大。Lei 等人进行了 3 个阶段的无投机市场实验。图 15.5 的左图显示了 12 期的交易结果。虚线表示资产基本价值的下降。令人惊讶的是，2/3 的市场（市场 1 和市场 2）表现出熟悉的泡沫和崩溃模式，而在市场 3 中，价格没有偏离那么多，但在这个市场中也没有出现价格趋于基本价值的趋势。在市场 1 和市场 2 中，超过 40% 的交易发生于高于未来股息最大可能收益的价格。在市场 3 中，这一比例较低，约为 28%。这些市场中泡沫的存在表明，即使在没有投机的情况下，泡沫和崩溃的现象也会出现。它还表明，考虑到一些交易者在交易中似乎确实犯了错误，所有交易者可能没有明显的理由去假设其他交易者是理性的。

Lei 和她的同事们继续提出，大量的交易部分解释了为什么即使在没有投机性收益可能性的情况下，价格也会偏离基本价值。他们发现，即使在没有投机的情况下，卖家也会将其 80% 以上的股票出售给买家。这是反直觉的操作，因为如果所有的交易者都有相似的风险态度（risk attitudes），考虑到买卖双方的数量相同，而且每个人的基本价值都是相同的，那么预计只有大约一半的股票会易手。Lei 等人推测，这些过度的交易水平可能是由于在一个交易时段内，买卖双方除了交易之外没有其他事情可做，因此，最终的交易远远超过了他们应有的水平。

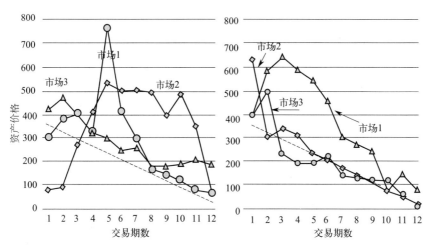

图 15.5　无投机资产市场的结果

根据 Lei 等人 2001 年的数据重新绘制

为了测试这种过度交易的猜想，Lei 和她的同事允许交易者同时参与两个不同的市场。其中一个市场的机制就像 Smith 的双向拍卖市场一样，买家和卖家分别像第 14 章中的那样买卖商品。另一个市场是以一个金融资产为对象，但完全依照 Lei 等人之前研究中的设置，以防止投机收益的可能性。在这里，商品市场运行 15 期，而资产市场在第 4 期开放，并在随后 12 期与商品市场同时运行。资产市场的结构与之前相同，买家被赋予现金和购买股票（但不能转售）的能力，而持有股票的卖方则被赋予了可以出售这些股票（但不能回购）的能力。图 15.5 的右图显示了 3 期的结果，每期都包括这两个市场，即背靠背运行的一个资产市场和一个商品市场，交易者可以选择在商品市场或资产市场进行交易。

在图 15.5 的右图，我只展示了在资产市场中发生的情况。其中有几个现象值得注意。即使在这样的情况下，市场 1 中仍然存在泡沫现象，但在另外两个市场中，价格与基本价值密切相关；事实上，在市场 3 中，我们可以看到一个几乎是负的泡沫，在某些时期，价格低于基本价值。在市场 2 中，资产价格从 640 开始，但在下一期急剧下降，然后在市场的剩余时间内紧密贴近基本价值。总的来说，55% 的股票易手，这与以下事实非常一致：只要买卖双方在风险态度方面没有显著差异，并且买卖双方数量相同，只有大约一半的股票会被出售。

Lei、Noussair 和 Plott 的工作给我们留下了以下结论。首先，即使在没有投机性收益可能性的市场中，常见的泡沫和崩溃模式也会出现。在这里，泡沫和崩溃是由在一个相对苛刻的认知环境中所犯下的决策错误造成的。我之前指出，即使所有交易者都是理性的，但只要不相信其他人是理性的，泡沫也可能会出现。Lei 和她的同事们表示，情况不一定是这样：有些交易者确实犯了错误，因此，一些交易者可能会预见到这些错误，并利用这些错误为自己谋利。正如我之前提到的，那些更擅长预测价格变化的交易者确实赚得更多。

其次，部分泡沫和崩溃现象也可能是由于从事交易的交易者存在过度交易，因为他们在实验过程中没有其他事情可做。允许这些交易者进行另一种活动会抑制泡沫现象。这表明，对资产市场泡沫的实验室测试有时可能高估了泡沫的频率、幅度和持续时间。因此，看待这个问题的一种方式是，实验室研究提供了现实市场中泡沫现象的上限。

那么，我们可以得到什么结论呢？第一，总的来说，对有效市场假说的偏离似乎有据可查。事实也确实如此，价格最终确实会趋同于基本价值，但很难说明这是均衡的结果；价格可能会在很长一段时间内偏离基本价值。第二，这种泡沫和崩溃模式的部分原因是投机和资本获利的潜力。只要交易者不相信所有其他交易者是理性的，这种投机就很可能是理性的。第三，总的来说，交易者的行为很短视，他们仅仅会根据当前的价格来预测未来，表现为在经济繁荣时低估价格，在经济萧条时高估价格。因此，交易者不擅长预测转折点或大规模的价格变化。第四，一些交易者在决策中确实会犯错误，所以并不是所有的交易者都是理性的。因此，这些错误发生的可能性以及其他交易者对这些错误的预期也可能导致投机性泡沫。那些更善于预测市场走势的交易者获利更多。第五，泡沫和崩溃现象的一部分原因可能是，在大多数此类实验中交易者没有其他活动。因此，他们会参与更多远非最佳的买卖。为交易者提供另一种市场活动的处理，可以改善经济泡沫的产生。在这个意义上，在实验室环境中产生的资产泡沫规模可以被认为是实际市场中可能发生的情况的一个上限。

## 动物天性下的动量交易

John Maynard Keynes 在他的著作《就业、利息和货币通论》（*The General Theory of Employment*, *Interest and Money*）中提到，"动物天性"是许多财经决策的核心。Keynes 写道：

> 除了投机造成的不稳定性，也有人性特征造成的不稳定性……大多数情况也许是，我们决定做一些积极的事情……只能被视为动物天性的结果——一种自发的行动冲动，而非不作为，也不是量化收益乘以量化概率的加权平均结果。

在这里，Keynes 明确地表示，我们的许多决策，包括金融、经济和其他决策，都是出于"动物天性",而不是刻意计算预期的损益。对于那些通过前几章学习到这一章的人来说,这个结论显得很简单。但请记住,Keynes 写作的时候,这本书中描述的研究几乎都还没有进行。你们中的许多人可能也明白,当时的经济学本质上是微观经济学,尤其强调竞争市场。Keynes 本质上是在重新发展整个现代宏观经济学领域。

到目前为止,我们对 Keynes 主义"动物天性"的原因和后果有了更好的理解。事实上,我们的许多决定都受到偏差和启发式的影响,它们往往以观察他人的行为和模仿他人的行为为条件。金融资产交易是一项复杂的事业,需要交易者依赖诸如预期回报、基本价值、逆向归纳和机会成本(为投机收益而买卖股票与持有股票以实现股息)等概念。因此,难怪许多影响我们在其他领域决策的偏差会在这个领域发挥更大的作用,这一领域充满了风险和不确定性。

在这样复杂的任务中,交易者也很可能会转而依靠启发式,然而此时使用启发式可能对许多人来说适得其反。我们已经看到,那些在这类市场上更有经验的人,在这一点上比那些没有经验的人要好得多。除此之外,我还将在下面展示,经验使交易者能够对市场走势做出更好的预测,我们已经从 Smith 等人的工作中看到,那些做出更好预测的人赚得更多。因此,虽然启发式(或其他偏差)的作用可能不会导致每个人的收益受损,但它肯定取决于一个人所拥有的经验程度。我们之前已经看到,Tom Brady 或 Sully Sullenberger 的瞬间决策主要来自他们在这项任务上的长期经验。在没有这种经验和熟悉度(某种程度上是他们的"肌肉记忆")的情况下,依赖直觉决策或本能可能会导致他们误入歧途。

考虑到这些金融市场的性质,我们目前所研究的许多偏差很可能会在决策过程中发挥作用。这是许多书的主题,包括 Robert Shiller 的《非理性繁荣》(*Irrational Exuberance*)、Michael Lewis 的《大空头》(*The Big Short*)、Burton Malkiel 的《漫步华尔街》(*A Random Walk Down Wall Street*)、William Cohan 的《贝尔斯登:华尔街的荣耀、贪婪与毁灭》(*House of Cards:A Tale of Hubris and Wretched Excess on Wall Street*)等。因此,为了节省篇幅,我将讨论金融交易中决策的两个方面:自我控制和过度自信(over-confidence)的作用。这是因为我们已经在之前的章节中详细地讨论了这两者,所以这些材料会吸引读者。如果是其他作者很可能会选择其他主题和其他论文。

Martin Kocher(来自维也纳)、Konstantin Lucks(来自慕尼黑)和 David Schindler(来自蒂尔堡大学)对 Keynes 的动物天性进行了解释,指出金融市场价格泡沫的形成可能是由交易者缺乏自我控制所致。当一些交易者看到其他交易者以高位购入时,他们就会产生不可抑制的购买冲动。在描述他们在资产泡沫方面的研究和课堂演示时,Arlington Williams 讲述了一件逸事。一个学生问了这样的问题:"为什么这么多人以这么高的价格购买?"Williams 回复说,如果一个典型买家以严重虚高的价格买进,他通常不会过多地说明其策略。这也适用于 Lei、Noussair 和 Plott 的发现,即当没有其他选择时，交易的规模和幅度要大得多。有时这种行为被称为动量交易（momentum trading），本质上是一种跟随其他人交易的"羊群心态"（herd mentality）。虽然我认可 Lei、Noussair 和 Plott 关于替代活动在减少资产泡沫中的作用的观点，但我认为，在许多情况下，将活动集中在单一市场的假设可能不会偏离目标。在现实生活中的市场背景下，信息往往是不完整的。的确，现实生活中尽管存在很多潜在市场，但如果我认识的大多数人都在买卖房子，那么我也倾向于拿我的钱干同样的事。我们已经看到了在许多情况下建议会影响决策。所以，如果我所有的朋友都把他们的积蓄投资于房子（或南海公司的股票），我可能也会这么做，而不是让我的投资组合多样化。这只是为了表明，即使存在其他市场，人们可能还会过于关注一个特定市场，与其说是进入多个市场的问题，倒不如说是没有认识到分散投资的必要性和与追逐资本获利相关的陷阱。

Kocher 及其同事首先指出，有足够的相关证据表明，自我控制（或缺乏自我控制）会在动量交易和价格泡沫中发挥作用。例如，麻省理工学院斯隆管理学院的 Andrew Lo 及其同事调查了 80 名匿名短线交易者的行为。他们发现，自我控制能力较差的被试（那些对损益都表现出更多情绪反应的交易者），最终比那些自我控制力更强的交易者表现得更差。但 Kocher 及其同事感兴趣的是建立因果关系：是缺乏自我控制导致了糟糕的交易，而不是糟糕的交易结果导致更强烈的情绪反应，或者是存在影响自我控制和糟糕决策的第三个因素。

为了研究这个问题，Kocher 等人转向了我们在第 3 章中讨论过的 Stroop 任务。所有参与者都参加了由 Smith、Suchanek 和 Williams 引入的资产交易市场，此时，资产的基本价值会随着时间的推移而下降。除此之外，在市场互动之前，参与者还参加了 Stroop 任务的一个变体❶。参与者被分配到两个不同的组，一组是自我控制损耗组，另一组是未损耗组。两组都进行 5 分钟的 Stroop 任务，并在屏幕上连续看到许多屏的单词。在这 5 分钟里，前一组在每一屏都看到了冲突的信息，而后一组每 70 屏才看到一次冲突。这里的设计考量是，前者要比后者花费更大的自我控制，最终自我控制资源耗尽时，会发现他们在随后的资产交易游戏中很难停止推高价格，尤其是当其他人也这样做的时候。简而言之，我们会期待在那些自控力耗竭的交易者中看到更多的动量交易以及更大、更持久的资产泡沫。Kocher 和他的同事们证实，前一组的人在 Stroop 任务中犯了更多的错误，正确回答的问题也更少；他们在研究后的问卷调查中所报告的这个任务的难度比后一组大得多。因此，Kocher 等人的操纵是成功的，即其中一组人

---

❶　在这个版本的 Stroop 任务中，参与者必须说出他们在屏幕上看到的单词的颜色。例如，当他们看到屏幕上的"BLUE"单词时，它可能是用蓝色写的，也可能是用红色写的。由于参与者必须说出单词的颜色，所以他们在前一种情况中需要说"蓝色"，而在后一种情况中需要说"红色"。但很多证据表明，我们本能地倾向于"阅读"屏幕上的东西，而不是考虑它的颜色。所以，在这两种情况下，说"蓝色"的倾向都是非常强烈的。当单词用红色书写时，需要用自控力来抑制说蓝色的本能。

进入资产交易游戏时的自制力比另一组人低。

在 Kocher 等人的研究中，160 名参与者被分配到 16 个市场，每个市场有 10 个交易者。8 个市场由 80 名自控力耗竭的交易者组成，而另外 8 个市场由自控力完好无损的交易者组成。此外，还有 24 个混合市场，每个市场都有 10 名交易者，其中一半交易者的自控力已经耗尽，而另一半则没有。在此之后，参与者参加了 Smith 等人的市场游戏。最后，他们提供了人口学信息并进行其他任务，以衡量他们的情绪状态、风险态度和认知能力，有证据表明那些认知更优秀（即更善于解决数学问题）、在 Smith 资产交易游戏中表现更好的人能赚更多的钱。所有这些都通过效度良好的量表来测量。

图 15.6 呈现了结果。虚线表示资产基本价值的下降。另外 3 条线显示了 3 个市场的资产价格轨迹：耗竭、非耗竭和混合。其中有两个现象非常明显：第一，与非耗竭交易者组成的市场相比，耗竭者市场的价格泡沫规模要大得多。第二，混合市场（包括一半耗竭交易者和另一半未耗竭交易者）的价格走势与耗竭交易者市场的价格走势相似。这表明，为了形成价格泡沫，并非所有交易者都必须耗尽他们的自控力；只要有一些耗竭交易者似乎就足以产生"动物天性"，这促使其他交易者参与动量交易，并在经济繁荣期间推高价格。

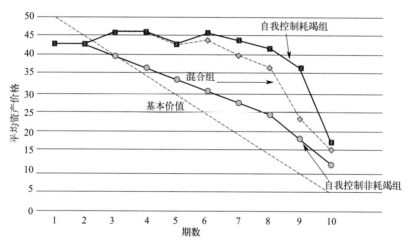

图 15.6　资产市场的结果（自我控制耗竭组、自我控制未耗竭组以及两类交易者混合组）

根据 Kocher 等人（2019）的数据重新绘制

Kocher 和同事们观察了混合组，发现自控力耗竭的交易者往往会比未耗竭的同伴更快、更早地出价。但是，这种差异很快就会消失，因为那些没有意识到市场由两类人组成的非耗竭交易者，开始非常迅速地模仿耗竭交易者，他们假设这些"先行者"对市场有所了解，但事实上他们并不了解。最终结果说明，在这些混合市场中，交易者的行为与自我控制耗竭的市场相似。

Kocher 等人发现，追随自我控制耗竭交易者的行为对非耗竭交易者的收益有显著的不利影响。在一项后续研究中，他们引入了一组非耗竭交易者，要求他们将投资分成两种资产，一项资产价值已知，另一项资产股息价值未知。除此之外，具有已知价值的资产相比具有概率股息的资产可以产生更高的收益。每组可以在确定价值的资产或具有概率股息的资产之间进行选择，但对于概率股息资产，一半的交易者在之前的研究中看到了耗竭交易者所产生的（较高）价格，而另一半则看到了非耗竭交易者所产生的（较低）价格。这里并不奇怪，交易者看到耗竭交易者所产生的价格轨迹后，会对概率股息资产进行投资。最终结果是，这些交易者赚得更少。

接下来，Kocher 等人研究了自我控制或缺乏自我控制影响决策的渠道。两种潜在的渠道是风险态度和认知能力。他们发现，通过 Stroop 任务进行的自我控制操作对随后的风险态度没有影响。然而，在任务后的问卷中，自我控制耗竭的受试者报告说，他们感到更强烈的情绪（比如兴奋），这通常与资产泡沫有关。最后，Kocher 等人发现，虽然较高的认知能力确实发挥了作用，调节泡沫的大小，并导致更高的收入，但对于自我控制耗竭的交易者而言，这样的认知技能作用却不那么明显。因此，当缺乏自我控制能力时，即使是优越的认知能力也不能阻止这些交易者产生价格泡沫。Kocher 等人得出结论：

> 总之，这些发现表明，自我控制耗竭的交易者变得更加依赖启发式，更受情绪驱动，更少依赖他们的认知技能来找到最佳的交易策略。

在 Kocher 及其同事研究自我控制或缺乏自我控制的作用时，汉堡的 Julija Michailova 和基尔的 Ulrich Schmidt 研究了另一个可能的罪魁祸首——过度自信。在他们的研究中，参与者首先参加一个一般知识测验。每个问题都有 3 个可能的答案，参与者必须选择一个。对于每个问题，每个参与者都要表明他 / 她对自己的答案多有信心。这个范围从 33%（完全不确定；由于给定 3 个选项，其中每一个都有 33% 的可能性是正确的）到 100%（完全确定）。然后，Michailova 和 Schmidt 用每个参与者在所有问题上的平均信心得分和正确作答的平均比例计算了每个参与者的偏差得分。所以，假设一个参与者说他 / 她对所有答案都是 100% 肯定，但实际上，他 / 她只有 60% 的回答是正确的，那么他 / 她的偏差得分是 40%。

正偏差分数表示过度自信，负偏差分数表示缺乏自信，零偏差分数表示一个人有准确校准能力（自信中性）。与先前的研究结果一致，研究发现参与者往往过度自信，平均过度自信幅度约为 12%，还有一个高达 11 的标准差。

几周后，这些参与者被邀请来到实验室，参加一项使用与 Smith 等人相同范式的资产市场研究。参与者将获得现金和部分股票，并进行 15 期的交易。在任何一期，潜在的股息价值分别为 0 美元、0.08 美元、0.28 美元或 0.60 美元，这意味着预期的股息为 0.24 美元。因此，在交易开始时，该资产的预期股息为 3.60 美元，到第 15 期时降至

0.24 美元。有 10 个市场，每个市场都有 6 名参与者。不同的是，这些市场中有一半是高过度自信的被试（过度自信程度最高的人；平均偏差得分为 21%），而另一半是过度自信程度最低的被试（平均偏差得分为 1%）。当然，参与者并没有意识到过度自信是本研究的主题。他们回答的一般知识问题不涉及经济或金融，这两个小组被邀请报名参加的是不同的市场交易。

图 15.7 呈现了结果。不出意外，过度自信的参与者再次产生了更大的价格泡沫。Michailova 和 Schmidt 考察了其他指标后得出了这样的结论：高过度自信交易者操作的市场中表现出更大的波动性、更大的成交量（更多股票易手的交易），以及价格与基本价值更大的偏离。同样不足为奇的是，高过度自信交易者也夸大了预期，预期价格远高于低过度自信交易者的预期。事实上，高过度自信被试的价格预测轨迹（图中没有显示）几乎完全反映了如图 15.7 所示的实际价格轨迹。

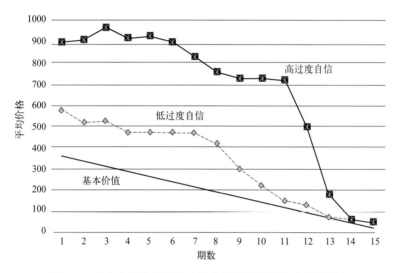

图 15.7　资产市场上高过度自信交易者和低过度自信交易者

根据 Michailova 和 Schmidt（2016）的数据重绘

Michailova 和 Schmidt 总结说，过度自信的这种突出作用对市场层面的现象来说是个坏消息。有证据表明，专业交易者往往比学生更过度自信。这反驳了 Lei 等人的观点，即实验室泡沫可能被视为实际泡沫的上限。如果实际市场中的交易者高过度自信，那么他们可能会产生比学生更大的泡沫。当然，我们不知道倘若专业交易者必须在投资多个市场之间做出选择，他们会怎么做。加州大学戴维斯分校的 Brad Barber 和加州大学伯克利分校的 Terrance Odean 在这一领域做了广泛的工作，并表明过度自信会促使共同基金经理进行过度交易，尽管这些交易者通常不会比市场表现得更好。对大多数人来说，最好的策略是投资于一个高度多样化的投资组合，而不是频繁地做出改变。那些过度交易的人获得的收入通常都低于市场回报。也有证据表明，公司的投资活动频率与首席执行官的过度自信水平呈正相关。

## >> 经验在抑制泡沫中的作用

那么，我们是否注定要在贸易活动中屈服于这样的"动物天性"呢？不一定。显示这些现象存在的论文也为如何抑制它们提供了隐性线索。我们之前从 Margaret Neale 和 Max Bazerman 的研究中看到，人们可以通过意识到过度自信的存在，学会不成为其牺牲品。同样地，我们也讨论了在不同场合行使自我控制的问题，并展示了这如何帮助人们做事，诸如为退休储蓄更多。实现这一目标的一种方式是签订一个承诺计划，以防止我们屈服于诱惑。那么，我们如何通过注入一些清醒的推理来抑制无节制的激情呢？

正如 Smith 等人指出的，减少资产泡沫的最佳处方是交易者的经验。Haruvay（现在在麦吉尔大学）、Yaron Lahav（当时在埃默里大学，现在在以色列的本古里安大学）和 Charles Noussair（当时在蒂尔堡大学，但在写作本书时他在亚利桑那州立大学）扩展了 Smith 及其同事的早期开创性工作，深入探讨了为何经验会带来不同。这一点很重要，因为如果交易者确实依赖于 Kocher 及其同事提出的简单经验法则，那么交易者在当前的任务上有更多经验时，这类启发式更有可能成功。

Haruvy 和他的同事们邀请了 53 名参与者参加他们的研究。5 个环节中，4 个环节有 9 名参与者，另一个有 8 名。在每个环节中，参与者依次参加 4 个不同的市场，每个市场持续 15 个轮次。总之，这些参与者在 4 个市场上互动 60 轮。一个交易环节内的 4 个市场都复刻了 Smith 等人的市场。参与者首先获得现金和股票的初始禀赋。股票支付股息，每轮股息取 4 种价值之一：0.00 美元、0.04 美元、0.14 美元和 0.30 美元，每轮的预期股息为 0.12 美元。参与者在每个市场的 15 轮交易中积累收益，但他们在一个市场结束时和下一个市场开始之前获得余额，因此他们不会将他们的收益从一个市场转移到下一个市场。我们在第 14 章中讨论过，该市场是作为一个拆借市场来实施的，而非由 Smith 等人实施的双向拍卖。这意味着，在任何一轮交易中，买家都会提交买入价以及他们希望以该价格购买多少股份，而卖家则会提交卖出价以及他们愿意以该价格出售多少股份。一旦"报价"和"出价"被提交，计算机程序就会计算出隐含的需求和供给曲线，并计算出均衡价格。所有的交易都以这个均衡的价格进行。

与 Smith 等人的结构的一个主要不同是，Haruvy 及其同事还从交易者那里诱发了他们对 4 个市场未来所有回合的价格预期。这意味着，Haruvy 等人不是在 1 轮时询问交易者他们所认为的下一轮的价格，而是询问他们未来所有轮次的价格预期。这意味着在市场开始和第 1 轮之前，交易者会被问到他们认为接下来的 15 个市场轮次的价格；在第 2 轮开始之前，他们被问及对剩余 14 轮的预测；在第 3 轮之前，他们被要求对剩余的 13 个轮次进行预测，以此类推。除了交易者从交易博弈本身中获得的收益之外，他们预测的准确性还会带来报酬❶。此时读者会立即意识到让人们做出这样的长期预测的价值。这改变了参照框架，要求参与者进一步向前看，而不是仅仅向前看一轮，这样做也应该鼓励逆向归纳。当被要求展望未来的 15 个轮次时，参与者更倾向于预期到在第 15 轮结束时，他们的市场份额是没有价值的。这应该使他们能够更好地逆推，价格应该更紧密地跟随资产的基本价值。

Haruvy 及其同事得出了许多有趣的发现。首先，尽管市场 1 和市场 2 能够展望比以往更广阔的前景，但它们都表现出了通常的泡沫和崩溃模式。这两个市场的价格轨迹与图 15.5 左侧的市场 1 相似。但在市场 3 与市场 4 中，价格开始更紧密地贴近基本价值。市场 3 和市场 4 中的价格路径的演变看起来更像图 15.5 右侧的市场 3。因此在市场 3，泡沫和崩溃的现象几乎消失了。

为了更仔细地观察这一点，Haruvy 和他的同事们关注了"峰值价格"（peak price）。这是在市场运作中达到的最高股价。市场上的最高价格代表了一个转折点，因为价格将从那时起开始下跌。让我们思考一下，如果价格遵循基本价值，我们会期待什么。在这种情况下，我们预计市场价格将在第 1 轮最高，然后从那时开始下降；很像图 15.5 右侧的市场 3。然而，如果市场上确实存在泡沫，那么我们预计价格会在开始时较低，然后在后期达到峰值，然后崩溃。请记住，Smith 等人发现，在第 1 轮中价格往往在开始时低于基本价值。因此，价格在市场中较早达到峰值与向基本价值的收敛是一致的。

图 15.8 显示了不同市场和交易时段的价格峰值的情况。其中的 5 个时段，4 个市场连续运行；在另一个时段，除第 4 个市场外的其他 3 个市场运行。在市场 1 中，该价格在 6 个交易时段中有 2 个交易时段达到了第 13 轮的最高水平。在剩下的 4 个交易时段中，该价格分别在第 10、11、12 和 14 轮达到峰值。在市场 2 中，价格在 1 个市场的第 2 轮达到峰值，在 2 个市场的第 4 轮达到峰值，在其余 3 个市场的第 7、9 和 12 轮达到峰值。到第 3 个市场，变化很明显，这里的价格最迟在所有 6 个交易时段的第 6 轮达到峰值。最后，市场 4 仅在 5 个交易时段内运行，其中两个时段的价格在第 1 轮达到

---

❶ 这是一种常见的做法，以确保参与者认真对待预测任务。一般来说，实验者确保这种预测任务的报酬虽然有吸引力，但相对于实际实验任务的报酬不是很大。否则，如果预测报酬非常大，参与者可能会投入更多的精力，然后在游戏中调整他们的策略，以匹配他们的预测。通常，这类报酬遵循一个"评分规则"。大多数评分规则会根据参与者预测的准确程度来奖励他们，参与者偏离正确答案越远，就会接受越多的惩罚。例如，在 Haruvy 等人的研究中，如果参与者的预测在当期价格的 10% 以内，与在实际价格的 50% 以内相比，他们可以多赚 5 倍的钱。其他的评分规则可能会根据实际价格与预测价格之间的绝对差额或实际价格与预测价格之间的差额平方来奖励参与者。

峰值，两个时段的价格在第 2 轮达到峰值，一个时段的价格在第 3 轮达到峰值。到第 4 个市场，价格峰值与跟随基本价值的价格基本一致。随着时间的推移，人们确实学会了不要"出价过高"，但人们确实需要很长时间才能理解这一点。

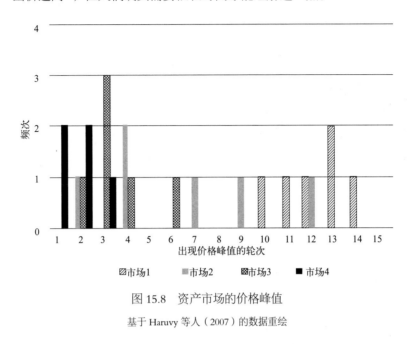

图 15.8　资产市场的价格峰值

基于 Haruvy 等人（2007）的数据重绘

仔细观察参与者对市场价格的预期，就可以提供这种趋同现象发生的细节。在市场 1 的早期阶段，大多数参与者预测价格将保持在目前的水平。几轮过后，当价格开始上涨时，大多数人预测价格将继续上涨，很少有人（53 个参与者中只有 5 个）预测最终的市场崩溃。在市场 2 开始时，大多数参与者预测的价格轨迹与市场 1 相似，尽管总体上他们预计价格泡沫会更小，他们预计价格峰值在与第一个市场同样的时刻出现。但是，在预测价格峰值时，交易者会在早期阶段抬高价格，然后在他们预期价格峰值出现之前试图减少购买和增加销售。这一过程在市场 3 和市场 4 接续出现，这两个市场的实际价格峰值比预期更早出现，因为交易者对峰值的预期对价格施加上行压力。这一过程使价格峰值更早出现，更接近第一时段，与贴近基本价值的价格相一致。根据市场 4 的推测，平均预期价格将或多或少贴近基本价值。

这一发现也解释并说明了 Smith 等人的发现，实际价格在繁荣时高于预测价格，在下跌时低于预测价格。换句话说，交易者预测的价格落后于实际的市场价格。Haruvy 及其同事发现，这主要是因为交易者对价格预测的调整比他们的实际行为要慢。在预测价格时，交易者不仅要关注当前市场正在发生的事情，而且要回顾早期的市场。因此，对于市场 2，他们同时考虑市场 1 和市场 2 的价格；对于市场 3，他们要考虑所有三个市场的价格，以此类推。不过，他们对前一个市场所发生的情况给予了格外的重视。因此，对于市场 4 而言，交易者对市场 3 的重视程度是对其他市场的两倍。这种回顾过去市场的趋势（通常比当前市场的泡沫更大）解释了为什么价格预测调整缓慢，落后于实际的市场价格。

Haruvy 等人的研究结果揭示了交易者思想的内部运作方式。最初，没有经验的交易者预计资产的价格轨迹是不变的。后来，他们的预测开始发生变化，但仍反映了过去和当前市场趋势的延续，这意味着这些预期落后于实际的市场价格。随着具备更多市场经验，交易者的预测越来越符合基本价值，他们的预测偏差就会减少。这些结果在很多方面都证实了 Smith 及其同事早期的结果。因为交易者的预测是基于历史经验，预测偏差往往出现在泡沫期间，但随之对应的就是他们的行为调整：当他们认为价格峰值即将到来，价格将开始下降时，他们就试图减少购买和增加销售。这种行为的影响会随着时间的推移而提前达到价格峰值，并减弱泡沫。此外，虽然预期的形成过程是被逆向研究的，但 Haruvy 等人表明，它们的形成和更新过程可以为预测未来的价格峰值提供有用的指导。最后，他们说：

因此，资产市场会收敛到我们市场的基本价值，这似乎是因为交易者使用的交易策略是基于盈利预期的，而他们的预期又是基于历史的。也就是说，适应性预期加上利润最大化，描述了一个向基本定价收敛的动态过程。

---

### 案例研究 15.2　所有的酷小孩都在夜间交易吗?

我们都听说过日间交易，但正如 2011 年《福布斯》的一篇文章指出的那样，如今"所有的酷小孩都在夜间交易"。全球化导致了全球金融市场（如外汇、国债、大宗商品和加密货币市场）的建立，技术的进步使奥克兰的交易者更容易参与伦敦、纽约或东京的海外市场。但这样的全球市场涉及地理上分散的交易者，这引发了一个被低估的问题，对此类市场的定价产生了影响。交易者分散在全球，这意味着一些交易者在白天交易，此时他们休息良好，保持警觉，而另一些则在深夜交易，在深夜他们很可能不那么敏感。因为无论你喝多少咖啡，早上 4 点钟，每个熬夜的人都会感到疲倦，这至少会导致一部分的认知损害。我们的身体习惯于基于昼夜节律运作；简单地说，我们白天更警觉，晚上更迟钝。

阿巴拉契州立大学的 David Dickinson 花了很多时间和精力试图理解睡眠剥夺对决策的影响。正如 Dickinson 所指出的那样，有证据表明，睡眠不足是一种影响全球大部分人口的状况。在美国，睡眠不足最近被美国疾病控制和预防中心列为一个公共健康问题。这并不奇怪，因为 30% 的成年人习惯性睡眠水平为每晚 6 小时或更少，导致长期睡眠不足。此外，每年有超过 2000 万成年人进行轮班，这意味着身体休息面临额外的挑战。不仅如此，这种轮班工作往往集中在涉及公共安全的部门，如紧急服务人员、长途卡车运输司机和空中交通管制人员等。然而，决策者的睡眠不足问题并不局限于美国，因为墨西哥、加拿大、英国、德国和日本最近的调查数据也发现了类似的睡眠不足现象。

因此，随着市场变得更加全球化，夜间交易的发生率不断增加，我们会发现什么呢？为了回答这个问题，Dickinson 与 Ananish Chaudhuri 和 Ryan Greenaway-McGrevy（来自奥克兰大学）合作，开展了一项资产交易实验。他们在美国东海岸和新西兰招募大学生，并邀请他们参加一个以获得真钱为目标的股票交易游戏。参与者在一整天不同时间段被招募：凌晨 4 点、上午 8 点、中午 12 点、下午 4 点、晚上 8 点及半夜 12 点。他们建立了两种类型的市场：本地市场，涉及同一地点的人，他们在同一天的同一时间进行博弈；全球市场，涉及两个地点的人，他们在同一天的不同时间进行博弈。参与者可以在家登录软件；他们被分成 7 ～ 13 人一组（组规模中位数 =11），参与时长约 1 小时。他们不知道其他参与者的位置。对于全球市场而言，两个地点之间的不同时段和 16 小时时差意味着，一组人通常在一天中"好"的时候参加活动，此时他们处于警觉和清醒状态，而另一组人则处于"坏"的时候，此时他们更容易犯困和出现认知损害。

区别于 Smith 等人设计的股票基本价值下降范式，Dickinson 等人采用的是基本价值恒定的 Holt 框架。每个参与者都有一些现金和一些股票可以进行交易。现金赚取利息，这些股票的基本价值为 7 美元（10.50 新西兰元），这意味着在交易结束时持有的任何股票都可以以 7 美元（10.50 新西兰元）被赎回。参与者可以在两个市场买卖股票，每个市场持续 15 轮，共 30 轮。不同之处在于，在这两个市场中的一个（有时在前 15 轮，有时在后 15 轮），市场利率和预期股息翻了一倍，从而增加了市场流动性。交易者的目标是为了赚取最多的钱。这项研究的平均收入约为 30 美元（45 新西兰元）。

Dickinson 等人发现，涉及身处不同时间参与者的全球市场特别容易受到泡沫的影响，泡沫中的资产以膨胀的价值出售，远高于 7 美元的基本价值。这反过来又表明，随着市场变得更加全球化，吸引了来自世界各地的交易者，我们应该会看到更多的错误定价，即市场价格显示出更大的偏离潜在基本价值的偏差。但同样重要的是，这些研究人员发现，疲惫的交易者在一天中状态糟糕的时候操盘时会犯系统性的错误。他们更有可能以虚高的价格买入股票，并长期持有这些股票，从而处在高风险状态。换句话说，他们不擅长预测市场将在 15 轮融资结束后崩溃，而持有的所有股票都将以其基本价值被赎回。这反过来又允许更警觉的交易者利用疲惫的交易者，让他们最终赚得更少。

Dickinson 及其同事发现，当我们睡眠不足和认知能力受损时，我们的"动物天性"会更强大。睡眠不足就像喝醉了一样。这让我们无法思考未来的后果，也严重低估了下行风险。同样，我们无法预测市场崩溃，持有风险更高的股票的时间长于我们应该持有的时间，从而处于更大的风险状态。睡眠不足的人尤其不善于预测市场崩溃。

这并不是说任何人都不应该进行夜间交易，而是要指出其中明显的陷阱。夜间交易者更有可能被日间交易者利用。鉴于过度自信是人类普遍的弱点，考虑机会成本是很重要的。问题不仅仅是：我在夜间交易中表现不错吗？问题应该是：我能在另类投资中做得更好吗？并且要注意，你更容易承担一些你通常会避免的风险。如果人们玩的是数百万美元而不是这项研究中的小钱呢？虽然如上所述，Dickinson等人不能提供数百万美元，但他们可以而且确实通过提高股息价值的一倍和提高现金利率来操纵这些市场的资产规模。论文中的证据表明，如果市场充斥着更多的现金，那么泡沫就会大得多，疲惫交易者的损失也会大得多。因此，随着夜间交易的出现，我们应该会看到更大的市场波动❶。

## 结语

本章主要讨论金融资产市场的价格泡沫问题。在这些情况下，某一特定金融资产的交易价格远远高于它实际应该拥有的价值。我已经讨论过一些著名的历史泡沫，包括18 世纪早期的南海泡沫、17 世纪的郁金香狂热和 21 世纪早期的美国房地产泡沫。还有其他一些泡沫，比如所谓的"互联网"泡沫，即在 20 世纪 90 年代末和 21 世纪初，基于互联网的"科技"公司的股价飙升。这使当时的美联储主席 Alan Greenspan 谈到了投资者的"非理性繁荣"（irrational exuberance），以及耶鲁大学的 Robert Shiller 写作了一本同名畅销书。其中一些泡沫的影响是局部的，当泡沫破裂时，大部分损害仅限于投资者。但是，在某些情况下，比如美国房地产泡沫的破裂，其后果更为广泛和具有毁灭性，从而导致全球经济衰退。鉴于此，研究人员、政策制定者、投资者甚至普通公民对这种泡沫如何、为什么以及何时形成有明显的兴趣。

我已经讨论了 Vernon Smith 及其同事所进行的开创性工作，这表明实验室实验可以用来为这种宏观经济现象建立微观世界。Smith 在这一领域所做的工作随后产生了大量的文献，并增加了我们对这种泡沫为什么会发生以及如何形成的知识。我们已经看到，这种泡沫可能会在基本价值下降和基本价值持平的资产市场中形成。泡沫的形成

---

❶ 虽然这不是直接相关，但它可能有某些间接关系。2020 年初，随着全球努力应对 Covid-19 大流行、经济衰退、全球股市长期持续飙升，这些价格似乎与潜在市场基本价值完全分离。这一现象背后的一个猜想是，由于许多国家处于封锁状态，许多无事可做的人进入了市场。鉴于他们总体上缺乏熟悉度，这些交易者的突然涌入导致了价格的上涨，因为我们已经看到，没有经验的交易者更容易制造泡沫。其中一些肯定也涉及夜间交易，交易者昼夜颠倒。与 Dickinson 及其同事所做工作相关的研究发现，缺乏经验再加上认知控制能力受损，可能会导致巨大的市场泡沫。在撰写本文时，这只是一个猜想（尽管我希望这是一个合理的猜想）。

不仅取决于投机动机，也可能是因为交易者的决策错误。众所周知的行为偏差（如缺乏自我控制和过度自信），可能会加剧这种市场泡沫，在一定程度上，这助长了对资本收益预期的投机。我们已经了解到，交易者的预期在资产泡沫的形成中起着至关重要的作用。那些做出更好预测的人因牺牲那些做出不好预测的人的利益而受益。

总的来说，减少资产泡沫背后的主要因素是交易者的经验。随着经验增加，价格的发展轨迹与基本价值密切相关。但是，获得这种层次的洞察力需要时间，而且是通过与预期的相互作用而发生，这取决于过去的历史和行为。随着交易者积累了超越市场的经验，他们预计价格将更早地达到峰值。因此，他们寻求锁定潜在的资本获利，并在市场生命周期的早期增加销售。但这样做意味着，价格预测往往落后于实际价格。它们还暗示，在连续的市场上，价格会更早达到峰值，这与长期跟随基本价值的价格是一致的。但是，尽管这样的预期是逆推的，但这些交易者的预期，加上市场趋势，可以告诉我们未来的价格峰值预期会是什么。

那么，这对普通人来说意味着什么呢？一个问题是，市场泡沫何时形成，参与者并不总是很清楚。泡沫通常只有在破裂后才会变得明显。但是，就日常投资决策而言，那些经验更丰富的人可能值得关注。分散投资；了解各种行动的机会成本。如果某一特定资产的回报看起来好得令人难以置信，那么它们可能真的不值得相信。人们很难连续赢过市场。获得经验的一种方法是向那些有特定情况经验的人寻求建议。在许多情况下，特别是在可能涉及大量资金的情况下，通过倾听/观察来学习可能比通过实操来学习更好。最后，试着发现困扰我们许多决定的行为偏差。在采取行动之前，寻求"逆耳忠言"。

用《周六夜现场》Dennis Miller 的话来说："这是我的故事，我将坚持下去。"感谢所有那些一直坚持到现在的人，谢谢你们。我希望你喜欢这次旅程。正如我在一开始所说的，这是一个令人兴奋的研究领域。我想让你一窥行为经济学令人兴奋的世界，以及影响我们决策的各种因素。这本书有一个相当广泛的参考资料部分，供那些希望进一步研究这些主题的人使用，还有许多开放性问题和新的研究途径可供有志于此的学生使用。重复我在序言中所说的话：据说你可以让马靠近水边，但你不能强按它喝水。我热切希望这本书能够给你带来启迪，让你继续在这个领域深入下去！

# 参考文献

Abadie, A., & Gay, S. (2006). The impact of presumed consent legislation on cadaveric organ donation: a cross-country study. *Journal of Health Economics*, *25*(4), 599–620.

Akerlof, G. A. (1982). Labor contracts as partial gift exchange. *Quarterly Journal of Economics*, *97*(4), 543–569.

Allais, M. (1953). Le comportement de l'homme rationnel devant le risque: Critique des postulats et axiomes de l'école Américaine. *Econometrica*, *21*(4), 503–546.

Almas, I., Cappelen, A., Sorensen, E., & Tunggoden, B. (2019, November 25–26). Fairness across the world: Preferences and beliefs [Keynote presentation]. Australia New Zealand Workshop in Experimental Economics, Monash University, Clayton, Victoria, Australia.

Anderson, C. M., & Putterman, L. (2006). Do non-strategic sanctions obey the law of demand? The demand for punishment in the voluntary contribution mechanism. *Games and Economic Behavior*, *54*(1), 1–24.

Andreoni, J. (1988). Why free ride? Strategies and learning in public goods experiments. *Journal of Public Economics*, *37*(3), 291–304.

Andreoni, J. (1990). Impure altruism and donations to public goods: A theory of warm-glow giving. *Economic Journal*, *100*(401), 464–477.

Andreoni, J. (1995a). Cooperation in public-goods experiments: Kindness or confusion? *American Economic Review*, *85*(4), 891–904.

Andreoni, J. (1995b). Warm-glow versus cold-prickle: The effects of positive and negative framing on cooperation in experiments. *Quarterly Journal of Economics*, *110*(1), 1–21.

Andreoni, J., & Croson, R. (2008). Partners versus strangers: Random rematching in public goods experiments. In C. R. Plott & V. L. Smith (Eds.), *Handbook of Experimental Economics Results* (Vol. 1, pp. 776–783). North-Holland.

Andreoni, J., & Petrie, R. (2004). Public goods experiments without confidentiality: A glimpse into fund-raising. *Journal of Public Economics*, *88*(7–8), 1605–1623.

Ariely, D. (2008). *Predictably Irrational*. HarperCollins.

Asch, S. E. (1951). Effects of group pressure upon the modification and distortion of judgments. In H. Guetzkow (Ed.), *Groups, Leadership and Men: Research in Human Relations* (pp. 177–190). Carnegie Press.

Asch, S. E. (1956). Studies of independence and conformity: I. A minority of one against a unanimous majority. *Psychological Monographs: General and Applied*, *70*(9), 1–70.

Ashraf, N., Bohnet, I., & Piankov, N. (2006). Decomposing trust and trustworthiness. *Experimental Economics*, *9*(3), 193–208.

Ashraf, N., Karlan, D., & Yin, W. (2006). Tying Odysseus to the mast: Evidence from a commitment savings product in the Philippines. *Quarterly Journal of Economics*, *121*(2), 635–672.

Axelrod, R. (1980). Effective choice in the prisoner's dilemma. *Journal of Conflict Resolution*, *24*(1), 3–25.

Axelrod, R. (1984). *The Evolution of Cooperation*. Basic Books.

Axelrod, R. (1986). An evolutionary approach to norms. *American Political Science Review*, *80*(4), 1095–1111.

Axelrod, R. (1997). *The Complexity of Cooperation: Agent-based Models of Competition and Collaboration*. Princeton University Press.

Axelrod, R., & Hamilton, W. D. (1981). The evolution of cooperation. *Science*, *211*(4489), 1390–1396.

Banerjee, A. V., & Duflo, E. (2011). *Poor Economics: A Radical Rethinking of the Way to Fight Global Poverty*. PublicAffairs.

Barber, B. M., & Odean, T. (2000). Trading is hazardous to your wealth: The common stock investment performance of individual investors. *Journal of Finance*, *55*(2), 773–806.

Barber, B. M., & Odean, T. (2001). Boys will be boys: Gender, overconfidence, and common stock investment. *Quarterly Journal of Economics*, *116*(1), 261–292.

Bardsley, N., & Sausgruber, R. (2005). Conformity and reciprocity in public good provision. *Journal of Economic Psychology*, *26*(5), 664–681.

Baron, J. N., Hannan, M. T., & Burton, M. D. (2001). Labor pains: Change in organizational models and employee turnover in young, high-tech firms. *American Journal of Sociology*, *106*(4), 960–1012.

Baumeister, R. F., Bratslavsky, E., Muraven, M., & Tice, D. M. (1998). Ego depletion: Is the active self a limited resource? *Journal of Personality and Social Psychology, 74*(5), 1252–1265.

Bayes, T. (1763). An essay towards solving a problem in the doctrine of chances. *Philosophical Transactions of the Royal Society of London, 53*, 370–418.

Bazerman, M. H., & Moore, D. A. (2012). *Judgment in Managerial Decision Making* (8th ed.). Wiley Global Education.

Ben-David, I., Graham, J. R., & Harvey. C. R. (2013). Managerial miscalibration. *Quarterly Journal of Economics, 128*(4), 1547–1584.

Bentham, J. [1789] 2009. *An Introduction to the Principles of Morals and Legislation* (Dover Philosophical Classics). Dover.

Berg, J., Dickhaut, J., & McCabe, K. (1995). Trust, reciprocity, and social history. *Games and Economic Behavior, 10*(1), 122–142.

Bernoulli, D. (1954). Exposition of a new theory on the measurement of risk (L. Sommer, Trans.). *Econometrica, 22*(1), 23–36. (Original work published 1738.)

Bertrand, M., & Mullainathan, S. (2004). Are Emily and Greg more employable than Lakisha and Jamal? A field experiment on labor market discrimination. *American Economic Review, 94*(4), 991–1013.

Bewley, T. (1999). *Why Wages Don't Fall During a Recession.* Harvard University Press.

Bewley, T. (2005). Fairness, reciprocity and wage rigidity. In H. Gintis, S. Bowles, R. Boyd, & E. Fehr (Eds.), *Moral Sentiments and Material Interests: The Foundations of Cooperation in Economic Life* (pp. 303–338). MIT Press.

Blount, S. (1995). When social outcomes aren't fair: The effect of causal attributions on preferences. *Organizational Behavior and Human Decision Processes, 63*(2), 131–144.

Blume, A., & Ortmann, A. (2007). The effects of costless pre-play communication: Experimental evidence from games with Pareto-ranked equilibria. *Journal of Economic Theory, 132*(1), 274–290.

Bochet, O., & Putterman, L. (2009). Not just babble: Opening the black box of communication in a voluntary contribution experiment. *European Economic Review, 53*(3), 309–326.

Bochet, O., Page, T., & Putterman, L. (2006). Communication and punishment in voluntary contribution experiments. *Journal of Economic Behavior & Organization, 60*(1), 11–26.

Bohnet, I. (2016). *What Works: Gender Equality by Design.* Harvard University Press.

Bohnet, I., & Zeckhauser, R. (2004a). Social comparisons in ultimatum bargaining. *Scandinavian Journal of Economics, 106*(3), 495–510.

Bohnet, I., & Zeckhauser, R. (2004b). Trust, risk and betrayal. *Journal of Economic Behavior & Organization, 55*(4), 467–484.

Bolton, G. E., & Zwick, R. (1995). Anonymity versus punishment in ultimatum bargaining. *Games and Economic Behavior, 10*(1), 95–121.

Bolton, G. E., & Ockenfels, A. (2000). ERC: A theory of equity, reciprocity, and competition. *American Economic Review, 90*(1), 166–193.

Bolton, G. E., Brandts, J., & Ockenfels, A. (2005). Fair procedures: Evidence from games involving lotteries. *Economic Journal, 115*(506), 1054–1076.

Bostian, A. J., Goeree, J., & Holt, C. A. (2005). Price bubbles in asset market experiments with a flat fundamental value. In Draft for the Experimental Finance Conference, Federal Reserve Bank of Atlanta September, 23: 2005.

Bostian, A. J., & Holt, C. A. (2009). Price bubbles with discounting: A web-based classroom experiment. *Journal of Economic Education, 40*(1), 27–37.

Bowles, S., & Gintis, H. (2002). Homo reciprocans. *Nature, 415*(6868), 125–127.

Boyd, R., & Richerson, P. J. (1985). *Culture and the Evolutionary Process.* University of Chicago Press.

Brandts, J., & Charness, G. (2000). Hot vs. cold: Sequential responses and preference stability in experimental games. *Experimental Economics, 2*(3), 227–238.

Brandts, J., & Cooper, D. J. (2006). A change would do you good … An experimental study on how to overcome coordination failure in organizations. *American Economic Review, 96*(3), 669–693.

Brandts, J., & Cooper, D. J. (2007). It's what you say, not what you pay: An experimental study of manager–employee relationships in overcoming coordination failure. *Journal of the European Economic Association, 5*(6), 1223–1268.

Brandts, J., & MacLeod, W. B. (1995). Equilibrium selection in experimental games with recommended play. *Games and Economic Behavior, 11*(1), 36–63.

Brandts, J., Saijo, T., & Schram, A. (2004). How universal is behavior? A four country comparison of spite and cooperation in voluntary contribution mechanisms. *Public Choice, 119*(3–4), 381–424.

Breiman, L. (1996). Bagging predictors. *Machine Learning, 24*(2), 123–140.

Brosnan, S. F., & de Waal, F. B. (2003). Monkeys reject unequal pay. *Nature, 425*(6955), 297–299.

Bryan, J. H., & Test, M. A. (1967). Models and helping: Naturalistic studies in aiding behavior. *Journal of Personality and Social Psychology, 6*(4, Pt.1), 400–407.

Burlando, R., & Hey, J. D. (1997). Do Anglo-Saxons free-ride more? *Journal of Public Economics, 64*(1), 41–60.

Camerer, C. (2015). The promise and success of lab-field generalizability in experimental economics: A critical reply to Levitt and List. In A. Schotter & G. Fréchette (Eds.), *Handbook of Experimental Economic Methodology* (Chapter 14, pp. 249-295). Oxford University Press.

Camerer, C. F. (2003). *Behavioral Game Theory: Experiments in Strategic Interaction.* Princeton University Press.

Camerer, C., & Weber, R. (2008). Growing organizational culture in the laboratory. In V. Smith & C. Plott (Eds.), *Handbook of Experimental Economics Results* (pp. 903–907). Elsevier.

Camerer, C., & Weigelt, K. (1988). Experimental tests of a sequential equilibrium reputation model. *Econometrica, 56*(1), 1–36.

Cameron, L. A. (1999). Raising the stakes in the ultimatum game: Experimental evidence from Indonesia. *Economic Inquiry, 37*(1), 47–59.

Card, D., & Krueger, A. B. (1994). Minimum wages and employment: A case study of the fast food industry in New Jersey and Pennsylvania. *American Economic Review, 84*(4), 772–793.

Cardenas, J. C., Stranlund, J., & Willis, C. (2002). Economic inequality and burden-sharing in the provision of local environmental quality. *Ecological Economics, 40*(3), 379–395.

Carpenter, J. P. (2004). When in Rome: Conformity and the provision of public goods. *Journal of Socio-Economics, 33*(4), 395–408.

Carpenter, J. P. (2007a). Punishing free-riders: How group size affects mutual monitoring and the provision of public goods. *Games and Economic Behavior, 60*(1), 31–51.

Carpenter, J. P. (2007b). The demand for punishment. *Journal of Economic Behavior & Organization, 62*(4), 522–542.

Carpenter, J. P., Harrison, G. W., & List, J. A. (Eds.). (2005). *Field Experiments in Economics.* JAI Press.

Chamberlin, E. H. (1948). An experimental imperfect market. *Journal of Political Economy, 56*(2), 95–108.

Chandor, J. C. (Director). (2011). *Margin Call* [Film]. Before the Door Pictures.

Charness, G., & Rabin, M. (2002). Understanding social preferences with simple tests. *Quarterly Journal of Economics, 117*(3), 817–869.

Charness, G., & Yang, C. Endogenous group formation and public goods provision: Exclusion, exit, mergers, and redemption. Available at SSRN: https://ssrn.com/abstract=932251 or http://dx .doi.org/10.2139/ssrn.932251.

Chaudhuri, A. (2009). *Experiments in Economics: Playing Fair with Money.* Routledge.

Chaudhuri, A. (2011). Sustaining cooperation in laboratory public goods experiments: A selective survey of the literature. *Experimental Economics, 14*(1), 47–83.

Chaudhuri, A. (2013). "Experimental economics" in the *Encyclopaedia of Life Support Systems* (EOLSS; http://eolss.net), UNESCO, New York, NY.

Chaudhuri, A. (2018). Belief heterogeneity and the restart effect in a public goods game. *Games, 9*(4), Article 96.

Chaudhuri, A. (Ed.). (2021). *Research Agenda in Experimental Economics.* Edward Elgar.

Chaudhuri, A., & Gangadharan, L. (2007). An experimental analysis of trust and trustworthiness. *Southern Economic Journal, 73*(4), 959–985.

Chaudhuri, A., & Paichayontvijit, T. (2006). Conditional cooperation and voluntary contributions to a public good. *Economics Bulletin, 3*(8), 1–14.

Chaudhuri, A., & Paichayontvijit, T. (2010). Recommended play and performance bonuses in the minimum effort coordination game. *Experimental Economics, 13*(3), 346–363.

Chaudhuri, A., & Paichayontvijit, T. (2011). Recommended play versus costly punishments in a laboratory public goods experiment. In K. G. Dastidar, H. Mukhopadhyay, & U. B. Sinha

(Eds.), *Dimensions of Economic Theory and Policy: Essays for Anjan Mukherji* (pp. 282–298). Oxford University Press.

Chaudhuri, A., & Paichayontvijit, T. (2017). On the long-run efficacy of punishments and recommendations in a laboratory public goods game. *Scientific Reports*, 7(1), 1–8.

Chaudhuri, A., Ali Khan, S., Lakshmiratan, A., Py, A. L., & Shah, L. (2003). Trust and trustworthiness in a sequential bargaining game. *Journal of Behavioral Decision Making*, 16(5), 331–340.

Chaudhuri, A., Cruickshank, A., & Sbai, E. (2015). Gender differences in personnel management: Some experimental evidence. *Journal of Behavioral and Experimental Economics*, 58, 20–32.

Chaudhuri, A., Graziano, S., & Maitra, P. (2006). Social learning and norms in a public goods experiment with inter-generational advice. *Review of Economic Studies*, 73(2), 357–380.

Chaudhuri, A., Li, Y., & Paichayontvijit, T. (2016). What's in a frame? Goal framing, trust and reciprocity. *Journal of Economic Psychology*, 57, 117–135.

Chaudhuri, A., Paichayontvijit, T., & Smith, A. (2017). Belief heterogeneity and contributions decay among conditional cooperators in public goods games. *Journal of Economic Psychology*, 58, 15–30.

Chaudhuri, A., Schotter, A., & Sopher, B. (2009). Talking ourselves to efficiency: Coordination in inter-generational minimum effort games with private, almost common and common knowledge of advice. *Economic Journal*, 119(534), 91–122.

Chaudhuri, A., Sopher, B., & Strand, P. (2002). Cooperation in social dilemmas, trust and reciprocity. *Journal of Economic Psychology*, 23(2), 231–249.

Chwe, M.-S. (2001) *Rational Ritual: Culture, Coordination, and Common Knowledge*. Princeton University Press.

Cinyabuguma, M., Page, T., & Putterman, L. (2005). Cooperation under the threat of expulsion in a public goods experiment. *Journal of Public Economics*, 89(8), 1421–1435.

Cinyabuguma, M., Page, T., & Putterman, L. (2006). Can second-order punishment deter perverse punishment? *Experimental Economics*, 9(3), 265–279.

Claessens, S., Fischer, K., Chaudhuri, A., Sibley, C. G., & Atkinson, Q. D. (2020a). The dual evolutionary foundations of political ideology. *Nature Human Behaviour*, 4, 336–345. https://doi.org/10.1038/s41562-020-0850-9.

Claessens, S., Sibley, C., Chaudhuri, A., & Atkinson, Q. (2020b). Cooperative phenotype predicts economic conservatism, policy views, and political party support. PsyArXive preprints. https://psyarxiv.com/t7rqb/

Clark, K., & Sefton, M. (2001). Repetition and signalling: Experimental evidence from games with efficient equilibria. *Economics Letters*, 70(3), 357–362.

Cohan, W. D. (2009). *House of Cards: A Tale of Hubris and Wretched Excess on Wall Street*. Doubleday.

Cohen, L. and Robinson, S. (1988). "Everybody knows". Album: *I'm Your Man*. Columbia Records.

Cookson, R. (2000). Framing effects in public goods experiments. *Experimental Economics*, 3(1), 55–79.

Cooper, D. J. (2006). Are experienced managers experts at overcoming coordination failure? *B.E. Journal of Economic Analysis & Policy*, 6(2), Article 6. www.bepress.com/bejeap/advances/vol6/iss2/art6.

Cooper, D. J., & Kagel, J. H. (2003). The impact of meaningful context on strategic play in signaling games. *Journal of Economic Behavior & Organization*, 50(3), 311–337.

Cooper, D., & Kagel, J. (2015). Other regarding preferences: A survey of experimental results. In J. H. Kagel & A. E. Roth (Eds.), *The Handbook of Experimental Economics* (Vol. 2, pp. 217–289). Princeton University Press.

Cooper, R., DeJong, D. V., Forsythe, R., & Ross, T. W. (1989). Communication in the battle of the sexes game: Some experimental results. *RAND Journal of Economics*, 20(4), 568–587.

Cooper, R., DeJong, D. V., Forsythe, R., & Ross, T. W. (1992). Communication in coordination games. *Quarterly Journal of Economics*, 107(2), 739–771.

Cooper, R. W. (1999). *Coordination Games: Complementarities and Macroeconomics*. Cambridge University Press.

Cooper, R. W., DeJong, D. V., Forsythe, R., & Ross, T. W. (1990). Selection criteria in coordination games: Some experimental results. *American Economic Review*, 80(1), 218–233.

Cox, J. C. (2004). How to identify trust and reciprocity. *Games and Economic Behavior*, 46(2), 260–281.

Cronk, L. (2007). The influence of cultural framing on play in the trust game: A Maasai example. *Evolution and Human Behavior*, 28(5), 352–358.

Croson, R. (2000). Thinking like a game theorist: Factors affecting the frequency of equilibrium play.

*Journal of Economic Behavior & Organization*, *41*(3), 299–314.

Croson, R. (2007). Theories of commitment, altruism and reciprocity: Evidence from linear public goods games. *Economic Inquiry*, *45*(2), 199–216.

Damásio, A. (1994). *Descartes' Error: Emotion, Reason, and the Human Brain*. Putnam; Harper Perennial; Penguin.

Davis, D. D., & Holt, C. A. (1992). *Experimental Economics*. Princeton University Press.

Davis, D., & Holt, C. (2008). The exercise of market power in laboratory experiments. In C. R. Plott & V. L. Smith (Eds.), *Handbook of Experimental Economics Results* (Vol. 1, pp. 138–145). North-Holland.

Dawes, R. M. (1980). Social dilemmas. *Annual Review of Psychology*, *31*(1), 169–193.

Dawes, R. M., & Thaler, R. H. (1988). Anomalies: Cooperation. *Journal of Economic Perspectives*, *2*(3), 187–197.

Dawes, R. M., McTavish, J., & Shaklee, H. (1977). Behavior, communication, and assumptions about other people's behavior in a commons dilemma situation. *Journal of Personality and Social Psychology*, *35*(1), 1–11.

Dawes, R. M., Orbell, J. M., Simmons, R. T., & Van De Kragt, A. J. (1986). Organizing groups for collective action. *American Political Science Review*, *80*(4), 1171–1185.

Dawkins, R. (1976). *The Selfish Gene*. Oxford University Press.

Day, R. H., & Knuth, H. (1981). The contributions of F. C. Müller-Lyer. *Perception*, *10*(2), 126–146.

Dell'Antonia, K. J. (2018, August 18). Happy children do chores. *New York Times*. www.nytimes.com /2018/08/18/opinion/sunday/children-chores-parenting.html

Denant-Boemont, L., Masclet, D., & Noussair, C. N. (2007). Punishment, counterpunishment and sanction enforcement in a social dilemma experiment. *Economic Theory*, *33*(1), 145–167.

de Oliveira, A., Croson, R., & Eckel, C. (2015). One bad apple? Heterogeneity and information in public good provision. *Experimental Economics*, *18*(1), 116–135.

De Palma, B. (Director). (1983). *Scarface* [Film]. Universal Pictures.

de Quervain, D. J. F., Fischbacher, U., Treyer, V., Schallhammer, M., Schnyder, U., Buck, A., & Fehr, E. (2004). The neural basis of altruistic punishment. *Science*, *305*(5688), 1254–1258.

Diamond, D. W., & Dybvig, P. H. (1983). Bank runs, deposit insurance, and liquidity. *Journal of Political Economy*, *91*(3), 401–419.

Diamond, J. M. (2005). *Collapse: How Societies Choose to Fail or Succeed*. Viking Press.

Dickinson, D. L., Chaudhuri, A., & Greenaway-McGrevy, R. (2019). Trading while sleepy? Circadian mismatch and mispricing in a global experimental asset market. *Experimental Economics*, *23*(2), 526–553.

Donne, J., & Savage, E. (1975). *John Donne's Devotions upon emergent occasions: A critical edition with introduction & commentary*. Salzburg: Institut für Englische Sprache und Literatur, Universität Salzburg.

Dufwenberg, M., & Kirchsteiger, G. (2004). A theory of sequential reciprocity. *Games and Economic Behavior*, *47*(2), 268–298.

Dufwenberg, M., Gächter, S., & Hennig-Schmidt, H. (2011). The framing of games and the psychology of play. *Games and Economic Behavior*, *73*(2), 459–478.

Eckel, C. C., & Wilson, R. K. (2004). Is trust a risky decision? *Journal of Economic Behavior & Organization*, *55*(4), 447–465.

Egas, M., & Riedl, A. (2008). The economics of altruistic punishment and the maintenance of cooperation. *Proceedings of the Royal Society B: Biological Sciences*, *275*(1637), 871–878.

Ehrhart, K.-M., & Keser, C. (1999). Cooperation and mobility: On the run. Working Paper, CIRANO and University of Karlsruhe.

Emerson, R. W. (1911). *Essays (first, second and third series)*. Ward Lock.

Ephron, N. (Director). (1993). *Sleepless in Seattle* [Film]. TriStar Pictures.

Ertan, A., Page, T., & Putterman, L. (2009). Who to punish? Individual decisions and majority rule in mitigating the free rider problem. *European Economic Review*, *53*(5), 495–511.

Falk, A., & Fischbacher, U. (2006). A theory of reciprocity. *Games and Economic Behavior*, *54*(2), 293–315.

Falk, A., Fehr, E., & Fischbacher, U. (2003a). On the nature of fair behavior. *Economic Inquiry*, *41*(1), 20–26.

Falk, A., Fehr, E., & Fischbacher, U. (2003b). Reasons for conflict: Lessons from bargaining experiments.

*Journal of Institutional and Theoretical Economics*, *159*(1), 171–187.

Falk, A., Fehr, E., & Fischbacher, U. (2005). Driving forces behind informal sanctions. *Econometrica*, *73*(6), 2017–2030.

Fama, E. F. (1970). Efficient capital markets: A review of theory and empirical work. *Journal of Finance*, *25*(2), 383–417.

Fathi, M., Bateson, M., & Nettle, D. (2014). Effects of watching eyes and norm cues on charitable giving in a surreptitious behavioral experiment. *Evolutionary Psychology*, *12*(5), 878–887.

Fehr, E., & Fischbacher, U. (2002). Why social preferences matter: The impact of non-selfish motives on competition, cooperation and incentives. *Economic Journal*, *112*(478), C1–C33.

Fehr, E., & Fischbacher, U. (2004a). Social norms and human cooperation. *Trends in Cognitive Sciences*, *8*(4), 185–190.

Fehr, E., & Fischbacher, U. (2004b). Third-party punishment and social norms. *Evolution and Human Behavior*, *25*(2), 63–87.

Fehr, E., & Fischbacher, U. (2005a). Altruists with green beards. *Analyse & Kritik*, *27*(1), 73–84.

Fehr, E., & Fischbacher, U. (2005b). Human altruism: Proximate patterns and evolutionary origins. *Analyse & Kritik*, *27*(1), 6–47.

Fehr, E., & Gächter, S. (1998). Reciprocity and economics: The economic implications of homo reciprocans. *European Economic Review*, *42*(3–5), 845–859.

Fehr, E., & Gächter, S. (2000). Cooperation and punishment in public goods experiments. *American Economic Review*, *90*(4), 980–994.

Fehr, E., & Gächter, S. (2002a). Altruistic punishment in humans. *Nature*, *415*(6868), 137–140.

Fehr, E., & Gächter, S. (2002b). Do incentive contracts undermine voluntary cooperation? (April 2002). Zurich IEER Working Paper No. 34, Available at SSRN: https://ssrn.com/abstract=313028 or http://dx.doi.org/10.2139/ssrn.313028.

Fehr, E., & List, J. A. (2004). The hidden costs and returns of incentives – Trust and trustworthiness among CEOs. *Journal of the European Economic Association*, *2*(5), 743–771.

Fehr, E., & Rockenbach, B. (2003). Detrimental effects of sanctions on human altruism. *Nature*, *422*(6928), 137–140.

Fehr, E., & Rockenbach, B. (2004). Human altruism: Economic, neural, and evolutionary perspectives. *Current Opinion in Neurobiology*, *14*(6), 784–790.

Fehr, E., & Schmidt, K. M. (1999). A theory of fairness, competition, and cooperation. *Quarterly Journal of Economics*, *114*(3), 817–868.

Fehr, E., Fischbacher, U., & Gächter, S. (2002). Strong reciprocity, human cooperation, and the enforcement of social norms. *Human Nature*, *13*(1), 1–25.

Fehr, E., Gächter, S., & Kirchsteiger, G. (1997). Reciprocity as a contract enforcement device: Experimental evidence. *Econometrica*, *65*(4), 833–860.

Fehr, E., Kirchler, E., Weichbold, A., & Gächter, S. (1998). When social norms overpower competition: Gift exchange in experimental labor markets. *Journal of Labor Economics*, *16*(2), 324–351.

Fehr, E., Kirchsteiger, G., & Riedl, A. (1993). Does fairness prevent market clearing? An experimental investigation. *Quarterly Journal of Economics*, *108*(2), 437–459.

Fehr, E., Kirchsteiger, G., & Riedl, A. (1996). Involuntary unemployment and non-compensating wage differentials in an experimental labour market. *Economic Journal*, *106*(434), 106–121.

Fehr, E., Kirchsteiger, G., & Riedl, A. (1998). Gift exchange and reciprocity in competitive experimental markets. *European Economic Review*, *42*(1), 1–34.

Fehr, E., Klein, A., & Schmidt, K. M. (2007). Fairness and contract design. *Econometrica*, *75*(1), 121–154.

Fiorina, M. P., & Plott, C. R. (1978). Committee decisions under majority rule: An experimental study. *American Political Science Review*, *72*(2), 575–598.

Fischbacher, U., & Gächter, S. (2010). Social preferences, beliefs, and the dynamics of free riding in public goods experiments. *American Economic Review*, *100*(1), 541–556.

Fischbacher, U., Gächter, S., & Fehr, E. (2001). Are people conditionally cooperative? Evidence from a public goods experiment. *Economics Letters*, *71*(3), 397–404.

Fischbacher, U., Gächter, S., & Quercia, S. (2012). The behavioral validity of the strategy method in public good experiments. *Journal of Economic Psychology*, *33*(4), 897–913.

Fischhoff, B. (1975). Hindsight is not equal to foresight: The effect of outcome knowledge on judgment under uncertainty. *Journal of Experimental Psychology: Human Perception and Performance*, *1*(3),

288–299.

Flood, M. M. (1958). Some experimental games. *Management Science, 5*(1), 5–26.

Ford, J. (Director). (1941). *How Green Was My Valley* [Film]. 20th Century Fox.

Forsythe, R., Horowitz, J. L., Savin, N. E., & Sefton, M. (1994). Fairness in simple bargaining experiments. *Games and Economic Behavior, 6*(3), 347–369.

Franciosi, R., Kujal, P., Michelitsch, R., Smith, V., & Deng, G. (1995). Fairness: Effect on temporary and equilibrium prices in posted-offer markets. *Economic Journal, 105*(431), 938–950.

Frank, R. H. (1985). *Choosing the Right Pond: Human Behavior and the Quest for Status.* Oxford University Press.

Frank, R. H. (1999). *Luxury Fever: Money and Happiness in an Era of Excess.* Free Press.

Frank, R. H. (2005). Does absolute income matter? In L. Bruni & P. L. Porta (Eds.), *Economics and Happiness: Framing the Analysis* (pp. 65–90). Oxford University Press.

Frank, R. H. (2007). *The Economic Naturalist: In Search of Explanations for Everyday Enigmas.* Basic Books.

Frederick, S. (2005). Cognitive reflection and decision making. *Journal of Economic Perspectives, 19*(4), 25–42.

Frey, B. S. (1997) *Not Just for the Money: An Economic Theory of Personal Motivation.* Edward Elgar.

Frey, B. S., & Meier, S. (2004). Social comparisons and pro-social behavior: Testing 'conditional cooperation' in a field experiment. *American Economic Review, 94*(5), 1717–1722.

Frey, B. S., & Oberholzer-Gee, F. (1997). The cost of price incentives: An empirical analysis of motivation crowding-out. *American Economic Review, 87*(4), 746–755.

Frey, B. S., & Torgler, B. (2007). Tax morale and conditional cooperation. *Journal of Comparative Economics, 35*(1), 136–159.

Friedman, D., & Sunder, S. (1994). *Experimental Methods: A Primer for Economists.* Cambridge University Press.

Friedman, M. (1953). The methodology of positive economics. In M. Friedman (Ed.), *Essays in Positive Economics* (pp. 3–43). Chicago University Press.

Fukuyama, F. (1995). *Trust: The Social Virtues and the Creation of Prosperity.* Free Press.

Gächter, S. (2007). Conditional cooperation. Behavioral regularities from the lab and the field and their policy implications. In B. S. Frey & A. Stutzer (Eds.), CESifo seminar series. *Economics and Psychology: A Promising New Cross-disciplinary Field* (pp. 19–50). MIT Press.

Gächter, S., & Fehr, E. (1999). Collective action as a social exchange. *Journal of Economic Behavior & Organization, 39*(4), 341–369.

Gächter, S., & Herrmann, B. (2009). Reciprocity, culture and human cooperation: Previous insights and a new cross-cultural experiment. *Philosophical Transactions of the Royal Society B: Biological Sciences, 364*(1518), 791–806.

Gächter, S., & Herrmann, B. (2011). The limits of self-governance when cooperators get punished: Experimental evidence from urban and rural Russia. *European Economic Review, 55*(2), 193–210.

Gächter, S., & Thöni, C. (2005). Social learning and voluntary cooperation among like-minded people. *Journal of the European Economic Association, 3*(2–3), 303–314.

Gächter, S., & Thöni, C. (2007). Rationality and commitment in voluntary cooperation: Insights from experimental economics. In P. Fabienne & H. B. Schmidt (Eds.), *Rationality and Commitment* (pp. 175–208). Oxford University Press.

Gächter, S., Herrmann, B., & Thöni, C. (2004). Trust, voluntary cooperation, and socio-economic background: Survey and experimental evidence. *Journal of Economic Behavior & Organization, 55*(4), 505–531.

Gächter, S., Renner, E., & Sefton, M. (2008). The long-run benefits of punishment. *Science, 322*(5907), 1510.

Galton, F. (1886). Regression towards mediocrity in hereditary stature. *Journal of the Anthropological Institute of Great Britain and Ireland, 15*, 246–263.

Geisel, Theodore (Dr Seuss). (1990). *Oh, the Places You'll Go!* Random House.

Gigerenzer, G. (1996). On narrow norms and vague heuristics: A reply to Kahneman and Tversky. *Psychological Review, 103*(3), 592–596.

Gigerenzer, G. (2007). *Gut Feelings: The Intelligence of the Unconscious.* Viking Books.

Gigerenzer, G. (2013). *Risk Savvy: How to Make Good Decisions.* Penguin Books.

Gigerenzer, G., Todd, P. M., & The ABC Research Group. (1999). Fast and frugal heuristics: The adaptive toolbox. In *Simple Heuristics That Make Us Smart* (pp. 3–34). Oxford University Press.

Gilovich, T., Vallone, R., & Tversky, A. (1985). The hot hand in basketball: On the misperception of random sequences. *Cognitive Psychology, 17*(3), 295–314.

Gintis, H., Bowles, S., Boyd, R., & Fehr, E. (Eds.). (2004). *Moral Sentiments and Material Interests: The Foundations of Cooperation in Economic Life.* MIT Press.

Gladwell, M. (2005). *Blink: The Power of Thinking Without Thinking.* Little, Brown.

Glimcher, P. (2003). *Decisions, Uncertainty, and the Brain: The Science of Neuroeconomics.* MIT Press.

Glimcher, P. (2010). *Foundations of Neuroeconomic Analysis.* Oxford University Press.

Gneezy, U., & Rustichini, A. (2000a). A fine is a price. *Journal of Legal Studies, 29*(1), 1–17.

Gneezy, U., & Rustichini, A. (2000b). Pay enough or don't pay at all. *Quarterly Journal of Economics, 115*(3), 791–810.

Gneezy, U., Güth, W., & Verboven, F. (2000). Presents or investments? An experimental analysis. *Journal of Economic Psychology, 21*(5), 481–493.

Goeree, J. K., & Holt, C. A. (2001). Ten little treasures of game theory and ten intuitive contradictions. *American Economic Review, 91*(5), 1402–1422.

Goldstein, D. G., & Gigerenzer, G. (2002). Models of ecological rationality: The recognition heuristic. *Psychological Review, 109*(1), 75–90.

Guala F. (2012). Reciprocity: Weak or strong? What punishment experiments do (and do not) demonstrate. *Behavioral and Brain Sciences, 35*(1), 1–15. doi: 10.1017/S0140525X11000069. PMID: 22289303.

Gunnthorsdottir, A., Houser, D., & McCabe, K. (2007). Disposition, history and contributions in public goods experiments. *Journal of Economic Behavior & Organization, 62*(2), 304–315.

Gürerk, Ö., Irlenbusch, B., & Rockenbach, B. (2006). The competitive advantage of sanctioning institutions. *Science, 312*(5770), 108–111.

Güth, W., Schmittberger, R., & Schwarze, B. (1982). An experimental analysis of ultimatum bargaining. *Journal of Economic Behavior & Organization, 3*(4), 367–388.

Hamilton, W. D. (1964). The genetical evolution of social behaviour. *Journal of Theoretical Biology, 7*(1), 1–52.

Hannan, M. T., Burton, M. D., & Baron, J. N. (1996). Inertia and change in the early years: Employment relations in young, high technology firms. *Industrial and Corporate Change, 5*(2), 503–536.

Harding, S. (Ed.). (1975). *Can Theories be Refuted? Essays on the Duhem-Quine Thesis* (Vol. 81). Springer Science & Business Media.

Harford, T. (2005). *The Undercover Economist.* Little, Brown.

Harrison, G. W., & List, J. A. (2004). Field experiments. *Journal of Economic Literature, 42*(4), 1009–1055.

Harsanyi, J. C. (1953). Cardinal utility in welfare economics and in the theory of risk-taking. *Journal of Political Economy, 61*(5), 434–435.

Harsanyi, J. C. (1955). Cardinal welfare, individualistic ethics, and interpersonal comparisons of utility. *Journal of Political Economy, 63*(4), 309–321.

Harsanyi, J. C. (1962). Bargaining in ignorance of the opponent's utility function. *Journal of Conflict Resolution, 6*(1), 29–38.

Harsanyi, J. C. (1967). Games with incomplete information played by "Bayesian" players, I–III Part I. The basic model. *Management Science, 14*(3), 159–182.

Haruvy, E., Lahav, Y., & Noussair, C. N. (2007). Traders' expectations in asset markets: Experimental evidence. *American Economic Review, 97*(5), 1901–1920.

Heller, J. (1961). *Catch-22.* Simon & Schuster.

Henrich, J. (2000). Does culture matter in economic behavior? Ultimatum game bargaining among the Machiguenga of the Peruvian Amazon. *American Economic Review, 90*(4), 973–979.

Henrich, J., & Boyd, R. (2001). Why people punish defectors: Weak conformist transmission can stabilize costly enforcement of norms in cooperative dilemmas. *Journal of Theoretical Biology, 208*(1), 79–89.

Henrich, J., Heine, S. J., & Norenzayan, A. (2010). Most people are not WEIRD. *Nature, 466*(7302), 29.

Henrich, J. P., Boyd, R., Bowles, S., Camerer, C., Fehr, E., & Gintis, H. (Eds.). (2004). *Foundations of Human Sociality: Economic Experiments and Ethnographic Evidence from Fifteen Small-scale Societies.* Oxford University Press.

Henry, O. (1992). *The Gift of the Magi and Other Short Stories.* Dover.

Herrmann, B., Thöni, C., & Gächter, S. (2008). Antisocial punishment across societies. *Science*, *319*(5868), 1362–1367.

Hoffman, E., McCabe, K., Shachat, K., & Smith, V. (1994). Preferences, property rights, and anonymity in bargaining games. *Games and Economic Behavior*, 7(3), 346–380.

Hoffman, E., McCabe, K. A., & Smith, V. L. (1996a). On expectations and the monetary stakes in ultimatum games. *International Journal of Game Theory*, *25*(3), 289–301.

Hoffman, E., McCabe, K., & Smith, V. L. (1996b). Social distance and other-regarding behavior in dictator games. *American Economic Review*, *86*(3), 653–660.

Holt, C. A. (1995). Industrial organization: A survey of laboratory research. In J. Kagel & A. E. Roth (Eds.), *Handbook of Experimental Economics* (pp. 349–443). Princeton University Press.

Homans, G. C. (1954). The cash posters: A study of a group of working girls. *American Sociological Review*, *19*(6), 724–733.

Homer (1996). *The Odyssey* (R. Fagles, Trans.). Penguin Classics.

Houser, D., & Kurzban, R. (2002). Revisiting kindness and confusion in public goods experiments. *American Economic Review*, *92*(4), 1062–1069.

Howard, R. (Director). (2001). *A Beautiful Mind* [Film]. Imagine Entertainment.

Hugo, V. (1987). *Les Misérables* (L. Fahnestock, & N. MacAfee, Trans.). Signet Classics. (Original work published 1862.)

Hume, D. (1739–1740). *A Treatise of Human Nature: Being an Attempt to Introduce the Experimental Method of Reasoning into Moral Subjects*. Clarendon Press.

Hume, D. (1748). *An Inquiry Concerning Human Understanding*. J. B. Bebbington.

Hunt, G. R., Corballis, M. C., & Gray, R. D. (2001). Laterality in tool manufacture by crows. *Nature*, *414*(6865), 707.

Hunt, G. R., & Gray, R. D. (2004). The crafting of hook tools by wild New Caledonian crows. *Proceedings of the Royal Society B: Biological Sciences*, *271*(suppl. 3), S88–S90.

Ichniowski, C., Shaw, K., & Prennushi, G. (1997). The effects of human resource management practices on productivity: A study of steel finishing lines. *American Economic Review*, *87*(3), 291–313.

Isaac, R. M., & Walker, J. M. (1988a). Communication and free-riding behavior: The voluntary contribution mechanism. *Economic Inquiry*, *26*(4), 585–608.

Isaac, R. M., & Walker, J. M. (1988b). Group size effects in public goods provision: The voluntary contributions mechanism. *Quarterly Journal of Economics*, *103*(1), 179–199.

Isaac, R. M., McCue, K. F., & Plott, C. R. (1985). Public goods provision in an experimental environment. *Journal of Public Economics*, *26*(1), 51–74.

Isaac, R. M., Walker, J. M., & Thomas, S. H. (1984). Divergent evidence on free riding: An experimental examination of possible explanations. *Public Choice*, *43*(2), 113–149.

Isaac, R. M., Walker, J. M., & Williams, A. W. (1994). Group size and the voluntary provision of public goods: Experimental evidence utilizing large groups. *Journal of Public Economics*, *54*(1), 1–36.

Jensen, K., Call, J., & Tomasello, M. (2007). Chimpanzees are rational maximizers in an ultimatum game. *Science*, *318*(5847), 107–109.

Johnson, N. D., & Mislin, A. A. (2011). Trust games: A meta-analysis. *Journal of Economic Psychology*, *32*(5), 865–889.

Kagel, J. H., & Roth, A. E. (Eds.). (1995). *The Handbook of Experimental Economics*. Princeton University Press.

Kahneman, D. (2011). *Thinking, Fast and Slow*. Farrar, Straus and Giroux.

Kahneman, D., & Tversky, A. (1973). On the psychology of prediction. *Psychological Review*, *80*(4), 237–251.

Kahneman, D., & Tversky, A. (1979). Prospect theory: An analysis of decision under risk. *Econometrica*, *47*(2), 263–292.

Kahneman, D., Knetsch, J. L., & Thaler, R. H. (1986a). Fairness and the assumptions of economics. *Journal of Business*, *59*(4), S285–S300.

Kahneman, D., Knetsch, J. L., & Thaler, R. (1986b). Fairness as a constraint on profit seeking: Entitlements in the market. *American Economic Review*, *76*(4), 728–741.

Kahneman, D., Knetsch, J. L., & Thaler, R. H. (1990). Experimental tests of the endowment effect and the Coase theorem. *Journal of Political Economy*, *98*(6), 1325–1348.

Karlan, D. S. (2005). Using experimental economics to measure social capital and predict financial decisions. *American Economic Review, 95*(5), 1688–1699.

Kelley, H. H., & Stahelski, A. J. (1970). Social interaction basis of cooperators' and competitors' beliefs about others. *Journal of Personality and Social Psychology, 16*(1), 66–91.

Keser, C., & van Winden, F. (2000). Conditional cooperation and voluntary contributions to public goods. *Scandinavian Journal of Economics, 102*(1), 23–39.

Ketcham, J., Smith, V. L., & Williams, A. W. (1984). A comparison of posted-offer and double-auction pricing institutions. *Review of Economic Studies, 51*(4), 595–614.

Keynes, J. M. (1936). *The General Theory of Employment, Interest and Money.* Palgrave Macmillan.

Kim, O., & Walker, M. (1984). The free rider problem: Experimental evidence. *Public Choice, 43*(1), 3–24.

Knack, S., & Keefer, P. (1997). Does social capital have an economic payoff? A cross-country investigation. *Quarterly Journal of Economics, 112*(4), 1251–1288.

Knez, M., & Camerer, C. (1994). Creating expectational assets in the laboratory: Coordination in 'weakest-link' games. *Strategic Management Journal, 15*(S1), 101–119.

Knez, M., & Simester, D. (2001). Firm-wide incentives and mutual monitoring at Continental Airlines. *Journal of Labor Economics, 19*(4), 743–772.

Knoch, D., Gianotti, L. R., Baumgartner, T., & Fehr, E. (2010). A neural marker of costly punishment behavior. *Psychological Science, 21*(3), 337–342.

Knutson, B., Rick, S., Wimmer, G. E., Prelec, D., & Loewenstein, G. (2007). Neural predictors of purchases. *Neuron, 53*(1), 147–156.

Kocher, M. G., Cherry, T., Kroll, S., Netzer, R. J., & Sutter, M. (2008). Conditional cooperation on three continents. *Economics Letters, 101*(3), 175–178.

Kocher, M. G., Lucks, K. E., & Schindler, D. (2019). Unleashing animal spirits: Self-control and overpricing in experimental asset markets. *Review of Financial Studies, 32*(6), 2149–2178.

Kosfeld, M., Heinrichs, M., Zak, P. J., Fischbacher, U., & Fehr, E. (2005). Oxytocin increases trust in humans. *Nature, 435*(7042), 673–676.

Kremer, M. (1993). The O-ring theory of economic development. *Quarterly Journal of Economics, 108*(3), 551–575.

Kreps, D. M., Milgrom, P., Roberts, J., & Wilson, R. (1982). Rational cooperation in the finitely repeated prisoners' dilemma. *Journal of Economic Theory, 27*(2), 245–252.

Kujal, P., & Smith, V. L. (2008). Fairness and short run price adjustment in posted offer markets. In C. R. Plott & V. L. Smith (Eds.), *Handbook of Experimental Economics Results* (Vol. 1, pp. 55–61). North-Holland.

Kunreuther, H., & Easterling, D. (1990). Are risk-benefit tradeoffs possible in siting hazardous facilities? *American Economic Review, 80*(2), 252–256.

Kunreuther, H., & Easterling, D. (1992). Gaining acceptance for noxious facilities with economic incentives. In D. W. Bromley & K. Segerson (Eds.), *The Social Response to Environmental Risk* (pp. 151–186). Springer.

Kunreuther, H., & Easterling, D. (1996). The role of compensation in siting hazardous facilities. *Journal of Policy Analysis and Management, 15*(4), 601–622.

Kunreuther, H., Easterling, D., Desvousges, W., & Slovic, P. (1990). Public attitudes toward siting a high-level nuclear waste repository in Nevada. *Risk Analysis, 10*(4), 469–484.

Kurzban, R., & Houser, D. (2005). Experiments investigating cooperative types in humans: A complement to evolutionary theory and simulations. *Proceedings of the National Academy of Sciences, 102*(5), 1803–1807.

Laibson, D. (1997). Golden eggs and hyperbolic discounting. *Quarterly Journal of Economics, 112*(2), 443–477.

Lambert, E. (2011, March 17). All the cool kids are night trading. *Forbes.* www.forbes.com/sites/emilylambert/2011/03/17/all-the-cool-kids-are-night-trading/#69cb9bcf4f6a

Landis, J. (Director). (1983). *Trading Places* [Film]. Paramount Pictures.

LaPiere, R. T. (1934). Attitudes vs. actions. *Social Forces, 13*(2), 230–237.

LaPiere, R. T., & Farnsworth, P. R. (1936). *Social Psychology.* McGraw-Hill.

Ledyard, J. O. (1995). Public goods: Some experimental results. In J. Kagel & A. Roth (Eds.), *Handbook of Experimental Economics* (pp. 111–194). Princeton University Press.

Lei, V., Noussair, C. N., & Plott, C. R. (2001). Nonspeculative bubbles in experimental asset markets: Lack of common knowledge of rationality vs. actual irrationality. *Econometrica*, 69(4), 831–859.

Levitt, S. D., & List, J. A. (2007a). Viewpoint: On the generalizability of lab behaviour to the field. *Canadian Journal of Economics*, 40(2), 347–370.

Levitt, S. D., & List, J. A. (2007b). What do laboratory experiments measuring social preferences reveal about the real world? *Journal of Economic Perspectives*, 21(2), 153–174.

Lewis, M. (2010a, March 1). Betting on the blind side. *Vanity Fair*. www.vanityfair.com/news/2010/04/wall-street-excerpt-201004

Lewis, M. (2010b). *The Big Short: Inside the Doomsday Machine*. W. W. Norton.

Lewis, M. (2016). *The Undoing Project: A Friendship That Changed Our Minds*. W. W. Norton.

Lipsey, R. (1979). *An Introduction to Positive Economics* (5th ed.). Weidenfeld & Nicolson.

List, J. A. (2006). The behavioralist meets the market: Measuring social preferences and reputation effects in actual transactions. *Journal of Political Economy*, 114(1), 1–37.

Living Wage Aotearoa New Zealand. (n.d.). *Living Wage Aotearoa New Zealand Homepage. www.livingwage .org.nz/*

Lo, A. W., Repin, D. V., & Steenbarger, B. N. (2005). Fear and greed in financial markets: A clinical study of day-traders. *American Economic Review*, 95(2), 352–359.

Loewenstein, G., & Elster, J. (Eds.). (1992). *Choice Over Time*. Russell Sage Foundation Press.

Loewenstein, G., & Prelec, D. (1992). Anomalies in intertemporal choice: Evidence and an interpretation. *Quarterly Journal of Economics*, 107(2), 573–597.

Lopez-de-Silanes, F., La Porta, R. F., Shleifer, A., & Vishny, R. W. (1997). Trust in large organizations. *American Economic Review Papers and Proceedings*, 87(2), 333–338.

Lord, C. G., Ross, L., & Lepper, M. R. (1979). Biased assimilation and attitude polarization: The effects of prior theories on subsequently considered evidence. *Journal of Personality and Social Psychology*, 37(11), 2098–2109.

Mackay, C. (1841). *Extraordinary Popular Delusions and the Madness of Crowds*. Richard Bentley.

Malkiel, B. (1973). *A Random Walk Down Wall Street: Including a Life-cycle Guide to Personal Investing*. W. W. Norton.

Mankiw, N. G. (1997) *Principles of Economics*. South-Western.

Markowitz, H. M. (1952). Portfolio selection. *Journal of Finance*, 7(1), 77–91.

Marlowe, F. W. (2004). Dictators and ultimatums in an egalitarian society of hunter-gatherers: The Hadza of Tanzania. In J. P. Henrich, R. Boyd, S. Bowles, C. Camerer, E. Fehr, & H. Gintis (Eds.), *Foundations of Human Sociality: Economic Experiments and Ethnographic Evidence from Fifteen Small-scale Societies* (pp. 168–193). Oxford University Press.

Marwell, G., & Ames, R. E. (1979). Experiments on the provision of public goods. I. Resources, interest, group size, and the free-rider problem. *American Journal of Sociology*, 84(6), 1335–1360.

Marwell, G., & Ames, R. E. (1980). Experiments on the provision of public goods. II. Provision points, stakes, experience, and the free-rider problem. *American Journal of Sociology*, 85(4), 926–937.

Marwell, G., & Ames, R. E. (1981). Economists free ride, does anyone else? *Journal of Public Economics*, 15(3), 295–310.

Masclet, D., Noussair, C., Tucker, S., & Villeval, M. C. (2003). Monetary and nonmonetary punishment in the voluntary contributions mechanism. *American Economic Review*, 93(1), 366–380.

McCarey, L. (Director). (1957). *An Affair to Remember* [Film]. Jerry Wald.

McKay, A. (Director). (2015). *The Big Short* [Film]. Regency Enterprises; Plan B Entertainment.

Merlo, A., & Schotter, A. (1999). A surprise-quiz view of learning in economic experiments. *Games and Economic Behavior*, 28(1), 25–54.

Michailova, J., & Schmidt, U. (2016). Overconfidence and bubbles in experimental asset markets. *Journal of Behavioral Finance*, 17(3), 280–292.

Milgram, S. (1974). *Obedience to Authority: An Experimental View*. Harper & Row.

Mischel, W. (1968). *Personality and Assessment*. Wiley.

Mischel, W. (2004). Toward an integrative science of the person. *Annual Review of Psychology*, 55, 1–22.

Müller-Lyer, F. C. (1889a) "Psychophysische Untersuchungen. Über die Abhängigkeit der relativen Unterschiedsempfindlichkeit von Intensität und Extension des Reizes. *Archiv für Anatomie und Physiologie*, Physiologische Abteilung 2 (Supplement) 91–140.

Müller-Lyer, F. C. (1889b). Optische Urteilstäuschungen. *Archiv für Anatomie und Physiologie*,

Physiologische Abteilung 2 (Supplement) 263–270.

Nagel, R. (1995). Unravelling in guessing games: An experimental study. *American Economic Review,* *85*(5), 1313–1326.

Nasar, S. (1998). *A Beautiful Mind.* Simon & Schuster.

Nash, J. F., Jr. (1950). Equilibrium points in n-person games. *Proceedings of the National Academy of Sciences, 36*(1), 48–49.

Nash, J. F., Jr. (1951). Non-cooperative games. *Annals of Mathematics, 54*(2), 286–295.

Neale, M. A., & Bazerman, M. H. (1985). The effects of framing and negotiator overconfidence on bargaining behaviors and outcomes. *Academy of Management Journal, 28*(1), 34–49.

Nikiforakis, N. (2008). Punishment and counter-punishment in public good games: Can we really govern ourselves? *Journal of Public Economics, 92*(1–2), 91–112.

Nikiforakis, N. (2010). Feedback, punishment and cooperation in public good experiments. *Games and Economic Behavior, 68*(2), 689–702.

Nikiforakis, N., & Normann, H. T. (2008). A comparative statics analysis of punishment in public-good experiments. *Experimental Economics, 11*(4), 358–369.

Northcraft, G. B., & Neale, M. A. (1987). Experts, amateurs, and real estate: An anchoring-and-adjustment perspective on property pricing decisions. *Organizational Behavior and Human Decision Processes, 39*(1), 84–97.

Norton, M. I., & Ariely, D. (2011). Building a better America—One wealth quintile at a time. *Perspectives on Psychological Science, 6*(1), 9–12.

Noussair, C. (2011, November 16–18). *Trends in academic publishing in experimental economics* [Keynote address]. Communications with Economists: Current and Future Trends, Wiley Economics Online Conference.

Noussair, C., & Plott, C. R. (2008). Bubbles and crashes in experimental asset markets: Common knowledge failure? In C. R. Plott & V. L. Smith (Eds.), *Handbook of Experimental Economics Results* (Vol. 1, pp. 260–263). North-Holland.

Noussair, C., & Tucker, S. (2005). Combining monetary and social sanctions to promote cooperation. *Economic Inquiry, 43*(3), 649–660.

Olson, M. (1965). *The Logic of Collective Action: Public Goods and the Theory of Groups.* Harvard University Press.

Ones, U., & Putterman, L. (2007). The ecology of collective action: A public goods and sanctions experiment with controlled group formation. *Journal of Economic Behavior & Organization, 62*(4), 495–521.

Orbell, J., Dawes, R., & van de Kragt, A. (1990). The limits of multilateral promising. *Ethics, 100*(3), 616–627.

Ortmann, A., Fitzgerald, J., & Boeing, C. (2000). Trust, reciprocity, and social history: A re-examination. *Experimental Economics, 3*(1), 81–100.

Ostrom, E. (1990). *Governing the Commons: The Evolution of Institutions for Collective Action.* Cambridge University Press.

Ostrom, E., & Gardner, R. (1993). Coping with asymmetries in the commons: Self-governing irrigation systems can work. *Journal of Economic Perspectives, 7*(4), 93–112.

Ostrom, E., Gardner, R., & Walker, J. (1994). *Rules, Games, and Common-pool Resources.* University of Michigan Press.

Ostrom, E., Walker, J., & Gardner, R. (1992). Covenants with and without a sword: Self-governance is possible. *American Political Science Review, 86*(2), 404–417.

Oswald, A. (2010). Notes on economics and the future of quantitative social science. Unpublished manuscript, Department of Economics, University of Warwick. Available from: warwick.ac .uk/fac/soc/economics/staff/ajoswald/maysciencedata2010.pdf

Page, T., Putterman, L., & Unel, B. (2005). Voluntary association in public goods experiments: Reciprocity, mimicry and efficiency. *Economic Journal, 115*(506), 1032–1053.

Penn, A. (Director). (1967). *Bonnie and Clyde* [Film]. Warner Bros.-Seven Arts; Tatira-Hiller.

Pfungst, O. (2010). *Clever Hans (the horse of Mr. von Osten): A Contribution to Experimental Animal and Human Psychology* (C. L. Rahn, Trans.). Henry Holt. (Original work published 1911.)

Piketty, T. (2014). *Capital in the Twenty-first Century* (A. Goldhammer, Trans.). Harvard University Press. (Original work published 2013.)

Plassmann, H., O'Doherty, J., & Rangel, A. (2007). Orbitofrontal cortex encodes willingness to pay in everyday economic transactions. *Journal of Neuroscience*, *27*(37), 9984–9988.

Plott, C. R. (1991). Will economics become an experimental science? *Southern Economic Journal*, *57*(4), 901–919.

Plott, C. R. (2008). Properties of disequilibrium adjustment in double auction markets. In C. R. Plott & V. L. Smith (Eds.), *Handbook of Experimental Economics Results* (Vol. 1, pp. 16–21). North-Holland.

Plott, C. R., & Smith, V. L. (1978). An experimental examination of two exchange institutions. *Review of Economic Studies*, *45*(1), 133–153.

Porter, D. P., & Smith, V. L. (2003). Stock market bubbles in the laboratory. *Journal of Behavioral Finance*, *4*(1), 7–20.

Porter, D., & Smith, V. L. (2008). Price bubbles. In C. R. Plott & V. L. Smith (Eds.), *Handbook of Experimental Economics Results* (Vol. 1, pp. 247–255). North-Holland.

Putnam, R. D. (2000). *Bowling Alone: The Collapse and Revival of American Community*. Simon & Schuster.

Rabin, M. (1993). Incorporating fairness into game theory and economics. *American Economic Review*, *83*(5), 1281–1302.

Reiner, R. (Director). (1987). *The Princess Bride* [Film]. Act III Communications; Buttercup Films; The Princess Bride.

Richerson, P. J., & Boyd, R. (2004). *Not by Genes Alone: How Culture Transformed Human Evolution*. University of Chicago Press.

Rigdon, M., Ishii, K., Watabe, M., & Kitayama, S. (2009). Minimal social cues in the dictator game. *Journal of Economic Psychology*, *30*(3), 358–367.

Rosling, H., Rosling, O., & Rönnlund, A. R. (2018). *Factfulness: Ten Reasons We're Wrong About the World – And Why Things Are Better Than You Think*. Flatiron Books.

Roth, A. (2015). *Who Gets What — and Why: The New Economics of Matchmaking and Market Design*. Houghton Mifflin Harcourt.

Roth, A. E. (Ed.). (1987). *Laboratory Experimentation in Economics: Six Points of View*. Cambridge University Press.

Roth, A. (1995a). Introduction to experimental economics. In J. Kagel & A. Roth (Eds.), *Handbook of Experimental Economics* (pp. 3–109). Princeton University Press.

Roth, A. (1995b). Bargaining experiments. In J. Kagel & A. Roth (Eds.), *Handbook of Experimental Economics* (pp. 253–348). Princeton University Press.

Roth, A. E. (1993). On the early history of experimental economics. *Journal of the History of Economic Thought*, *15*(2), 184–209.

Roth, A. E., Prasnikar, V., Okuno-Fujiwara, M., & Zamir, S. (1991). Bargaining and market behavior in Jerusalem, Ljubljana, Pittsburgh, and Tokyo: An experimental study. *American Economic Review*, *81*(5), 1068–1095.

Roth, A. E., Sönmez, T., & Ünver, M. U. (2004). Kidney exchange. *Quarterly Journal of Economics*, *119*(2), 457–488.

Roth, A. E., Sönmez, T., & Ünver, M. U. (2005). Pairwise kidney exchange. *Journal of Economic Theory*, *125*(2), 151–188.

Rousseau, J.-J. (1994). *Discourse on the Origin of Inequality* (F. Philip, Trans.). Oxford University Press. (Original work published 1755.)

Ruffle, B. J. (2000). Some factors affecting demand withholding in posted-offer markets. *Economic Theory*, *16*(3), 529–544.

Samuelson, P. A. (1938). A note on the pure theory of consumer's behaviour. *Economica*, *5*(17), 61–71.

Samuelson, P. A. (1948). Consumption theory in terms of revealed preference. *Economica*, *15*(60), 243–253.

Samuelson, P., & Nordhaus, W. (1948). *Economics*. McGraw-Hill.

Sanfey, A. G., Rilling, J. K., Aronson, J. A., Nystrom, L. E., & Cohen, J. D. (2003). The neural basis of economic decision-making in the ultimatum game. *Science*, *300*(5626), 1755–1758.

Schelling, T. C. (1960). *The Strategy of Conflict*. Harvard University Press.

Schelling, T. C. (1978). *Micromotives and Macrobehavior*. W. W. Norton

Schotter, A. (2003). Decision making with naive advice. *American Economic Review*, *93*(2), 196–201.

Schotter, A., & Sopher, B. (2003). Social learning and coordination conventions in intergenerational games: An experimental study. *Journal of Political Economy, 111*(3), 498–529.

Schotter, A., & Sopher, B. (2006). Trust and trustworthiness in games: An experimental study of intergenerational advice. *Experimental Economics, 9*(2), 123–145.

Schotter, A., & Sopher, B. (2007). Advice and behavior in intergenerational ultimatum games: An experimental approach. *Games and Economic Behavior, 58*(2), 365–393.

Seabright, P. (2004). *The Company of Strangers: A Natural History of Economic Life*. Princeton University Press.

Shakespeare, W. 1564–1616. (1994). *The Merchant of Venice*. Longman.

Shiller, R. J. (2000). *Irrational Exuberance*. Princeton University Press.

Shubik, M. (1992). Game theory at Princeton, 1949–1955: A personal reminiscence. *History of Political Economy, 24*(5), 151–163.

Simon, H. A. (1955). A behavioral model of rational choice. *Quarterly Journal of Economics, 69*(1), 99–118.

Simon, H. A. (1990). Bounded rationality. In J. Eatwell, M. Milgate, & P. Newman (Eds.), *Utility and Probability* (pp. 15–18). Palgrave Macmillan.

Smith, A. (1759). *The Theory of Moral Sentiments*. Printed for A. Millar; A. Kincaid and J. Bell: Edinburgh.

Smith, A. (1776). *An Inquiry into the Nature and Causes of the Wealth of Nations*. W. Strahan and T. Cadell.

Smith, V. L. (1962). An experimental study of competitive market behavior. *Journal of Political Economy, 70*(2), 111–137.

Smith, V. L. (1964). Effect of market organization on competitive equilibrium. *Quarterly Journal of Economics, 78*(2), 181–201.

Smith, V. L. (1965). Experimental auction markets and the Walrasian hypothesis. *Journal of Political Economy, 73*(4), 387–393.

Smith, V. L. (1976). Experimental economics: Induced value theory. *American Economic Review, 66*(2), 274–279.

Smith, V. L. (1982). Microeconomic systems as an experimental science. *The American Economic Review, 72*(5), 923–955.

Smith, V. L. (1989). Theory, experiment and economics. *Journal of Economic Perspectives, 3*(1), 151–169.

Smith, V. L. (2007). *Rationality in Economics: Constructivist and Ecological Forms*. Cambridge University Press.

Smith, V. L., & Williams, A. W. (1981). On nonbinding price controls in a competitive market. *American Economic Review, 71*(3), 467–474.

Smith, V. L., & Williams, A. W. (2008). The effect of non-binding price controls in double auction trading. In C. R. Plott & V. L. Smith (Eds.), *Handbook of Experimental Economics Results* (Vol. 1, pp. 46–54). North-Holland.

Smith, V. L., Suchanek, G. L., & Williams, A. W. (1988). Bubbles, crashes, and endogenous expectations in experimental spot asset markets. *Econometrica, 56*(5), 1119–1151.

Snijders, C., & Keren, G. (1998). Determinants of trust. In D. V. Budescu, I. Erev, & R. Zwick (Eds.), *Games and Human Behavior: Essays in Honor of Amnon Rapoport* (pp. 355–385). Lawrence Erlbaum.

Sober, E., & Wilson, D. S. (1998). *Unto Others: The Evolution and Psychology of Unselfish Behavior*. Harvard University Press.

Spitzer, M., Fischbacher, U., Herrnberger, B., Grön, G., & Fehr, E. (2007). The neural signature of social norm compliance. *Neuron, 56*(1), 185–196.

Starmans, C., Sheskin, M., & Bloom, P. (2017). Why people prefer unequal societies. *Nature Human Behaviour, 1*(4), Article 0082.

Steele, C. M., & Aronson, J. (1995). Stereotype threat and the intellectual test performance of African Americans. *Journal of Personality and Social Psychology, 69*(5), 797–811.

Steele, C. M., & Aronson, J. (1998). Stereotype threat and the test performance of academically successful African Americans. In C. Jencks & M. Phillips (Eds.), *The Black–White Test Score Gap* (pp. 401–427). Brookings Institution Press.

Steele, J. R., & Ambady, N. (2006). "Math is hard!" The effect of gender priming on women's attitudes. *Journal of Experimental Social Psychology, 42*(4), 428–436.

Stiglitz, J. (2002). *Globalization and Its Discontents*. W.W. Norton.

Stone, O. (Director). (1987). *Wall Street* [Film]. American Entertainment Partners; Amercent Films.

Sugden, R. (1984). Reciprocity: The supply of public goods through voluntary contributions. *Economic Journal, 94*(376), 772–787.

Tagell, K. (2013, September 29). Auto-enrolment pensions: Key questions on saving for your retirement. *Guardian*. www.theguardian.com/money/2013/sep/29/auto-enrolment-pensions-saving-retirement

Thaler, R. (1987). The psychology of choice and the assumptions of economics. In A. E. Roth (Ed.), *Laboratory Experimentation in Economics: Six Points of View* (pp. 99–130). Cambridge University Press.

Thaler, R. H., & Benartzi, S. (2004). Save more tomorrow™: Using behavioral economics to increase employee saving. *Journal of Political Economy*, *112*(S1), S164–S187.

Thaler, R. H., & Sunstein, C. R. (2008). *Nudge: Improving Decisions About Health, Wealth, and Happiness*. Yale University Press.

Thurstone, L. L. (1931). The indifference function. *Journal of Social Psychology*, *2*(2), 139–167.

Titmuss, R. M. (1970). *The Gift Relationship*. Allen & Unwin.

Toll, B. A., Salovey, P., O'Malley, S. S., Mazure, C. M., Latimer, A., & McKee, S. A. (2008). Message framing for smoking cessation: The interaction of risk perceptions and gender. *Nicotine & Tobacco Research*, *10*(1), 195–200.

Trivers, R. L. (1971). The evolution of reciprocal altruism. *Quarterly Review of Biology*, *46*(1), 35–57.

Tucker, A. W., & Straffin, P. D., Jr. (1983). The mathematics of Tucker: A sampler. *Two-Year College Mathematics Journal*, *14*(3), 228–232.

Tversky, A., & Kahneman, D. (1983). Extensional versus intuitive reasoning: The conjunction fallacy in probability judgment. *Psychological Review*, *90*(4), 293–315.

Van Huyck, J. B., Battalio, R. C., & Beil, R. O. (1990). Tacit coordination games, strategic uncertainty, and coordination failure. *American Economic Review*, *80*(1), 234–248.

Van Huyck, J. B., Gillette, A. B., & Battalio, R. C. (1992). Credible assignments in coordination games. *Games and Economic Behavior*, *4*(4), 606–626.

von Neumann, J., & Morgenstern, O. (1944). *The Theory of Games and Economic Behavior*. Princeton University Press.

Walras, L. (2014). *Elements of Theoretical Economics or the Theory of Social Wealth* (D. A. Walker, & J. van Daal, Trans.). Cambridge University Press. (Original work published 1874.)

Wason, P. C. (1968). Reasoning about a rule. *Quarterly Journal of Experimental Psychology*, *20*(3), 273–281.

Weber, R. A. (2006). Managing growth to achieve efficient coordination in large groups. *American Economic Review*, *96*(1), 114–126.

Wilkinson, R., & Pickett, K. (2009). *The Spirit Level: Why Greater Equality Makes Societies Stronger*. Bloomsbury Press.

Williams, A. W. (2008). Price bubbles in large financial asset markets. In C. R. Plott & V. L. Smith (Eds.), *Handbook of Experimental Economics Results* (Vol. 1, pp. 242–246). North-Holland.

Yamagishi, T. (1986). The provision of a sanctioning system as a public good. *Journal of Personality and Social Psychology*, *51*(1), 110–116.

Yamagishi, T. (1988). The provision of a sanctioning system in the United States and Japan. *Social Psychology Quarterly*, *51*(3), 265–271.

Yunus, M., & Jolis, A. (1998). *Banker to the Poor: Micro-lending and the Battle Against World Poverty*. PublicAffairs.

Zahavi, A., & A. Zahavi. (1997). *The Handicap Principle: A Missing Piece of Darwin's Puzzle*. Oxford University Press.

Zak, P. J., & Knack, S. (2001). Trust and growth. *Economic Journal*, *111*(470), 295–321.

Zizzo, D. J. (2010). Experimenter demand effects in economic experiments. *Experimental Economics*, *13*(1), 75–98.

# 学术名词英中文对照表

adaptive expectations　适应性预期

agency problem　代理问题

Allias Paradox　阿莱悖论

altruism　利他主义

altruistic　利他

altruistic punishers　利他型惩罚者

anchoring 锚定

anterior cingulate cortex　前扣带回

asset or price bubble　资产或价格泡沫

assumption of self-interest　自利假设

assurance games　安全博弈

attachment　依恋

autocracy model　专制模式

aversion to unfair acts　不公平行为厌恶

backward induction　逆向归纳

bank-runs　银行挤兑

bargaining　讨价还价

bargaining games　讨价还价博弈

baseline no history treatment　基线无历史处理

battle of the sex game　性别之争博弈

Bayes' rule　贝叶斯法则

Bayesian thinking　贝叶斯思维

Bayesian updating　贝叶斯更新

behavioural economics 行为经济学

best responses　最优反应

between-subjects designs　被试间设计

bias　偏差

bilateral anterior insula　双侧前岛叶

bilateral interior insula　双侧内岛叶

binary choice　二元选择

bounded rationality　有限理性

boundedly rational behaviour　有限理性行为

budget constraint　预算约束 / 预算限制

bureaucracy model　科层制模式

call market　拆放市场

cardinal measure　基数测量

cardinal number　基数

certainty equivalent　确定性等价

chance　随机性

changing the default　改变默认值

choice overload　选择过载

coefficient of loss aversion　损失厌恶系数

cognitive demand effect　认知需求效应

cognitive hierarchy　认知层级

collective action　集体行动

combined effect　联合效应

commitment model　承诺模式

common consequence effect　共同结果效应

common pool resource extraction game　公共池塘资源提取博弈

common ratio effect　共同比率效应

compound interest　复利

conditional probability　条件概率

confirmation bias　证实偏差

conjunction fallacy　连词谬误

conjunctive fallacy　合取谬误

constrained maximization　约束最大化

constrained optimization　约束优化

consumer surplus　消费者剩余

consumption bundle　消费组合

continuous double auction　连续双向拍卖

coordination failure　协作失败

coordination games　协调博弈

coordination problem　协调难题

corporate turnaround game　企业周转博弈

counter-punishment　反惩罚

crowding-out effect　挤出效应

Daily Doubles　一日双打

demand curve　需求曲线

demand side effect　需求侧效应

demand withholding　需求抑制

desire to punish　惩罚愿望

Diamond - Water Paradox　钻石 - 水悖论

dictator game　独裁者博弈

digital currency　数字货币

digital wallet　数字钱包

diminishing marginal utility　边际效用递减

diminishing rate of marginal substitution　边
　际替代递减率

discount factor　贴现系数

discounting future pay-offs　贴现未来收益

disjunctive fallacy　析取谬误

dominant strategy　占优策略

dorsolateral pre-frontal cortex　背外侧前额
　叶皮质

double-blind　双盲

double-blind protocol　双盲协议

Duchenne smile　杜兴式微笑

dummy variable　虚拟变量

economic reasoning　经济推理

efficiency wage　效率工资

effortful thinking　努力思维

ego depletion theory　自我损耗理论

emotional appraisal　情绪评估

empathy　同理心

empirical validity　实证效度

employee turnover　员工离职

endowment effect　禀赋效应

engineering model　工程模式

equilibrium　均衡

equilibrium outcome　均衡结果

equilibrium reasoning　均衡推理

equitable distribution　公平分配

excess trading　过度交易

expected utility　期望效用

expected utility theory　期望效用理论

expected value　期望值

experimental currency unit　代币

experimenter demand effect　实验者需求效应

external validity　外部效度

fairness　公平

fairness attributions　公平归因

field data　现场数据

field experiment　现场实验

financial trauma　财务创伤

finitely lived assets　有限寿命资产

fitness trade-off　适度权衡

foraging societies　觅食社会

framing　框架

framing effect　框架效应

free riding　搭便车

free-riders　搭便车者

functional magnetic resonance imaging（fMRI）

功能性磁共振成像

game theory　博弈论

gaming　博弈

gift exchange　礼物交换

gift-exchange model　礼物交换模型

gift-giving relationships 礼物馈赠关系

grim trigger strategy　冷酷触发策略

guessing game　猜测游戏

gut feelings　直觉思维

haggling　讲价

happiness　幸福

herd mentality　羊群心理

heuristics　启发式

hindsight bias　后视偏差

homo economicus　经济人

hot hand fallacy　热手谬误

identified lives　可辨识的生命

implicit discount rate　内隐贴现率

implicit interest rate　内隐利率

implicit social norm　内隐社会规范

imputed value　估算价值

incentive compatible　激励相容

incentive contract　激励合同

income effect　收入效应

independence of irrelevant alternatives　无关
　备选方案的独立性

indifference curves　无差异曲线

inequity aversion　不公平厌恶

informed consent　知情同意

inherent norms　内在规范

insult effect　侮辱效应

intention　意图

investment game　投资博弈

irrational exuberance　非理性繁荣

iterated thinking　迭代思维

kin selection　亲缘选择理论

language effects　语言效应

lose aversion　损失厌恶

lottery game　彩票游戏

marginal per capita return（MPCR）　边际
　单位资本回报

marginal utility　边际效用

market equilibrium　市场均衡

market integration　市场一体化

market power　市场势力

market-clearing　市场出清

mental account　心理账户

mental algorithm 心理算法

meta-analysis　元分析

modal offer　众数提议

momentum trading　动量交易

monetary returns　金钱收益

monitoring fraction　监督比例

monotonic relation　单调关系

Nash equilibrium　纳什均衡

negotiating　谈判

net effect　净效应

net gains　净收益

neuroeconomists　神经经济学家

neuroimaging　神经影像学

NIMBY problems　邻避问题

no history experiment　无历史实验

normative outcomes　规范性结果

notions of fairness　公平信念

numerical cheap talk　数字式廉价磋商

offer　报价 / 提议

omitted variable bias　省略变量偏差

one of two choices　二择一的选择

opportunity cost   机会成本

optimistic beliefs   乐观信念

opt-in   选择参加

opt-out   选择退出

ordinal measure   序数测量

ordinal number   序数

ordinal scale   序数量尺，或序数量表

other-regarding preferences   涉他偏好

over-confidence   过度自信

paradox of value   价值悖论

parallelism   平行性

passive responder   被动响应者

pay-off dominance   报酬 / 收益主导

pay-off matrix   收益矩阵

pay-off-dominant outcome   收益占优结果

peak price   峰值价格

peer monitoring   同伴监督

penalty contract   惩罚合同

perceived unfairness   感知不公平

perfectly competitive market   完全竞争市场

pilot studies   预研究

positron emission tomography   正电子发射
　断层扫描

posted offer markets   公布报价市场

posted-offer   公布报价

posterior probabilities   后验概率

preference reversal   偏好反转

pre-frontal cortex   前额叶皮质

present bias   当前偏差

presumed consent   假定同意

price ceiling   价格上限

price discrimination   价格歧视

price effect   价格效应

price floor   价格下限

price incentives   价格激励

price signaling   价格信号

price-taker   价格接受者

primer's dilemma   囚徒困境

priming   启动

principle of diminishing utility   效用递减原则

prior probabilities   先验概率

prisoner's dilemma games   囚徒困境博弈

probability weighting function   概率加权函数

producer surplus   生产者剩余

proposer   提议者

prospect theory   前景理论

pseudo-volunteers   伪志愿者

public good   公共物品

punishment hypothesis   惩罚假说

quasi-hyperbolic discounting   拟双曲贴现

quasi-hyperbolic preferences   拟双曲偏好

rational homo economicus   理性经济人

rationality   理性

receiver   接收者

reciprocal motivation   互惠动机

reciprocity   互惠

reference point   参考点

regression to the mean   均数回归

relative pay-offs   相对收益

rent   租金

representativeness bias   代表性偏差

responder   响应者

retirement plan   退休计划，或养老金计划

reveal preference theory   揭示偏好理论

revenue growth   收入增长

reward circuit   奖赏回路

reward salience   奖赏突显

risk   风险

risk attitude　风险态度

risk aversion　风险厌恶

risk neutral player　风险中性的玩家

risk neutrality　风险中性

risk premium　风险溢价

risky dictator game　风险独裁者博弈

sanction free institution（SFI）　禁止惩罚的规则

sanctioning institution（SI）　允许惩罚的规则

satisfaction　满足，或满意

scarcity　稀缺性

secure outcome　安全结果

self-control　自我控制

self-interest　自身利益／自利／利己主义

self-interested preference　自利偏好

self-regarding preference　涉己偏好

self-serving bias　自我服务偏差

sender　发送者

sense of fairness　公平感

sequential game　序贯博弈

short-selling　做空

single-blind　单盲

single-blind protocol　单盲协议

social capital　社会资本

social demand effects 社会需求效应

social dilemma　社会困境

social history experiment　社会历史实验

social norms　社会规范

solidarity group　团结小组

split　平分

St. Petersburg Paradox　圣彼得堡悖论

star model　明星模式

statistical discrimination　统计性歧视

steal　独吞

step-like demand　阶梯式需求

step-like supply function　阶梯式供给函数

strategic decision making　策略性决策

strategic thinking　策略性思维

strategic uncertainty　策略不确定性

strategies hypothesis　策略性假说

strictly better off　绝对最优

strong conditional co-operators　强条件合作者

strong reciprocity　强互惠

strong reciprocity treatment　强互惠处理

Stroop Task　斯特鲁普任务

subject pool　被试群体

substitution effect　替代效应

supply side effect　供给侧效应

surprise restart　意外重启

survey　调查

tacit collusion　默契合谋

taste based discrimination　基于偏好的歧视

the impunity game　免惩罚博弈

the minimum effort game　最小努力博弈

the normal-form of a game　博弈的标准式

the stag hunt game　猎鹿博弈

the sunk cost fallacy　沉没成本谬误

theory of individual choice　个人选择理论

theory of interactive strategic behaviour 互动策略行为理论

theory of the mind　心理理论

third party　第三方

threshold public goods games　门槛公共物品博弈

time consistency　时间一致性

time-consistency of choices　跨期选择

TIT-for-TAT strategies　针锋相对的策略

total utility　总效用

tractability 易处理性

trade-offs 权衡

transitive 可传递性

transitivity assumption 可传递性假设

triple dictator game 三倍独裁者博弈

trust 信任

trust contract 信任合同

trust game 信任博弈

trustworthiness 信用

trustworthy 守信用

ultimatum 最后通牒

ultimatum game 最后通牒博弈

unfairness 不公平

utilitarianism 功利主义，或实用主义

utility 效用

value 价值

value function 价值函数

value in exchange 交换价值

value in use 使用价值

voluntary cooperation 自愿合作

Walrasian market 瓦尔拉斯市场

Walrasian model 瓦尔拉斯模型

Walrasian tatonnement process 瓦尔拉斯试
  错过程

weak conditional co-operators 弱条件合作者

weak reciprocity treatment 弱互惠处理

wealth effect 财富效应

willingness to pay 支付意愿

within-subject designs 被试内设计

# 致 谢

如果不是得到很多人的帮助，一个人无论如何也是写不出这样一本书的。非常感谢奥克兰大学和经济学系在我完成这部手稿过程中给予了我宝贵的学术休假机会。教学和行政工作之余让我可以不间断地阅读、思考和写作。我在这一领域的大部分研究都得到了新西兰皇家学会马斯登基金（Royal Society of New Zealand Marsden Fund）的资助，奥克兰大学也通过学院研究发展基金和校长战略发展基金对我给予了资助。感谢这些支持。

特别感谢 2019 年下半年参加奥克兰大学"经济学 271：经济学专题（行为经济学）"课程以及 2020 年春季参加哈佛大学肯尼迪学院"管理、领导力和决策 302：行为决策"课程的学生，他们在我尝试各种想法和论点时充当了"小白鼠"。我很感谢这些学生中的一些人花时间给我提供了广泛的反馈，告诉我什么可行、什么不可行，这些学生包括来自奥克兰大学的 Grace Brebner、Karishma Singh、Logan Templer 和 Jessie Zhang。来自肯尼迪学院的 Emilio Angulo、Nathan Hodson 和 Rebecca Yao 让我使用他们书面作业中的想法和数据。特别是 Nathan，他帮助我开展了"合取谬误"的调查，并为第 5 章撰写了一个案例研究。

哈佛大学肯尼迪学院的教务长 Iris Bohnet 让我有机会在 2020 年初访问那里并在那里授课。这是一个宝贵的机会，我对她的赏识表示深深的感谢。毫无疑问，肯尼迪学院提供了一个令人难以置信的、让人兴奋的环境，它开阔了我的视野，也极大地帮助我认真思考要讨论的一些主题。这当中包括我班上的学生，他们经常迫使我更深入地思考这些主题及其潜在的政策应用，尤其是 Todd Link、Lennart Kuntze 和 David Stansbury。我也非常感谢 Suzanne Cooper 和 Laura Medeiros 为我的访问提供了便利。

我的研究助理 Jessie Zhang 做了非常出色的工作，她为我校对手稿、查找参考文献，并纠正了我手稿中存在的一些错误。肯尼迪学院的 Eva Gottschalk 和奥克兰的 Yaxiong Li( 英文名 Sherry) 在很多方面都提供了帮助，尤其是在制作本书的图表方面。我非常感谢他们的帮助。

多年来，有很多人愿意花时间和我讨论一些想法，并经常就本书的各个部分提供广泛的反馈。他们是 Quentin Atkinson、Nandita Basu、Gary Bolton、Geoffrey Brooke、Scott Claessens、David Cooper、David Dickinson、Tony Endres、Ernst Fehr、Kyle Fischer、Simon Gächter、Ryan Greenaway-McGrevy、Tim Hazledine、Martin Kocher、Dmitriy

Kvasov、Jim Murphy、Charles Noussair、John Panzar、Abhijit Ramalingam、Bradley Ruffle、Antonio Rangel、Al Roth、Andrew Schotter、Alexander Smith、Barry Sopher、Asha Sundaram 和 James Tremewan。 我非常感谢他们在百忙之中抽出时间来帮助我。我向以上名单中可能遗漏的人道歉。

三位匿名审稿人提供了非常有价值的反馈意见，使本书的论述得到了显著的改进。我真诚地感谢他们。Routledge 出版公司的编辑 Andy Humphries 在我 7 年"服刑"期间一直陪伴着我；抱歉，我这里所谓的"服刑"实际上是说 7 年的系主任任期！如果不是 Andy 的坚持，我怀疑我可能完成不了这个计划。我也很感谢 Natalie Tomlinson，她接替了 Andy。我也要感谢 Chloe James、Emma Morley 和 Cathy Hurren 对这个计划给予的指导，也感谢 Yvonne Doney 极具专业性的编辑工作。

我要感谢我美丽贤惠的妻子 Indira Basu 博士一直以来的支持。她为我付出了巨大的牺牲，和她结婚是我迄今为止做过的最明智的事情。当然，我们美丽的女儿 Ishannita 和 Ananrita 让生活变得总是充满乐趣、让人陶醉和富有挑战性，她们正成长为有魅力、有同理心的年轻人。当我尝试新的想法和论点时，她们三个人经常被迫充当我忠实的听众。Isha 和 Ana 也经常心甘情愿、高高兴兴地帮助我制作书稿的图表（通常没有任何经济报酬）。我的父亲 Utpal 在我开始写这本书的时候去世了。这本书正式出版，他应该会很高兴和自豪。你们可能想知道我如何感谢我的母亲，我没有忘记她。我把一本即将出版的新书献给了她！

当然，正如我们在所有学术论文中所说的那样，我要为书稿中可能出现的任何错误负全责。如果你不同意我所说的某些观点，并且有相反的例证，请随时写信告诉我。如果你知道其他可能相关的应用或逸事，也请随时告诉我。我希望我已经成功地传递了这些研究主题所能带给人们的激情和兴奋，也希望你喜欢阅读这本书。

*Ananish Chaudhuri*

# 译后记

　　我和化学工业出版社结缘始于 2015 年，当时参与了一套主要由我系教师承担翻译任务的心理健康类丛书其中的一本（《以人为中心疗法：100 个关键点与技巧》）的翻译工作，这套书出版后获得了良好的社会反响，且其中的几本已经在国内修订再版。在这一过程中我深入了解了出版社宽广的视野、高度负责的工作精神、对重要心理学类书籍翻译出版的重视和偏爱——这些书籍无论是在内容层面还是在装帧设计等形式层面都展现出出版社深刻用心和精益求精的严谨态度。基于这样的信任，在后来参与辛自强教授主持的国家社科基金重大项目"我国公民财经素养指数建构与数据库建设"研究过程中，当时曾向出版社赵玉欣编审推荐了一本我认为非常有价值、值得翻译的著作，但很遗憾因版权问题未能翻译出版。

　　距这次沟通大概 2 年之后，突然有一天收到了出版社另一位编辑，同时也是我们中财心理学系系友的王越女士的信息，邀请我评阅一本国外 2021 年刚出版即获好评的经济心理学专著，经过认真评读，我很快决定承担本书的翻译工作。之所以这么快下定决心翻译，不仅是了解到该教材最新出版且很受欢迎，还因为该教材系统介绍了经济心理学的经典及前沿实验，这种教材体系和结构对培养经济心理学人才的专业性具有重要价值，也与我们对教材建设的关注十分契合。

　　这本书的翻译是由中央财经大学社会与心理学院心理学系的部分教师和学生共同合作完成的，是一项集体成果，我负责了全书的统校工作。

　　具体翻译分工如下：

　　序言，辛志勇；第 1 章，辛志勇、钟泽如；第 2 章，辛志勇、黎雪；第 3 章，翁学东、涂婧；第 4 章，翁学东；第 5 章，翁学东；第 6 章，杜晓鹏；第 7 章，于泳红、王菲菲；第 8 章，窦东徽、张艺瑶；第 9 章，辛志勇、骆秋羽；第 10 章，辛志勇、王琦；第 11 章，赵娜、王卓琳；第 12 章，孙铃、李宇轩、胡著丹；第 13 章，张红川、杨丹利；第 14 章，张红川、王珏；第 15 章，张红川、贺金山。

　　我的研究生骆秋羽、黎雪和翁学东老师的研究生涂婧等同学还协助完成了初稿整合、目录、插图列表、表格列表、学术名词英中文对照表等编制，译稿排版等具体工作。

　　译稿得以顺利完成，首先要感谢翻译团队每位译者的认真努力及合作精神！其次要特别感谢化学工业出版社王越、赵玉欣、高霞编辑的严谨态度和自始至终的辛勤付出！还要感谢我们"自我、认同与消费"课题组的程妍、王雅婧、许婉青、顾玉莲、崔巍、欧阳思岚、王俪璇、杨蕊瑄、卓俊廷等其他同学，他们虽然由于临近毕业或刚入课题组没有直接参与翻译工作，但在组会相关讨论中也都做出了自己的贡献！最后也要特别感谢我爱人许晓晖对这项工作的积极支持！

非常感谢中山大学佐斌教授、北京大学谢晓非教授、中国人民大学辛自强教授、浙江大学周欣悦教授、中央财经大学副校长李涛教授对本书的热情推荐！谢谢您们的支持和鼓励！

最后需要说明的是，虽然翻译团队认真努力，但由于工作量大且时间紧迫、水平有限，译稿中可能会存在瑕疵，真诚希望读者能够在阅读中指出这些问题并帮助我们改进。谢谢！

辛志勇
中央财经大学社会与心理学院心理学系
2023 年 6 月 20 日